UI 디자인과 프로토타이핑을 위한

Adobe XD

지은이 이영주 yjlee@chungwoon.ac.kr

Western Sydney University에서 Digital Media를 전공했으며 홍익대학교 영상학과에서 박사과정을 수료했습니다. 현재는 청운대학교 멀티미디어학과 교수로 재직 중입니다. 주요 저서로 한빛아카데미(주)에서 출간한 『UI/UX 디자인 이론과 실습 with Adobe XD』(2020), 『design school 포토샵 & 일러스트레이터 CC 2019』(2019), 『design school 포토샵 CC 2019』(2019), 『design school 일러스트레이터 CC』(2018), 『모바일 UI/UX 디자인 실무』(2018), 『UI/UX 디자인 이론과 실습』(2015) 등 다수가 있습니다.

UI 디자인과 프로토타이핑을 위한 Adobe XD

초판발행 2020년 1월 6일
2쇄발행 2022년 1월 25일

지은이 이영주 / **펴낸이** 전태호
펴낸곳 한빛아카데미(주) / **주소** 서울시 서대문구 연희로2길 62 한빛아카데미(주) 2층
전화 02-336-7112 / **팩스** 02-336-7199
등록 2013년 1월 14일 제2017-000063호 / **ISBN** 979-11-5664-475-0 93000

책임편집 유경희 / **기획** 변소현 / **편집** 신꽃다미, 김성무 / **진행** 김미정
디자인 표지 조현덕 내지 박정화 / **전산편집** 이소연 / **제작** 박성우, 김정우
영업 김태진, 김성삼, 이정훈, 임현기, 이성훈, 김주성 / **마케팅** 길진철, 김호철, 주희

이 책에 대한 의견이나 오탈자 및 잘못된 내용에 대한 수정 정보는 아래 이메일로 알려주십시오.
잘못된 책은 구입하신 서점에서 교환해 드립니다. 책값은 뒤표지에 표시되어 있습니다.
홈페이지 www.hanbit.co.kr / 이메일 question@hanbit.co.kr

UI 디자인과 프로토타이핑을 위한

Adobe XD

이영주 지음

한빛아카데미
Hanbit Academy, Inc.

지은이 머리말

Adobe XD의 기본 기능부터 실무형 프로젝트까지 한번에!

Adobe XD는 웹이나 모바일에서 UI/UX 디자인을 구현하고자 하는 디자이너, 크리에이티브 팀, 대규모 디자인 조직을 위해 고안된 프로그램입니다. 효율적인 개인 작업과 편리한 공동 작업이 가능하며, UI/UX 디자인 시스템을 구축하고 관리하는 데 필요한 모든 기능을 갖추고 있습니다. 또한 와이어프레이밍과 프로토타이핑을 제공 및 공유할 수 있는 강력한 툴입니다.

이 책은 총 5부로 나누어 구성했으며, 각각의 부에서 Adobe XD를 실습하며 배울 수 있습니다.

1부 Adobe XD 기초에서는 Adobe XD를 소개하고, 설치하는 방법을 안내합니다. 또한 홈 화면과 인터페이스, 아트보드와 레이어에 대해 알아보고, 도형 및 오브젝트 그리기, 색상 및 이미지 활용 등 Adobe XD의 기본 기능을 익힙니다.

2부 마이크로 인터랙션을 위한 애니메이션에서는 다양한 아이콘을 제작한 후 애니메이션을 구현하는 방법을 배웁니다. 또한 프로토타입을 위한 애니메이션, 드래그 인터랙션과 보이스 인터랙션 구현 방법을 알아봅니다.

3부 UI 디자인과 프로토타입에서는 로딩 UI와 인터랙션, 랜딩 페이지와 로그인 인터랙션을 구현합니다. 또한 Adobe XD의 유용한 기능과 스타일 가이드에 대해 알아봅니다.

4부 프로젝트: 푸드 레시피 앱 만들기에서는 1, 2, 3부에서 배운 내용을 종합하여 푸드 레시피 앱을 만드는 프로젝트를 진행합니다.

5부 공유와 협업에서는 구성 요소를 내보내어 개발자와 공유하거나 제플린을 이용하여 공유하는 방법을 배웁니다.

이 책이 Adobe XD를 배우고자 하는 분들에게 유용한 실무 지침서가 되기를 바랍니다. 책 한 권을 만들기 위해 불철주야 애쓰고 노력하는 한빛아카데미(주)에 깊은 애정과 감사를 전합니다. 또한 수많은 책 중에서 이 책을 접하게 된 독자 여러분과의 인연에도 감사드립니다.

저자 이영주

강의 보조 자료

한빛아카데미 홈페이지에서 '교수회원'으로 가입하신 분은 인증 후 교수용 강의 보조 자료를 제공받을 수 있습니다. 한빛아카데미 홈페이지 상단의 〈교수전용공간〉 메뉴를 클릭하세요.

http://www.hanbit.co.kr/academy

예제 소스

실습에 필요한 파일과 iOS 및 안드로이드의 각종 리소스 파일을 아래 주소에서 다운로드할 수 있습니다. 계속 사용할 파일이므로 하드디스크에 복사해 두고 사용하세요.

http://www.hanbit.co.kr/src/4475

학습 로드맵

예제 미리보기

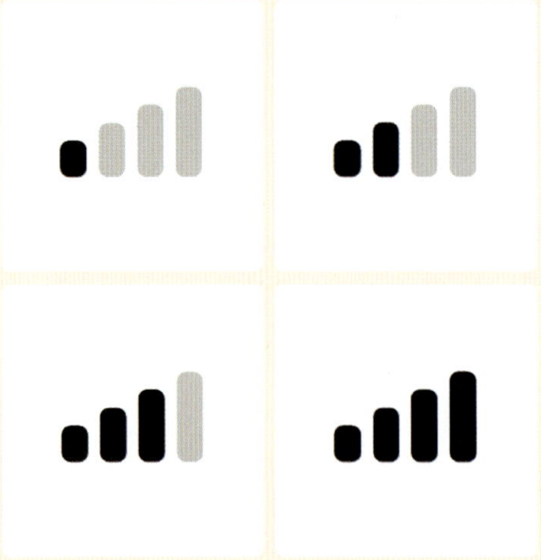

116p | 네트워크 아이콘과 자동 애니메이션

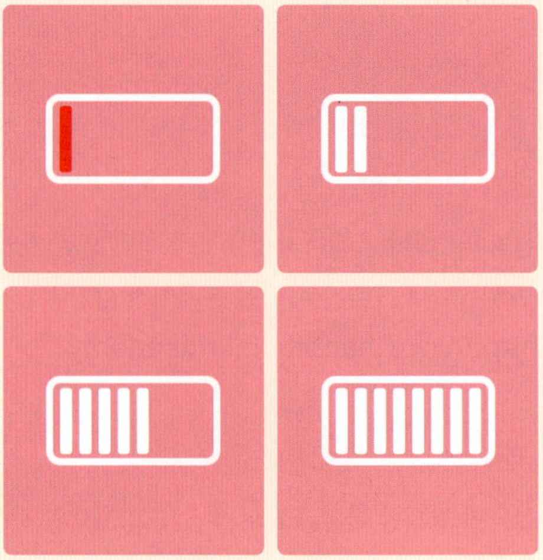

125p | 배터리 아이콘과 자동 애니메이션

132p | 날씨 아이콘과 전환 애니메이션

148p | 버튼 인터랙션과 멀티플 인터랙션

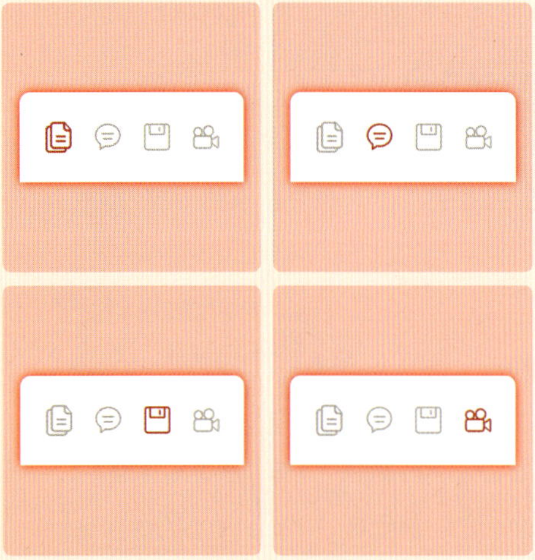

158p | 선형 메뉴 인터랙션을 위한 자동 애니메이션

167p | 배경 메뉴 인터랙션을 위한 자동 애니메이션

예제 미리보기

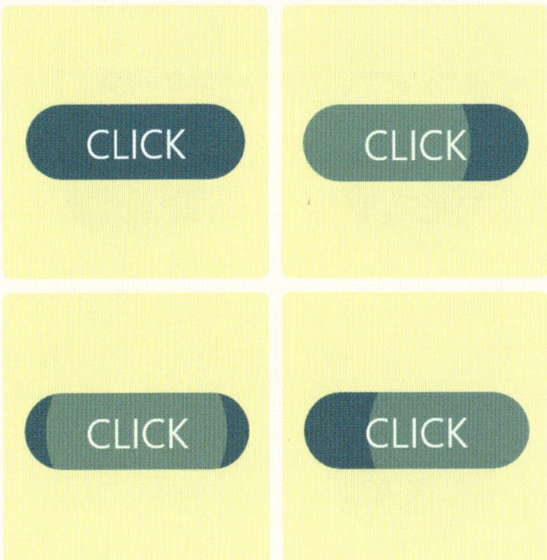

175p | 버튼 인터랙션을 위한 터치 애니메이션

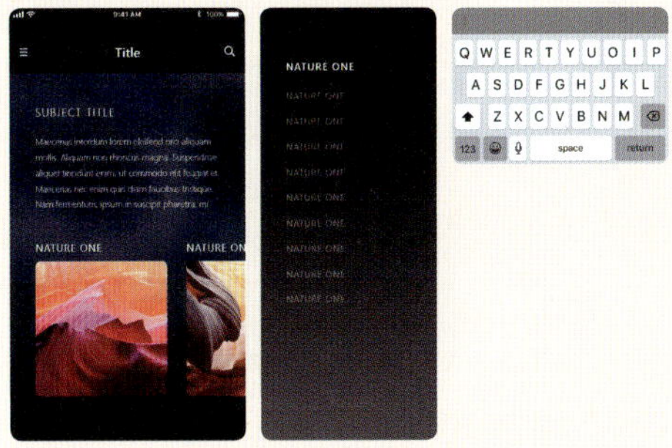

184p | 드로어 인터랙션을 위한 오버레이 애니메이션

198p | 좌우 스크롤링 인터랙션

203p | 크기 변화 인터랙션

209p | 위치 변화 인터랙션

219p | 휠 컨트롤 인터랙션

예제 미리보기

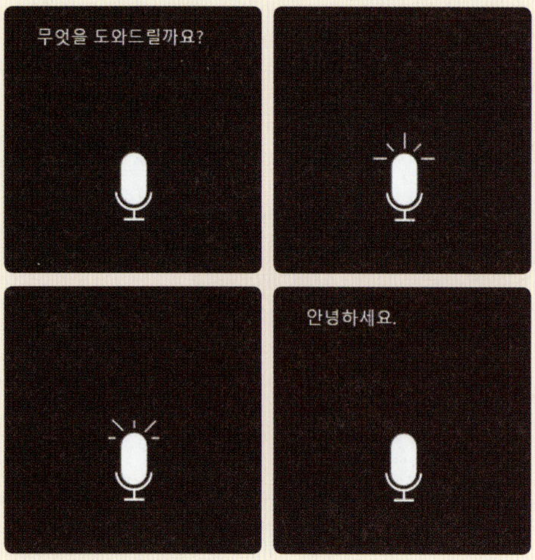

228p | 보이스 인터랙션

236p | 키패드 인터랙션

246p | 패럴랙스 로딩 인터랙션

257p | 무한 루프 로딩 인터랙션

263p | 진행형 로딩 인터랙션

269p | 숫자형 로딩 인터랙션

예제 미리보기

279p | 애니메이션 로딩 인터랙션

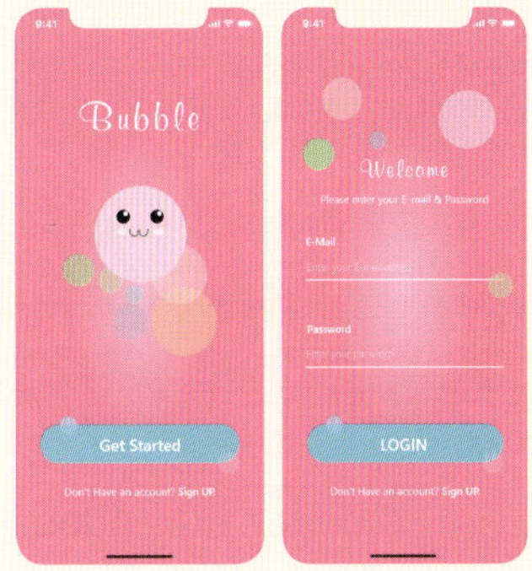

292p | 랜딩 페이지와 선형 인풋 로그인 인터랙션

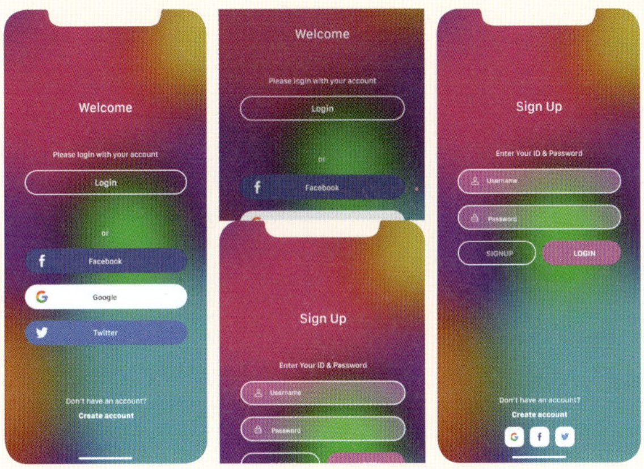

301p | SNS 랜딩 페이지와 박스 인풋 로그인 인터랙션

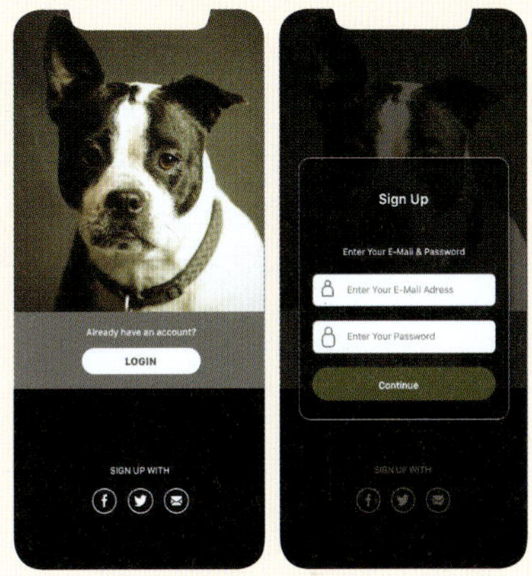

310p | 팝업 오버레이 로그인 인터랙션

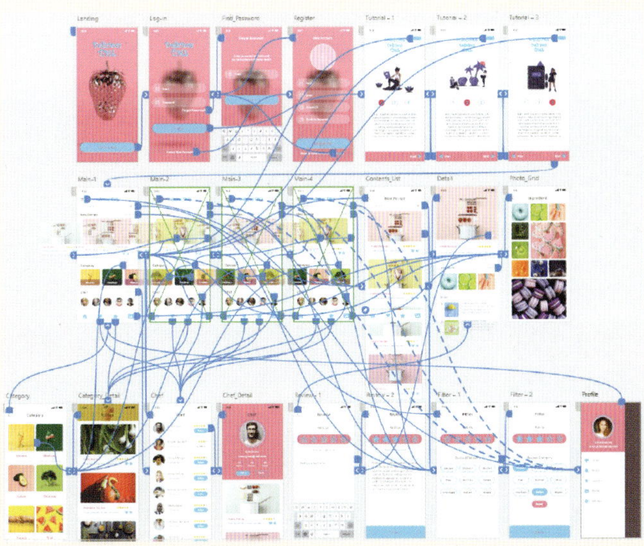

393p | 프로젝트: 푸드 레시피 앱

목차

목차

목차

Part 01
Adobe XD 기초

Part 01

Adobe XD 기초

Chapter 01
Adobe XD 시작

1
Adobe XD 소개

Adobe XD는 웹이나 모바일에서 UI/UX 디자인을 구현하고자 하는 디자이너, 크리에이티브 팀, 대규모 디자인 조직을 위해 고안된 프로그램이다. 효율적인 개인 작업과 편리한 공동 작업이 가능하며, UI/UX 디자인 시스템을 구축하고 관리하는 데 필요한 모든 기능을 갖추고 있다. 또한 와이어프레이밍과 프로토타이핑을 제공 및 공유할 수 있는 강력한 툴이다.

(a) 모바일 UI

(b) 스마트워치 UI

(c) 워크플로우

(d) 대시보드 UI

(e) 웹 UI

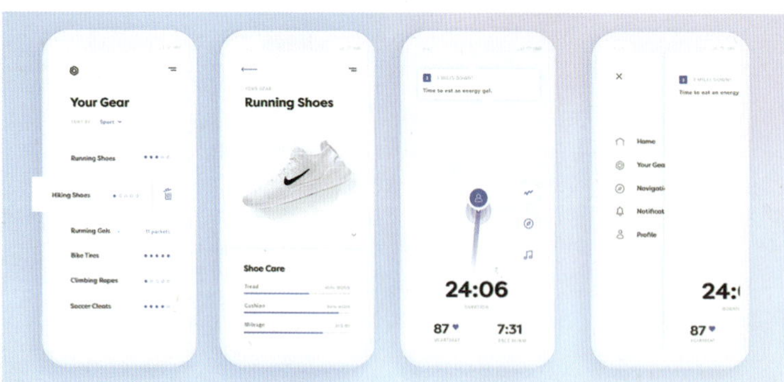

(f) 프로토타이핑

그림 1-1 Adobe XD로 구현한 UI/UX 디자인

1 Adobe XD의 기능

Adobe XD에는 디자인, 프로토타입, 공유, 공동 작업, 디자인 시스템 구축을 위한 다양한 기능이 있다.

1.1 디자인을 위한 기능

재정의 가능한 구성 요소, 반응형 크기 조정, 에셋 패널, 반복 그리드, 다른 프로그램 파일 가져오기, 최적화된 벡터 툴, 정확한 디자인, 일괄 에셋 내보내기 등의 기능이 있다.

- **재정의 가능한 구성 요소** 문서 전체에서 에셋의 각 인스턴스를 찾아 편집해야 하는 번거로움을 없애고 재사용 가능한 요소로 디자인할 수 있다. 각 인스턴스의 모든 속성을 사용자 정의할 수 있고, 마스터 구성 요소의 변경 사항을 자동으로 적용할 수 있다.

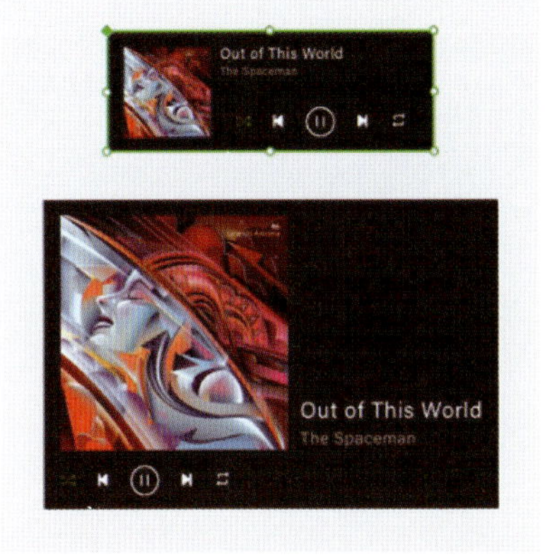

그림 1-2 재정의 가능한 구성 요소

- **반응형 크기 조정** 다양한 크기의 화면에 맞게 오브젝트 또는 구성 요소 그룹의 크기를 쉽게 조정할 수 있다. 이때 배치와 비율은 유지할 수 있다. 간단하게 수동으로 조정해 사용자 정의할 수도 있다.

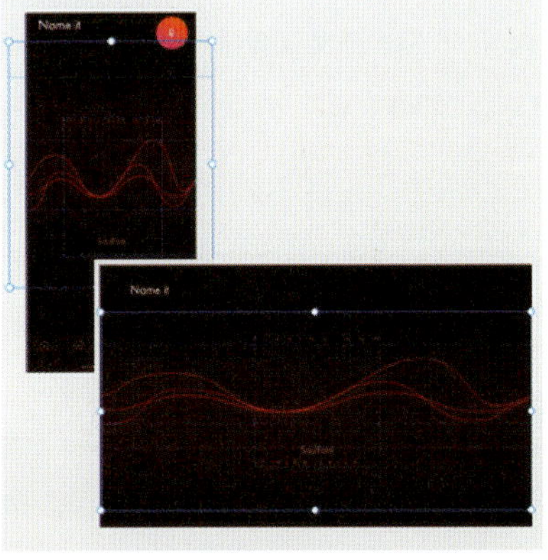

그림 1-3 반응형 크기 조정

- **에셋 패널** 구성 요소를 자동으로 포함하는 에셋 패널에 색상과 문자 스타일을 추가해 손쉽게 재사용할 수 있다. 패널에서 색상 또는 문자 스타일을 편집하면 변경 사항이 문서 전체에 업데이트된다.

그림 1-4 에셋 패널

- **반복 그리드** 연락처 목록, 사진 갤러리 등의 디자인 항목을 선택하여 모든 스타일과 간격을 그대로 유지하면서 원하는 만큼 복제할 수 있다. 요소를 업데이트하면 변경 내용이 모든 영역에 적용된다.

그림 1-5 반복 그리드

- **다른 프로그램 파일 가져오기** 포토샵이나 일러스트레이터 등 다른 어도비 프로그램에서 만든 에셋과 디자인을 Adobe XD에서 열면 XD 파일로 자동으로 변환되므로 처음부터 새로 만들지 않아도 된다. 스케치Sketch 프로그램에서 만든 파일도 마찬가지로 변환된다.
- **최적화된 벡터 툴** 드로잉 및 모양 툴, 와이어프레임, 아이콘, 기타 시각적인 요소 제작에 최적화된 벡터 편집 기능 등 최적의 환경에서 작업할 수 있다.
- **정확한 디자인** 아트보드 안내선, 레이아웃 격자, 상대 치수 기능 등을 사용해 UI/UX의 레이아웃을 디자인하고 정렬할 수 있다.

- **일괄 에셋 내보내기** 내보낼 요소를 표시하고 일괄 내보내기를 선택하면 대상 플랫폼으로 빠르게 내보낼 수 있다. 또는 개발자가 다운로드할 수 있도록 디자인 사양에 포함할 수 있다.

1.2 프로토타입을 위한 기능

프로토타입 흐름 연결, 자동 애니메이트, 음성 프로토타이핑, 애플리케이션 및 게임 경험, 오버레이 지원, 고정 위치 설정, 타이밍 조정이 가능한 전환, iOS 및 안드로이드 기기에서 미리보기 등의 기능이 있다.

- **프로토타입 흐름 연결** 디자인 모드에서 프로토타입 모드로 전환해 아트보드를 연결하면 멀티스크린 앱의 흐름과 경로를 확인할 수 있다. 다양한 트리거와 액션을 사용해 경험을 정의하고 공유할 수 있다.

그림 1-6 **프로토타입 흐름 연결**

- **자동 애니메이트** 아트보드에서 미세한 인터랙션에 자동으로 애니메이션을 적용할 수 있다. 요소를 복제하고 속성을 변경하면 Adobe XD에서 원래 요소와 바뀐 요소의 차이점을 식별해 애니메이션을 자동으로 생성한다.

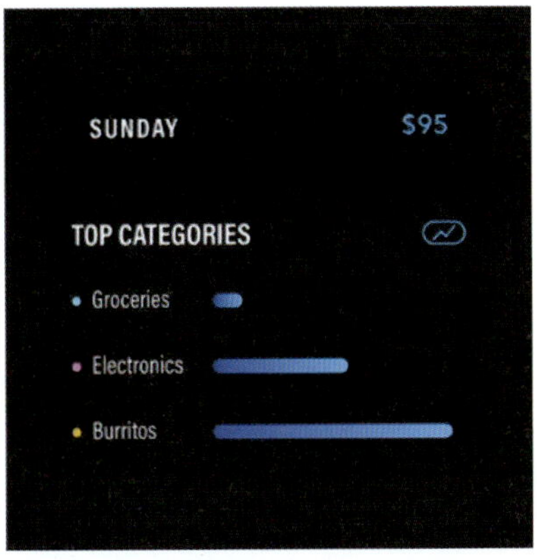

그림 1-7 **자동 애니메이트**

- **음성 프로토타이핑** 음성 트리거와 음성 재생을 사용하면 화면에서 벗어나 사용자 경험을 향상시킬 수 있다.

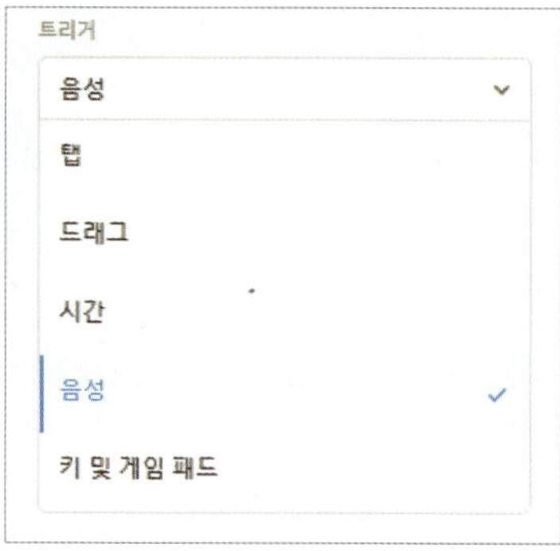

그림 1-8 음성 프로토타이핑

- **애플리케이션 및 게임 경험** 키보드 단축키와 게임 패드를 트리거로 사용해 높은 충실도(high fidelity)의 게임 경험을 프로토타이핑할 수 있다.

그림 1-9 애플리케이션 및 게임 경험

- **오버레이 지원** 콘텐츠 위에 오버레이되는 메뉴, 대화 상자, 가상 키보드 등의 시각적 요소를 신속하게 추가할 수 있다.
- **고정 위치 설정** 요소를 같은 위치에 고정시키면 사용자가 스크롤하더라도 움직이지 않는다. 이 프로토타이핑 기능은 머리글, 바닥글 등을 고정할 때 유용하다.
- **타이밍 조정이 가능한 전환** 아트보드 간의 전환 타이밍을 보다 세밀하게 제어할 수 있다. 자동 페이드 효과, 스피너, 로더, 진행률 막대 등의 지연을 사용해 루프 애니메이션을 만들 수 있다.
- **iOS 및 안드로이드 기기에서 미리보기** Adobe XD 모바일 앱을 사용해 기기에서 디자인과 모든 인터랙션을 미리 볼 수 있다. 데스크톱에서 변경 사항을 적용한 후 기기에서 품질과 유용성을 테스트할 수 있다.

1.3 공유를 위한 기능

이해관계자 또는 개발자와 쉽게 작업 공유, 비공개 초대, 이해관계자를 위한 웹 기반의 검토 및 댓글 기능, 개발자를 위한 웹 기반의 디자인 사양 등의 기능이 있다.

- **이해관계자 또는 개발자와 쉽게 작업 공유** Adobe XD에서 디자인과 프로토타입을 공유할 수 있으며 공유한 콘텐츠의 업데이트도 수월하다. 또한 공유한 콘텐츠를 관리하고 액세스를 제어하는 방법도 다양하다.

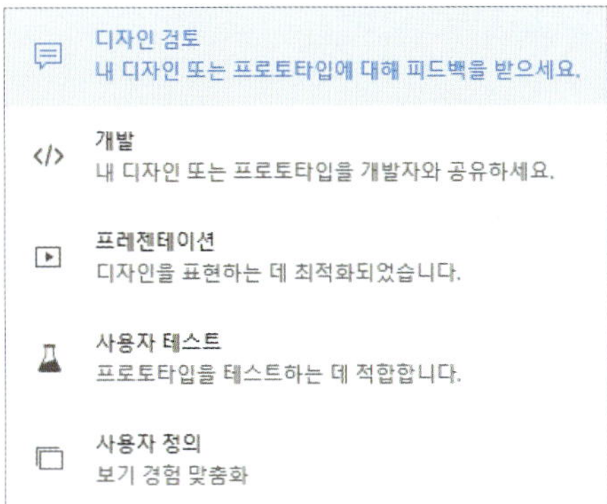

그림 1-10 디자인 검토 목적으로 공유

- **비공개 초대(미리보기)** 사용자가 지정한 이해관계자만 비공개로 초대해 공유한 작업에 대한 액세스를 제한할 수 있다. 또한 프로토타입 검토, 댓글, 디자인 사양 접근 등을 제어할 수 있다.

그림 1-11 초대된 사용자만 보기

- **이해관계자를 위한 웹 기반의 검토 및 댓글 기능** 공유 가능한 웹 링크를 생성해 디자인에 대한 피드백을 얻거나 비핸스 또는 웹 페이지에 포함시킬 수 있다. 검토자는 디자인의 프로토타입과 특정 부분에 바로 댓글을 달 수 있다. 검토자의 댓글이 추가되면 알림을 받게 되고, 변경 사항이 있으면 검토자에게 회신할 수 있다.

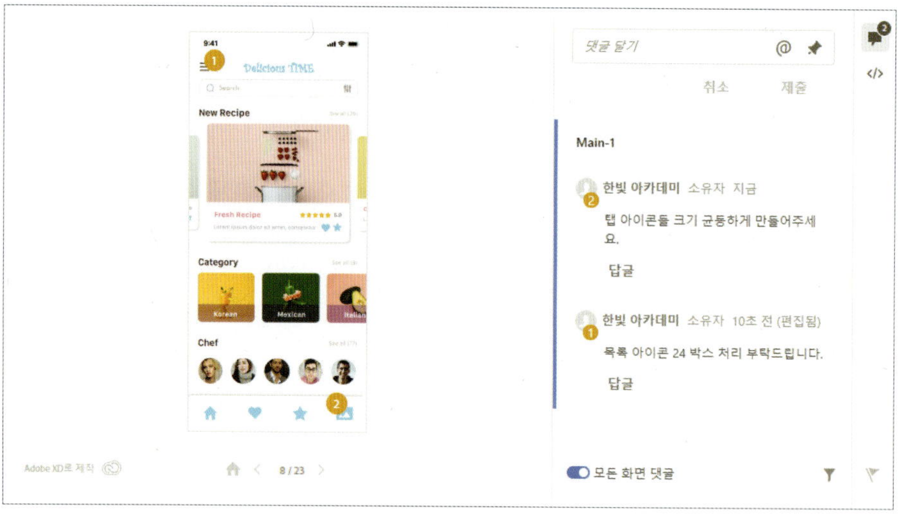

그림 1-12 이해관계자를 위한 웹 기반의 검토 및 댓글 기능

- **개발자를 위한 웹 기반의 디자인 사양** 인터랙티브한 프로토타입에서 자동으로 생성된 디자인 사양의 링크를 개발자에게 전송해 개발 프로세스의 시간을 단축할 수 있다. 사양에는 아트보드의 순서와 흐름, 색상, 문자 스타일 및 치수가 포함된다. 개발자는 댓글을 추가하거나 에셋을 추출 또는 다운로드할 수 있다.

그림 1-13 개발자를 위한 웹 기반의 디자인 사양

1.4 공동 작업을 위한 기능

편집 작업을 수행하도록 초대, 문서 상태 확인, 실시간 공동 편집, 문서 작업 내역 저장 등의 기능이 있다.

- **편집 작업을 수행하도록 초대** 다른 디자이너를 초대해 공동 작업을 진행할 수 있다.

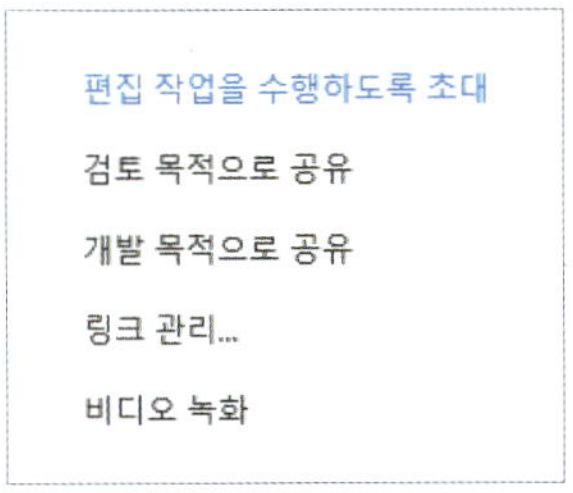

그림 1-14 편집 작업을 수행하도록 초대

- **문서 상태 확인** 문서를 보고 편집하는 팀원을 한눈에 파악할 수 있다.

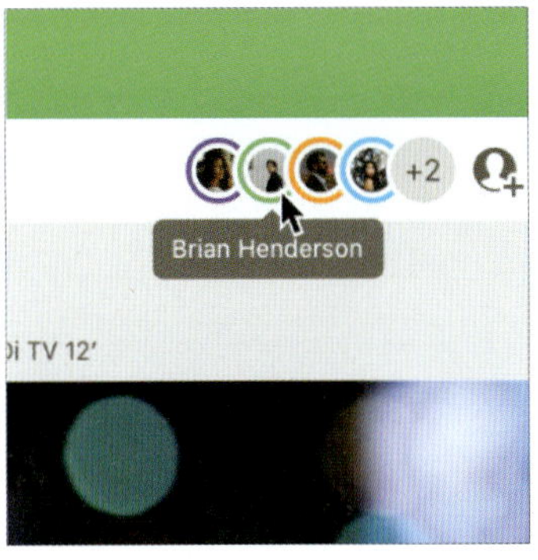

그림 1-15 문서 상태 확인

- **실시간 공동 편집** 팀원과 디자인 프로젝트를 동시에 진행할 때 중복 또는 변경 사항에 대한 걱정 없이 작업할 수 있다. 편집 중에 다른 사람이 문서의 어떤 부분을 작업하고 있는지 명확히 알 수 있다.

그림 1-16 실시간 공동 편집

- **문서 작업 내역 저장** 작업하는 동안 편집 내역이 자동으로 저장되므로 언제든지 이전 버전으로 돌아갈 수 있다. 중요한 버전을 표시해 두면 디자인 과정에서 주요 단계에 액세스할 수 있다.

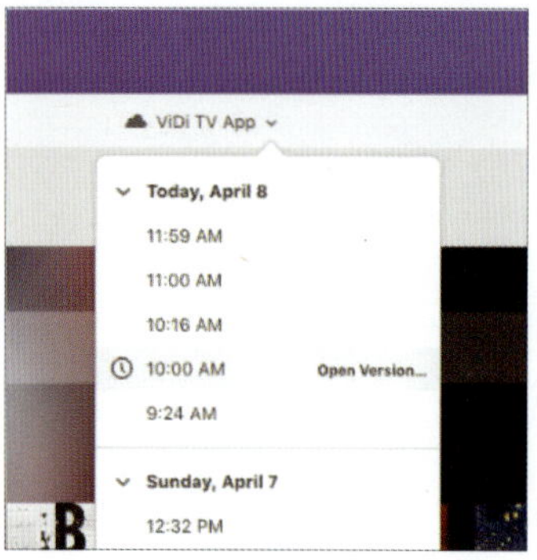

그림 1-17 문서 작업 내역

1.5 디자인 시스템 구축을 위한 기능

클라우드 문서, 연결된 에셋, 에셋 업데이트 관리 등의 기능이 있다.

- **클라우드 문서** 작업을 클라우드 문서로 저장하면 공동 작업자와 빠르게 공유할 수 있다. 클라우드 문서는 자동으로 업데이트되므로 작업이 손실될 염려가 없다.

그림 1-18 클라우드 문서

- **연결된 에셋** 공유 클라우드 문서에서 디자인 요소를 에셋 패널에 추가해 원활하게 협업할 수 있다.

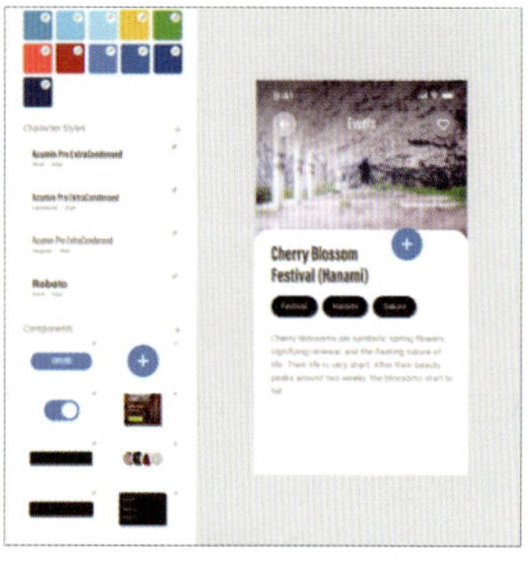

그림 1-19 연결된 에셋

- **에셋 업데이트 관리** 연결된 에셋이 변경되면 알림을 수신하게 되고 업데이트 반영 여부를 선택할 수 있다.

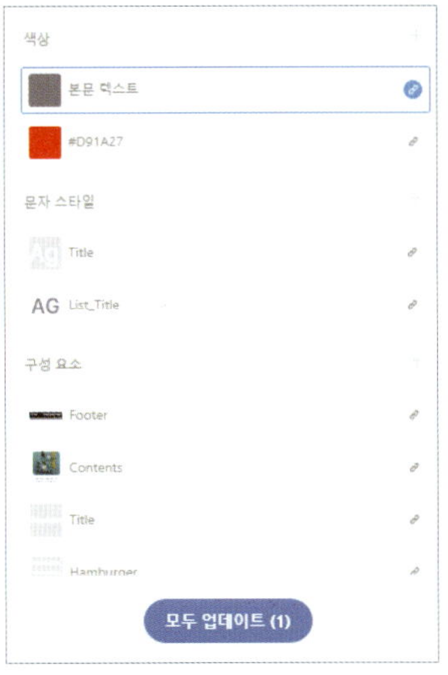

그림 1-20 **에셋 업데이트 관리**

2 Adobe XD의 호환성

Adobe XD는 강력한 호환성을 가지고 있다. 특히 포토샵, 일러스트레이터, 애프터 이펙트 등의 다른 어도비 프로그램에서 만든 에셋과 디자인을 Adobe XD에서 열면 XD 파일로 자동으로 변환된다. 간편한 글꼴 관리도 가능하며, Creative Cloud Libraries를 지원한다.

❶ **포토샵 파일 바로 열기** Adobe XD에서 바로 PSD 파일을 열면 포토샵에서 작업한 디자인과 에셋을 Adobe XD로 가져올 수 있다. 파일은 새로운 XD 파일로 자동 변환되므로 빠르고 쉽게 디자인하고 프로토타이핑할 수 있다.

❷ **일러스트레이터 파일 바로 열기** 일러스트레이터 디자인과 에셋을 Adobe XD로 신속하게 가져올 수 있다. Adobe XD에서 AI 파일을 열면 아트보드, 레이어, 편집 가능한 상태가 그대로 유지되면서 새로운 XD 파일로 자동 변환된다.

❸ **애프터 이펙트로 내보내기** Adobe XD에서 작업한 디자인을 내보내 어도비 애니메이션 프로그램인 애프터 이펙트에서 더 세밀하게 편집할 수 있다.

❹ **간편한 글꼴 관리** Adobe XD에서는 누락된 글꼴로 인한 번거로운 작업이 쉽게 해결된다. XD 파일을 열면 어도비 폰트Adobe Fonts가 자동으로 활성화되고, 누락된 다른 글꼴을 문서에서 쉽게 확인할 수 있으므로 일괄적으로 바꿀 수 있다.

❺ **Creative Cloud Libraries 지원** Creative Cloud Libraries와의 통합을 통해 포토샵, 일러스트레이터 및 다른 Adobe Creative Cloud 앱에서 만든 래스터 이미지, 벡터 그래픽, 색상 및 문자 스타일을 Adobe XD 내에서 바로 액세스해 적용할 수 있고 문서에 재사용할 수 있다.

3 Adobe XD의 확장성 및 가용성

Adobe XD는 100개 이상의 서드파티 플러그인을 사용할 수 있으며, 크로스 플랫폼과 다국어를 지원한다. 또한 사용자에게 익숙한 협업 및 생산성 앱과도 통합되어 있다.

❶ **100개 이상의 서드파티 플러그인** 개발자 커뮤니티에서 만든 다양한 플러그인을 사용해 워크플로우와 통합을 위한 Adobe XD의 기능을 확장할 수 있다. 앱에서 이런 플러그인을 손쉽게 검색하고 관리해 작업을 자동화하거나 다른 툴과 통합하고 데이터를 사용해 디자인하는 등 다양한 작업을 할 수 있다.

❷ **크로스 플랫폼 지원** Adobe XD는 윈도우 10과 맥 OS를 기본적으로 지원하고, 안드로이드 및 iOS용 모바일 앱을 포함하고 있다.

❸ **다국어 지원** Adobe XD는 한국어, 영어, 프랑스어, 독일어, 일본어, 중국어, 포르투갈어, 스페인어를 지원한다.

❹ **앱 통합** Adobe XD는 Slack, Jira, Microsoft Teams, Zeplin, Avocode, Sympli, ProtoPie, Kite 앱 등 사용자에게 익숙한 다수의 협업 및 생산성 앱과 통합되어 있다.

그림 1-21 Adobe XD에서 통합할 수 있는 앱

2
Adobe XD 설치

Adobe XD는 'XD 스타터 플랜', 'XD', 'XD for teams'의 세 가지 플랜 중에서 선택할 수 있다.

개인이 XD 스타터 플랜을 선택하면 Adobe XD를 무료로 사용할 수 있다. XD 스타터 플랜은 유효한 프로토타입 공유 1회, 유효한 디자인 사양 공유 1회, 일부 어도비 글꼴 세트, 2GB의 클라우드 스토리지를 제공한다. 개인은 XD 스타터 플랜이면 충분하다.

XD 플랜의 경우 월 11,000원이며 프로토타입 개수 무제한, 디자인 사양 개수 무제한, 어도비 폰트 포트폴리오(전체 글꼴 라이브러리), 100GB의 클라우드 스토리지를 제공한다. 이미 어도비 CC의 모든 앱 사용 회원이라면 일반 XD 플랜의 혜택이 그대로 적용된다.

XD for teams 플랜은 월 26,000원이며 전용 비즈니스 기능과 온보딩 온라인 세미나 등을 추가로 지원한다.

그림 1-22 Adobe XD의 다양한 플랜

1 Adobe XD 설치를 위한 시스템 요구 사양

Adobe XD를 데스크톱이나 모바일에 설치하려면 다음과 같은 시스템 사양이 필요하다.

표 1-1 Adobe XD 설치를 위한 데스크톱 사양

Windows	Mac OS
• Windows 10 크리에이터 업데이트(64비트): 버전 1703(빌드 10.0.15063) 이상 • 64비트 지원 인텔® 또는 AMD 프로세서 • 1280 × 800 • 4GB RAM • Windows 10의 XD는 Windows의 기본 펜 및 터치 기능을 지원	• macOS X v10.12 이상 • 64비트 지원 인텔® 또는 AMD 프로세서 • 비 망막 디스플레이(Retina 권장) • 4GB RAM
• 필요한 소프트웨어 활성화, 가입 확인 및 온라인 서비스 액세스를 위해 인터넷 연결 및 등록이 필요 • 음성 기능을 사용하려면 사용자가 프로토타입을 미리보기 위해 인터넷 연결 필요	

표 1-2 Adobe XD 설치를 위한 모바일 사양

안드로이드용 Adobe XD	iOS용 Adobe XD
• 삼성 Galaxy S6, S7, S9 • HTC One M9 • LG G4 • Nexus 5X • Nexus 6P	• iPhone: XR, XS, XS 최대, X, 8, 8 Plus, 7, 7 Plus, 6, 6 Plus, 6S, 6S Plus, SE, iPhone 5S • iPad: iPad(2018 및 2017), Air, Air2, mini 2, mini 3, mini 4 및 iPad Pro(세대 1, 2, 3)
• Android 6.0 이상 • Android: Open GL ES 2.0이 설치된 장치가 지원	• Apple iOS 버전 11.0 이상 • iOS: 64비트 장치만 지원

2 Adobe XD 무료 설치하기

01 어도비 홈페이지(http://www.adobe.com/kr)에 접속해 [크리에이티비티 및 디자인]을 클릭한 후 [XD]를 선택한다.

02 Adobe XD 화면에서 [다운로드]를 클릭한다.

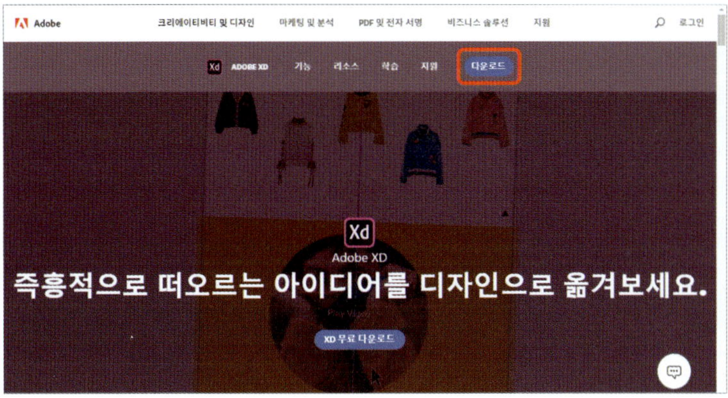

03 어도비 계정이 있다면 [로그인]을 클릭한 후 이메일 주소와 암호를 입력해 로그인한다. 어도비 계정이 없다면 [계정 만들기]를 클릭해 회원으로 가입한 후 로그인한다.

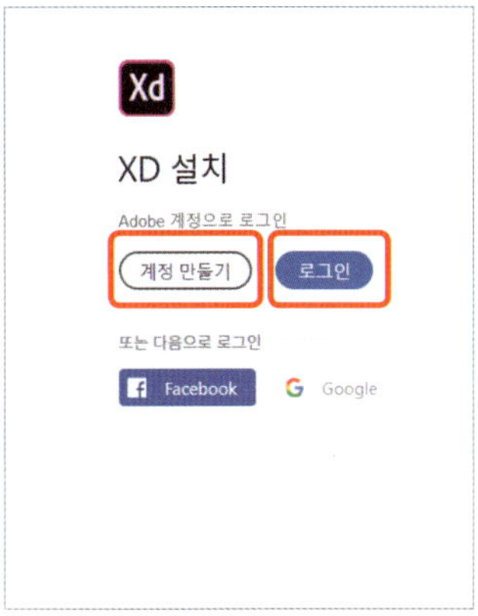

[Adobe XD 로그인 화면]

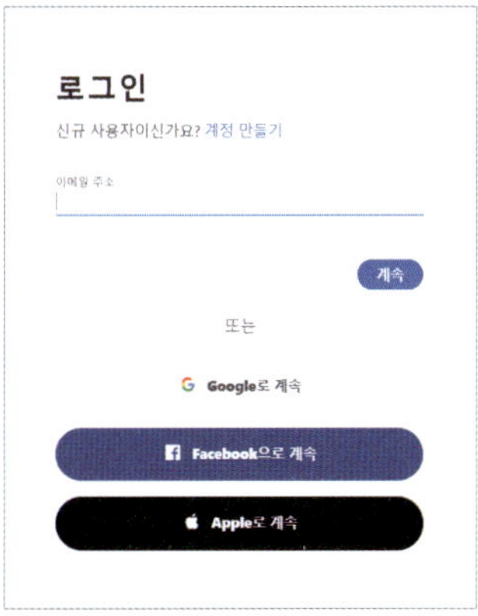

[이메일 주소 입력 화면]

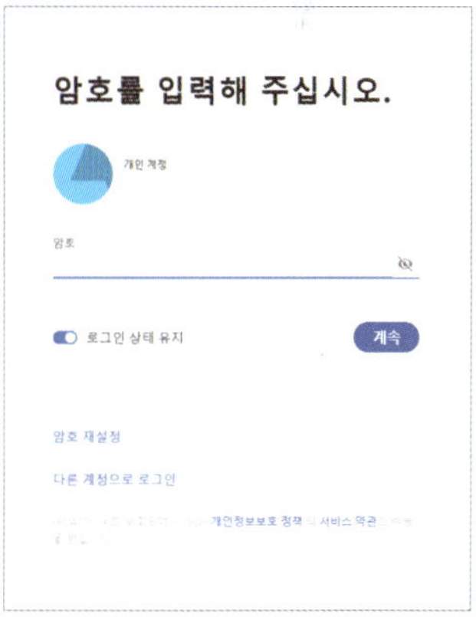

[암호 입력 화면]

04 브라우저 종류에 따라 다음과 같은 창이 열린다. 컴퓨터에 'Creative Cloud Desktop App'이 설치되어 있지 않다면 [허용] 또는 [CreativeCloud(URIHandler) 열기]를 클릭해 앱을 설치한다.

[인터넷 익스플로러]

[크롬]

Tip 컴퓨터 환경이나 어도비 홈페이지 개정 여부에 따라 열리는 창의 모양이나 진행 과정이 달라질 수 있다. 상황에 맞게 선택해 앱 설치를 진행한다.

05 Creative Cloud 설치 프로그램이 제대로 설치되면 Creative Cloud Desktop 앱이 열린다. 여기서 [내 구독에 포함됨] 그룹의 XD 항목에서 [설치]를 클릭한다.

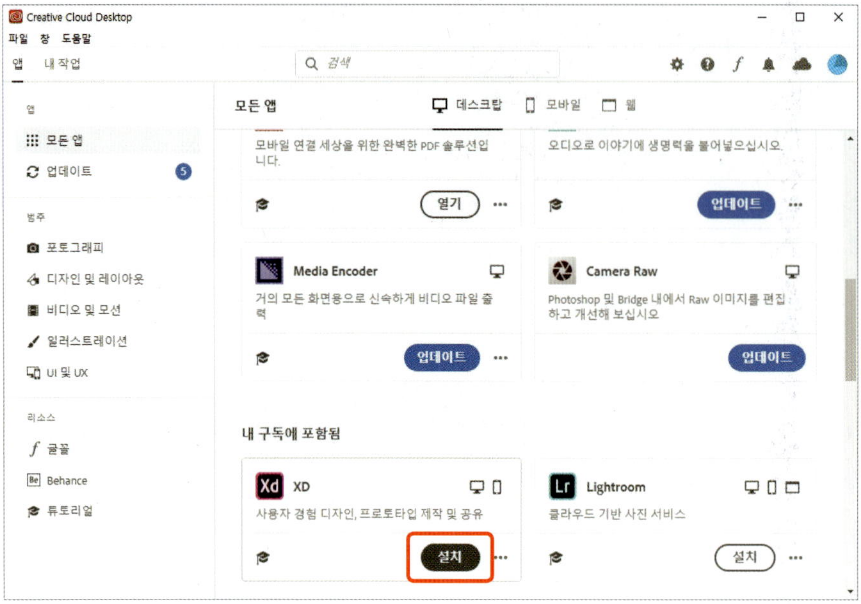

하나 더 알기 설치 언어 설정 방법

XD 설치 시 옵션을 지정하지 않으면 자동으로 한글 버전으로 설치된다. 영어 등 다른 언어로 설치하고 싶다면 Creative Cloud Desktop 앱 상단의 [환경 설정(⚙)] 버튼을 클릭해 팝업 창이 열리면 [앱] 탭의 '설치' 항목에서 기본 설치 언어를 변경한다.

06 설치가 완료되면 XD 항목이 [설치됨] 그룹으로 이동하면서 [설치]가 [열기]로 바뀐다. [열기]를 클릭해 Adobe XD를 실행한다.

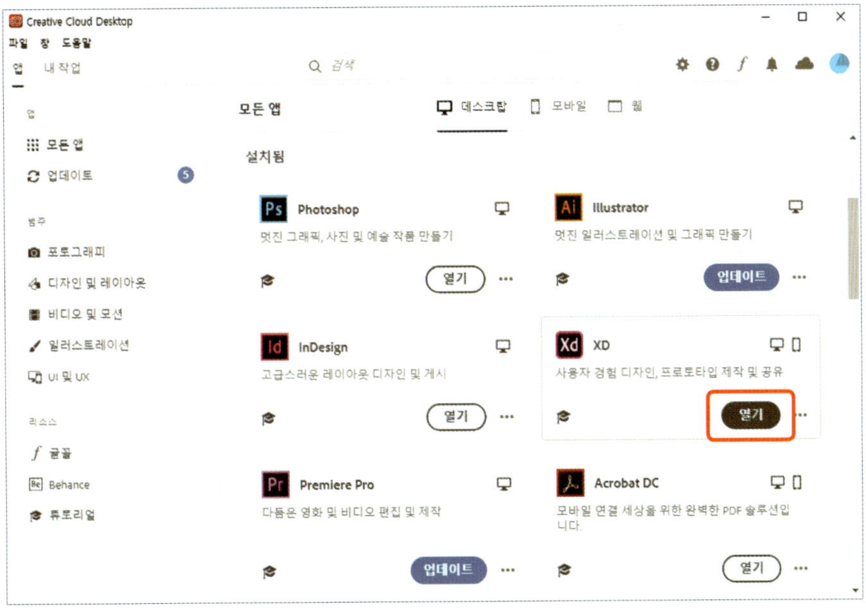

07 Adobe XD가 실행되면 실습을 진행한다.

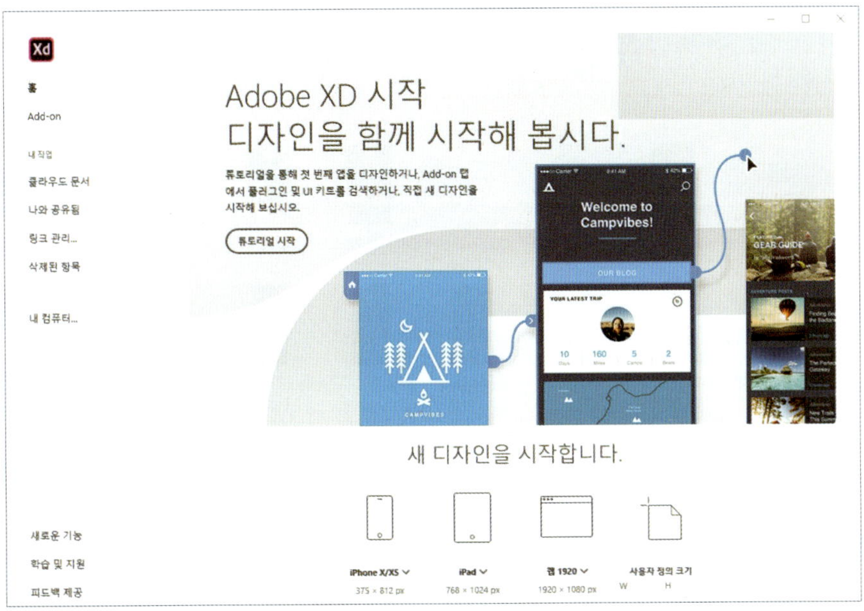

Tip 매번 어도비 홈페이지를 방문하는 것이 번거로우면 바탕화면에 생성된 Adobe Creative Cloud 바로가기 아이콘을 클릭해 프로그램을 설치하거나 실행할 수 있다.

3
홈 화면과 인터페이스

1 Adobe XD의 홈 화면

Adobe XD를 실행하면 나타나는 홈 화면의 요소별 명칭과 역할을 살펴본다. Adobe XD는 다른 어도비 제품군과는 달리 인터페이스가 바로 실행되지 않고 다음과 같은 홈 화면이 가장 먼저 실행된다.

그림 1-23 Adobe XD의 홈 화면

❶ **홈** Adobe XD를 실행하면 나타나는 현재 화면이다.

❷ **Add-on** [플러그인], [UI 키트], [앱 통합] 메뉴가 나타나며 Adobe XD의 기능을 확장하거나 필요한 UI를 다운로드하고 서드파티 앱을 설치해 사용할 수 있다.

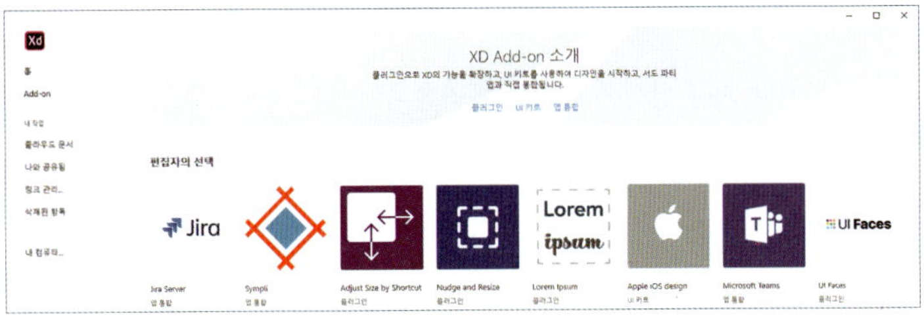

그림 1-24 Add-on 모드

❸ **내 작업** 클라우드에 저장된 내 파일을 공유, 관리, 삭제할 수 있다.

❹ **내 컴퓨터** 내 컴퓨터에 저장된 XD 파일을 불러올 수 있다.

❺ **아트보드** 아트보드의 종류를 선택하고 크기를 지정해 아트보드를 생성한다.

❻ **튜토리얼** 인터넷에 연결된 경우 어도비에서 지원하는 튜토리얼을 볼 수 있다.

❼ **최근** 최근에 열어본 파일 목록을 볼 수 있으며, 클릭하면 파일이 열린다.

❽ **지원** 인터넷에 연결된 경우 어도비 홈페이지에서 Adobe XD의 추가 기능을 탐색할 수 있다.

2 Adobe XD의 인터페이스

홈 화면에서 아트보드를 선택하면 디자인 작업 화면으로 전환된다. 각 요소별 명칭과 역할은 다음과 같다.

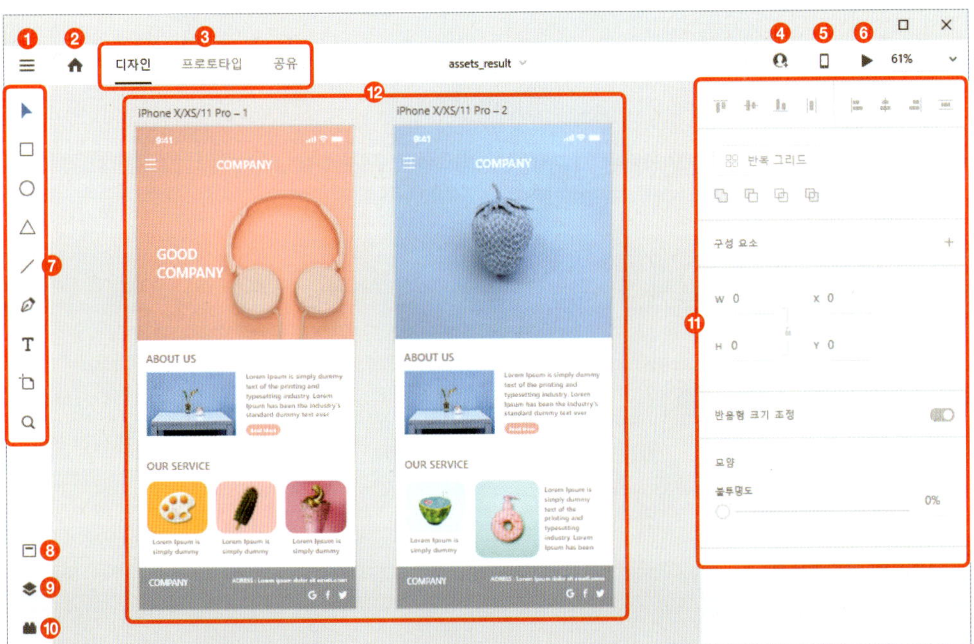

그림 1-25 Adobe XD의 디자인 작업 화면

❶ **메뉴** 새로 만들기, 열기, 저장 등의 메뉴 목록이 나타난다.

❷ **홈** 홈 화면에서 새 파일을 생성하거나 최근 생성한 파일을 불러올 수 있다.

❸ **디자인/프로토타입/공유 전환** [디자인]을 클릭하면 디자인 화면으로, [프로토타입]을 클릭하면 프로토타입 화면으로 전환한다. 또한 [공유]를 클릭하면 오른쪽의 옵션 창에서 공유를 설정할 수 있는데, 여기에서 클라우드로 파일을 공유해 검토하거나 개발자와 공유할 수 있다.

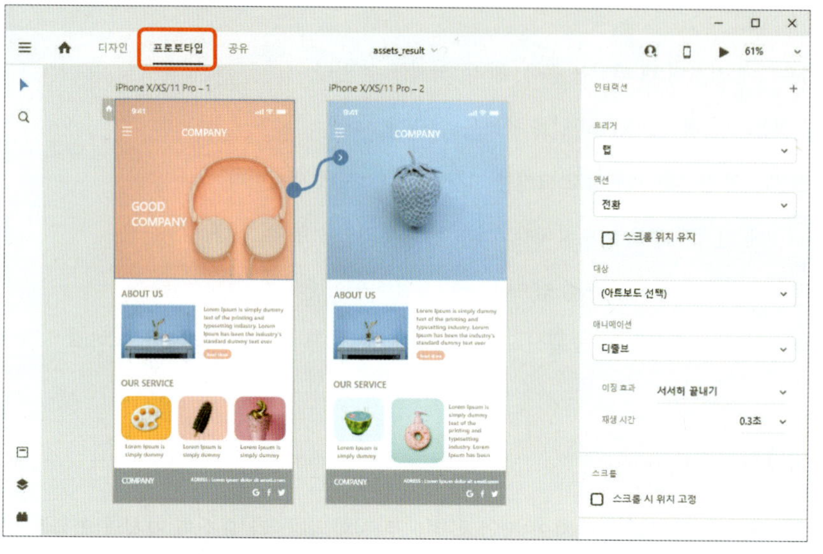

그림 1-26 Adobe XD의 프로토타입 작업 화면

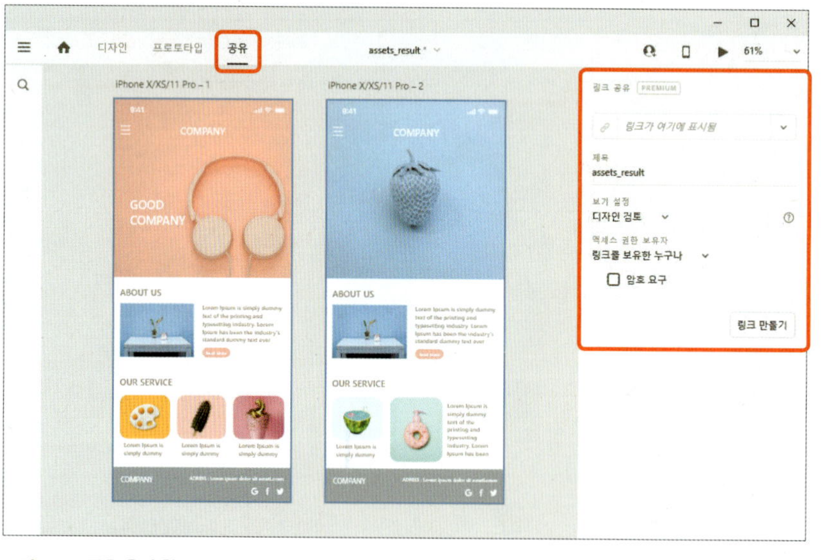

그림 1-27 공유 옵션 창

❹ **문서로 초대** 편집 작업에 필요한 멤버를 초대한다.

❺ **모바일 미리보기** 연결된 스마트폰으로 미리보기를 할 수 있다(현재는 아이폰만 가능).

❻ **데스크탑 미리보기** 디자인 화면이나 프로토타입을 미리보기할 수 있다.

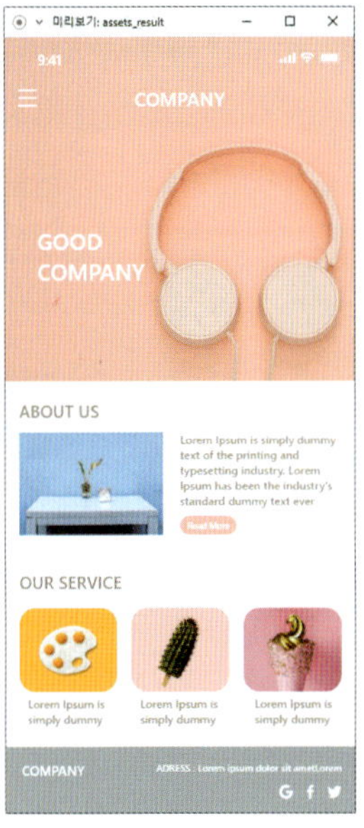

그림 1-28 미리보기

❼ **툴 패널** 선택 툴, 사각형 툴, 타원 툴, 다각형 툴, 선 툴, 펜 툴, 텍스트 툴, 아트보드 툴, 확대/축소 툴 등이 있다. 다양한 도형이나 선, 문자를 구현하기 위한 도구 모음이다.

❽ **에셋** 클릭하면 에셋 패널이 열린다. 에셋 모음으로 에셋을 불러오거나 에셋을 만들어 사용할 수 있다.

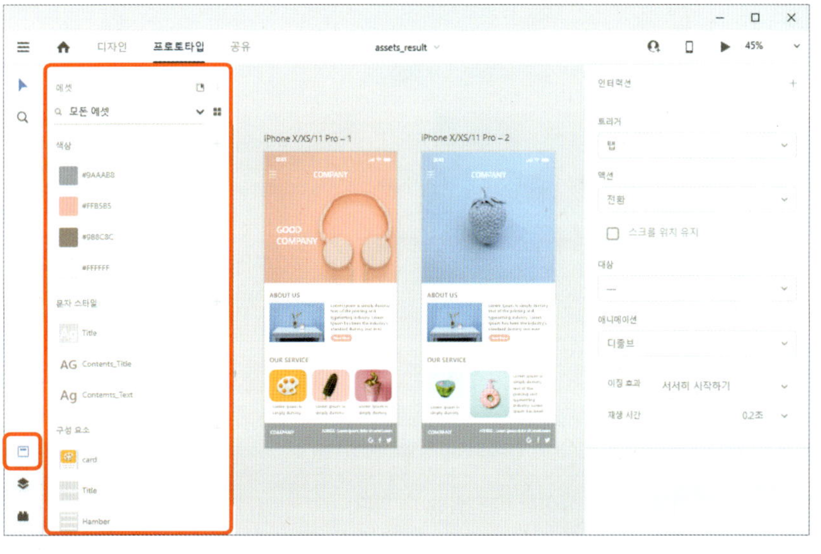

그림 1-29 에셋 패널

❾ **레이어** 클릭하면 레이어 패널이 열리며, 아트보드의 오브젝트를 클릭해 레이어 구성 요소의 명칭을 변경하거나 순서를 변경할 수 있다.

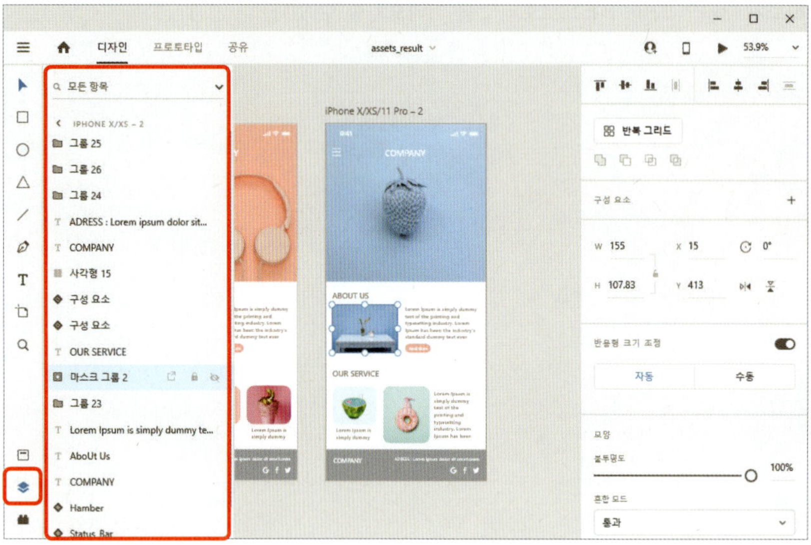

그림 1-30 레이어 패널

❿ **플러그인** 클릭하면 플러그인 패널이 열리며 설치된 플러그인을 바로 꺼내 활용할 수 있다.

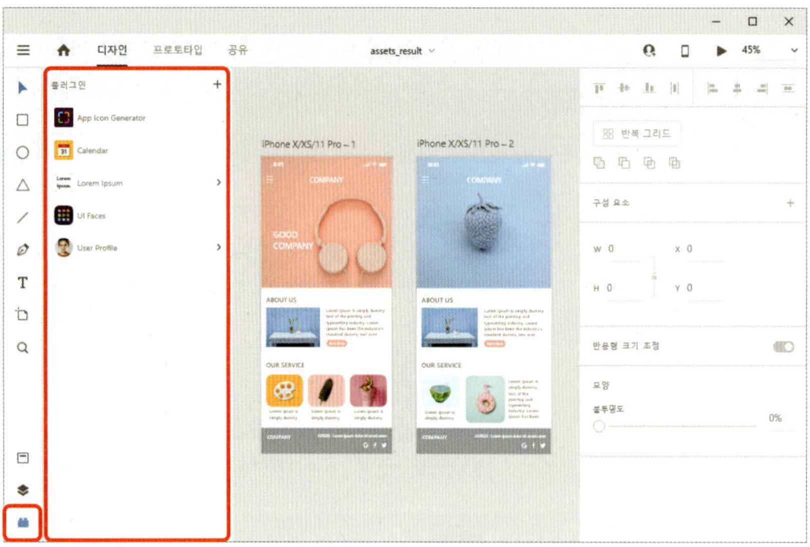

그림 1-31 플러그인 패널

⓫ **옵션** 선택한 오브젝트나 도구의 옵션을 확인하고 설정할 수 있다.

⓬ **아트보드** 원하는 크기의 아트보드를 생성하고 편집할 수 있다.

4
아트보드와 레이어

1 아트보드 활용하기

01 Adobe XD를 실행해 홈 화면이 열리면 기본으로 설정되어 있는 각각의 기기 아이콘을 클릭하거나 기기별 옵션을 열어 원하는 아트보트 크기를 선택해 아트보드를 생성한다. 여기서는 'Android Mobile(360×640)' 아트보드를 열기 위해 모바일 아이콘의 목록을 클릭하고 'Android Mobile(360×640)'을 선택한다.

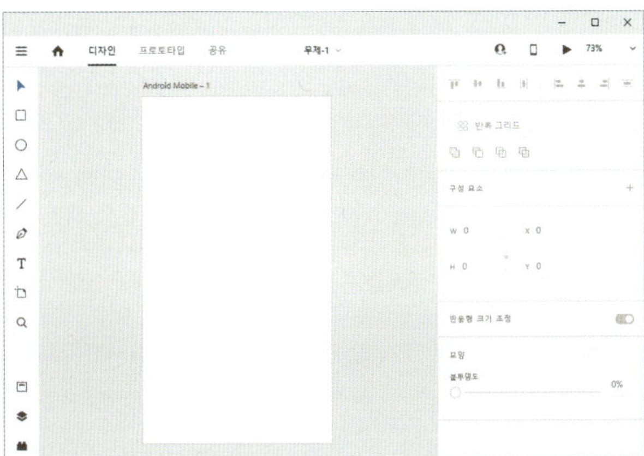

02 툴 패널에서 선택 툴(▸)을 선택하고 아트보드의 이름 부분을 클릭한 후 Alt를 누른 채 드래그하면 아트보드가 복제된다.

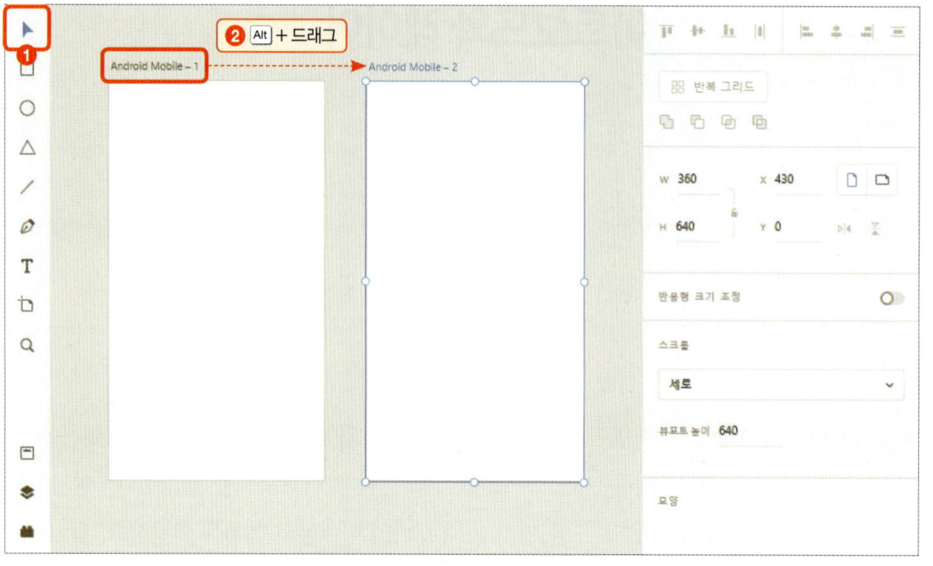

Tip 아트보드의 이름을 클릭하면 아트보드가 선택되며 아트보드가 비었을 때는 아트보드를 클릭해도 선택된다. 아트보드를 선택하고 Ctrl+C를 눌러 복제한 후 Ctrl+V를 눌러 붙여넣어도 된다.

03 툴 패널에서 아트보드 툴(⌷)을 선택하고 오른쪽 옵션 창의 아트보드 패널에서 원하는 아트보드 크기를 선택해 아트보드를 추가한다. 여기서는 'iPhone X/XS/11 pro'를 선택했다.

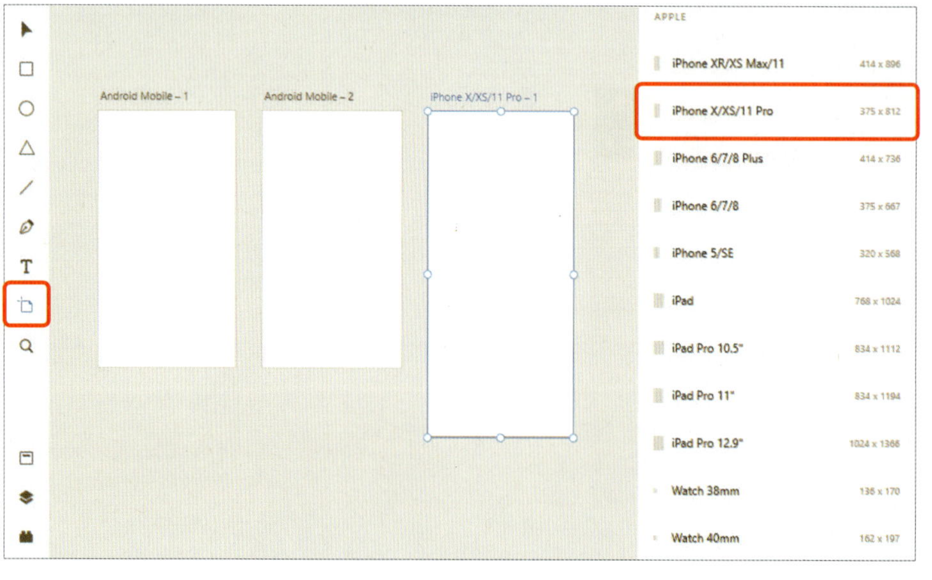

04 아트보드 툴( )이 선택된 상태에서 작업 화면을 드래그하면 드래그한 크기의 아트보드를 만들 수 있으며, 오른쪽 옵션 창에서 직접 W(너비), H(높이), X와 Y(위치) 값을 입력해 아트보드 크기를 조절할 수 있다.

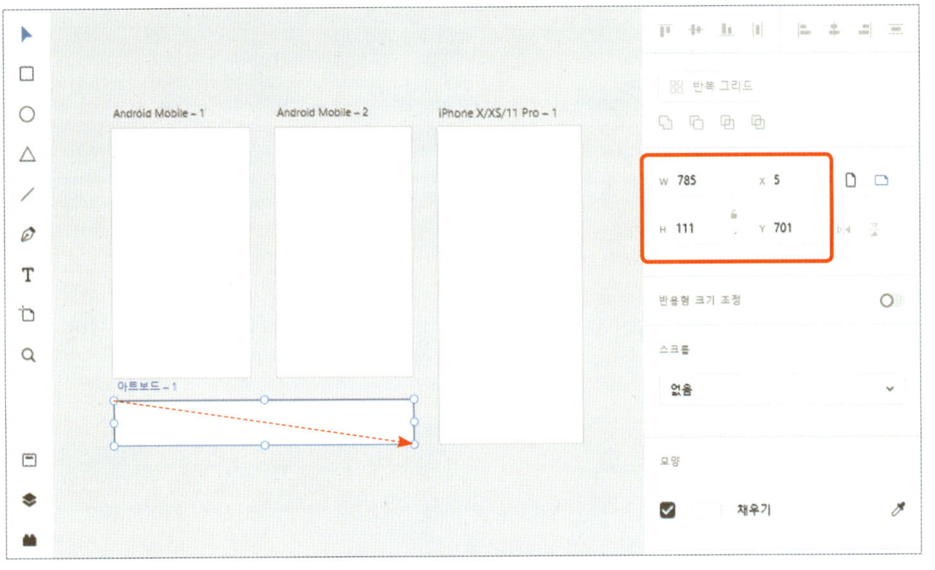

05 툴 패널에서 선택 툴( )을 선택하고 아트보드를 드래그해 위치를 변경할 수 있다. 'iPhone X/XS/11 Pro–1' 아트보드를 왼쪽으로 옮긴다.

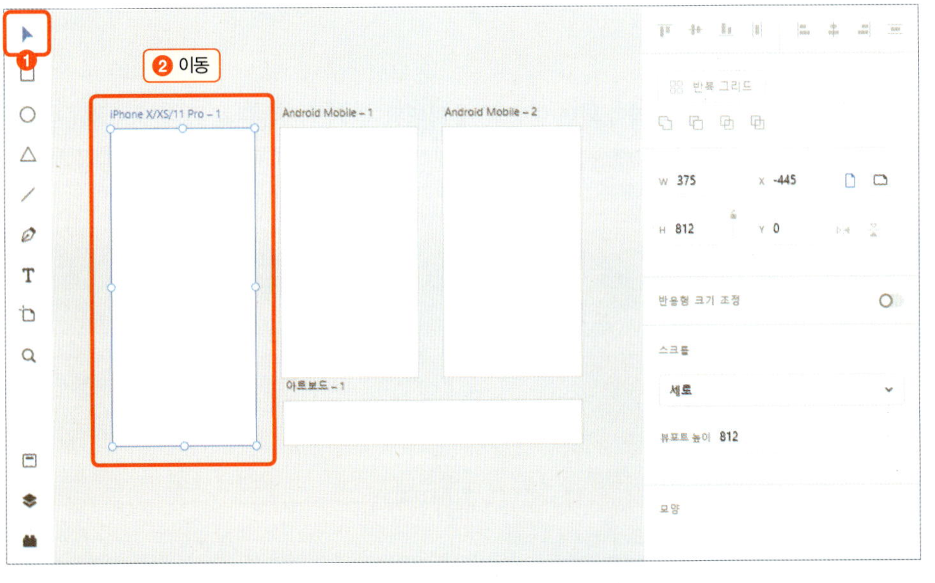

Tip 아트보드가 빈 화면인 경우는 아트보드를 클릭해 드래그하면 되지만, 아트보드에 오브젝트가 배치된 경우는 아트보드의 이름 부분을 드래그해야 이동할 수 있다.

06 선택 툴(▶)이 선택된 상태에서 아트보드를 클릭하고 Delete 를 누르면 아트보드가 삭제된다. '아트보드-1' 아트보드를 선택해 삭제한다.

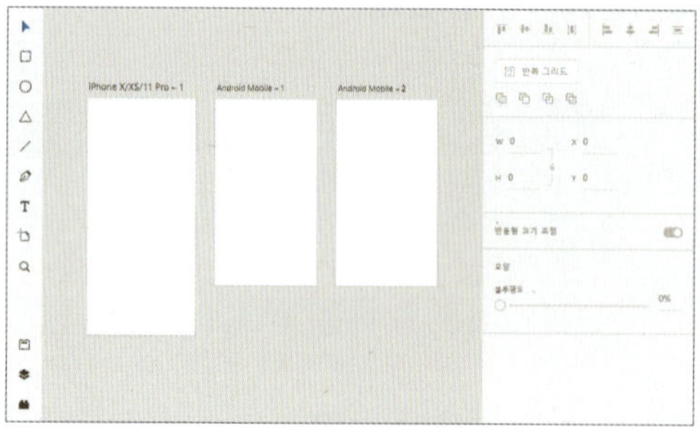

07 Ctrl + 1 을 누르면 100% 크기로 보이고, Ctrl + 0 을 누르면 아트보드가 화면 영역에 꽉 차게 배치된다.

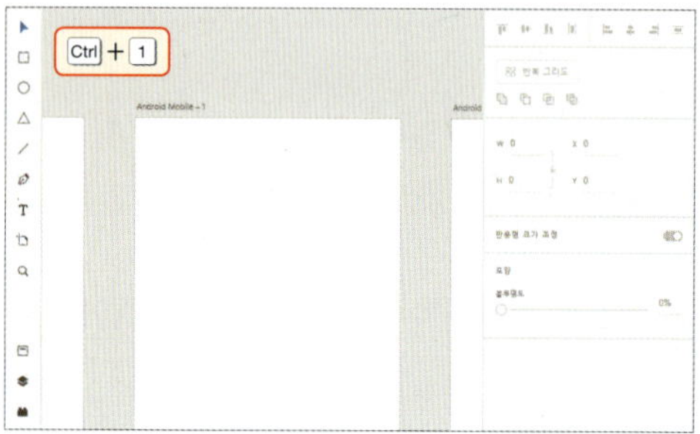

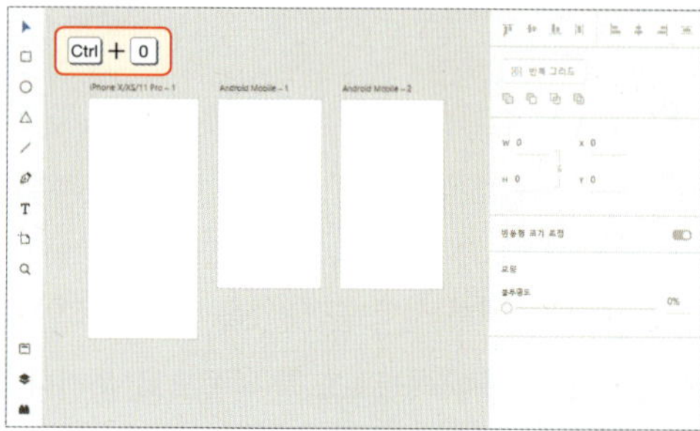

08 툴 패널에서 확대/축소 툴(🔍)을 선택하고 화면을 클릭하면 클릭한 위치를 중심으로 화면이 확대되고 드래그하면 드래그한 영역이 화면에 꽉 차게 확대된다. Alt 를 누른 채 확대/축소 툴(🔍)로 화면을 클릭하면 축소된다.

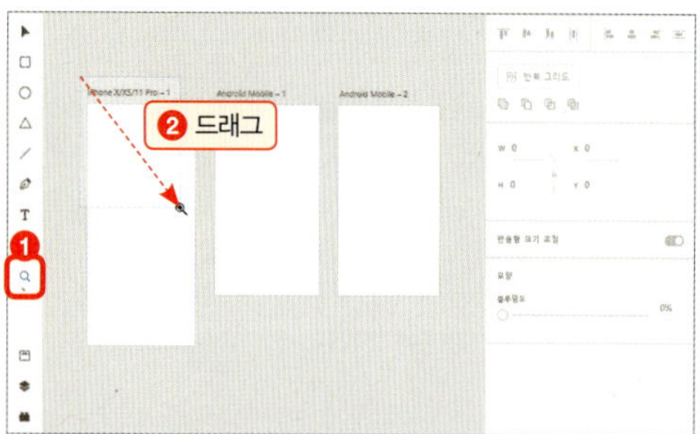

Tip Ctrl + + 또는 Ctrl + - 를 눌러도 화면이 확대 또는 축소된다.

09 Space Bar 를 누르면 마우스 포인터가 손바닥( ) 모양으로 변경된다. 이때 작업 화면을 드래그해 아트보드의 위치를 지정할 수 있다.

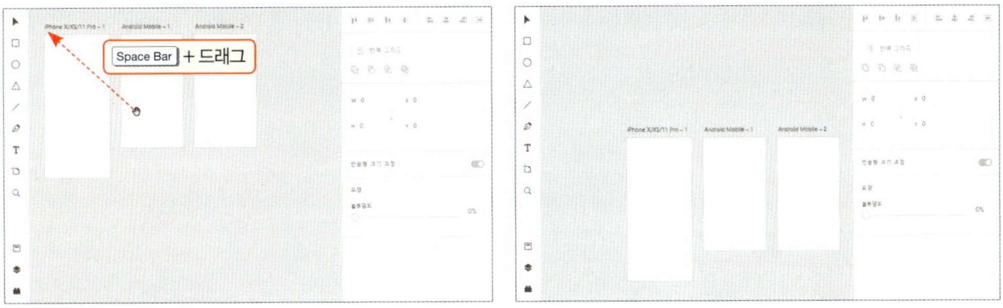

Tip 다음 진행을 위해 'iPhone X/XS/11 Pro-1' 아트보드는 삭제한다.

10 툴 패널에서 선택 툴( )을 선택하고 아트보드의 이름 부분을 더블클릭하면 아트보드 이름을 변경할 수 있다. 'Android Mobile-1' 아트보드의 이름은 '사각형', 'Android Mobile-2' 아트보드의 이름은 '원'으로 변경한다.

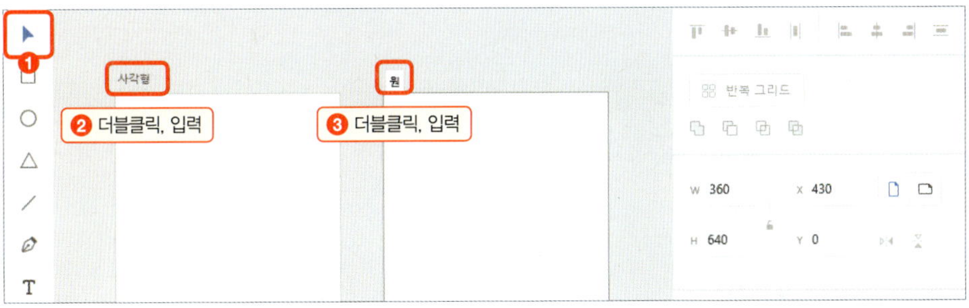

11 아트보드를 선택하고 오른쪽 옵션 창의 '채우기' 옵션에서 아트보드 배경색을 변경할 수 있다. '사각형' 아트보드는 #EEAEBE, '원' 아트보드는 #E78C95로 각각 배경색을 변경한다.

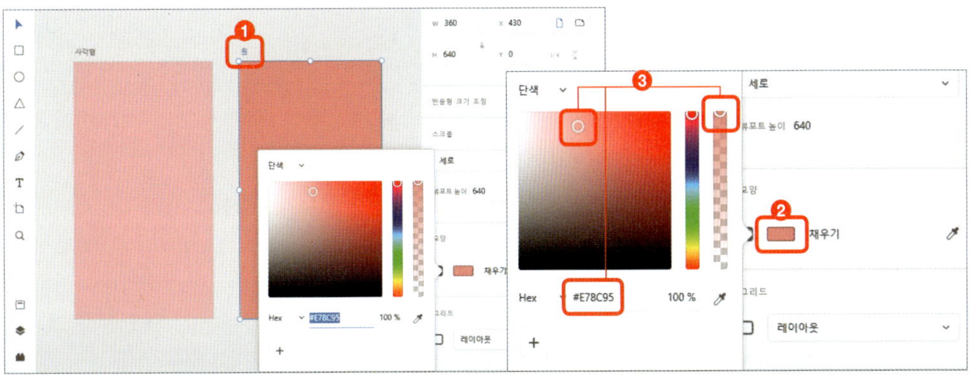

Tip '채우기' 옵션의 색상 상자를 클릭해 색상 패널을 열고 컬러 샘플이나 컬러 스펙트럼 바에서 원하는 색을 클릭하거나 'Hex'에 색상 값을 입력한다.

2 레이어 이해하기

01 Adobe XD를 실행한 후 왼쪽 상단의 [목록] 버튼(≡)을 클릭하고 [열기]를 선택한다. [열기] 대화상자가 열리면 예제소스가 있는 [Chapter_01 ▸ Section_04] 폴더에서 'layer.xd' 파일을 선택하고 [열기]를 클릭해 불러온다.

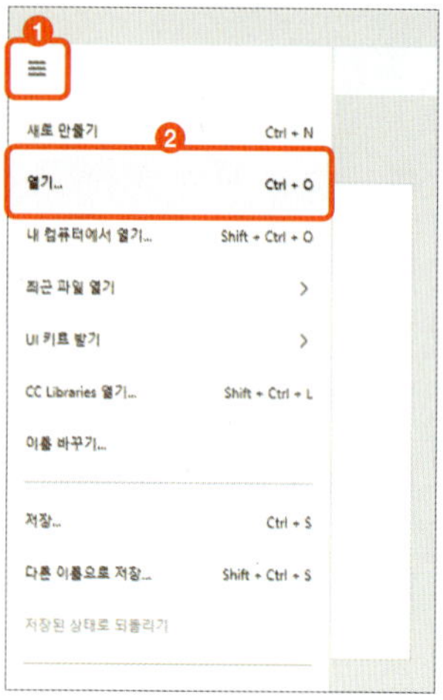

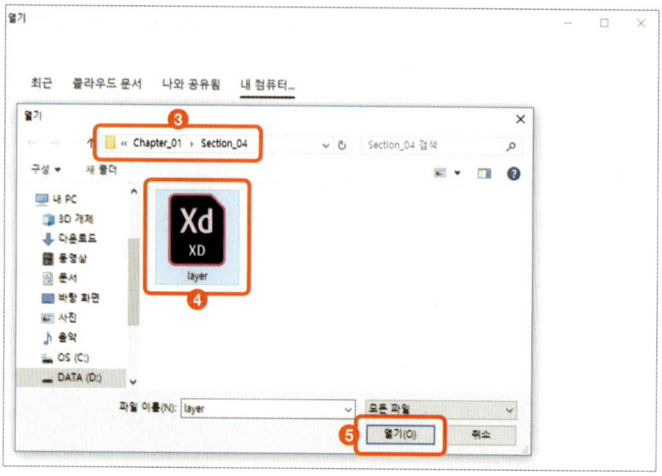

02 툴 패널 하단의 레이어(◈)를 클릭하면 현재 파일의 레이어 목록이 나열된 레이어 패널이 열린다. 예제의 경우 아트보드 이름과 같은 '원' 레이어와 '사각형' 레이어가 있음을 알 수 있다.

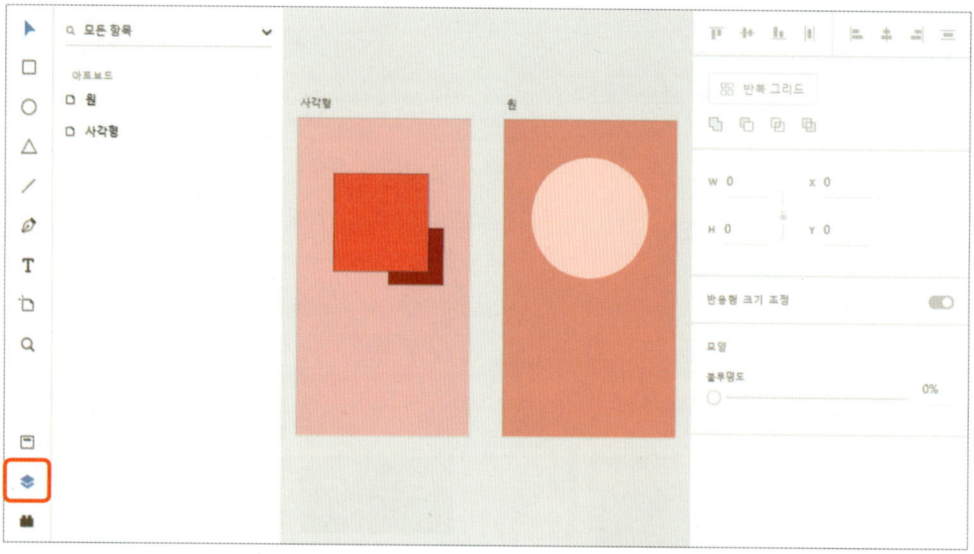

03 '사각형' 아트보드 내의 사각형 오브젝트를 선택하면 레이어 패널에 표시되는 내용이 오브젝트 목록으로 변경된다. 이처럼 특정 아트보드의 오브젝트를 선택하면 해당 아트보드에 속해 있는 오브젝트를 모두 확인할 수 있다.

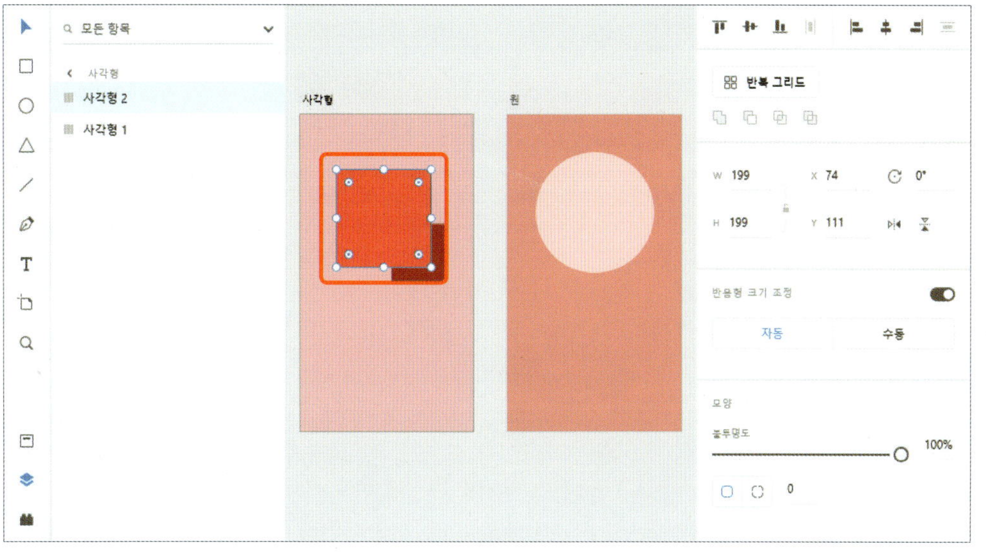

04 '사각형 1' 레이어를 '사각형 2' 레이어 위로 드래그한다. 레이어 패널에서 레이어 순서를 변경하면 아트보드 내의 오브젝트 순서도 변경된다. 원래 화면에서는 '사각형 1'이 '사각형 2'보다 뒤에 있었지만 레이어의 순서를 변경한 후에는 '사각형 2'보다 앞에 배치된다.

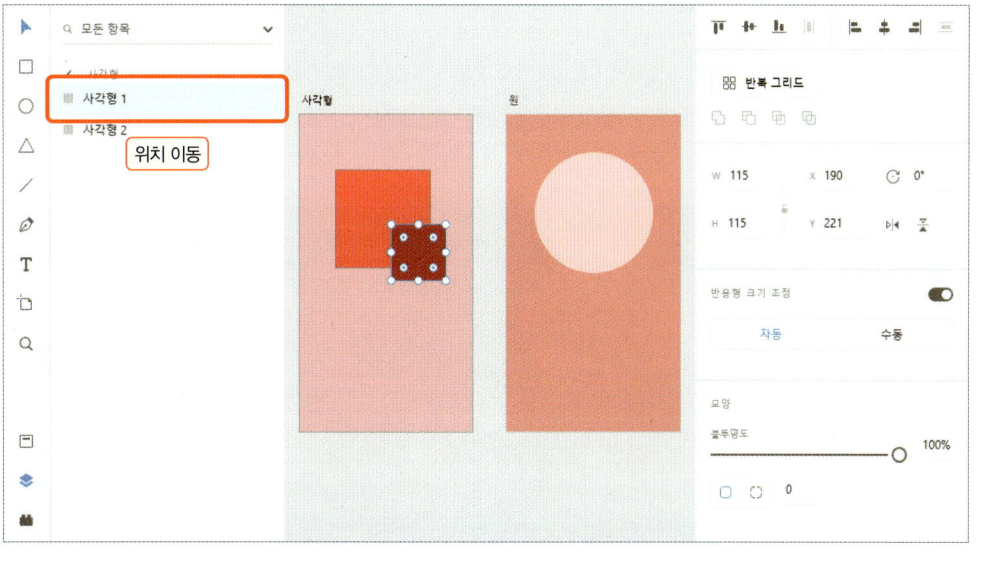

05 레이어 패널에서 각 오브젝트의 이름 부분을 더블클릭해 오브젝트 명칭을 각각 'RED'와 'PINK'로 변경한다.

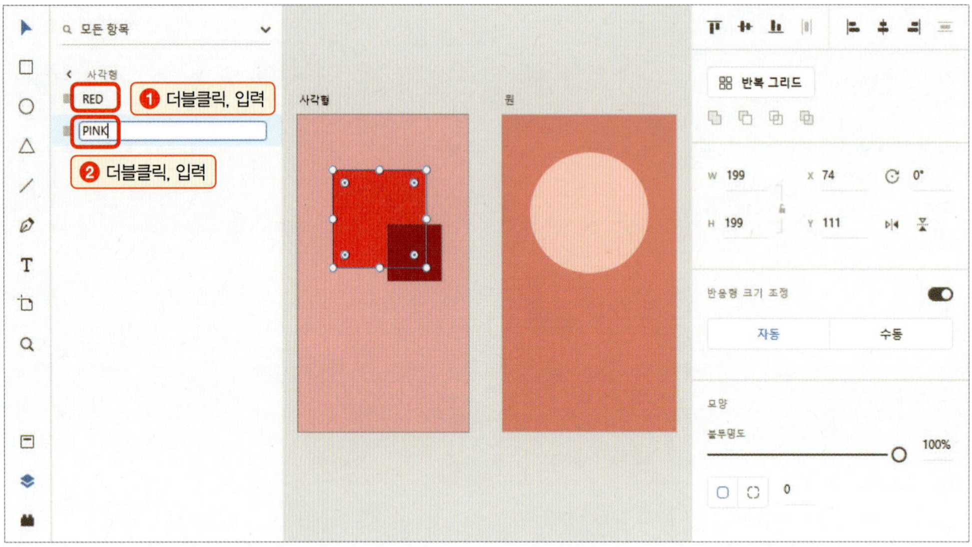

Tip 파일을 팀원과 공유하는 경우가 많으므로 누구나 직관적으로 알 수 있는 명칭으로 레이어 이름을 설정해야 한다. 혼자 작업하는 경우에도 레이어 이름을 잘 설정해 놓으면 이후 작업을 효율적으로 할 수 있다.

06 레이어 패널의 'PINK' 레이어에 마우스를 위치시키면 오른쪽에 세 가지 옵션이 나타난다. 이중 내보내기에 대해 표시 아이콘( )을 클릭한다.

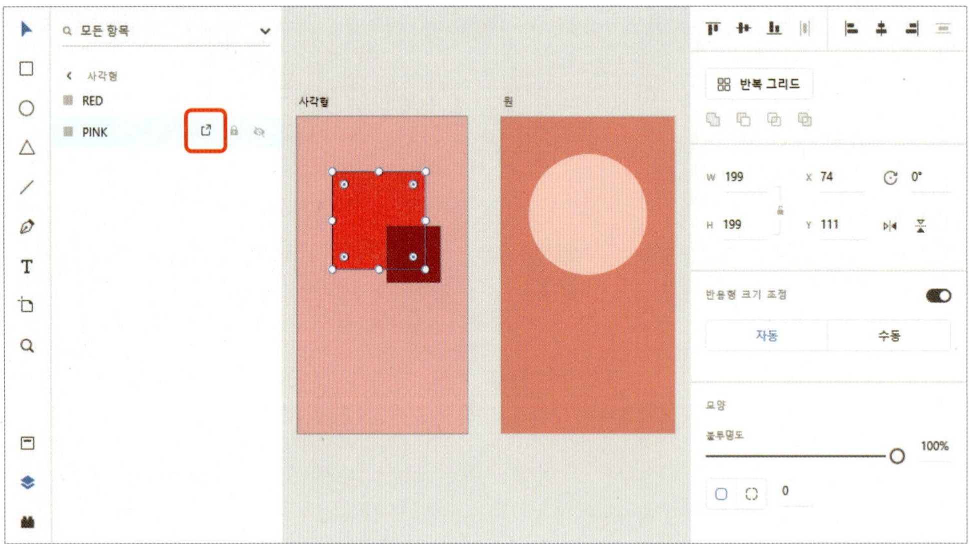

Tip 옵션을 선택하지 않은 상태에서는 마우스를 위치시켜야 아이콘이 보이지만, 옵션을 선택하면 아이콘의 색상이 진해지고 마우스를 위치시키지 않아도 표시된다.

07 레이어 패널에서 잠금 아이콘(🔒)를 클릭하면 해당 레이어에 잠금이 설정되고, 오브젝트 왼쪽 상단에 자물쇠가 생성된다. 잠금을 설정한 오브젝트는 이동, 삭제, 크기 조절, 옵션 변경 등을 할 수 없다.

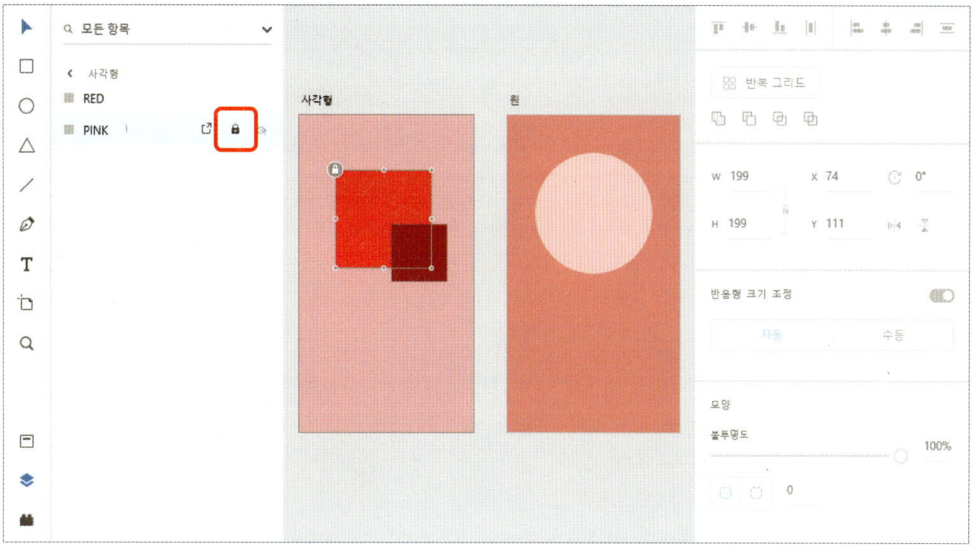

08 레이어 패널에서 숨김 아이콘( )을 클릭하면 아트보드 내에서 해당 오브젝트가 보이지 않는다.

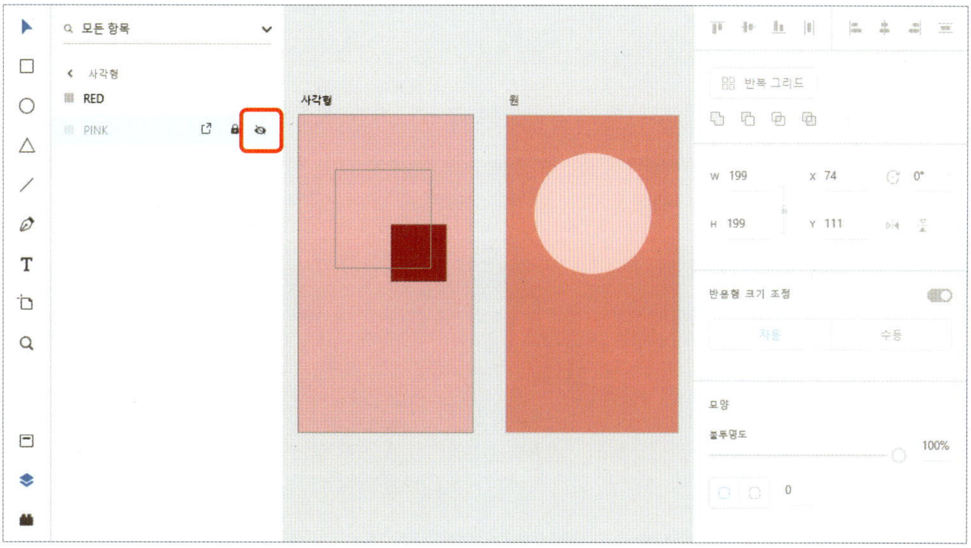

Tip 숨김 아이콘을 클릭하면 표시 아이콘으로 변경되며, 이를 다시 클릭하면 숨겨졌던 오브젝트가 보인다.

하나 더 알기 오브젝트가 겹쳐져 뒤 오브젝트가 보이지 않는 경우

오브젝트가 겹쳐져 뒤 오브젝트가 보이지 않는다면 앞의 오브젝트를 선택하고 Ctrl을 누른 채 뒤의 오브젝트를 클릭하면 선택된다.

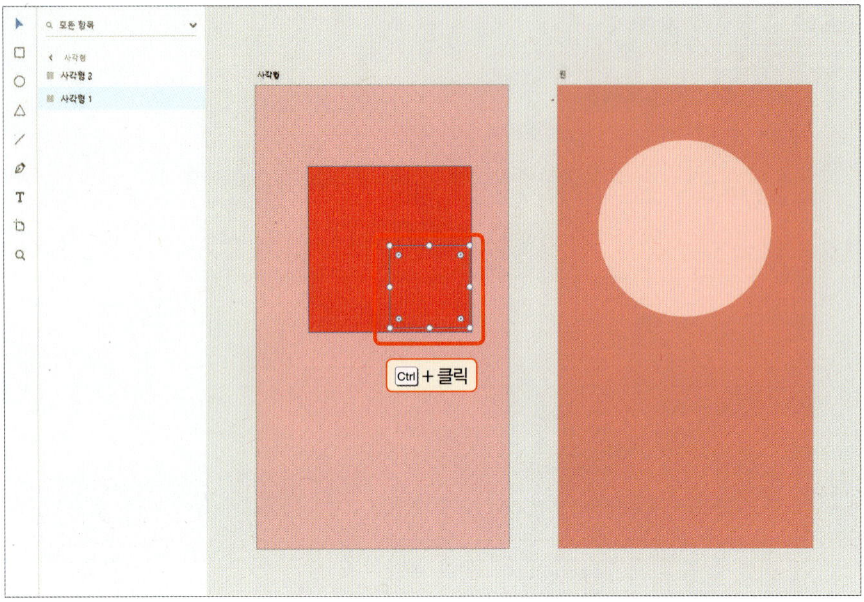

09 '원' 아트보드에 있는 오브젝트를 선택하면 레이어 패널에 '원' 아트보드의 오브젝트 목록만 표시된다.

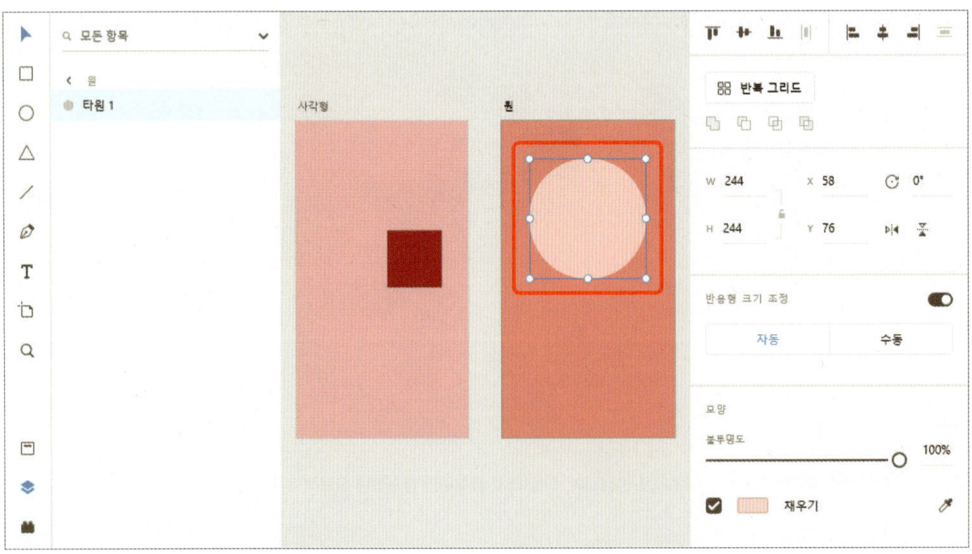

Chapter 02
도형 및 오브젝트 그리기

1
기본 도형 그리기

1 사각형 그리기

01 Adobe XD를 실행한 후 홈 화면에서 '사용자 정의 크기'의 수치를 입력하지 않은 채 아이콘을 클릭하면 작업 화면을 꽉 채우는 아트보드가 열린다.

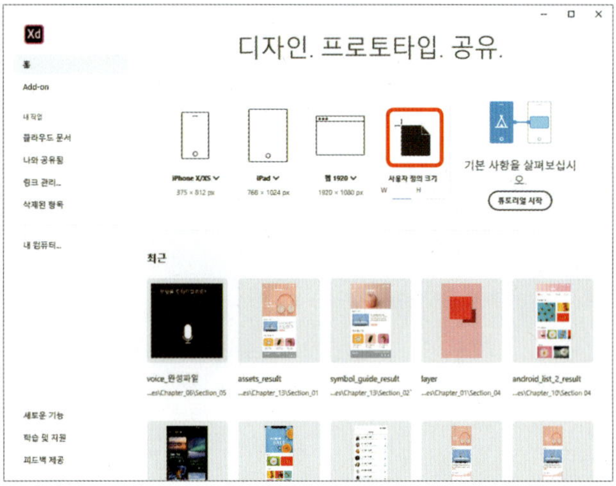

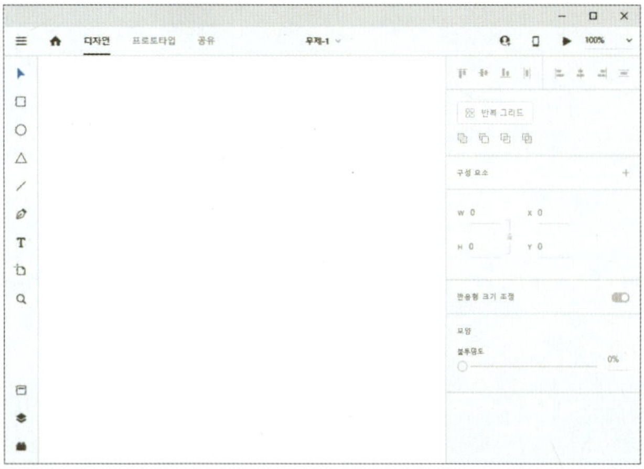

02 툴 패널에서 사각형 툴( )을 선택하고 아트보드에서 드래그해 사각형 오브젝트를 그린다.

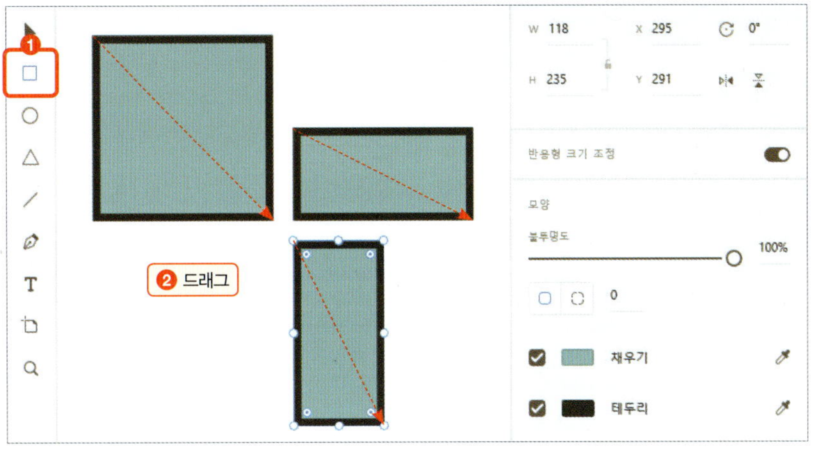

Tip 오브젝트의 형태가 잘 구분되도록 하기 위해 오브젝트에 색상을 채우고 테두리를 적용했다. 오브젝트에 색상을 채우고 테두리를 적용하는 방법은 Chapter 03에서 자세히 배운다. 여기에서는 기본 도형을 그리는 데 집중하자. 도형의 색상이 위 화면과 달라도 괜찮다.

하나 더 알기 2019년 하반기 업데이트 변경사항

2019년 하반기 Adobe XD의 업데이트로 인하여 인터페이스가 조금 변경되었다. 이 책에는 업데이트 이전의 옵션 창 화면이 나오는데, 실습을 진행하는 데는 큰 문제가 없다.

1 혼합 모드 추가

옵션 창의 '모양' 영역에 '혼합 모드'가 추가되었다. 포토샵의 Blending Mode와 비슷한 기능을 하며 이 내용은 99쪽에서 자세히 다룬다.

2 구성 요소 추가

옵션 창에 '구성 요소' 영역이 추가되었다. 이 내용은 148쪽의 '버튼 인터랙션과 멀티플 인터랙션'에서 자세히 다룬다.

3 [공유] 버튼 → [공유] 메뉴

작업 화면 상단 오른쪽에 있던 [공유] 버튼이 상단 왼쪽의 [공유] 메뉴로 변경되었다. 이 내용은 531쪽의 '개발자와의 공유'에서 자세히 다룬다.

03 사각형 툴(□)이 선택된 상태에서 Shift 를 누른 채 아트보드에서 드래그하면 정사각형이 그려진다.

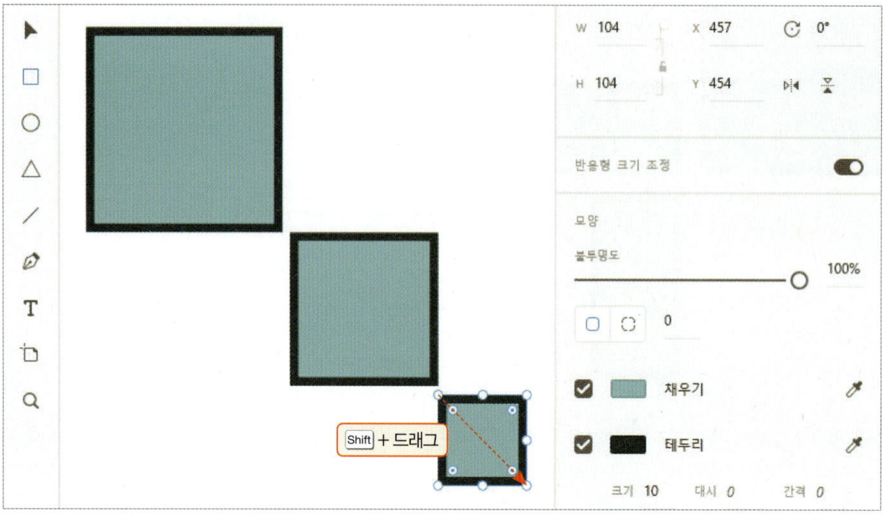

Tip 앞 단계에서 그린 사각형을 삭제하려면 사각형을 선택하고 Delete 를 누른다. 그대로 둔 채 빈 공간에 실습해도 된다.

04 사각형 툴(□)이 선택된 상태에서 Alt 를 누른 채 드래그하면 처음 클릭한 지점을 중심으로 상하좌우 방향으로 사각형이 그려진다.

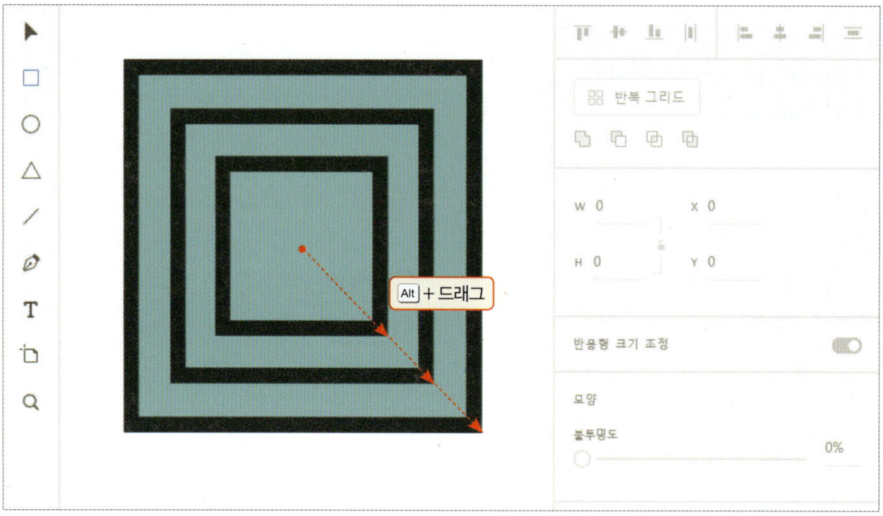

Tip Shift 와 Alt 를 동시에 누른 채 드래그하면 중심부터 정사각형이 그려진다.

05 툴 패널에서 선택 툴(▸)을 선택하고 아트보드에 있는 사각형 오브젝트를 클릭한 후, 오른쪽 옵션 창에서 W(너비)와 H(높이) 값을 입력하면 사각형 크기가 변경된다.

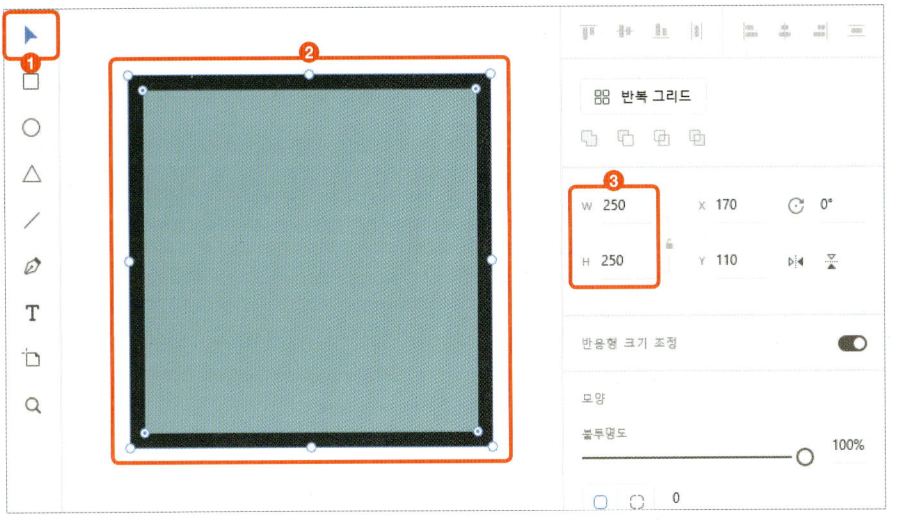

Tip 도형을 선택한 상태에서 Alt 를 누른 채 키보드의 방향키를 누르면 1단위, Alt + Shift 를 누른 채 키보드의 방향키를 누르면 10단위로 방향키의 방향에 따라 도형의 크기를 변경할 수 있다.

2 사각형 모서리 변형하기

01 선택 툴(▸)이 선택된 상태에서 사각형 내부의 모서리에 있는 위젯을 안쪽으로 드래그하면 모서리 모양이 둥글게 변형된다.

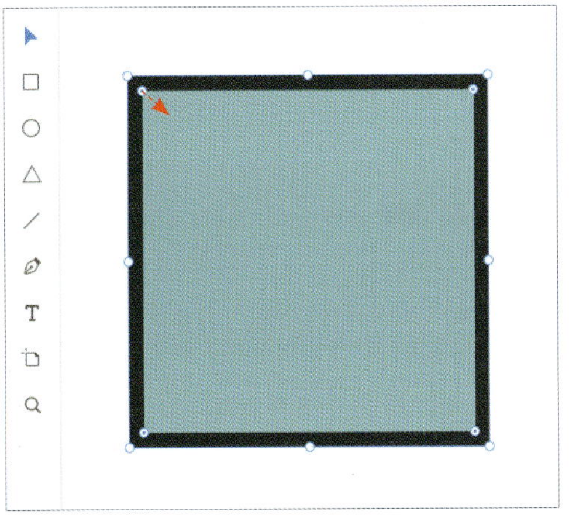

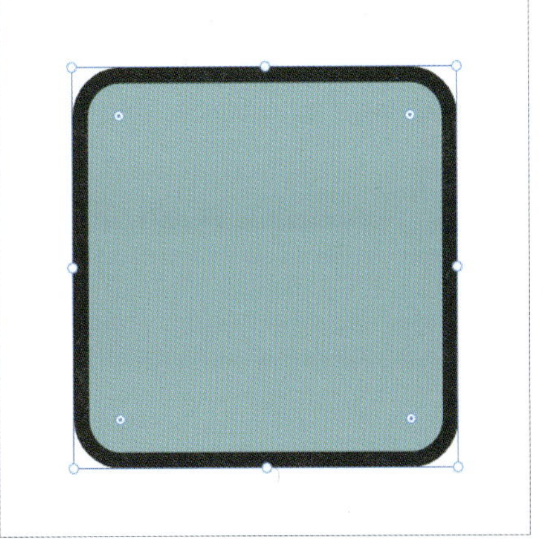

02 선택 툴( )이 선택된 상태에서 Alt 를 누른 채 특정 위젯을 드래그하면 해당 모서리의 모양만 변형된다.

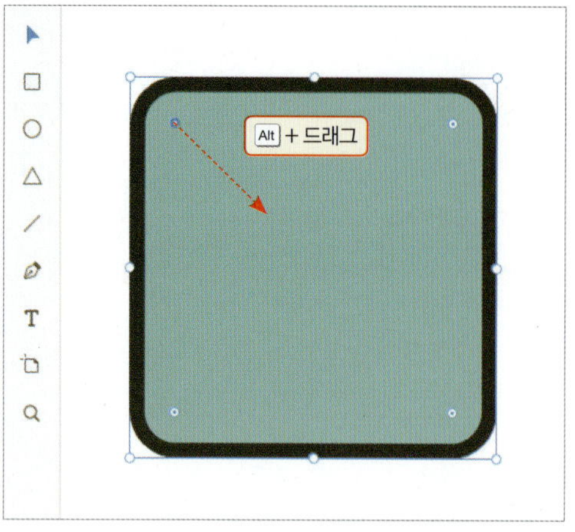

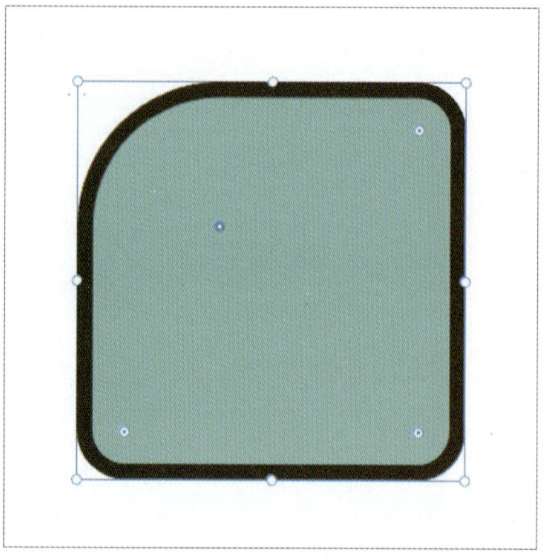

03 오른쪽 옵션 창에서 '각 모퉁이에 대해 다른 반경( )'을 클릭하고 각 모퉁이의 값을 설정하면 모퉁이마다 둥근 정도를 다르게 변형할 수 있다. 120, 36, 88, 42를 입력한다.

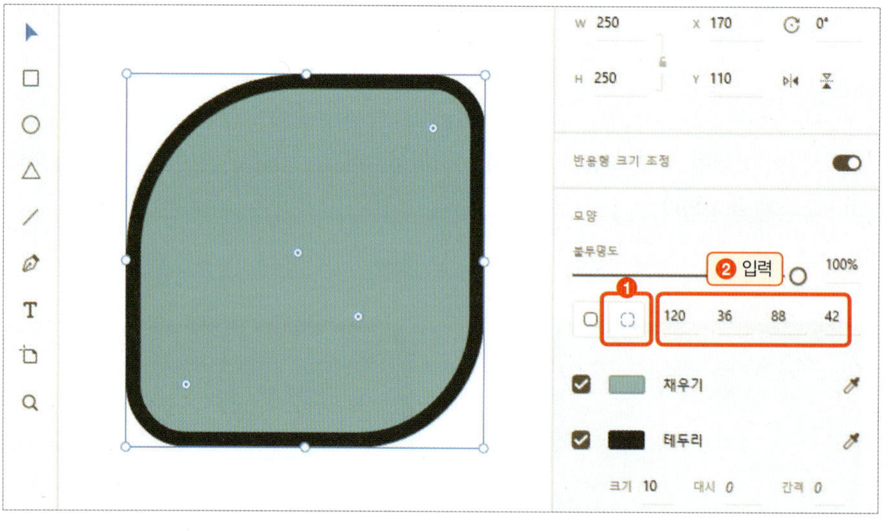

Tip 옵션 창에서 '모든 모퉁이에 대해 동일한 반경( )'을 클릭하고 값을 입력하면 모든 모퉁이가 같은 모양으로 둥글게 변형된다.

3 원 그리기

01 툴 패널에서 타원 툴(○)을 선택하고 아트보드에서 드래그하면 드래그한 방향으로 원형 오브젝트가 그려진다.

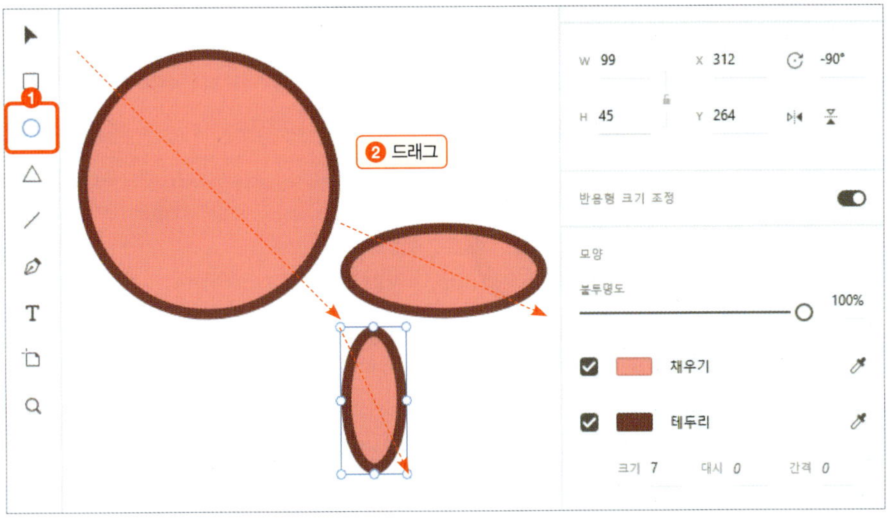

02 타원 툴(○)이 선택된 상태에서 Shift를 누른 채 드래그하면 정원이 그려진다.

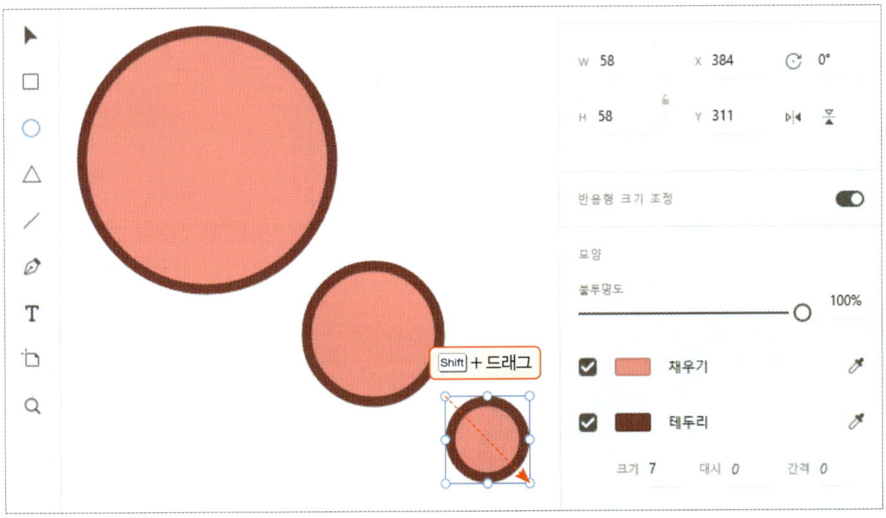

03 타원 툴(○)이 선택된 상태에서 Alt를 누른 채 드래그하면 처음 클릭한 지점을 중심으로 상하좌우로 늘어나면서 원이 그려진다.

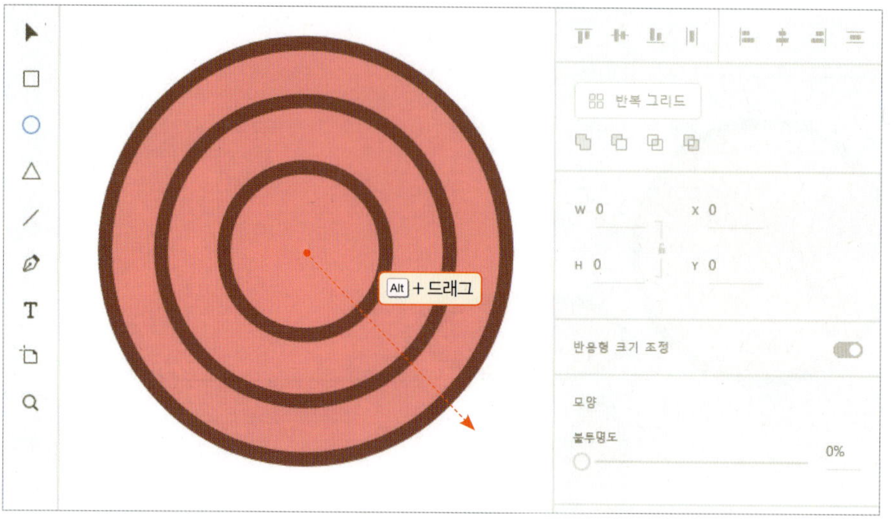

Tip Shift와 Alt를 동시에 누른 채 드래그하면 중심부터 정원이 그려진다.

4 다각형 그리기

01 툴 박스에서 다각형 툴(△)을 선택하고 아트보드에서 드래그하면 드래그한 방향으로 삼각형 오브젝트가 그려진다.

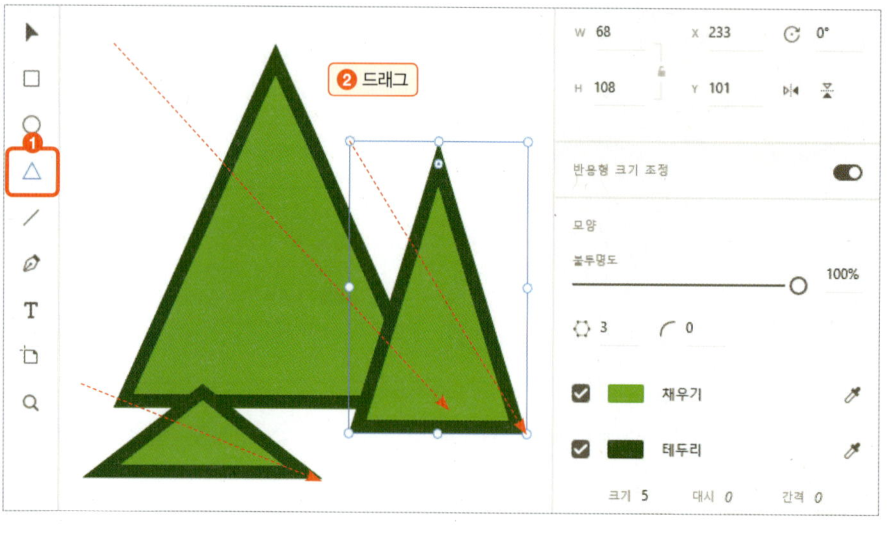

02 다각형 툴(△)이 선택된 상태에서 Shift 를 누른 채 드래그하면 정삼각형이 그려진다.

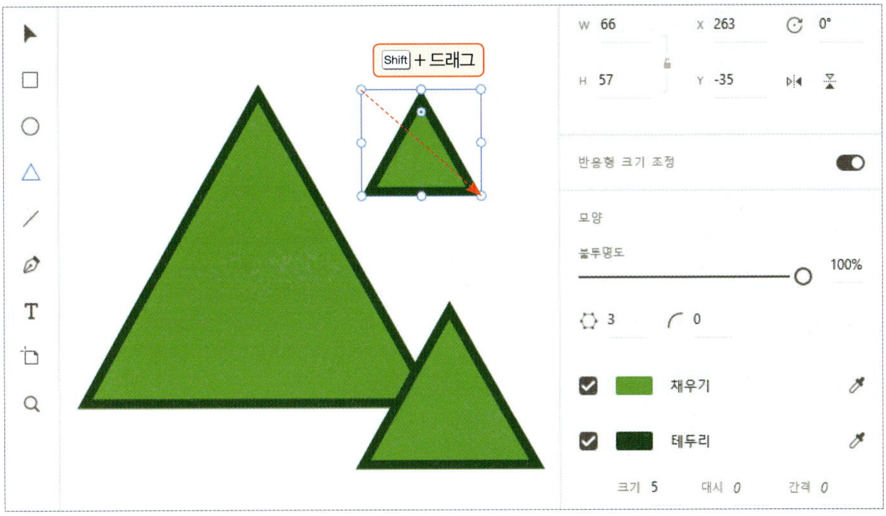

03 다각형 툴(△)이 선택된 상태에서 Alt 를 누른 채 드래그하면 처음 클릭한 지점을 중심으로 상하좌우 방향으로 늘어나면서 삼각형이 그려진다.

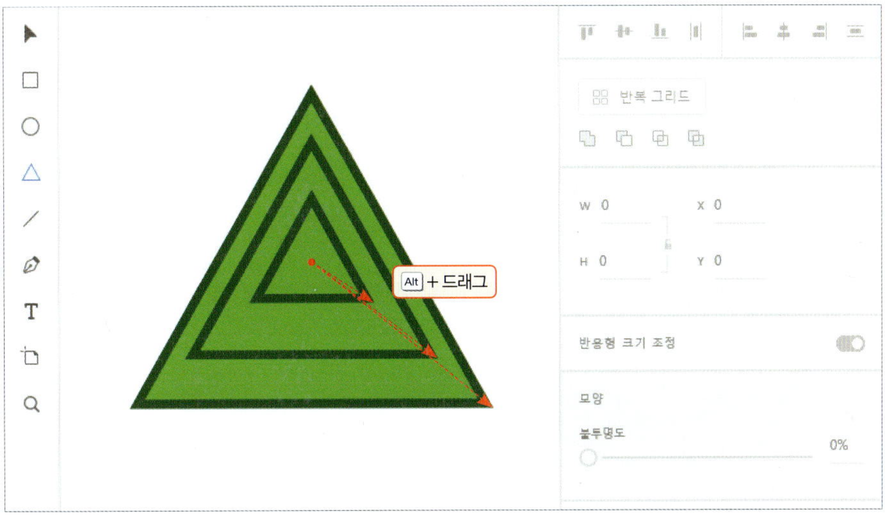

Tip Shift 와 Alt 를 동시에 누른 채 드래그하면 중심부터 정삼각형이 그려진다.

04 선택 툴( )을 선택하고 삼각형 내부 모서리에 있는 위젯을 안쪽으로 드래그하면 삼각형 모서리가 둥글게 변형된다.

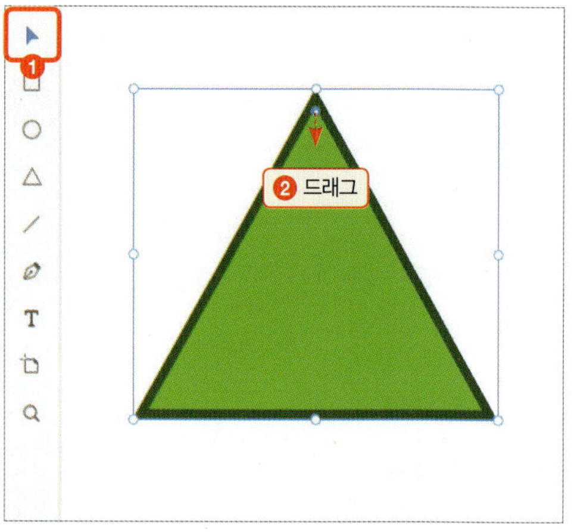

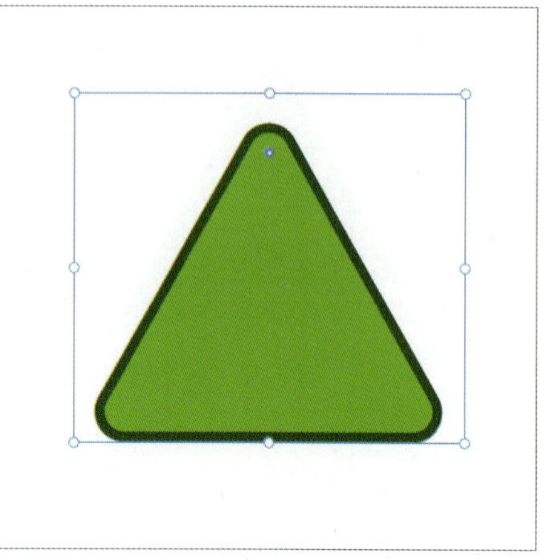

Tip 사각형 외의 도형은 각 모퉁이의 둥글기를 다르게 조절할 수 없으며, 옵션 창에서 입력한 값이나 위젯을 드래그한 정도에 따라 동일한 모양으로 변경된다.

05 선택 툴( )이 선택된 상태에서 삼각형을 클릭하고 옵션 창에서 '코너 카운트( )'에 값을 입력하면 입력한 값과 같은 다각형으로 변형된다. 6을 입력해 삼각형을 육각형으로 변경한다.

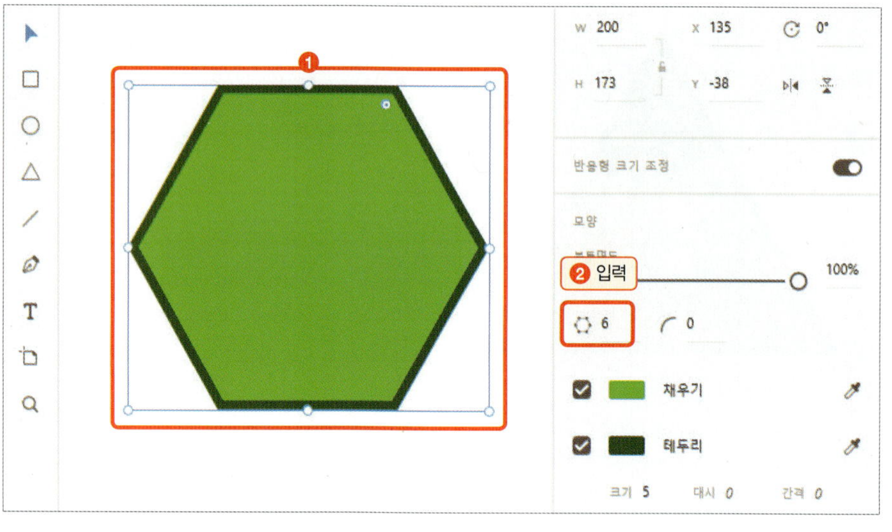

2
자유 도형 그리기

1 닫힌 도형 그리기

01 Adobe XD를 실행한 후 홈 화면에서 '사용자 정의 크기' 아이콘을 수치를 입력하지 않은 채 클릭한다.

02 툴 패널에서 펜 툴( )을 선택하고 아트보드를 클릭하면 앵커 포인트가 생긴다. 이 상태에서 마우스를 움직이면 움직이는 방향으로 패스가 따라다닌다.

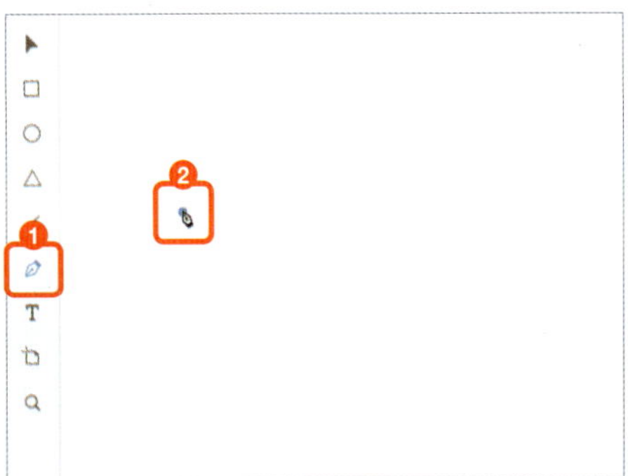

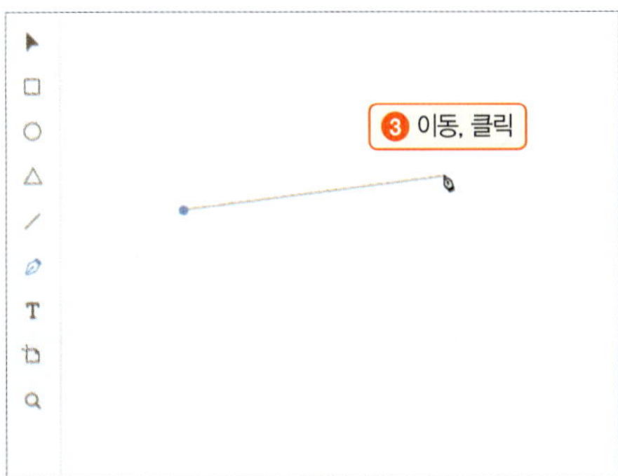

03 클릭한 지점에 앵커 포인트가 추가되고 이전의 앵커 포인트와 패스로 연결된다. 처음 시작한 지점으로 돌아와 클릭하면 펜 툴의 사용이 종료되면서 닫힌 도형 형태로 만들어진다.

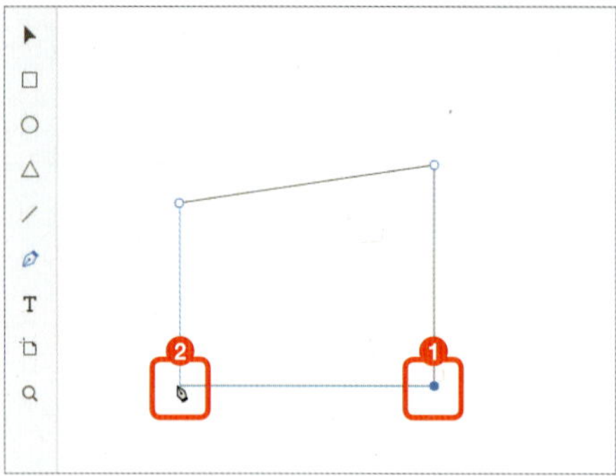

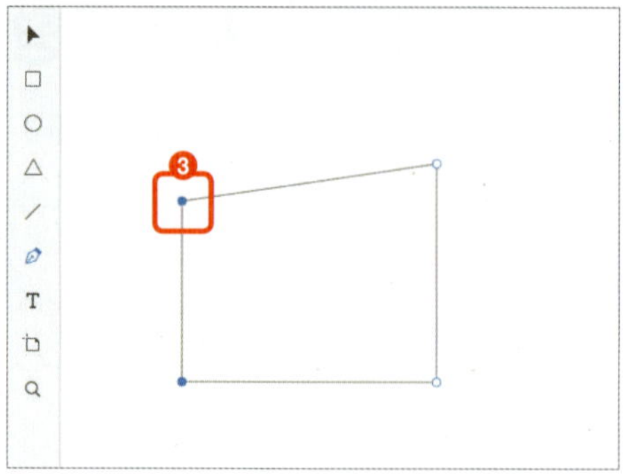

04 툴 패널에서 선택 툴(▸)을 선택하고 패스를 클릭하면 클릭한 위치에 앵커 포인트가 추가로 생성된다. 앵커 포인트를 드래그해 도형 모양을 변경할 수 있다.

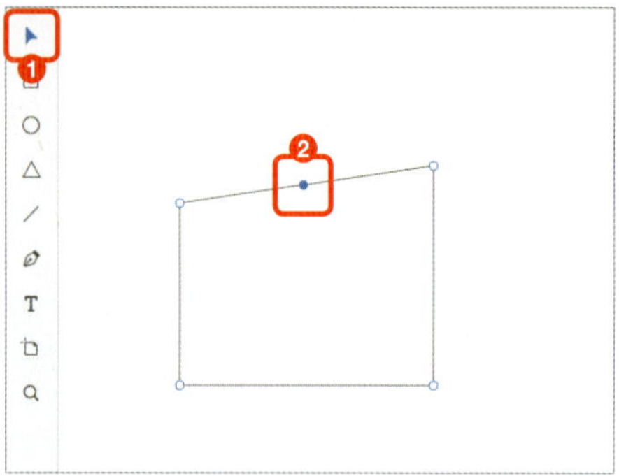

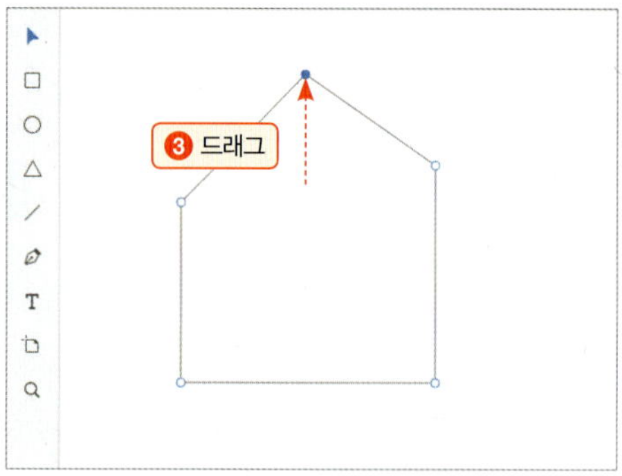

05 앵커 포인트를 클릭해 선택하고 Delete를 누르면 앵커 포인트가 사라지면서 사라진 앵커 포인트 좌우의 앵커 포인트가 직선으로 연결된다.

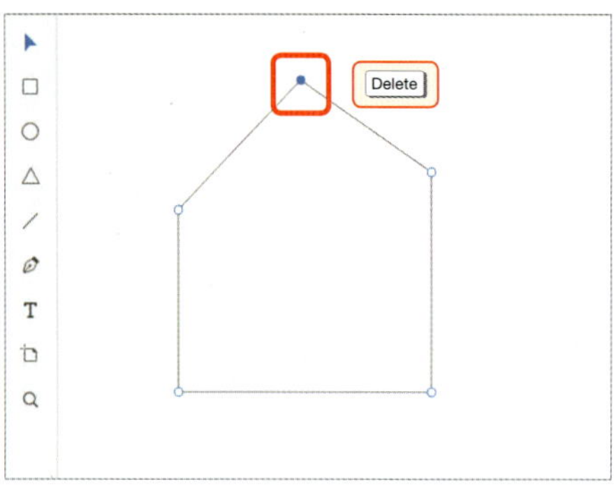

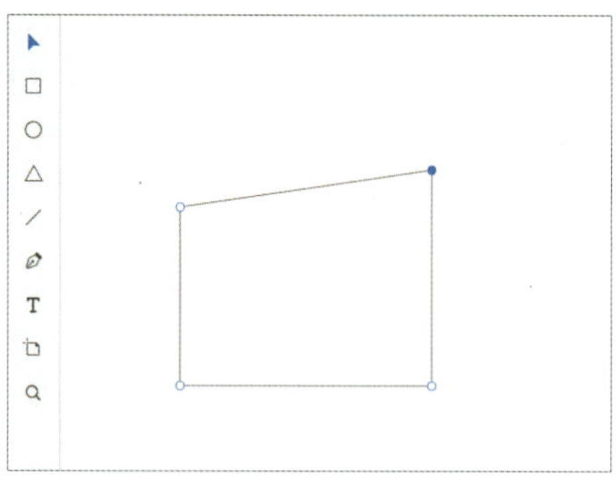

2 직선과 곡선 그리기

01 툴 패널에서 펜 툴( )을 선택하고 아트보드를 클릭해 앵커 포인트를 생성한 후 Shift 를 누른 채 마우스를 움직이면 45° 각도로 움직인다. 원하는 지점을 클릭해 45° 대각선을 그린다.

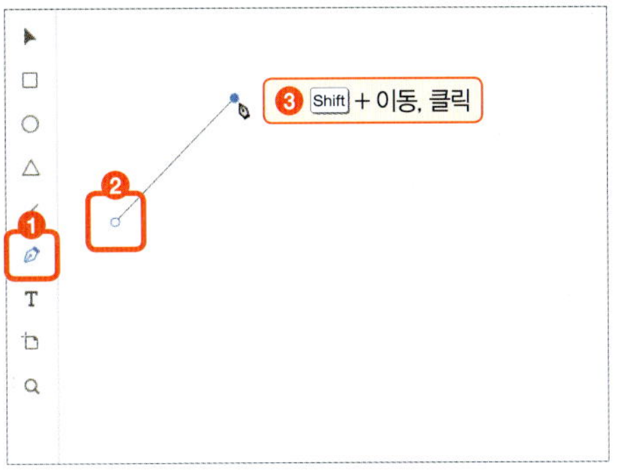

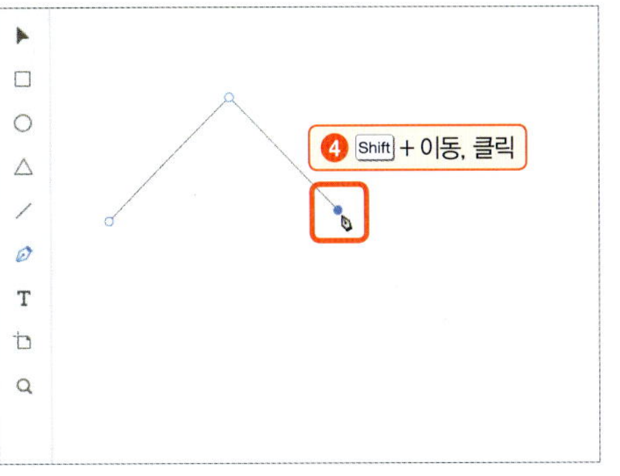

02 Shift 를 누른 채 45° 대각선 방향으로 클릭하면서 하트 형태를 만든다. 처음 시작한 지점을 클릭하면 펜 툴의 연결이 종료되고 도형이 완성된다.

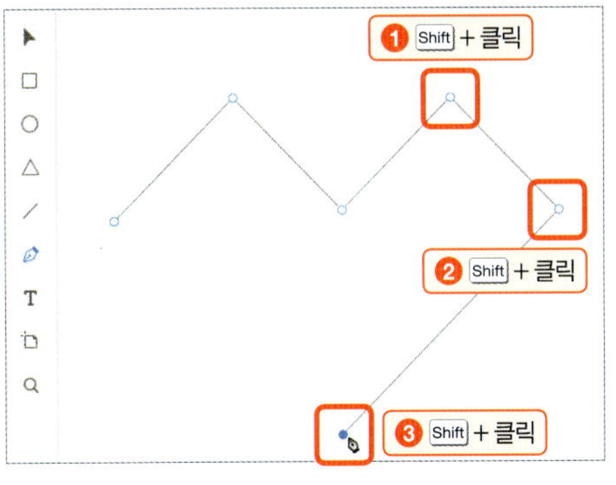

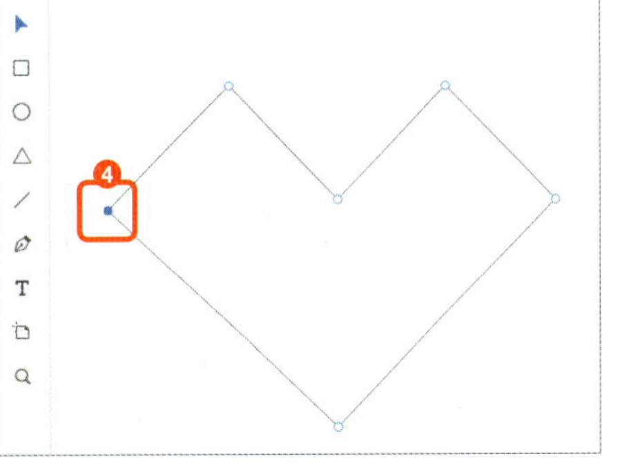

03 툴 패널에서 선택 툴( )을 선택하고 오브젝트의 왼쪽 상단 앵커 포인트를 더블클릭한다. 앵커 포인트가 곡선 형태로 변경되고 앵커 포인트 좌우로 연결되는 핸들러가 나타난다.

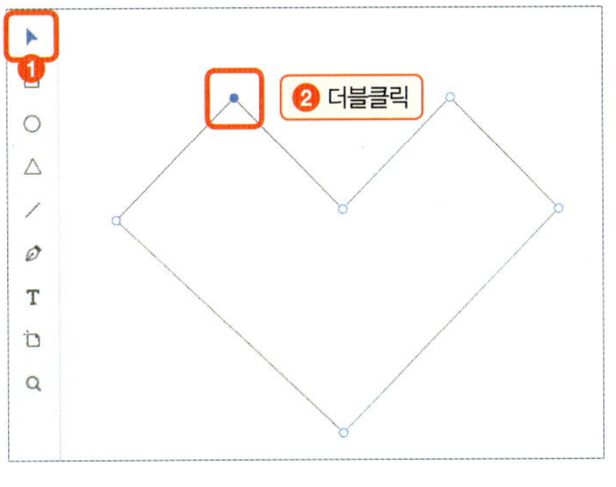

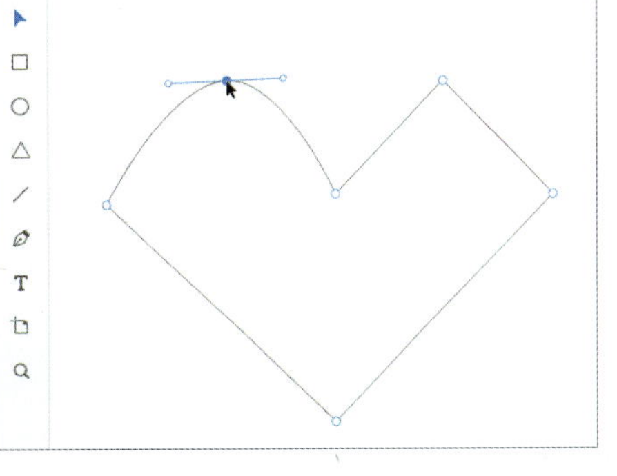

04 오른쪽 상단과 하단 앵커 포인트를 더블클릭해 곡선 형태로 변경한다. 하단 앵커 포인트를 한 번 더 더블클릭하면 다시 직선 형태로 변경되고 좌우 핸들러도 사라진다.

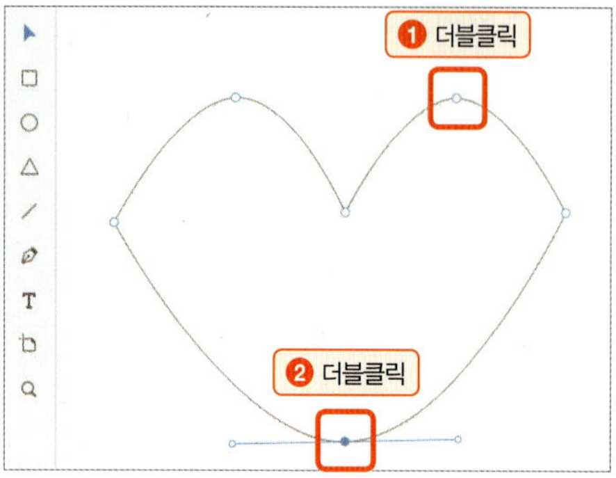

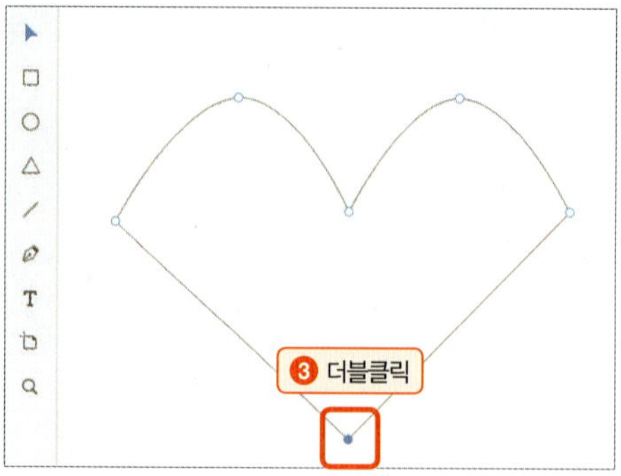

05 왼쪽 앵커 포인트를 더블클릭해 곡선 형태로 만들고 핸들러 끝부분을 드래그해 곡선의 방향을 조절한다.

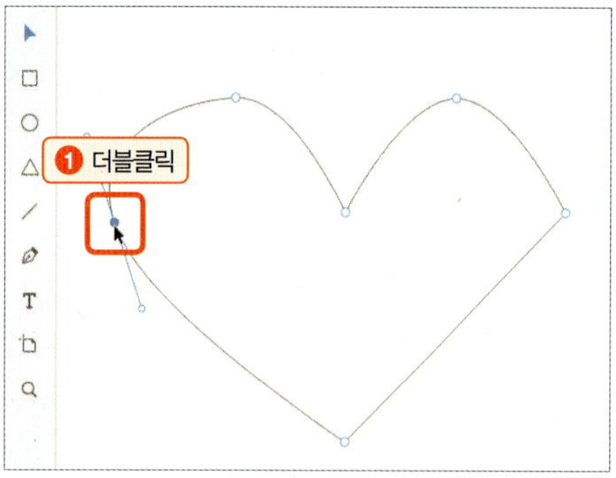

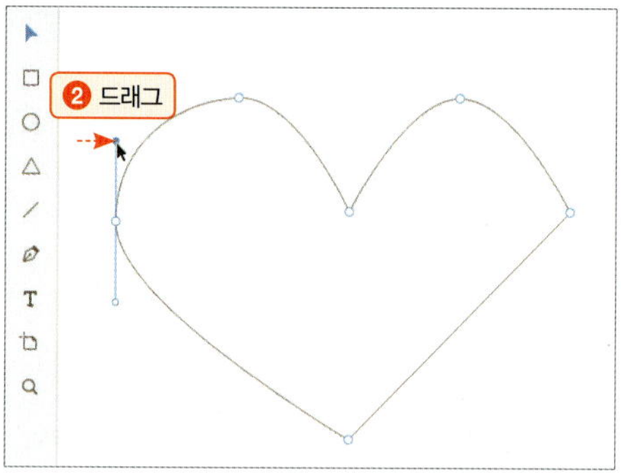

Tip 한쪽 핸들러를 드래그하면 다른 쪽 핸들러도 같이 움직인다.

06 오른쪽 앵커 포인트도 같은 방법으로 조절한다.

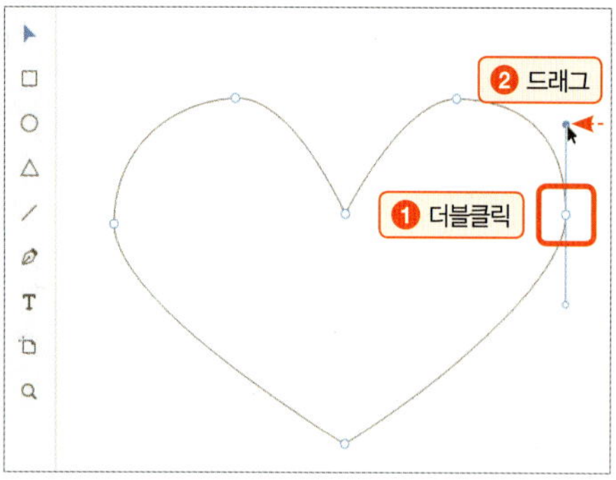

07 핸들러를 조절할 때 Alt를 누른 채 드래그하면 한쪽 방향의 각도만 변경할 수 있다.

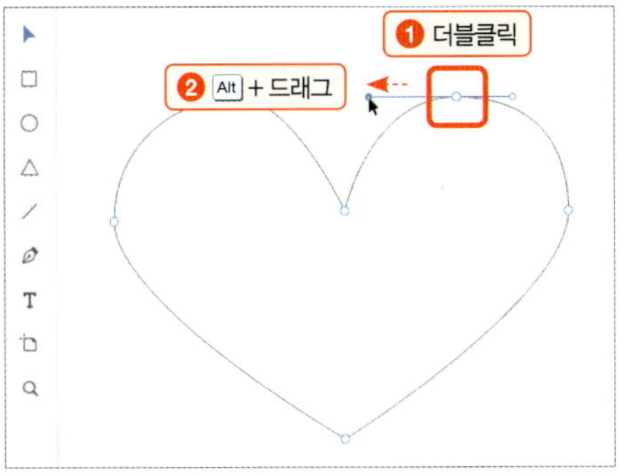

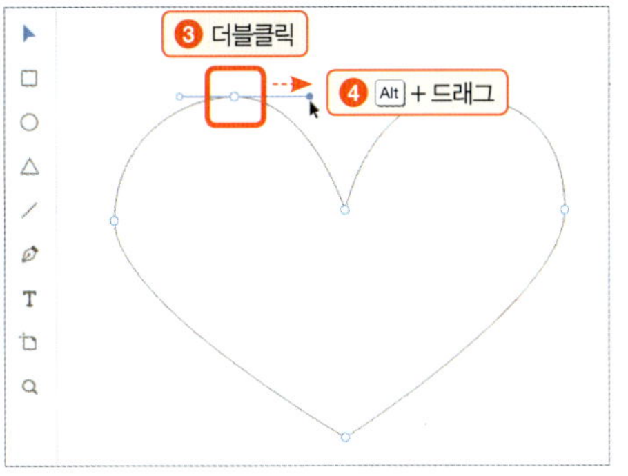

08 앵커 포인트를 클릭해 이동하면 위치를 변경할 수 있다.

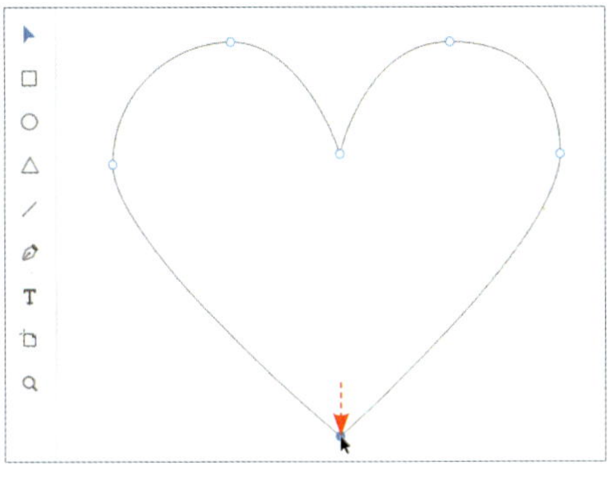

3 선 방향 전환하기

01 툴 패널에서 펜 툴( )을 선택하고 패스를 만들면 계속해서 펜 툴이 선택된 상태로 패스가 연결된다. 펜 툴을 종료하려면 선택 툴의 단축키인 V를 누른다.

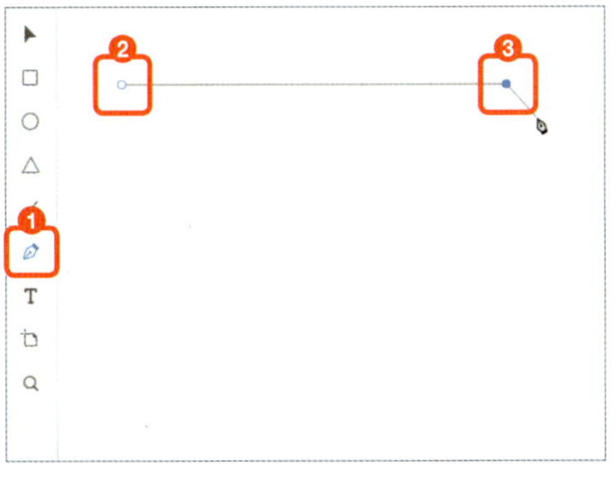

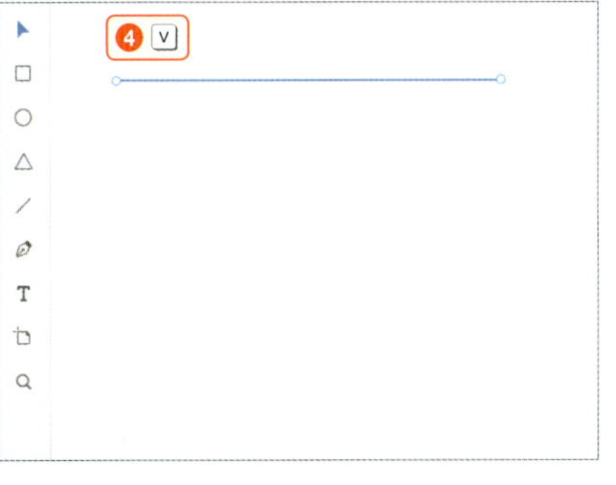

02 다시 툴 패널에서 펜 툴( )을 선택하고 아트보드를 클릭하면 앵커 포인트가 추가로 생성된다. 같은 방법으로 여러 선을 그린다.

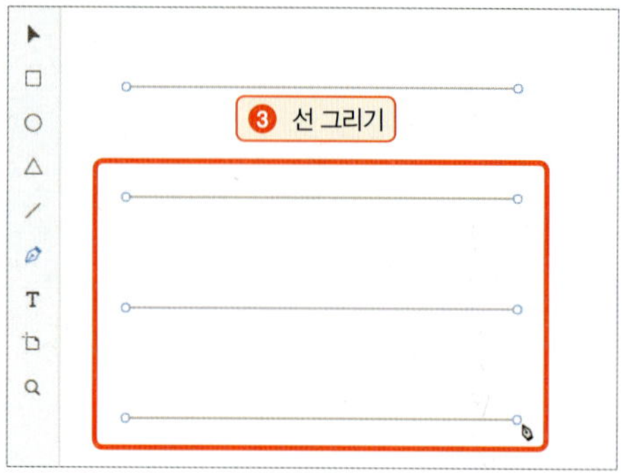

03 툴 패널에서 펜 툴( )을 선택하고 첫 번째 지점을 클릭한 후 다음 지점을 클릭한다. 이때 클릭 후 손을 떼지 않고 바로 드래그하면 곡선이 만들어진다. 드래그 방향과 생성된 핸들러의 길이에 따라 곡선의 각도를 조절할 수 있다. 원하는 모양의 곡선이 만들어졌으면 마우스에서 손을 뗀다.

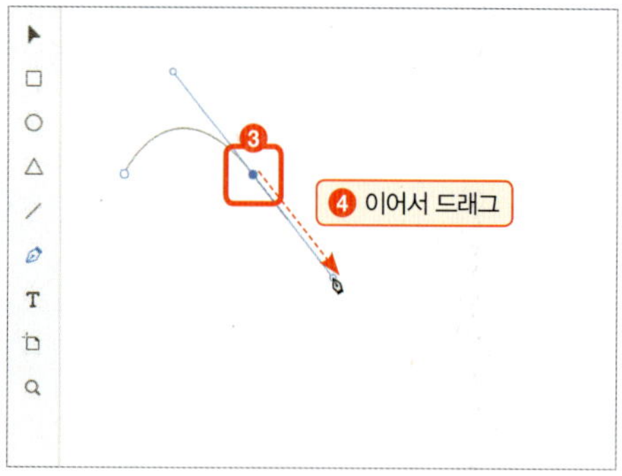

Tip 곡선을 그리기 전에 앞 단계에서 만든 선은 선택하고 Delete 를 눌러 삭제한다.

04 그 상태에서 다음 지점으로 마우스를 옮기면 자연스럽게 이어지는 곡선이 만들어진다.

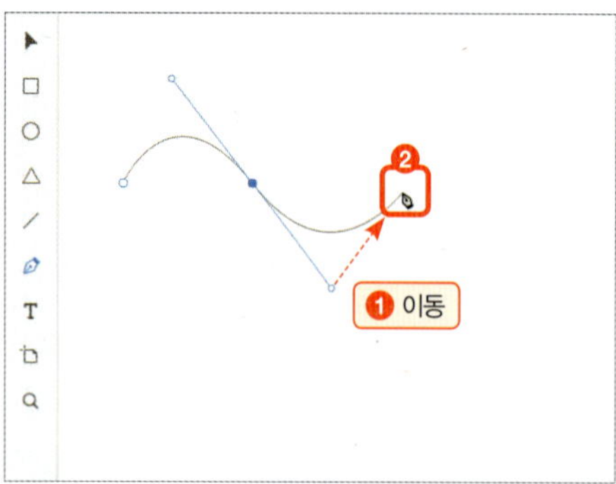

05 곡선이 생성된 후 마우스를 이동해 다음 지점을 클릭하면 직선으로, 클릭 후 손을 떼지 않고 이어서 드래그하면 곡선으로 연결된다.

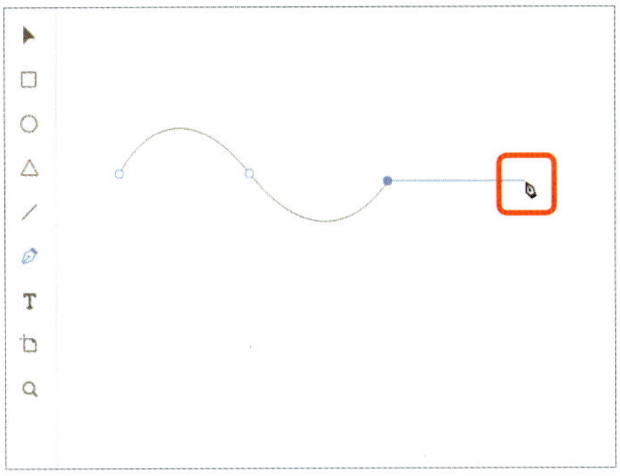

[다음 지점을 클릭한 경우]

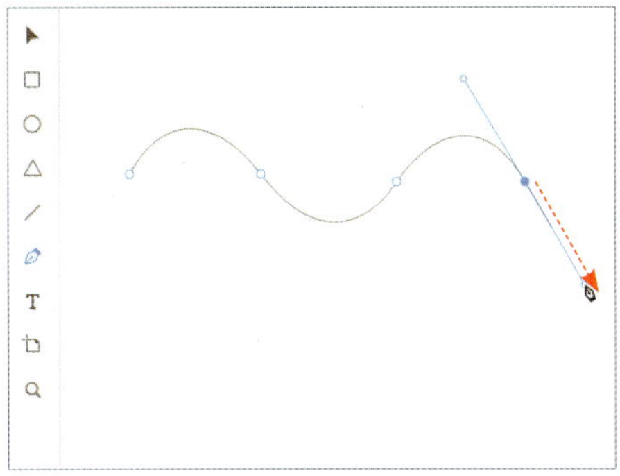

[클릭 후 드래그한 경우]

06 펜 툴( )이 선택된 상태에서 클릭을 반복해 사선이 반복되는 물결 형태를 만든다. V를 눌러 펜 툴을 종료하고 선택 툴로 전환하면 오브젝트를 감싸는 바운딩 박스가 생성된다.

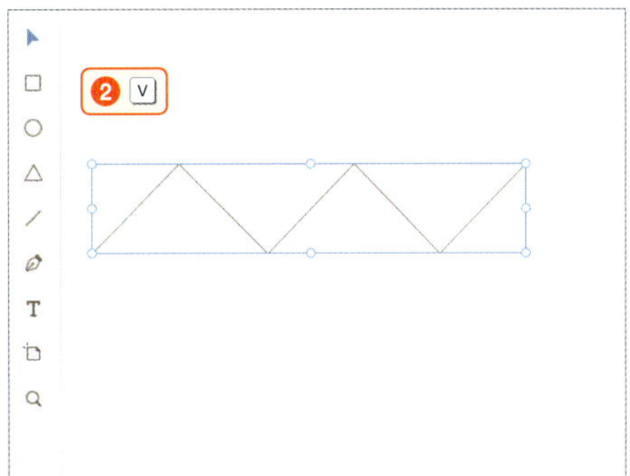

07 툴 패널에서 다시 펜 툴( )을 선택하면 오브젝트의 좌우 끝부분에만 앵커 포인트가 생성된다. 앵커 포인트를 클릭하면 패스를 추가로 연결할 수 있다.

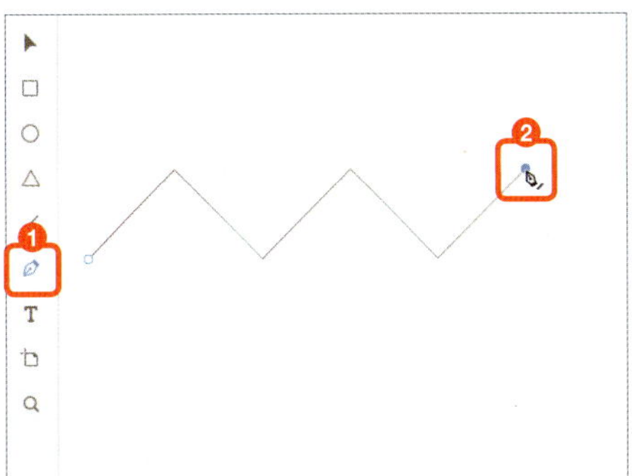

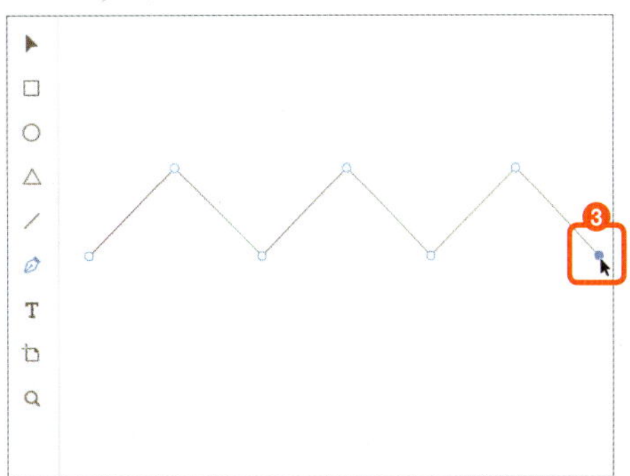

08 V를 눌러 펜 툴을 종료하고 선택 툴로 전환하면 다시 바운딩 박스가 나타난다. 이 상태에서 선을 더블클릭하면 오브젝트의 모든 앵커 포인트를 확인할 수 있다.

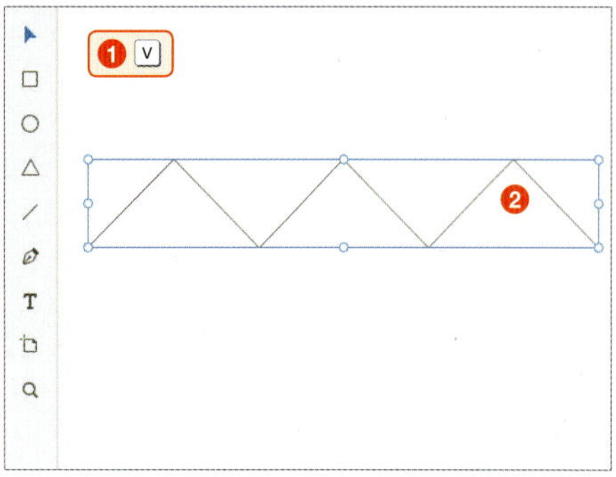

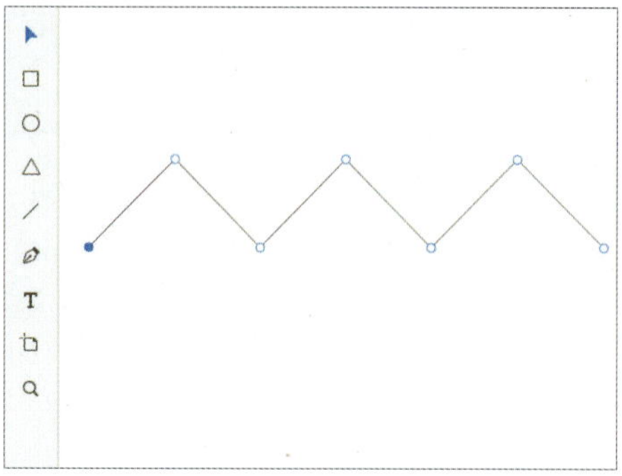

09 선택 툴( )이 선택된 상태로 앵커 포인트를 더블클릭하면 형태를 변경할 수 있으며, 이 상태에서 펜 툴( )을 선택하면 좌우 끝부분의 앵커 포인트만 나타나 패스를 연장할 수 있다.

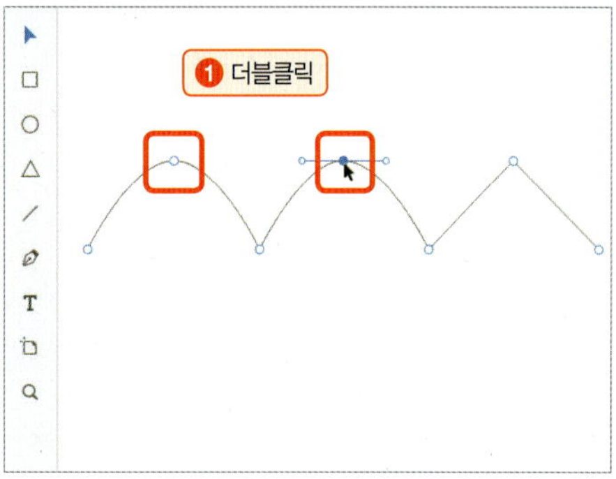

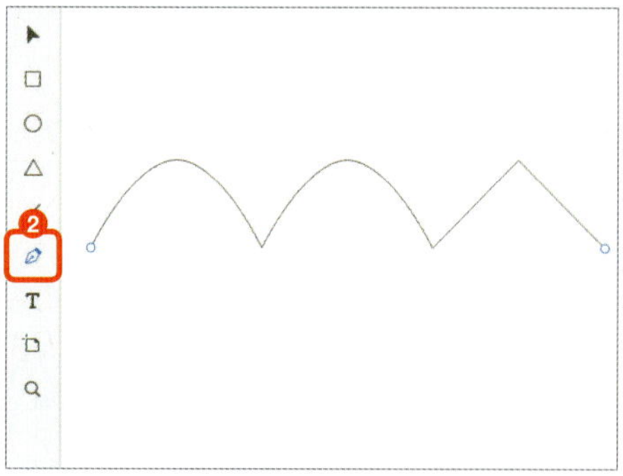

3
선 그리기

1 선 툴과 펜 툴로 선 그리기

01 Adobe XD를 실행한 후 홈 화면에서 '사용자 정의 크기' 아이콘을 수치를 입력하지 않은 채 클릭한다.

02 툴 패널에서 선 툴( )을 선택하고 아트보드에서 드래그해 선을 하나 그린 후, 그 아래에 펜 툴( )로 같은 길이의 선을 그린다.

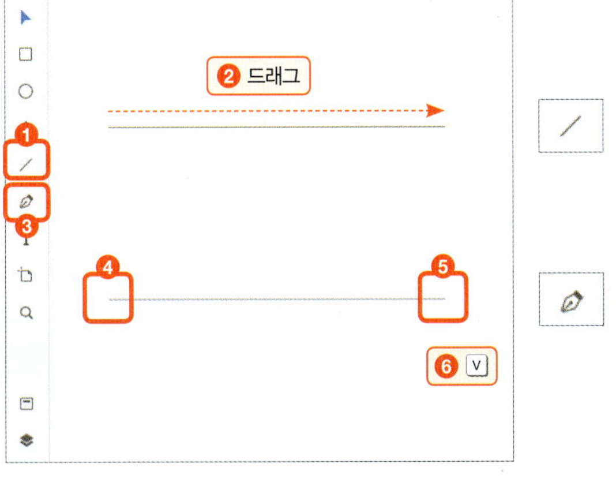

03 툴 패널에서 선택 툴(▶)을 선택하고 각 선의 앵커 포인트를 이동시켜 본다. 선 툴로 그린 선은 다른 쪽의 앵커 포인트가 고정된 채 선택한 앵커 포인트만 이동된다. 이와 달리 펜 툴로 그린 선은 중앙 부분이 고정된 채 양쪽 앵커 포인트가 함께 움직인다. 오브젝트 전체가 회전하는 것이다.

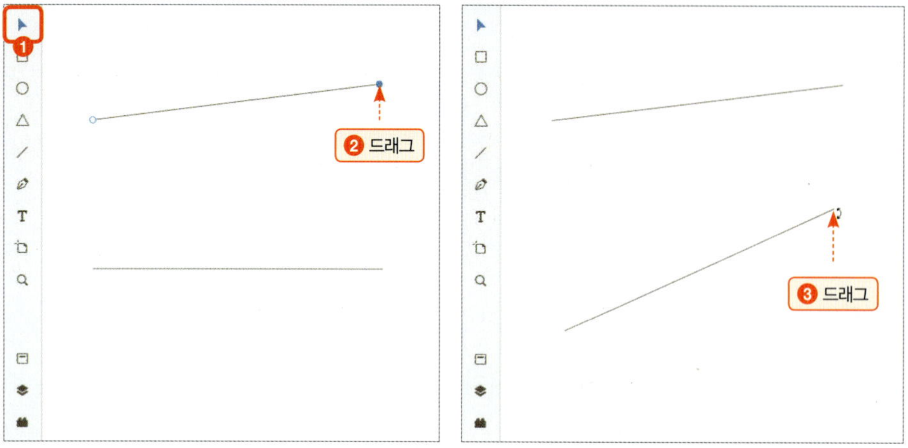

Tip 수평선이나 수직선은 선 툴로 그리든 펜 툴로 그리든 상관이 없지만, 일정한 기울기를 적용하려면 펜 툴로 그리는 것이 더 편리하다.

2 여러 형태의 선 그리기

01 툴 패널에서 선 툴(/)을 선택해 선을 세 개 그린다. 오른쪽 옵션 창의 '모양' 영역에서 '테두리'의 '크기'를 15로 변경하고, 테두리의 끝 모양을 '접한 단면', '원형 단면', '돌출형 끝'으로 각각 변경한다.

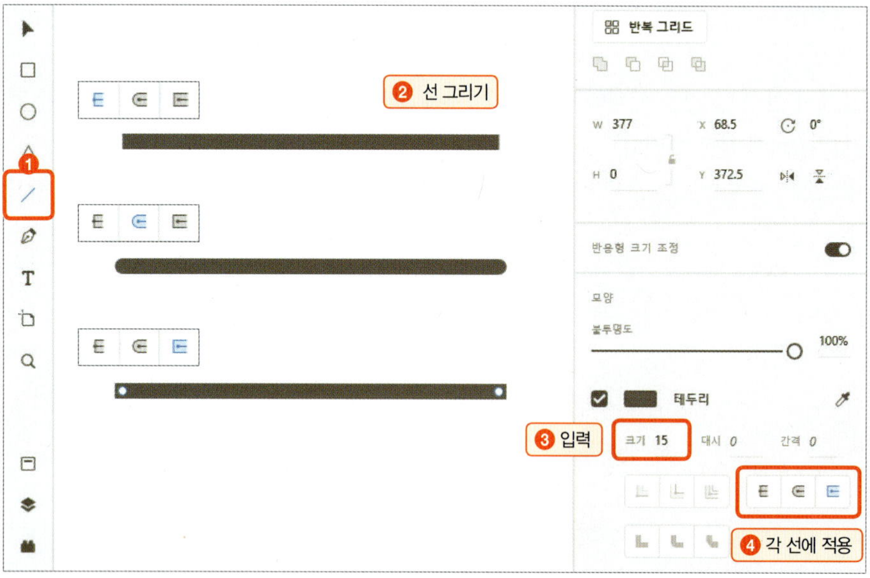

02 이번에는 툴 패널에서 사각형 툴(□)을 선택해 사각형을 그린다. 오른쪽 옵션 창의 '모양' 영역에서 '테두리'의 '크기'를 15로 변경하고, 패스의 위치에 따른 테두리의 위치를 '안쪽 선', '바깥쪽 선', '가운데 선'으로 변경해 본다. 설정에 따라 사각형 크기도 달라지는 것을 알 수 있다.

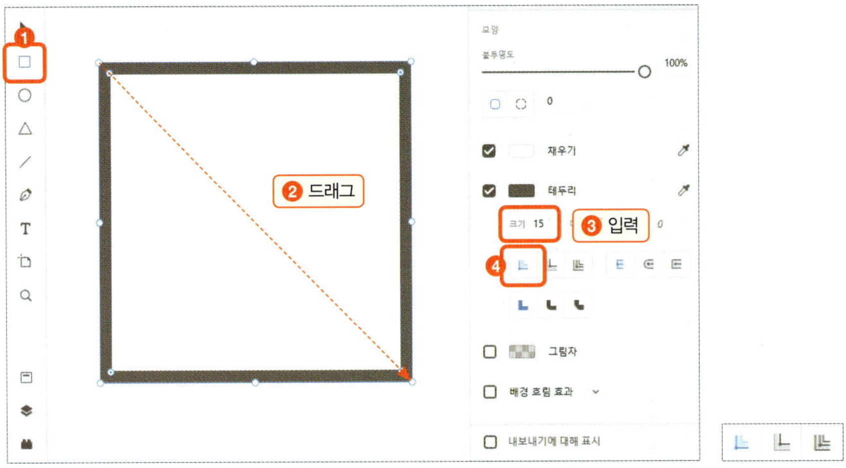

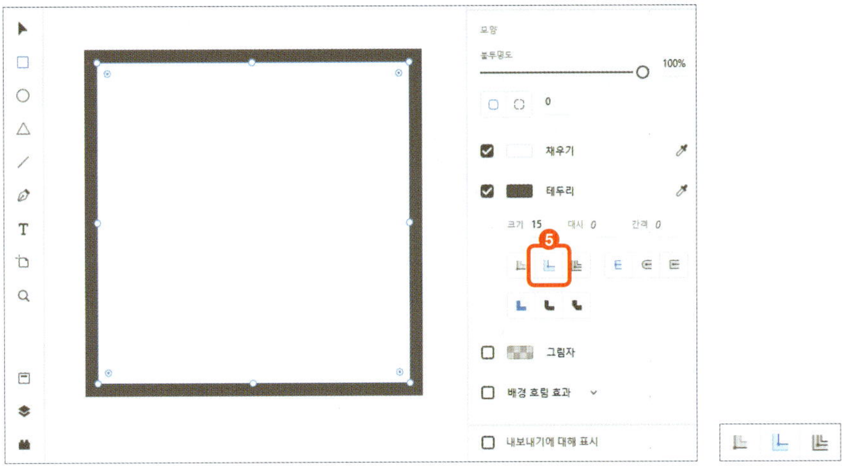

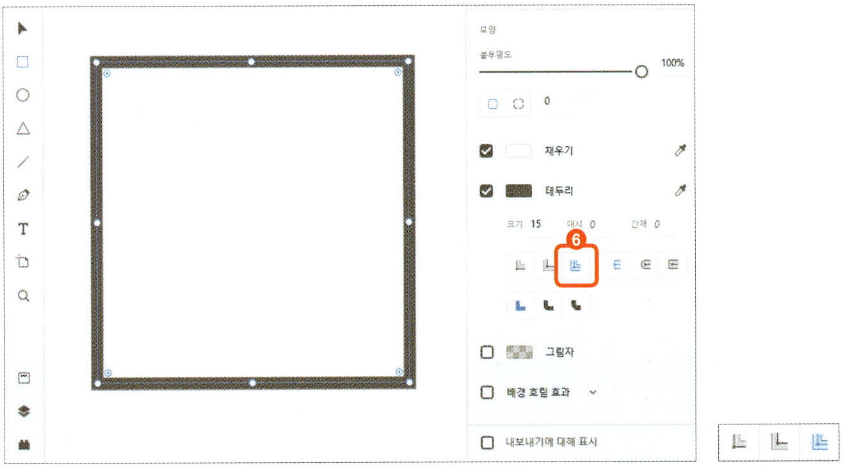

03 오른쪽 옵션 창의 '모양' 영역에서 '테두리'의 연결 부위를 '마이터 연결', '원형 연결', '경사 연결'로 설정해 가장자리 형태를 다음과 같이 변경해 본다.

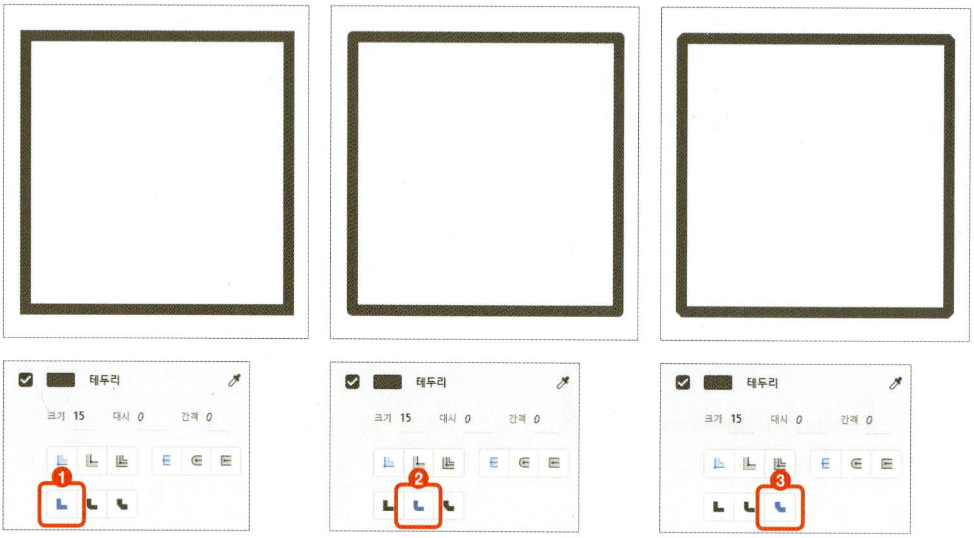

04 오른쪽 옵션 창의 '모양' 영역에서 '테두리'의 '대시'와 '간격'을 조절해 점선을 그릴 수 있다. 도형의 테두리 모양도 이 방법으로 변경한다.

4
오브젝트의 복제, 정렬, 배치, 병합

1 오브젝트의 복제

01 Adobe XD를 실행한 후 홈 화면에서 '사용자 정의 크기' 아이콘을 수치를 입력하지 않은 채 클릭한다.

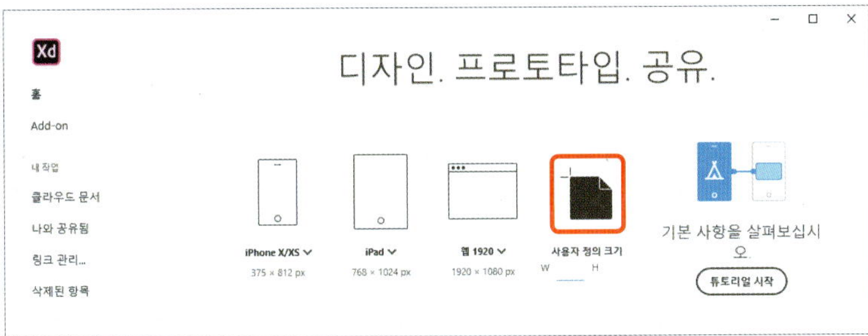

02 툴 패널에서 사각형 툴(□)을 선택하고 아트보드에서 드래그해 사각형을 그린다. 툴 패널에서 선택 툴(▸)을 선택하고 오브젝트를 클릭한 후 Ctrl+C를 눌러 복사하고 Ctrl+V를 눌러 붙여넣는다. 복제된 오브젝트를 클릭하고 오른쪽으로 드래그해 옮긴다.

Tip 오브젝트를 복사해 붙여넣으면 같은 위치에 복제되므로 겹쳐서 하나처럼 보인다. 앞에 있는 오브젝트를 선택해서 이동하면 확인할 수 있다.

03 선택 툴(▸)이 선택된 상태에서 두 번째 오브젝트를 클릭하고 Alt를 누른 채 오른쪽으로 드래그하면 오브젝트가 복제된다.

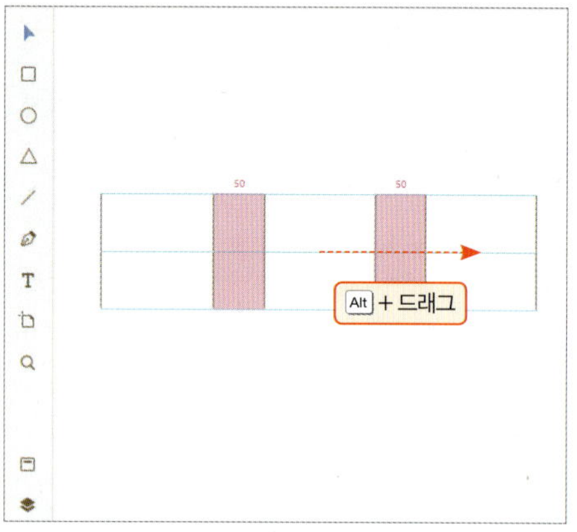

Tip Alt를 누른 채 오브젝트를 드래그하면 자동으로 오브젝트 간의 거리나 수평 맞춤, 수직 맞춤 등을 알 수 있는 스마트 가이드가 생성된다.

2 오브젝트의 정렬

01 왼쪽 상단의 [목록] 버튼(≡)을 클릭하고 [내 컴퓨터에서 열기]를 선택한다. [열기] 대화상자가 열리면 [Chapter_02 ▸ Section_04] 폴더에서 'array.xd' 파일을 선택하고 [열기]를 클릭한다.

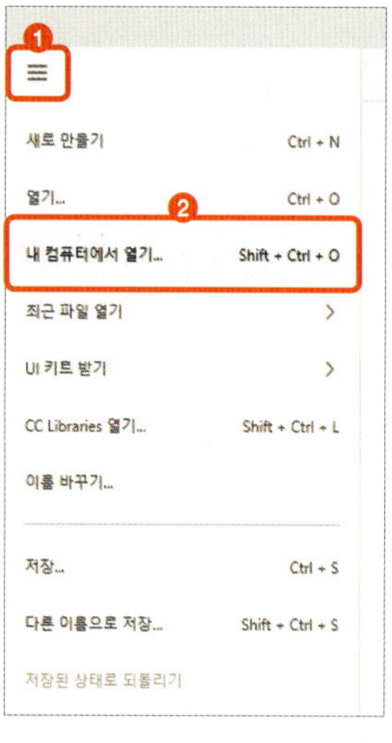

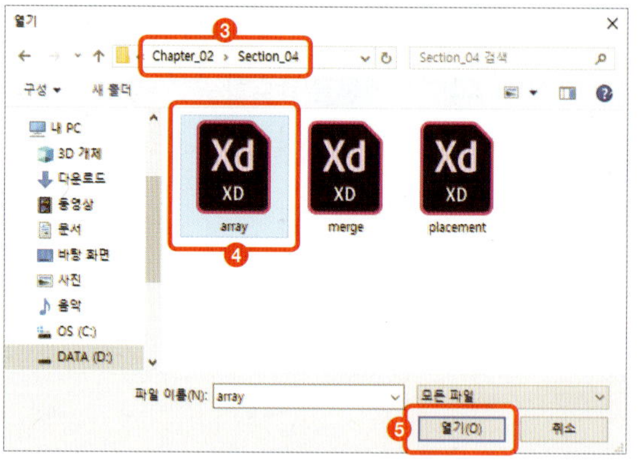

02 툴 패널에서 선택 툴(▶)을 선택하고 오브젝트 세 개를 감싸도록 드래그해 동시에 선택한다. 옵션 창에서 상단 정렬(⊤)을 클릭하면 가장 위에 있는 오브젝트의 윗면을 기준으로 오브젝트 세 개가 정렬된다.

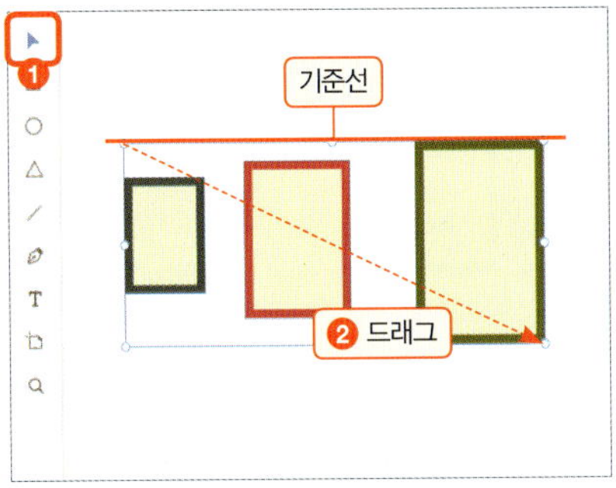

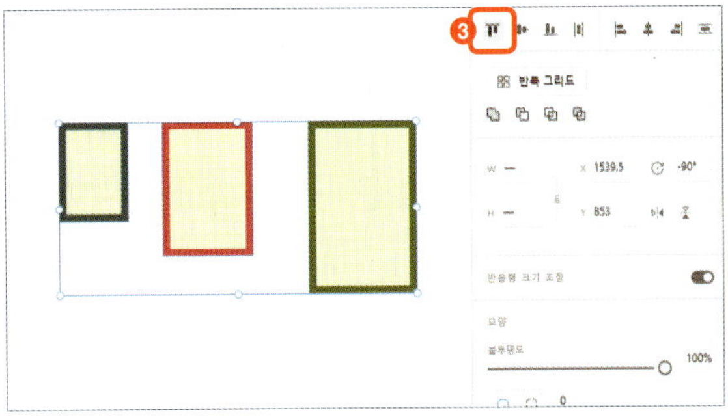

Tip 여러 오브젝트를 동시에 선택하려면 오브젝트를 모두 감싸도록 드래그하거나 Shift 를 누른 채 하나씩 클릭한다.

03 Ctrl + Z 를 눌러 실행을 취소한다. 오브젝트 세 개가 선택된 상태로 옵션 창에서 중간 정렬(세로)(⊕)를 클릭하면 오브젝트의 가장 윗부분과 아랫부분 기준으로 가운데에 정렬된다.

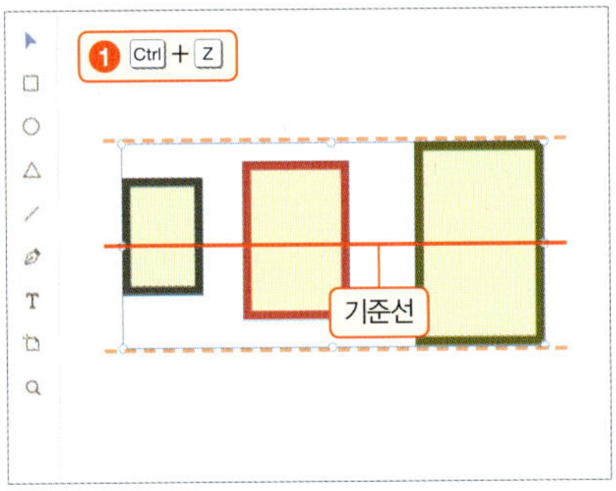

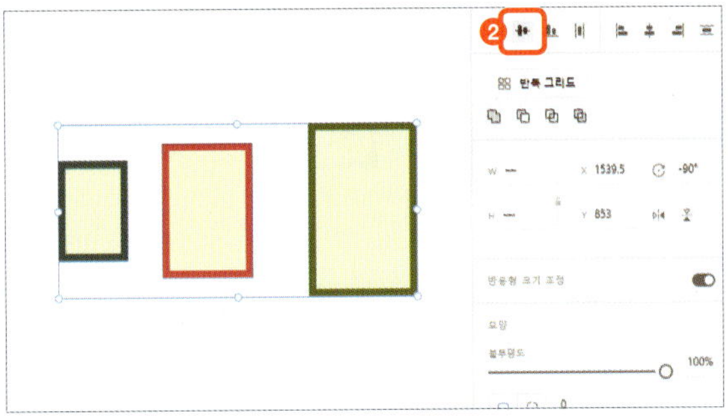

04 Ctrl + Z 를 눌러 실행을 취소한다. 오브젝트 세 개가 선택된 상태로 옵션 창에서 하단 정렬(⊥)을 클릭하면 가장 아래에 있는 오브젝트의 아랫면을 기준으로 오브젝트 세 개가 정렬된다.

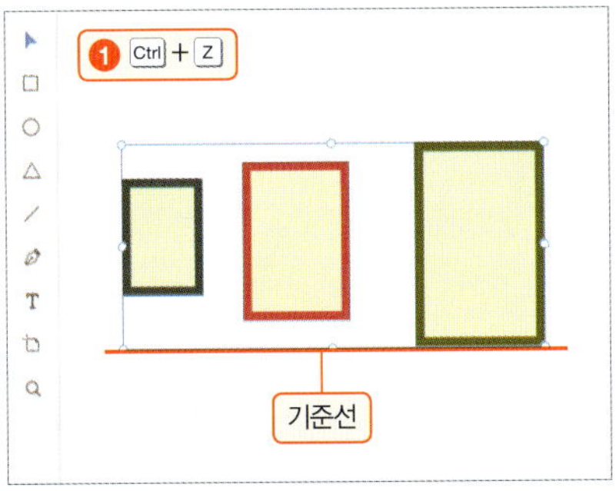

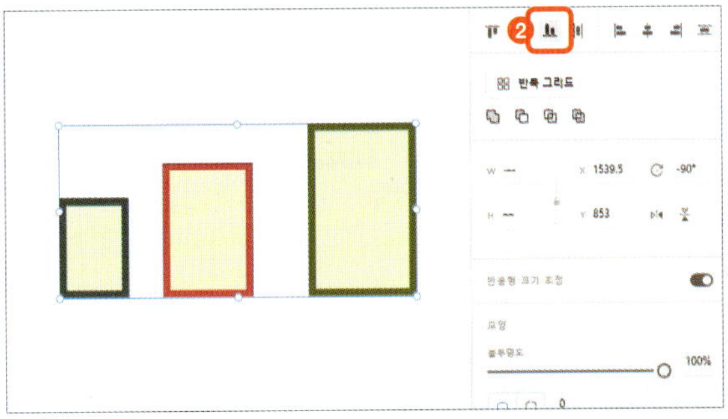

05 Ctrl + Z를 눌러 실행을 취소한다. 오브젝트 세 개가 선택된 상태로 옵션 창에서 가로 배치(▯)를 클릭하면 오브젝트 세 개의 가로 방향 간격이 동일하게 배치된다.

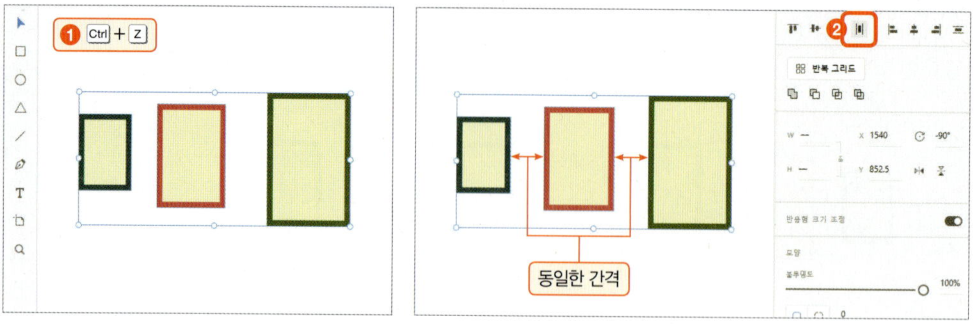

06 Ctrl + Z를 눌러 실행을 취소한다. 오브젝트 세 개가 선택된 상태로 옵션 창에서 왼쪽 정렬(▯)을 클릭하면 가장 왼쪽에 있는 오브젝트의 왼쪽 면을 기준으로 정렬된다.

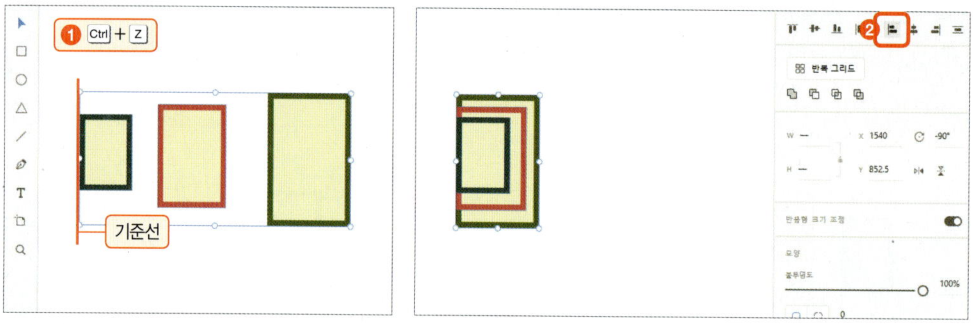

07 Ctrl + Z를 눌러 실행을 취소한다. 오브젝트 세 개가 선택된 상태로 옵션 창에서 가운데 정렬(가로)(▯)를 클릭하면 오브젝트 세 개가 왼쪽 면과 오른쪽 면 기준으로 가운데에 정렬된다.

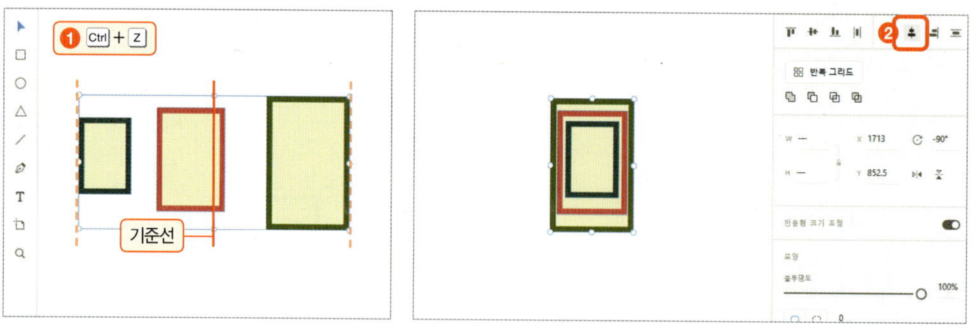

08 Ctrl + Z 를 눌러 실행을 취소한다. 오브젝트 세 개가 선택된 상태로 옵션 창에서 오른쪽 정렬( )을 클릭하면 가장 오른쪽 오브젝트의 오른쪽 면을 기준으로 정렬된다.

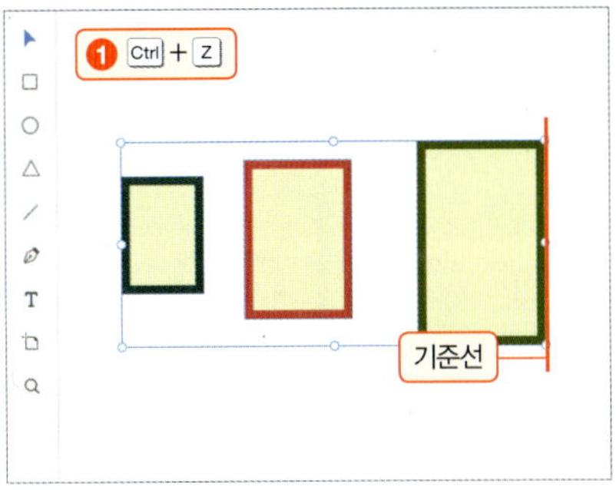

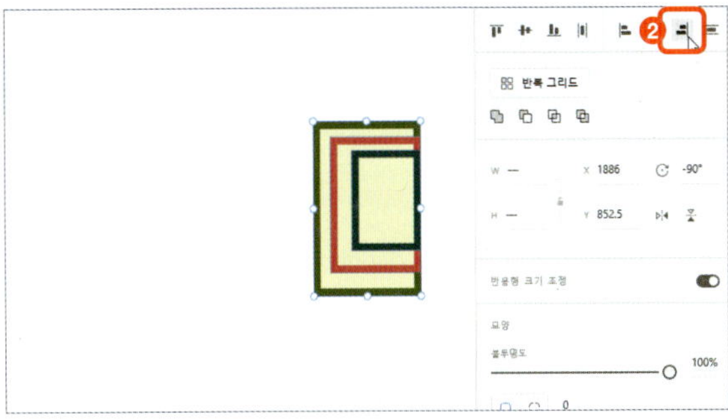

09 오브젝트를 왼쪽 그림과 같이 세로로 길게 배치한 후, 옵션 창에서 세로 배치( )를 클릭하면 선택된 오브젝트의 세로 방향 간격이 동일하게 배치된다.

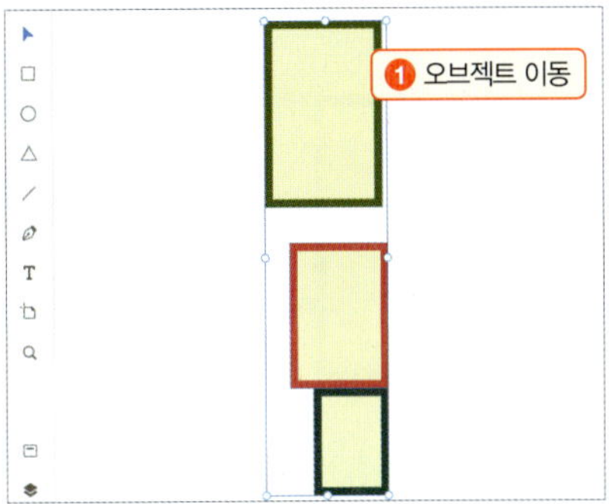

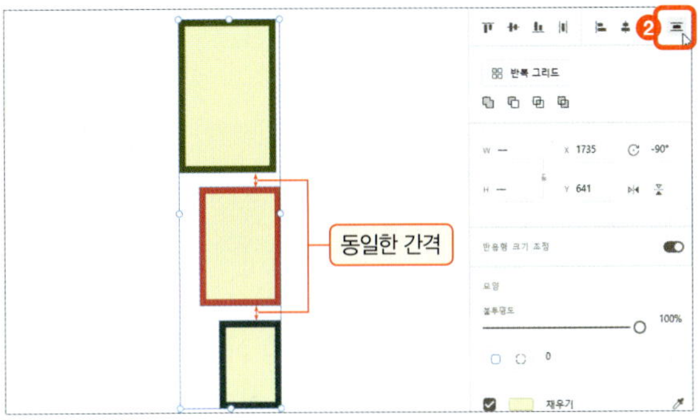

3 오브젝트의 배치

01 왼쪽 상단의 [목록] 버튼( )을 클릭하고 [내 컴퓨터에서 열기]를 선택한다. [열기] 대화상자가 열리면 [Chapter_02 ▸ Section_04] 폴더에서 'placement.xd' 파일을 선택해 연다.

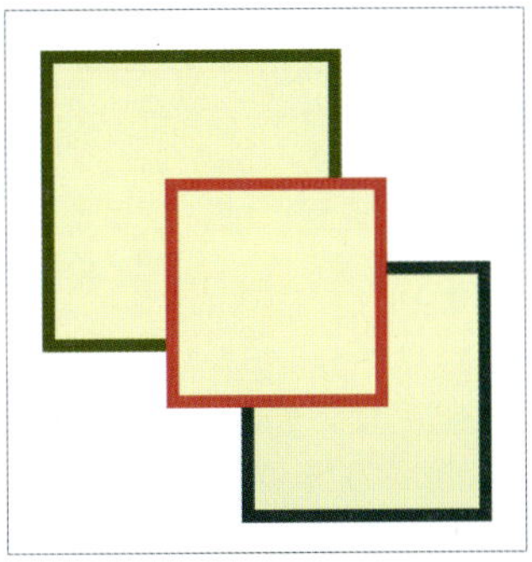

02 툴 패널에서 선택 툴(▸)을 선택하고 왼쪽 상단의 오브젝트를 마우스 오른쪽 버튼으로 클릭해 [정렬]-[맨 앞으로 가져오기]를 선택하면 오브젝트가 맨 앞으로 올라온다.

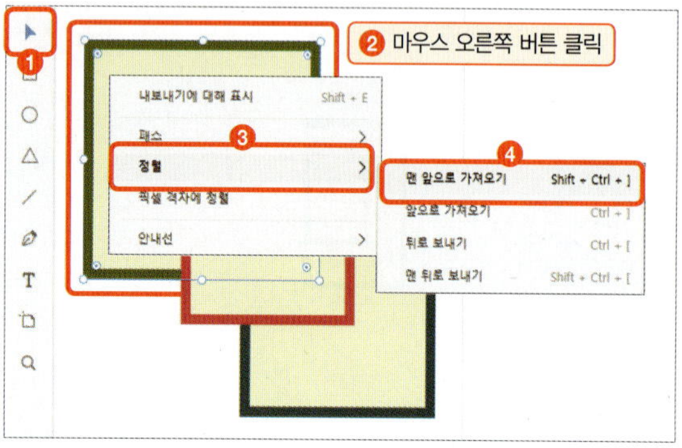

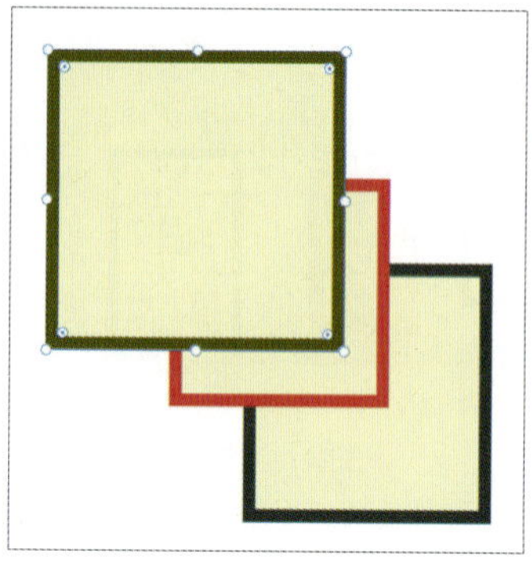

03 선택 툴(▸)이 선택된 상태로 오른쪽 하단의 오브젝트를 선택하고 Ctrl +] 를 누르면 한 단계 앞으로 올라온다.

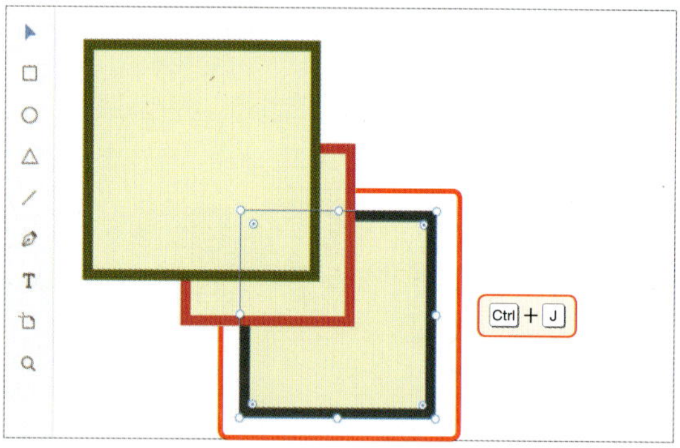

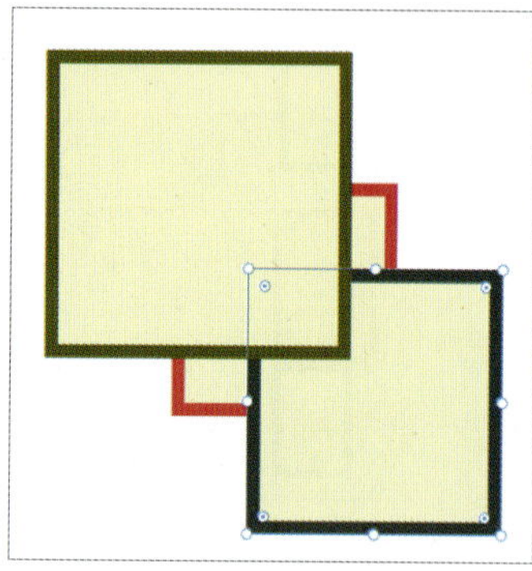

하나 더 알기 정렬 메뉴 단축키

오브젝트를 선택하고 마우스 오른쪽 버튼을 클릭해 [정렬]을 선택하면 [맨 앞으로 가져오기], [앞으로 가져오기], [뒤로 보내기], [맨 뒤로 보내기]의 단축키를 확인할 수 있다. 오브젝트의 배열은 자주 사용하는 기능이므로 단축키를 기억하면 좋다.

- 맨 앞으로 가져오기: Shift + Ctrl +]
- 앞으로 가져오기: Ctrl +]
- 뒤로 보내기: Ctrl + [
- 맨 뒤로 보내기: Shift + Ctrl + [

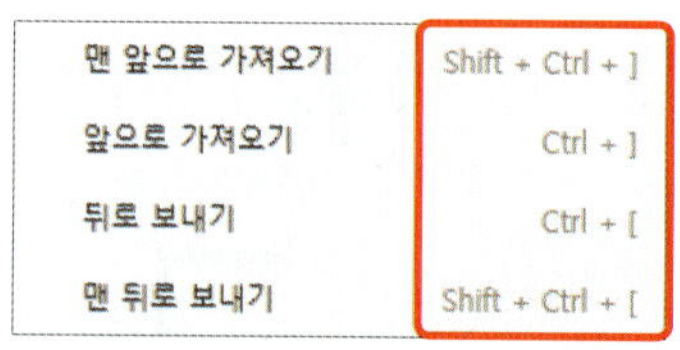

4 오브젝트의 병합

01 왼쪽 상단의 [목록] 버튼(≡)을 클릭하고 [내 컴퓨터에서 열기]를 선택한다. [열기] 대화상자가 열리면 [Chapter_02 ▸ Section_04] 폴더에서 'merge.xd' 파일을 선택해 연다.

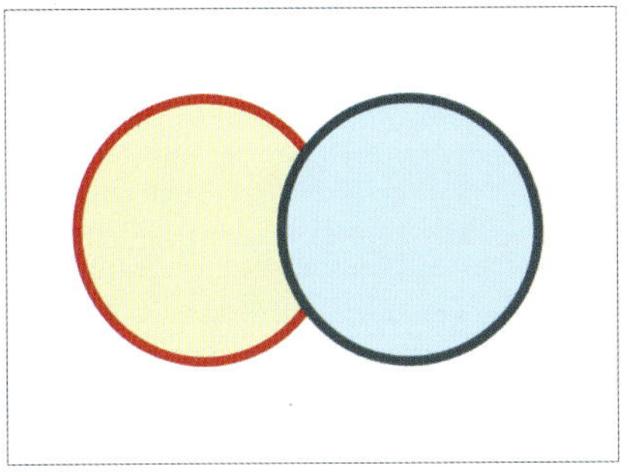

02 툴 패널에서 선택 툴(▸)을 선택하고 Shift를 누른 채 오브젝트 두 개를 클릭해 동시에 선택한다. 오른쪽 옵션 창에서 추가(⧉)를 클릭하면 두 오브젝트가 합쳐진다.

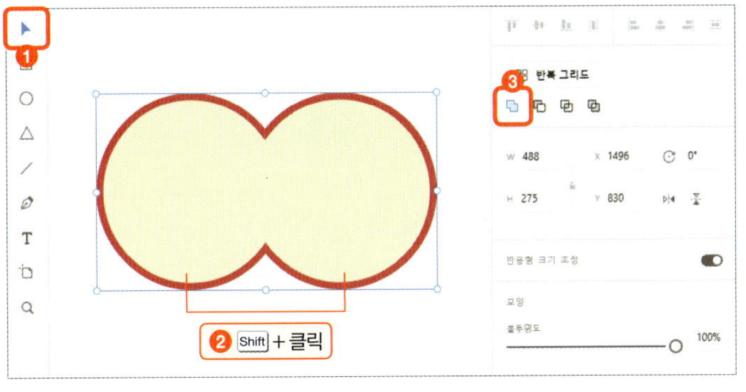

03 오브젝트가 선택된 상태에서 더블클릭하면 합치기 이전의 원래 모양을 볼 수 있고, 드래그해 원하는 곳으로 배치할 수도 있다. 오브젝트를 다음과 같은 형태가 되도록 드래그하고 전체 영역을 선택하면 병합된 오브젝트를 확인할 수 있다.

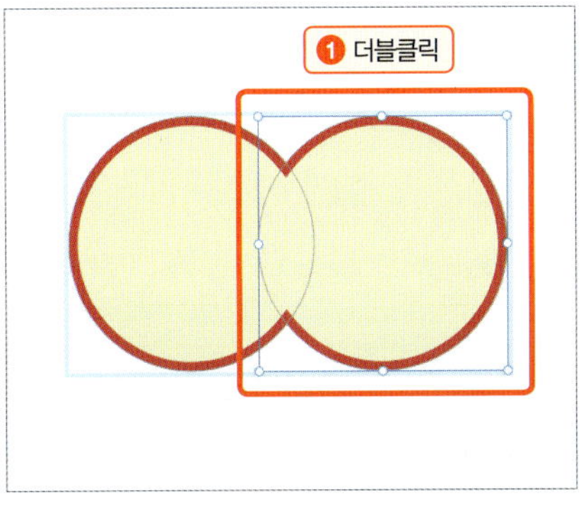

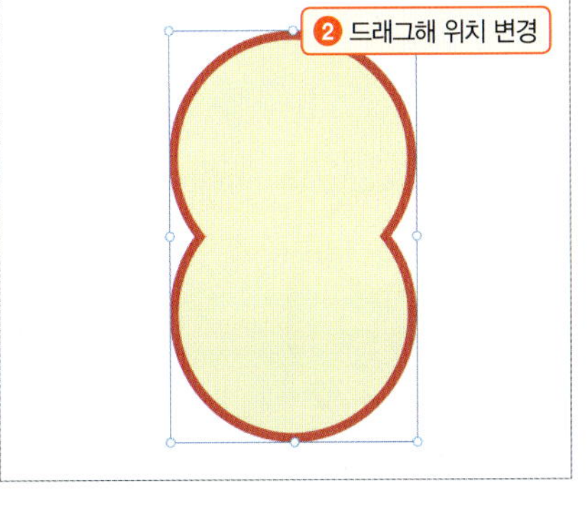

04 병합된 오브젝트가 선택된 상태로 옵션 창에서 빼기(⧉)를 클릭하면 앞에 있는 오브젝트를 제외한 뒤쪽 오브젝트 형태만 남는다. 이때도 선택 툴(▸)로 더블클릭하면 원본의 형태가 나타나며 오브젝트를 움직일 수도 있다.

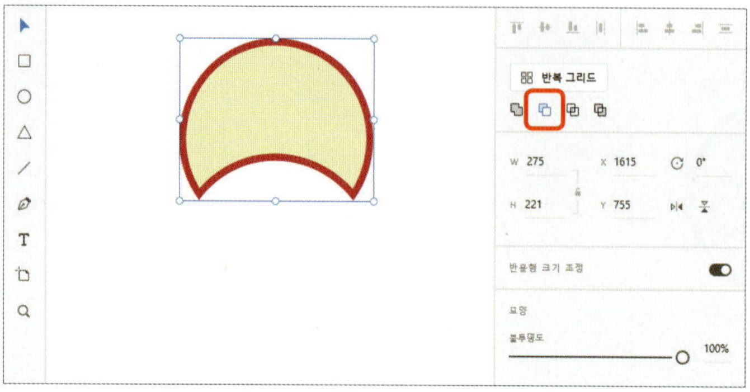

05 병합된 오브젝트가 선택된 상태로 옵션 창에서 교차(⧉)를 클릭하면 두 오브젝트가 교차하는 영역만 남는다. 오브젝트를 더블클릭하면 원본의 형태를 이동해 교차 영역의 크기를 변경할 수 있다.

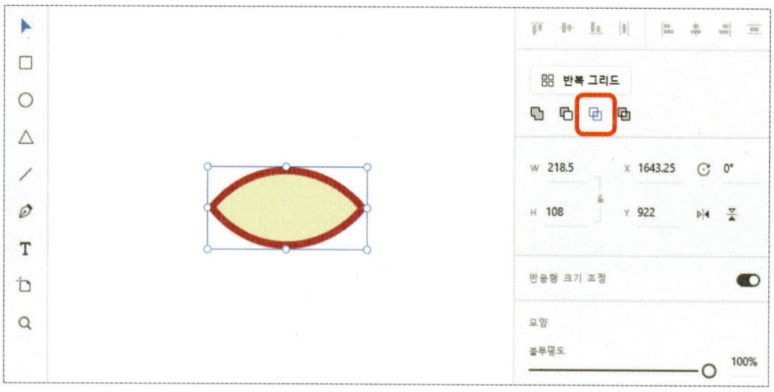

06 병합된 오브젝트가 선택된 상태로 옵션 창에서 오버랩 제외(⧉)를 클릭하면 교차 영역과 반대의 영역이 남는다.

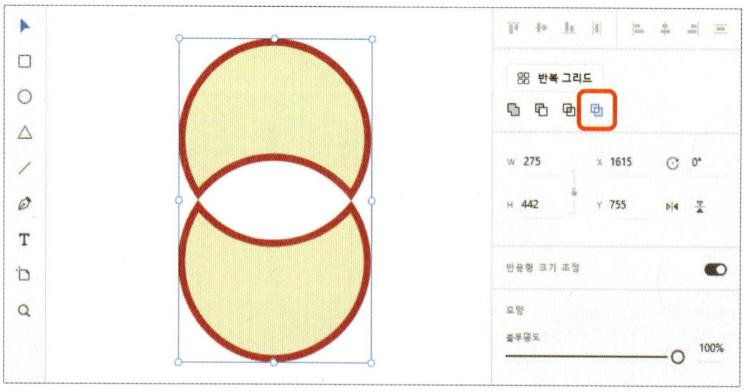

Chapter 03
색상 및 이미지 활용

1
기본 색상 채우기

1 면과 선에 색상 채우기

01 Adobe XD를 실행한 후 홈 화면에서 '사용자 정의 크기' 아이콘을 수치를 입력하지 않고 클릭해 아트보드를 연다.

02 사각형 툴(□)로 아트보드에 사각형 오브젝트를 그린다.

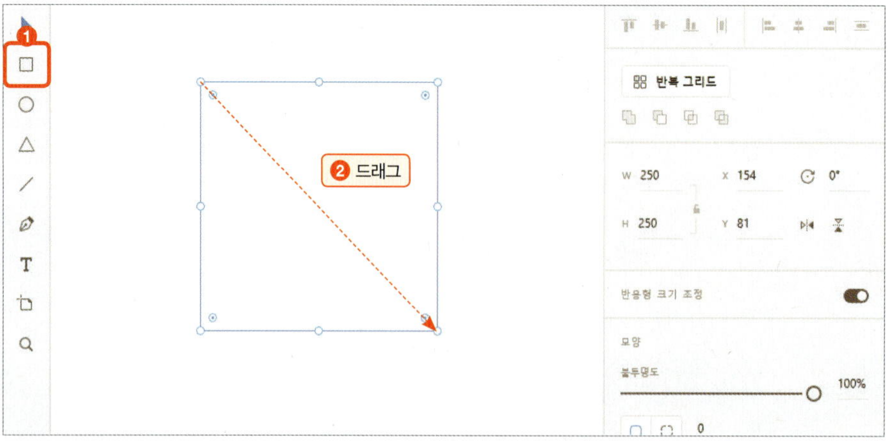

03 옵션 창에서 '채우기'의 색상 상자를 클릭하면 열리는 색상 패널에서 컬러 샘플의 임의의 위치를 클릭하면 오브젝트에 색상이 채워진다.

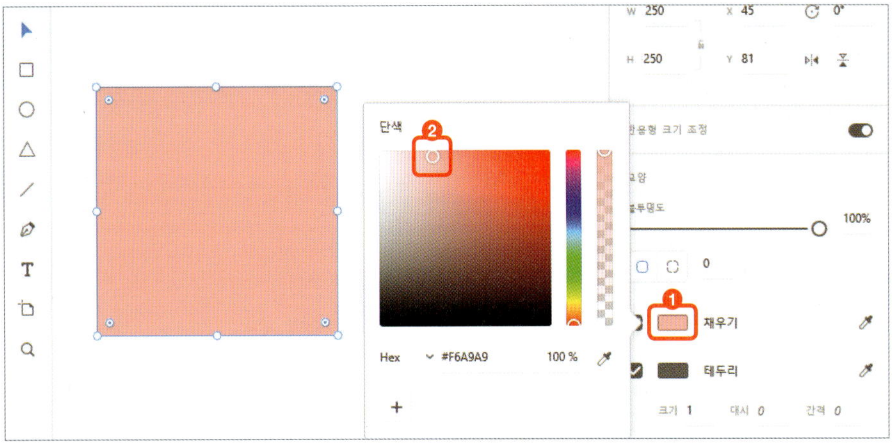

하나 더 알기 색상 패널

옵션 창에서 '채우기'의 색상 상자를 클릭하면 색상 패널이 열린다. 색상 패널의 각 옵션별 기능은 다음과 같다.

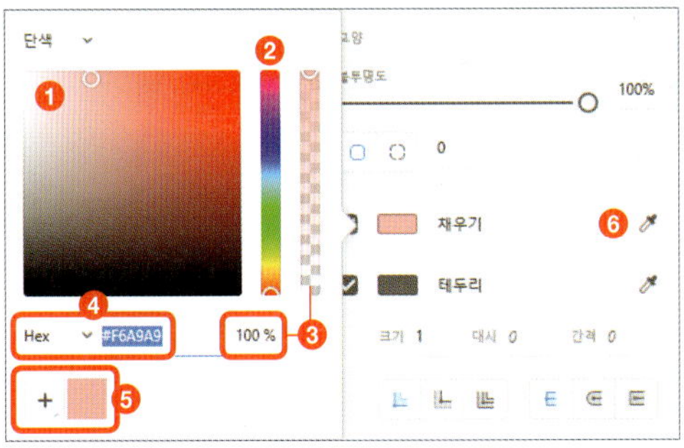

❶ **컬러 샘플:** 원하는 영역을 클릭해 색상을 선택한다.

❷ **컬러 스펙트럼 바:** 스펙트럼 바 내부를 클릭해 원하는 색조를 선택한다.

❸ **투명도:** 투명도 바 내부를 클릭하거나 수치를 입력해 투명도를 조절한다.

❹ **Hex/RGB/HSB:** 컬러 모드별 색상 값이 나타난다. 웹이나 모바일에서는 주로 Hex 값의 6진수를 사용한다.

❺ **색상 견본:** 선택한 색상을 반복적으로 사용할 수 있도록 색상 견본 저장 버튼(+)을 클릭해 색상을 등록한다. 등록된 색상을 제거하려면 해당 색상을 클릭한 후 옵션 창 밖으로 드래그한다.

❻ **화면에서 색상 선택:** 아트보드를 비롯해 화면에 보이는 색상을 추출하기 위해 사용한다.

04 색상 패널에서 투명도 값을 입력하거나 투명도 바를 클릭해 색상 투명도를 변경한다.

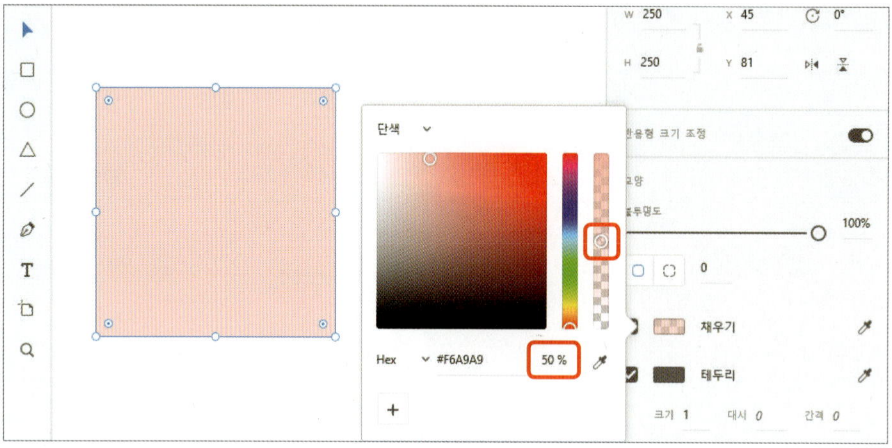

05 사각형이 선택된 상태로 옵션 창에서 '테두리'의 '크기'를 10으로 변경하고 '테두리'의 색상 상자를 클릭해 색상 패널이 열리면 'Hex'에 #A28C8C를 입력한다. 색상 견본 저장 버튼(+)을 클릭해 색상을 등록한다.

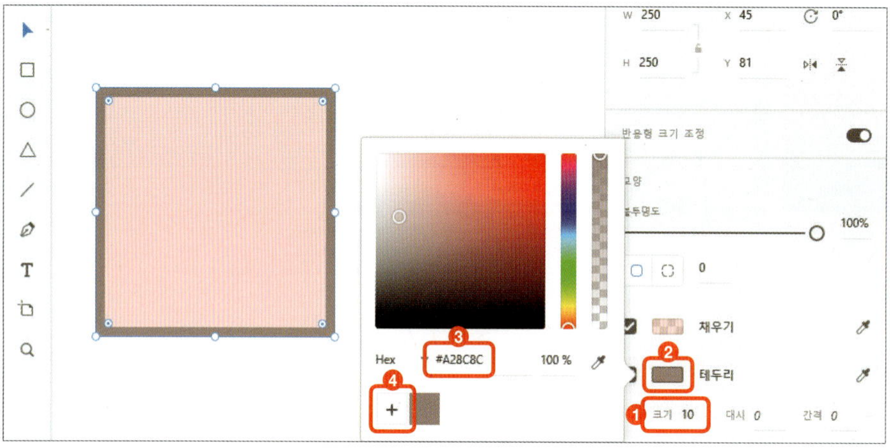

하나 더 알기 투명도

면이나 선에 투명도를 적용하면 겹쳐 있는 오브젝트가 보이도록 할 수 있다. 옵션 창에서 '불투명도' 값을 조절하면 채우기와 테두리의 투명도 값이 한 번에 변경된다.

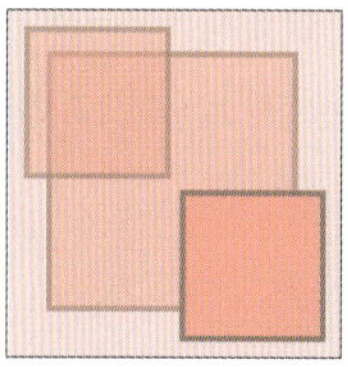

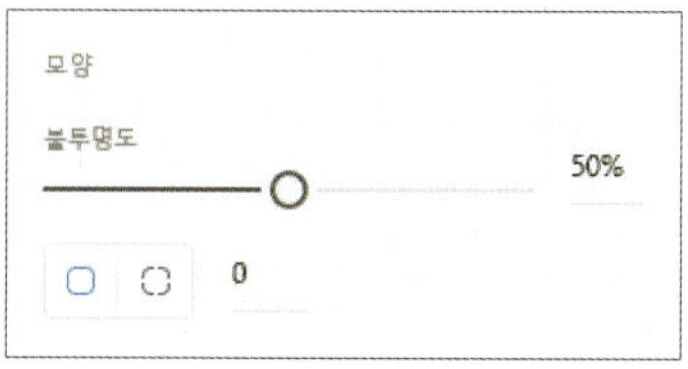

2 그림자와 흐림 효과

01 옵션 창에서 '그림자' 옵션에 체크하고 색상 상자를 클릭해 색상 패널이 열리면 'Hex'에 #2E0F0F를 입력하고 투명도는 30%로 설정한 후 X, Y, B 값을 각각 10으로 설정해 그림자를 생성한다.

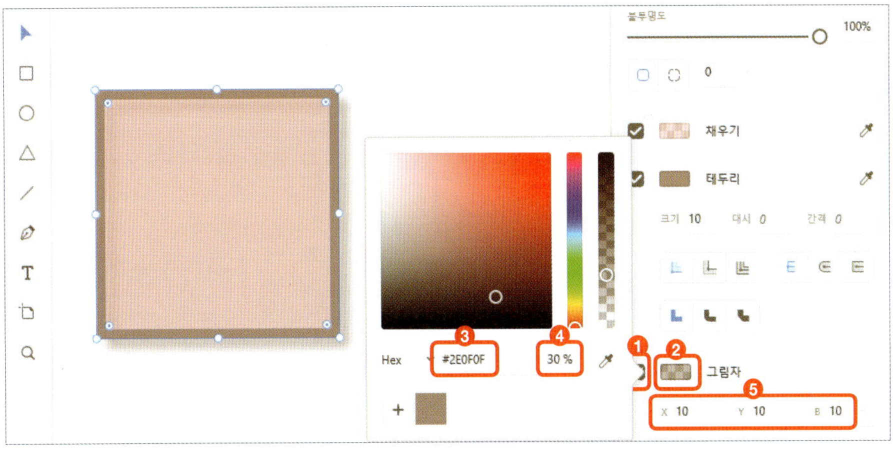

Tip X 값은 그림자를 좌우로, Y 값은 그림자를 상하로 생성한다. B 값은 그림자의 흐림 정도를 지정하는데, 이 값이 높을수록 그림자의 흐림 정도가 강해진다.

02 옵션 창에서 [배경 흐림 효과] 옵션에 체크하면 배경 흐림 효과가 적용된다.

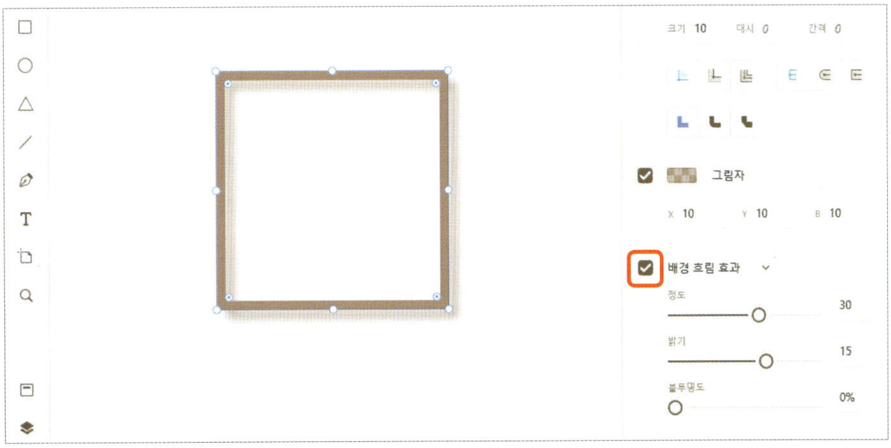

Tip 오브젝트가 단독으로 있는 경우 '불투명도'를 100%로 설정하면 원래의 색상으로 변경되며, '밝기'를 변경하면 음영이 조절된다. 다만 '정도'는 변경해도 단독으로는 반응하지 않는다.

Tip '정도' 옵션은 다른 오브젝트나 이미지와 함께 있을 때 앞의 오브젝트가 뒤의 오브젝트에 상대적으로 반영된다. 즉 뒤 오브젝트의 정도를 조절해도 앞의 오브젝트에는 영향을 미치지 않는다.

03 사각형 툴(□)로 사각형 오브젝트를 하나 더 그리고 Ctrl + Shift + [를 눌러 이전 오브젝트의 뒤로 보낸다. 선택 툴(▸)로 이전 오브젝트를 선택하고 '배경 흐림 효과'의 옵션들을 조절해 본다. '정도', '밝기', '불투명도'에 따라 뒤 오브젝트의 흐림 정도가 달라지는 것을 알 수 있다.

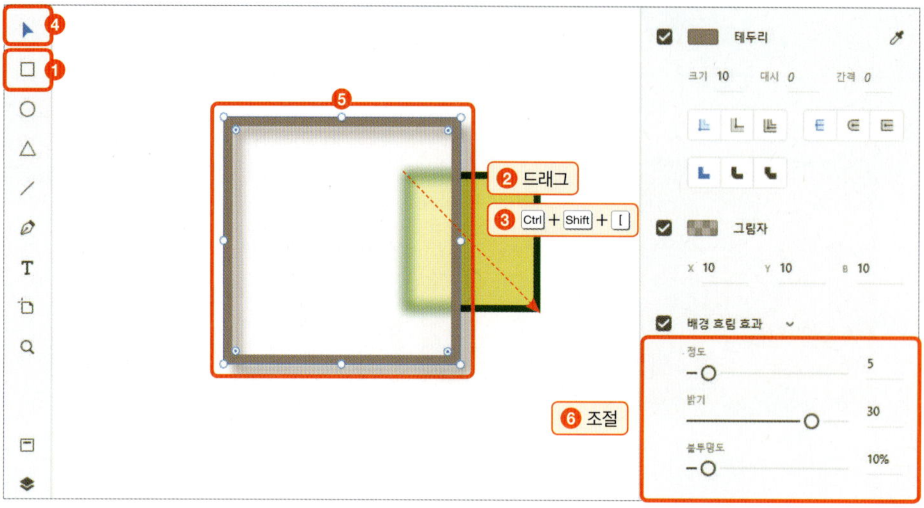

Tip '배경 흐림 효과'가 어떻게 구현되는지 잘 보이게 하기 위해 사각형 오브젝트에 '채우기'와 '테두리'를 적용했다.

04 옵션 창의 '배경 흐림 효과'를 '오브젝트 흐림 효과'로 변경하고, '정도'를 5로 지정하면 가장자리 영역이 흐려진다.

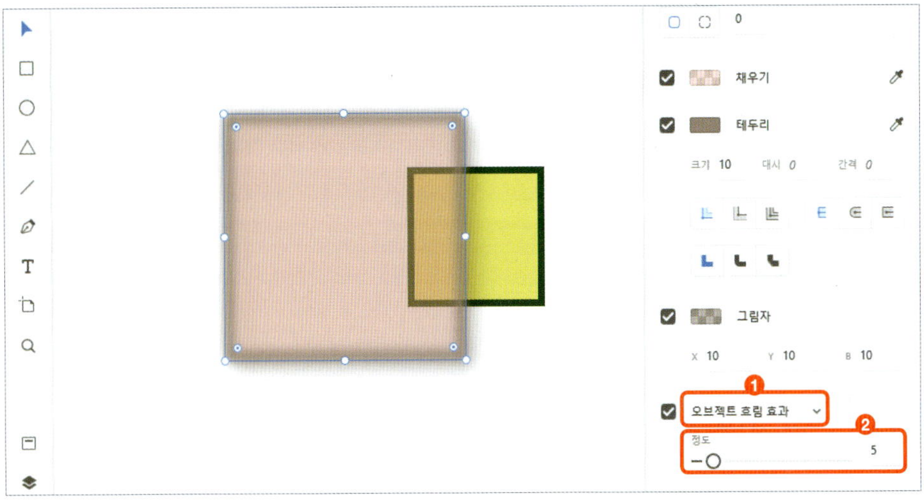

05 '정도'를 20으로 높여 가장자리 영역의 흐림 효과를 강화한다. '배경 흐림 효과'와 달리 뒤 오브젝트에는 영향을 미치지 않는다.

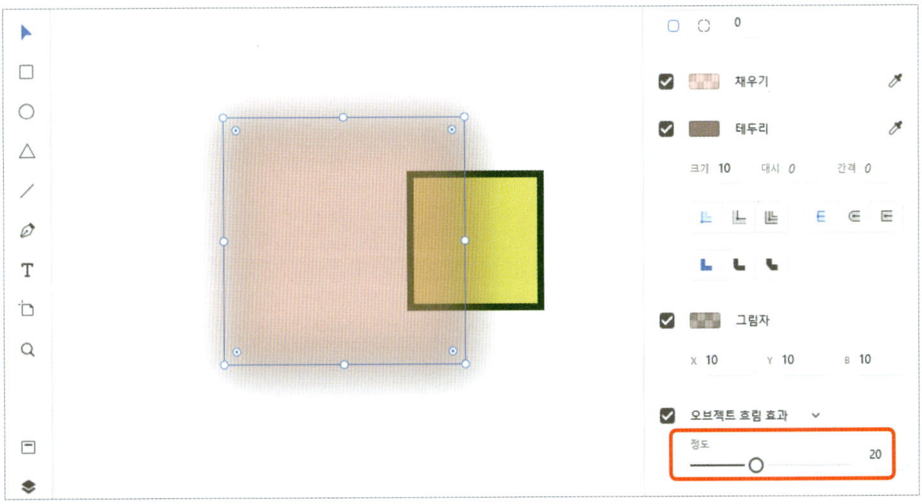

2
그레이디언트 채우기

1 선형 그레이디언트

01 Adobe XD를 실행한 후 홈 화면에서 '사용자 정의 크기' 아이콘을 수치를 입력하지 않고 클릭해 아트보드를 연다.

02 사각형 툴(□)로 아트보드에 사각형 오브젝트를 그리고 색상과 테두리를 Section 01과 동일하게 적용한다.

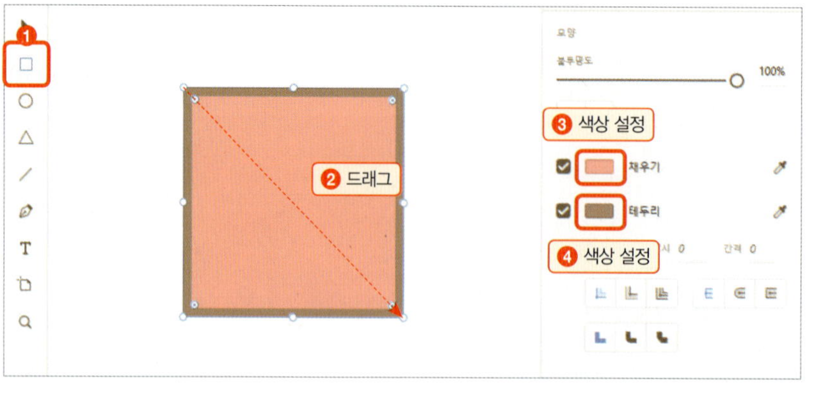

03 오브젝트가 선택된 상태에서 '채우기'의 색상 상자를 클릭해 색상 패널이 열리면 색상 옵션을 [단색]에서 [선형 그레이디언트]로 변경한다.

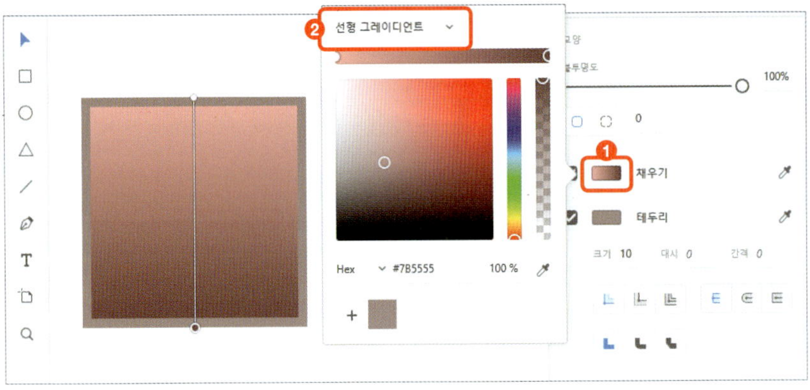

04 색상 패널의 그레이디언트 바 내부에 있는 왼쪽 컬러스톱을 클릭하고 'Hex'에 #F5ADDA를 입력한 후 오른쪽 컬러스톱을 클릭하고 'Hex'에 #7DD1EB를 입력해 색상을 변경한다.

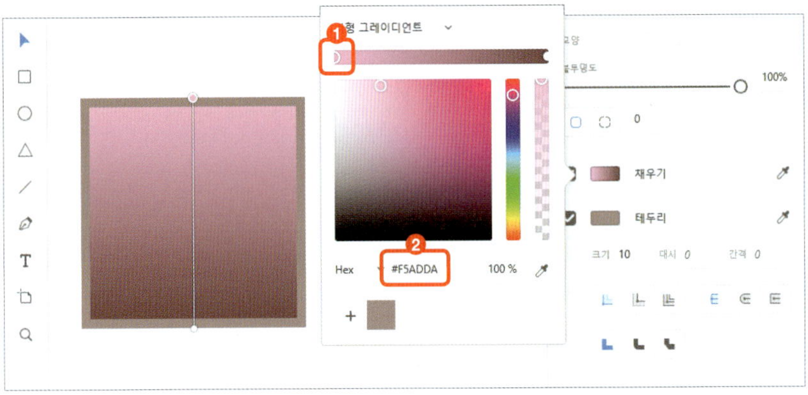

05 그레이디언트 바의 중앙 부분을 클릭해 컬러스톱을 추가하고 컬러 샘플을 클릭해 색상을 변경한다.

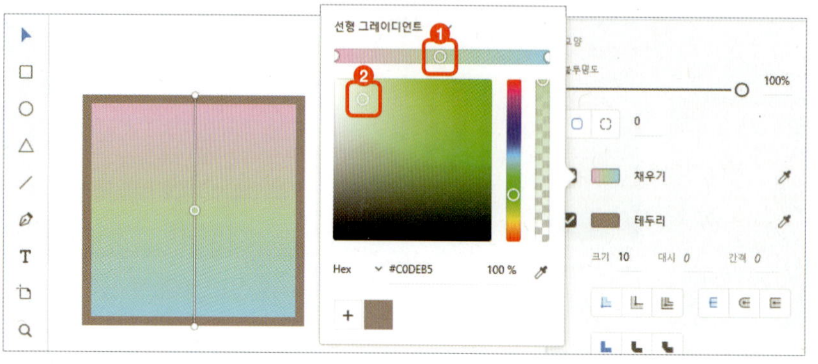

Tip 'Hex'에 #C0DEB5를 입력해도 된다.

06 오브젝트 내부의 그레이디언트 선에 있는 컬러스톱을 위로 드래그해 그레이디언트 간격을 조절한다.

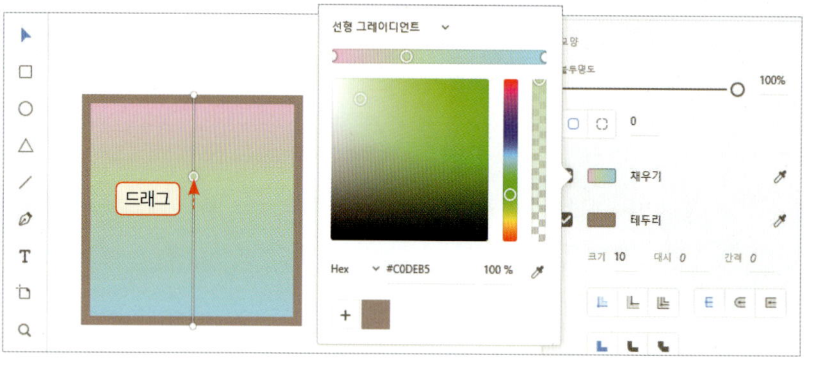

Tip 색상 패널에서 그레이디언트 바의 컬러스톱을 드래그해도 간격을 조절할 수 있다.

07 오브젝트 내부의 그레이디언트 선을 클릭해 컬러스톱을 추가한다.

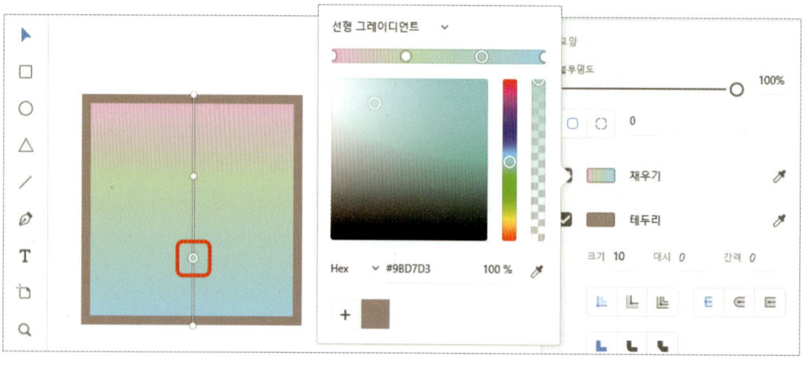

08 색상 패널의 그레이디언트 바 중간에 있는 두 개의 컬러스톱을 색상 패널 바깥으로 드래그해 제거한다.

09 오브젝트 내부 그레이디언트 선 끝의 앵커 포인트를 드래그해 그레이디언트의 방향이나 위치를 조절할 수 있다.

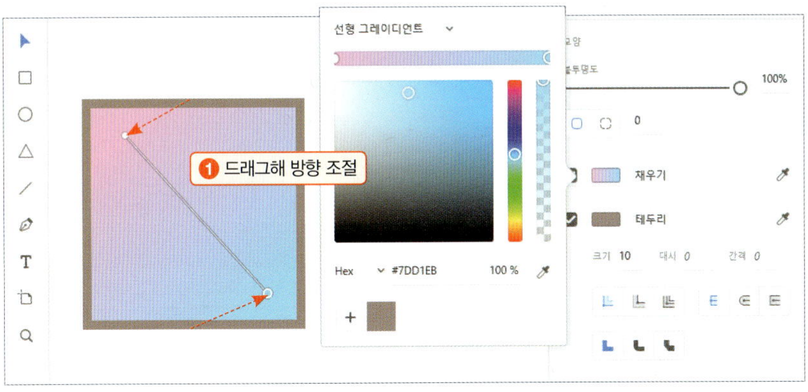

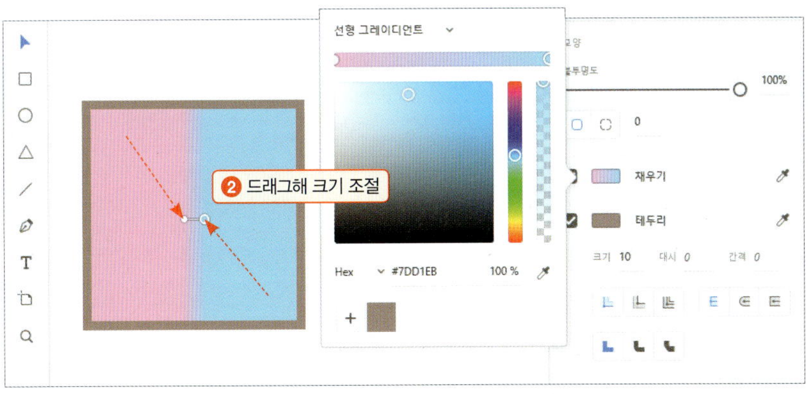

2 방사형 그레이디언트

01 타원 툴(○)로 원을 그린 후 옵션 창에서 '채우기'의 색상 상자를 클릭해 색상 패널을 열고 색상 옵션을 [방사형 그레이디언트]로 변경한다. 왼쪽(안쪽) 컬러스톱의 'Hex'를 #F5ADDA, 오른쪽(바깥쪽) 컬러스톱의 'Hex'를 #7DD1EB로 각각 변경한다.

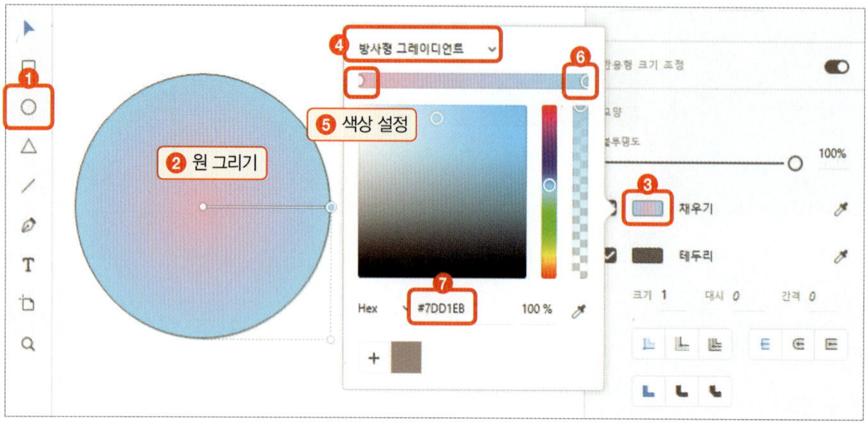

02 그레이디언트 바 내부를 클릭해 컬러스톱을 추가하고 'Hex'를 #B6E388로 설정한다. 추가한 컬러스톱은 다음 실습을 위해 색상 패널 바깥으로 드래그해 제거한다.

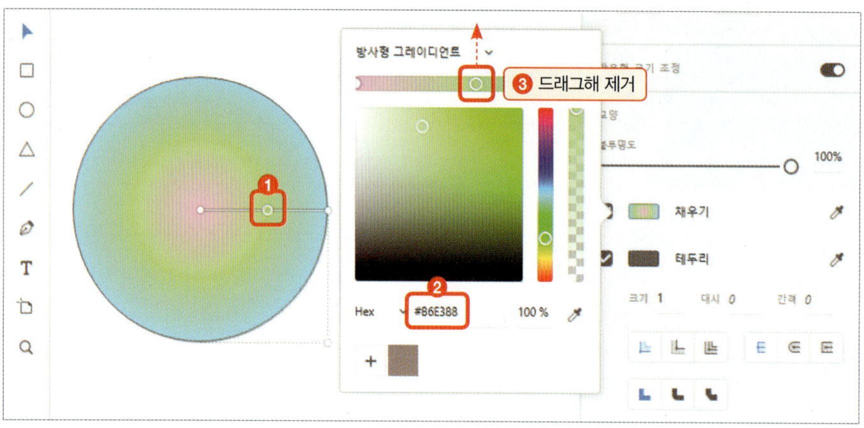

하나 더 알기 **그레이디언트의 색상 간격 조절**

가운데 컬러스톱의 색상을 왼쪽 또는 오른쪽 컬러스톱과 같게 설정하면 그레이디언트의 색상 간격을 조절하는 효과를 얻을 수 있다.

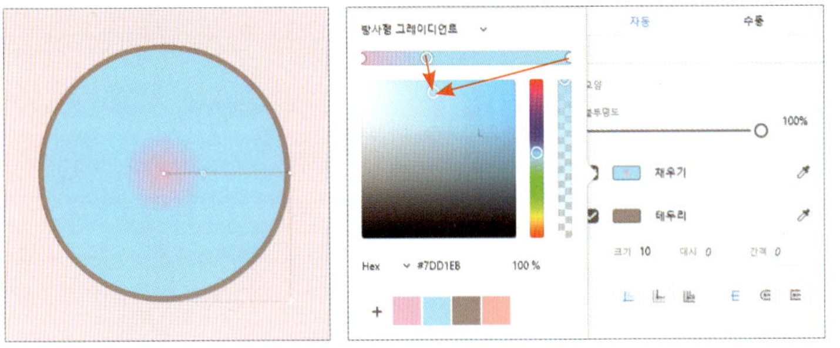

03 원 오브젝트 내부 그레이디언트 선의 바깥쪽 앵커 포인트를 드래그하면 그레이디언트의 크기를 조절할 수 있고, 원 중심에 있는 앵커 포인트를 드래그하면 그레이디언트의 위치를 변경할 수 있다.

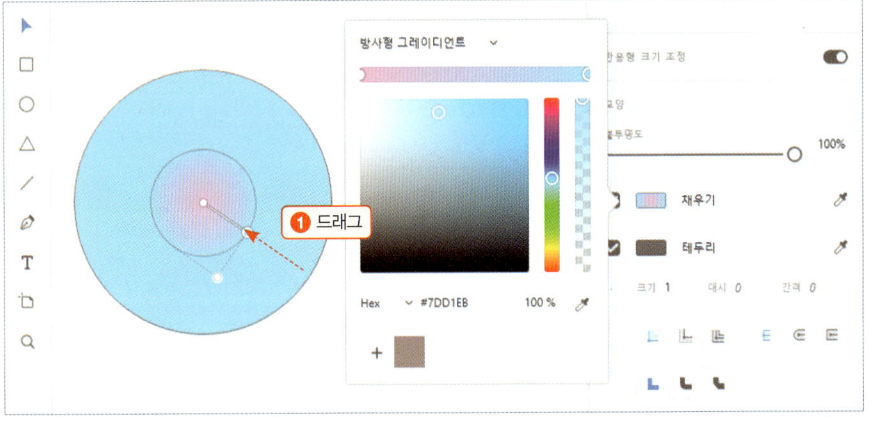

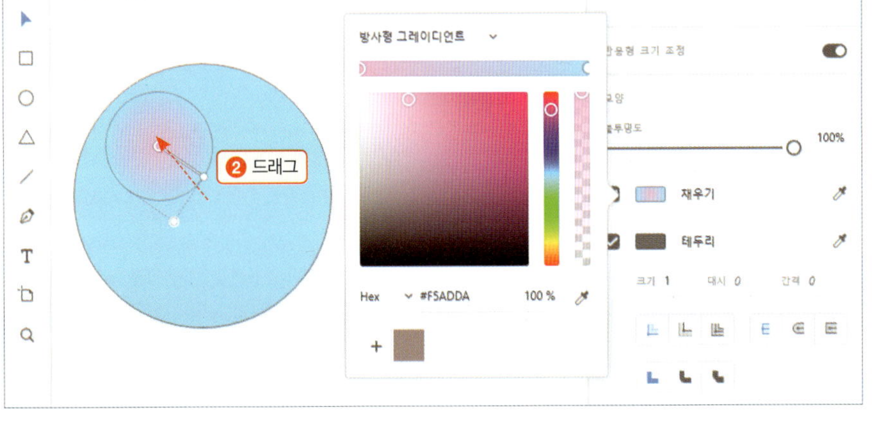

04 원 밖에 있는 앵커 포인트를 드래그하면 그레이디언트의 형태를 조절해 타원으로 만들 수 있다.

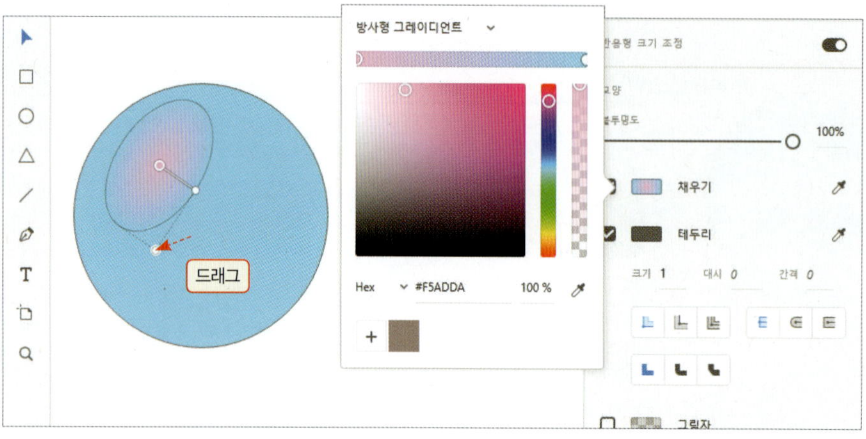

3
이미지 편집하기

1 이미지 삽입과 크기 변경

01 Adobe XD를 실행한 후 홈 화면에서 '사용자 정의 크기' 아이콘을 수치를 입력하지 않고 클릭해 아트보드를 연다.

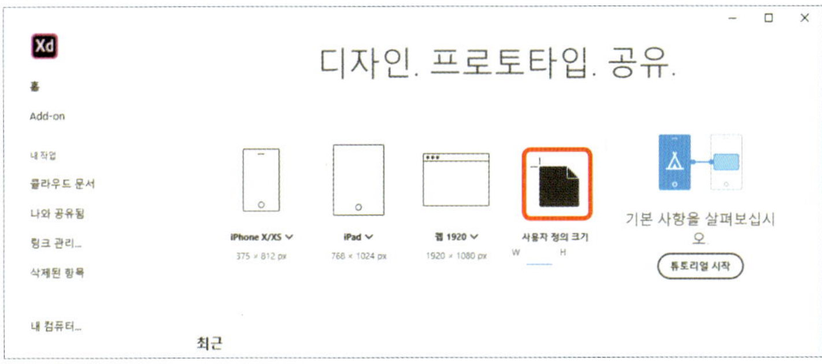

02 [Chapter_03 ▸ Section_03] 폴더에서 'img1.jpg' 파일을 아트보드로 드래그하면 이미지가 삽입된다.

03 이미지 가장자리의 바운딩 박스를 임의의 방향으로 드래그하면 비율이 유지되면서 확대 또는 축소된다.

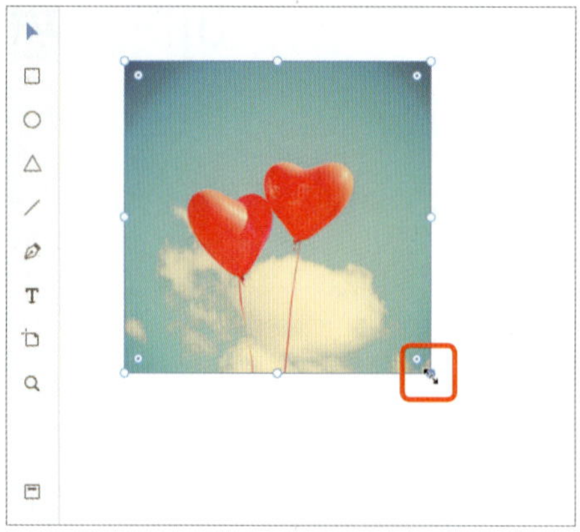

04 비율을 유지하지 않고 크기를 변경하려면 옵션 창의 W(너비)와 H(높이) 옆에 있는 종횡비 잠금(🔒)을 클릭해 가로세로 비율 고정을 해제한 후 바운딩 박스를 드래그한다.

05 옵션 창에서 '채우기'의 체크를 해제하면 이미지 형태가 투명이 되고, '채우기' 색상을 설정하면 이미지가 아닌 오브젝트로 인식된다.

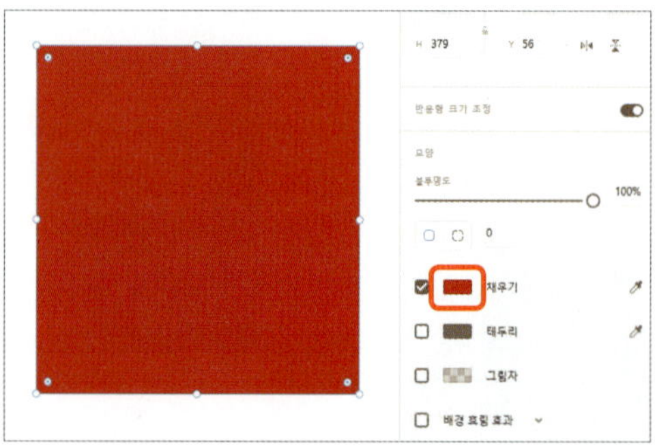

06 Ctrl + Z 를 눌러 실행을 취소하면 다시 이미지가 된다. 옵션 창에서 '테두리'의 색상을 #10496A로 설정하고 '크기'를 10으로 변경해 이미지에 테두리를 적용한다.

07 옵션 창에서 '모양' 영역의 '불투명도'를 50%로 설정한다. 이미지와 테두리에 모두 투명도가 적용된다.

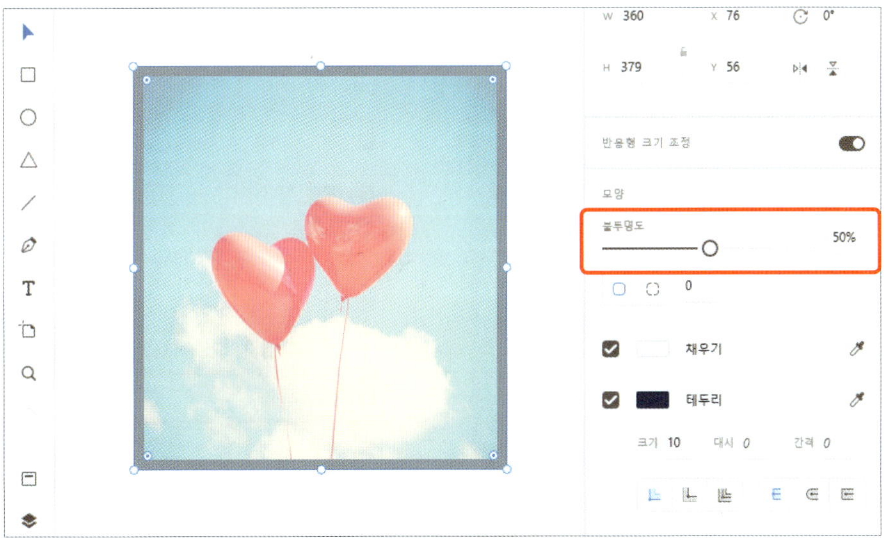

08 다시 '불투명도'를 100%로 복구한다. 이미지 내부 모서리에 있는 위젯을 안쪽으로 드래그하면 모서리 모양이 둥글게 변형된다.

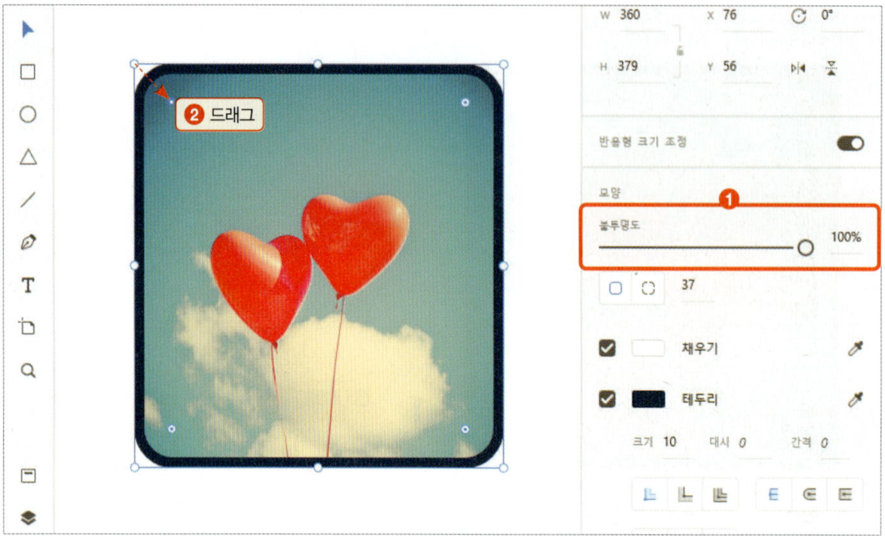

09 옵션 창에서 '그림자' 옵션에 체크하고 X는 10, Y는 10, B는 5로 설정해 이미지 가장자리에 그림자를 만든다.

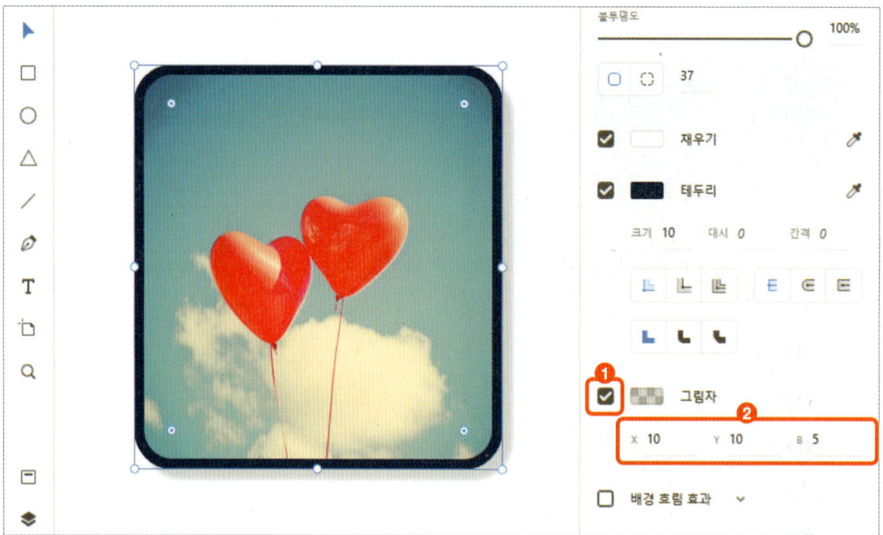

10 옵션 창에서 [배경 흐림 효과]를 [오브젝트 흐림 효과]로 변경하고 '정도'를 15로 설정하면 이미지 전체가 흐려지며 테두리를 포함한 가장자리 영역까지 흐려진다.

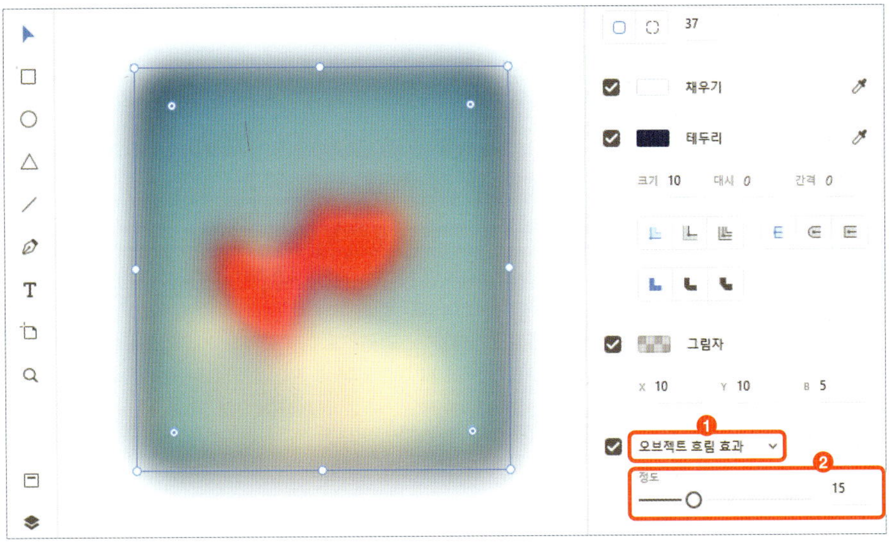

11 [오브젝트 흐림 효과]를 다시 [배경 흐림 효과]로 변경하고 '정도'는 30, '밝기'는 -28, '불투명도'는 54%로 변경한다. 이런 방법으로 이미지의 밝기와 불투명도를 조절할 수 있다.

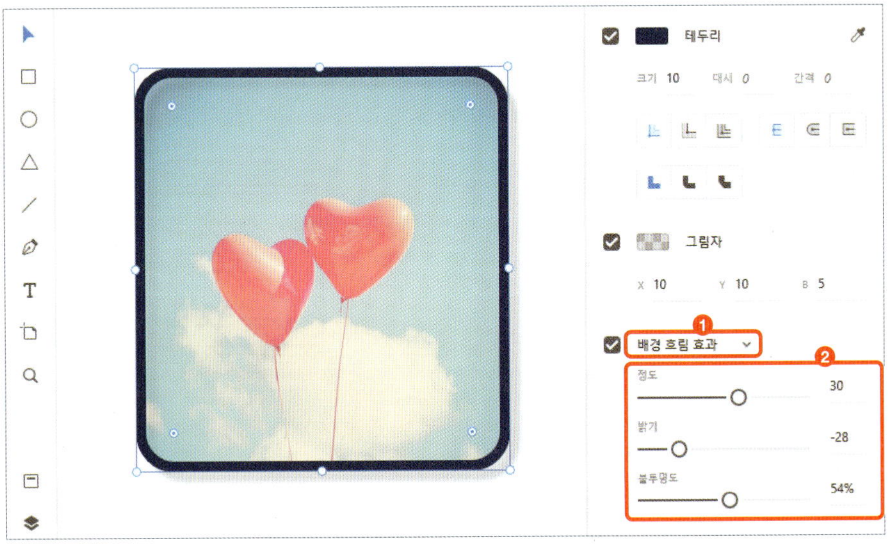

12 예제소스 폴더에서 같은 이미지를 드래그해 불러온 후 이미지 크기를 이전 이미지와 동일하게 조절하고, 새로 불러온 이미지의 바운딩 박스를 조절해 테두리가 보이도록 축소한다.

Tip 이미지 내부로 새로운 이미지를 드래그하면 새 이미지가 원래 있던 이미지로 교체되므로 이미지가 없는 빈 영역으로 드래그해야 한다. 또는 아트보드 왼쪽 상단의 [목록] 버튼(≡)을 클릭하고 [가져오기]를 선택해 이미지를 불러와도 된다.

13 붙여넣은 이미지가 선택된 상태에서 [배경 흐림 효과]를 선택하고 '정도'는 2, '밝기'는 30, '불투명도'는 50%로 설정해 이미지가 이중으로 배치된 느낌을 만든다.

하나 더 알기 혼합 모드

Adobe XD에서 새로 추가된 기능인 '혼합 모드'는 포토샵의 Blending Mode와 비슷한 기능이다. 도형과 이미지, 도형과 도형, 이미지와 이미지가 겹쳐진 상태에서 '혼합 모드'를 사용할 수 있으며, 아트보드의 배경색과도 혼용해 사용할 수 있다. 혼합 모드에는 표준, 어둡게, 곱하기, 색상 번, 밝게, 스크린, 색상 닷지, 오버레이, 소프트 라이트, 하드 라이트, 차이, 제외, 색조, 채도, 색상, 광도 모드가 있다.

1 표준: '혼합 모드'에 별다른 옵션을 지정하지 않을 때 사용되는 기본적인 모드이다.

2 **어둡게:** 앞 레이어의 밝은 부분은 투명으로 표현되어 뒤 이미지가 그대로 나타나고, 어두운 부분은 색과 명도가 혼합되어 더욱 어둡게 나타난다.

3 **곱하기:** 레이어의 색상과 명도를 겹치게 하여 전체 이미지를 어둡게 하거나 하이라이트와 중간 톤 부분의 농도를 짙게 한다.

4 **색상 번:** 두 레이어의 흰색과 검은색을 제외한 부분의 대비를 강조하여 이미지를 어둡게 표현한다.

5 **밝게:** 두 레이어의 밝은 색상을 더욱 부각시키고 어두운 부분을 제거하여 이미지를 밝게 한다.

6 **스크린:** 두 레이어의 색상을 반전시켜 곱하는 형태로 합성한다. 합성한 색상은 항상 더 밝아진다.

7 **색상 닷지:** 각 채널의 색상 정보의 대비를 감소시켜 전체적인 명도를 밝게 표현한다.

8 오버레이: 앞 레이어의 가장 어두운 부분과 밝은 부분을 보호한 채 합성한다.

9 소프트 라이트: 채도 50%를 기준으로 밝은 부분은 더 밝게, 어두운 부분은 더 어둡게 빛을 확산시켜 합성한다.

10 하드 라이트: 채도 50%를 기준으로 밝은 부분은 스크린이 적용된 것처럼, 어두운 부분은 곱하기가 적용된 것처럼 표현한다.

11 **차이:** 겹친 부분의 어두운 부분을 보색으로 반전시켜 합성한다.

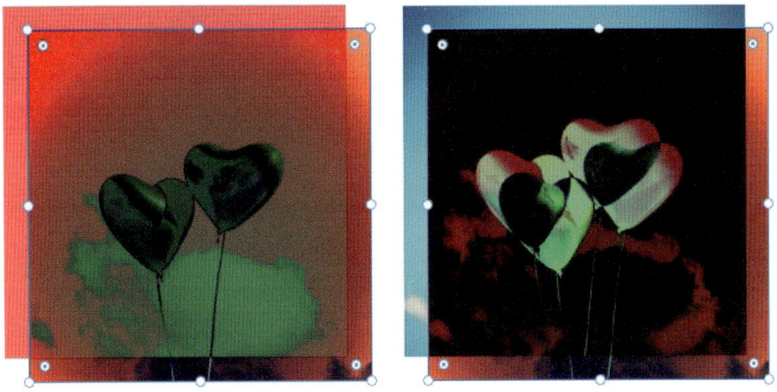

12 **제외:** 이미지의 대조가 적은 상태로 합성한다.

13 **색조:** 겹친 레이어의 채도와 명도가 앞 레이어의 색상에만 합성되어 나타난다.

14 채도: 겹친 레이어의 채도와 명도가 앞 레이어의 채도에만 합성되어 나타난다.

15 색상: 겹친 레이어의 채도와 명도가 앞 레이어의 색상과 채도에 합성되어 나타난다.

16 광도: 뒤 레이어의 색상과 채도가 앞 레이어의 명도에 반영되어 나타난다.

2 도형에 이미지 삽입

01 타원 툴(○)로 아트보드에서 Shift 를 누른 채 드래그해 정원을 그린다.

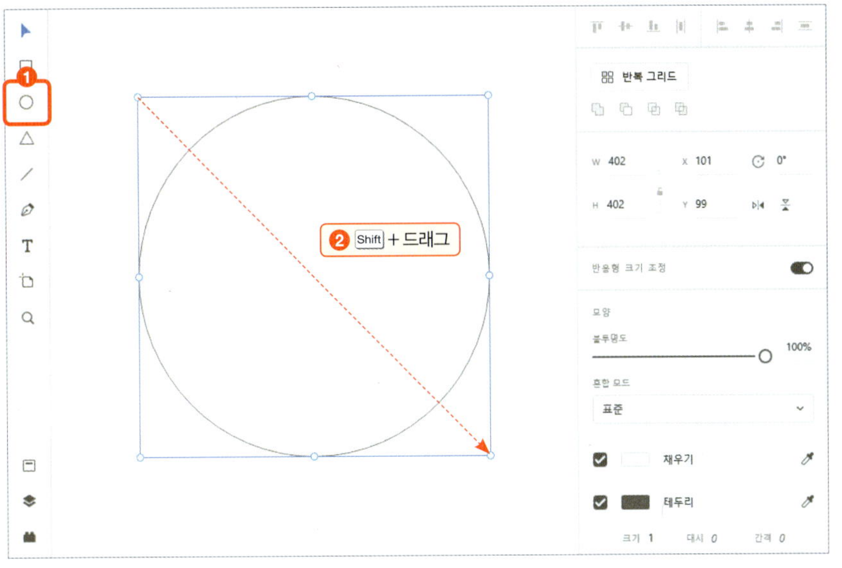

02 [Chapter_03 ▸ Section_03] 폴더에서 'img3.jpg' 파일을 아트보드에 있는 원 내부로 드래그해 이미지를 삽입한다.

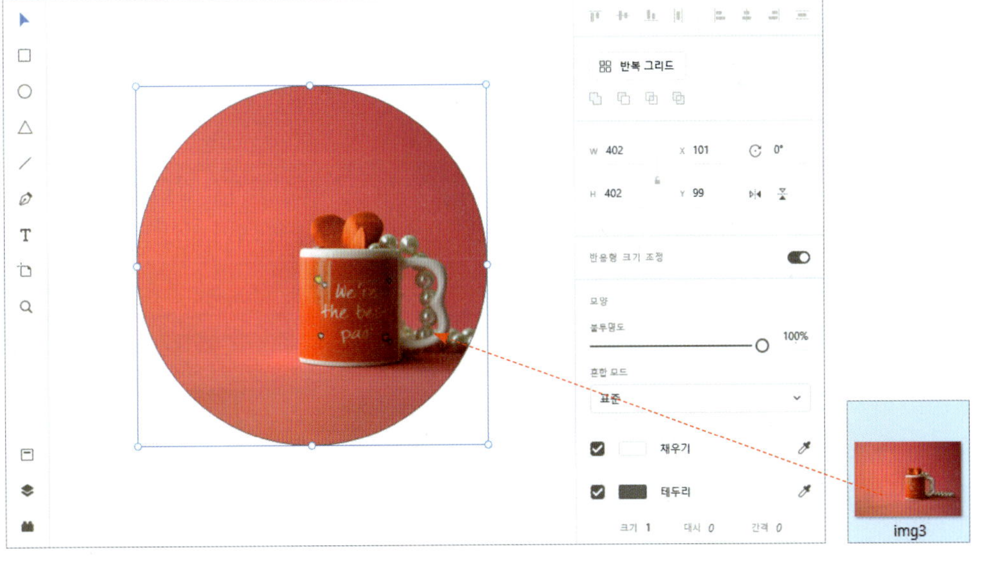

Tip 이미지가 원 안에 삽입된 상태에서 다른 이미지를 드래그하면 이미지가 교체된다.

03 선택 툴( )로 원을 더블클릭하면 원본 이미지의 형태를 볼 수 있으며, 원의 내부 영역을 드래그해 이미지의 위치를 변경할 수 있다.

Tip 도형 내부에 삽입된 이미지는 크기와 위치만 변경할 수 있고 비율은 변경할 수 없다.

04 원의 내부에 옵션 창의 '채우기'를 이용해 색을 채우면 이미지를 활용할 수 없다. '테두리'는 적용할 수 있다. '테두리'에 체크하고 '크기'를 10으로 설정한다.

05 도형의 바운딩 박스를 드래그하면 이미지가 고정된 채 도형과 이미지가 같은 비율로 확대또는 축소된다. 이때 도형의 비율이 달라져도 이미지의 상하좌우 비율은 달라지지 않는다.

06 도형에 삽입된 이미지는 일반 이미지를 불러왔을 때와 같이 그림자, 배경 흐림 효과, 오브젝트 흐림 효과 등을 적용할 수 있다.

[그림자 설정]

[배경 흐림 효과 적용]

[오브젝트 흐림 효과 적용]

3 모양으로 마스크 만들기

01 [Chapter_03 ▸ Section_03] 폴더에서 'img3.jpg' 파일을 아트보드로 드래그해 이미지를 삽입한다.

02 타원 툴(○)로 이미지 앞에 원을 그린다.

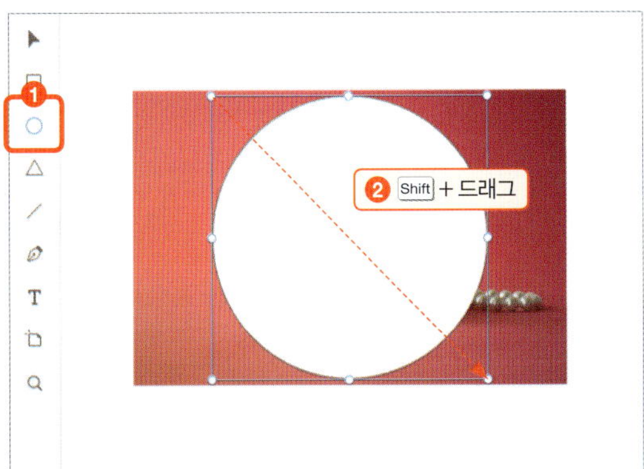

03 선택 툴(▶)로 이미지와 도형을 함께 선택한 후 마우스 오른쪽 버튼을 클릭하면 열리는 팝업 메뉴에서 [모양으로 마스크 만들기]를 선택한다.

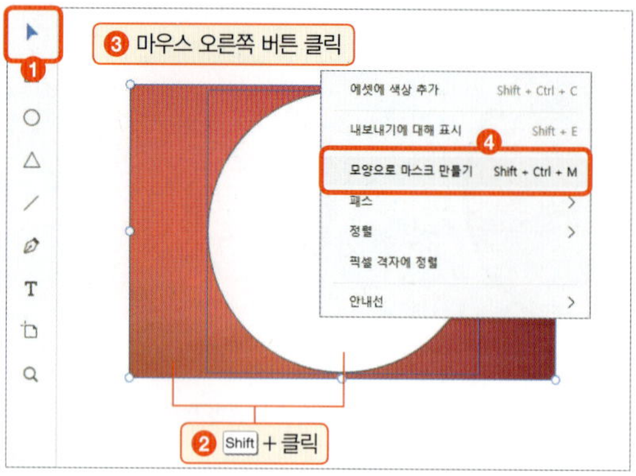

04 [모양으로 마스크 만들기]를 실행한 경우 도형에 이미지를 삽입했을 때와는 달리 이미지의 상하좌우 비율을 조절할 수 있다.

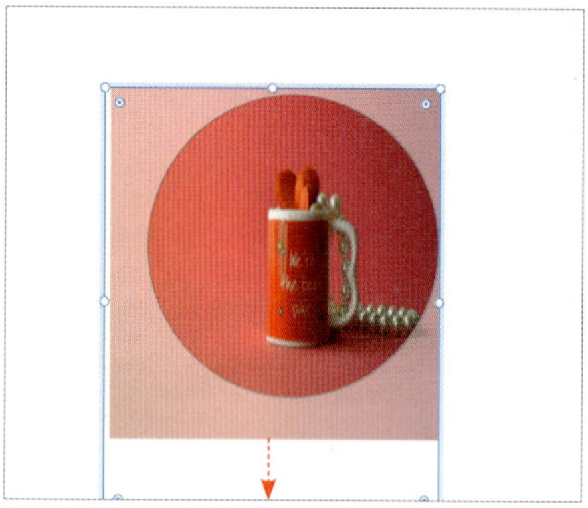

Tip [모양으로 마스크 만들기]를 실행한 상태에서는 도형에 이미지를 삽입했을 때와는 달리 '채우기', '테두리' 옵션이 적용되지 않으며, '그림자'와 '배경 흐림 효과' 옵션은 제공되지 않는다.

4
반복 그리드 활용하기

01 Adobe XD를 실행하고 아트보드를 연다. 사각형 툴(□)로 사각형을 그린 후 옵션 창에서 [반복 그리드]를 클릭한다. 사각형 오브젝트가 반복 그리드로 변경되고 오른쪽과 하단 가장자리에 앵커 포인트가 생긴다.

02 반복 그리드의 오른쪽 앵커 포인트를 드래그하면 오른쪽으로 같은 크기의 오브젝트가 반복되어 채워지고, 하단 앵커 포인트를 드래그하면 아래쪽으로 같은 오브젝트가 반복되어 채워진다. 3×3 형태로 오브젝트가 배열되도록 조절한다.

03 오브젝트와 오브젝트 사이에 마우스를 가져가면 핑크 색상 영역이 나타난다. 이 영역을 드래그해 도형과 도형 사이의 간격을 조절할 수 있다.

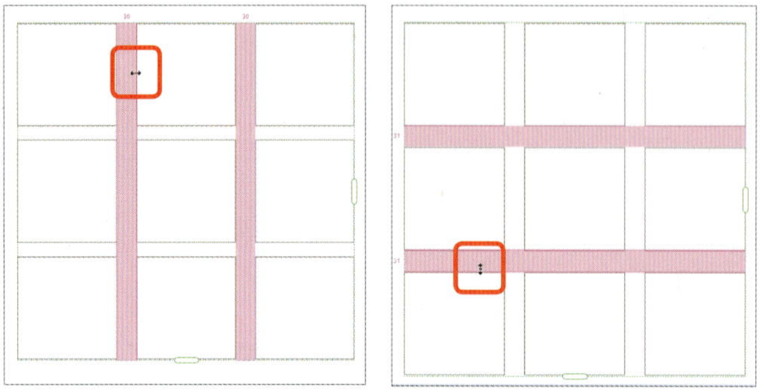

Tip 한 영역의 간격을 조절하면 반복 그리드 전체의 간격이 동일하게 조절된다.

04 [Chapter_03 ▸ Section_04] 폴더에서 'img4.jpg' 파일을 왼쪽 첫 번째 칸으로 드래그해 모든 오브젝트에 같은 이미지를 삽입한다.

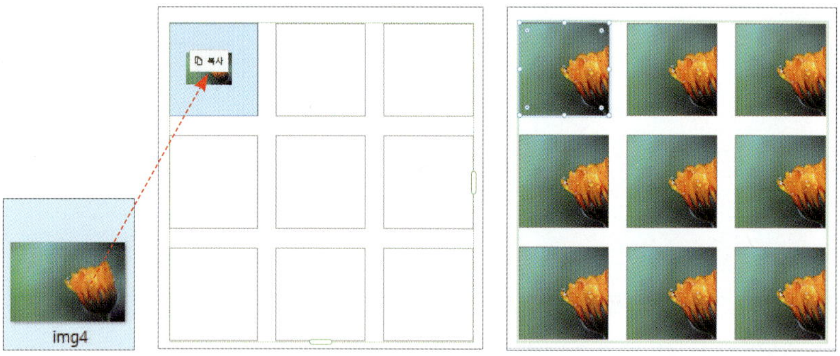

Tip 빈 반복 그리드에 처음 이미지를 삽입할 때는 어떤 오브젝트에 삽입해도 같은 이미지로 채워진다.

05 'img7.jpg' 파일을 상단 가운데 칸으로 드래그하면 첫 번째 이미지와 삽입한 이미지가 하나씩 반복되면서 배치된다. 'img5.jpg' 파일을 오른쪽 상단 칸으로 드래그하면 이미지 세 개가 순서대로 반복되면서 배치된다.

06 9개의 파일('img4.jpg'~'img12.jpg')을 동시에 선택해 그리드 왼쪽 상단 칸으로 드래그하면 각 칸마다 이미지가 하나씩 자동으로 배치된다.

07 각 도형을 클릭하면 원본의 이미지 영역을 볼 수 있으며 이미지의 크기를 변경하거나 위치를 조절할 수 있다. 이때도 이미지의 상하좌우 비율은 조절되지 않는다.

08 새로운 이미지를 드래그하면 각 오브젝트의 이미지를 변경할 수 있다.

09 그리드 그룹의 오브젝트를 하나 선택하고 크기를 줄이면 모든 오브젝트의 크기가 동일하게 변경된다. 옵션 창에서 '테두리'의 색상은 #AA1919, '크기'는 5로 설정하고, '모든 모퉁이에 대해 동일한 반경(□)'을 20으로 변경한다. 그리드 그룹에 속해 있는 모든 오브젝트에 동일한 속성이 적용된다.

10 각 오브젝트를 개별적으로 변경하려면 옵션 창에서 [그리드 그룹 해제]를 클릭한 후에 해당 오브젝트를 선택하고 속성을 적용한다.

Part 02
마이크로 인터랙션을 위한 애니메이션

Part 02

마이크로 인터랙션을 위한 애니메이션

Chapter 04
아이콘과 애니메이션

1
네트워크 아이콘과 자동 애니메이션

완성 이미지

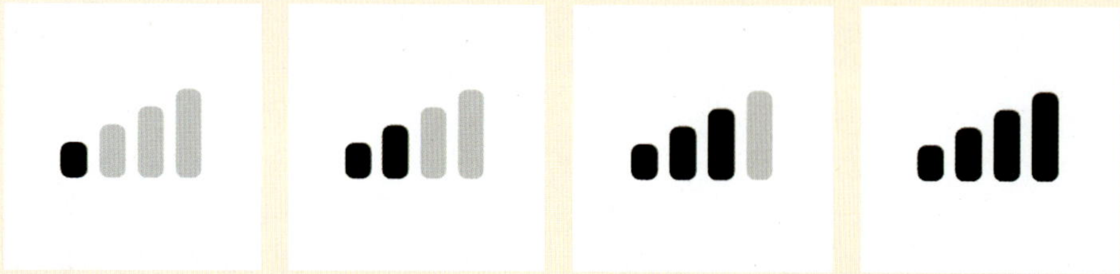

준비 파일 없음

완성 파일 network_result.xd

01 Adobe XD를 실행한 후 홈 화면에서 '사용자 정의 크기'의 W(너비)를 300, H(높이)를 300으로 설정하고 아이콘을 클릭해 새 아트보드를 만든다.

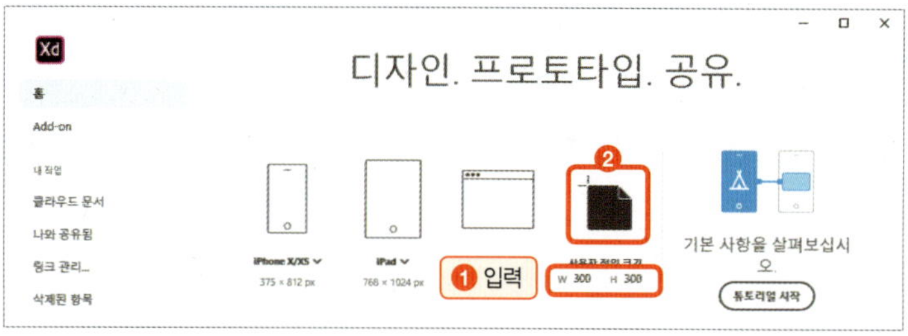

Tip 예제로 제공되는 완성 파일을 열고 미리보기를 실행해 애니메이션의 작동을 확인한 후 실습을 진행하면 작업 진행의 내용을 좀 더 쉽게 이해할 수 있다.

02 사각형 툴(□)로 W(너비)는 30, H(높이)는 40인 직사각형을 만든다.

03 직사각형 오브젝트가 선택된 상태로 옵션 창에서 '모든 모퉁이에 대해 동일한 반경( )' 값을 10으로 설정하고, 선택 툴( )을 이용해 Alt 를 누른 채 오른쪽으로 드래그해 오브젝트를 복제한다. 복제된 오브젝트의 H(높이)를 60으로 변경한다.

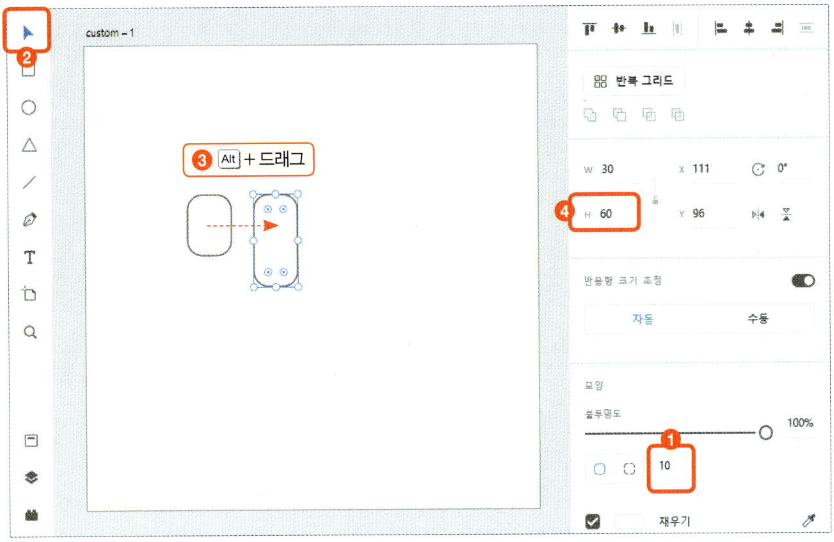

04 선택 툴( )이 선택된 상태로 Alt 를 누른 채 오브젝트의 간격이 같도록 오른쪽으로 드래그해 복제한 후 복제된 오브젝트의 H(높이)를 80으로 변경한다. 추가로 오브젝트를 하나 더 복제한 후 H(높이)를 100으로 설정한다.

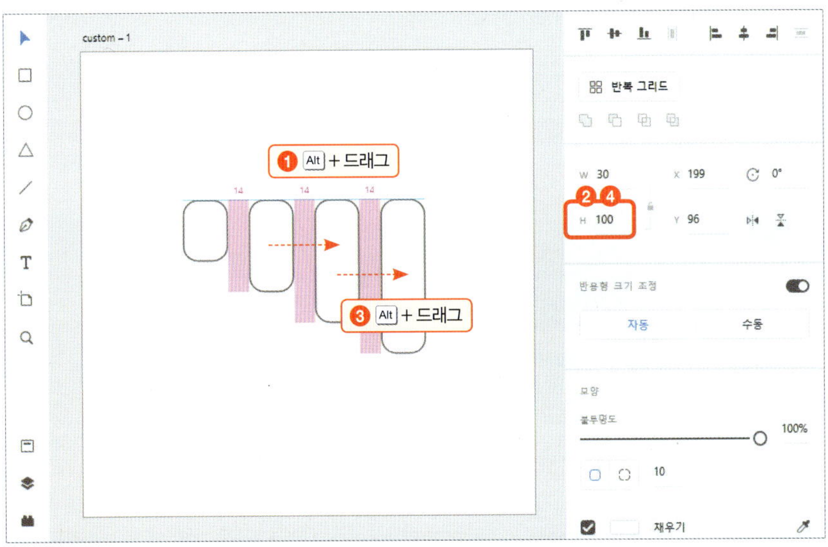

05 선택 툴( )로 아트보드를 드래그해 전체 오브젝트를 선택한 후 옵션 창에서 하단 정렬( )을 클릭해 가장 아래쪽에 있는 오브젝트의 하단을 기준으로 정렬한다.

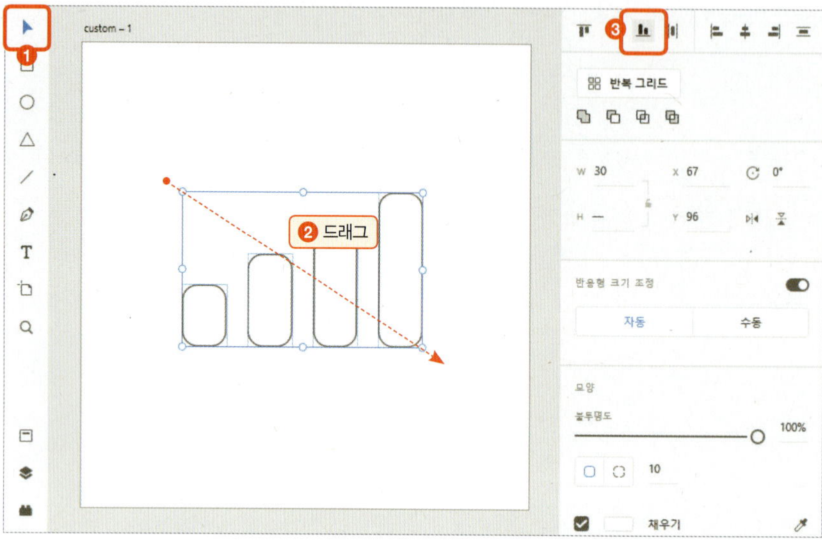

06 선택 툴( )로 첫 번째 오브젝트를 선택한 후 옵션 창에서 '채우기'의 색상을 #000000으로 설정하고 '테두리'의 체크를 해제한다.

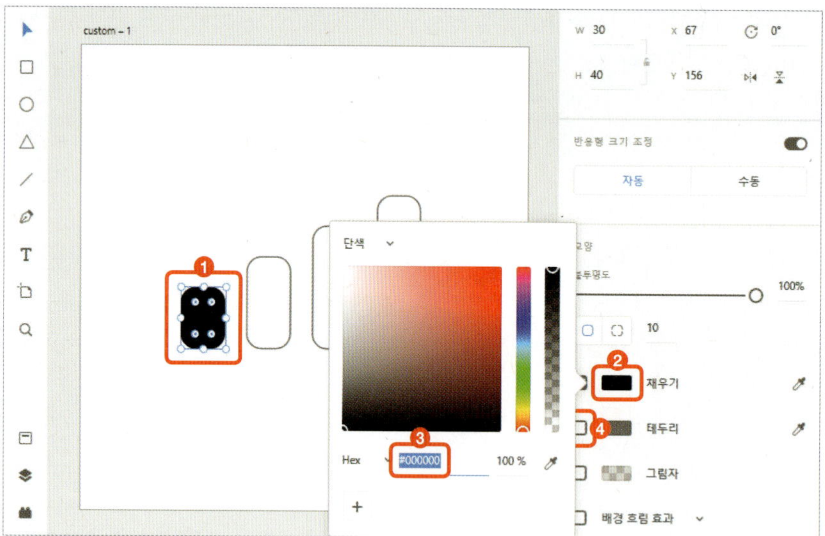

07 선택 툴(▸)로 나머지 오브젝트 세 개를 모두 선택한 후 옵션 창에서 '채우기' 색상을 #CCCCCC로 설정하고 '테두리'의 체크를 해제한다.

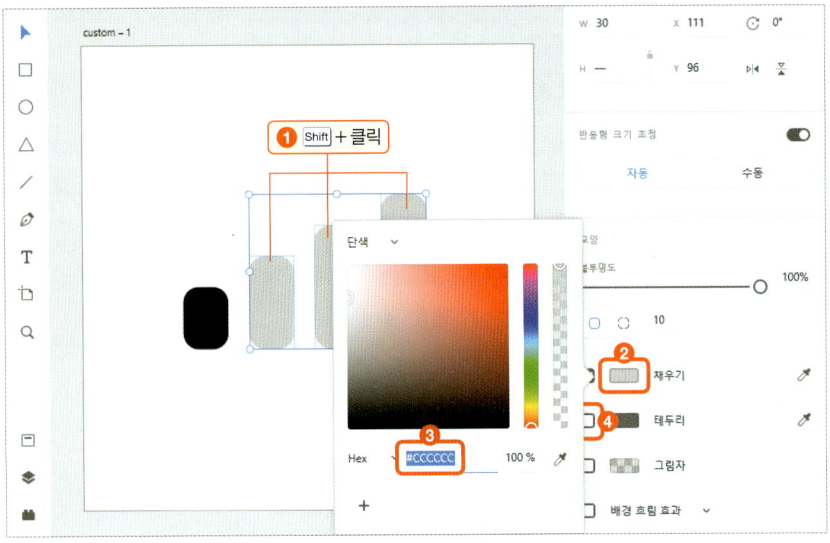

08 아트보드의 이름인 'custom – 1'을 더블클릭해 'network_1'로 변경하고 Alt 를 누른 채 이름 부분을 오른쪽으로 드래그해 아트보드를 복제한다.

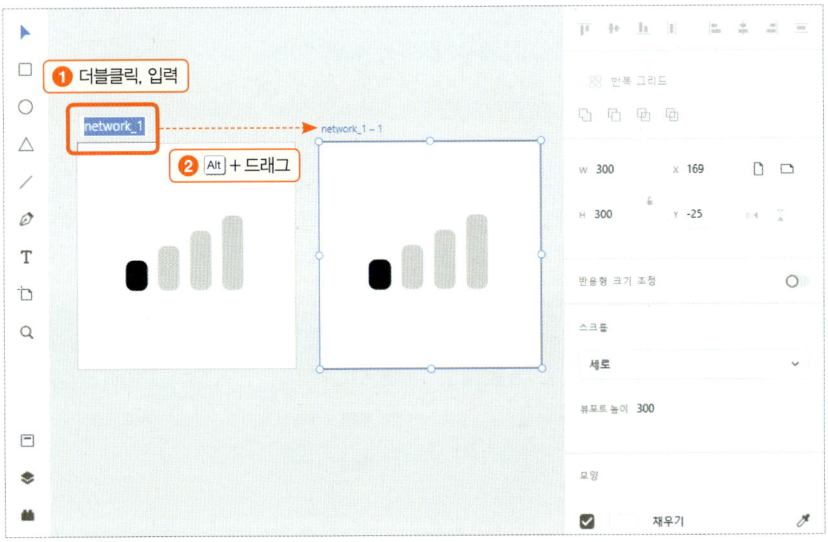

09 복제된 아트보드의 두 번째 오브젝트를 선택한 후 옵션 창에서 '채우기' 색상을 #000000으로 설정하고 아트보드 이름을 'network_2'로 변경한다.

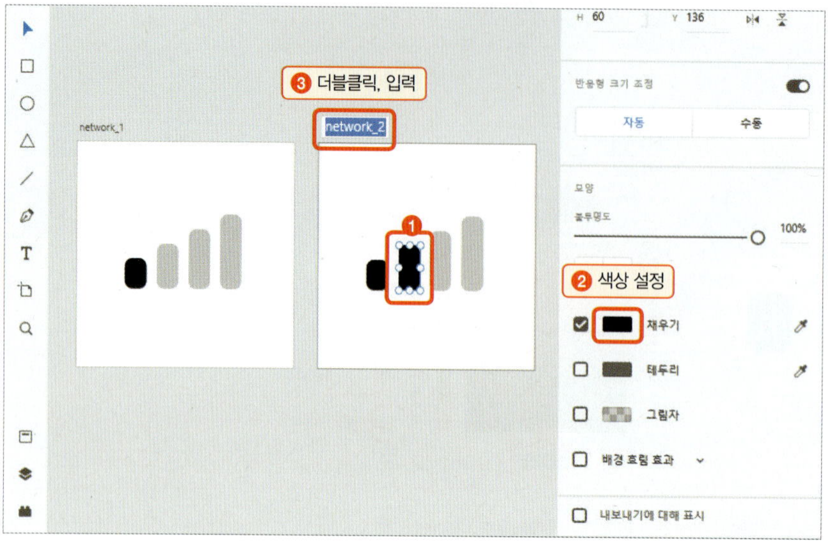

10 'network_2' 아트보드의 이름 부분을 Alt 를 누른 채 오른쪽으로 드래그해 아트보드를 복제하고 아트보드 이름을 'network_3'으로 변경한다. 복제된 오브젝트의 세 번째 오브젝트를 선택하고 '채우기' 색상을 #000000으로 설정한다. 같은 방법으로 아트보드를 하나 더 복제해 이름을 'network_4'로 변경하고, 네 번째 오브젝트의 '채우기' 색상을 변경한다.

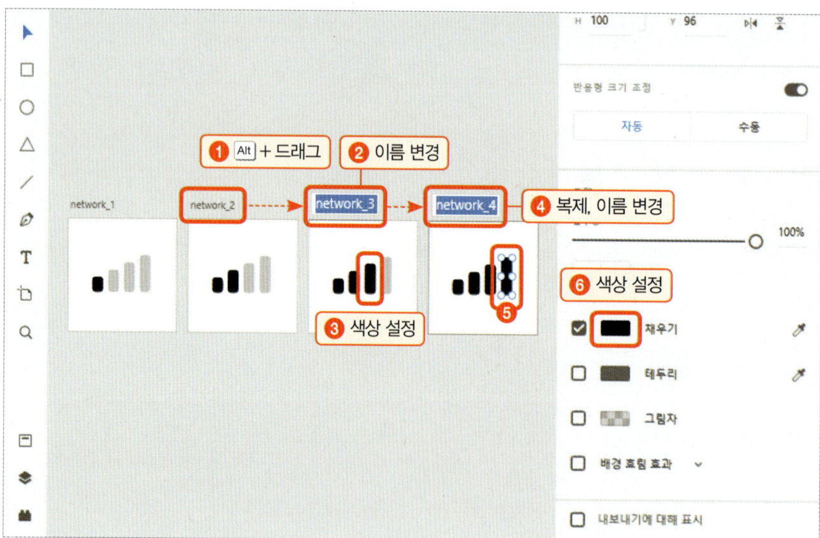

11 화면 상단의 [프로토타입]을 클릭해 프로토타입 화면으로 전환하고, 'network_1' 아트보드를 선택하면 오른쪽 면에 인터랙션 연결 위젯이 나타난다.

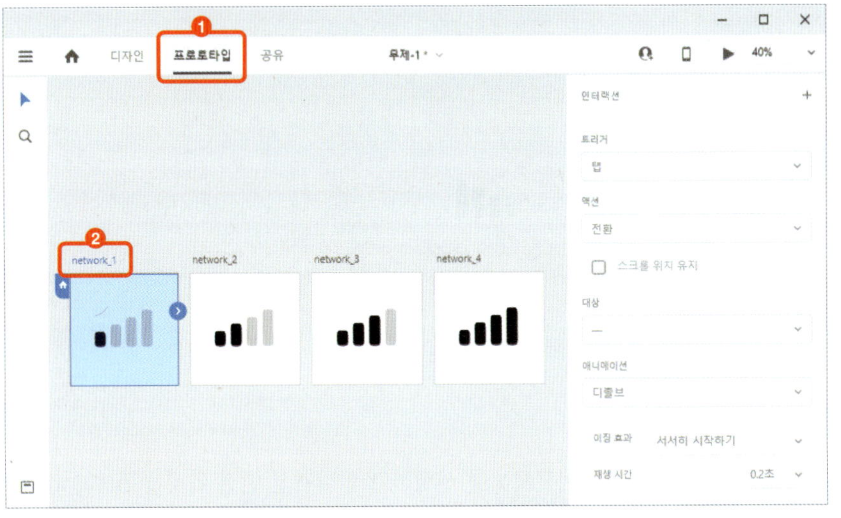

12 인터랙션 연결 위젯을 클릭해 'network_2' 아트보드로 드래그한다. 마우스 버튼에서 손을 떼면 위젯이 연결된다.

13 옵션 창의 '인터랙션' 옵션에서 '트리거'는 [탭], '액션'은 [자동 애니메이트]로 선택하고, 나머지 옵션은 디폴트 값 그대로 둔다.

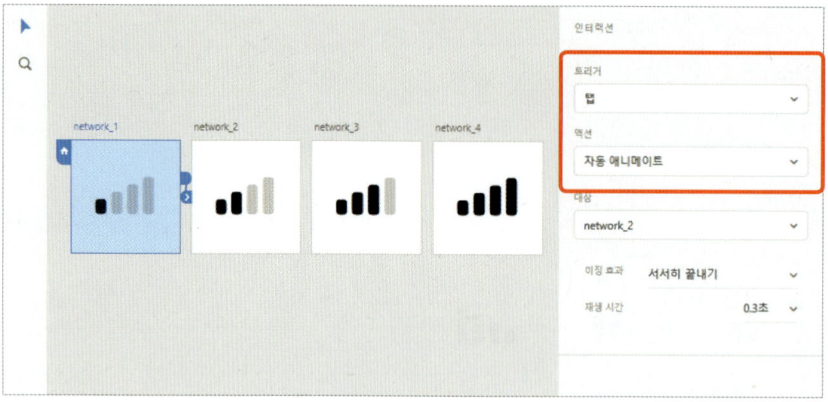

14 두 번째 아트보드인 'network_2' 아트보드를 선택하고 인터랙션 연결 위젯을 'network_3' 아트보드에 연결한다. 같은 방법으로 'network_3' 아트보드의 인터랙션 연결 위젯은 'network_4' 아트보드로 연결한다.

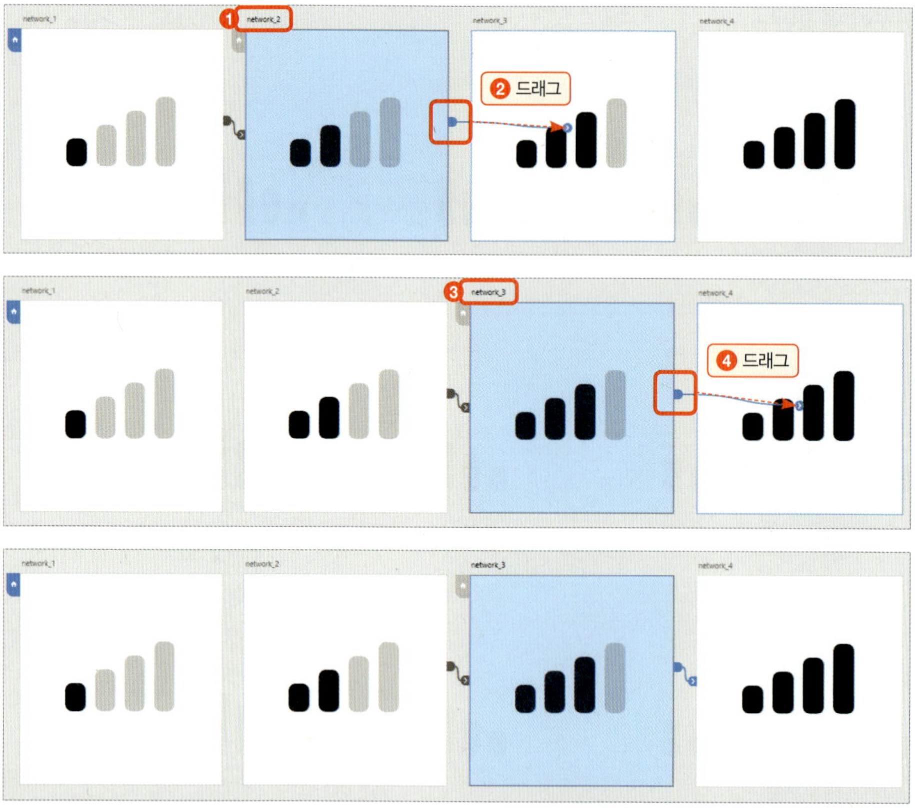

Tip 이때 '인터랙션' 옵션은 앞에서 지정한 것과 같게 지정되므로 추가로 변경하지 않아도 된다.

15 'network_4' 아트보드의 인터랙션 연결 위젯은 첫 번째 아트보드인 'network_1' 아트보드로 연결한다.

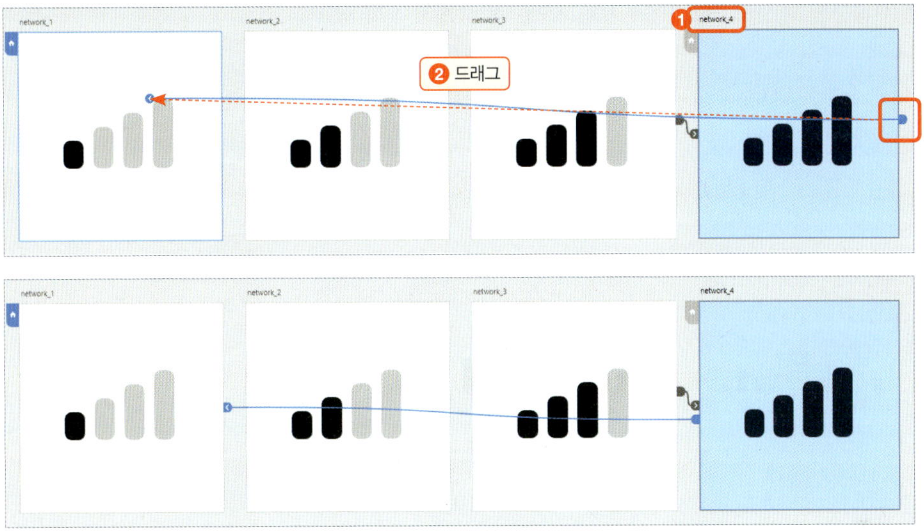

16 화면 오른쪽 상단의 '데스크탑 미리보기(▶)'를 클릭해 미리보기를 실행한다. '트리거'를 [탭]으로 설정했기 때문에 화면을 클릭할 때마다 다음 화면으로 넘어간다. 마지막 화면까지 실행하고 다시 클릭하면 첫 화면으로 넘어간다.

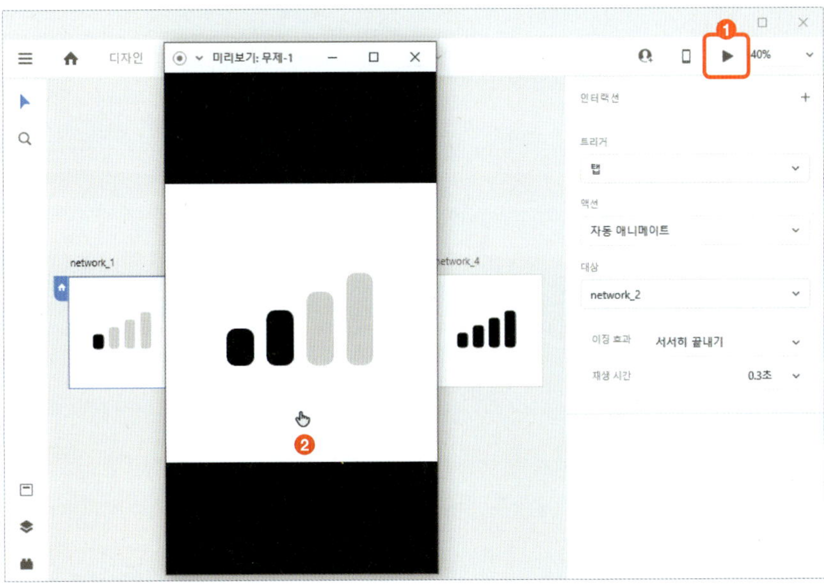

17 미리보기 창을 닫고 'network_1' 아트보드를 선택한 후 '인터랙션' 옵션에서 '트리거'를 [시간]으로 변경하고 '지연'을 [0.2초]로 설정한다. 모든 아트보드의 옵션을 동일하게 변경하고 미리보기를 실행하면 화면을 탭하지 않아도 자동으로 액션이 반복된다.

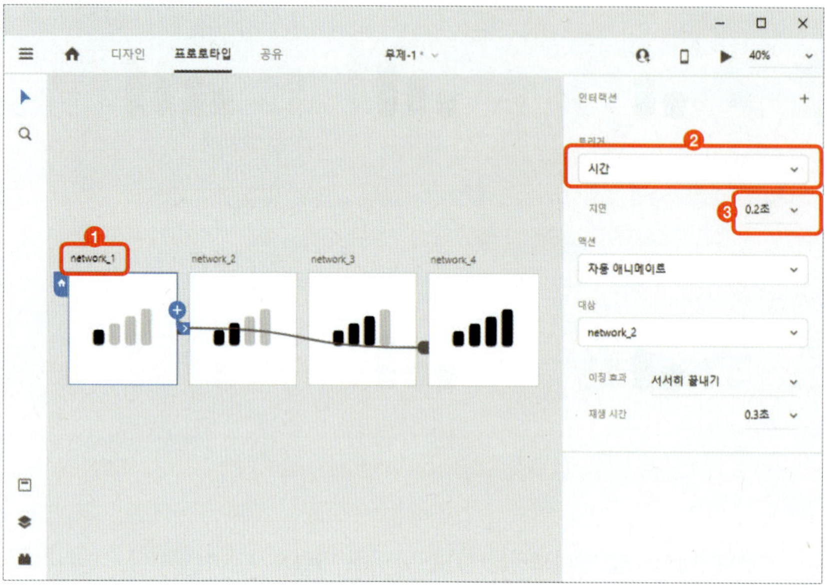

2

배터리 아이콘과 자동 애니메이션

완성 이미지

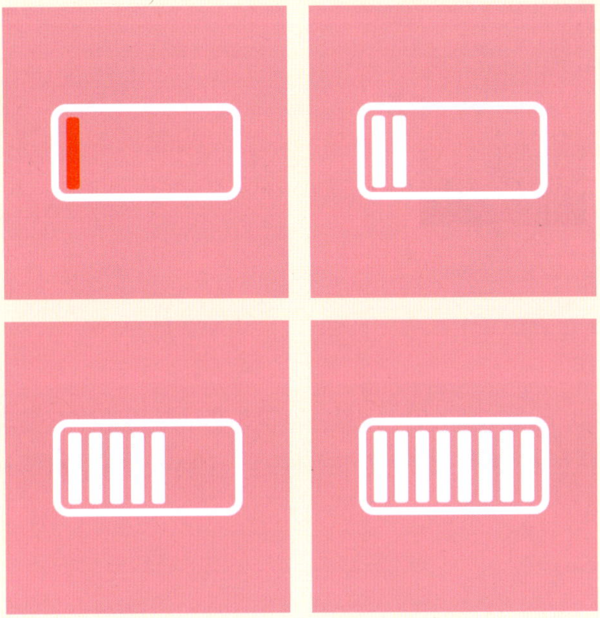

준비 파일 없음

완성 파일 battery_result.xd

01 Adobe XD를 실행한 후 홈 화면에서 '사용자 정의 크기'의 옵션을 W(너비)는 300, H(높이)는 300으로 설정하고 아이콘을 클릭해 새 아트보드를 만든다.

02 선택 툴(▸)로 아트보드 이름을 클릭해 아트보드를 선택한 후 '채우기'의 색상 상자를 클릭해 색상 패널을 열고 'Hex'에 #FF8FB2를 입력해 색상을 변경한다.

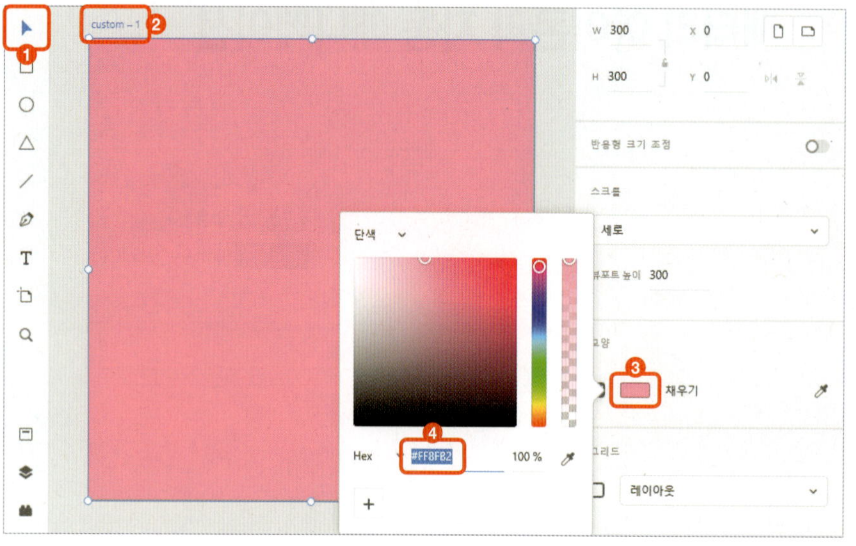

03 사각형 툴(□)로 W(너비) 200, H(높이) 100인 직사각형을 그린 후 옵션 창에서 '모든 모퉁이에 대해 동일한 반경(□)' 값을 16으로 설정한다. '채우기'의 체크는 해제하고, '테두리'의 색상은 #FFFFFF, '크기'는 8로 지정한다.

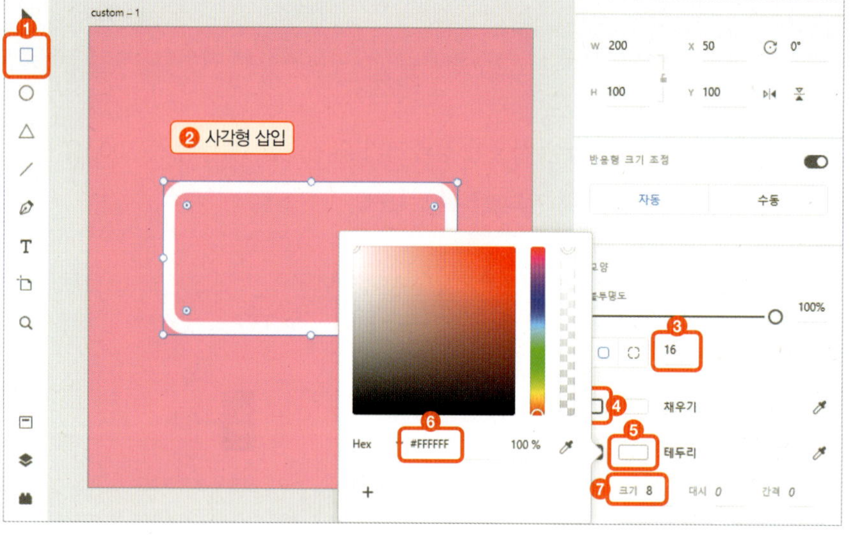

04 사각형 툴(□)로 오브젝트 내부에 W(너비)는 14, H(높이)는 74인 직사각형을 그린 후 옵션 창에서 '모든 모퉁이에 대해 동일한 반경(□)' 값을 4로 설정한다. '채우기'의 색상은 #FF0000으로 설정하고 '테두리'의 체크는 해제한다.

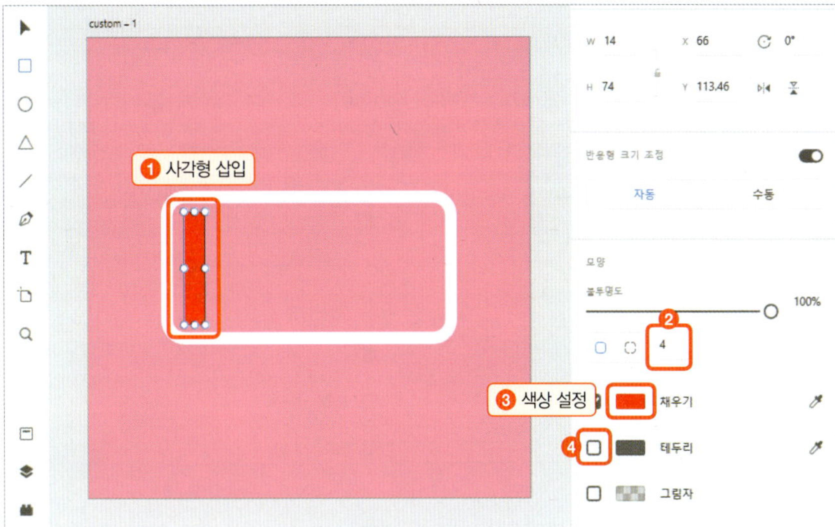

05 아트보드 이름을 'bettery-1'로 변경하고 Alt를 누른 채 오른쪽으로 드래그해 아트보드를 복제한다. 복제된 아트보드의 이름을 'battery-2'로 변경한다.

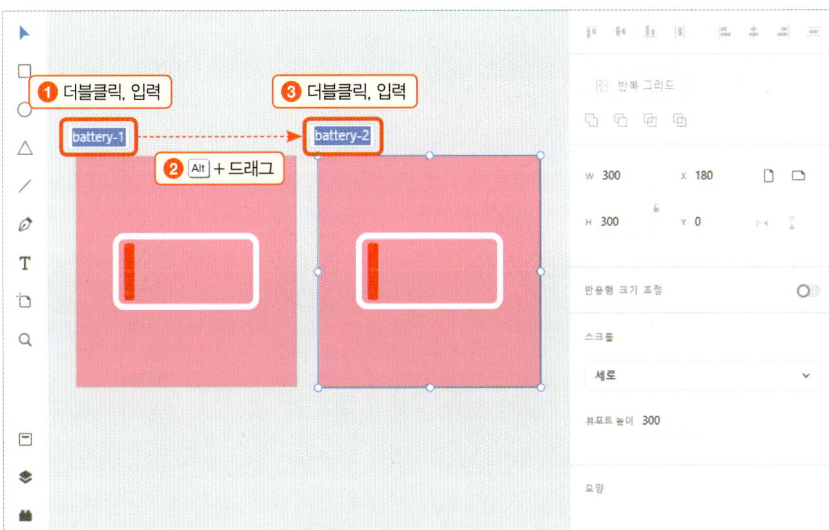

06 선택 툴(▶)로 'battery-2' 아트보드에 있는 오브젝트 내부의 빨간색 바를 선택하고 '채우기' 색상을 #FFFFFF로 변경한다. Alt 를 누른 채 오른쪽으로 드래그해 간격이 8인 위치에 복제한다.

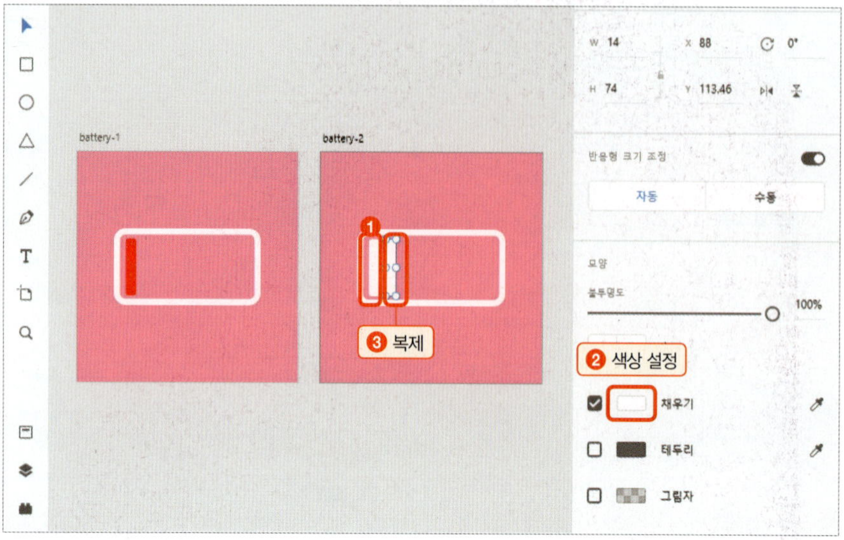

Tip Alt 를 누른 채 오브젝트를 움직이면 간격이나 위치 등의 수치가 자동으로 나타난다.

07 Alt 를 누른 채 'battery-2' 아트보드를 왼쪽 하단으로 드래그해 복제하고 이름을 'battery-3'으로 변경한 후, 오브젝트 내부의 흰색 바를 같은 간격으로 세 개 더 복제한다.

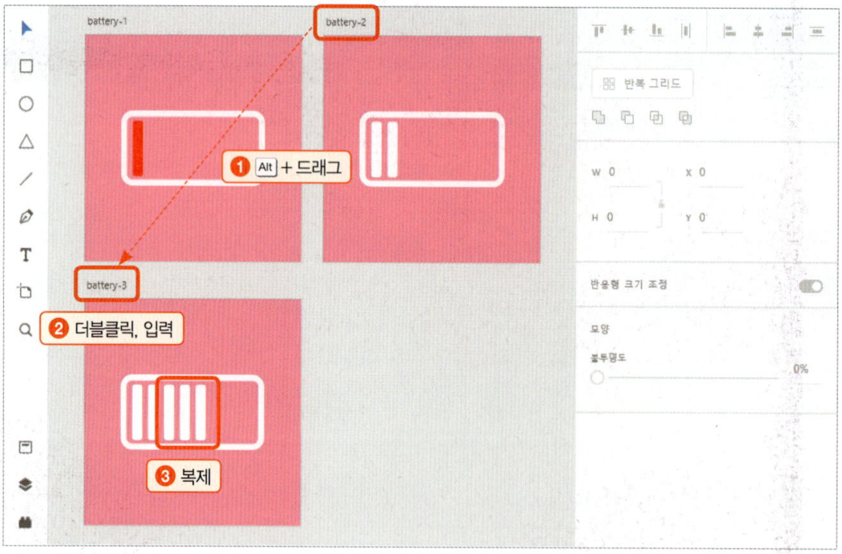

08 [Alt]를 누른 채 'battery-3' 아트보드를 오른쪽으로 드래그해 복제하고 이름을 'battery-4'로 변경한 후, 오브젝트 내부의 흰색 바를 같은 간격으로 세 개 더 복제한다.

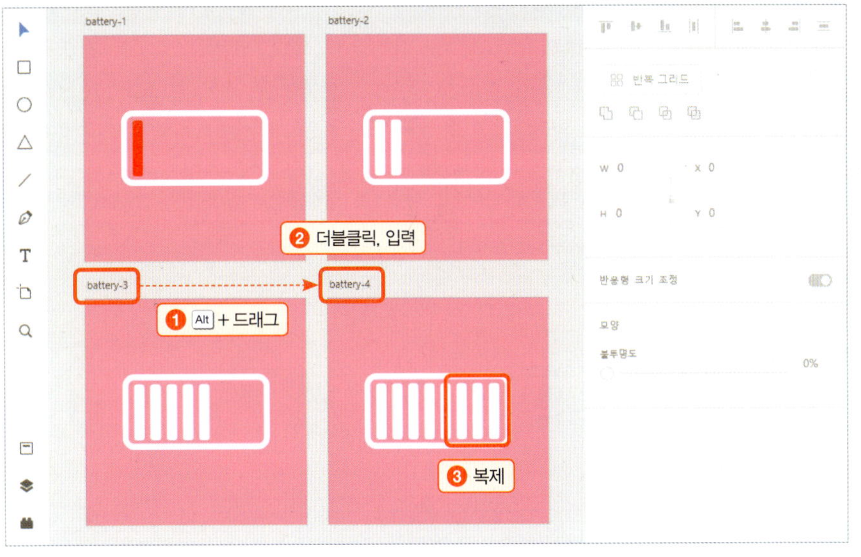

09 화면 상단의 [프로토타입]을 클릭해 프로토타입 화면으로 전환한다. 'battery-1' 아트보드를 선택해 오른쪽에 생긴 인터랙션 연결 위젯을 'battery-2' 아트보드로 드래그해 연결한다. 옵션 창에서 '인터랙션' 옵션의 '트리거'는 [시간], '지연'은 [0초], '액션'은 [자동 애니메이트], '이징 효과'는 [서서히 시작하기], '재생 시간'은 [0.3초]로 설정한다.

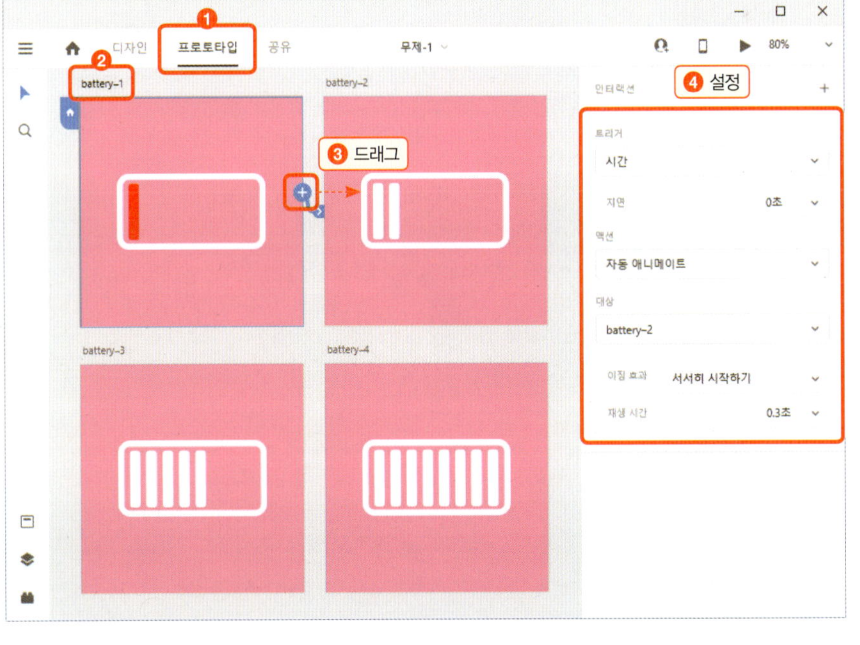

10 'battery-2' 아트보드의 인터랙션 연결 위젯을 'battery-3' 아트보드로 드래그해 연결한다. 같은 방법으로 'battery-3' 아트보드의 인터랙션 연결 위젯은 'battery-4' 아트보드에 연결한다.

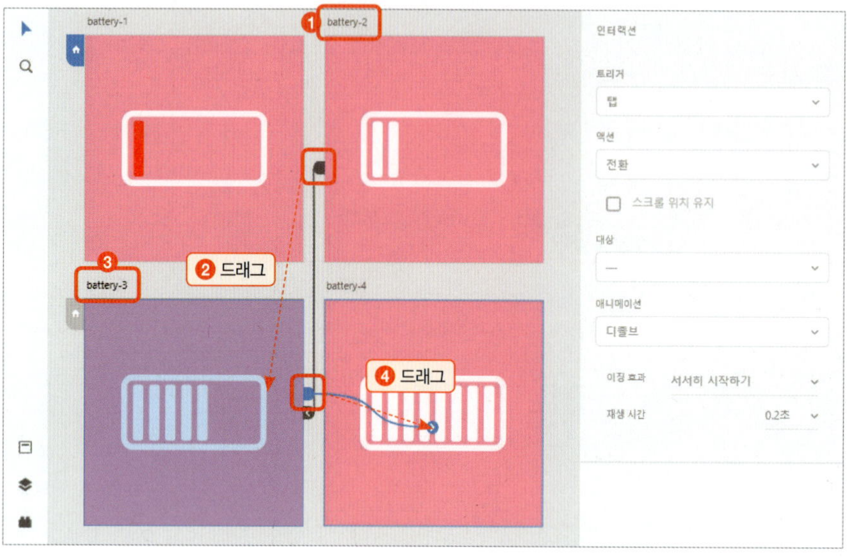

11 'battery-4' 아트보드의 인터랙션 연결 위젯은 첫 번째 아트보드인 'battery-1' 아트보드로 연결한다.

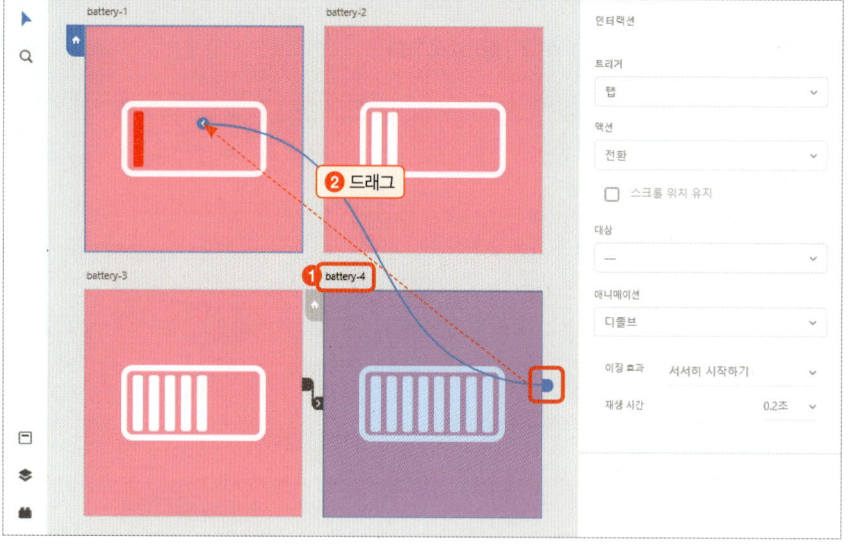

12 화면 오른쪽 상단의 '데스크탑 미리보기(▶)'를 클릭해 미리보기를 확인한다.

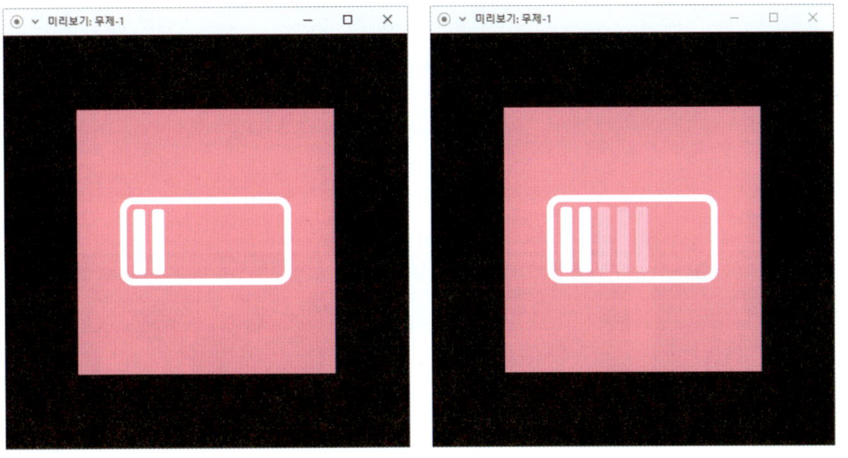

3
날씨 아이콘과 전환 애니메이션

완성 이미지

준비 파일 없음

완성 파일 weather_result.xd

1 맑음 아이콘

01 Adobe XD를 실행한 후 홈 화면에서 '사용자 정의 크기'의 옵션을 W(너비) 300, H(높이) 300으로 설정하고 아이콘을 클릭해 새 아트보드를 만든다.

02 선택 툴(▸)을 이용해 아트보드를 선택하고 '채우기'의 색상 패널에서 색상을 #374A51로 변경한다.

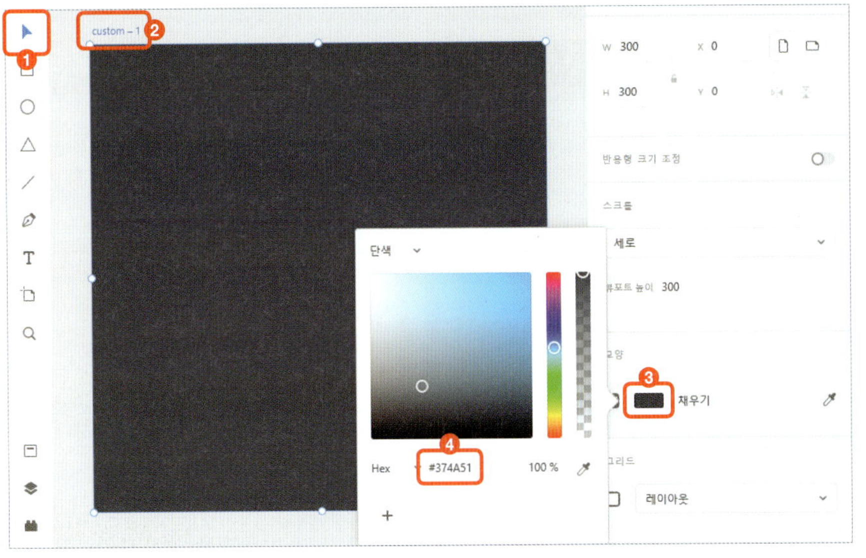

03 사각형 툴(□)로 W(너비)와 H(높이)가 각각 240인 정사각형을 만들고 '모든 모퉁이에 대해 동일한 반경(▢)' 값을 12로 설정한다. '채우기' 색상은 #3BB2CC로 설정하고 '테두리'의 체크는 해제한다.

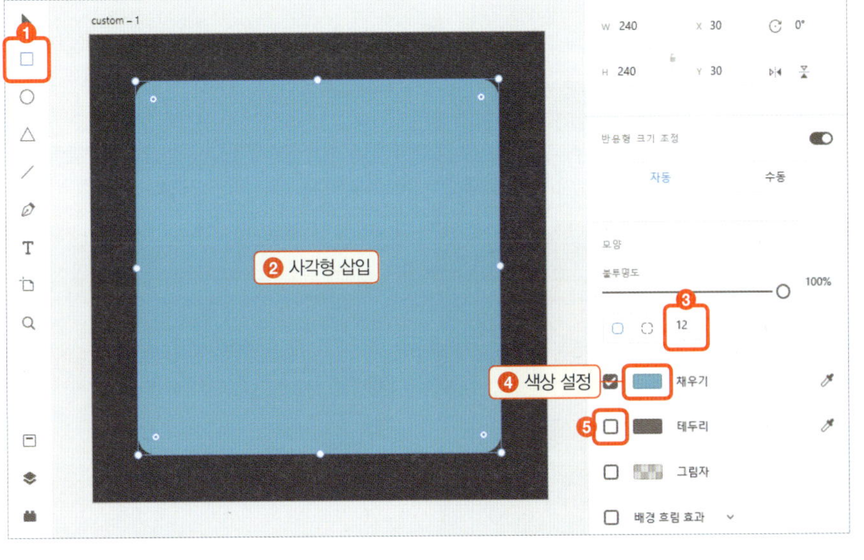

04 타원 툴(○)로 W(너비)와 H(높이)가 각각 86인 원을 그린다. '테두리'의 체크를 해제하고 '채우기'의 색상은 #FFDF01로 설정한 후 색상 견본 저장 버튼(+)을 클릭해 색상을 등록한다.

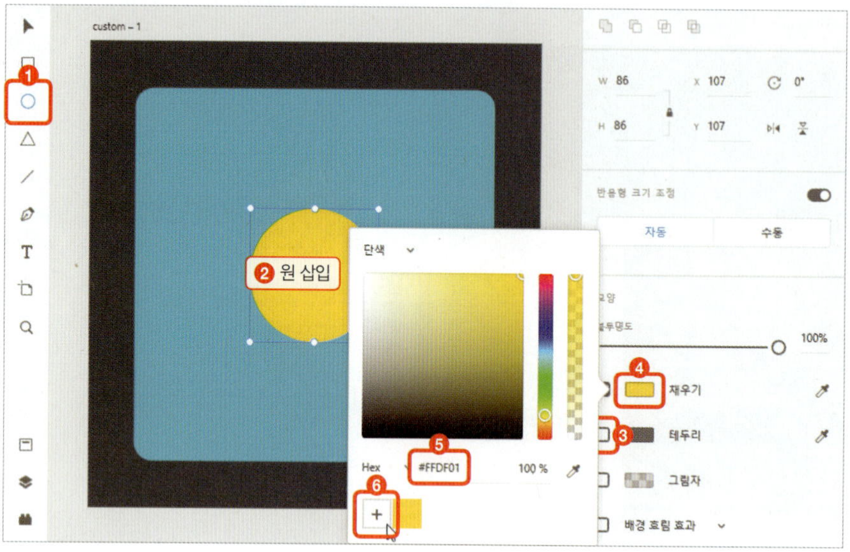

05 펜 툴( )을 이용해 원을 가로지르는 수평선을 그린 후 V를 눌러 펜 툴을 종료하고 옵션 창에서 W(길이)를 134로 지정한다. '테두리' 색상은 **04**단계에서 등록한 색상을 선택하고 '크기'는 12, '대시'는 12, '간격'은 110으로 설정한 후 '원형 단면( )'을 클릭해 선의 가장자리를 둥글게 만든다.

06 선이 선택된 상태로 Ctrl + C 를 누른 후 Ctrl + V 를 누르면 같은 자리에 선이 복제된다. 옵션 창에서 '회전'을 45°로 설정하면 복제된 오브젝트가 45° 회전한다.

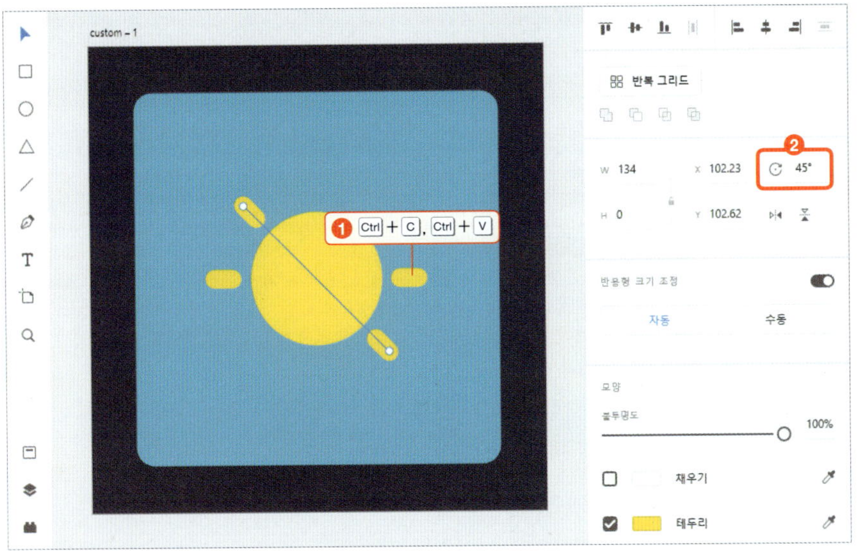

07 회전된 오브젝트가 선택된 상태에서 Ctrl + C , Ctrl + V 를 차례로 눌러 오브젝트를 복제하고 '회전'을 90°로 설정한다. 다시 Ctrl + C , Ctrl + V 를 차례로 눌러 오브젝트를 복제하고 '회전'을 135°로 설정해 맑음 아이콘을 완성한다.

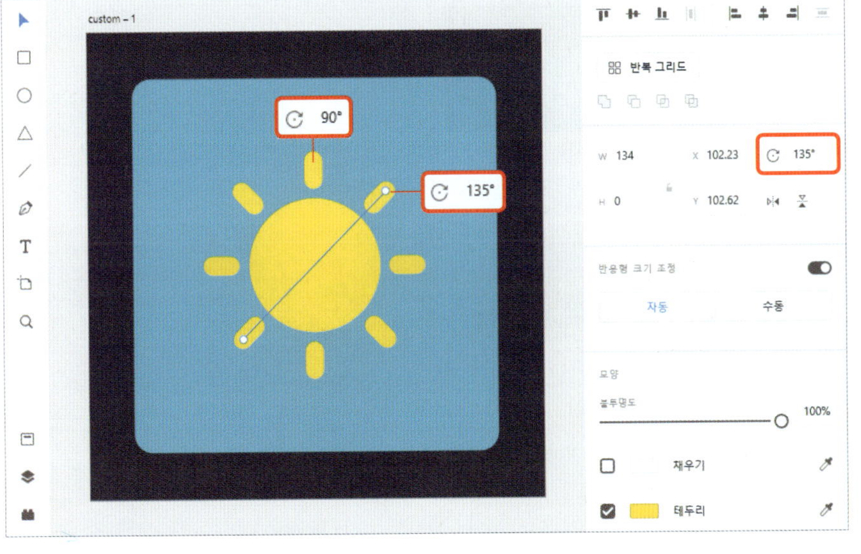

2 구름 많음 아이콘

08 아트보드의 이름을 'weather-1'로 변경한 후 선택 툴(▶)을 이용해 Alt를 누른 채 오른쪽으로 드래그해 아트보드를 복제한다. 복제한 아트보드의 이름은 'weather-2'로 변경한다.

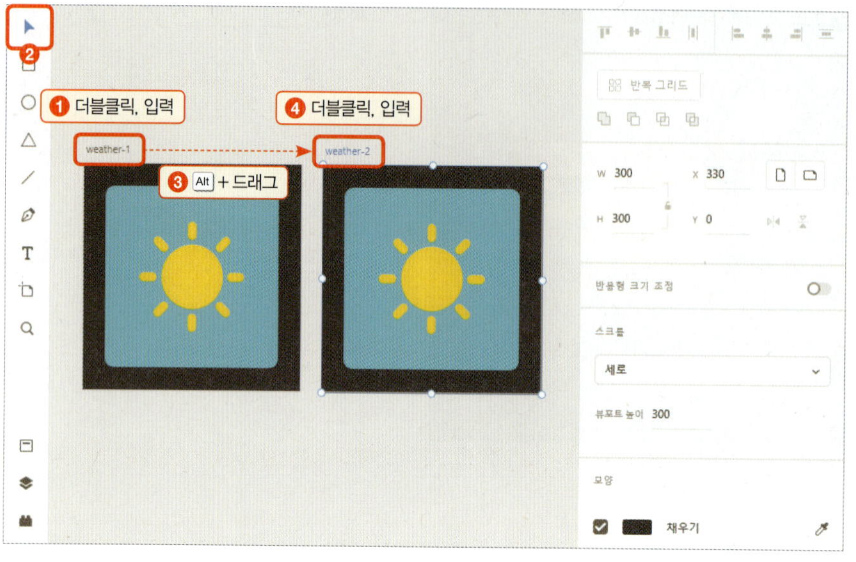

09 'weather-2' 아트보드에서 배경 영역을 선택하고 '채우기' 색상을 #3BBDCC로 변경한다.

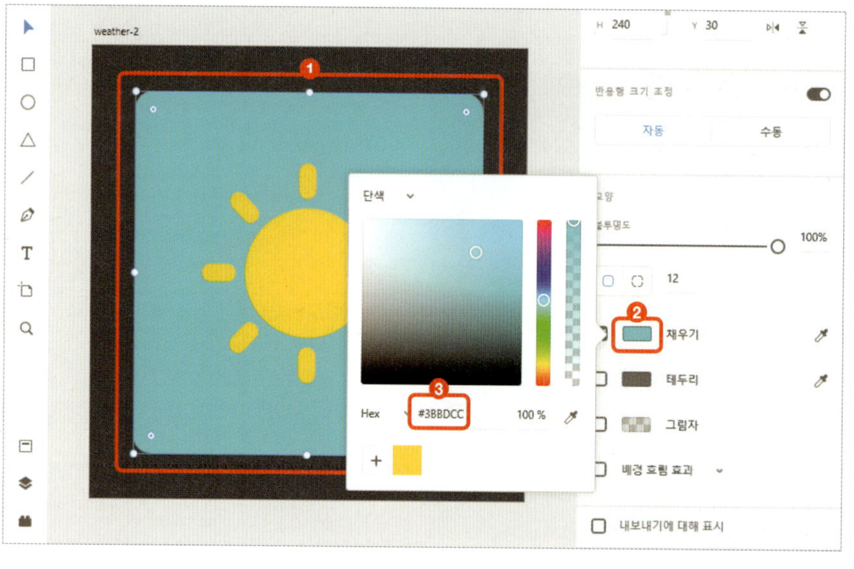

10 선택 툴(▸)로 맑음 아이콘의 오브젝트를 모두 선택하고 Ctrl + G를 눌러 그룹으로 만든 후 오른쪽 위로 살짝 이동시킨다.

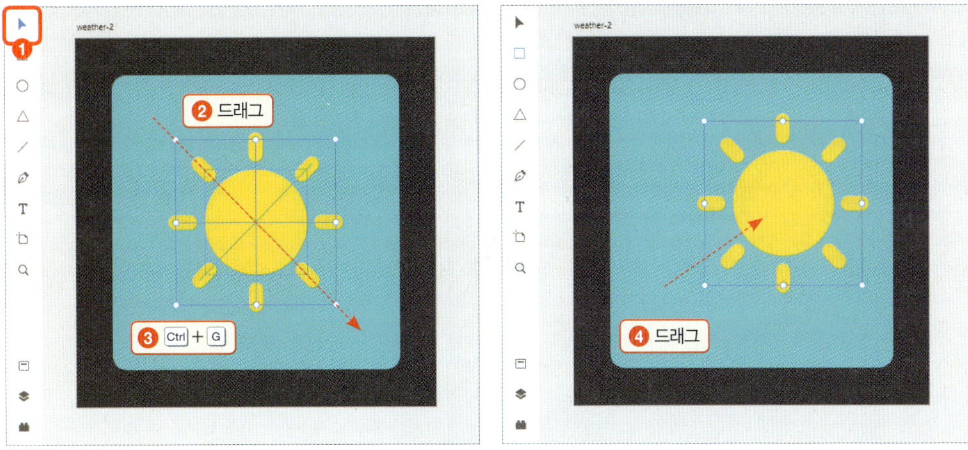

11 사각형 툴(□)로 W(너비) 160, H(높이) 44인 사각형을 만든다. 오브젝트 내부의 위젯을 안쪽으로 드래그해 가장자리를 둥글게 만들고 옵션 창에서 '테두리'의 체크를 해제한다.

12 타원 툴(○)로 크기가 다른 원을 두 개 만들어 구름 형태가 되도록 배치한다.

13 선택 툴(▸)로 오브젝트 세 개를 모두 선택한 후 옵션 창에서 추가(⧉)를 클릭해 합치면 구름 많음 아이콘이 완성된다.

3 흐림 아이콘

14 선택 툴(▸)로 'weather-2' 아트보드를 Alt 를 누른 채 오른쪽으로 드래그해 복제하고 이름을 'weather-3'으로 변경한다. 복제된 아트보드에서 태양 오브젝트를 제거하고 배경 영역의 색상을 #3BCCC7로 변경한다.

15 선택 툴(▸)로 구름 오브젝트를 선택하고 Ctrl + C, Ctrl + V 를 차례로 눌러 복제한다. 복제한 오브젝트를 오른쪽 위로 약간 이동한 후 색상을 #D4D4D4로 설정하고 크기를 축소한다.

16 흰색 구름 오브젝트를 선택하고 [Ctrl]+[Shift]+[ ]]를 눌러 맨 앞으로 가져오면 흐림 아이콘이 완성된다.

Tip 구름 오브젝트를 마우스 오른쪽 버튼으로 클릭하면 열리는 팝업 메뉴에서 [정렬]-[맨 앞으로 가져오기]를 선택하면 오브젝트가 맨 앞으로 올라온다.

4 비 아이콘

17 선택 툴(▸)로 'weather-3' 아트보드를 선택하고 [Alt]를 누른 채 'weather-1' 아트보드 아래로 드래그해 복제한 후 이름을 'weather-4'로 변경한다. 복제된 아트보드에서 회색 구름 오브젝트는 삭제하고 흰색 구름 오브젝트는 위로 드래그해 이동한다. 배경 영역의 '채우기' 색상을 #4EA295로 변경한다.

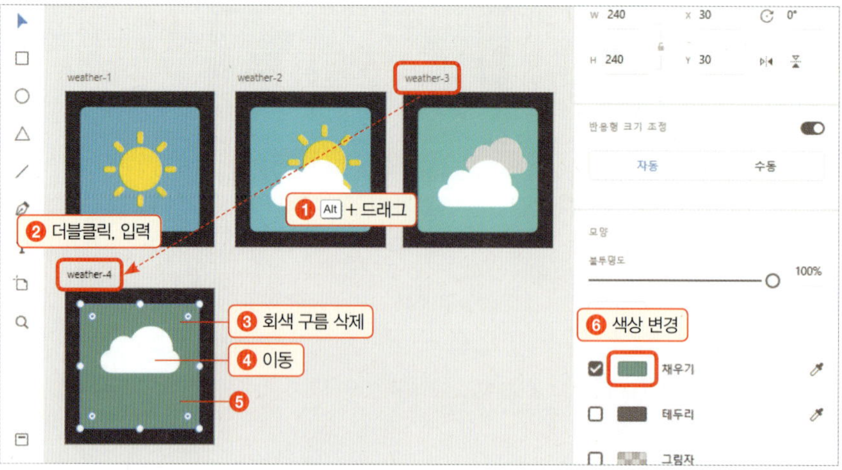

18 타원 툴(○)로 W(너비)와 H(높이)가 24인 원을 그리고 '테두리'의 체크를 해제한다.

19 선택 툴(▸)로 원을 더블클릭하면 상하좌우에 앵커 포인트가 나타난다. 상단의 앵커 포인트를 위쪽으로 드래그해 오브젝트 길이를 늘린 후 더블클릭하면 곡선이 직선으로 변경되어 오브젝트가 물방울 모양이 된다.

20 물방울 오브젝트의 '채우기' 색상을 #C7E5F2로 설정하고 Alt 를 누른 채 오른쪽으로 드래그해 두 개 더 복제한 후 구름의 중앙에 맞게 배치해 비 아이콘을 완성한다.

5 구름 많음/맑음(야간 모드) 아이콘

21 선택 툴(▶)로 'weather-4' 아트보드를 선택하고 Alt 를 누른 채 오른쪽으로 드래그해 복제한 후 이름을 'weather-5'로 변경한다. 복제한 아트보드에서 물방울 오브젝트를 모두 삭제하고, 배경 영역의 '채우기' 색상을 #40877B로 변경한다.

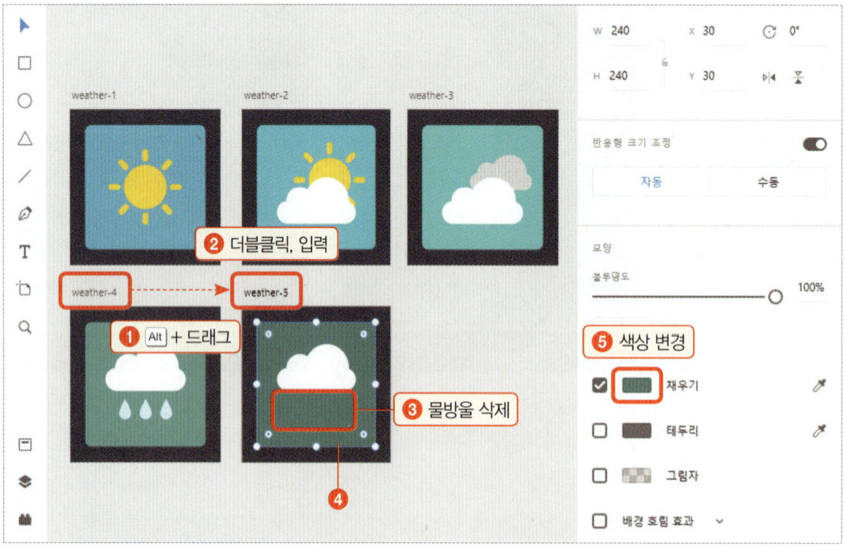

22 타원 툴(○)로 W(너비)와 H(높이)가 180인 원을 그리고 '채우기' 색상 패널에 저장된 색상으로 채운다. 추가로 W(너비)와 H(높이)가 160인 원을 그리고 겹치는 부분이 초승달 모양이 되도록 위치를 조절한다.

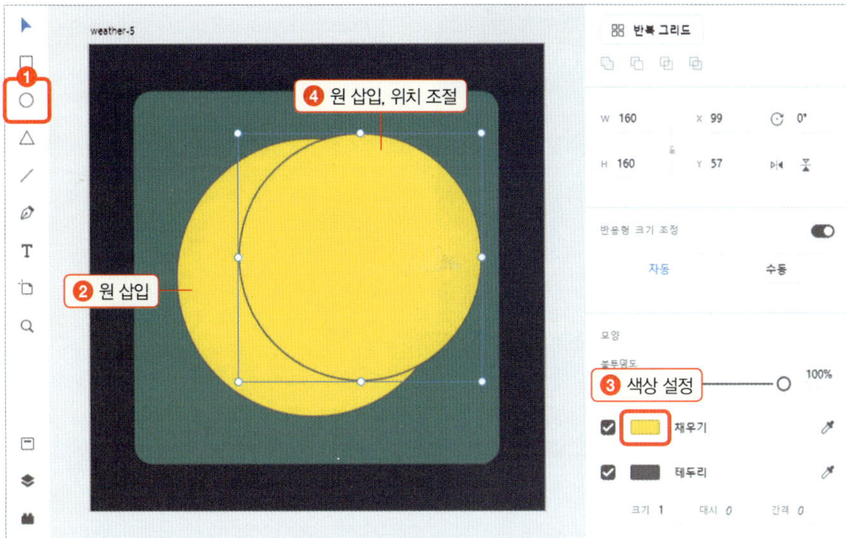

23 선택 툴(▸)로 원 두 개를 함께 선택한 후 옵션 창에서 빼기(⧉)를 클릭해 초승달 모양으로 만들고 '테두리'의 체크를 해제한다.

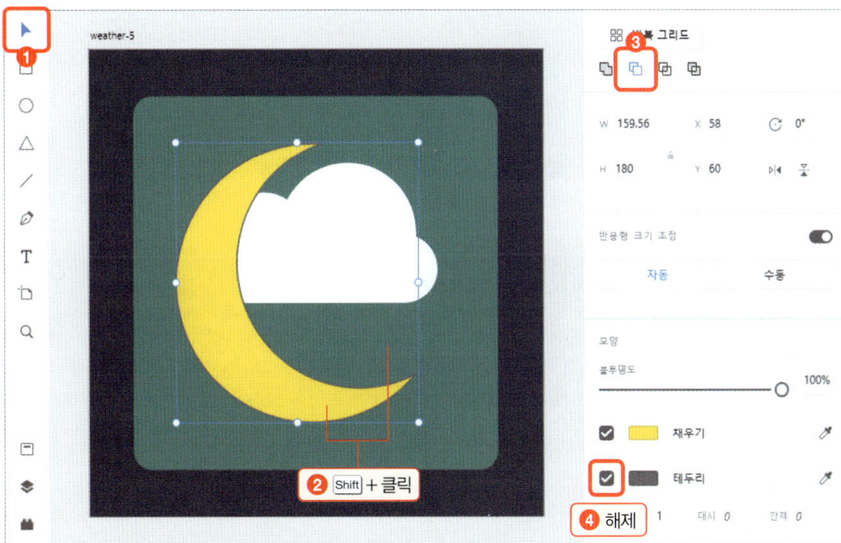

24 선택 툴(▶)로 구름 오브젝트를 선택하고 '채우기' 색상을 #D4D4D4로 변경한 후 오브젝트 크기를 축소해 달 오브젝트 오른쪽 하단에 배치해 구름 많음(야간 모드) 아이콘을 완성한다.

25 'weather-5' 아트보드를 복제해 'weather-6' 아트보드를 만든 후 구름 오브젝트를 삭제해 맑음(야간 모드) 아이콘을 완성한다.

6 날씨 아이콘 전환 애니메이션

26 화면 상단의 [프로로타입]을 클릭해 프로토타입 모드로 전환한다.

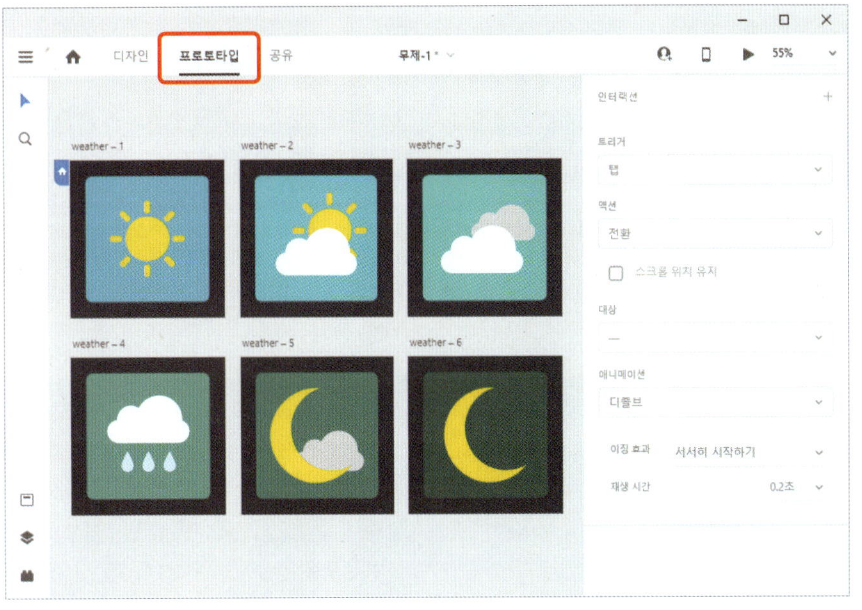

27 'weather–1' 아트보드를 선택하고 인터랙션 연결 위젯을 'weather–2' 아트보드로 드래그해 연결한다. 이때 '인터랙션' 옵션의 '트리거'는 [탭], '액션'은 [전환], '애니메이션'은 [디졸브], '이징 효과'는 [서서히 끝내기], '재생 시간'은 [1초]로 설정한다.

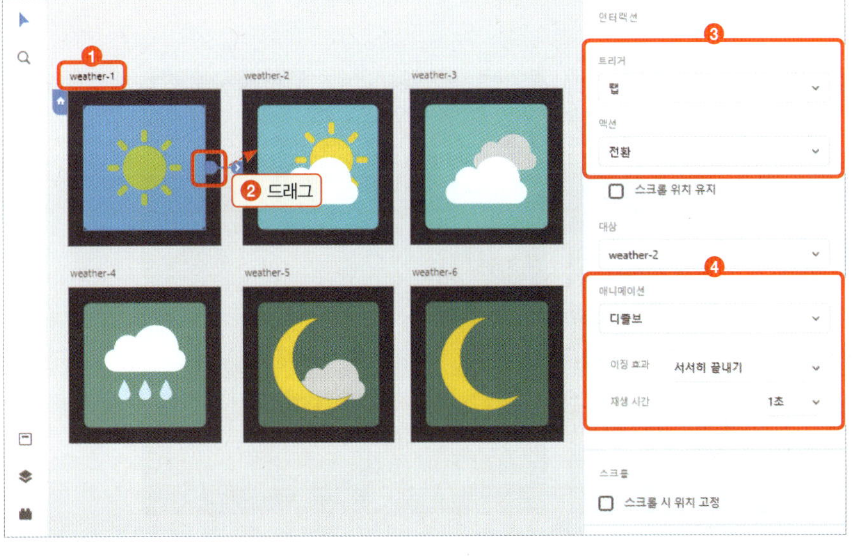

28 각 아트보드의 인터랙션 연결 위젯을 다음 아트보드로 연결하고, 마지막의 'weather-6' 아트보드는 'weather-1' 아트보드로 연결한다.

29 화면 오른쪽 상단의 '데스크탑 미리보기(▶)'를 클릭하면 미리보기 창이 열린다. '트리거'가 [탭]이기 때문에 클릭을 해야만 다음 화면으로 애니메이션이 진행된다.

Chapter 05
프로토타입을 위한 애니메이션

1
버튼 인터랙션과 멀티플 인터랙션

완성 이미지

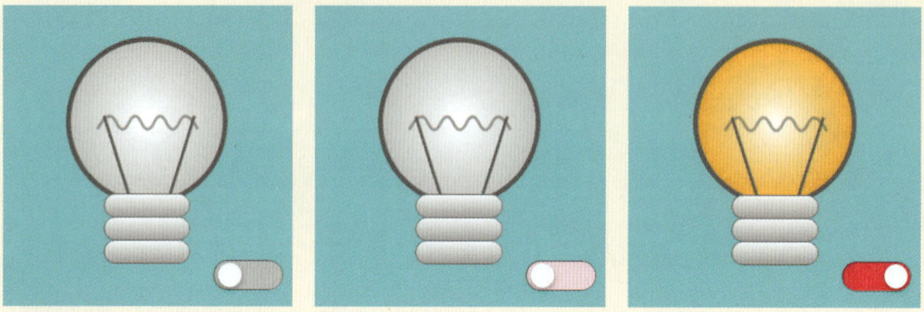

준비 파일 없음

완성 파일 button_interaction_result.xd

01 Adobe XD를 실행하고 홈 화면에서 '사용자 정의 크기'의 옵션을 W는 300, H는 300으로 설정하고 아이콘을 클릭해 새 아트보드를 만든다.

02 선택 툴(▶)을 이용해 아트보드를 선택하고 '채우기' 색상을 #52D9D9로 설정한다.

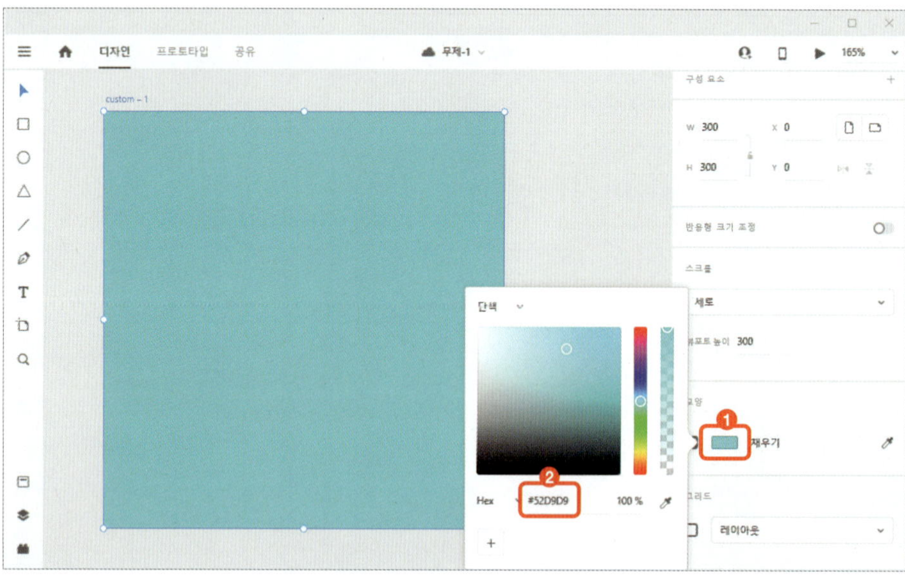

03 타원 툴(○)로 W와 H가 168인 원을 만들고 '채우기'의 색상 옵션을 [방사형 그레이디언트]로 선택한 후 오른쪽(바깥쪽) 컬러스톱의 색상을 #CACACA로 설정해 밝은 회색으로 만든다. '테두리'의 '크기'는 5로 설정한다.

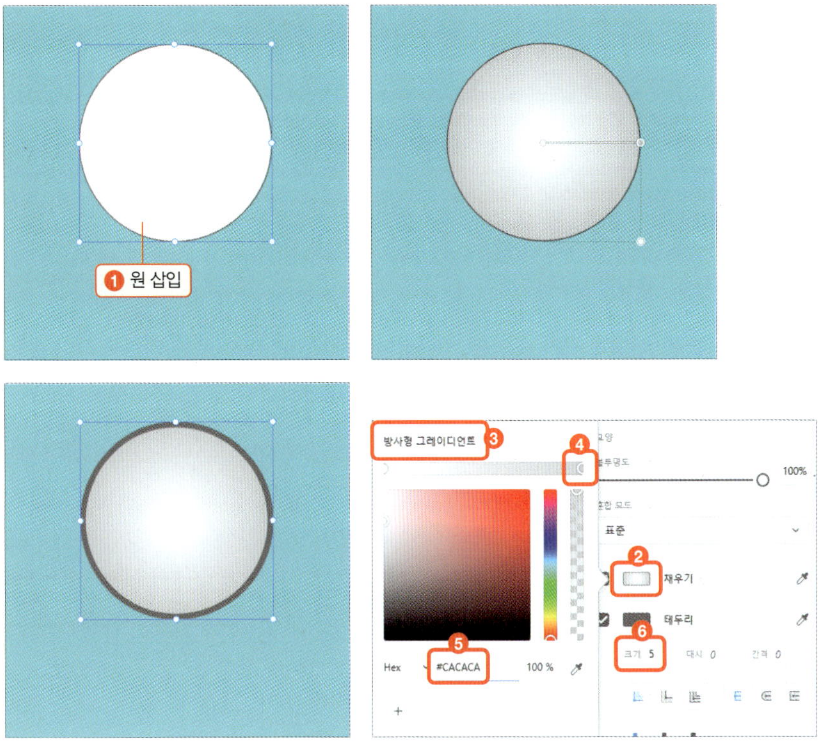

04 선 툴(⁄)로 그림처럼 살짝 왼쪽으로 기울어진 선을 그리고 '테두리'의 '크기'를 3으로 설정한다. Ctrl+C를 눌러 복제하고 Ctrl+V를 눌러 붙여넣은 후 옵션 창에서 가로로 뒤집기( )를 클릭해 좌우 반전한다. 복제한 선을 다음과 같이 오른쪽에 대칭으로 배치한다.

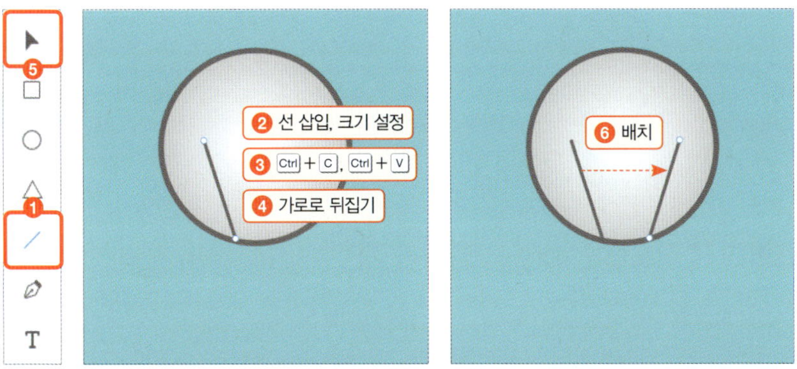

05 펜 툴( )을 선택하고 Shift를 누른 채 45° 각도로 클릭을 반복해 필라멘트 모양을 만든다.

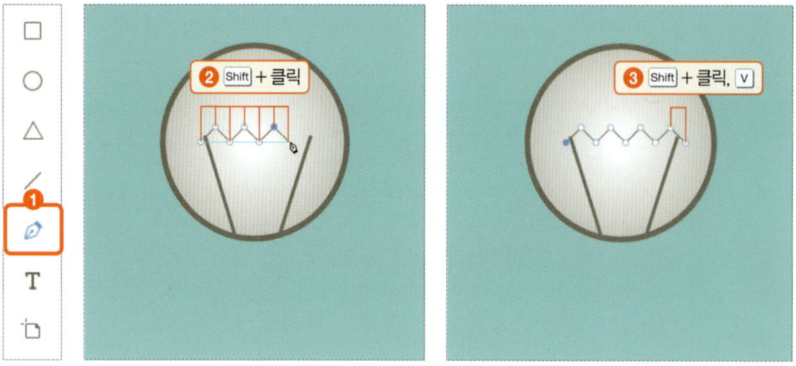

06 선택 툴( )로 선을 더블클릭해 앵커 포인트가 나타나면 각 앵커 포인트를 더블클릭해 곡선 모양으로 변형한다. '테두리'의 '크기'는 3, '불투명도'는 65%로 변경한다.

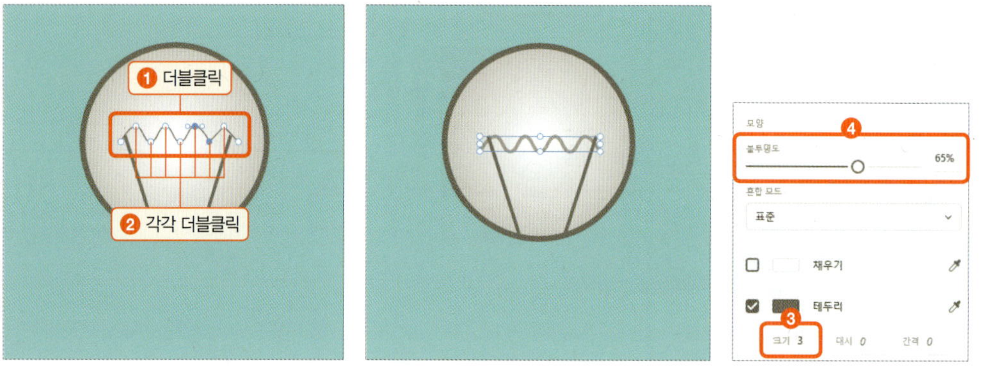

07 사각형 툴( )로 W는 90, H는 24인 사각형을 만든 후, 오브젝트 내부의 위젯을 안쪽으로 드래그해 모서리를 둥글게 만든다.

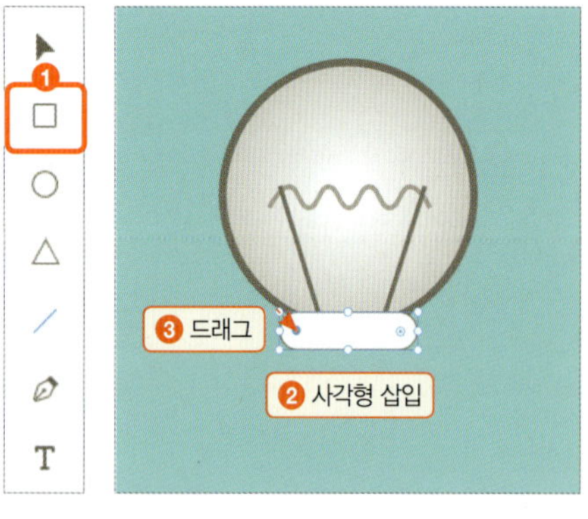

08 사각형이 선택된 상태에서 '채우기'의 색상 옵션을 [선형 그레이디언트]로 변경하고 오른쪽 컬러스톱의 색상을 #A4A4A4로 설정한다.

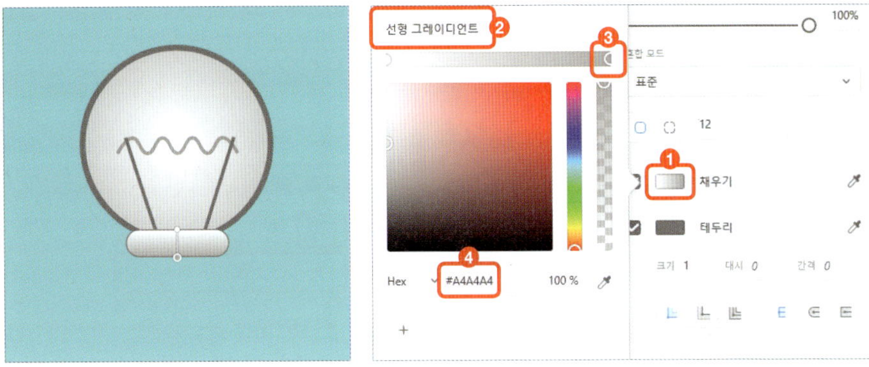

09 선택 툴(▸)로 Alt 를 누른채 사각형을 아래로 두 번 드래그해 복제한다.

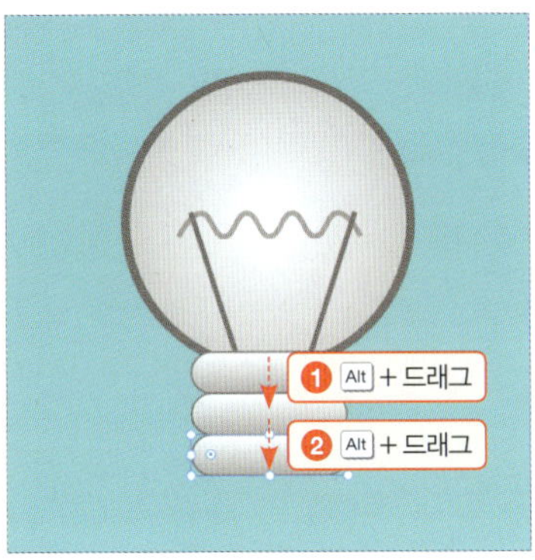

10 사각형 툴(□)로 W는 90, H는 24인 사각형을 만들고, 선택 툴(▸)로 오브젝트 내부의 위젯을 안쪽으로 드래그해 모서리를 둥글게 만든 후 '채우기' 색상을 #C2C2C2로 설정한다.

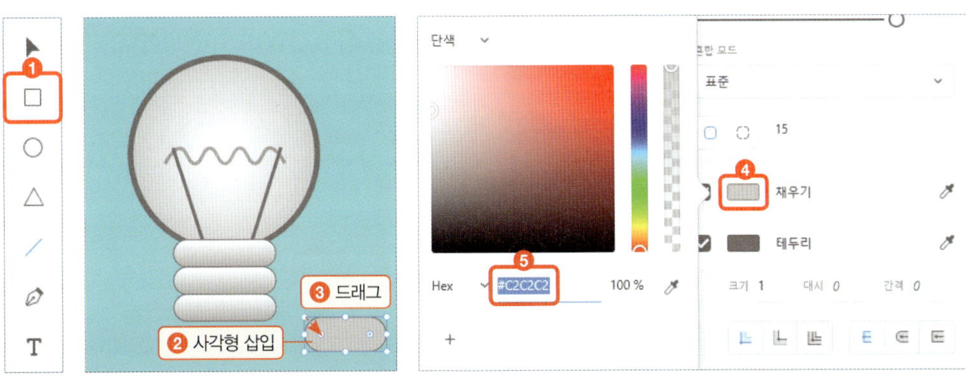

11 타원 툴(◯)로 W와 H가 각각 24인 원을 만든 후, 옵션 창에서 '테두리'의 체크를 해제한다. '그림자'의 색상 상자를 클릭해 색상 패널을 열고 '투명도'를 30%로 변경한 후, X는 0, Y는 3, B는 6으로 설정한다.

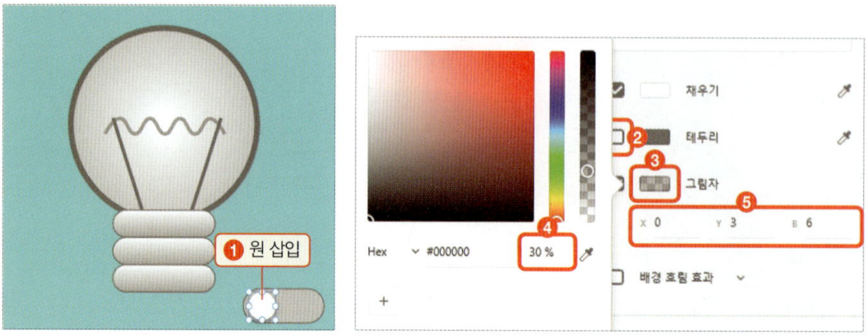

12 아트보드의 이름 부분을 Alt를 누른 채 오른쪽으로 드래그해 아트보드를 복제한다.

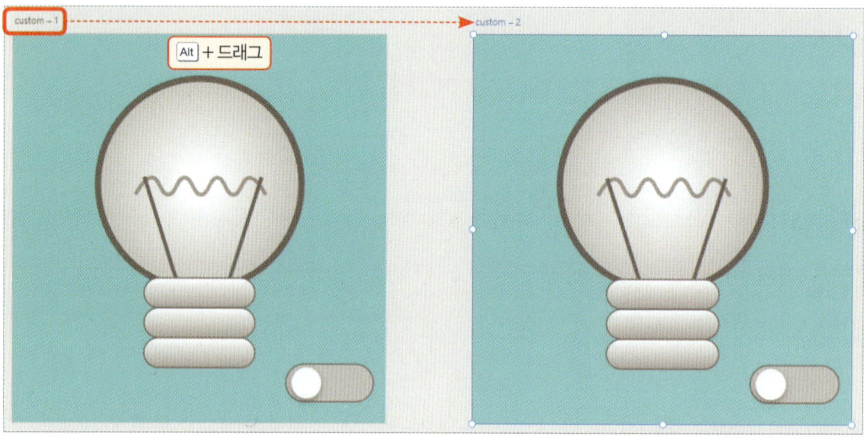

13 선택 툴(▸)로 'custom−2' 아트보드에 있는 전구의 원을 선택하고 '채우기'의 색상 패널을 열어 방사형 그레이디언트 오른쪽(바깥쪽) 컬러스톱의 색상을 #FBA700으로 변경한다.

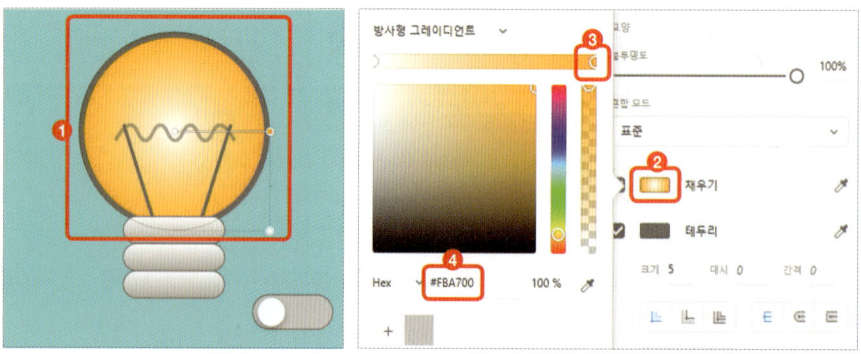

14 프로토타입 이미지를 만들기 위해 'custom-1' 아트보드 오른쪽 하단의 원과 버튼을 선택하고 옵션 창에서 '구성 요소' 영역의 '+' 버튼을 클릭하면 기본 상태로 등록된다.

Tip 구성 요소로 등록된 오브젝트를 선택하면 앵커 포인트가 초록색으로 표시되고, 왼쪽 상단에 초록색 마름모가 나타난다.

15 [기본 상태] 옆의 '+' 버튼을 클릭하고 [마우스 오버 상태]를 선택해 마우스 오버 상태를 추가한다. [마우스 오버 상태]가 선택된 상태로 버튼을 더블클릭해 적용하고, 버튼 배경의 '채우기' 색상을 #FFD1DD로 설정한다.

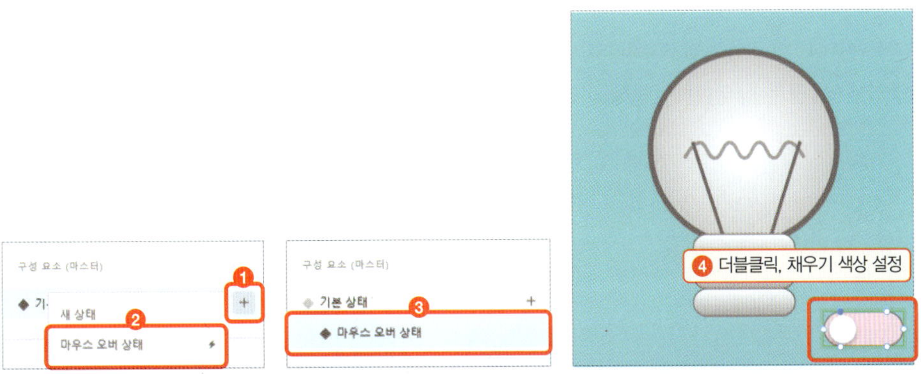

16 이번에는 'custom-2' 아트보드에 있는 버튼 안의 원을 그림과 같이 오른쪽으로 이동시킨 후 버튼 배경의 '채우기' 색상을 #FF1754로 변경한다. 버튼 배경과 원을 함께 선택한 후 옵션 창에서 '구성 요소' 영역의 '+' 버튼을 클릭해 기본 상태로 등록한다.

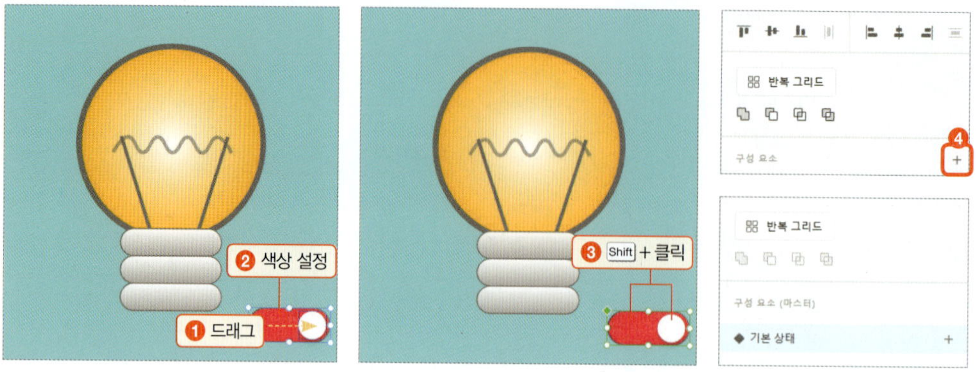

17 [기본 상태] 옆의 '+' 버튼을 클릭하고 [마우스 오버 상태]를 선택해 마우스 오버 상태를 추가한다. [마우스 오버 상태]가 선택된 상태로 버튼을 더블클릭해 적용하고 버튼 배경의 '채우기' 색상을 #FFD1DD로 설정한다.

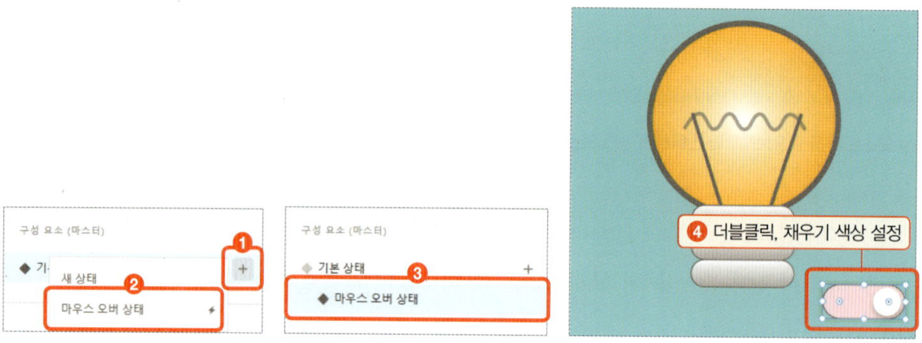

18 'custom-1' 아트보드와 'custom-2' 아트보드에 있는 버튼을 각각 선택하고 옵션 창의 '구성 요소' 영역에서 [기본 상태]를 선택해 적용한다.

19 화면 상단의 [프로토타입]을 클릭해 프로토타입 모드로 전환하고 버튼을 선택해 보면 마우스 오버 인터랙션이 설정되어 있는 것을 확인할 수 있다.

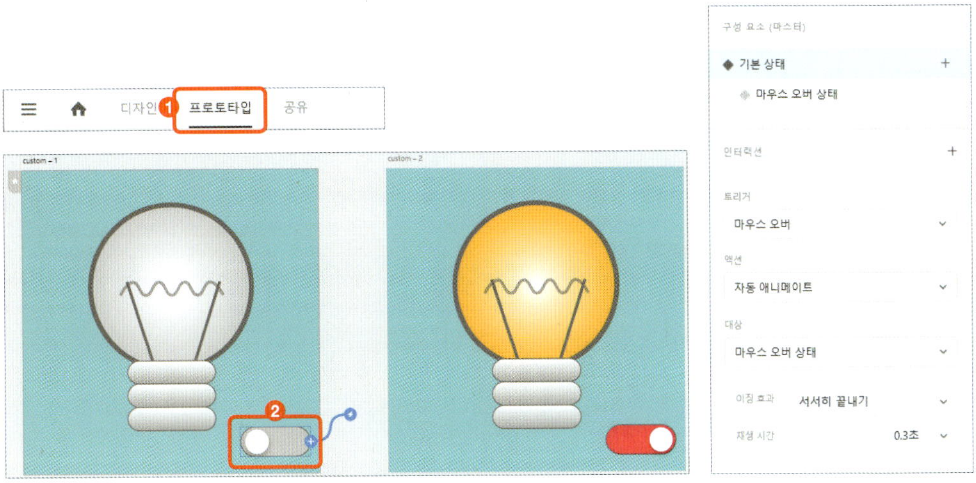

20 'custom–1' 아트보드의 버튼을 선택하고 옵션 창의 '구성 요소' 영역에서 [마우스 오버 상태]를 선택한 후 '인터랙션' 옆의 '+' 버튼을 클릭해 인터랙션을 추가한다. '인터랙션' 옵션의 '트리거'는 [탭], '액션'은 [자동 애니메이트], '대상'은 [custom–2], '이징 효과'는 [서서히 끝내기], '재생 시간'은 [0.3초]로 설정한다.

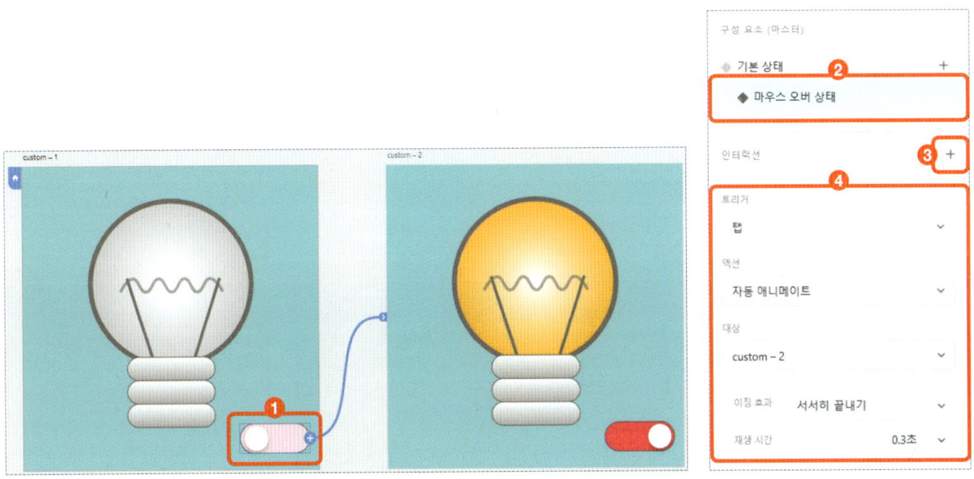

21 버튼이 선택된 상태로 이번에는 [기본 상태]를 선택한 후 '인터랙션'의 '+'를 클릭해 인터랙션을 추가한다. '인터랙션' 옵션의 '트리거'는 [키 및 게임 패드], '키'는 [F1], '액션'은 [자동 애니메이트], '대상'은 [custom–2], '이징 효과'는 [서서히 끝내기], '재생 시간'은 [0.3초]로 설정한다.

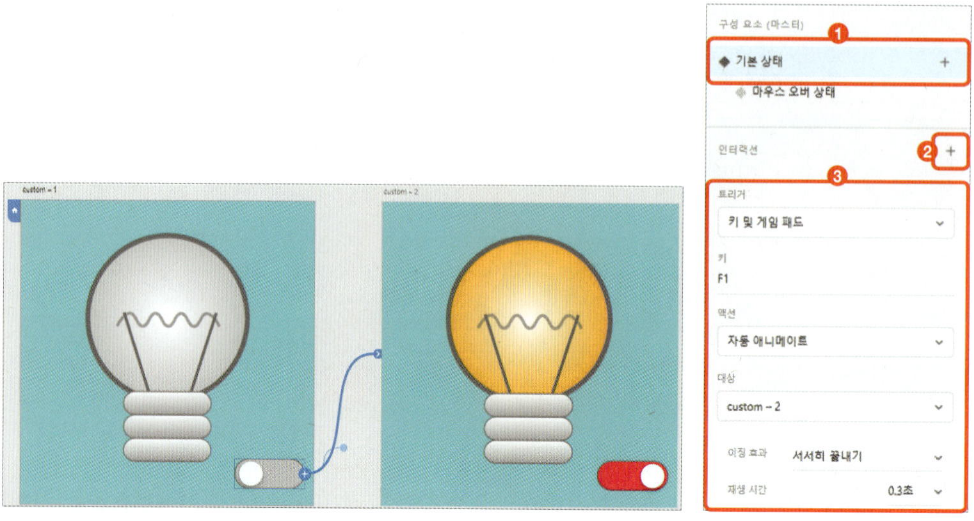

Tip '키'를 입력할 때는 키보드에서 F1을 누른다.

22 'custom–2' 아트보드의 버튼을 선택하고 옵션 창의 '구성 요소' 영역에서 [마우스 오버 상태]를 선택한 후 '인터랙션' 옆의 '+' 버튼을 클릭해 인터랙션을 추가한다. '인터랙션' 옵션의 '트리거'는 [탭], '액션'은 [자동 애니메이트], '대상'은 [custom–1], '이징 효과'는 [서서히 끝내기], '재생 시간'은 [0.3초]로 설정한다.

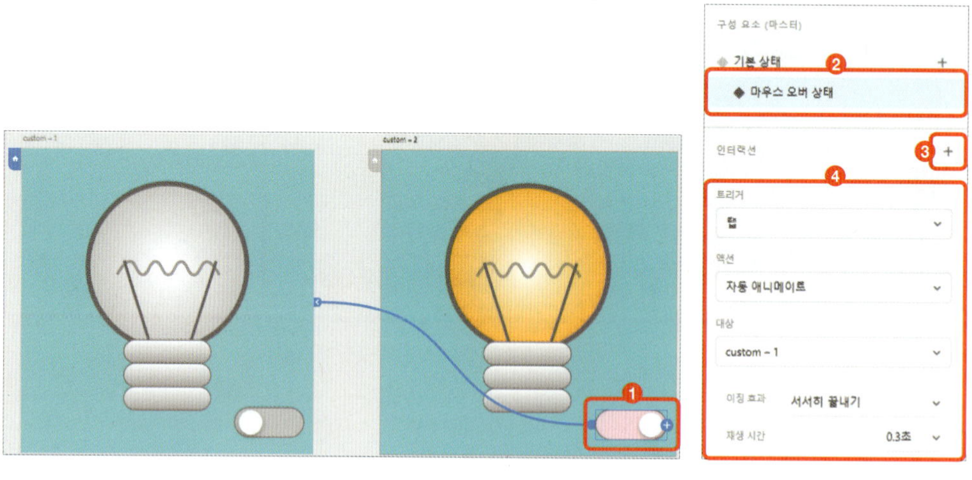

23 버튼이 선택된 상태로 이번에는 [기본 상태]를 선택한 후 '인터랙션'의 +를 클릭해 인터랙션을 추가한다. '인터랙션' 옵션의 '트리거'는 [키 및 게임 패드], '키'는 [F1], '액션'은 [자동 애니메이트], '대상'은 [custom−1], '이징 효과'는 [서서히 끝내기], '재생 시간'은 [0.3초]로 설정한다.

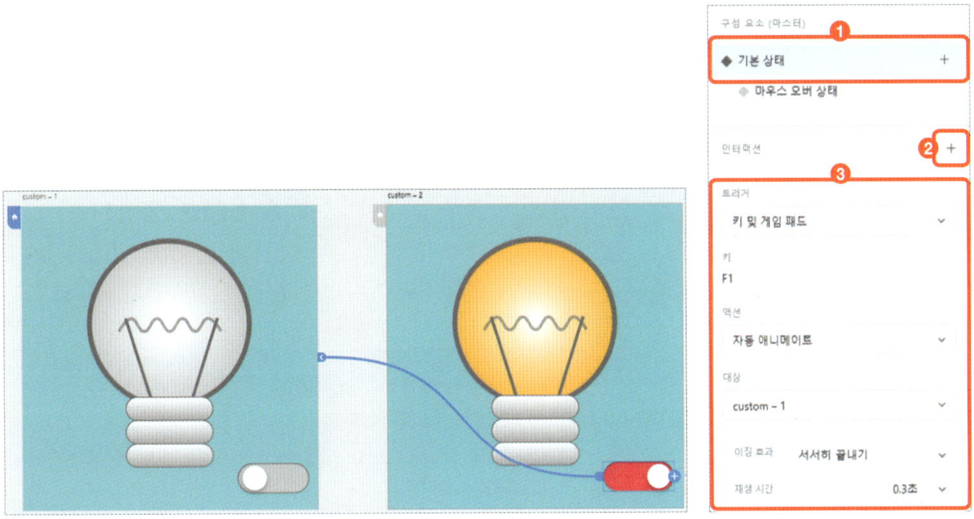

24 'custom−1' 아트보드를 선택하고 화면 오른쪽 상단의 '데스크탑 미리보기(▶)'를 클릭해 미리보기를 실행한다. 처음에는 정지 화면이며, 버튼에 마우스를 올리면 마우스오버 상태로 버튼이 변경되면서 마우스 포인터가 손가락으로 바뀌는데, 이때 클릭하면 'custom−2' 아트보드로 전환된다. 'custom−2' 아트보드에서도 마찬가지로 버튼에 마우스를 올리면 마우스오버 상태로 버튼이 변경되고 클릭하면 'custom−1' 아트보드로 전환된다. 또 키보드의 F1을 눌러도 화면이 전환된다.

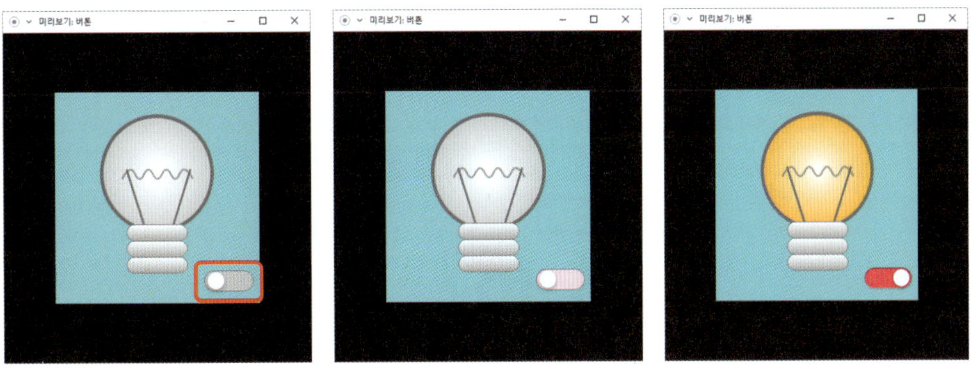

2
선형 메뉴 인터랙션을 위한 자동 애니메이션

완성 이미지

준비 파일 menu1.xd

완성 파일 menu1_result.xd

01 Adobe XD를 실행한 후 홈 화면에서 [내 컴퓨터]를 클릭하고 [열기] 대화상자에서 [Chapter_05 ▸ Section_02] 폴더의 'menu1.xd' 파일을 선택하고 [열기]를 클릭한다.

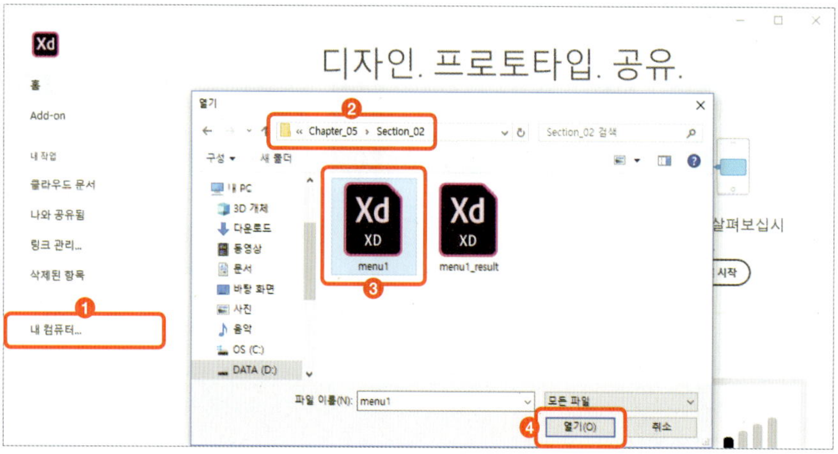

02 사각형 툴(□)로 W는 260, H는 100인 사각형을 만들고 '각 모퉁이에 대해 다른 반경(◌)' 값을 각각 12, 12, 0, 0으로 지정해 좌우 상단 모서리를 둥글게 설정한다. '테두리'는 체크를 해제한다.

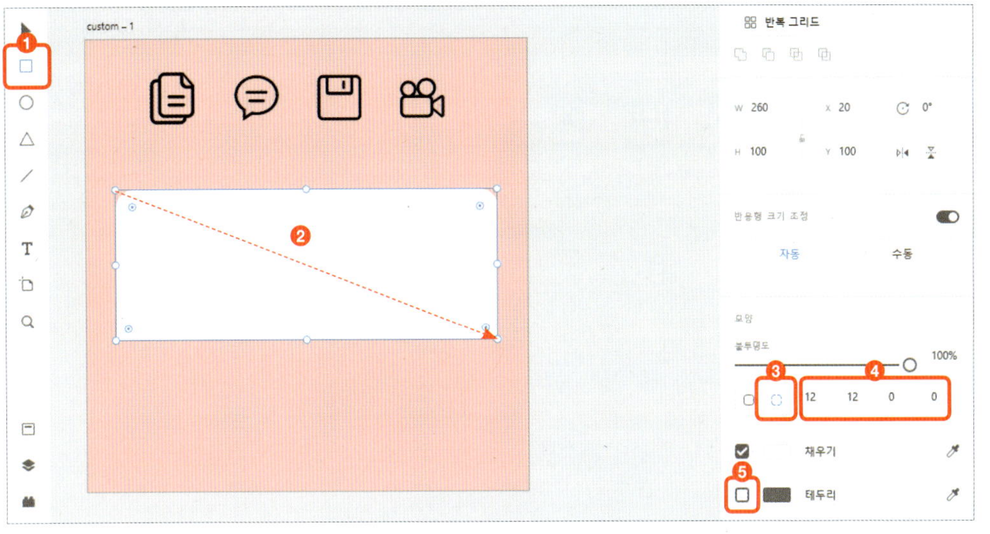

03 오브젝트가 선택된 상태로 옵션 창에서 '그림자'의 색상을 #FF1A00으로 설정한 후, X는 0, Y는 0, B는 12로 설정해 그림자가 사방으로 번지게 한다.

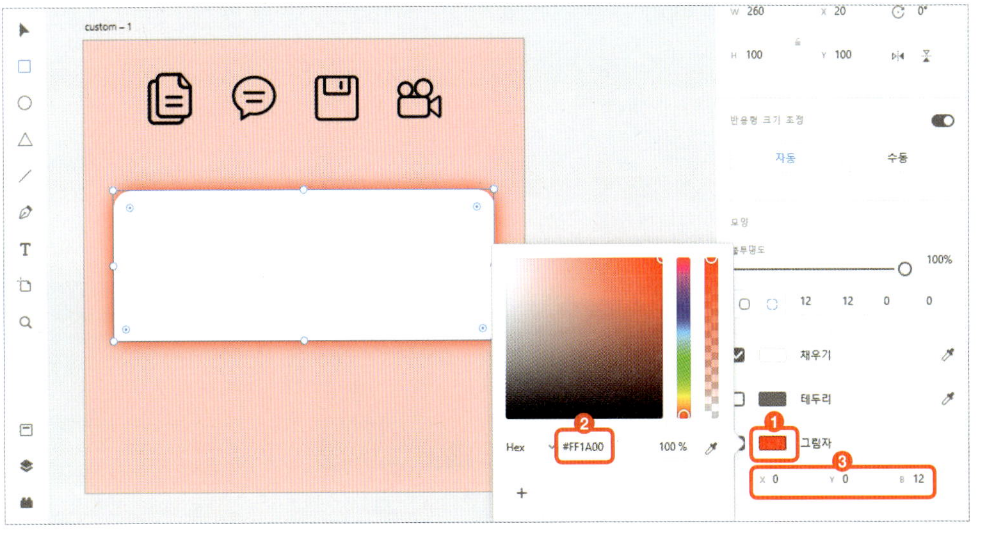

04 선택 툴( )로 아이콘 네 개를 모두 선택하고 Ctrl + Shift +]를 눌러 맨 앞으로 가져온 후 사각형 오브젝트 위에 배치하고 옵션 창에서 추가( )를 클릭해 벡터 아이콘 그룹으로 만든다. '채우기' 색상은 #AAAAAA로 변경한다.

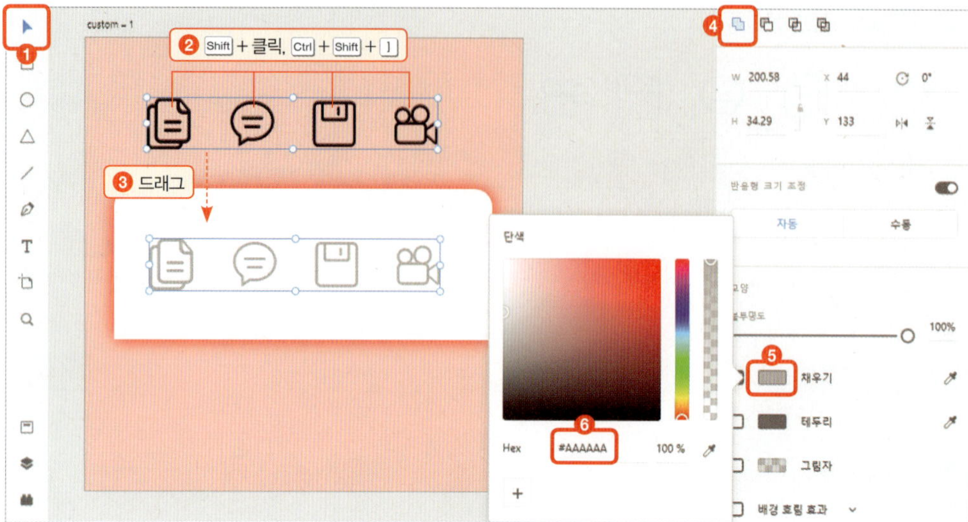

Tip 준비된 아이콘은 svg 파일로, 2차원 벡터 그래픽을 표현하기 위한 XML 기반의 파일 형식이다.

05 아이콘 그룹을 사각형 오브젝트의 아래에 복제하고 타원 툴( )로 맨 왼쪽 아이콘을 가리는 원을 그린 후 '채우기' 색상을 #C22E24로 설정하고 '테두리'의 체크를 해제한다.

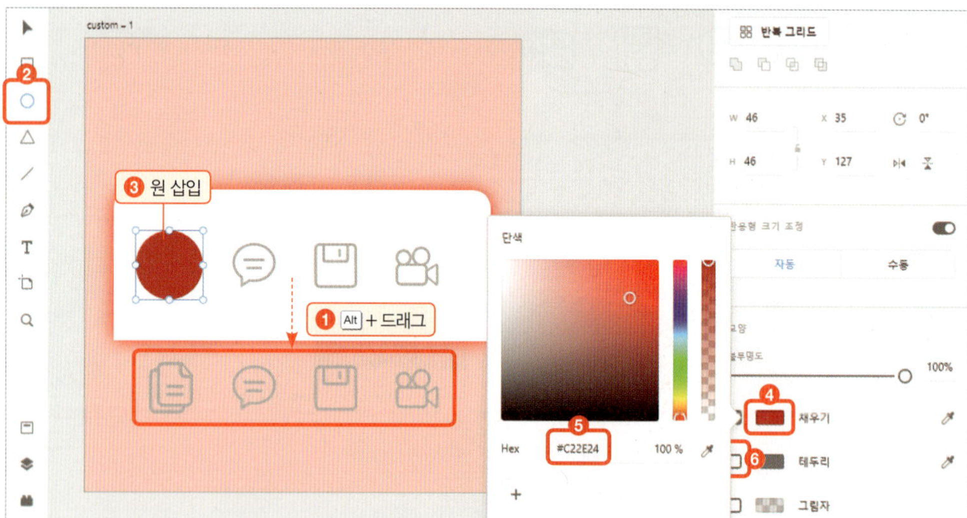

06 선택 툴(▶)로 아이콘 그룹을 선택하고 Ctrl + Shift +]를 눌러 원 오브젝트보다 앞에 오게 한다. 원과 아이콘 그룹을 함께 선택하고 Ctrl + Shift + M을 눌러 마스크를 적용한 후, 복제해 놓은 아이콘 그룹을 기존 아이콘 그룹과 같은 위치로 이동한다.

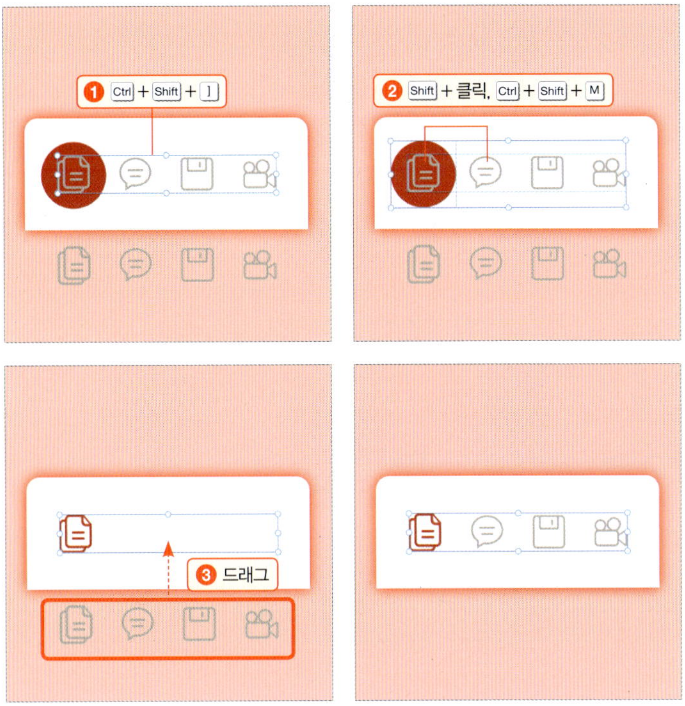

07 선택 툴(▶)로 아트보드 이름을 더블클릭해 'menu-1'로 변경한 후 Alt를 누른 채 오른쪽으로 드래그해 아트보드를 복제한다. 복제한 아트보드의 이름을 'menu-2'로 변경한다.

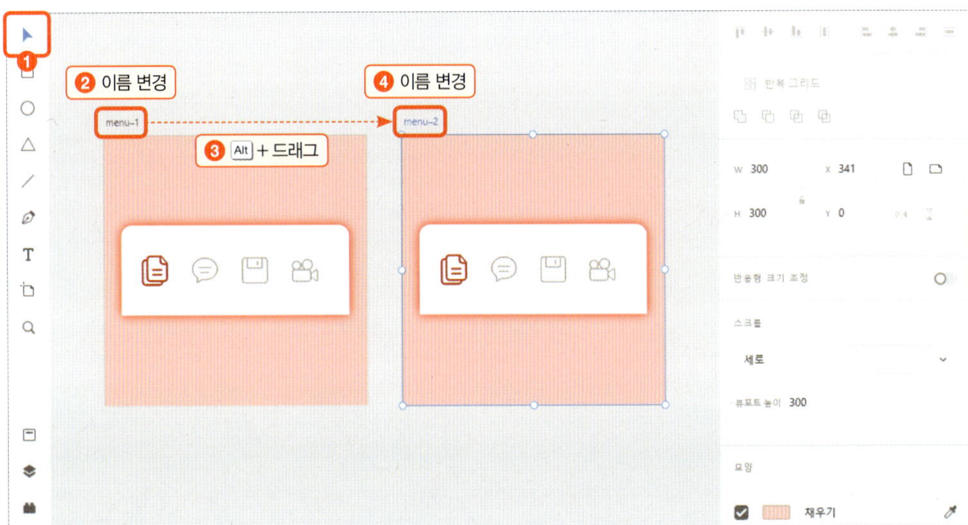

08 'menu-2' 아트보드의 마스크를 적용한 도형을 더블클릭해 원 오브젝트를 보이게 한 후 옆으로 옮기면 두 번째 아이콘에 마스크가 적용된다.

09 'menu-2' 아트보드를 'menu-1' 아트보드 아래에 복제하고 아트보드 이름을 'menu-3'으로 변경한 후 **08** 단계와 같은 방법으로 세 번째 아이콘에 마스크를 적용한다.

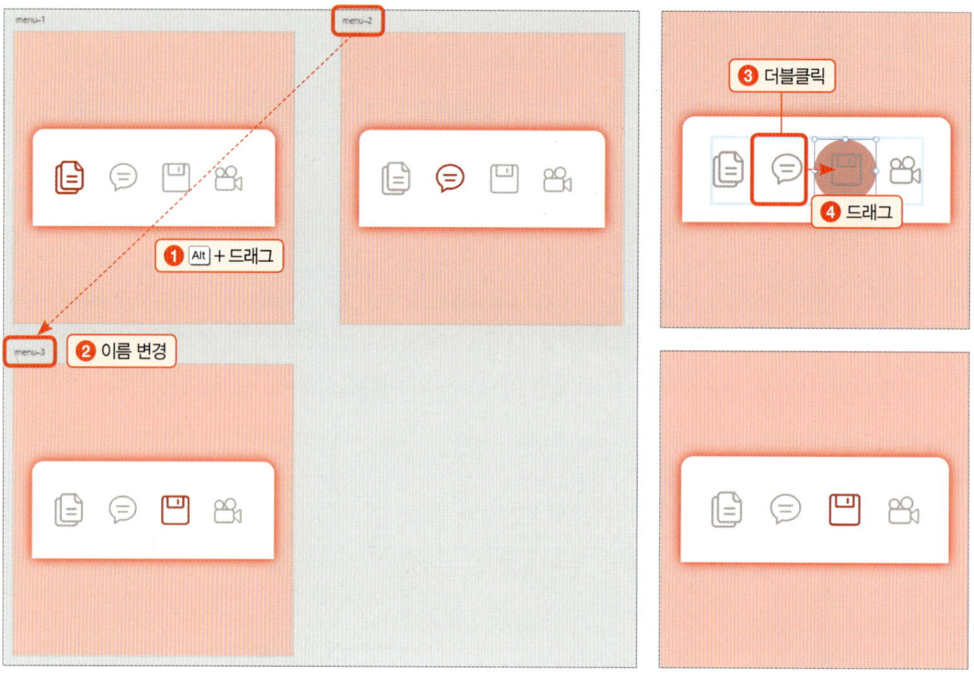

10 'menu-3' 아트보드를 오른쪽에 복제하고 복제된 아트보드의 이름을 'menu-4'로 변경한 후 네 번째 아이콘에 마스크를 적용한다.

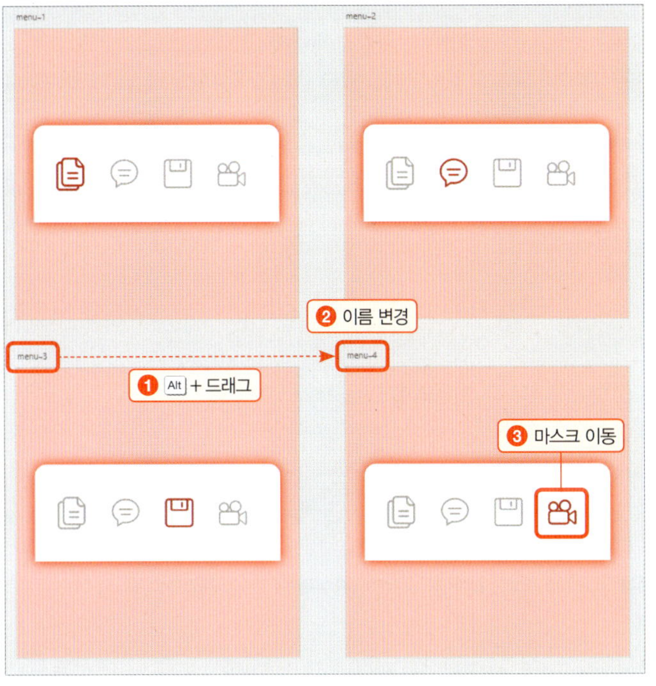

11 화면 상단의 [프로로타입]을 클릭해 프로토타입 모드로 전환한다. 'menu-1' 아트보드의 두 번째 아이콘을 더블클릭해 선택하고 인터랙션 연결 위젯을 'menu-2' 아트보드로 드래그해 연결한다.

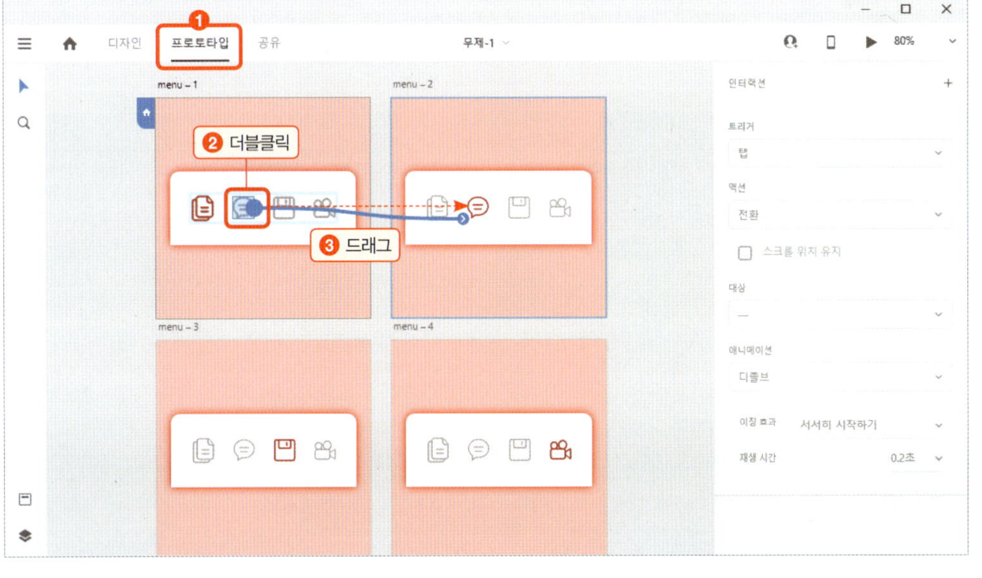

12 '인터랙션' 옵션의 '트리거'는 [탭], '액션'은 [자동 애니메이트], '이징 효과'는 [서서히 끝내기], '재생 시간'은 [0.6초]로 설정한다.

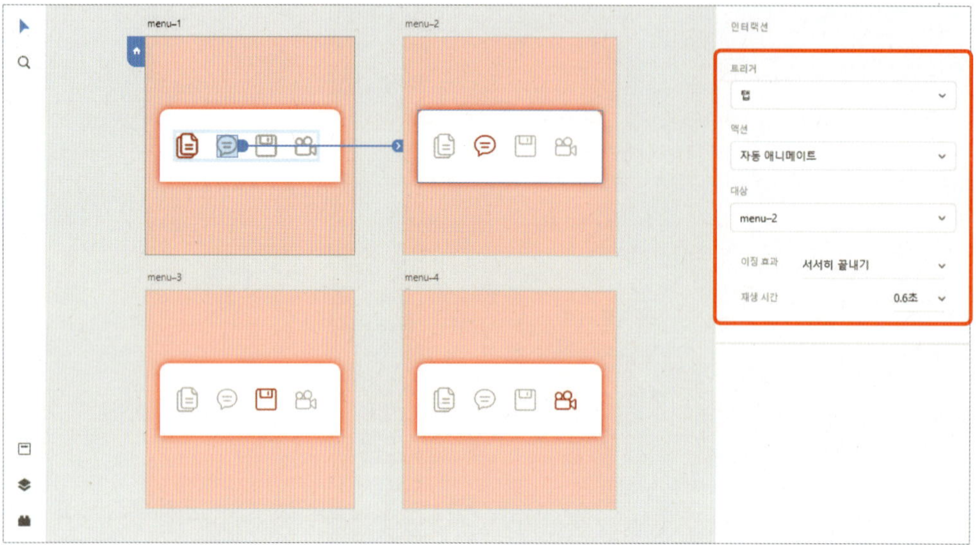

Tip 아트보드와 아트보드, 오브젝트와 아트보드를 연결하는 것은 가능하지만, 오브젝트와 오브젝트를 연결하는 것은 불가능하다.

13 'menu-1' 아트보드의 세 번째 아이콘을 선택해 인터랙션 연결 위젯을 'menu-3' 아트보드로 드래그해 연결하고, 네 번째 아이콘의 인터랙션 연결 위젯은 'menu-4' 아트보드로 연결한다.

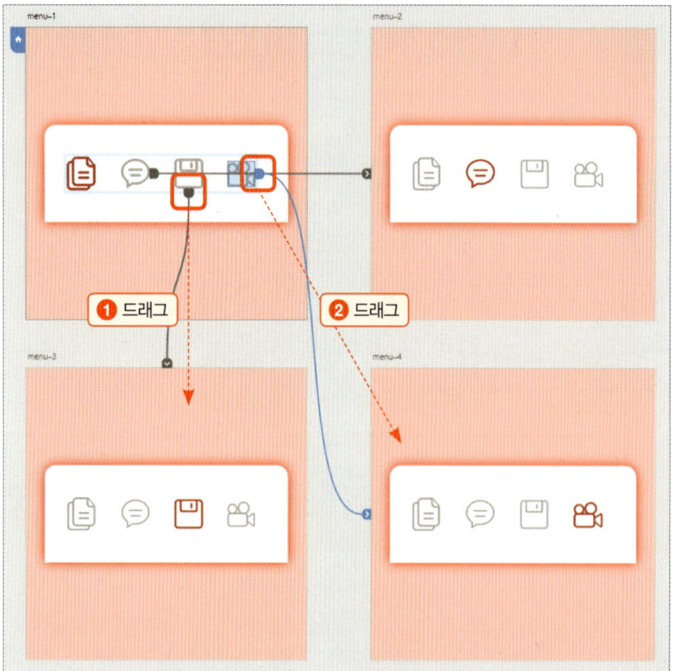

14 'menu-2' 아트보드의 마스크가 적용되지 않은 아이콘의 인터랙션 연결 위젯을 해당 아이콘에 마스크가 적용된 아트보드로 연결한다.

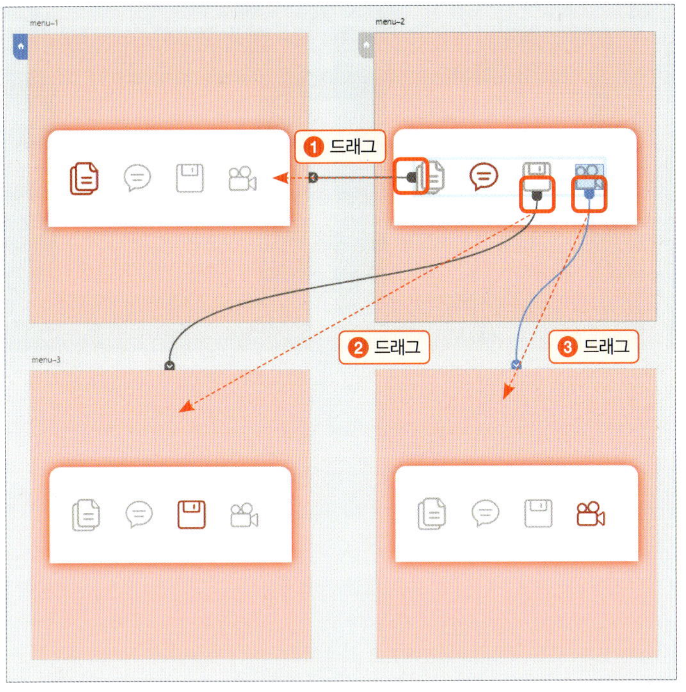

15 'menu-3' 아트보드와 'menu-4' 아트보드에 있는 마스크가 적용되지 않은 아이콘도 같은 방법으로 인터랙션 연결 위젯으로 연결한다.

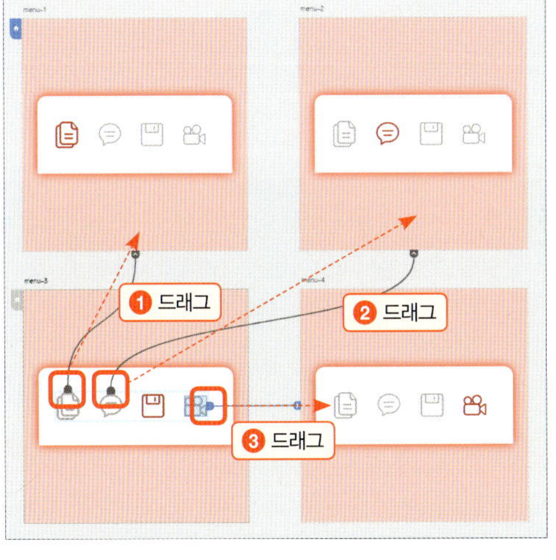

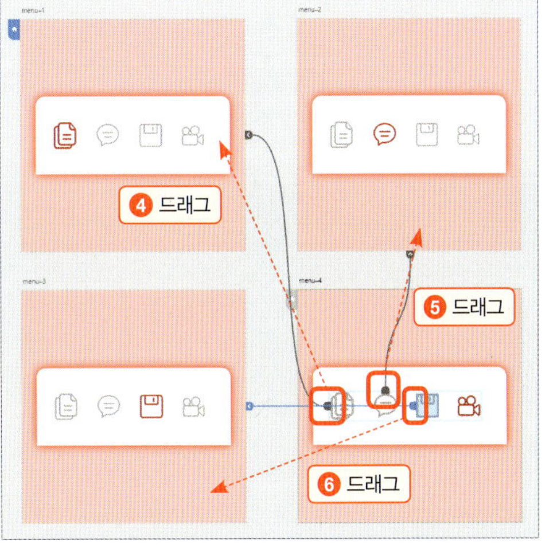

16 화면 오른쪽 상단의 '데스크탑 미리보기(▶)'를 클릭해 미리보기를 실행한다. 미리보기 창에서 아이콘을 클릭하면 해당 아이콘의 색상이 변경되는 것을 확인할 수 있다.

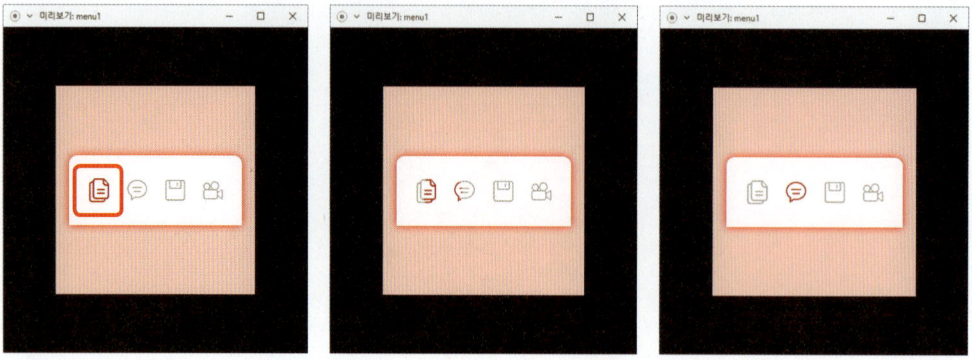

3
배경 메뉴 인터랙션을 위한 자동 애니메이션

완성 이미지

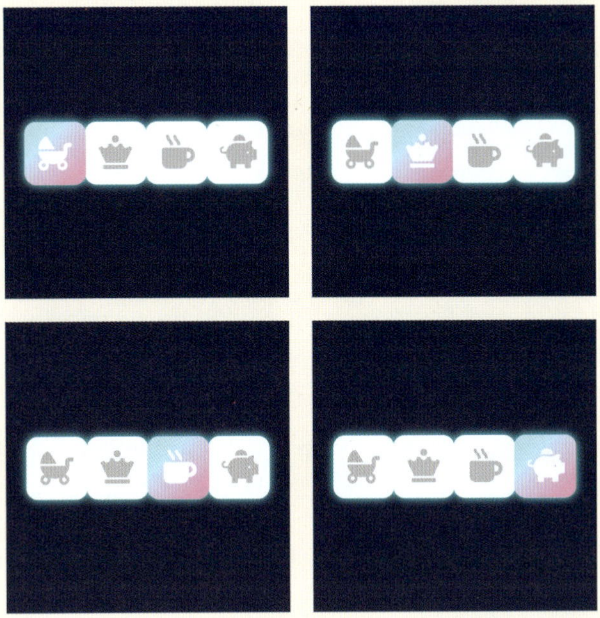

준비 파일 menu2.xd

완성 파일 menu2_result.xd

01 Adobe XD를 실행한 후 홈 화면에서 [내 컴퓨터]를 클릭하고 [열기] 대화상자에서 [Chapter _05 ▸ Section_03] 폴더의 'menu2.xd' 파일을 선택하고 [열기]를 클릭한다.

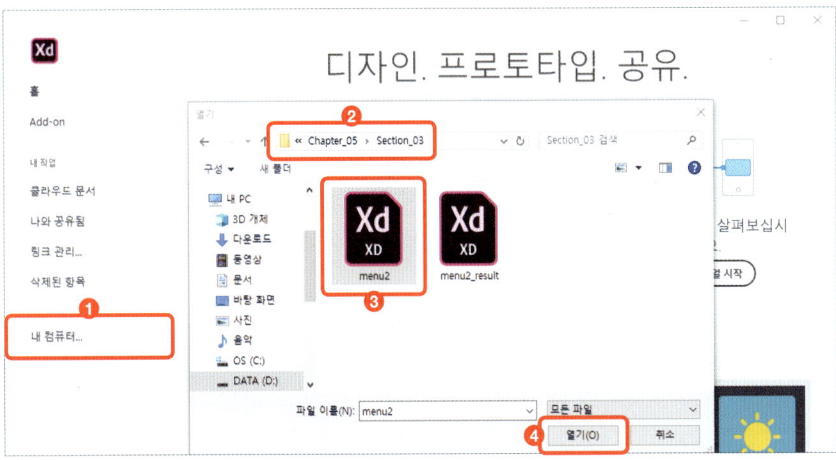

02 사각형 툴( )로 W와 H가 65인 사각형을 그린 후 '모든 모퉁이에 대해 동일한 반경( )' 값을 12로 설정하고 '테두리'의 체크를 해제한다.

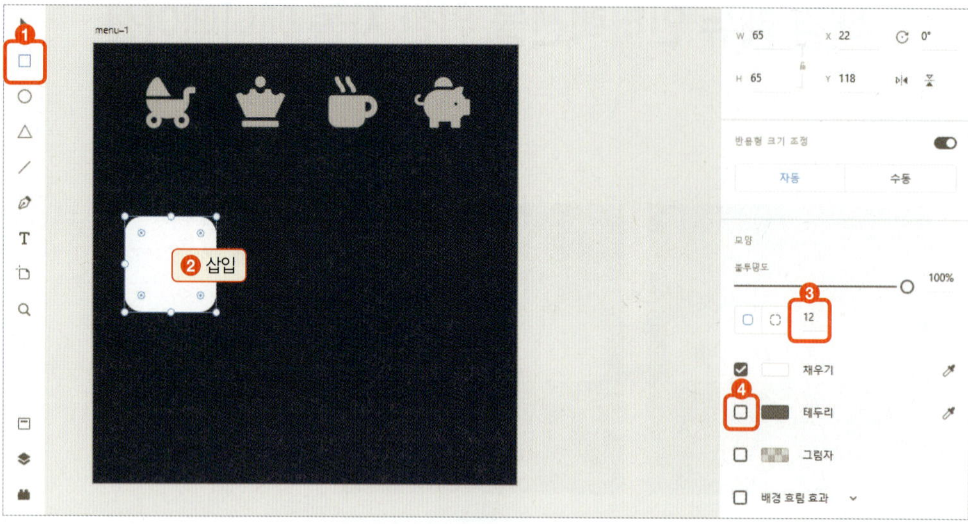

03 선택 툴( )로 Alt를 누른 채 옆으로 드래그해 사각형을 네 개로 만들고 모두 선택해 '채우기' 색상을 #00FEFF로 변경한다. [배경 흐림 효과]를 [오브젝트 흐림 효과]로 변경하고 '정도'를 5로 설정한다.

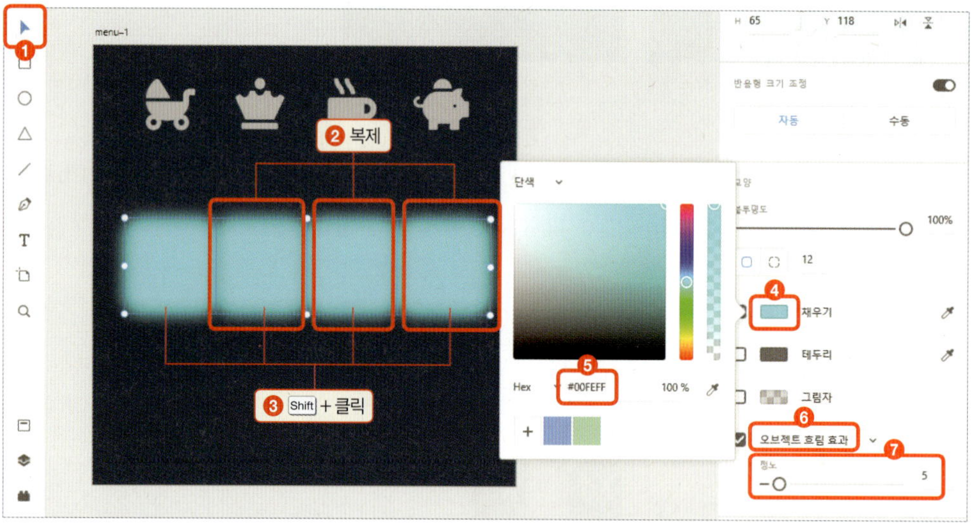

04 Ctrl + C를 눌러 오브젝트를 복제하고 Ctrl + V를 눌러 같은 자리에 붙여넣은 후 '채우기' 색상을 #FFFFFF로 변경하고 [오브젝트 흐림 효과]의 체크를 해제한다.

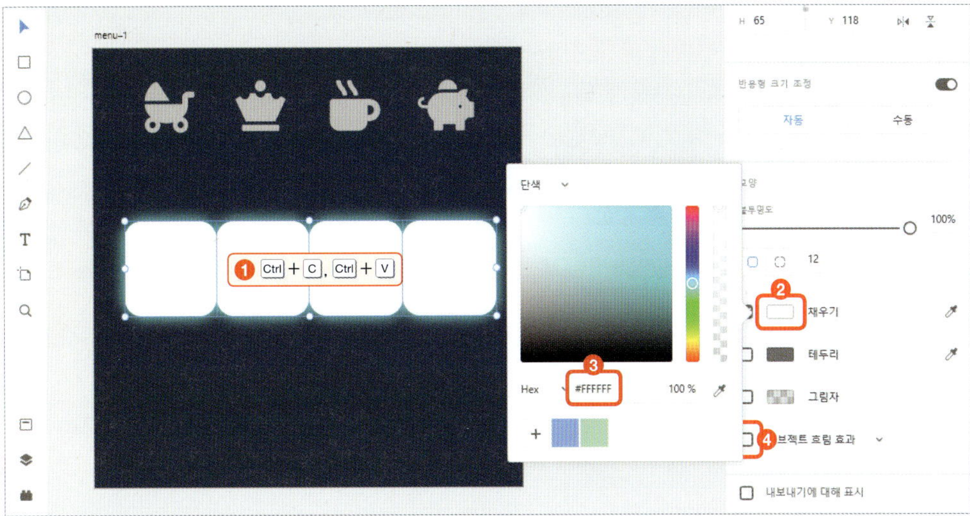

05 첫 번째 사각형만 선택하고 Ctrl + C와 Ctrl + V를 차례로 눌러 같은 위치에 복제한다. '채우기'의 색상 패널에서 옵션을 [선형 그레이디언트]로 변경하고 왼쪽 컬러스톱의 색상은 #9BFCFC로, 오른쪽 컬러스톱의 색상은 #FB9ADA로 설정한 후 오브젝트 내부 그레이디언트 선의 앵커 포인트를 드래그해 대각선 방향으로 조절한다.

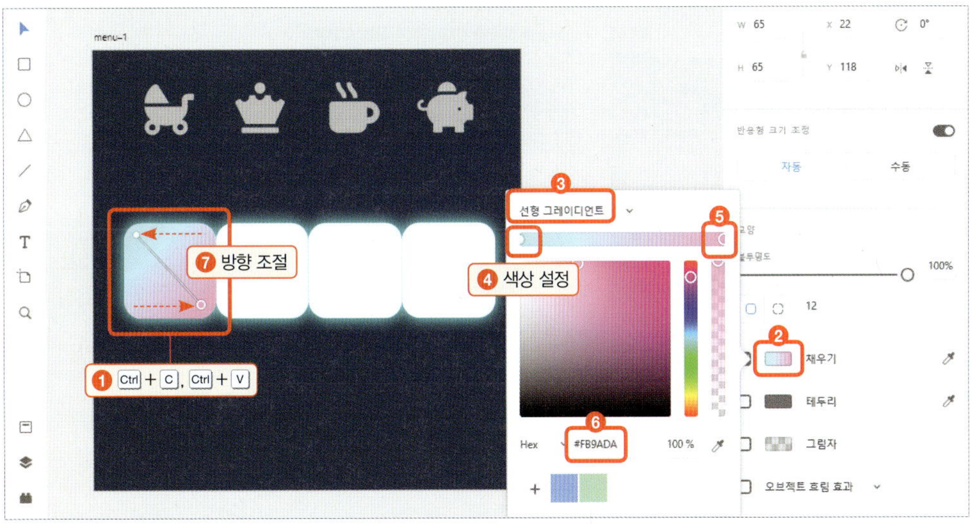

06 준비된 아이콘을 모두 선택하고 Ctrl+Shift+]를 눌러 맨 앞으로 가져온 후 오브젝트 안에 배치하고 첫 번째 아이콘의 색상을 흰색으로 변경한다.

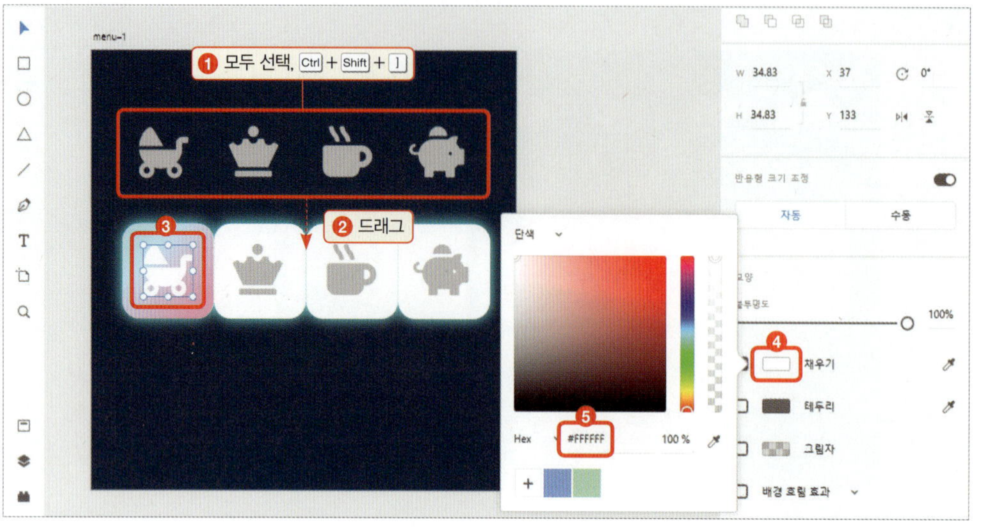

07 'menu-1' 아트보드의 이름 부분을 Alt를 누른 채 오른쪽으로 드래그해 복제한 후, 복제한 아트보드의 이름을 'menu-2'로 변경한다.

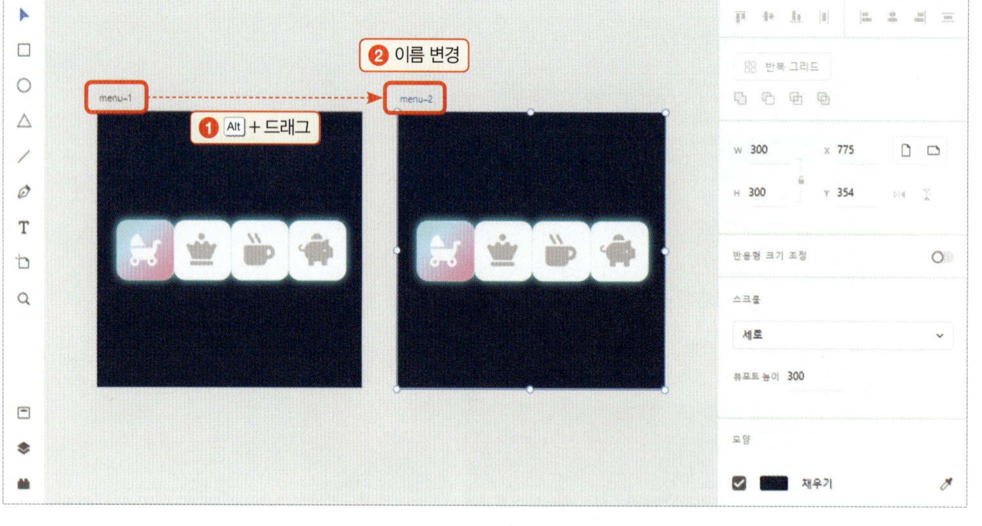

08 'menu-2' 아트보드에서 첫 번째 아이콘의 '채우기' 색상을 #BBBBBB로 변경하고 그레이디언트 사각형을 두 번째 아이콘 영역으로 이동시킨 후, 두 번째 아이콘의 '채우기' 색상을 #FFFFFF로 변경한다.

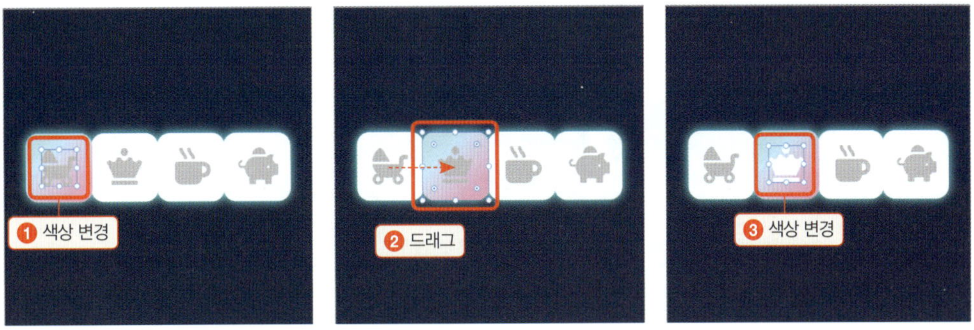

09 'menu-2' 아트보드를 두 개 복제하고 복제된 아트보드의 이름을 'menu-3'과 'menu-4'로 변경한다. **08**단계와 같은 방법으로 그레이디언트의 위치와 아이콘 색상을 변경한다.

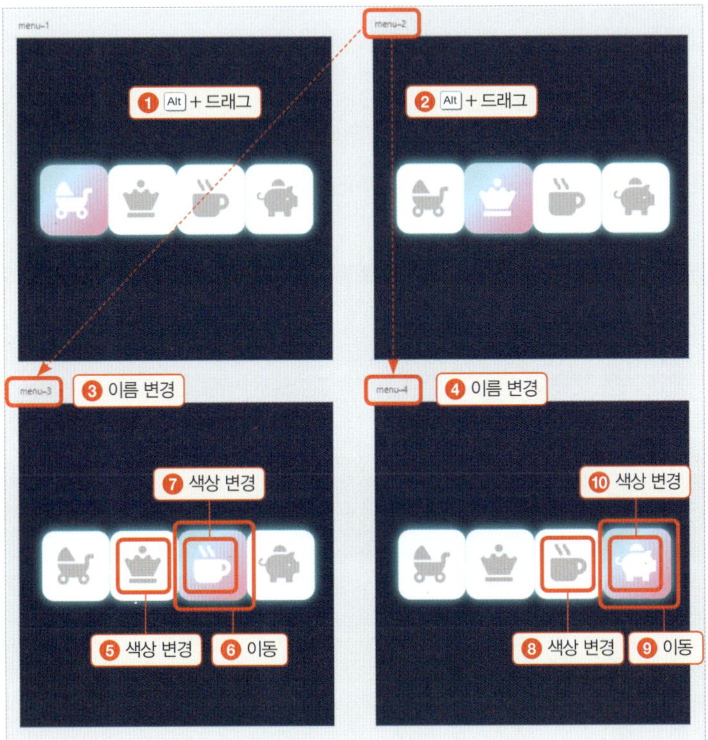

10 [프로로타입]을 클릭해 프로토타입 모드로 전환한다. 'menu-1' 아트보드에 있는 두 번째 아이콘의 인터랙션 연결 위젯을 'menu-2' 아트보드로 드래그해 연결한다. '인터랙션' 옵션의 '트리거'는 [탭], '액션'은 [자동 애니메이트], '이징 효과'는 [스냅], '재생 시간'은 [0.6초]로 설정한다.

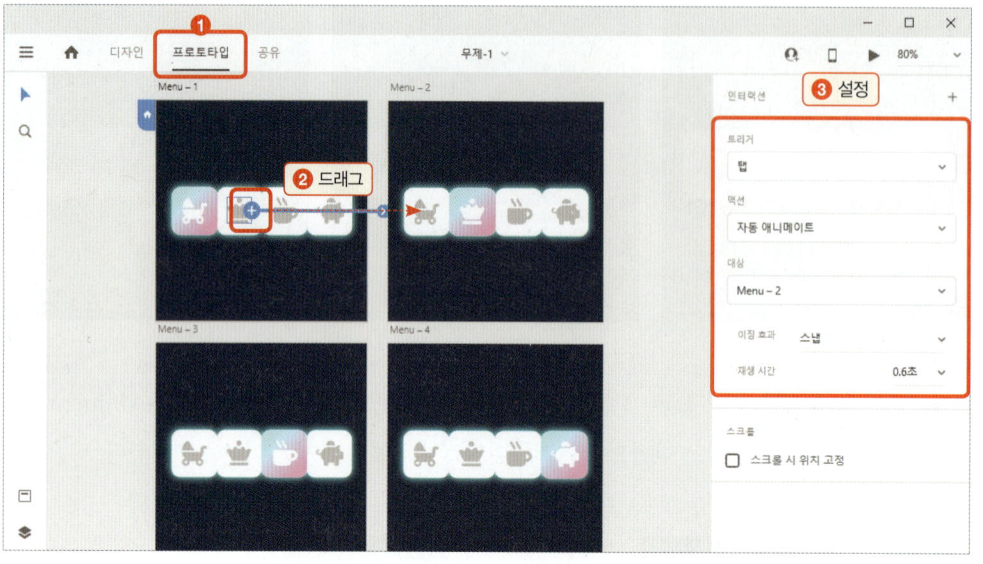

11 'menu-1'의 그레이디언트가 적용되지 않은 아이콘을 각각 해당 아이콘에 그레이디언트가 적용된 아트보드로 연결한다. 이때 옵션 값은 처음 지정한 값이 자동으로 적용된다.

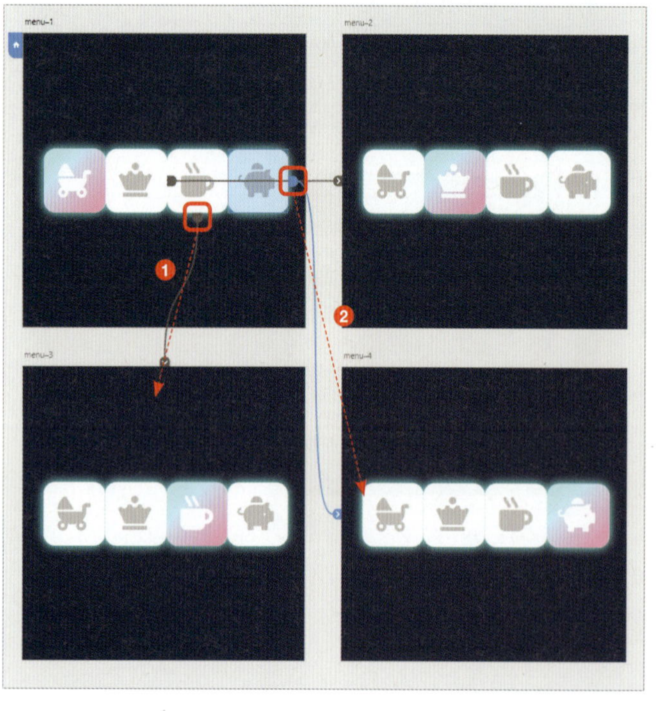

12 'menu-2' 아트보드에서 그레이디언트가 적용되지 않은 아이콘을 각각 해당 아이콘에 그레이디언트가 적용된 아트보드로 연결한다.

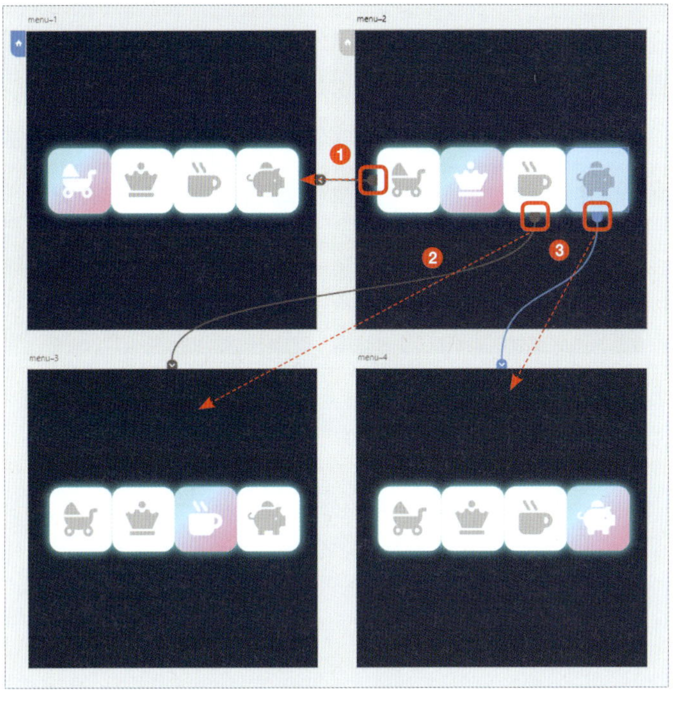

13 'menu-3' 아트보드와 'menu-4' 아트보드도 같은 방식으로 인터랙션 연결 위젯을 연결한다.

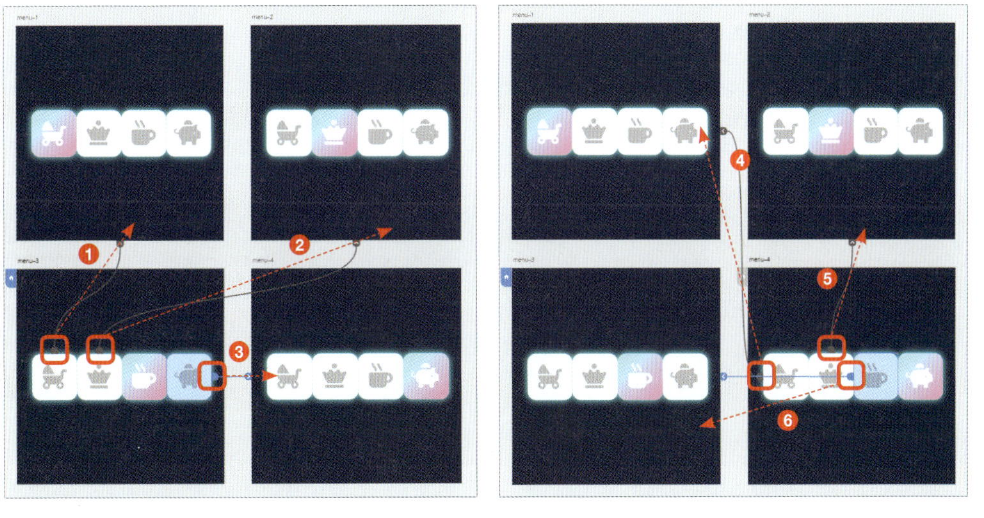

14 화면 오른쪽 상단의 '데스크탑 미리보기(▶)'를 클릭해 미리보기를 실행한다. 미리보기 창에서 아이콘을 클릭할 때마다 그레이디언트가 자연스럽게 이동하는 것을 확인할 수 있다.

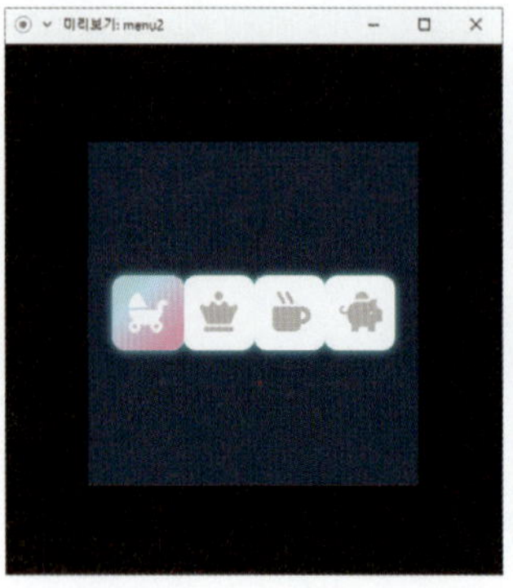

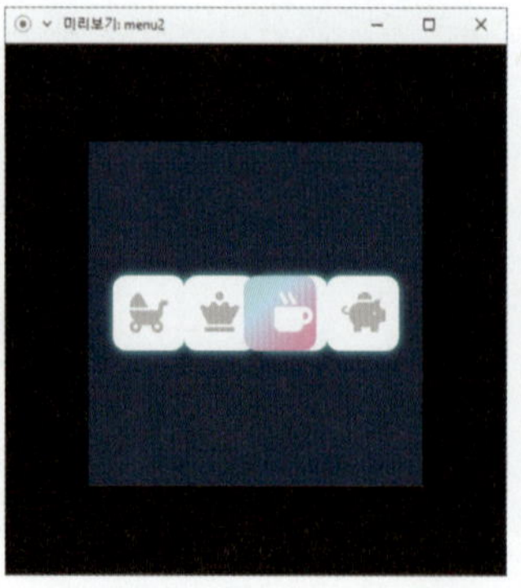

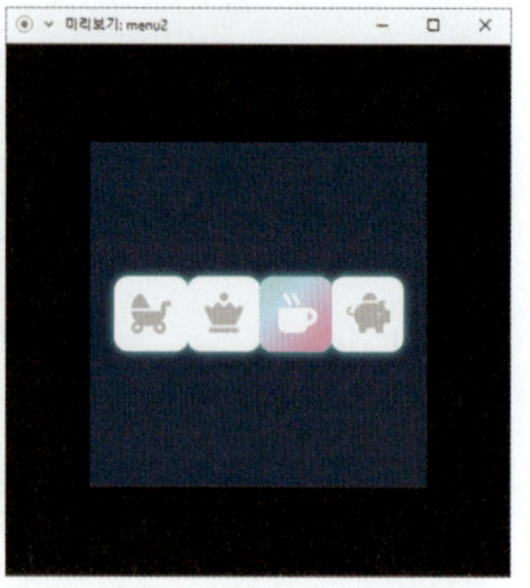

4
버튼 인터랙션을 위한 터치 애니메이션

완성 이미지

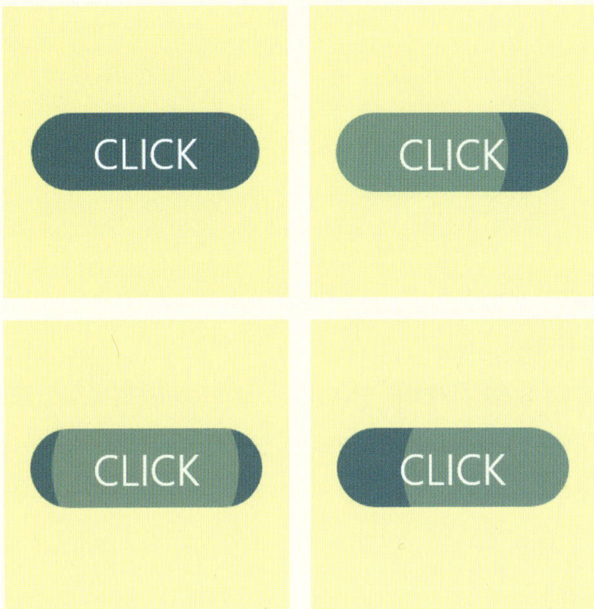

준비 파일 없음

완성 파일 button_result.xd

01 Adobe XD를 실행한 후 홈 화면에서 '사용자 정의 크기'의 옵션을 W는 300, H는 300으로 설정하고 아이콘을 클릭해 새 아트보드를 만든다.

02 선택 툴( )로 아트보드를 선택하고 '채우기' 색상을 #FFFC9C로 설정한다.

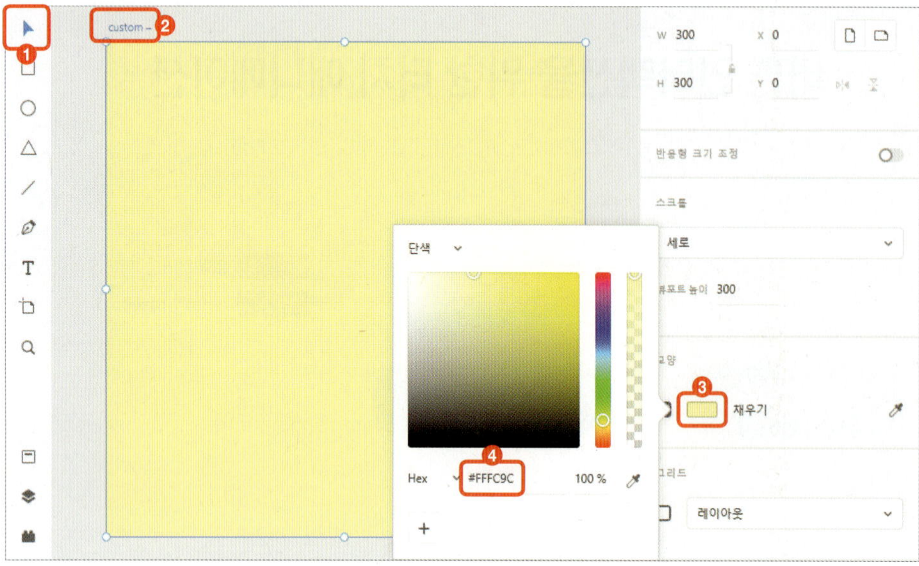

03 사각형 툴( )로 W는 240, H는 80인 사각형을 만든 후 오브젝트 내부 위젯을 안쪽으로 드래그해 모서리를 둥글게 만든다. '채우기' 색상을 #268188로 설정하고 '테두리'는 체크를 해제한다.

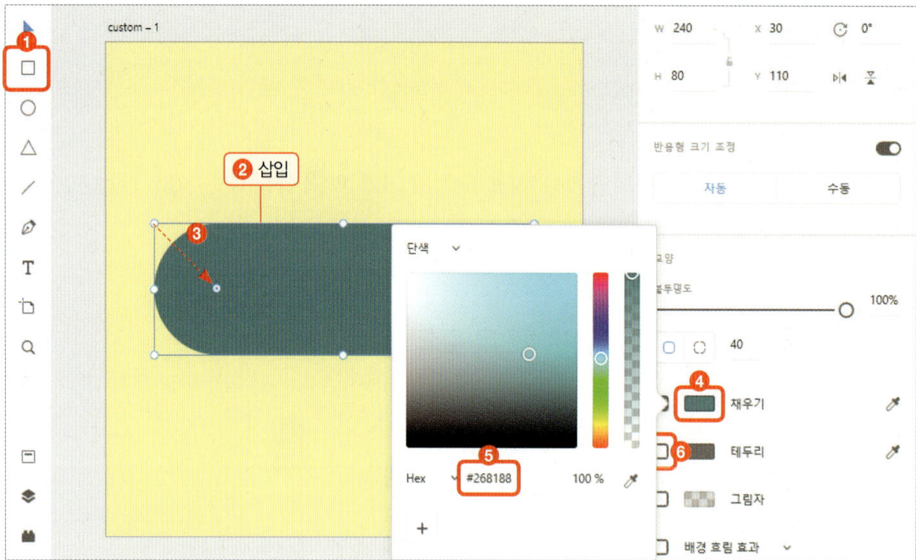

04 텍스트 툴(T)로 아트보드를 클릭해 'CLICK'을 입력하고, 텍스트의 글꼴은 Segoe UI, 크기는 44, 두께는 Semilight, '채우기' 색상은 #FFFFFF로 설정한다.

05 사각형 툴(□)로 W와 H가 80인 사각형을 그린다. 선택 툴(▸)로 Alt를 누른 채 왼쪽 상단과 하단의 위젯을 안쪽으로 드래그해 모서리를 둥글게 만들고 '테두리'의 체크를 해제한다.

Tip 옵션 창에서 '각 모퉁이에 대해 다른 반경(○)'을 클릭하고 변경할 모퉁이의 수치를 입력해도 된다.

06 오브젝트가 선택된 상태로 Ctrl+C를 눌러 복제하고 Ctrl+V를 눌러 붙여넣은 후 옵션 창에서 가로로 뒤집기( )를 클릭해 좌우 반전한 후 오른쪽 끝에 배치한다.

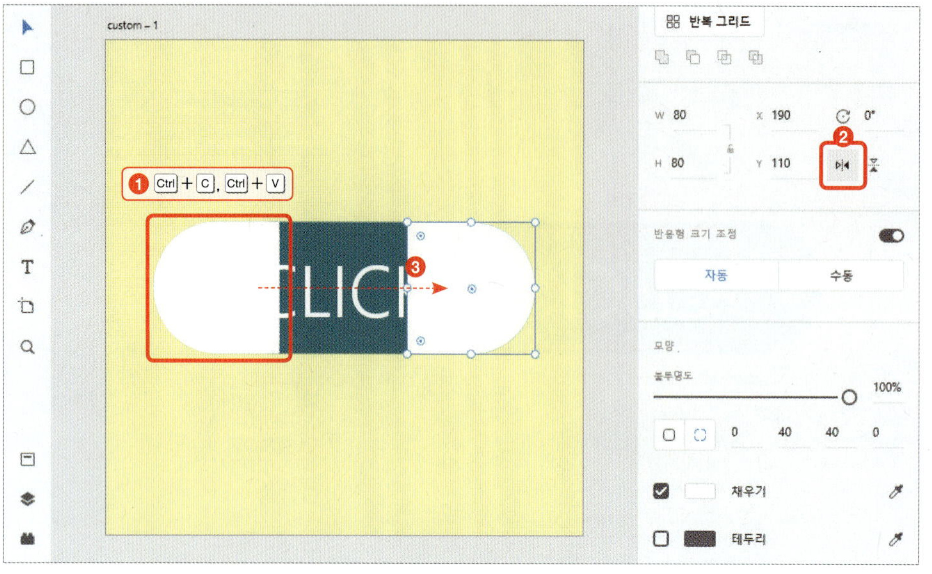

07 사각형 툴( )로 W와 H가 80인 사각형을 그려 중간에 배치하고 '테두리'의 체크를 해제한다.

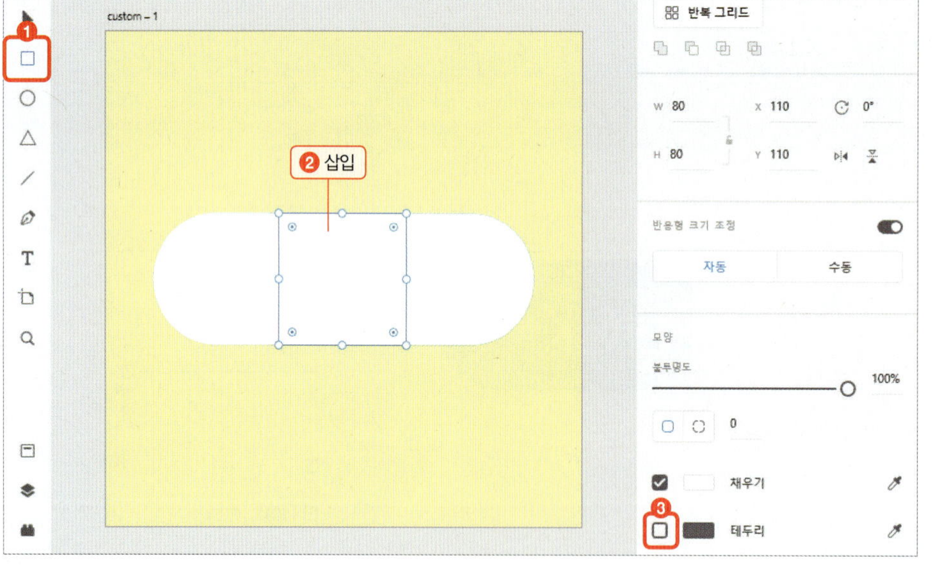

08 텍스트 오브젝트를 가리고 있는 오브젝트 세 개를 모두 선택하고 '불투명도'를 0%로 설정한다.

09 타원 툴( )로 작은 원을 버튼 왼쪽 가장자리에 걸쳐 그리고 선택 툴( )로 Alt 를 누른 채 드래그해 버튼 가운데와 오른쪽에 각각 복제해 배치한다. 원 세 개를 모두 선택하고 '채우기' 색상을 #FFFC9C로 변경한다. '테두리'의 체크는 해제하고 '불투명도'는 0%로 설정한다.

10 아트보드 이름을 'button-1'로 변경한다. 아트보드 세 개를 복제하고, 이름을 각각 'button-2', 'button-3', 'button-4'로 변경한다.

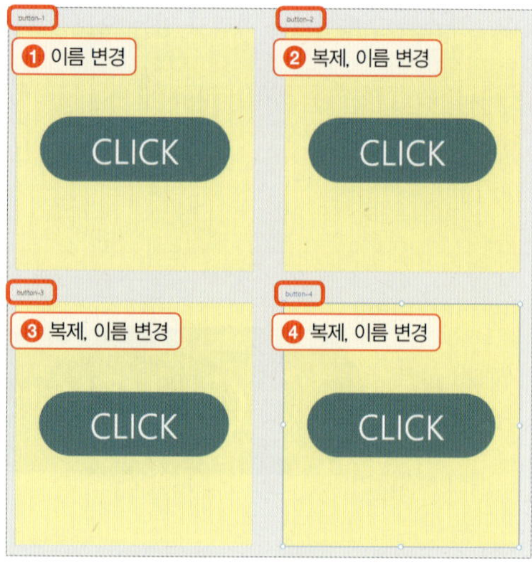

11 'button-2' 아트보드의 왼쪽에 있는 원을 선택한다. '불투명도'를 40%로 변경한 후 버튼 오브젝트를 모두 가릴 수 있도록 크기를 늘린다.

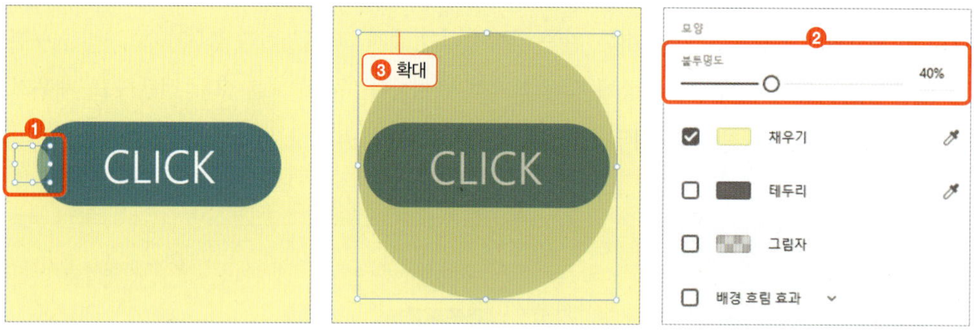

Tip 11단계의 두 번째 이미지에 보이는 원은 형태와 크기를 보여주고자 나타낸 것으로, 실제로는 배경색과 같기 때문에 형태는 보이지 않고 바운딩 박스만 나타난다.

12 'button-3' 아트박스의 가운데에 있는 원을 선택한다. '불투명도'를 40%로 변경한 후 버튼 오브젝트를 모두 가릴 수 있도록 크기를 늘린다.

13 'button-4' 아트박스의 오른쪽에 있는 원을 선택한다. '불투명도'를 40%로 변경한 후 버튼 오브젝트를 모두 가릴 수 있도록 크기를 늘린다.

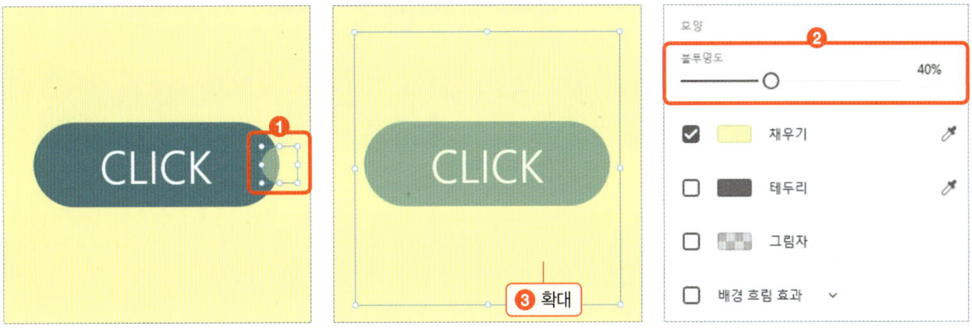

14 [프로토타입]을 클릭해 프로토타입 모드로 전환한다. 'button-1' 아트보드에서 처음 만들었던 왼쪽 투명 영역을 선택해 인터랙션 연결 위젯을 'button-2' 아트보드로 연결한다. '인터랙션' 옵션에서 '트리거'는 [탭], '액션'은 [자동 애니메이트], '이징 효과'는 [서서히 끝내기], '재생 시간'은 [0.6초]로 설정한다.

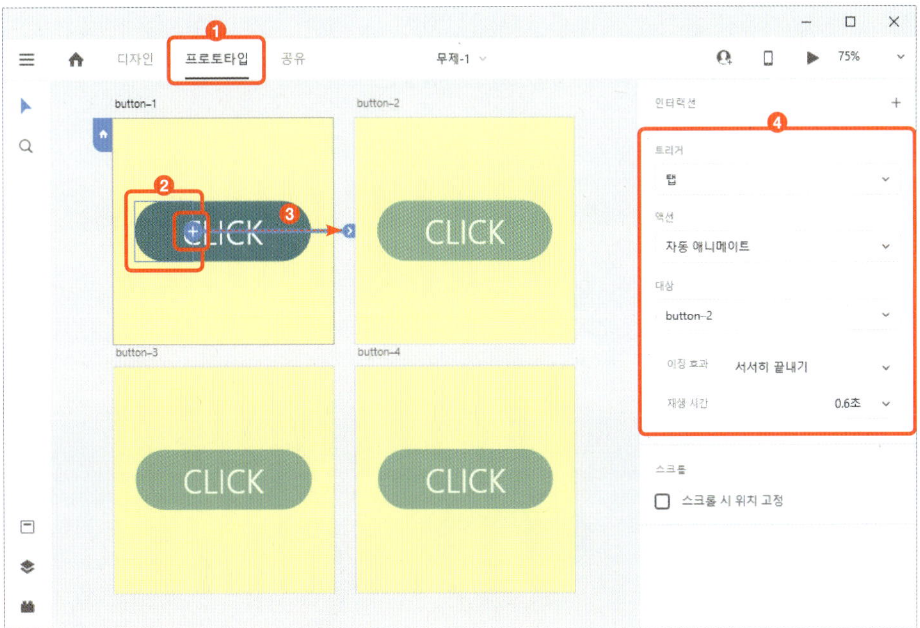

15 'button-1' 아트박스의 중간 투명 영역과 오른쪽 투명 영역의 인터랙션 연결 위젯은 각각 'button-3' 아트보드와 'button-4' 아트보드로 연결한다.

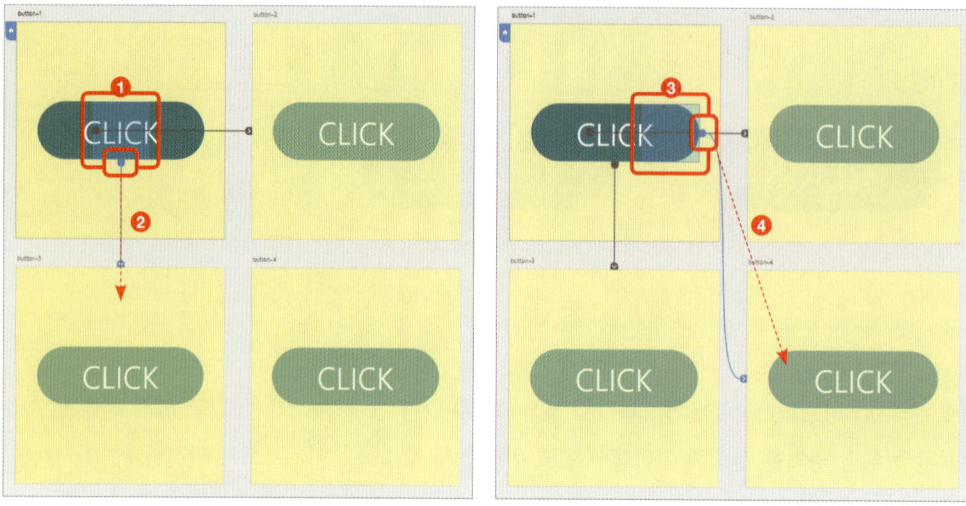

16 'button-2' 아트보드를 선택하고 아트보드의 인터랙션 연결 위젯을 'button-1' 아트보드로 연결한다. 이때 '인터랙션' 옵션의 '트리거'는 [시간], '액션'은 [전환], '애니메이션'은 [디졸브], '이징 효과'는 [서서히 끝내기], '재생 시간'은 [0.2초]로 설정한다.

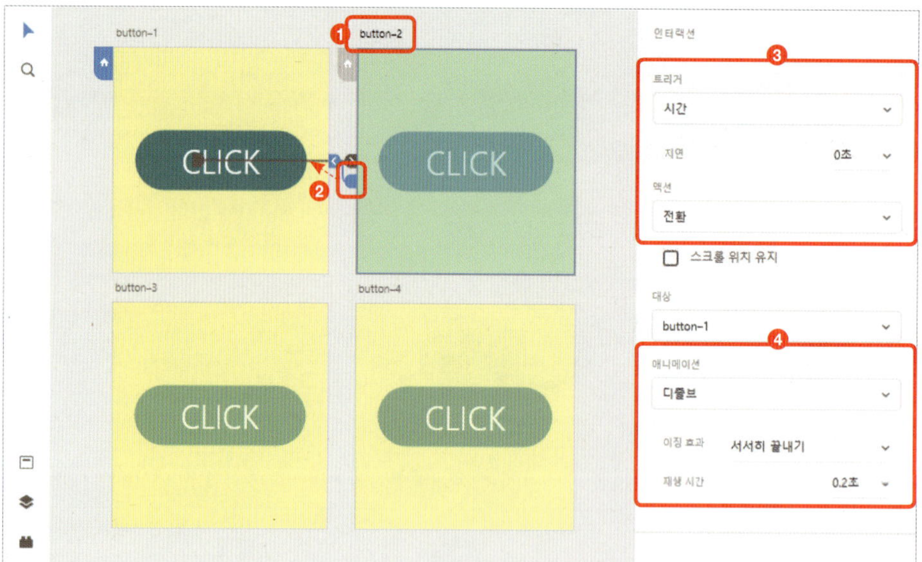

17 'button-3' 아트보드와 'button-4' 아트보드의 인터랙션 연결 위젯은 모두 'button-1' 아트보드로 연결한다.

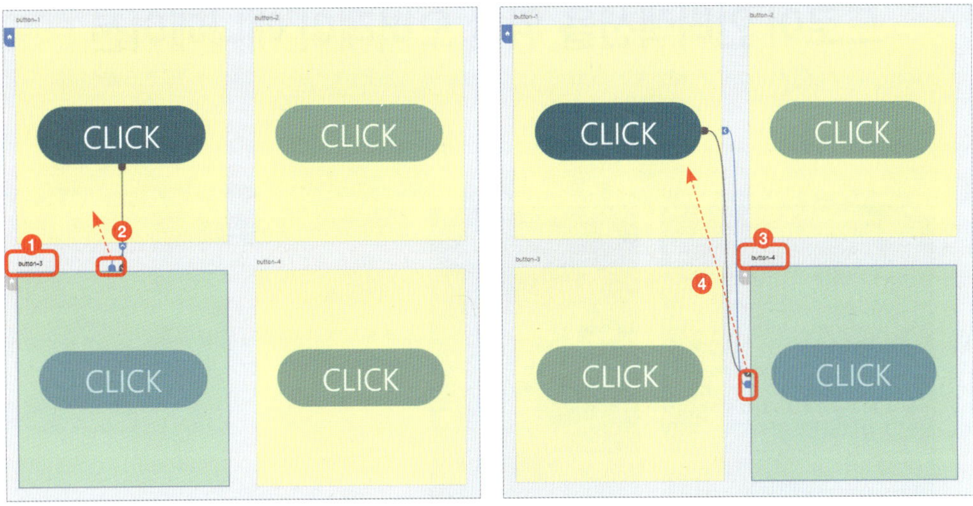

18 화면 오른쪽 상단의 '데스크탑 미리보기(▶)'를 클릭해 미리보기를 실행한다. 미리보기 창에서 아이콘을 클릭하는 지점에 따라 애니메이션의 움직임이 달라지는 것을 확인할 수 있다.

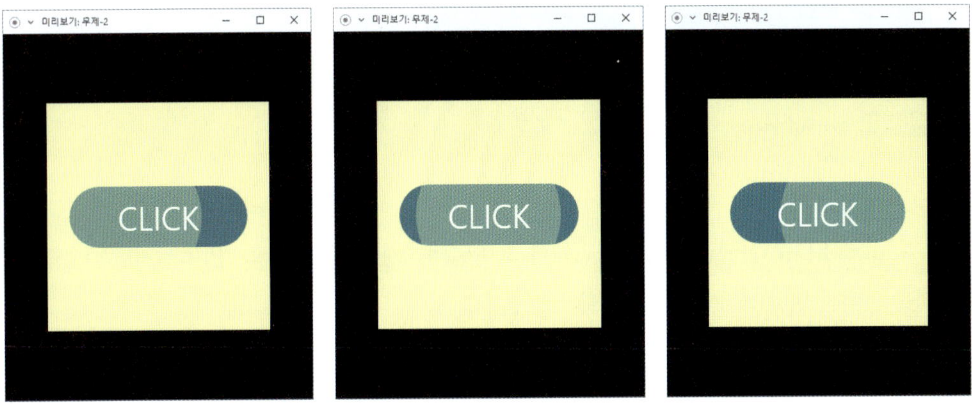

5
드로어 인터랙션을 위한 오버레이 애니메이션

완성 이미지

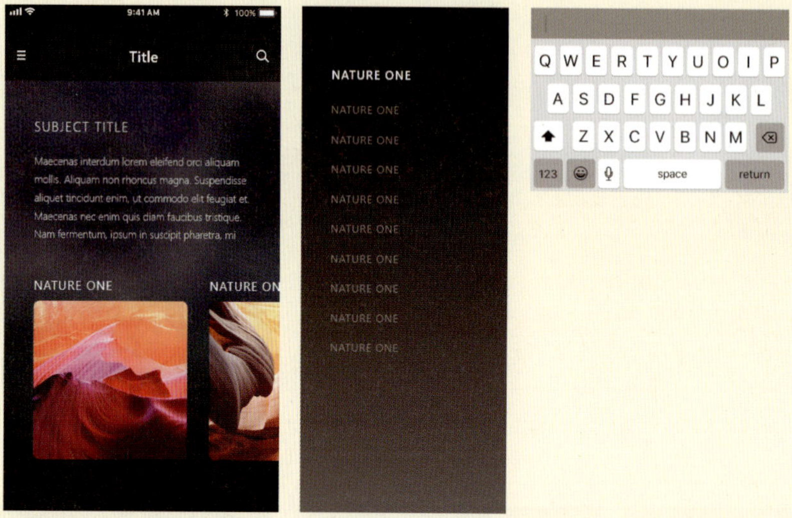

준비 파일 overlay.xd, img1.jpg, nature1.jpg, nature2.jpg

완성 파일 overlay_result.xd

01 Adobe XD를 실행한 후 홈 화면에서 모바일의 목록을 클릭하고 'iPhone 6/7/8(375×667)'을 선택해 해당 크기의 아트보드를 생성한다.

02 [Chapter_05 ▸ Section_05 ▸ images] 폴더에서 'img1.jpg' 파일을 아트보드로 드래그해 가져온 후 아트보드에 딱 맞도록 크기를 조정한다.

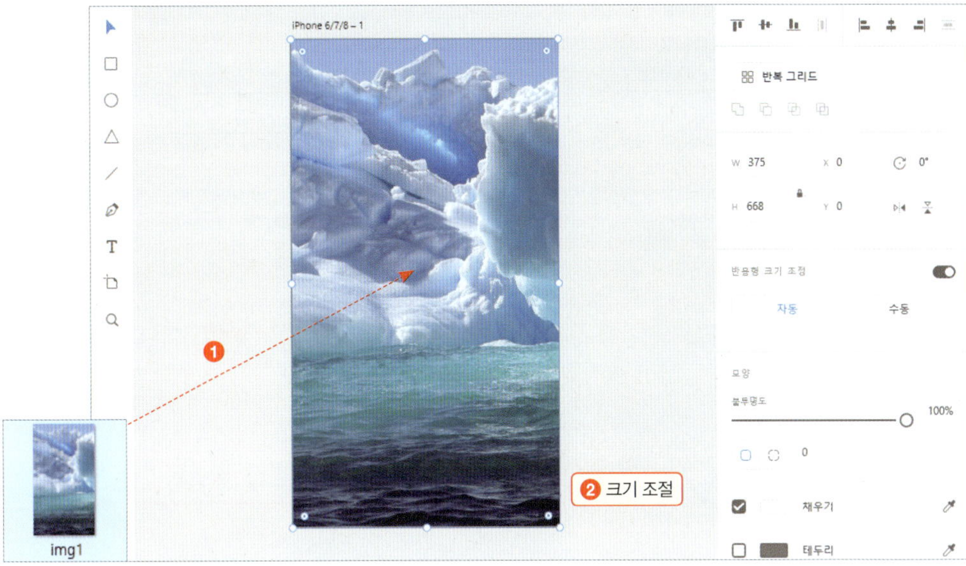

03 사각형 툴(□)로 아트보드 너비와 높이에 딱 맞는 사각형 오브젝트를 만든 후 '채우기' 색상은 #000000, 투명도는 50%로 설정하고, '테두리'의 체크를 해제한다.

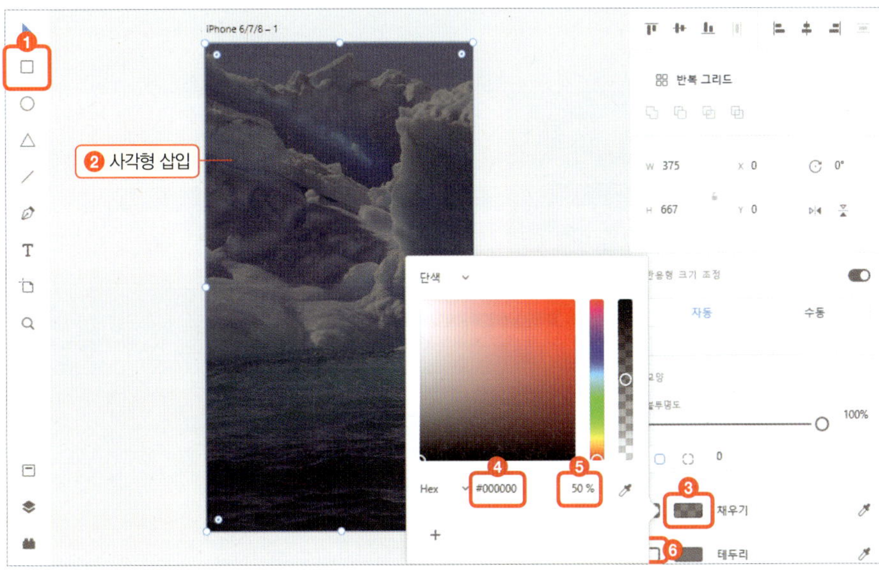

04 사각형 오브젝트가 선택된 상태로 옵션 창에서 [배경 흐림 효과]를 선택하고 '정도'는 20, '밝기'는 -30, '불투명도'는 90%로 설정해 화면을 조금 더 어둡게 만든다.

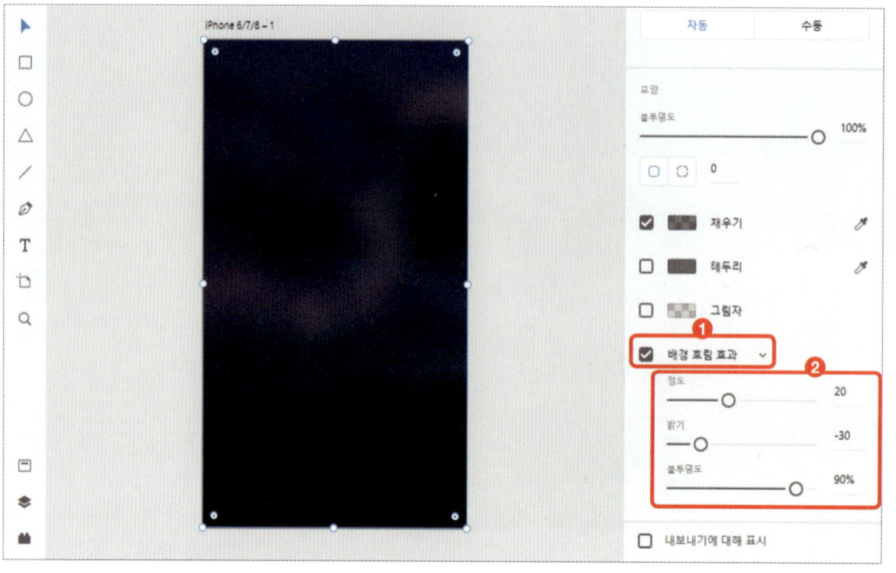

05 사각형 툴(□)로 W는 375, H는 100인 사각형을 만들고 '테두리'의 체크를 해제한다. '채우기'의 색상 패널에서 옵션을 [선형 그레이디언트]로 변경하고 좌우 컬러스톱의 색상을 모두 #000000으로 설정한 후 오른쪽 컬러스톱의 투명도를 50%로 변경한다.

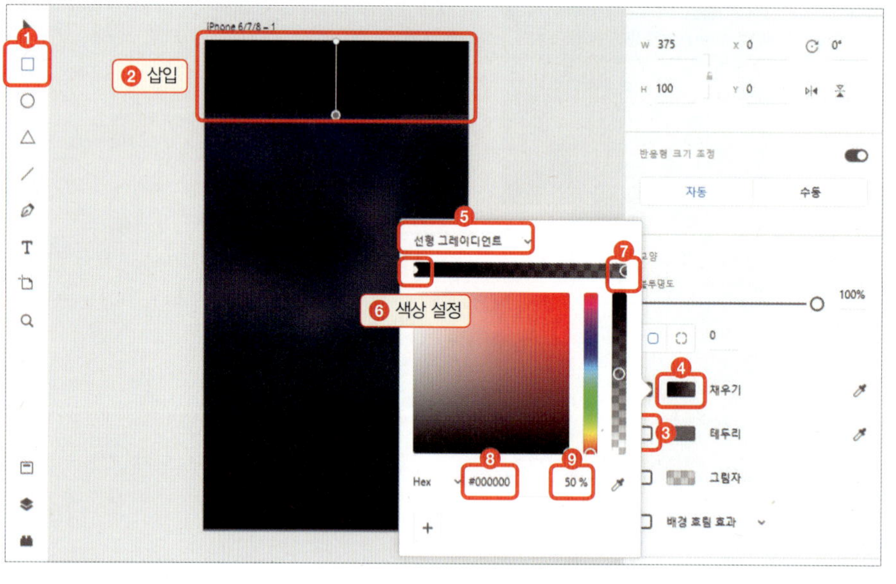

06 예제소스가 있는 [resource ▸ iOS ▸ UI Elements+Design Templates+Guides] 폴더에서 'UIElements+DesignTemplates+Guides-iPhone8.xd' 파일을 연 후 'Parent View-Dark' 아트보드에서 상태 바를 선택하고 Ctrl+C를 누른다.

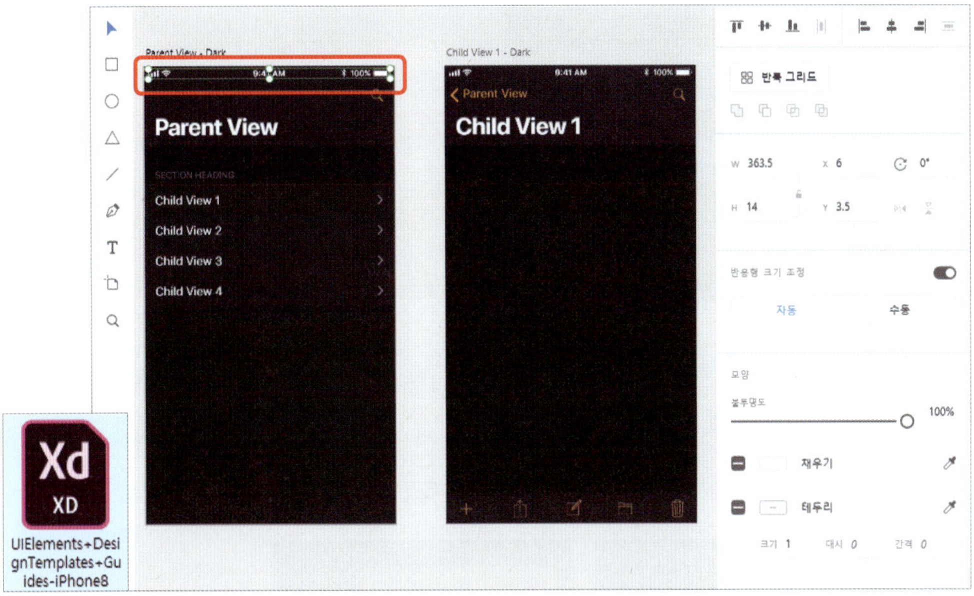

하나 더 알기 UI 키트 받기

화면 왼쪽 상단의 목록 버튼(≡)를 클릭하고 [UI 키트 받기]-[Apple iOS]를 선택하면 애플의 리소스 다운로드 페이지로 연결되어 iOS UI 키트를 다운로드할 수 있다. 최근 iOS의 리소스는 확장자가 모두 dmg인데, 이 파일은 zip7 소프트웨어로만 압축을 해제할 수 있다. 따라서 zip7으로 압축을 풀어 사용하거나, 예제소스의 [resource] 폴더에서 압축을 풀어놓은 XD 파일을 찾아 사용하면 된다. UI 키트를 통해 손쉽게 기본 크기와 위치를 알 수 있으며 원하는 구성 요소를 복제해 사용할 수 있다.

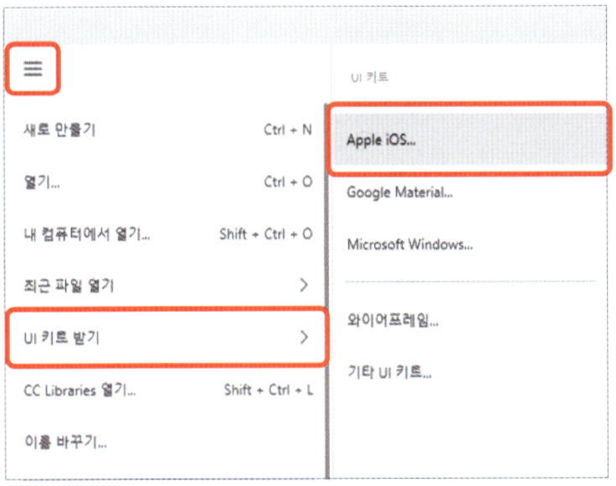

07 작업 중인 아트보드로 돌아와 Ctrl+V를 눌러 상태 바를 화면 상단에 배치한다.

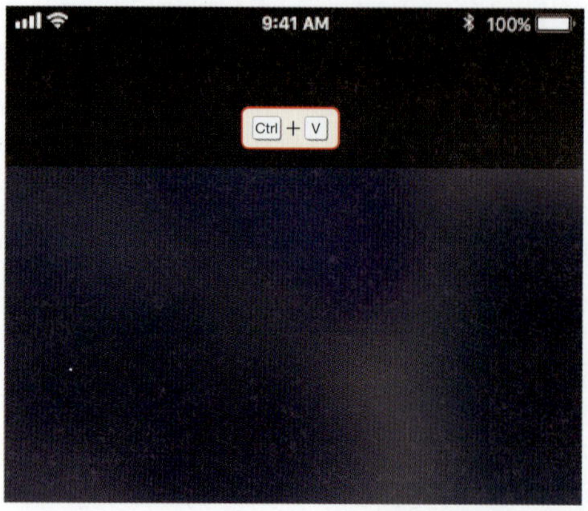

Tip [Chapter_05 ▶ Section_05] 폴더에서 'overlay.xd' 파일을 찾아 활용하면 더 편리하다.

08 사각형 툴(□)로 W는 12, H는 2인 사각형을 만들고 옵션 창에서 '테두리'의 체크를 해제한다. 선택 툴(▸)로 오브젝트를 선택하고 Alt를 누른 채 아래로 드래그해 두 개를 복제한다. 오브젝트 세 개를 모두 선택하고 Ctrl+G를 눌러 그룹으로 만든다.

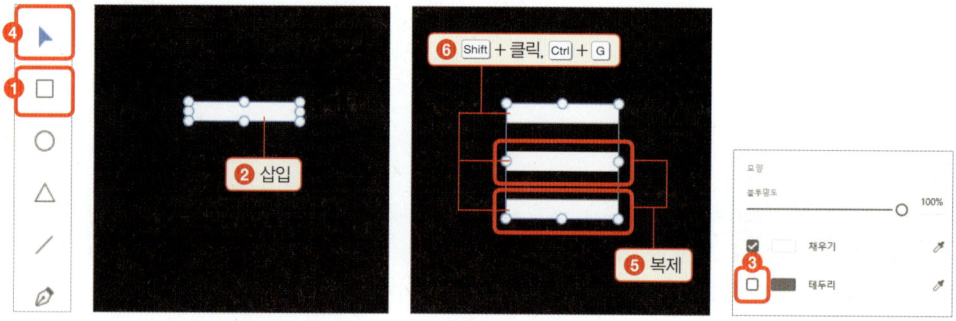

09 타원 툴(○)로 W와 H가 14인 원을 하나 그린 후 '채우기'의 체크를 해제한다. '테두리'의 색상을 #FFFFFF로 변경한 후 '테두리'의 '크기'를 2로 지정한다.

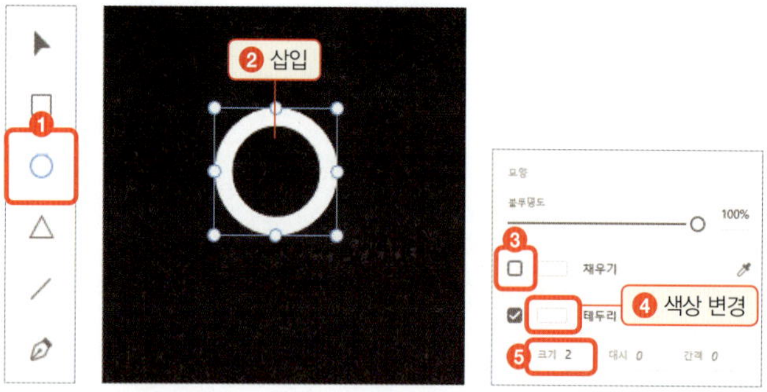

10 사각형 툴(□)로 W는 8, H는 2인 사각형 오브젝트를 만든 후 45° 회전시키고 원의 오른쪽 아래에 배치해 검색 아이콘을 만든다. 선택 툴(▸)로 오브젝트 두 개를 함께 선택하고 Ctrl + G 를 눌러 그룹으로 만든다.

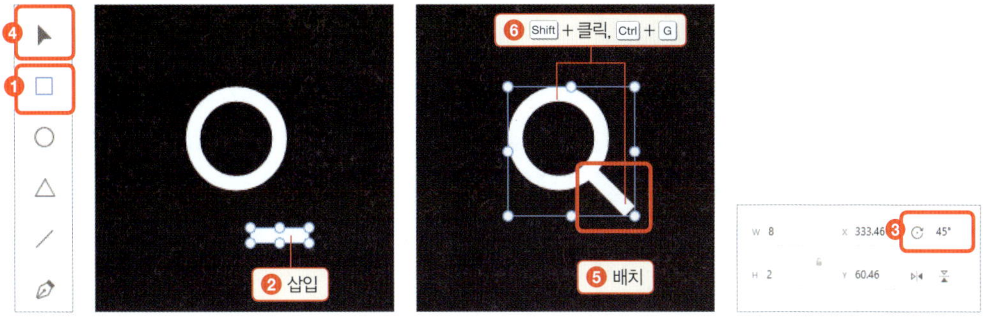

11 목록 아이콘과 검색 아이콘을 상태 바 아래 왼쪽과 오른쪽에 각각 배치한다. 텍스트 툴(T)로 아트보드를 클릭하고 'Title'이라고 입력한 후 목록 아이콘과 검색 아이콘의 가운데에 배치한다.

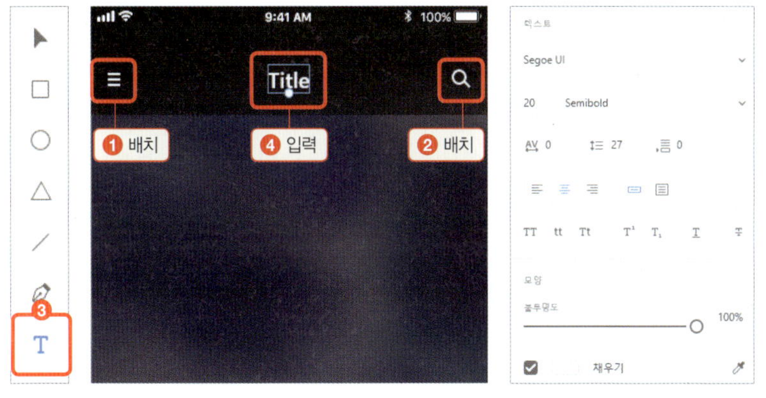

12 텍스트 툴(T)로 아트보드를 클릭해 타이틀 제목 텍스트인 'SUBJECT TITLE'을 입력한다. 다시 텍스트 툴(T)로 아트보드 영역을 드래그해 타이틀 설명 텍스트를 입력한다. 이때 좌우 여백은 40으로 지정하고 설명 텍스트는 제목 텍스트보다 조금 작게 설정한다.

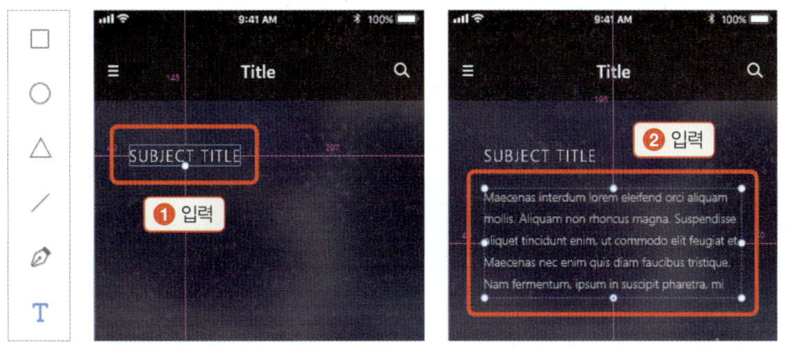

Tip 설명 텍스트는 임의로 자유롭게 입력한다.

13 텍스트 툴(T)로 사진의 제목 텍스트인 'NATURE ONE'을 입력한다. 사각형 툴(□)로 W와 H가 각각 210인 사각형을 만든 후 '테두리'의 체크를 해제하고 '모든 모퉁이에 대해 동일한 반경(▢)' 값을 8로 설정한다.

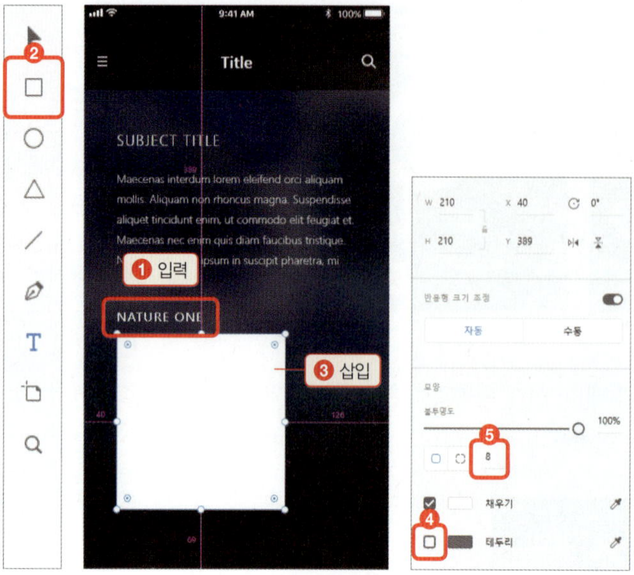

14 [Chapter_05 ▸ Section_05 ▸ images] 폴더에서 'nature1.jpg' 파일을 아트보드의 사각형 오브젝트 내부로 드래그해 이미지를 배치한다.

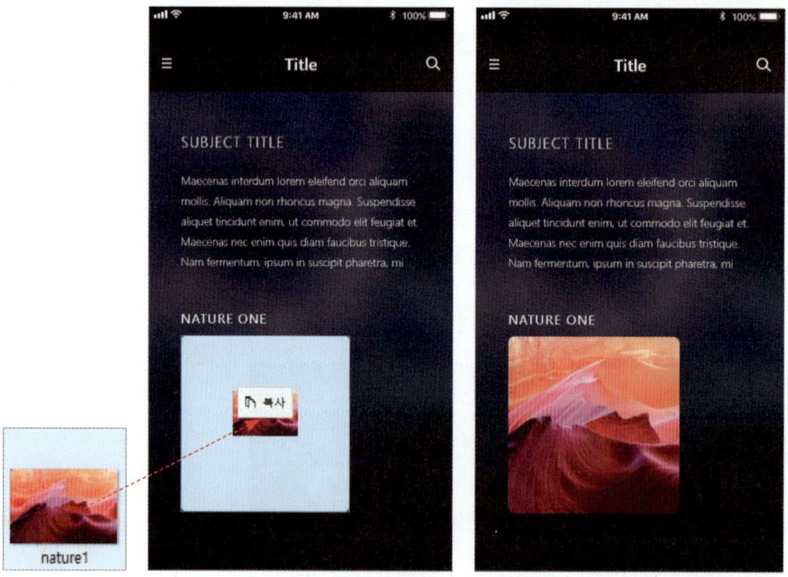

15 선택 툴(▸)로 텍스트와 이미지 상자를 동시에 선택하고 Alt 를 누른 채 오른쪽으로 드래그해 복제한 후 [Chapter_05 ▸ Section_05 ▸ images] 폴더에서 'nature2.jpg' 파일을 두 번째 사각형으로 드래그해 이미지를 변경한다.

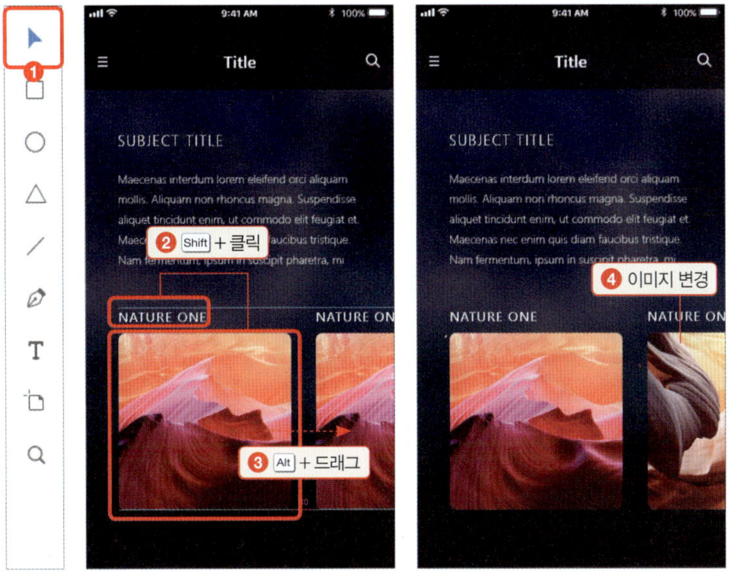

16 아트보드 툴( )을 선택하고 옵션 창에서 [iPhone 6/7/8]을 선택해 새 아트보드를 만든 후, 아트보드의 이름을 각각 'Overlay-1', 'Overlay-2'로 변경한다.

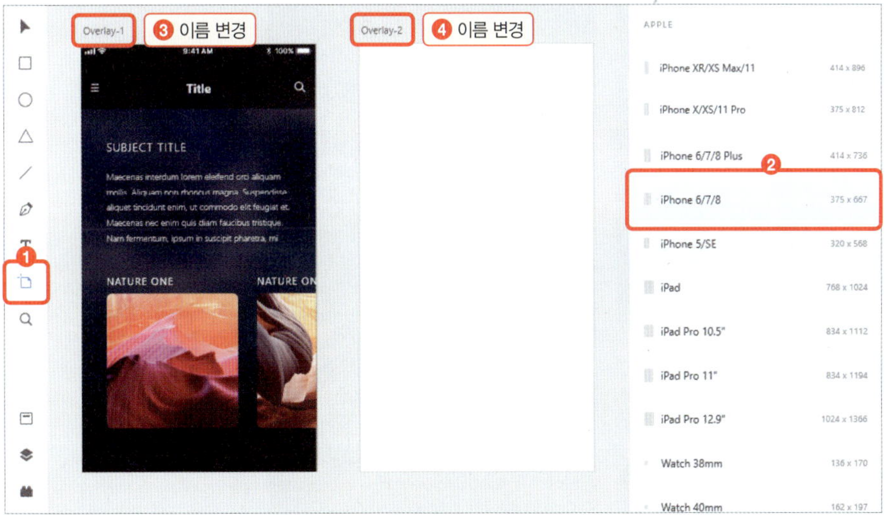

17 선택 툴( ) 'Overlay-2' 아트보드를 선택하고 W를 280으로 변경한 후 '채우기'의 체크를 해제한다.

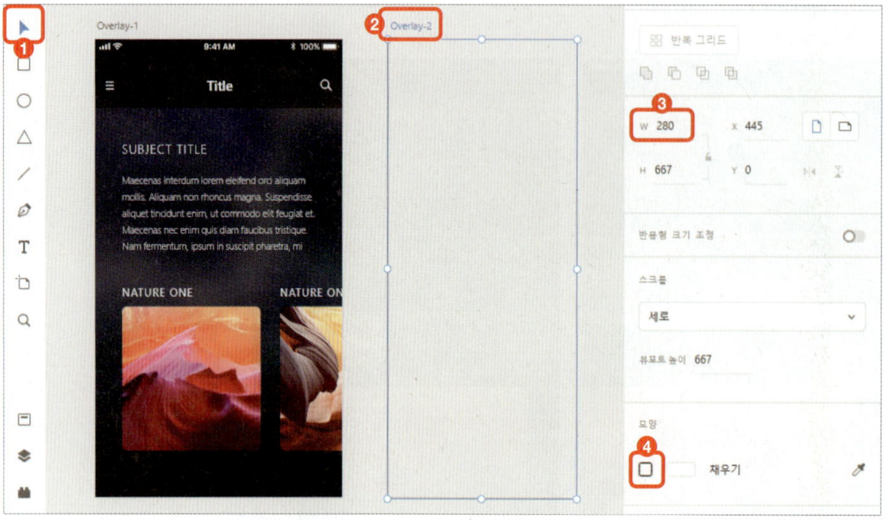

하나 더 알기 아트보드의 채우기 없음과 있음

아트보드의 채우기가 없는 상태와 채우기가 있는 상태에서 오버레이 액션을 적용하면 각각 투명 영역과 불투명 영역으로 달라진다. 필요에 따라 활용하면 된다.

[채우기 없음]

[채우기 있음]

18 'Overlay-2' 아트보드에 사각형 툴(□)로 W는 280, H는 667인 사각형을 만들고 '테두리'의 체크를 해제한다. '채우기' 색상 패널을 열어 [선형 그레이디언트]를 선택하고, 좌우 컬러스톱의 색상은 모두 #000000, 오른쪽 컬러스톱의 투명도는 60%로 변경한다.

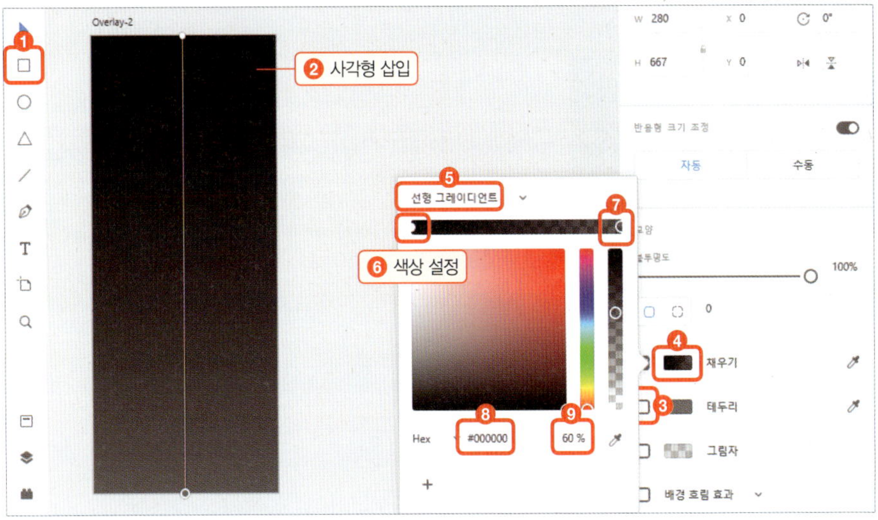

19 텍스트 툴(T)로 제목 텍스트 'NATURE ONE'을 입력한다. 다시 텍스트 툴(T)로 그 아래에 'NATURE ONE'을 입력하고 옵션 창에서 [반복 그리드]를 클릭해 텍스트 오브젝트를 반복 그리드로 만든 후 하단 앵커 포인트를 아래로 드래그해 텍스트가 9줄이 되도록 한다.

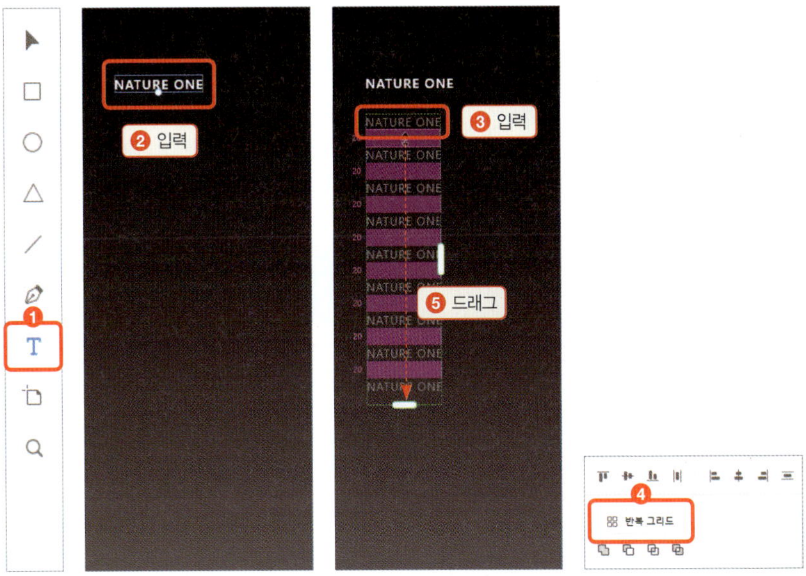

20 아트보드 툴(□)을 선택하고 화면의 빈 영역에서 드래그해 새 아트보드를 추가한다. 아트보드의 W는 375, H는 260으로 변경하고 '채우기'의 체크를 해제한다.

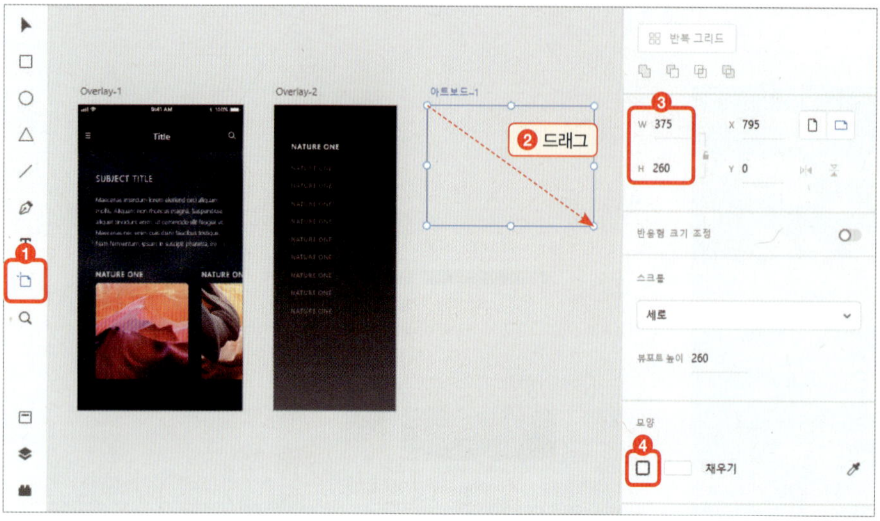

21 [Chapter_05 ▸ Section_05] 폴더에서 'overlay.xd' 파일을 열고 키보드 오브젝트를 복제해 새 아트보드 하단에 붙여넣는다. 사각형 툴(□)로 키보드 오브젝트 위에 사각형을 그린 후 '채우기' 색상은 #000000, '불투명도'는 40%로 설정한다.

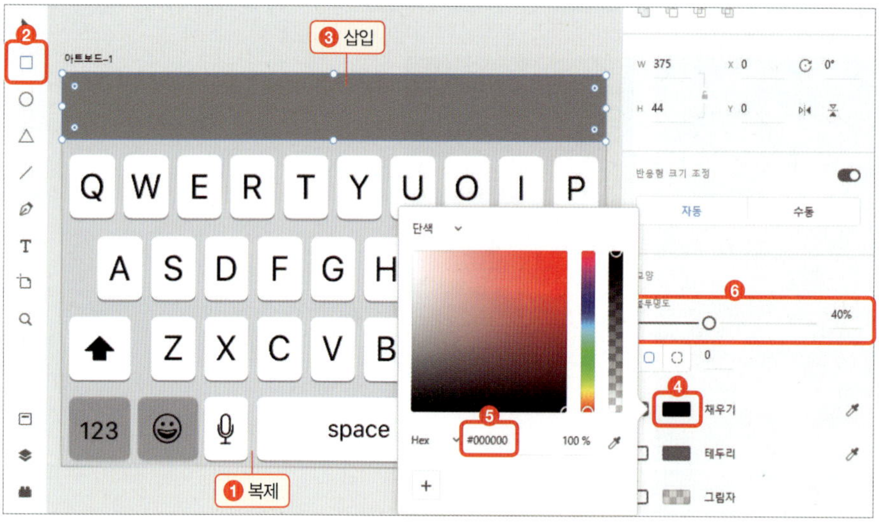

22 선 툴( )로 사각형 내부에 H가 24인 수직선을 그리고, 옵션 창에서 '테두리'의 색상은 #707070, '크기'는 2로 설정해 커서 형태로 만든다.

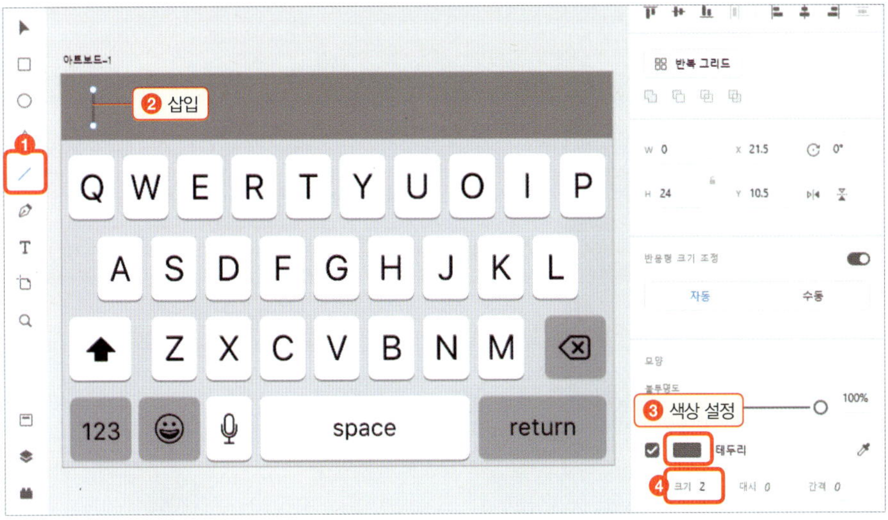

23 [프로토타입]을 클릭해 프로토타입 모드로 전환한다. 'Overlay-1' 아트보드의 목록 아이콘을 선택해 인터랙션 연결 위젯을 'Overlay-2' 아트보드로 연결한다. 옵션 창의 '인터랙션' 옵션에서 '트리거'는 [탭], '액션'은 [오버레이], '애니메이션'은 [오른쪽으로 슬라이드], '이징 효과'는 [서서히 끝내기], '재생 시간'은 [0.6초]로 설정한다.

Tip '액션'을 [오버레이]로 설정하면 'Overlay-2' 아트보드의 크기가 'Overlay-1' 아트보드에 초록색 상자 형태로 표시된다. 이때 '애니메이션' 옵션을 [왼쪽으로 슬라이드]로 변경하면 초록색 상자가 오른쪽에 정렬된다.

24 ‘Overlay-1’ 아트보드의 검색 아이콘을 선택하고 인터랙션 연결 위젯을 ‘아트보드-1’ 아트보드로 연결한다. 다른 옵션은 그대로 두고 ‘애니메이션’만 [위로 슬라이드]로 변경한다.

25 ‘데스크탑 미리보기(▶)’를 클릭해 미리보기를 실행한다. 미리보기 창에서 목록 아이콘을 클릭하면 아트보드 왼쪽에서 드로어가 나타나고, 드로어가 없는 부분을 클릭하면 드로어가 다시 아트보드 왼쪽 바깥으로 밀려 사라진다. 검색 아이콘을 클릭하면 키보드가 아래에서 위로 슬라이드되어 올라오고, 키보드가 없는 부분을 클릭하면 다시 아래로 슬라이드되어 사라진다.

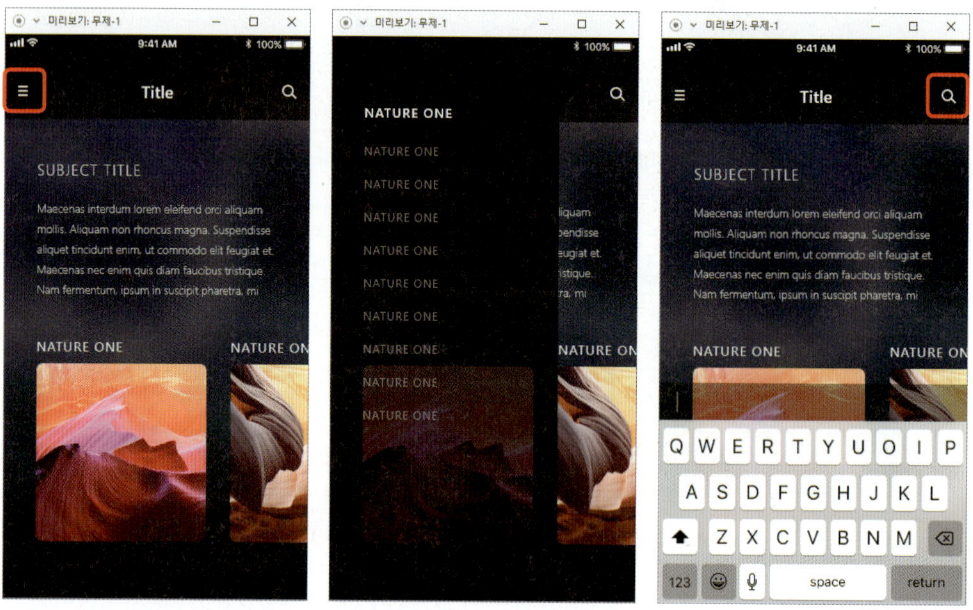

Chapter 06
드래그 인터랙션과 보이스 인터랙션

1

좌우 스크롤링 인터랙션

완성 이미지

준비 파일 mt1.jpg~mt4.jpg

완성 파일 drag_result.xd

01 Adobe XD를 실행한 후 홈 화면에서 '사용자 정의 크기'의 옵션을 W는 300, H는 300으로 설정한 후 아이콘을 클릭해 새 아트보드를 만든다.

02 아트보드의 '채우기' 색상을 #AFC174로 설정한다.

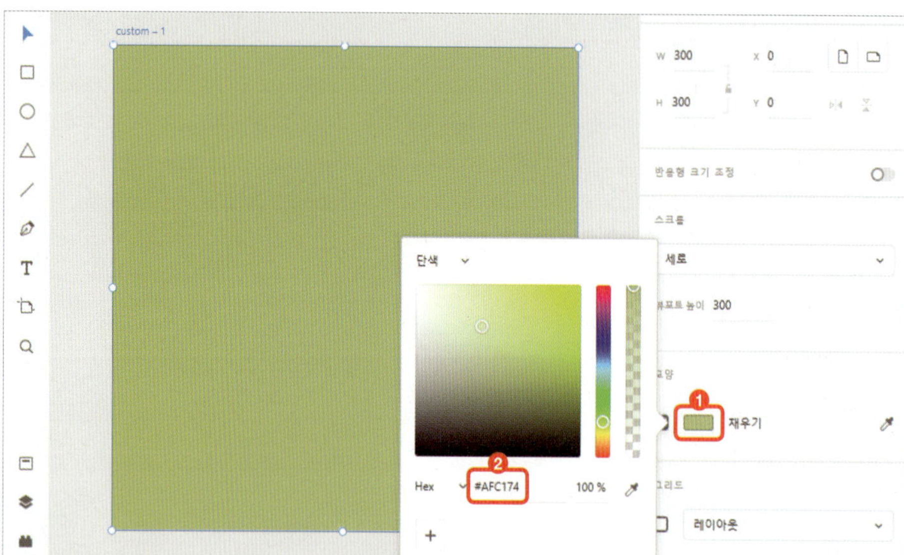

03 사각형 툴(□)로 W는 180, H는 140인 사각형을 만들고 '모든 모퉁이에 대해 동일한 반경(□)' 값을 12로 변경한다.

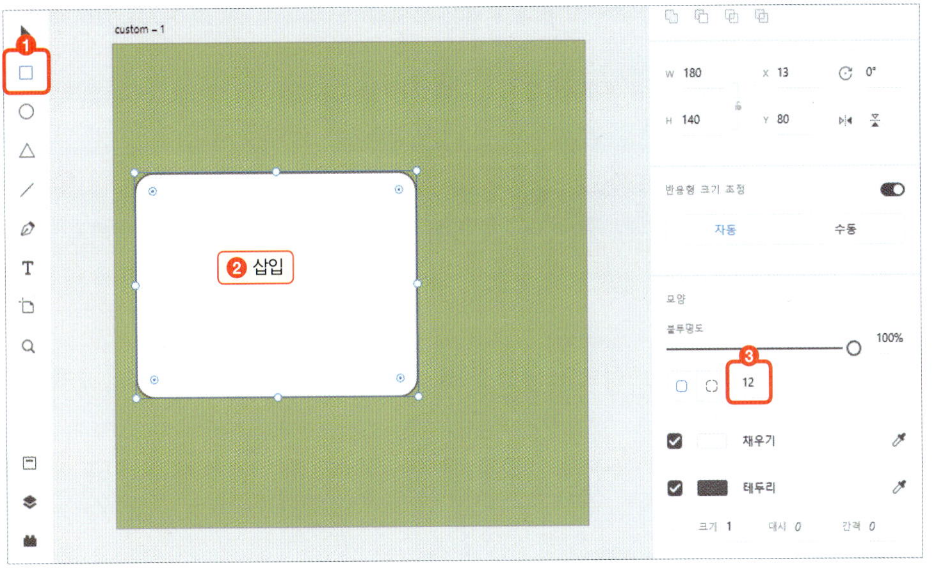

04 옵션 창에서 [반복 그리드]를 클릭해 사각형 오브젝트를 반복 그리드로 변경하고 오른쪽 앵커 포인트를 드래그해 오브젝트 세 개를 더 생성한 후 간격을 20으로 조절한다.

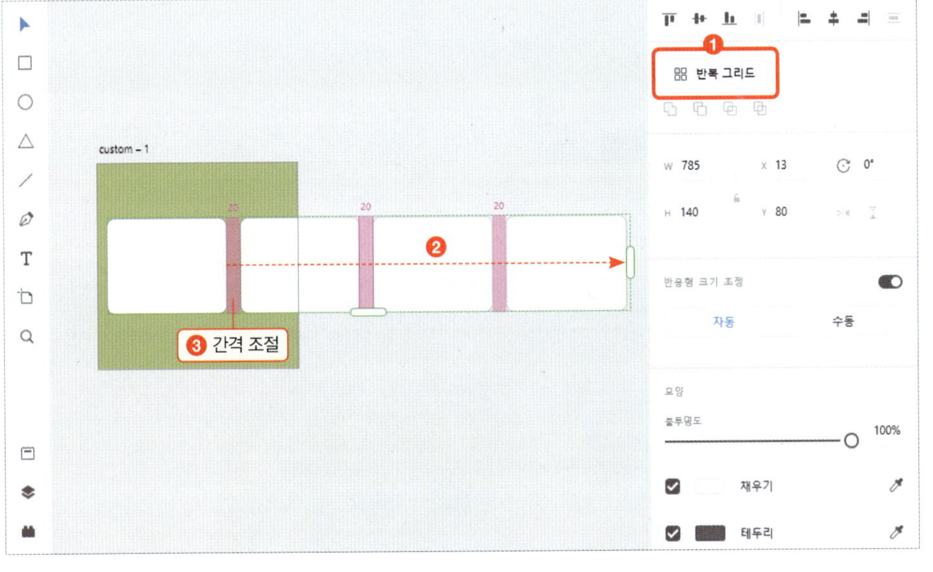

Tip [반복 그리드]를 클릭하면 버튼 이름이 [그리드 그룹 해제]로 전환된다. 예시 화면은 실습의 편의를 위해 [반복 그리드]로 구성한 것이다.

05 윈도의 파일 탐색기에서 예제소스가 있는 [Chapter_06 ▸ Section_01 ▸ images] 폴더를 열고 'mt1.jpg', 'mt2.jpg', 'mt3.jpg', 'mt4.jpg' 파일을 동시에 선택해 아트보드의 사각형 오브젝트로 드래그하면 각 이미지가 오브젝트마다 삽입된다.

06 선택 툴(▸)로 'custom–1' 아트보드의 이름을 선택하고 Alt 를 누른 채 아래로 드래그해 'custom–2' 아트보드를 만든다.

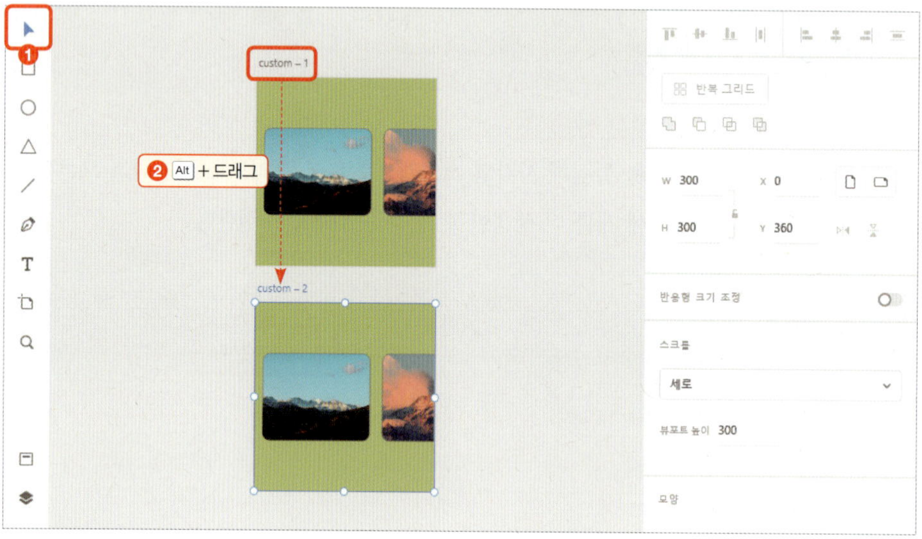

07 'custom–2' 아트보드의 그리드 그룹을 선택하고 왼쪽으로 드래그해 위치를 이동시킨다.

08 화면 상단의 [프로토타입]을 클릭해 프로토타입 모드로 전환한다. 'custom-1' 아트보드의 그리드 그룹을 선택하고 인터랙션 연결 위젯을 'custom-2' 아트보드로 연결한다. '인터랙션' 옵션의 '트리거'는 [드래그], '액션'은 [자동 애니메이트], '이징 효과'는 [스냅]으로 설정한다.

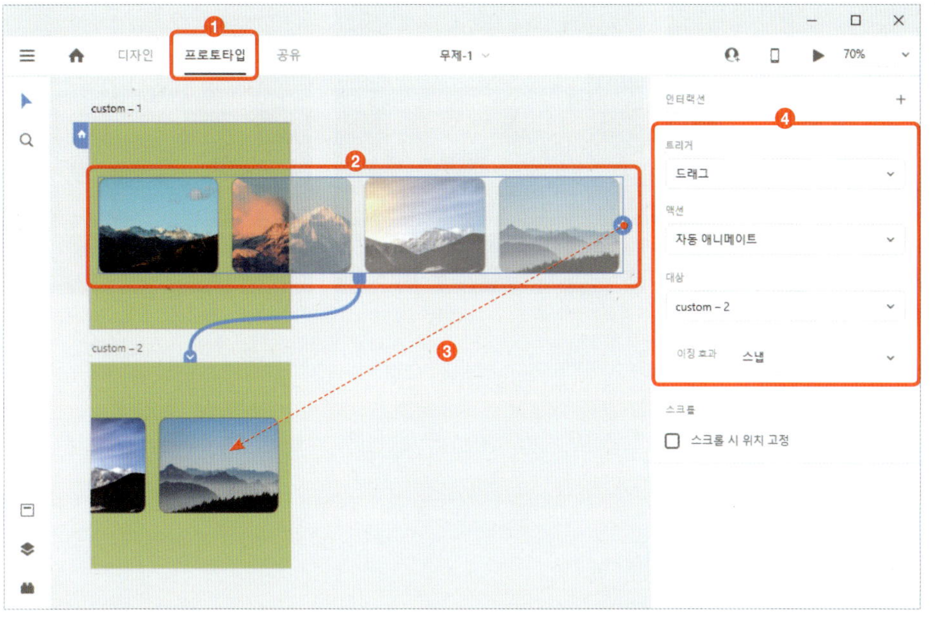

09 'custom-2' 아트보드의 그리드 그룹을 선택해 인터랙션 연결 위젯이 나타나면 'custom-1' 아트보드로 연결한다. 인터랙션 옵션은 자동으로 이전 설정이 적용된다.

10 '데스크탑 미리보기(▶)'를 클릭해 미리보기 창이 열리면 사진 이미지를 드래그한다. 사진 이미지가 좌우로 스크롤되는 것을 확인할 수 있다.

2
크기 변화 인터랙션

완성 이미지

준비 파일 model1.jpg, model2.jpg, model3.jpg

완성 파일 drag_size_result.xd

01 Adobe XD를 실행한 후 홈 화면에서 '사용자 정의 크기'의 옵션을 W는 300, H는 300으로 설정하고 아이콘을 클릭해 새 아트보드를 만든다.

02 아트보드의 '채우기' 색상을 #FFA200으로 변경한다.

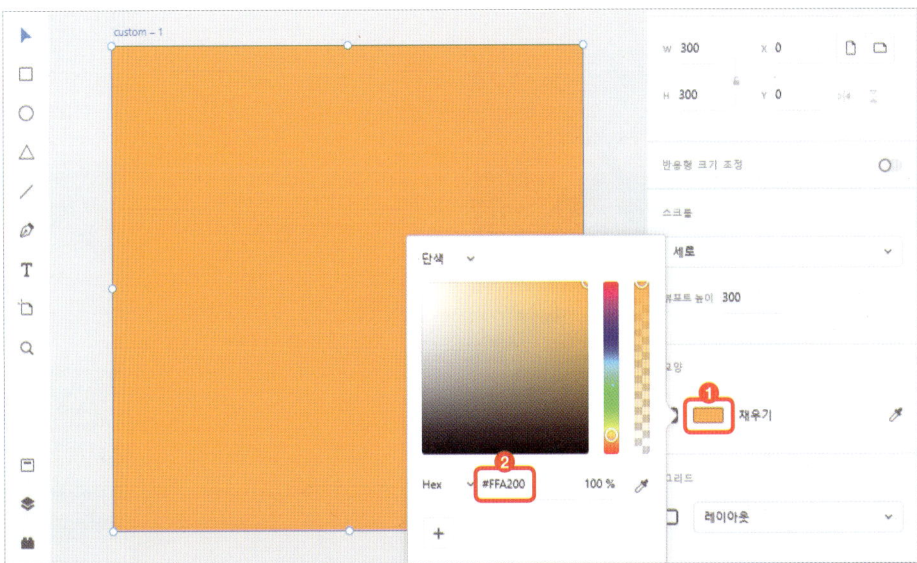

03 사각형 툴(□)로 W와 H가 220인 사각형을 그리고 아트보드 중앙에 배치한 후 '모든 모퉁이에 대해 동일한 반경(□)' 값을 12로 설정한다. '테두리'의 색상은 #C402B7로, '크기'는 8로 설정한다.

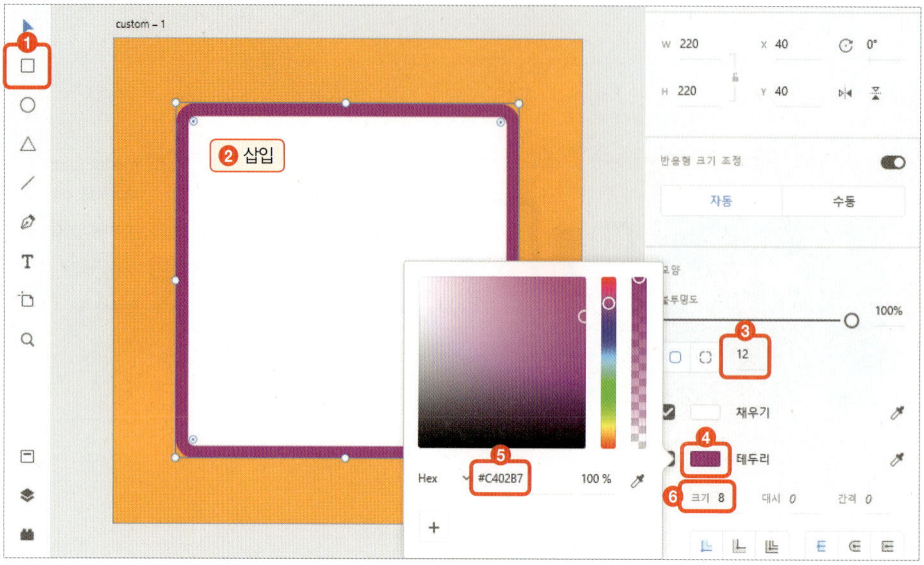

04 [Chapter_06 ▸ Section_02 ▸ images] 폴더에서 'model1.jpg' 파일을 아트보드의 사각형 오브젝트로 드래그해 이미지를 삽입한다.

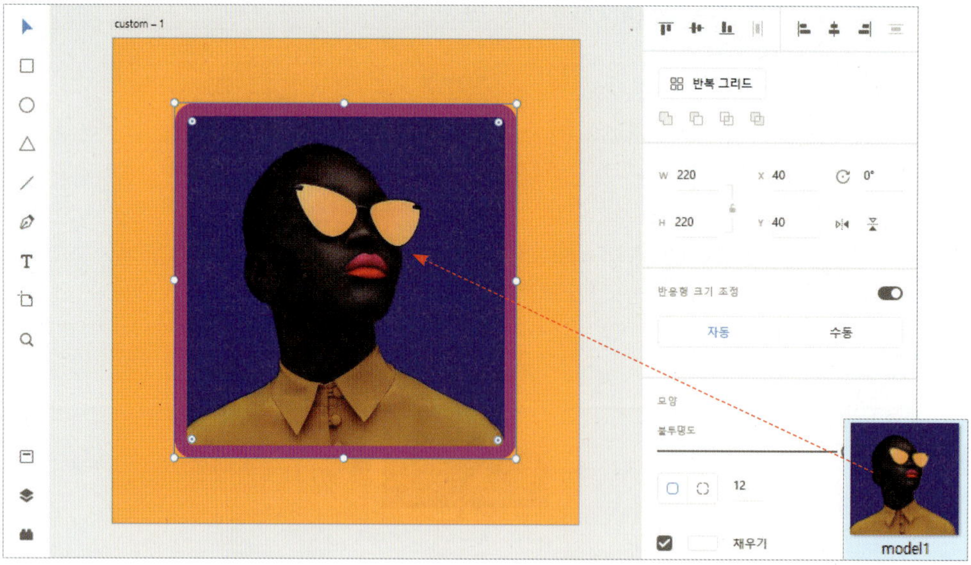

05 선택 툴(▸)로 오브젝트를 선택하고 Alt 를 누른 채 드래그해 이미지 오브젝트가 화면 가장 자리에 걸쳐지도록 좌우에 복제한 후 W와 H를 각각 180으로 변경한다.

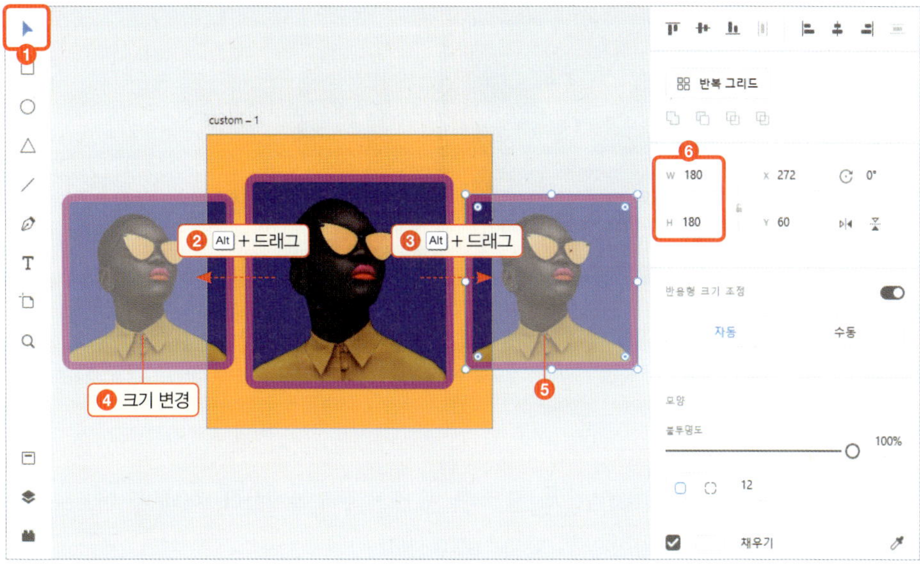

06 [Chapter_0 ▸ Section_02 ▸ images] 폴더에서 'model2.jpg', 'model3.jpg' 파일을 좌우 오브젝트로 각각 드래그해 이미지를 삽입한 후, 옵션 창에서 좌우 오브젝트의 '테두리' 색상을 각각 #01FFFF와 #2E02C4로 변경한다.

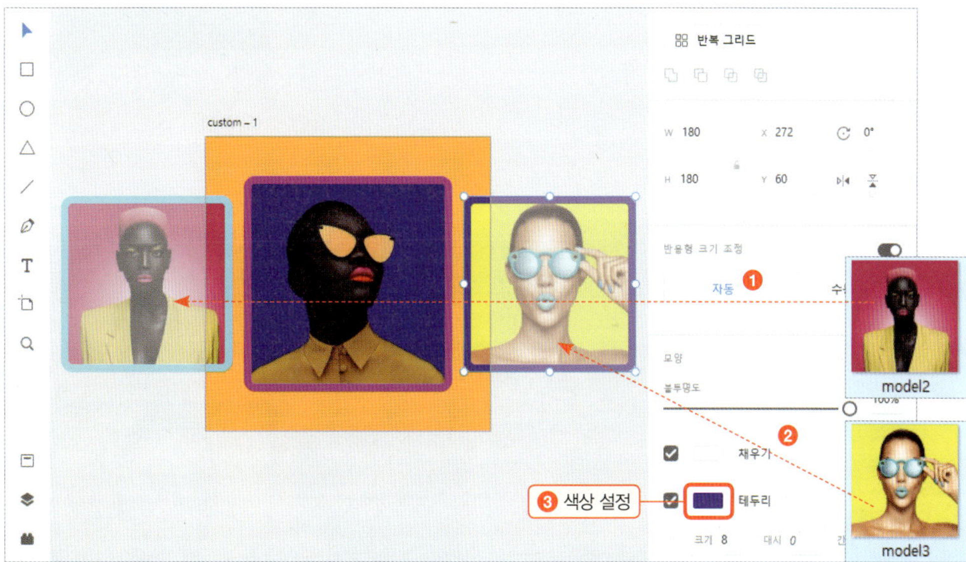

Tip 좌우 오브젝트가 아트보드에 걸쳐 있기 때문에 이미지가 잘 삽입되지 않을 수도 있다. 이럴 경우 최대한 아트보드 안쪽에 걸쳐져 있는 영역으로 드래그하면 수월하게 삽입할 수 있다.

07 Ctrl + A 를 눌러 전체 오브젝트를 선택한 후 Ctrl + G 를 눌러 그룹으로 만든다.

Tip 그룹으로 만든 오브젝트는 아트보드를 벗어나도 해당 아트보드에 귀속되지만 그룹이 아닌 오브젝트는 아트보드를 벗어나면 미리보기에서 확인할 수 없고 프로토타입 애니메이션에서도 제외된다.

08 'custom-1' 아트보드를 선택하고 Alt 를 누른 채 오른쪽에 복제한다. 이때 두 아트보드의 간격을 충분히 떨어뜨려야 다음 작업을 진행하는 데 용이하다.

09 'custom-2' 아트보드의 이미지를 왼쪽으로 드래그한다. 가운데 오브젝트의 W와 H는 180, 오른쪽 오브젝트의 W와 H는 220으로 변경한 후 위치를 조정한다.

10 화면 상단의 [프로토타입]을 클릭해 프로토타입 모드로 전환하고 'custom−1' 아트보드의 그룹 이미지 오브젝트를 선택한 후 인터랙션 연결 위젯을 'custom−2' 아트보드로 연결한다. '인터랙션' 옵션에서 '트리거'는 [드래그], '액션'은 [자동 애니메이트], '이징 효과'는 [스냅]으로 설정한다.

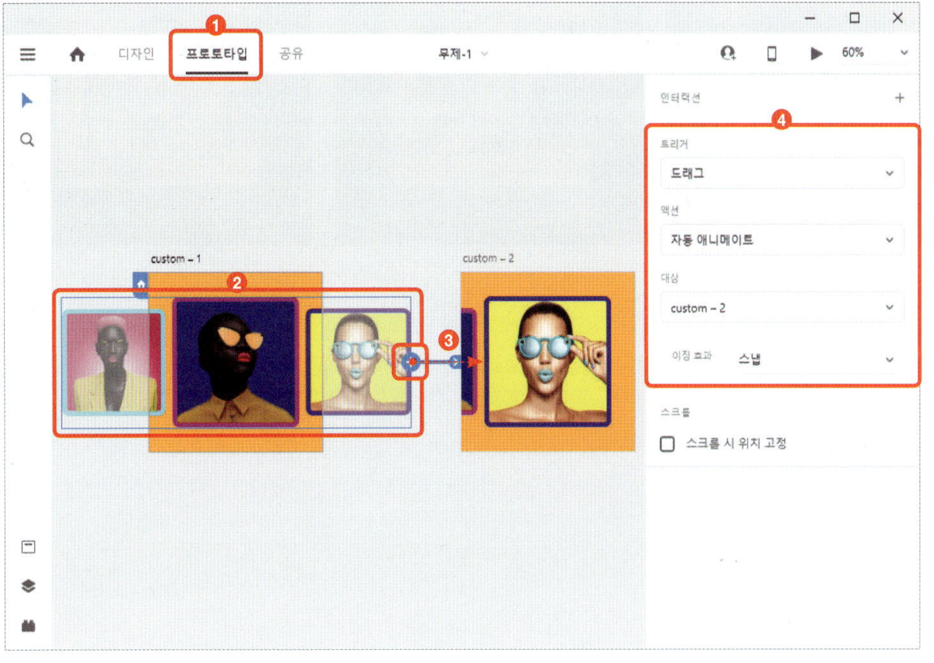

11 'custom−2' 아트보드의 그룹 이미지 오브젝트를 선택하고 인터랙션 연결 위젯을 'custom−1' 아트보드로 연결한다. 이때 인터랙션 옵션은 자동으로 이전 옵션이 적용된다.

12 화면 오른쪽 상단의 '데스크탑 미리보기(▶)'를 클릭한다. 미리보기 창에서 화면을 드래그 하면 이미지 크기가 변하면서 화면이 좌우로 스크롤되는 것을 확인할 수 있다.

3
위치 변화 인터랙션

완성 이미지

준비 파일 없음

완성 파일 drag_left_right_result.xd

01 Adobe XD를 실행한 후 홈 화면에서 '사용자 정의 크기'의 옵션을 W는 300, H는 300으로 설정하고 아이콘을 클릭해 새 아트보드를 만든다.

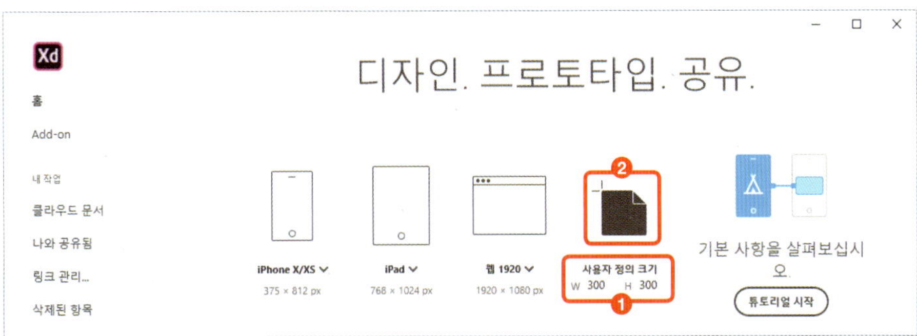

02 아트보드의 '채우기' 색상을 #7DC2FE로 변경한다.

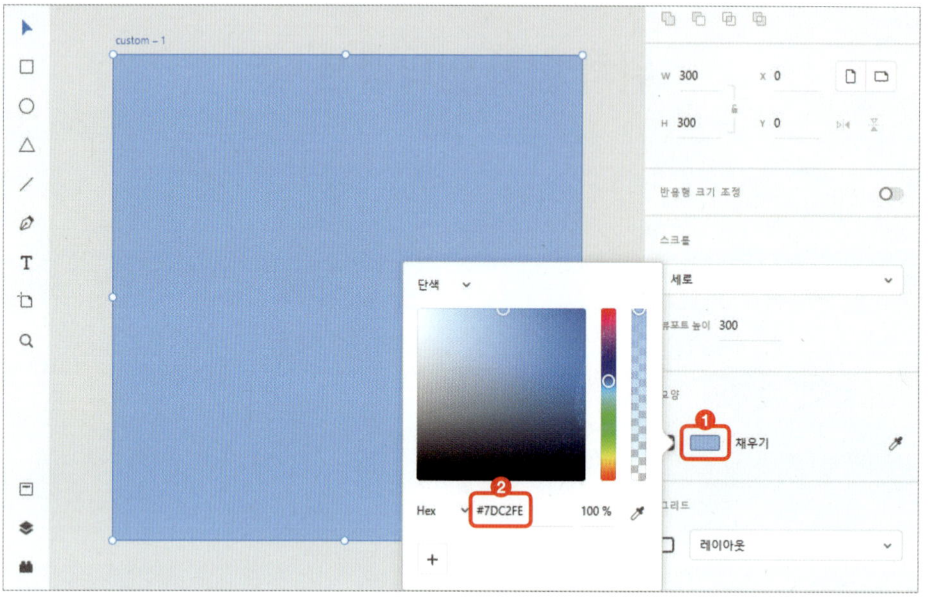

03 타원 툴(◯)로 W와 H가 70인 원을 만들어 아트보드의 중앙에 배치한 후, 옵션 창에서 '채우기' 색상은 #DFFF00으로 변경하고 '테두리'의 체크는 해제한다.

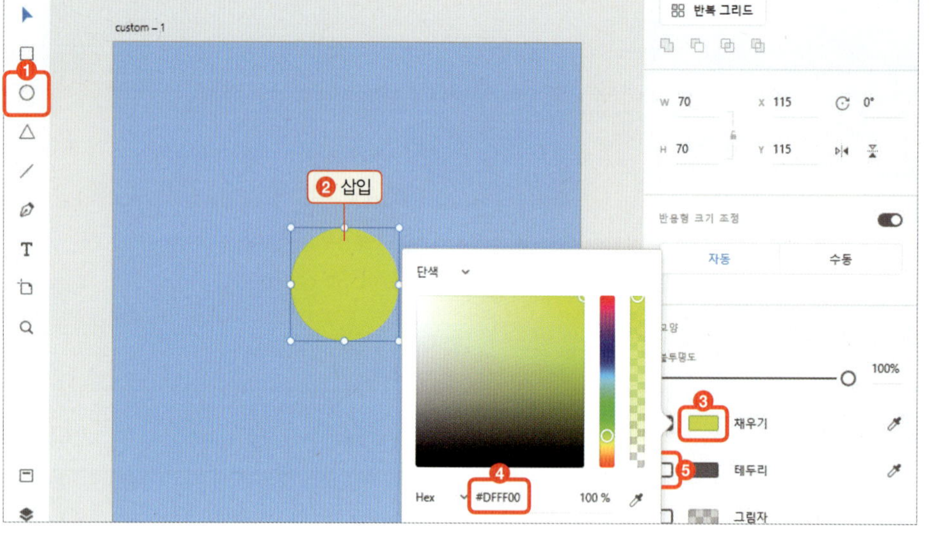

04 선택 툴(▸)로 원을 선택하고 Alt 를 누른 채 좌우로 각각 드래그해 원을 복제한 후 '채우기' 색상을 각각 #FF519D와 #8DF3FF로 변경한다. 다시 연두색 원을 선택해 Alt 를 누른 채 위로 복제한다.

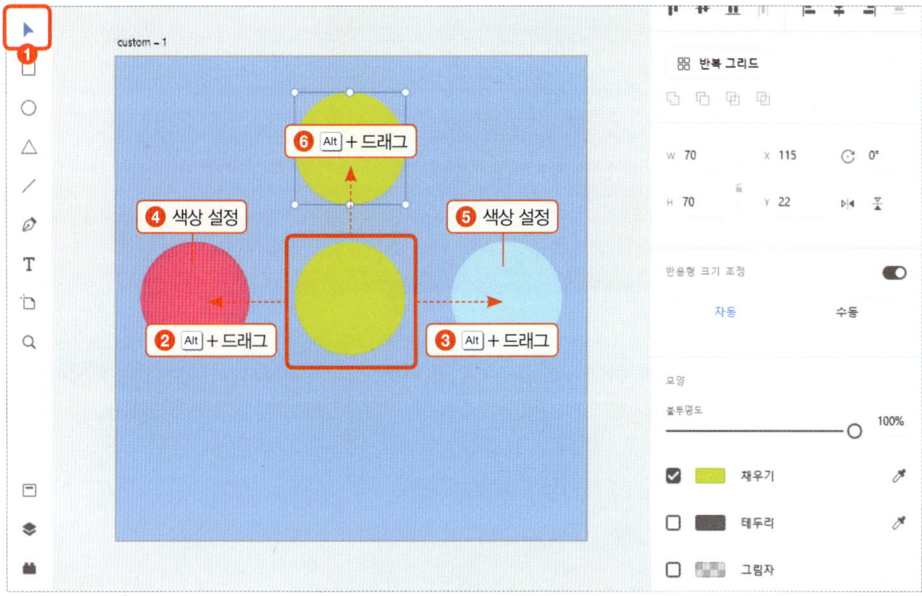

05 사각형 툴(□)로 W는 35, H는 70인 사각형을 만들어 상단 원의 왼쪽 절반 영역에 겹쳐 배치한다. 선택 툴(▸)로 원과 사각형을 함께 선택하고 옵션 창에서 빼기(⧉)를 클릭해 반원 모양으로 만든다.

06 선택 툴(▸)로 반원을 연두색 원의 오른쪽 절반 영역에 겹쳐 배치하고 Alt를 누른 채 왼쪽 영역에 복제한다. 옵션 창에서 가로로 뒤집기(▸◂)를 클릭해 반원을 좌우반전하고 원의 왼쪽 절반 영역에 맞게 배치한다.

07 'custom-1' 아트보드를 선택하고 Alt를 누른 채 왼쪽으로 드래그해 아트보드를 복제한다.

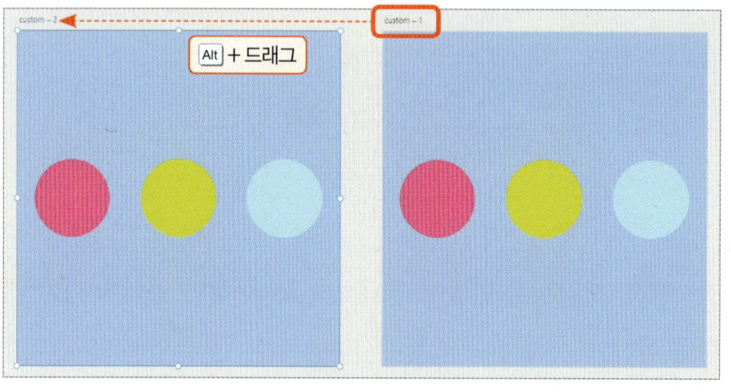

08 복제된 'custom-2' 아트보드의 분홍색 원과 하늘색 원을 선택한 후 Delete를 눌러 삭제하고, 연두색 원과 반원 오브젝트를 분홍색 원이 있던 위치에 배치한다. 텍스트 툴(T)로 아트보드 오른쪽 하단에 'How are YOU'를 입력하고 글꼴은 segoe UI, 크기는 28로 설정한다.

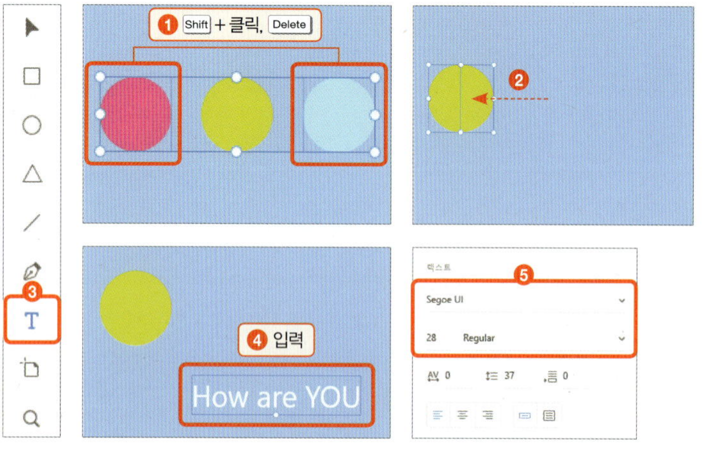

09 선택 툴(▸)로 텍스트를 선택하고 옵션 창에서 '불투명도'를 0%로 설정해 보이지 않도록 만든다.

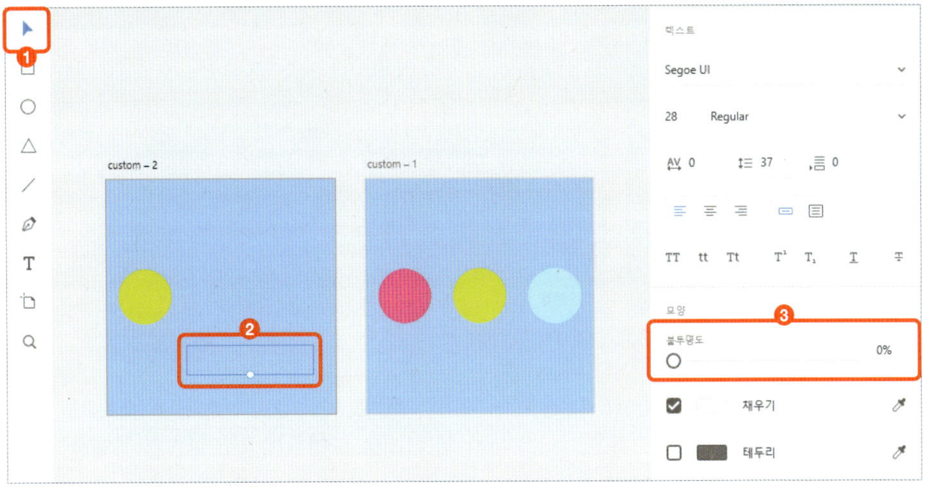

10 'custom–1' 아트보드를 선택하고 Alt 를 누른 채 오른쪽으로 드래그해 아트보드를 복제한다.

11 복제된 'custom–3' 아트보드의 분홍색 원과 하늘색 원을 선택한 후 Delete 를 눌러 제거하고, 연두색 원과 반원 오브젝트를 하늘색 원이 있던 위치에 배치한다. 텍스트 툴(T)로 아트보드 왼쪽 하단에 'I Love YOU'를 입력한다.

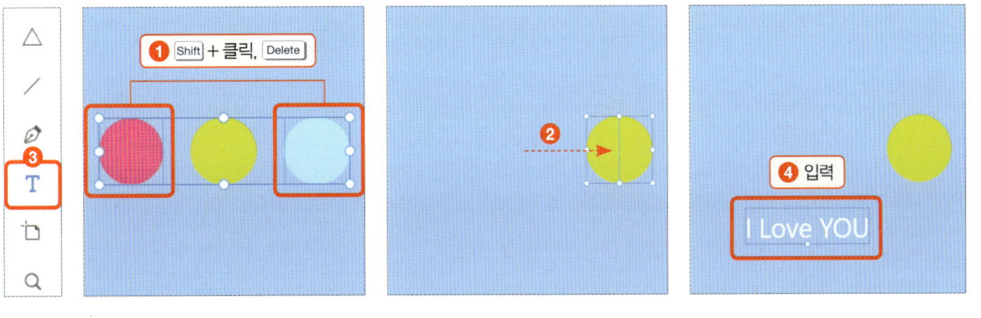

12 선택 툴(▸)로 텍스트를 선택하고 옵션 창에서 '불투명도'를 0%로 설정해 보이지 않도록 만든다.

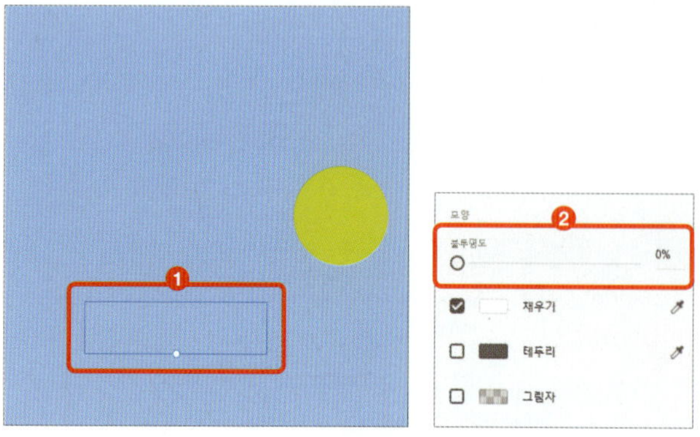

13 'custom−2' 아트보드를 선택하고 Alt 를 누른 채 아래로 드래그해 아트보드를 복제한다. 숨겨져 있는 텍스트를 선택해 연두색 원의 오른쪽에 배치하고 옵션 창에서 '불투명도'를 100%로 변경한다.

14 'custom-3' 아트보드를 선택하고 Alt를 누른 채 아래로 드래그해 아트보드를 복제한다. 숨겨져 있는 텍스트를 선택해 연두색 원의 왼쪽에 배치하고 옵션 창에서 '불투명도'를 100%로 변경한다.

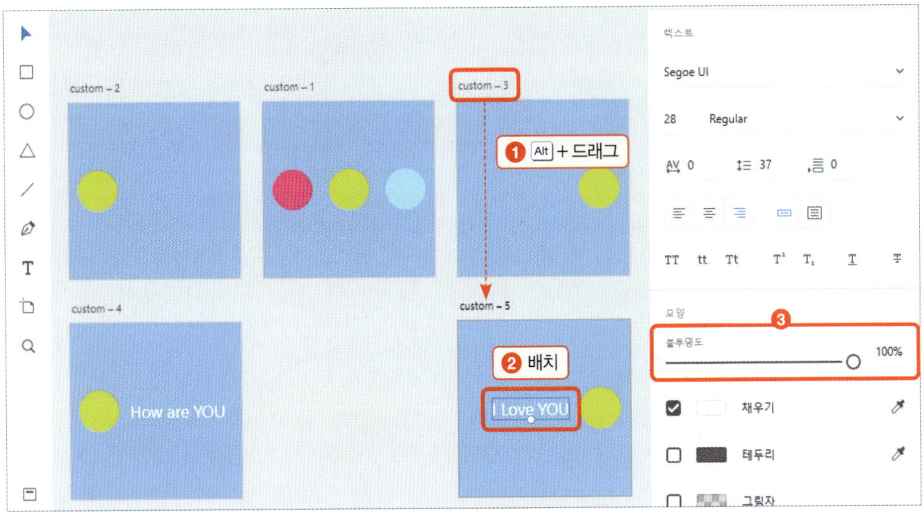

15 [프로토타입]을 클릭해 프로토타입 모드로 전환한다. 'custom-1' 아트보드에서 연두색 원의 오른쪽 반원을 선택하고 인터랙션 연결 위젯을 'custom-3' 아트보드로 연결한다. '인터랙션' 옵션에서 '트리거'는 [드래그], '액션'은 [자동 애니메이트], '이징 효과'는 [없음]으로 설정한다.

16 'custom-3' 아트보드를 선택하고 인터랙션 연결 위젯을 'custom-5' 아트보드로 연결한다. '인터랙션' 옵션에서 '트리거'는 [시간], '지연'은 [0초], '액션'은 [자동 애니메이트], '이징 효과'는 [없음], '재생 시간'은 [0.3초]로 설정한다.

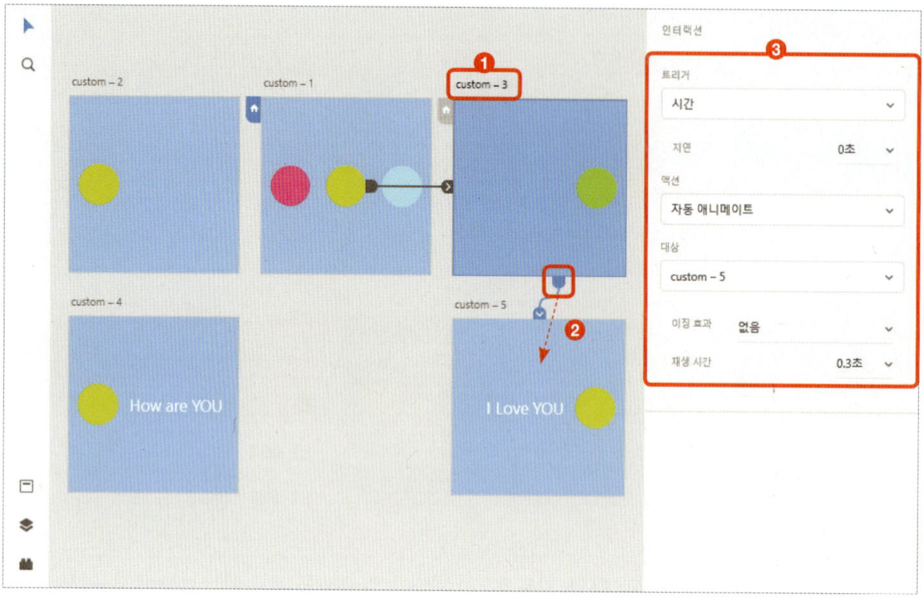

17 'custom-5' 아트보드를 선택하고 인터랙션 연결 위젯을 'custom-1' 아트보드로 연결한다. '인터랙션' 옵션에서 '트리거'는 [탭], '액션'은 [자동 애니메이트], '이징 효과'는 [없음], '재생 시간'은 [0.3초]로 설정한다.

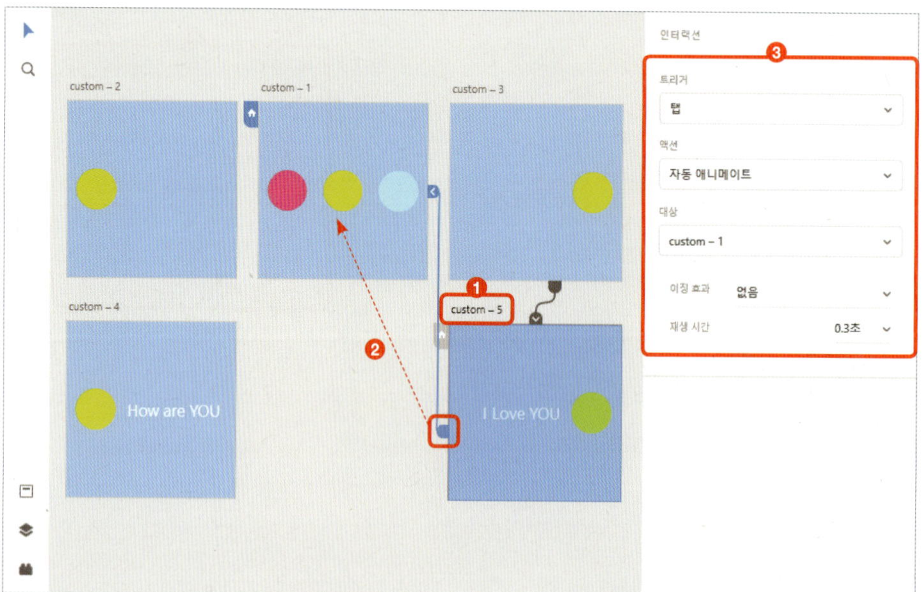

18 'custom-1' 아트보드에 있는 연두색 원의 왼쪽 반원을 선택하고 인터랙션 연결 위젯을 'custom-2' 아트보드로 연결한다. '인터랙션' 옵션에서 '트리거'는 [드래그], '액션'은 [자동 애니메이트], '이징 효과'는 [없음]으로 설정한다.

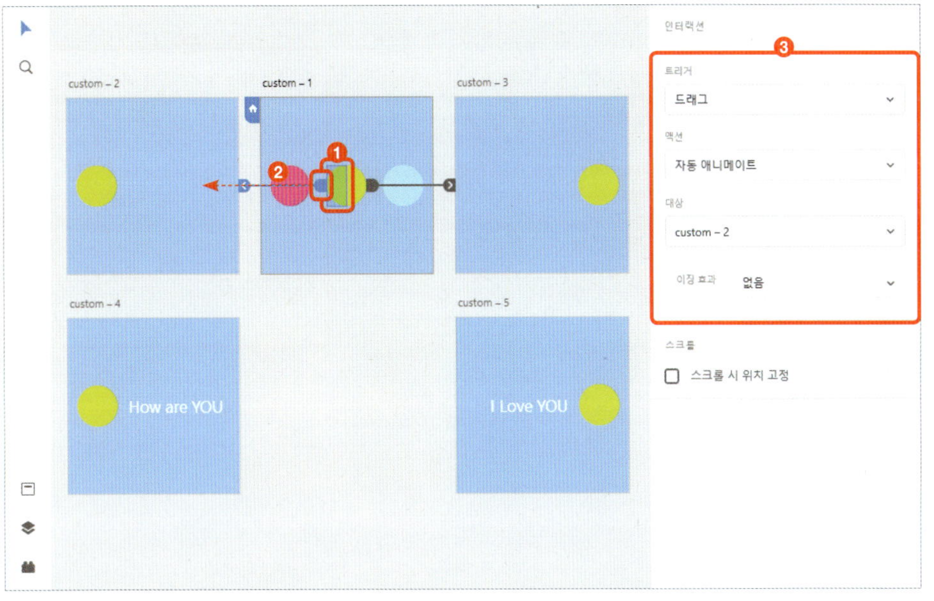

19 'custom-2' 아트보드를 선택하고 인터랙션 연결 위젯을 'custom-4' 아트보드로 연결한다. '인터랙션' 옵션에서 '트리거'는 [시간], '지연'은 [0초], '액션'은 [자동 애니메이트], '이징 효과'는 [없음], '재생 시간'은 [0.3초]로 설정한다.

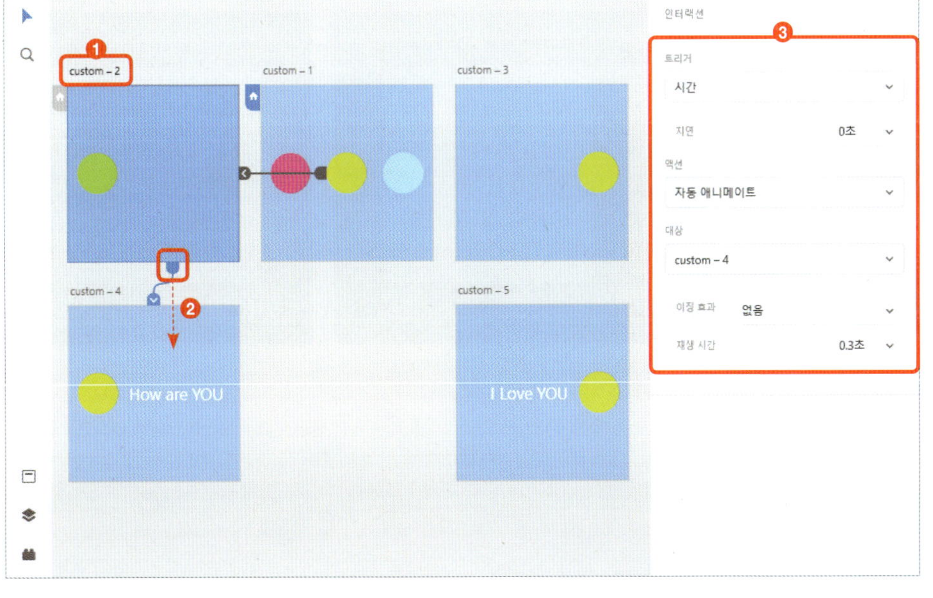

20 'custom-4' 아트보드를 선택하고 인터랙션 연결 위젯을 'custom-1' 아트보드로 연결한다. '인터랙션' 옵션에서 '트리거'는 [탭], '액션'은 [자동 애니메이트], '이징 효과'는 [없음], '재생 시간'은 [0.3초]로 설정한다.

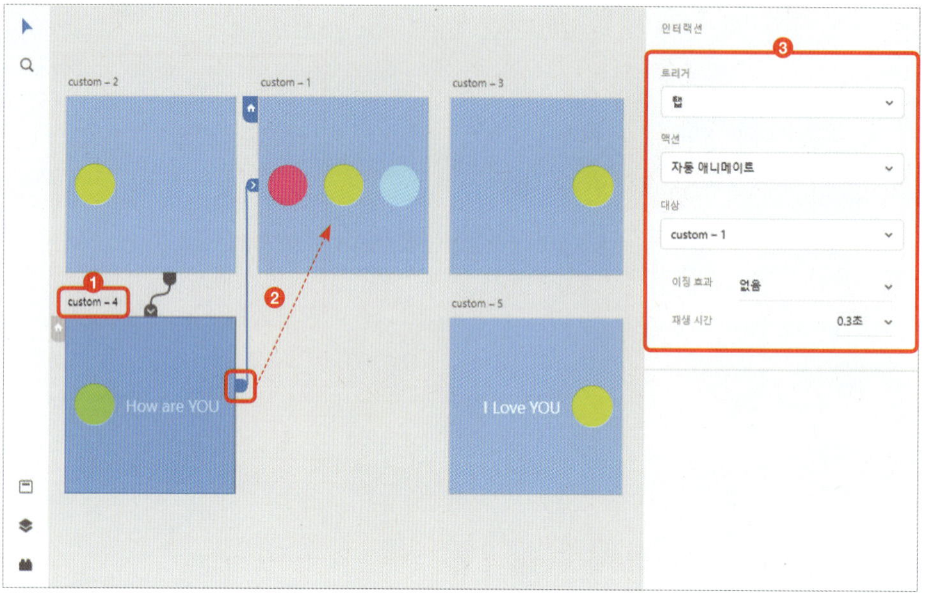

21 '데스크탑 미리보기(▶)'를 클릭해 미리보기 창이 열리면 연두색 원을 좌우로 드래그할 수 있다. 이때 드래그하는 방향에 따라 하단에서 가운데로 텍스트 애니메이션이 자동으로 실행되며 텍스트가 있는 화면을 클릭하면 다시 처음 화면으로 돌아간다.

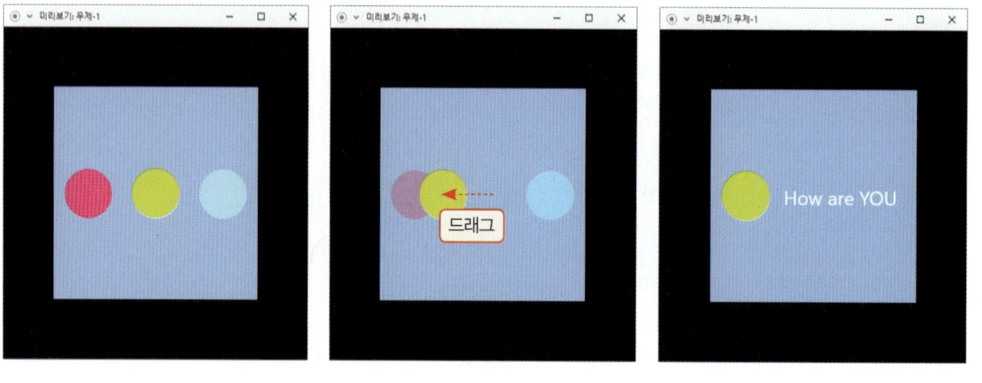

4
휠 컨트롤 인터랙션

완성 이미지

준비 파일 photo1.jpg

완성 파일 wheel_control_result.xd

01 Adobe XD를 실행한 후 홈 화면에서 모바일의 'Android Mobile(360×640)'을 선택해 해당 크기의 아트보드를 생성한다.

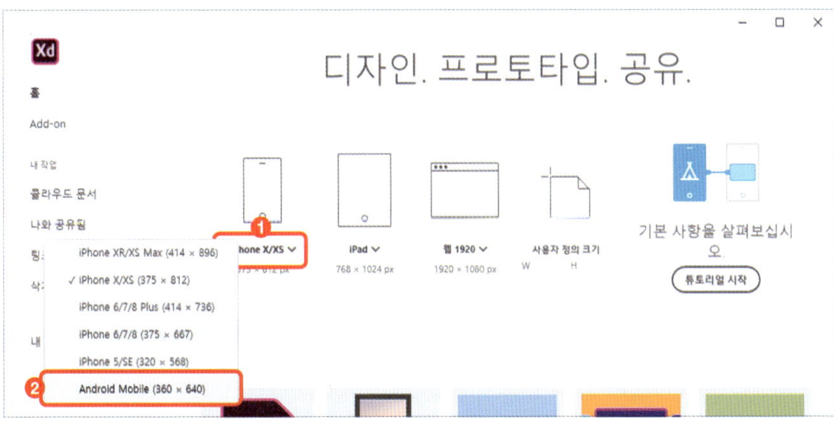

02 아트보드의 '채우기' 색상을 #3A463D로 변경한다.

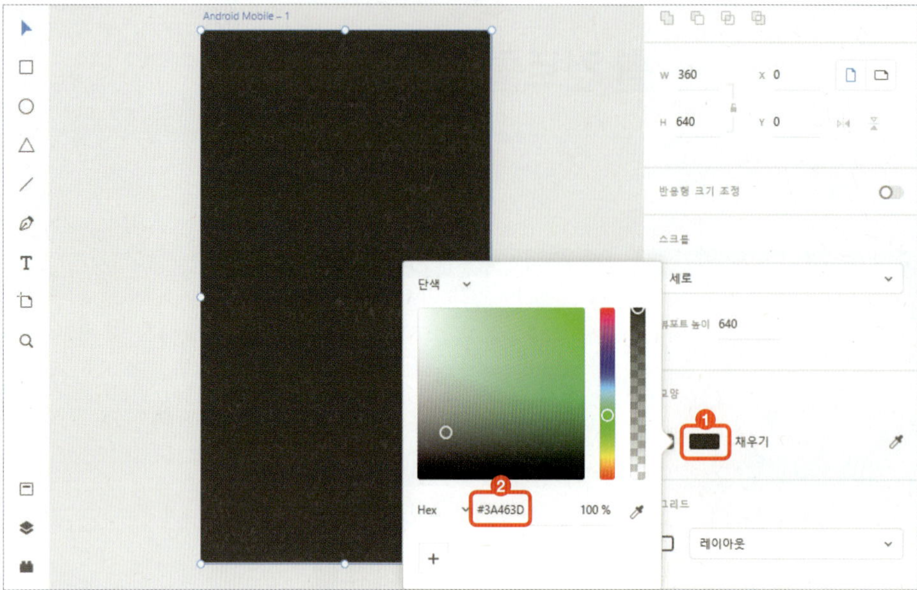

03 Ctrl + Shift + I 를 눌러 [열기] 창이 열리면 [Chapter_06 ▸ Section_04 ▸ images] 폴더에서 'photo1.jpg' 파일을 선택하고 [가져오기]를 클릭해 이미지를 아트보드로 불러온다.

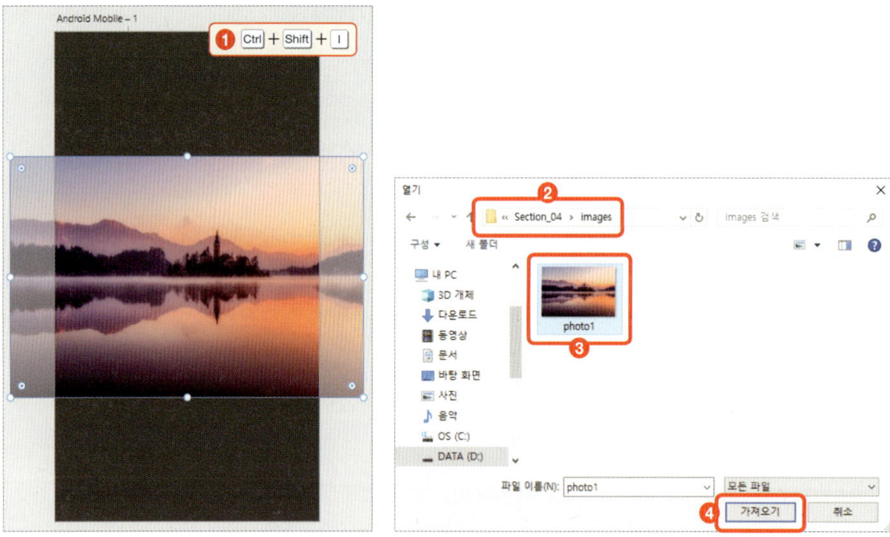

04 이미지를 선택한 후 옵션 창에서 회전을 3°로 설정하고 이미지를 확대한다.

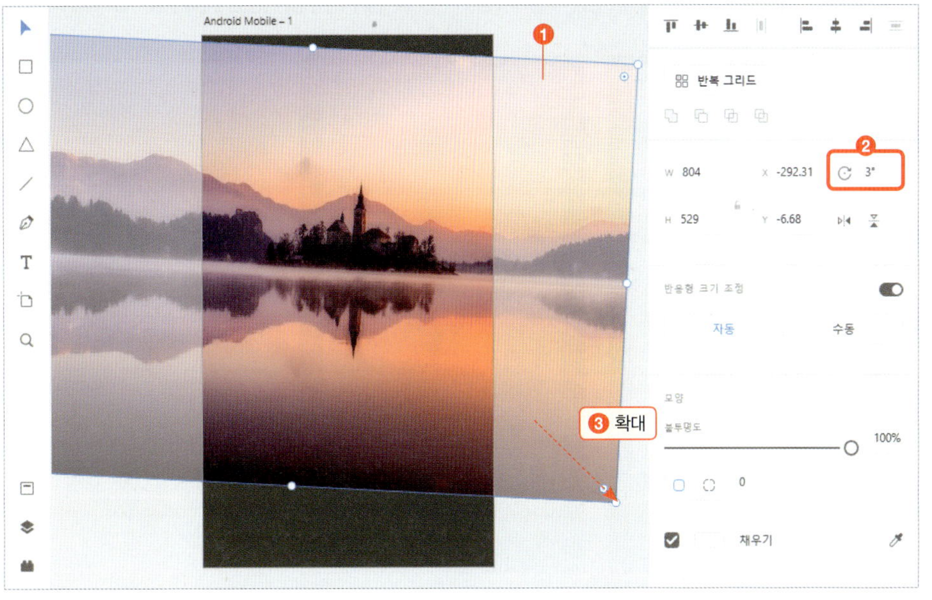

05 사각형 툴(□)로 W는 300, H는 480인 사각형을 만든다. 사각형과 이미지를 함께 선택한 후 마우스 오른쪽 버튼을 클릭하고 [모양으로 마스크 만들기]를 선택한다.

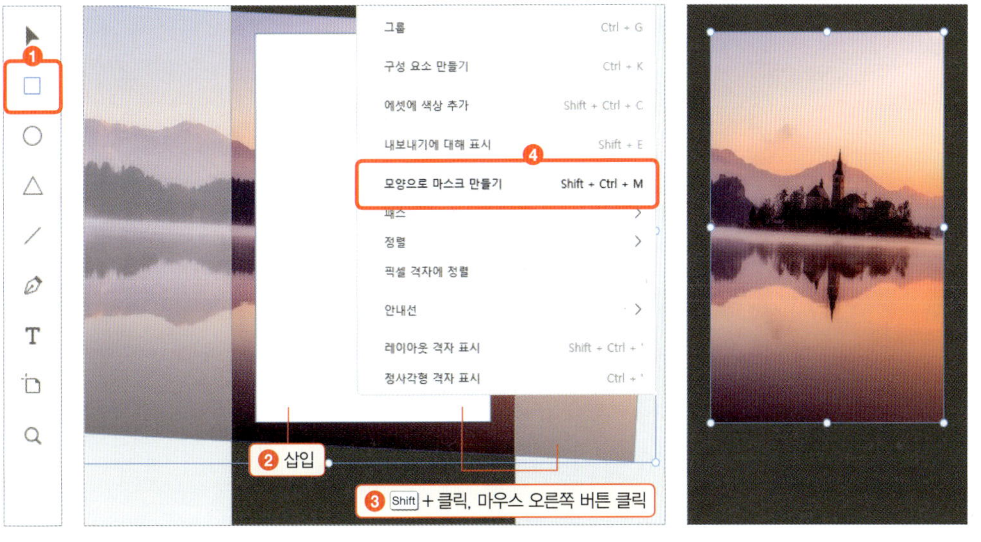

06 사각형 툴(□)로 W는 300, H는 480인 사각형을 만든 후 이미지와 같은 위치에 배치한다. 옵션 창에서 '채우기'의 체크를 해제하고, '테두리'의 색상은 #FFFFFF, '크기'는 2로 설정한다.

07 선 툴(⟋)로 W가 20인 선을 만들고 옵션 창에서 '테두리'의 색상은 #FFFFFF, '크기'는 4로 설정한 후 이미지 오브젝트의 상단 가운데에 배치한다.

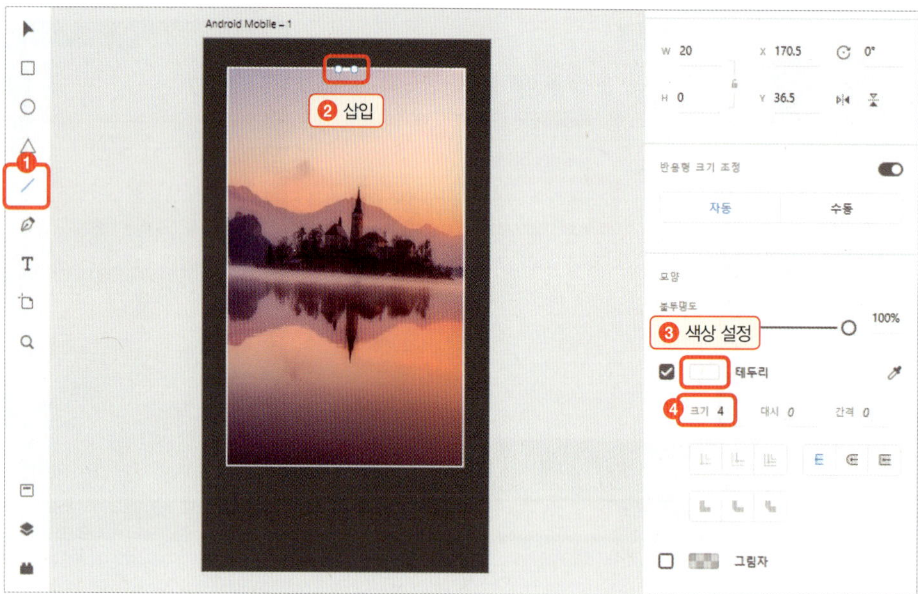

08 선택 툴(▶)로 Alt 를 누른 채 선을 복제해 하단에 배치한다. 선을 추가로 복제한 후 옵션 창에서 90°로 회전시켜 수직 방향으로 만들고 좌우 중앙 부분에 배치한다.

09 타원 툴(○)로 W와 H가 210인 원을 만들고 옵션 창에서 '채우기'의 체크를 해제한다. '테두리'의 색상은 #FFFFFF, '크기'는 4, '대시'는 8, '간격'은 6으로 설정해 점선으로 만든다.

10 타원 툴(○)로 W와 H가 16인 원을 만들고 '채우기' 색상을 #FFEE00으로 변경한 후 점선 원의 하단 중앙에 배치한다. 선택 툴(▸)로 점선 원과 작은 원을 함께 선택하고 Ctrl + G를 눌러 그룹으로 만든 후 Ctrl + Shift + [을 눌러 맨 뒤에 배치한다.

11 'Android Mobile–1' 아트보드를 선택하고 Alt를 누른 채 오른쪽으로 드래그해 'Android Mobile–2' 아트보드를 생성한다.

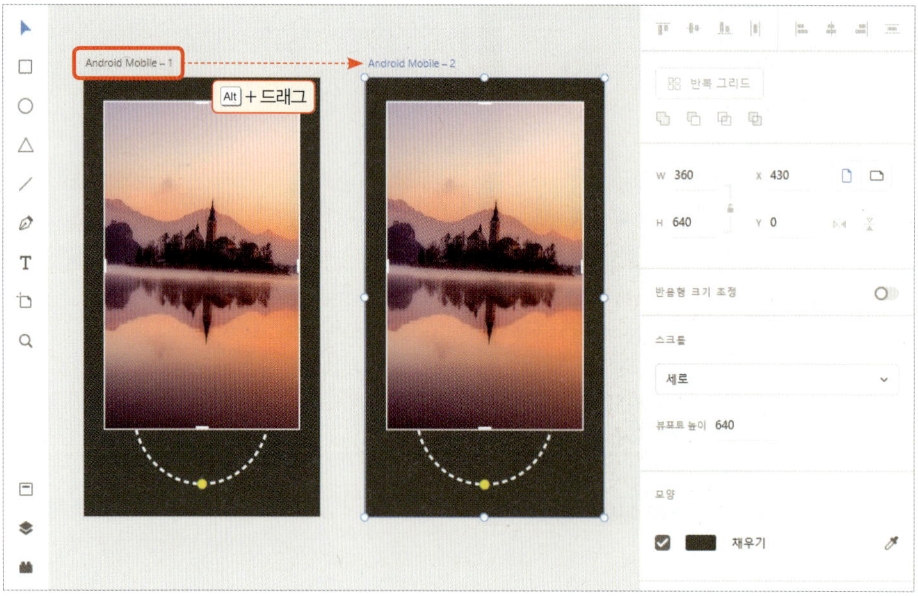

12 선택 툴(▶)로 'Android Mobile-2' 아트보드의 이미지 영역을 더블클릭해 이미지를 선택한 후 옵션 창에서 회전을 0°로 설정해 수평으로 만든다.

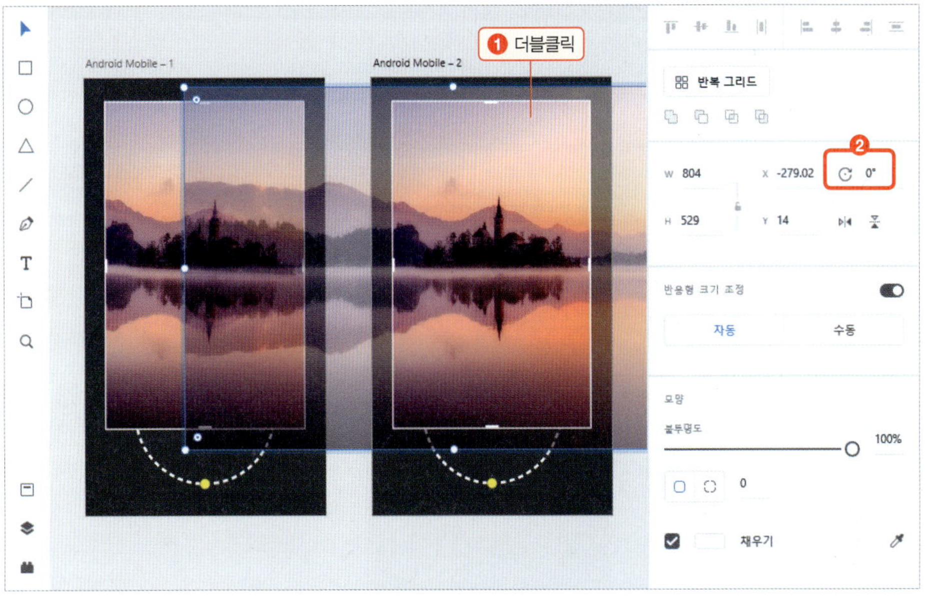

13 'Android Mobile-2' 아트보드의 원형 점선 그룹을 선택하고 옵션 창에서 회전을 45°로 설정한다.

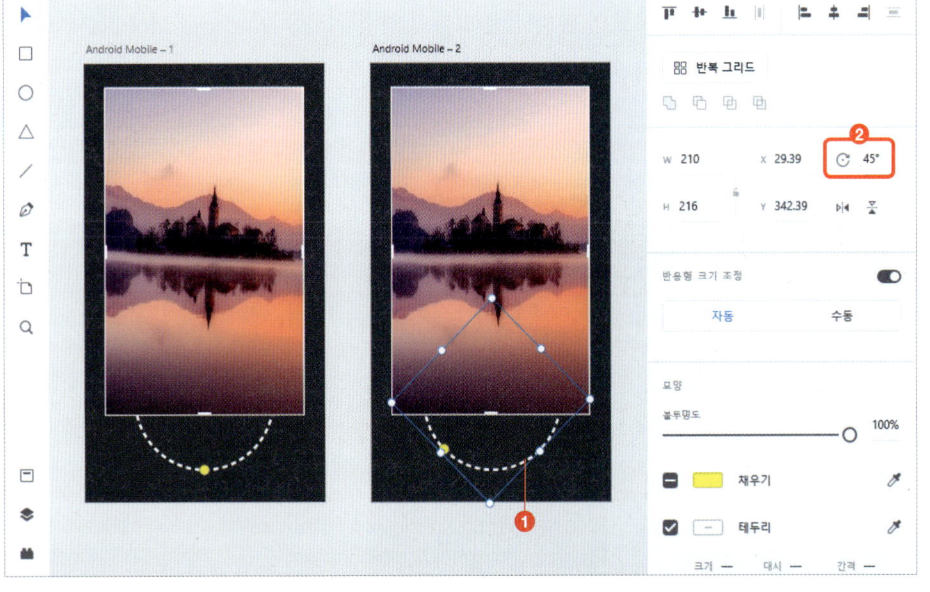

14 [프로토타입]을 클릭해 프로토타입 모드로 전환한다. 'Android Mobile–1' 아트보드의 원형 점선 그룹을 선택하고 인터랙션 연결 위젯을 'Android Mobile–2' 아트보드로 연결한다. '인터랙션' 옵션에서 '트리거'는 [드래그], '액션'은 [자동 애니메이트], '이징 효과'는 [스냅]으로 설정한다.

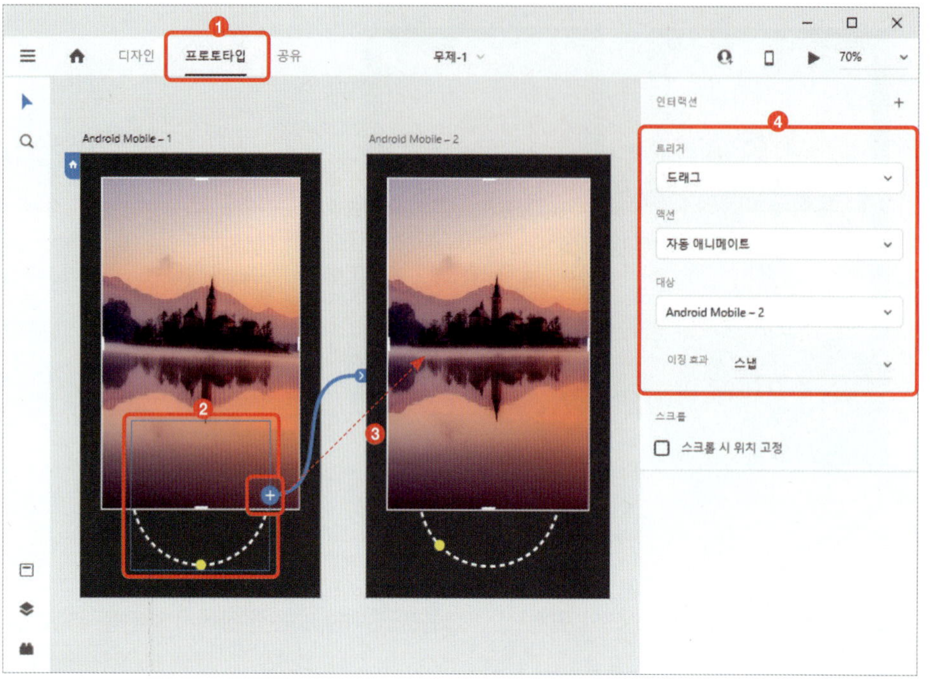

15 'Android Mobile–2' 아트보드의 원형 점선 그룹의 연결 위젯을 'Android Mobile–1'로 연결한다. 이때 '인터랙션' 옵션은 이전 설정을 유지한다.

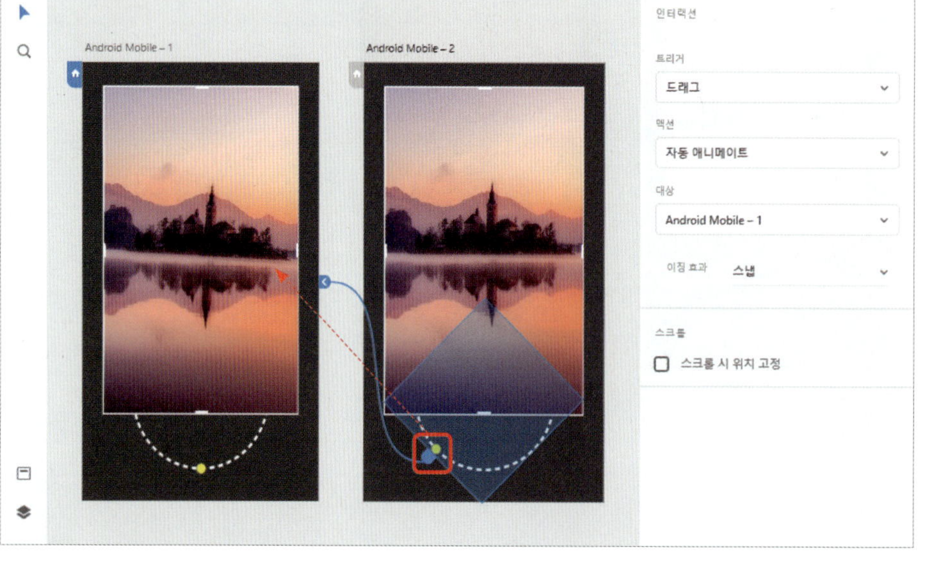

16 '데스크탑 미리보기(▶)'를 클릭해 미리보기 창이 열리면 아래에 있는 원형 점선 그룹을 드래그한다. 점선 그룹이 회전하면서 사진 이미지의 각도가 수평으로 맞춰지는 것을 확인할 수 있다.

5 보이스 인터랙션

완성 이미지

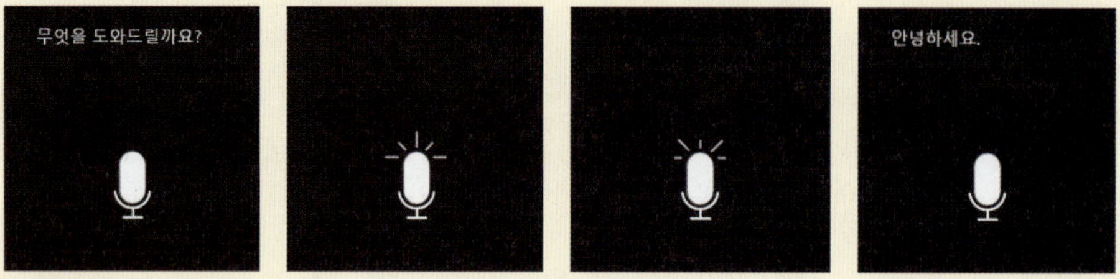

준비 파일 없음

완성 파일 voice_result.xd

01 Adobe XD를 실행한 후 홈 화면에서 '사용자 정의 크기'의 옵션을 W는 300, H는 300으로 설정하고 아이콘을 클릭해 새 아트보드를 만든다.

02 아트보드의 '채우기' 색상을 #3D2F2F로 설정한다.

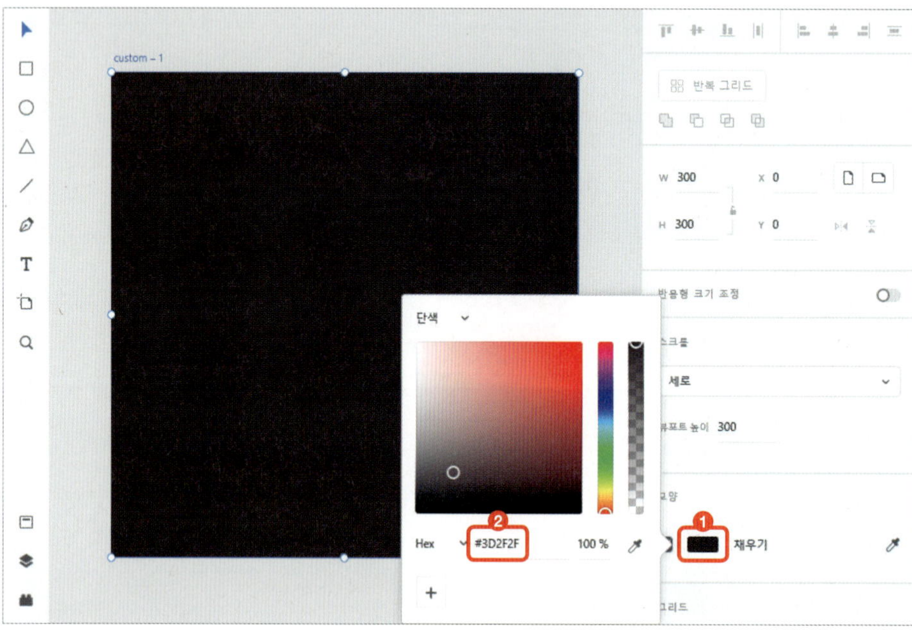

03 사각형 툴(□)로 W는 32, H는 60인 사각형을 만든 후 오브젝트 내부 모서리에 있는 위젯을 안쪽으로 드래그해 모서리를 둥글게 만든다.

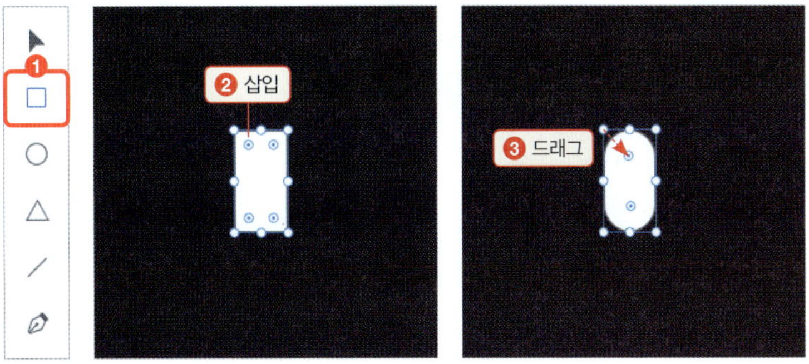

04 사각형 툴(□)로 W는 44, H는 72인 사각형을 만든 후 오브젝트의 위젯을 안쪽으로 드래그해 모서리를 둥글게 만든다. 옵션 창에서 '채우기'의 체크를 해제하고, '테두리' 색상은 #FFFFFF, '크기'는 3으로 설정한 후 이전 오브젝트에 맞춰 배치한다.

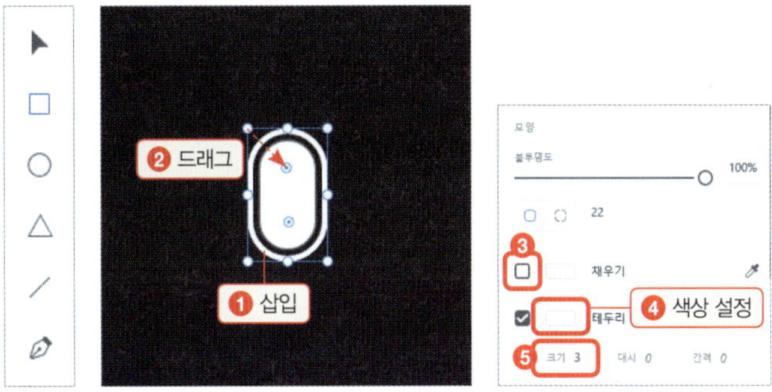

05 사각형 툴(□)로 W는 44, H는 22인 사각형을 만들고 테두리 오브젝트의 하단에 맞춰 배치한다. 선택 툴(▸)로 테두리 오브젝트와 사각형 오브젝트를 함께 선택하고 Ctrl + Shift + M을 눌러 마스크로 만든다.

06 선 툴(/)로 H는 10, '테두리'의 '크기'는 3인 흰색 수직선을 만들어 가운데에 배치한 후, W가 24인 흰색 수평선을 만들어 수직선 아래에 배치해 마이크 오브젝트를 완성한다.

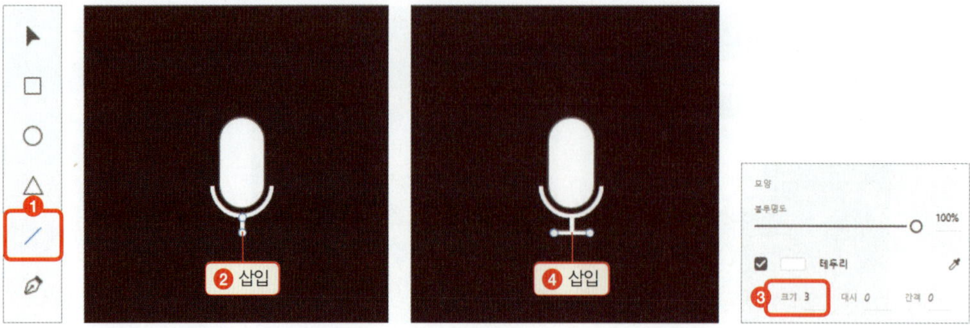

07 아트보드 상단에 텍스트 툴(T)로 '무엇을 도와드릴까요?'를 입력하고 글꼴은 Segoe UI, 크기는 20, 두께는 Regular, '채우기' 색상은 #FFFFFF로 설정한다.

08 선택 툴( )로 아트보드 이름을 선택하고 'voice-1'로 변경한 후 Alt를 누른 채 오른쪽으로 드래그해 아트보드를 복제한다. 복제한 아트보드의 이름은 'voice-2'로 변경한다.

09 선 툴( )로 H는 18, '테두리'의 '크기'는 2인 흰색 수직선을 만들어 마이크 상단 가운데에 배치한 후, 선택 툴( )을 선택하고 선을 복제한 후 H를 12로 변경하고 45° 회전해 다음과 같이 배치한다.

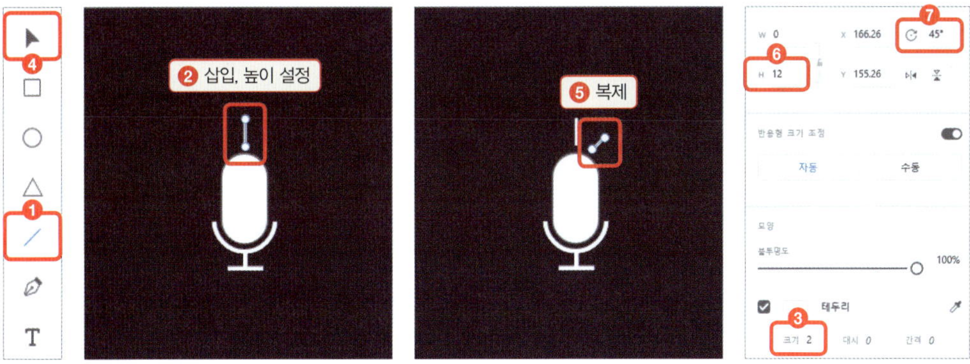

10 선 툴( )로 W는 18, '테두리'의 '크기'는 2인 흰색 수평선을 만들어 마이크 오른쪽에 배치한다. 선택 툴( )을 선택하고 45° 대각선과 수평선을 복제한 후 가로로 뒤집기( )를 클릭해 좌우로 반전시켜 마이크 왼쪽 상단에 배치한다.

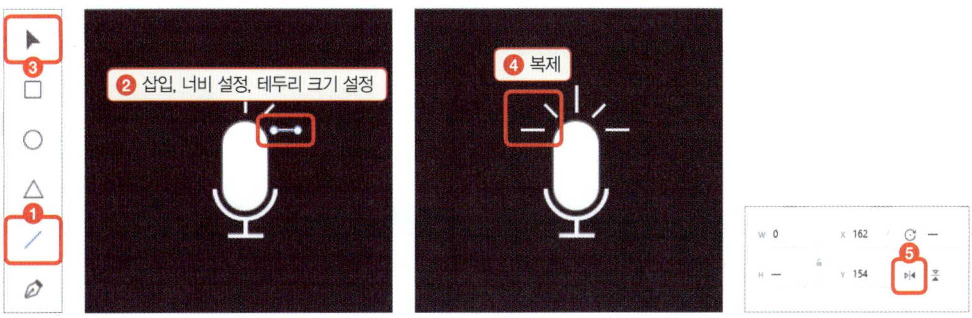

11 'voice-2' 아트보드를 Alt 를 누른 채 오른쪽으로 드래그해 'voice-3' 아트보드를 만든다

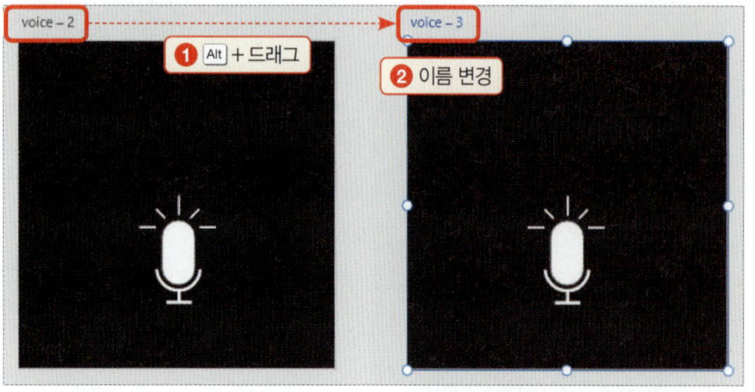

12 'voice-3' 아트보드의 마이크 위에 있는 선 오브젝트 중 긴 선의 길이는 18, 짧은 선의 길이는 9로 변경한다.

13 'voice-1' 아트보드를 선택하고 Alt 를 누른 채 오른쪽 끝으로 드래그해 'voice-4' 아트보드를 만들고 텍스트를 '안녕하세요.'로 변경한다.

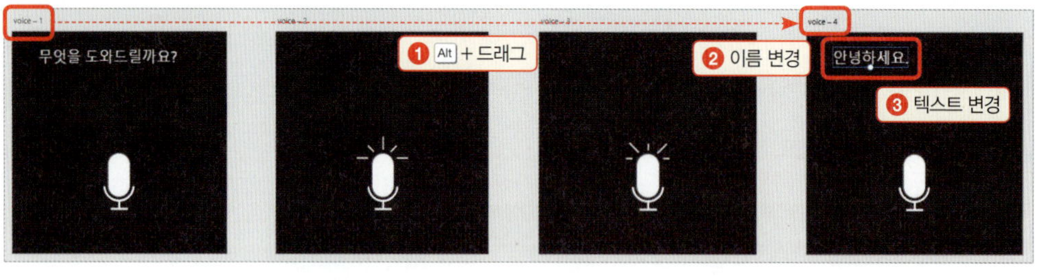

14 [프로토타입]을 클릭해 프로토타입 모드로 전환한다. 'voice-1' 아트보드를 선택하고 인터랙션 연결 위젯을 'voice-2' 아트보드에 연결한다. '인터랙션' 옵션에서 '트리거'는 [음성]을 선택하고, '명령' 항목에 '안녕'을 입력한다. '액션'은 [자동 애니메이트], '이징 효과'는 [서서히 끝내기], '재생 시간'은 [0.3초]로 설정한다.

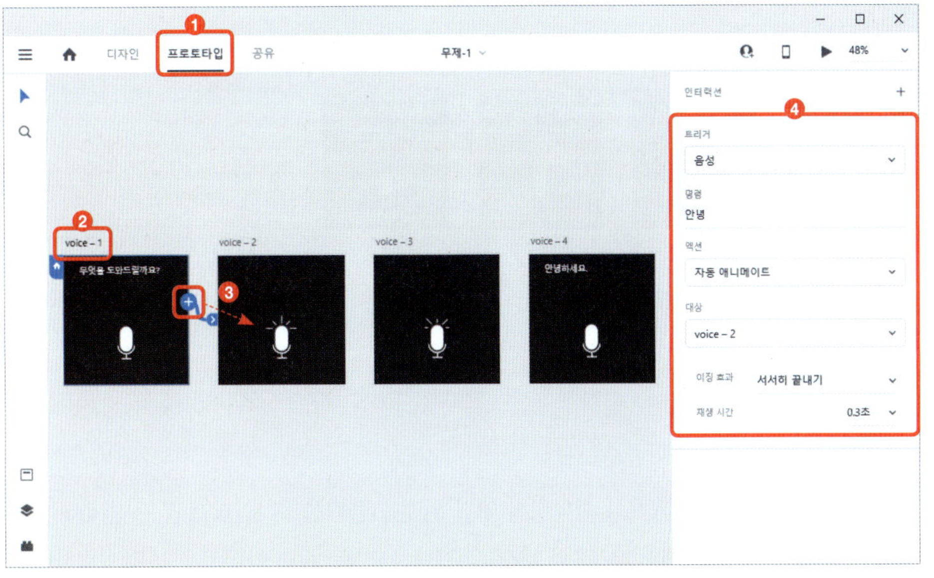

15 'voice-2' 아트보드를 선택하고 인터랙션 연결 위젯을 'voice-3' 아트보드에 연결한다. '인터랙션' 옵션에서 '트리거'는 [시간], '지연'은 [0초], '액션'은 [자동 애니메이트], '이징 효과'는 [서서히 끝내기], '재생 시간'은 [0.3초]로 설정한다.

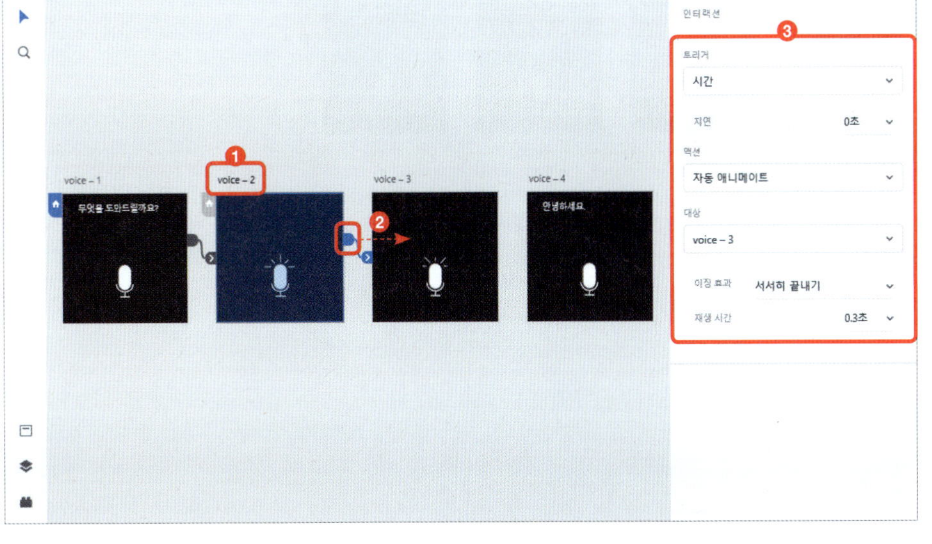

16 'voice-3' 아트보드를 선택하고 인터랙션 연결 위젯을 'voice-4' 아트보드에 연결한다. 옵션은 그대로 유지한다.

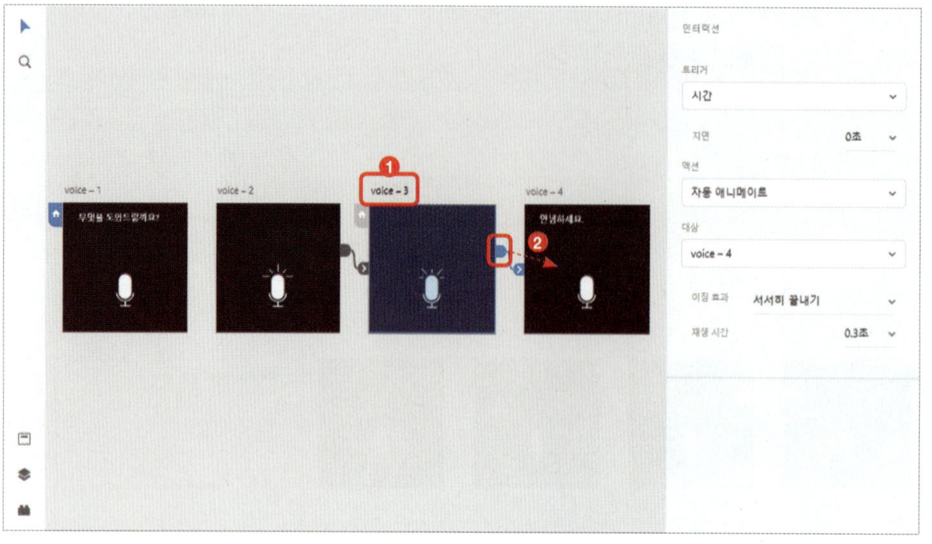

17 'voice-4' 아트보드를 선택하고 인터랙션 연결 위젯을 클릭한 후 '인터랙션' 옵션에서 '트리거'는 [시간], '지연'은 [0초], '액션'은 [음성 재생]을 선택하고 '음성'에 '안녕하세요'를 입력한다.

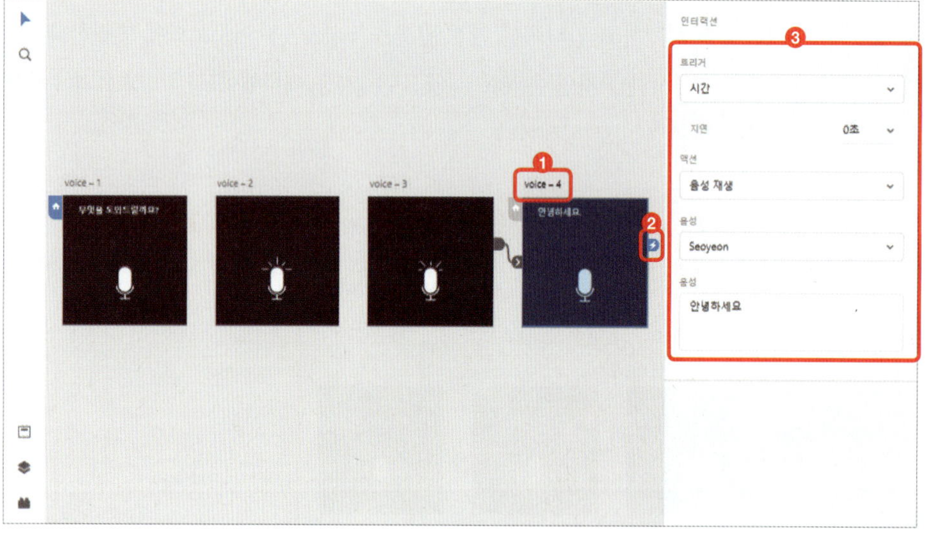

18 '데스크탑 미리보기(▸)'를 클릭해 미리보기를 실행한다. 미리보기 창에서 Space Bar 를 누르면 마이크를 사용하라는 안내가 나타난다. 마이크가 연결된 상태에서 Space Bar 를 누르고 '안녕'이라고 말하면 애니메이션이 진행된 후 '안녕하세요'라는 응답을 들을 수 있다.

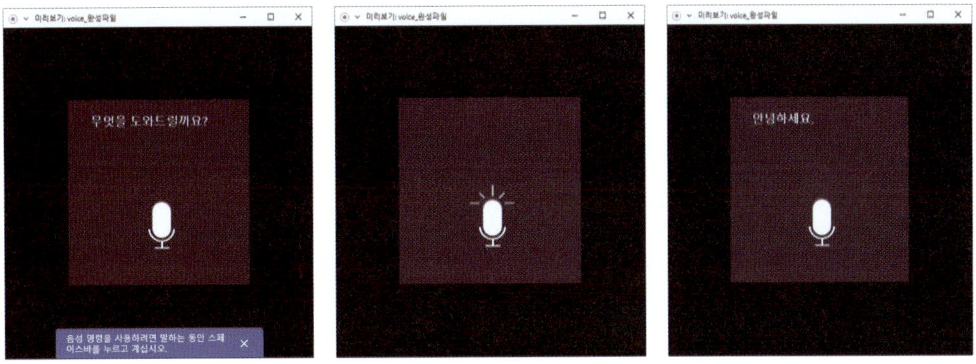

6
키패드 인터랙션

완성 이미지

준비 파일 없음

완성 파일 keypad_result.xd

01 Adobe XD를 실행한 후 홈 화면에서 '사용자 정의 크기'의 옵션을 W는 300, H는 300으로 설정하고 아이콘을 클릭해 새 아트보드를 만든다.

02 아트보드의 '채우기' 색상을 #FFBB00으로 설정한다. 타원 툴(○)로 W는 160, H는 160인 원을 만들고 '채우기' 색상을 #000000으로 설정한다.

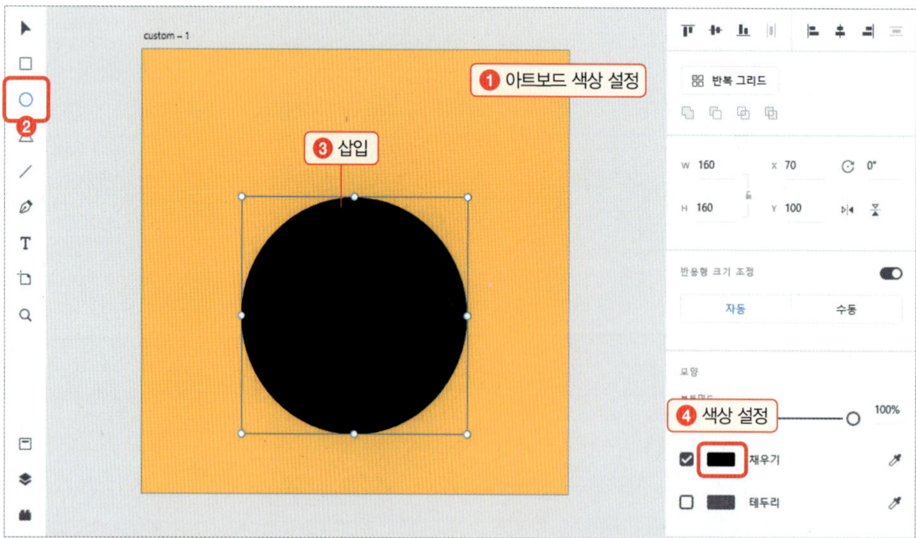

03 펜 툴( )로 아트보드에 곡선을 그리고 V를 눌러 펜 툴을 종료한 후, 옵션 창에서 '테두리'의 색상은 #FFFFFF, '크기'는 6으로 설정한다.

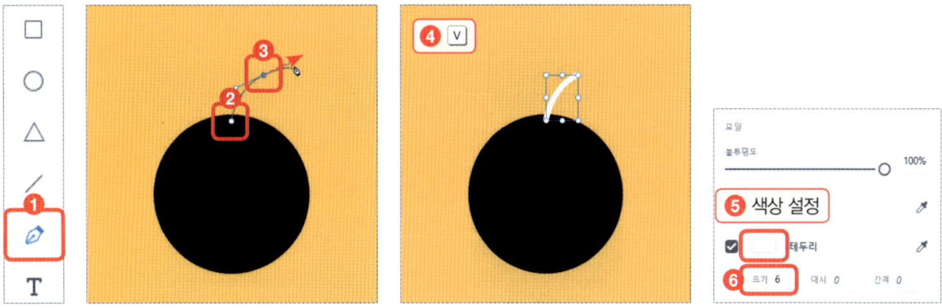

04 펜 툴( )로 폭죽 모양을 만들고 '채우기' 색상을 #FF0000으로 설정한다. 오브젝트를 복제해 크기를 줄이고 '채우기' 색상을 #EEFF00으로 변경한 후 빨간색 폭죽 내부에 배치한다.

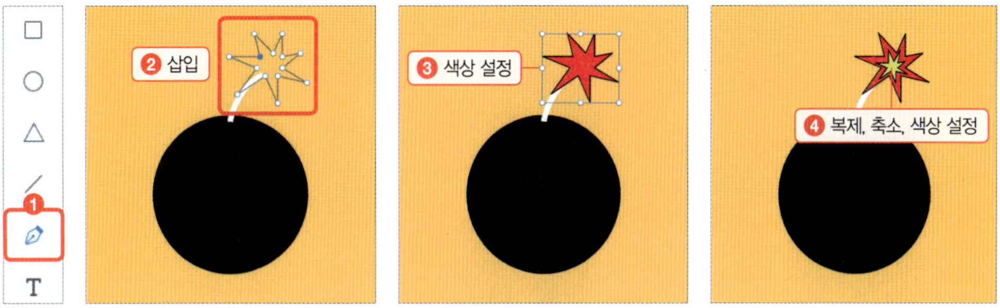

05 타원 툴( )로 W와 H가 20인 원을 만든 후 '채우기' 색상은 #000000으로 설정하고 '테두리'의 체크는 해제한다. '불투명도'는 0%로 설정한다.

06 내부의 원 오브젝트가 선택된 상태에서 Ctrl+C를 눌러 복사하고 Ctrl+V를 여러 번 반복해 눌러 원을 10~15개 정도 복제한다. 복제된 원과 큰 원을 함께 선택하고 Ctrl+G를 눌러 그룹으로 만든다.

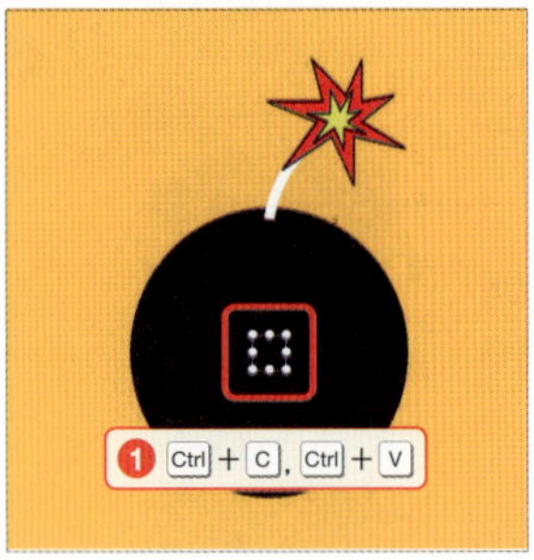

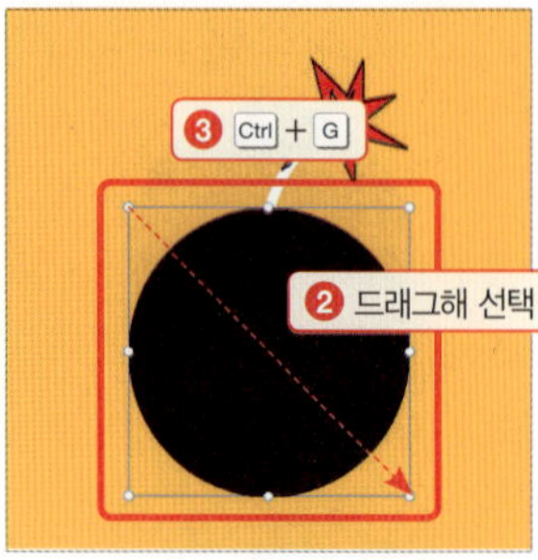

07 'custom-1' 아트보드를 선택하고 Alt를 누른 채 오른쪽으로 드래그해 'custom-2' 아트보드를 만든다.

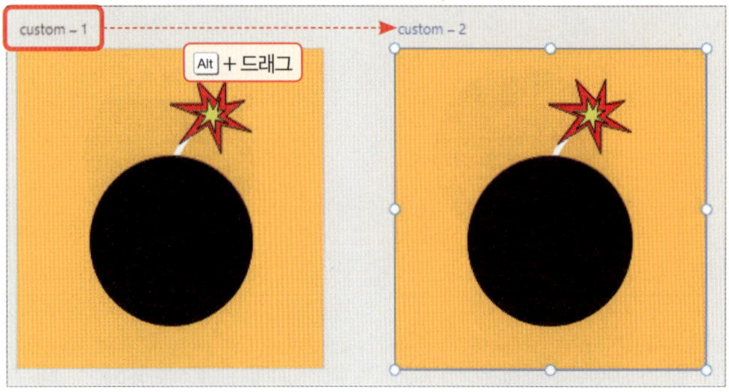

08 'custom-2' 아트보드에 있는 흰색 선의 길이를 줄이고 불꽃 내부를 더블클릭해 가장자리 형태를 'custom-1' 아트보드와 다르게 변형한다. 불꽃 오브젝트 전체를 선택하고 축소해 흰색 선의 끝에 배치한다.

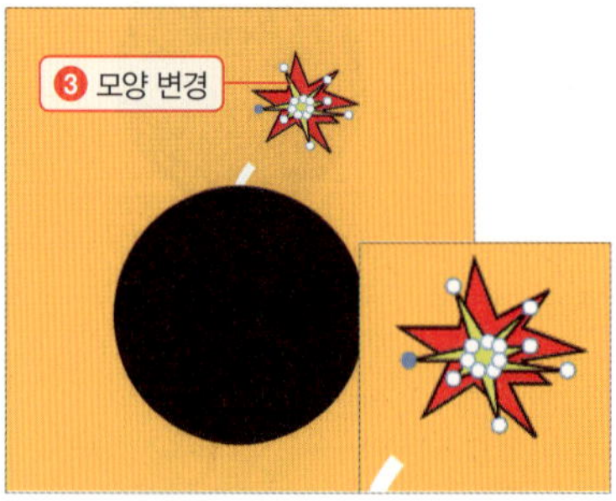

09 'custom−2' 아트보드를 선택하고 Alt 를 누른 채 오른쪽으로 드래그해 'custom−3' 아트보드를 만든다.

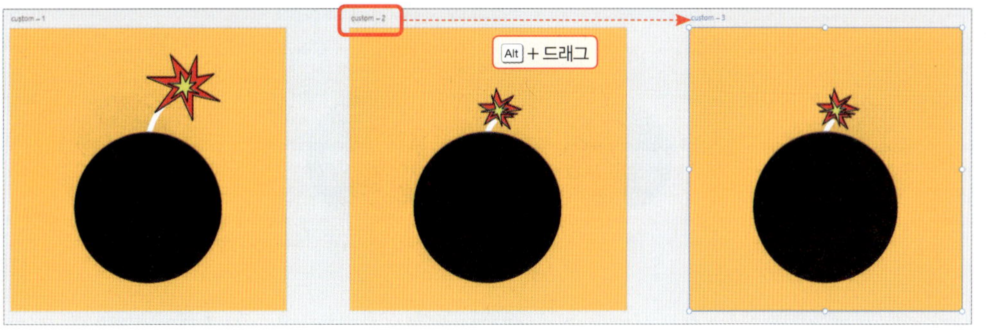

10 'custom−3' 아트보드에 있는 흰 선과 불꽃 형태를 선택해 작게 줄이고, 옵션 창에서 '불투명도'를 0%로 변경해 투명하게 만든다.

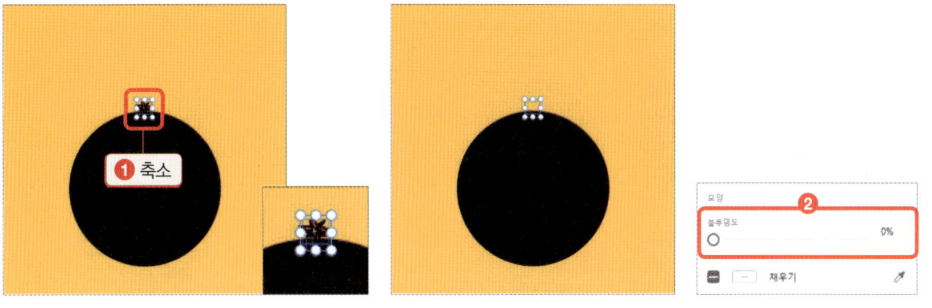

11 폭탄 그룹의 내부를 더블클릭해 큰 원을 선택한 후 Alt + Shift 를 누른 채 드래그해 상하좌우로 조금 확대하고, 옵션 창에서 '불투명도'를 80%로 조절한다.

12 'custom–3' 아트보드를 선택하고 Alt를 누른 채 오른쪽으로 드래그해 'custom–4' 아트보드를 만든다.

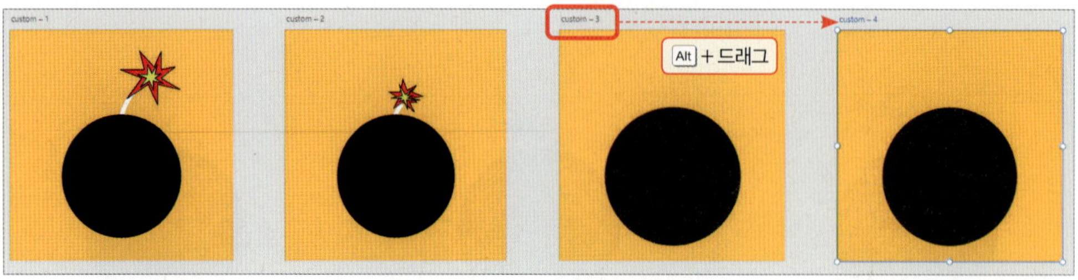

13 'custom–4' 아트보드에서 폭탄 그룹의 내부를 더블클릭해 큰 원을 선택하고 아트보드를 모두 덮을 정도로 크게 확대한 후 '불투명도'를 0%로 설정한다.

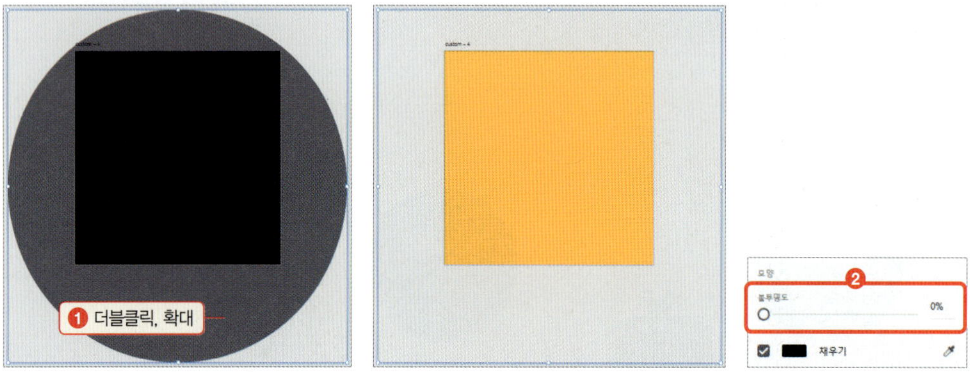

14 폭탄 그룹 내부로 마우스를 가져가면 투명 형태의 원이 나타난다. 원의 '불투명도'를 100%로 변경한 후 아트보드 밖으로 드래그하고 크기를 적당히 키운다.

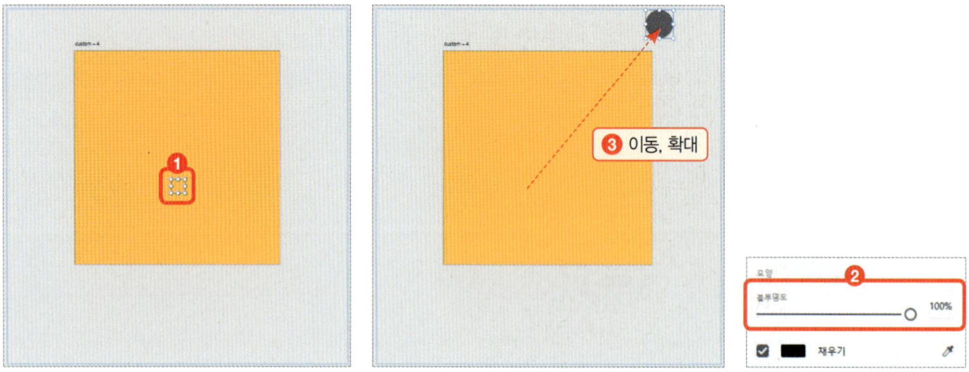

15 같은 방법으로 원의 불투명도를 모두 100%로 변경한 후 아트보드 밖으로 드래그하고 크기를 다양하게 변경한다.

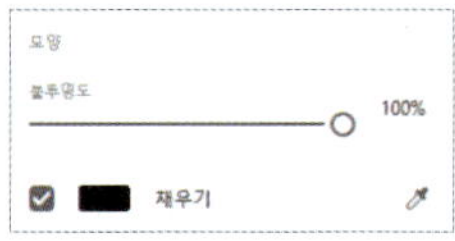

16 [프로토타입]을 클릭해 프로토타입 모드로 전환한다. 'custom–1' 아트보드를 선택하고 인터랙션 연결 위젯을 'custom–2' 아트보드로 연결한다. '인터랙션' 옵션에서 '트리거'를 [키 및 게임 패드]로 선택하고, '키' 항목은 F1을 눌러 지정한다. '액션'은 [자동 애니메이트], '이징 효과'는 [서서히 시작–끝내기], '재생 시간'은 [0.5초]로 설정한다.

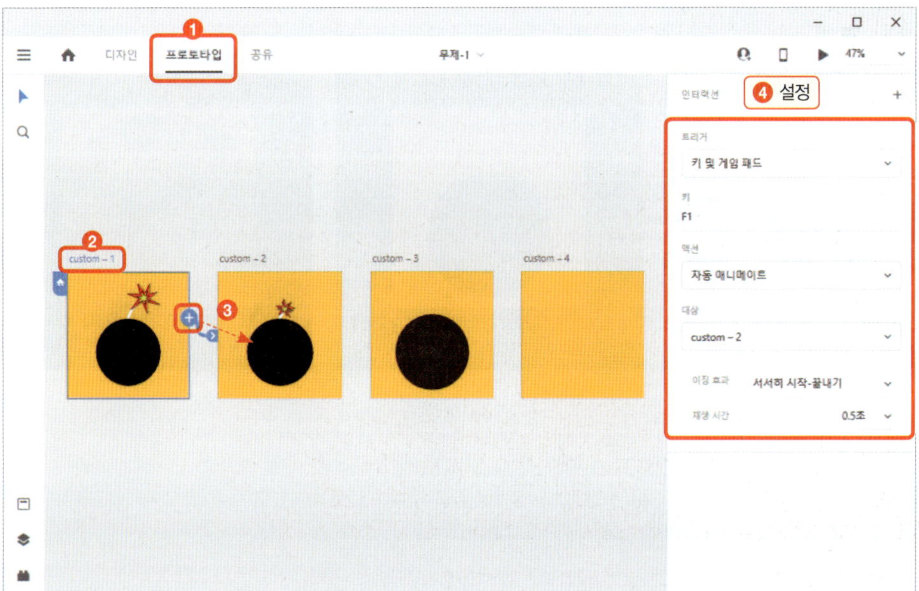

17 'custom-2' 아트보드를 선택하고 인터랙션 연결 위젯을 'custom-3' 아트보드로 드래그해 연결한다. '인터랙션' 옵션에서 '트리거'는 [시간], '지연'은 [0초], '액션'은 [자동 애니메이트], '이징 효과'는 [없음], '재생 시간'은 [0.5초]로 설정한다. 'custom-3' 아트보드의 인터랙션 연결 위젯을 'custom-4' 아트보드로 연결하고 같은 옵션을 유지한다.

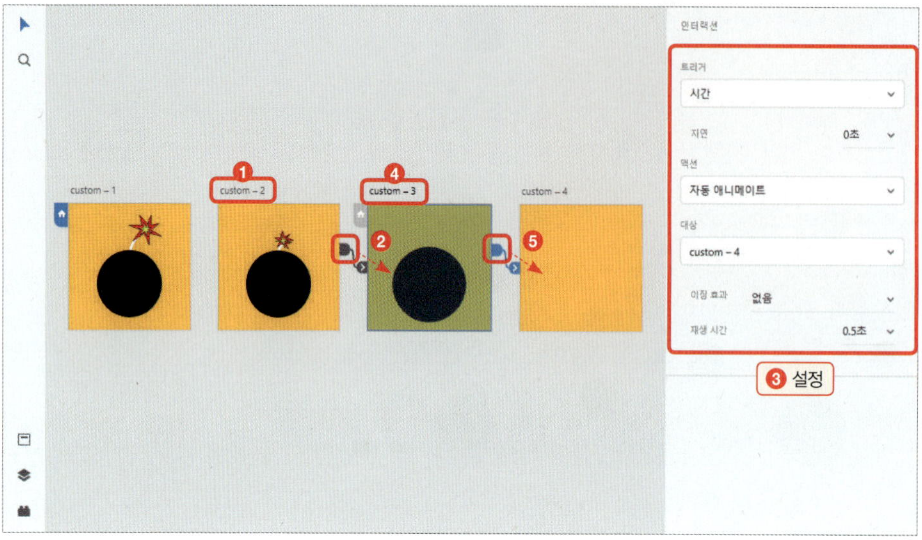

18 'custom-1' 아트보드를 선택하고 화면 오른쪽 상단의 '데스크탑 미리보기(▶)'를 클릭한다. 미리보기 창에서 F1을 누르면 애니메이션이 진행되고 폭탄이 터지는 것 같은 효과를 확인할 수 있다.

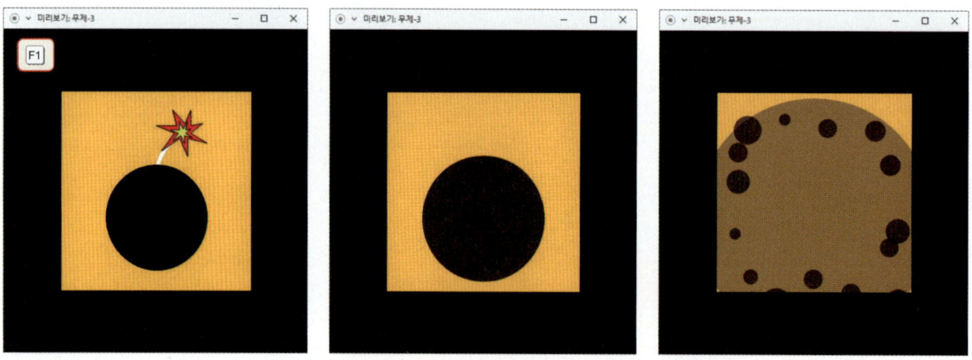

Part 03
UI 디자인과 프로토타입

Part 03

UI 디자인과 프로토타입

Chapter 07
로딩 UI와 인터랙션

1
패럴랙스 로딩 인터랙션

완성 이미지

준비 파일 cloud1.png, cloud2.png, img1.jpg, mountain.jpg

완성 파일 parallax_result.xd

Tip 완성 이미지는 iPhone X의 노치를 적용한 이미지이다. 이후 완성 이미지에도 동일하게 적용된다.

01 Adobe XD를 실행한 후 홈 화면에서 'iPhone X/XS/11 pro'가 선택되어 있는 것을 확인하고 모바일 아이콘을 클릭해 새 아트보드를 만든다.

02 [Chapter_07 ▸ Section_01 ▸ images] 폴더에서 'mountain.jpg' 파일을 아트보드로 드래그해 불러온 후 아트보드에 맞게 확대한다.

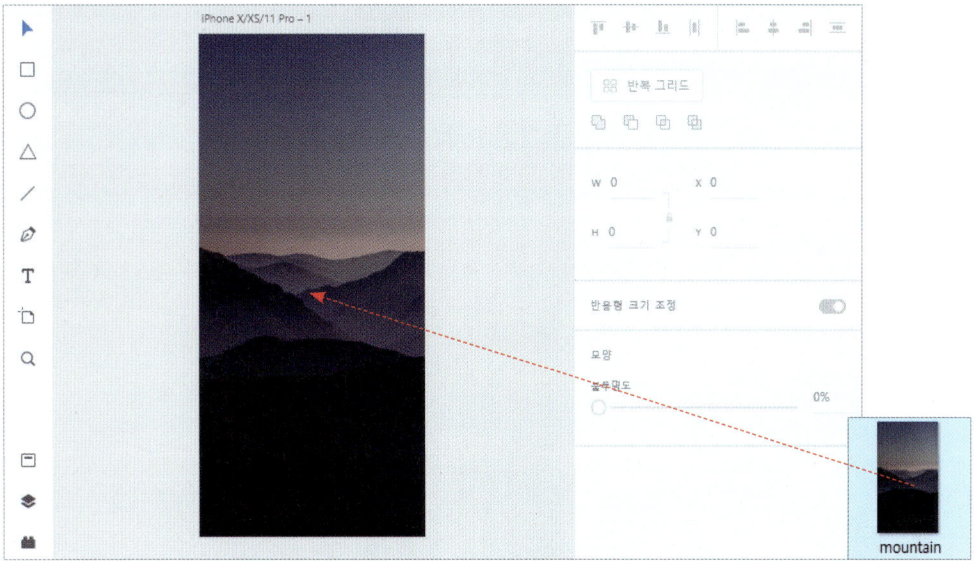

03 펜 툴( )로 이미지를 반복 클릭하면서 스카이라인 형태를 따라 패스를 연결하고 처음 시작 지점으로 돌아와 닫힌 오브젝트 형태로 만든다.

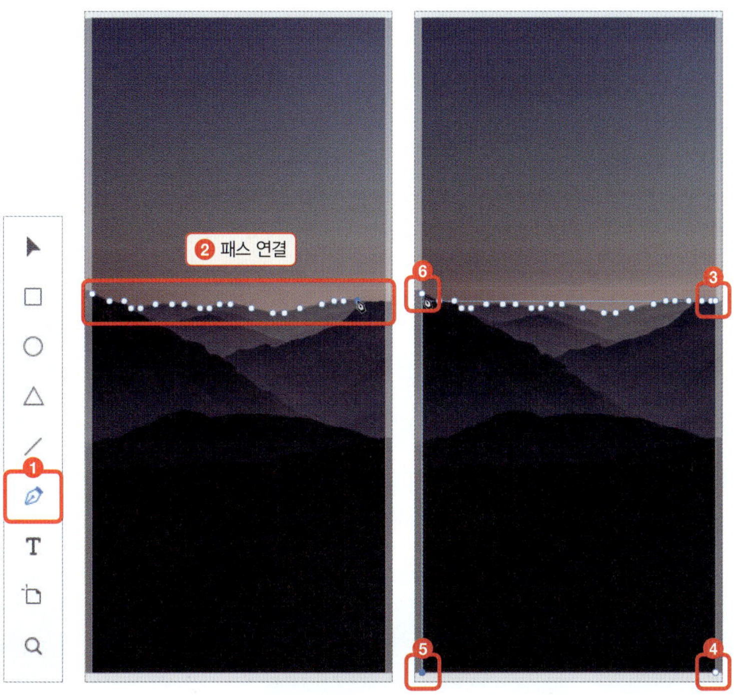

04 선택 툴(▸)을 이용해 펜 툴로 만든 라인을 더블클릭해 앵커 포인트가 모두 나타나도록 한 후, 화면을 확대해 앵커 포인트를 더블클릭하고 핸들러를 드래그하면서 스카이라인을 자연스럽게 정리한다.

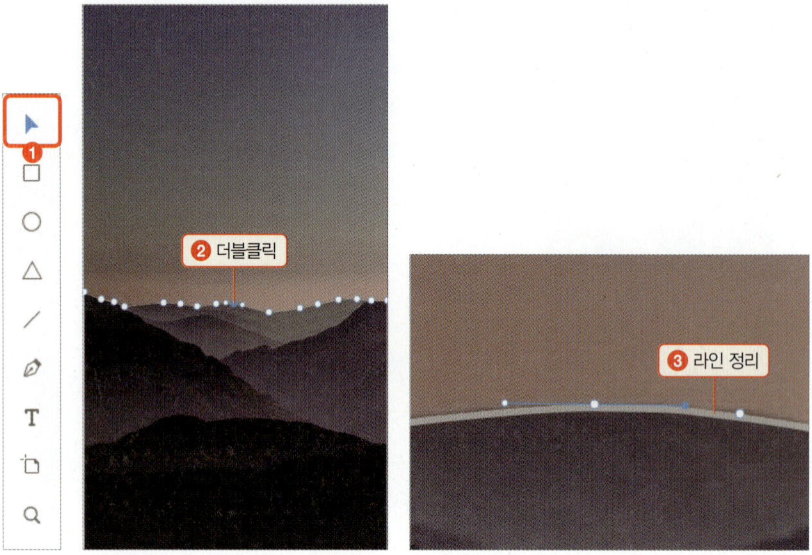

05 스카이라인 오브젝트와 배경 이미지를 함께 선택하고 Ctrl + Shift + M을 눌러 마스크 만들기를 실행하면 하늘을 제외한 산의 형태만 남는다.

06 [Chapter_07 ▸ Section_01 ▸ images] 폴더에서 'mountain.jpg' 파일을 아트보드로 드래그해 불러온 후 아트보드보다 조금 크게 배치하고 Ctrl + Shift + [를 눌러 맨 뒤로 보낸다. 마스크 이미지의 크기를 불러온 이미지보다 조금 더 크게 조정한다.

07 텍스트 툴(T)로 아트보드를 클릭해 'DISCOVER'를 입력하고, 옵션 창에서 중간 정렬(세로)( )와 가운데 정렬(가로)( )를 클릭해 아트보드 한가운데에 배치한다.

08 툴 패널 하단의 레이어( )를 클릭해 레이어 패널이 열리면 'DISCOVER' 텍스트 레이어를 '마스크 그룹1' 레이어 아래로 드래그한다. 텍스트가 마스크 이미지 뒤에 배치되어 보이지 않게 된다.

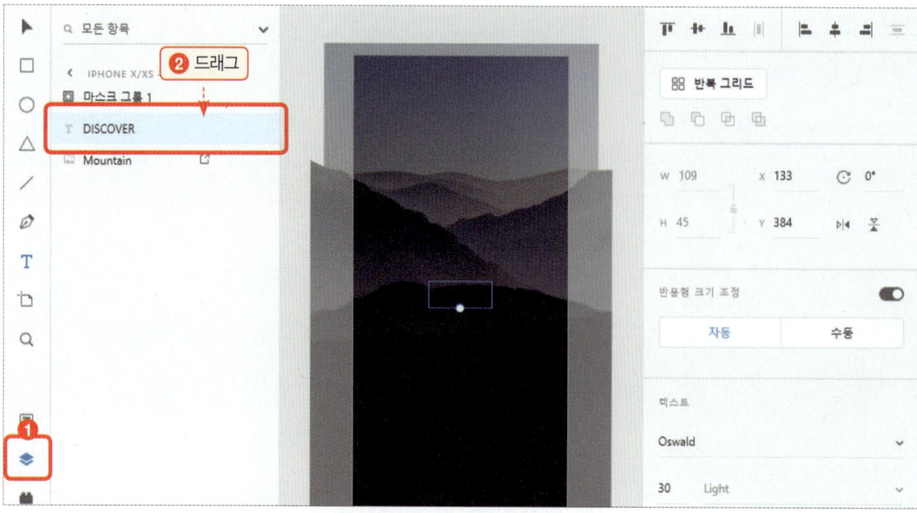

09 [Chapter_07 ▸ Section_01 ▸ images] 폴더에서 'cloud1.png'와 'cloud2.png'를 아트보드로 드래그해 불러와 좌우에 각각 배치하고 크기도 조절한다.

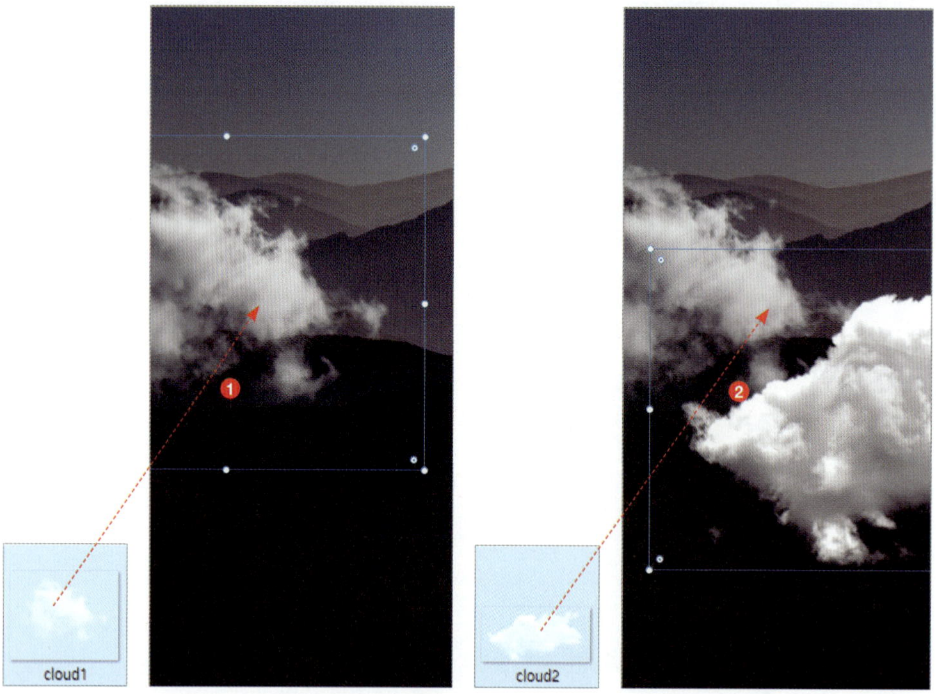

Tip 구름 이미지를 불러올 때는 아트보드 내부가 아닌 화면의 빈 곳에 드래그한다.

10 사각형 툴(□)로 W는 200, H는 50인 사각형 오브젝트를 만든 후, 옵션 창에서 '테두리'의 체크를 해제하고 '불투명도'는 40%, '모든 모퉁이에 대해 동일한 반경' 값은 25, '채우기' 색상은 #35517A로 설정한다.

11 텍스트 툴(T)로 아트보드에 'Get Started'를 입력하고 버튼 오브젝트의 중앙에 배치한다.

12 선택 툴(▸)로 텍스트와 버튼 오브젝트를 함께 선택하고 Ctrl+G를 눌러 그룹으로 만든 후 옵션 창에서 '불투명도'를 0%로 변경해 투명하게 만든다.

13 아트보드의 이름을 'parallax-1'로 변경하고 Alt를 누른 채 오른쪽으로 드래그해 'parallax-2' 아트보드를 만든다.

14 'parallax-2' 아트보드의 왼쪽 구름을 아트보드에서 보이지 않도록 왼쪽 상단으로 이동시킨다. 이때 구름이 완전히 아트보드를 벗어나면 아트보드에서 제거되므로 바운딩 박스가 아트보드에 살짝 걸치도록 배치한다.

15 'parallax-2' 아트보드의 오른쪽 구름도 아트보드에서 보이지 않도록 오른쪽으로 이동시킨다. 역시 아트보드에서 완전히 벗어나지 않도록 조절한다.

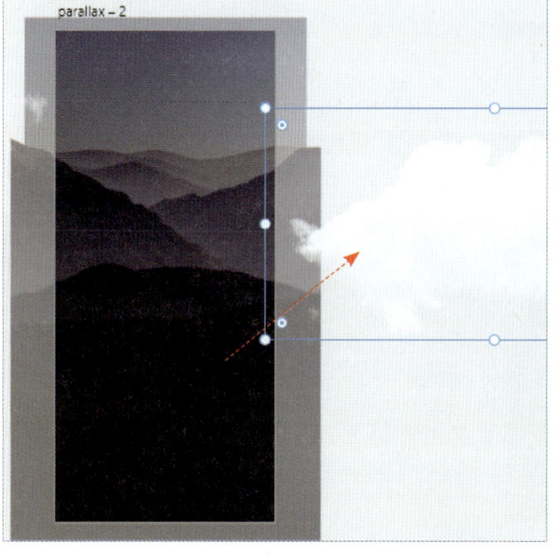

16 'parallax-2' 아트보드의 배경 이미지 크기를 아트보드 높이에 맞게 변경한다. 아트보드의 높이가 812이므로 종횡비 잠금( )을 클릭해 비율을 고정한 후 H에 812, Y에 0을 입력하면 간단하다.

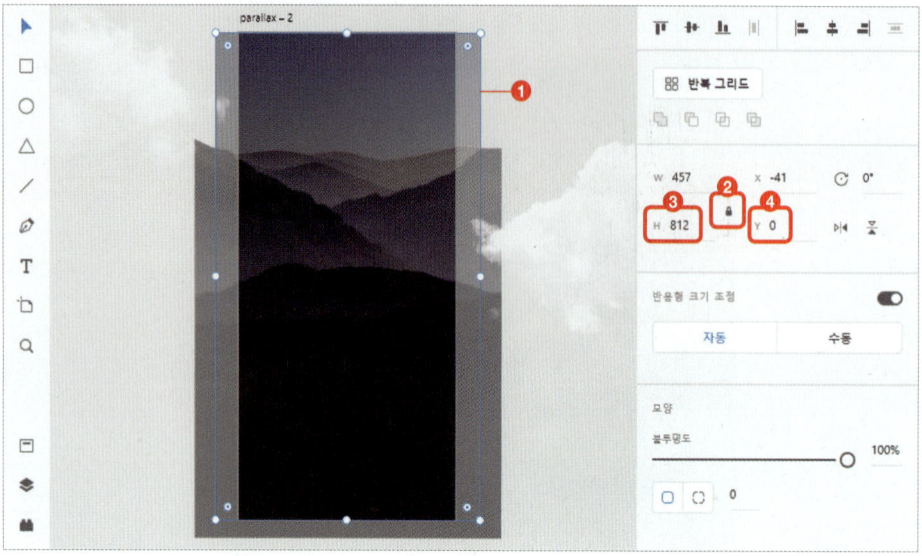

17 이번에는 마스크 이미지를 선택하고 옵션 창에서 종횡비 잠금( ) 클릭해 비율을 고정한 후 W에 375, X에 0을 입력한다. 하단 정렬( )을 클릭해 아트보드 아래에 딱 맞게 배치한다.

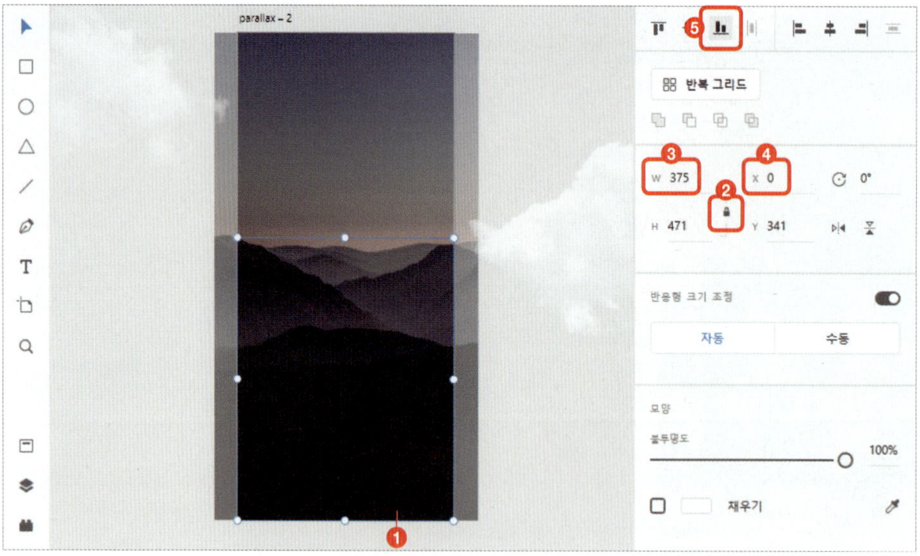

18 레이어( )를 클릭해 레이어 패널을 열고 'DISCOVER' 텍스트 레이어를 '마스크 그룹 1' 레이어 위로 올린다. 옵션 창에서 글꼴은 Oswald, 크기는 48로 설정하고, '채우기' 색상은 #FFFFFF로 설정한다. 가운데 정렬(가로)( )를 클릭하고, Y는 180으로 변경한다.

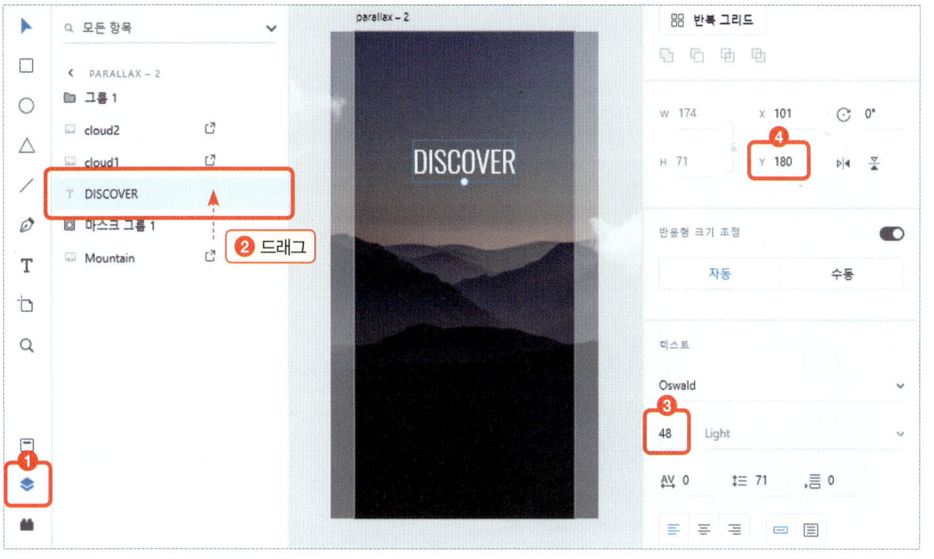

19 투명하게 변경했던 버튼 오브젝트의 '불투명도'를 100%로 설정해 보이도록 만든다.

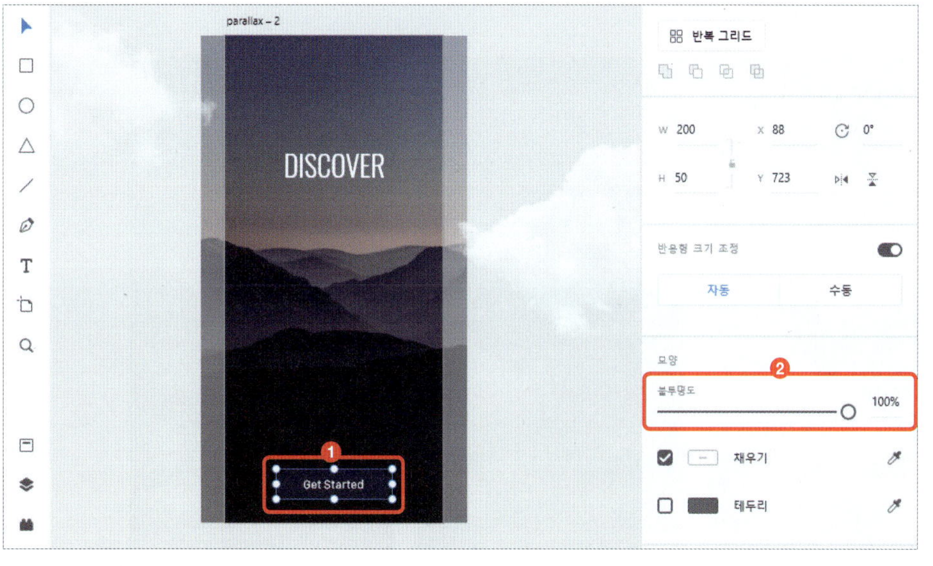

20 [프로토타입]을 클릭해 프로토타입 모드로 전환한다. 'parallax-1' 아트보드를 선택하고 인터랙션 연결 위젯을 'parallax-2' 아트보드로 드래그해 연결한다. 옵션 창에서 '인터랙션' 옵션의 '트리거'는 [시간], '지연'은 [1초], '액션'은 [자동 애니메이트], '이징 효과'는 [서서히 끝내기], '재생 시간'은 [2초]로 설정한다.

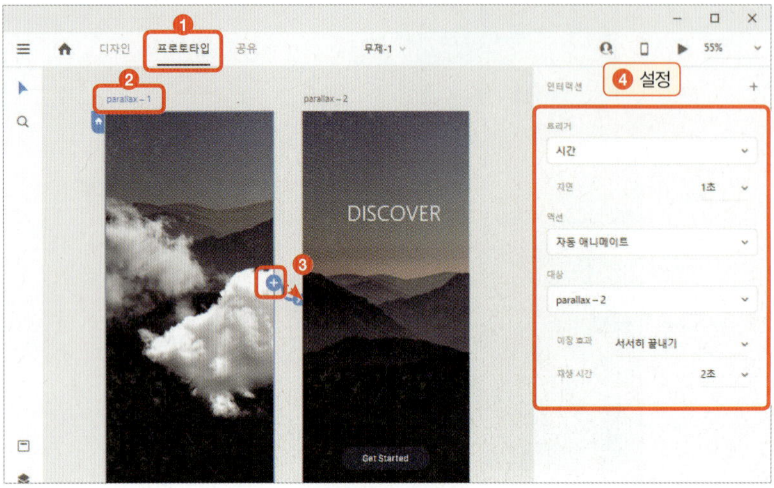

Tip '지연'을 1초로 설정하면 처음 미리보기를 실행할 때 1초 동안 멈춰있게 된다.

21 '데스크탑 미리보기(▶)'를 클릭하면 구름이 좌우로 물러가고 산이 아래로 멀어지면서 앱 타이틀 문자와 버튼이 나타나는 것을 확인할 수 있다.

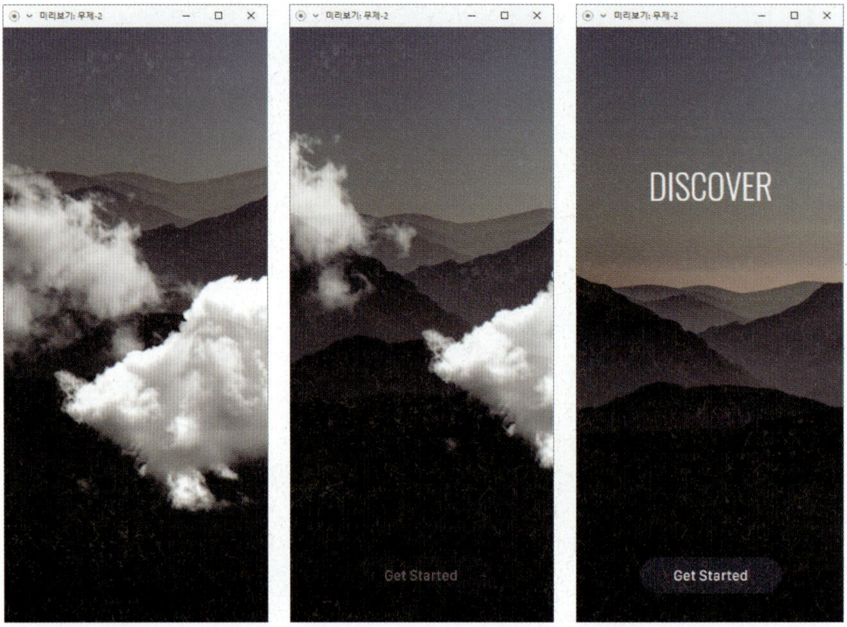

Tip 'parallax-2' 아트보드의 인터랙션 연결 위젯을 다시 'parallax-1'로 연결하면 반복되는 패럴랙스 로딩 이미지를 얻을 수 있지만 다음 페이지 진입 버튼이 사라지므로 권장하지 않는다. 완성 파일 두 개를 비교하면 그 차이를 확인할 수 있다.

2
무한 루프 로딩 인터랙션

완성 이미지

준비 파일 aurora.jpg

완성 파일 loop_result.xd

01 Adobe XD를 실행한 후 홈 화면에서 'iPhone X/XS/11 pro' 모바일 아이콘을 클릭해 새 아트보드를 만든다.

02 사각형 툴(□)로 아트보드를 채우는 사각형을 만든 후 [Chapter_07 ▸ Section_02 ▸ images] 폴더에서 'aurora.jpg' 파일을 사각형 오브젝트로 드래그한다.

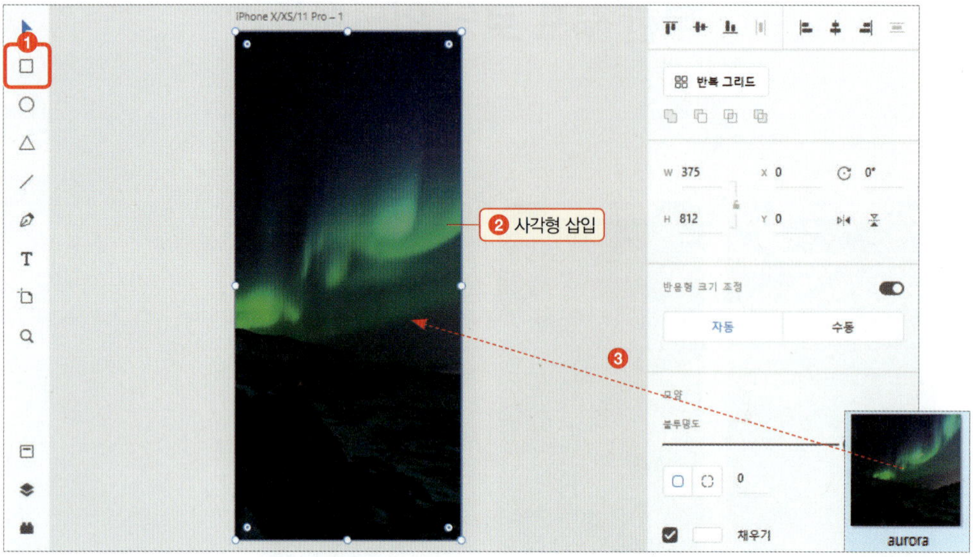

Tip 적당한 크기의 사각형을 그리고 옵션 창에서 W는 375, H는 812, X와 Y는 0으로 설정하면 편리하다.

03 사각형 툴(□)로 다시 아트보드를 채우는 사각형을 만든다. 옵션 창에서 '채우기' 색상을 #000000으로 변경하고 [배경 그림 효과]를 선택한 후 '정도'는 30, '밝기'는 -10, '불투명도'는 0%로 설정한다.

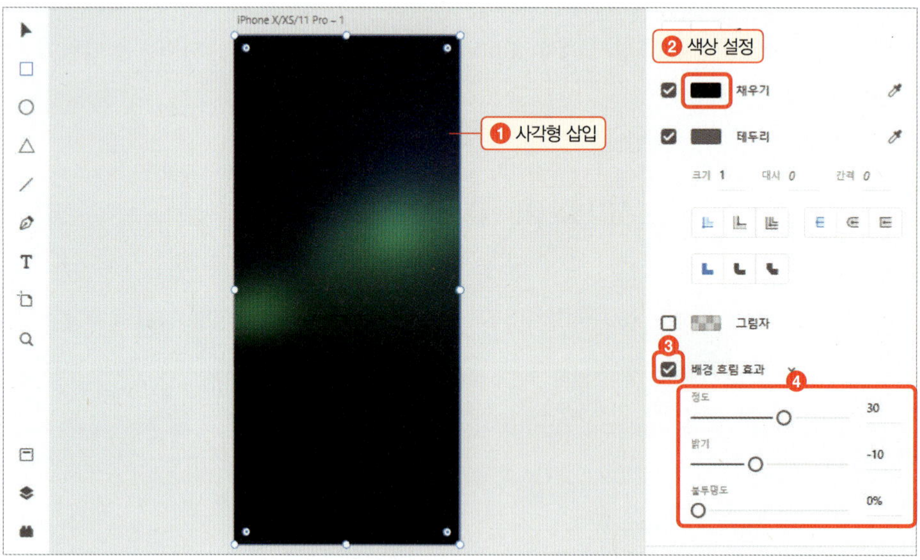

04 타원 툴(○)로 아트보드에 원을 만들고 '불투명도'를 5%로 설정한 후 원을 여러 개 복제하고 선택 툴(▶)을 이용해 불규칙하게 배치해 배경 이미지를 만든다.

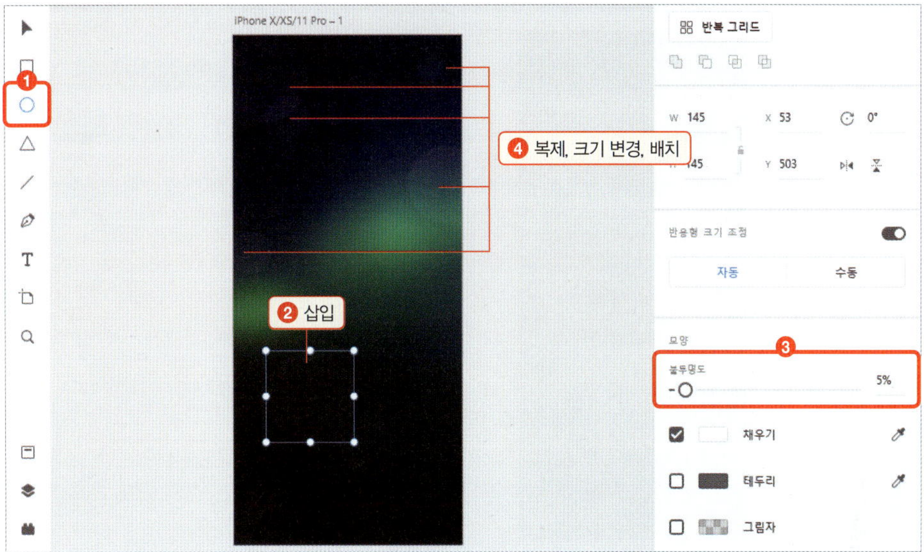

05 타원 툴(○)로 W와 H가 각각 180인 원을 만들고, 텍스트 툴(T)로 아트보드에 'BRAND NAME'이라고 입력한다. 글꼴은 Segoe UI, 크기는 28로 설정한다.

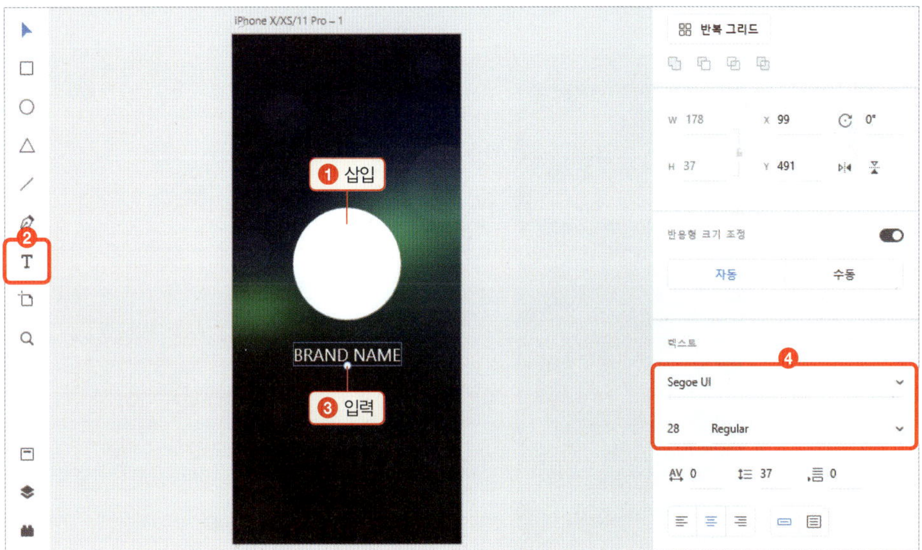

06 선택 툴(▶)로 원을 선택한 후 '채우기'의 체크를 해제하고 '불투명도'는 30%, '테두리' 색상은 #FFFFFF, '크기'는 2, '대시'는 6, '간격'은 6으로 설정해 점선 형태의 원으로 만든다.

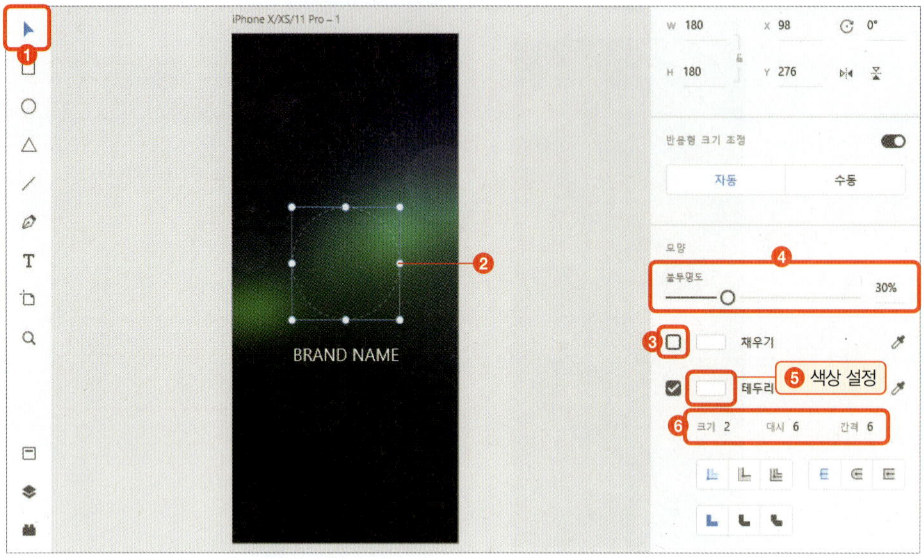

07 점선 형태 원이 선택된 상태에서 Ctrl+C와 Ctrl+V를 눌러 같은 위치에 복제한다. 옵션 창에서 '불투명도'는 100%, '테두리' 색상은 #31FF00, '크기'는 8, '대시'는 60, '간격'은 600으로 변경해 원의 일부에만 색상을 나타내고 '가운데 선( )'과 '원형 단면( )'을 클릭한다.

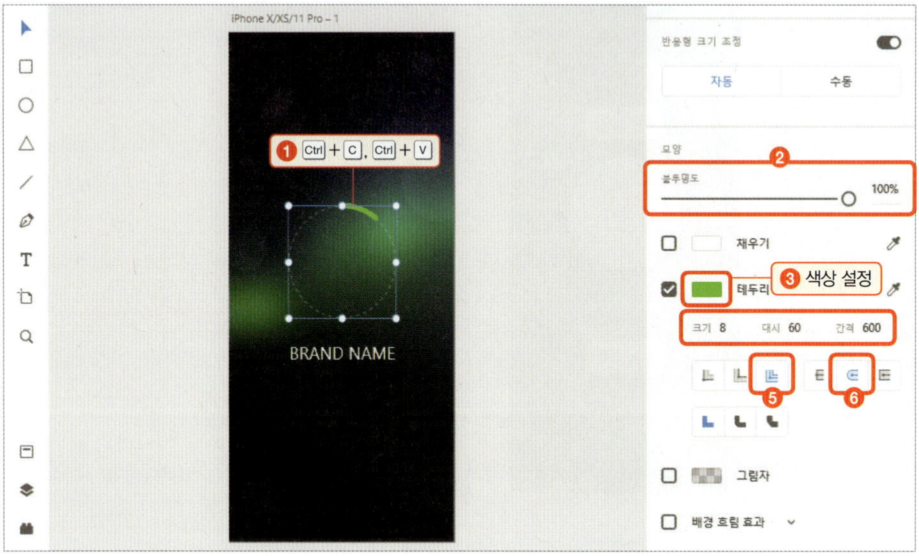

Tip '대시'의 간격 수치가 크기 때문에 다음 대시가 보이지 않아 원형의 일부처럼 만들어진 것이다. '대시'의 값을 조절하면 선의 길이를 조절할 수 있다.

08 아트보드의 이름을 Alt 를 누른 채 오른쪽에 복제한 후 복제된 아트보드에서 연두색 선이 있는 원을 선택하고 옵션 창에서 회전을 360°로 설정한다.

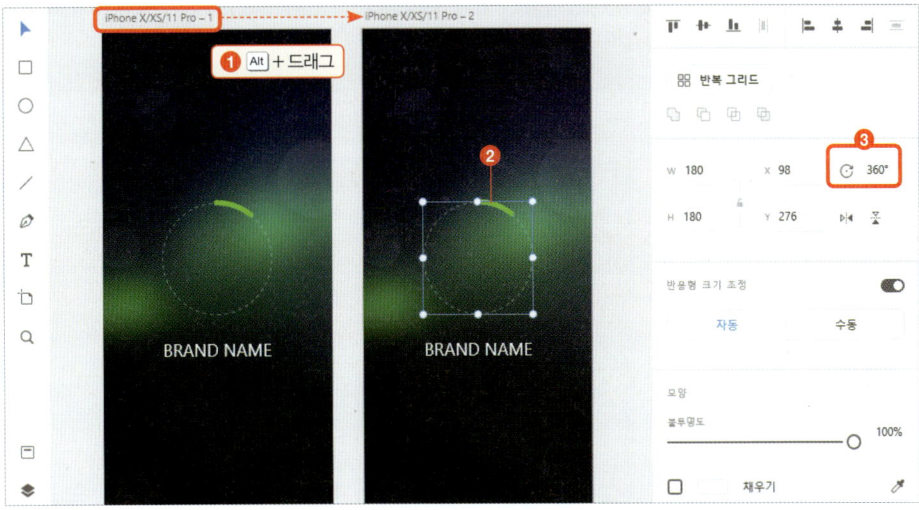

Tip 360° 회전했기 때문에 위치는 그대로인 것처럼 보이지만, 프로토타입을 적용하면 회전하는 모양으로 구현된다.

09 [프로토타입]을 클릭해 프로토타입 모드로 전환한다. 'iPhone X/XS/11 Pro–1' 아트보드의 인터랙션 연결 위젯을 'iPhone X/XS/11 Pro–2' 아트보드로 연결한다. 옵션 창에서 '인터랙션' 옵션의 '트리거'는 [시간], '지연'은 [0초], '액션'은 [자동 애니메이트], '이징 효과'는 [없음], '재생 시간'은 [3초]로 설정한다.

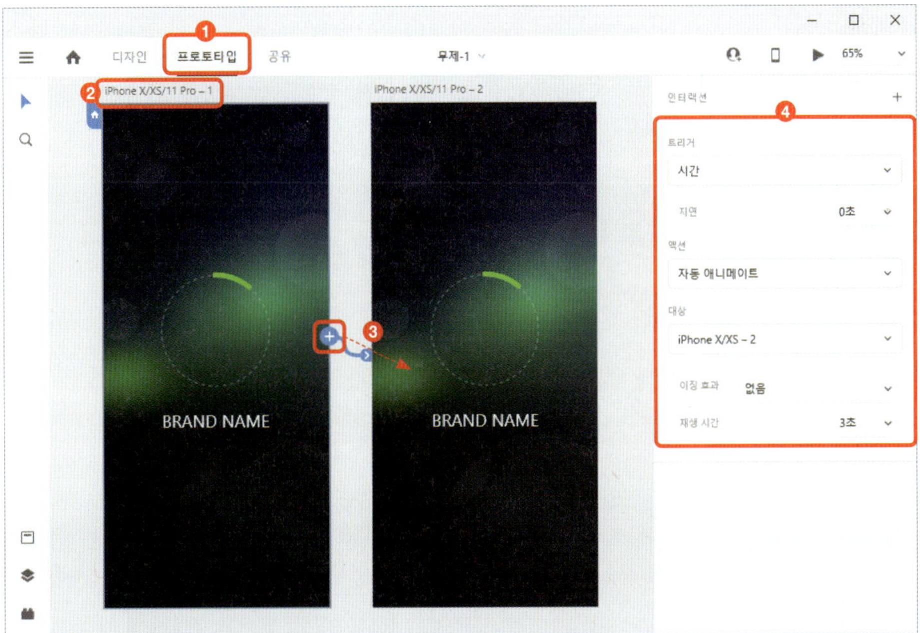

10 무한 반복 애니메이션을 위해 'iPhone X/XS11 Pro–2' 아트보드의 인터랙션 연결 위젯을 'iPhone X/XS/11 Pro–1' 아트보드로 연결한다. '인터랙션' 옵션은 그대로 유지한다.

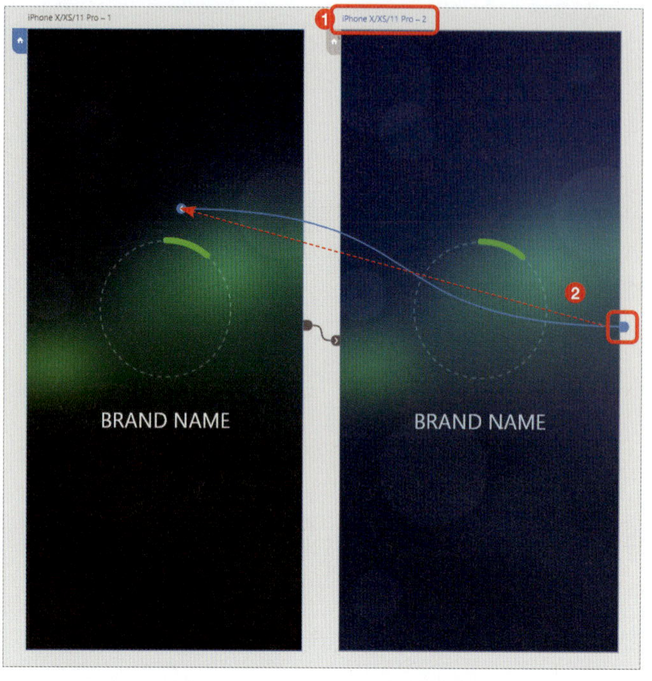

11 '데스크탑 미리보기(▶)'를 클릭하면 연두색 원형 선이 무한 반복해 회전하는 것을 확인할 수 있다.

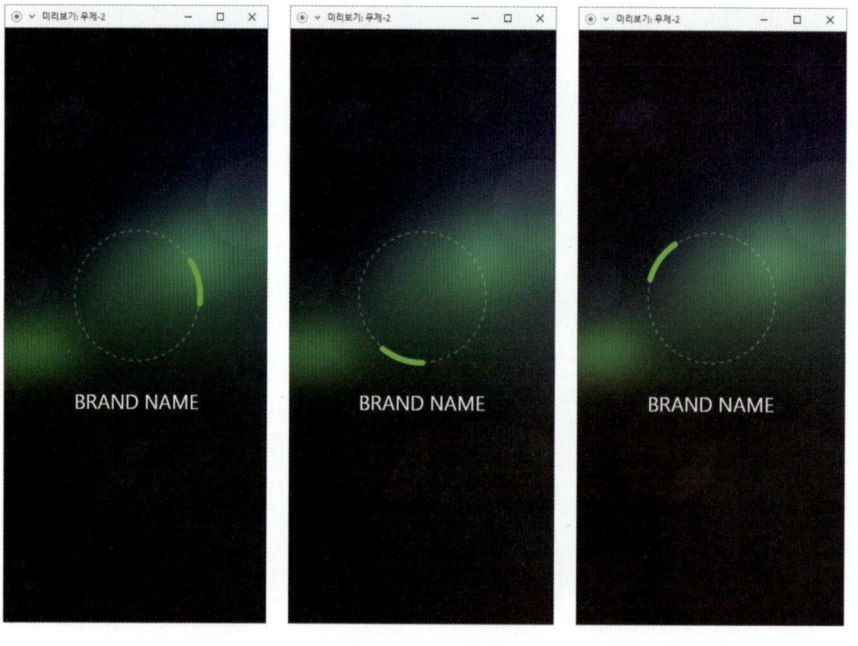

3
진행형 로딩 인터랙션

완성 이미지

준비 파일 img1.jpg

완성 파일 progress_loading_result.xd

01 Adobe XD를 실행한 후 홈 화면에서 'iPhone X/XS/11 Pro' 모바일 아이콘을 클릭해 새 아트보드를 만든다.

02 [Chapter_07 ▸ Section_03 ▸ images] 폴더에서 'img1.jpg' 파일을 아트보드로 드래그해 삽입한다.

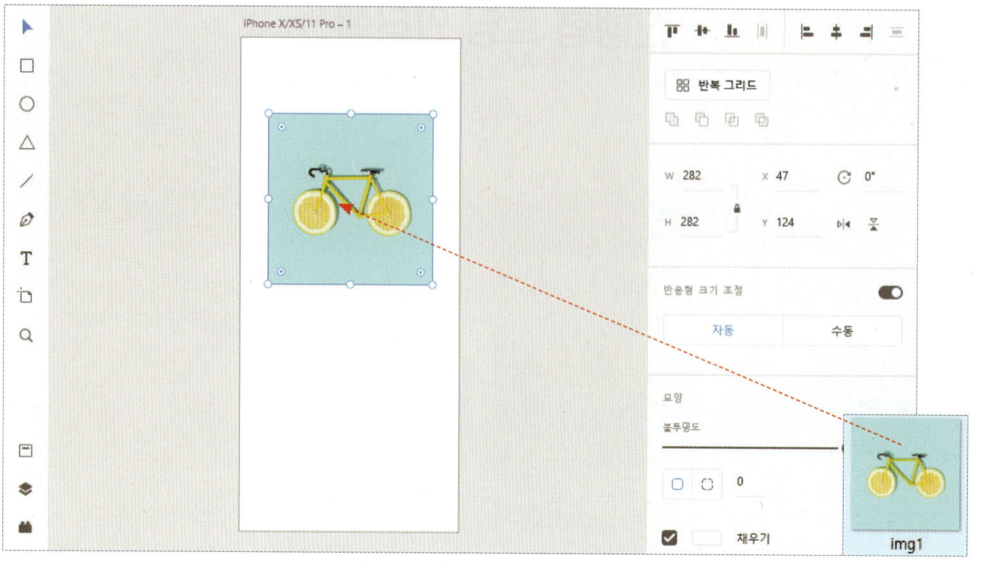

03 선택 툴( )로 아트보드의 빈 공간을 더블클릭해 아트보드를 선택하고 '채우기'의 '화면에서 색상 선택' 버튼( )을 클릭한 후 이미지의 배경 부분을 클릭해 아트보드의 배경을 이미지와 같은 색으로 채운다.

04 텍스트 툴(T)로 아트보드에 'BRAND NAME'이라고 입력하고 글꼴은 Segoe UI, 크기는 30, '채우기' 색상은 #FFFFFF로 설정한다.

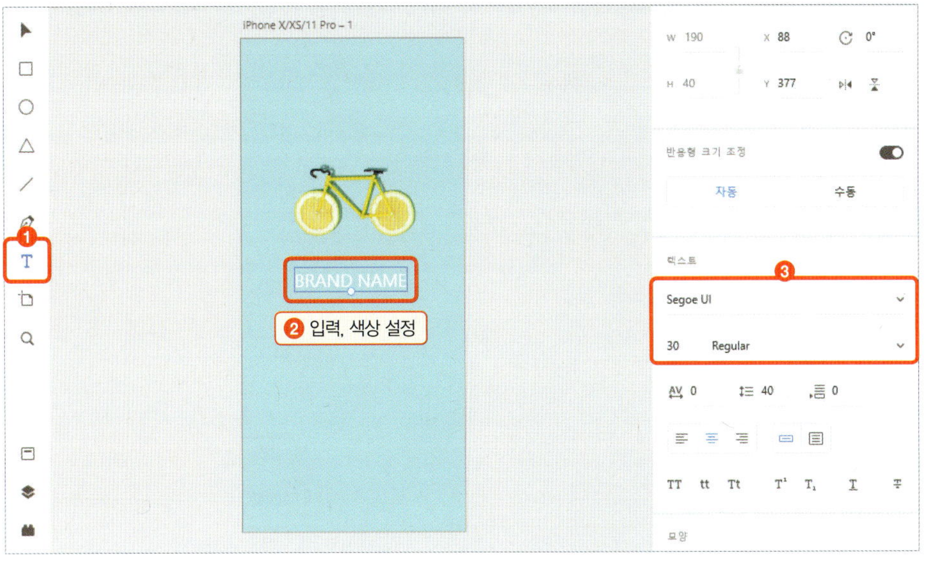

05 펜 툴( )로 아트보드 하단에 W가 290인 수평선을 그리고, '테두리' 색상은 #BBBBBB, '크기'는 2로 설정한다.

06 사각형 툴(□)로 임의의 크기의 사각형을 만든 후 '모든 모퉁이에 대해 동일한 반경(□)' 값을 16으로 설정한다. '채우기' 색상은 #FF01F7로 설정하고, '테두리'의 체크는 해제한다. '그림자'의 색상을 #FF01F7로, B를 8로 설정해 오브젝트의 상하좌우로 그림자가 번지도록 만든다.

07 사각형 오브젝트의 W와 H를 6으로 줄여 회색 선의 왼쪽 가장자리에 배치한다.

08 아트보드 이름을 Alt를 누른 채 오른쪽으로 드래그해 복제한다. 복제된 아트보드에 있는 사각형 오브젝트를 선택하고 회색 선의 너비와 같도록 W를 290으로 변경한다.

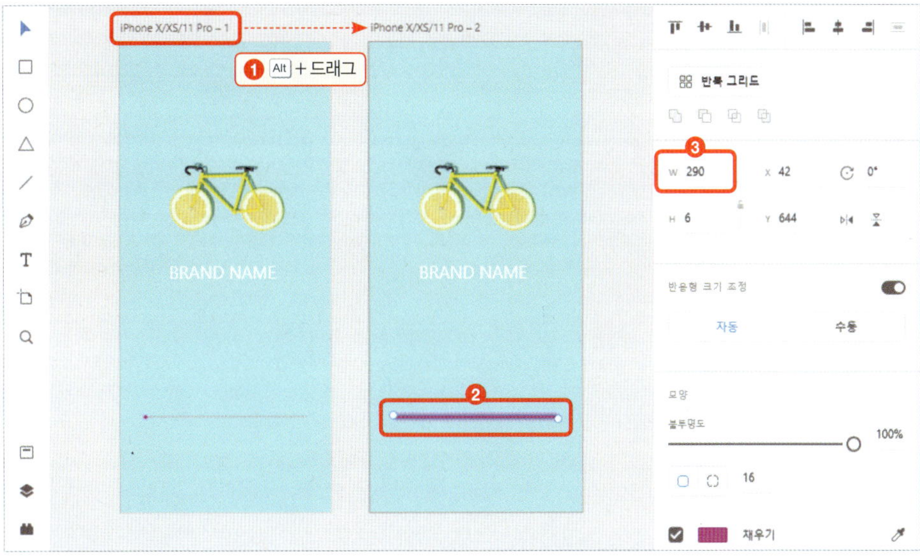

09 [프로토타입]을 클릭해 프로토타입 모드로 전환한다. 'iPhone X/XS/11 Pro–1' 아트보드의 인터랙션 연결 위젯을 'iPhone X/XS/11 Pro–2' 아트보드로 드래그해 연결한다. 옵션 창에서 '인터랙션' 옵션의 '트리거'는 [시간], '지연'은 [0초], '액션'은 [자동 애니메이트], '이징 효과'는 [서서히 시작–끝내기], '재생 시간'은 [4초]로 설정한다.

10 '데스크탑 미리보기(▶)'를 클릭해 미리보기를 실행하면 분홍색 바가 시간의 흐름에 따라 진행되는 것을 확인할 수 있다.

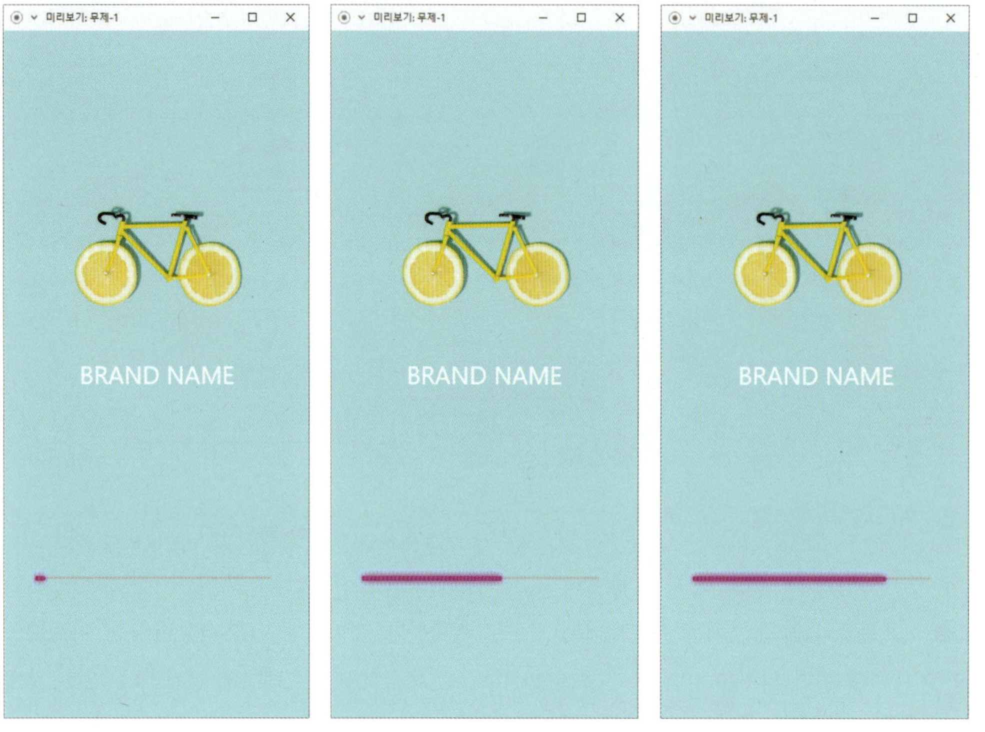

4
숫자형 로딩 인터랙션

완성 이미지

준비 파일 없음

완성 파일 number_loading_result.xd

01 홈 화면에서 'iPhone X/XS/11 Pro' 모바일 아이콘을 클릭해 새 아트보드를 만든다.

02 아트보드의 '채우기' 색상을 #FFC5D3로 설정하고 텍스트 툴(T)로 'BRAND NAME'을 입력한다. 글꼴은 Segoe UI, 크기는 30, '채우기' 색상은 #FFFFFF로 설정한다.

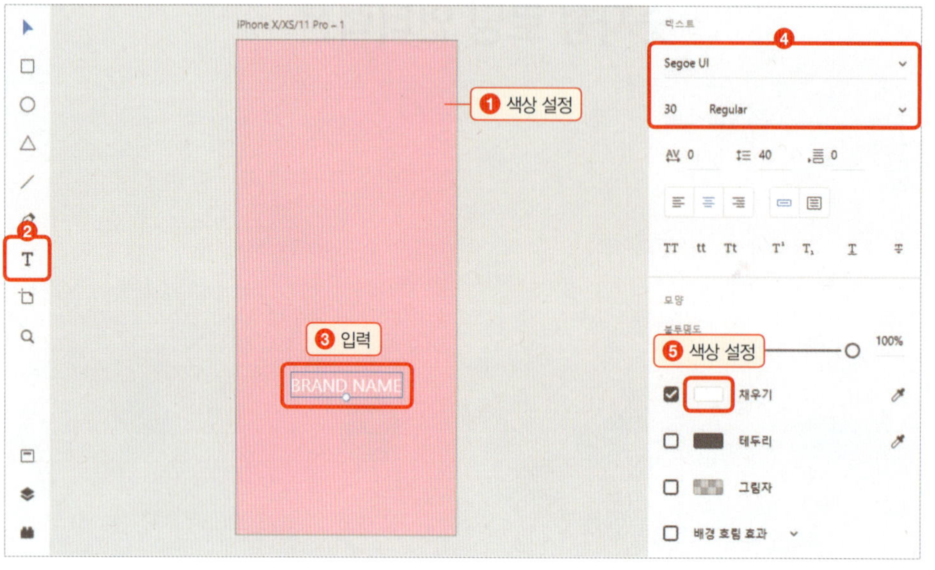

03 타원 툴(○)로 W와 H가 120인 원을 만들고 선택 툴(▸)로 원의 내부를 더블클릭해 앵커 포인트가 나타나면 상단 앵커 포인트를 더블클릭해 직선 형태로 변경한다.

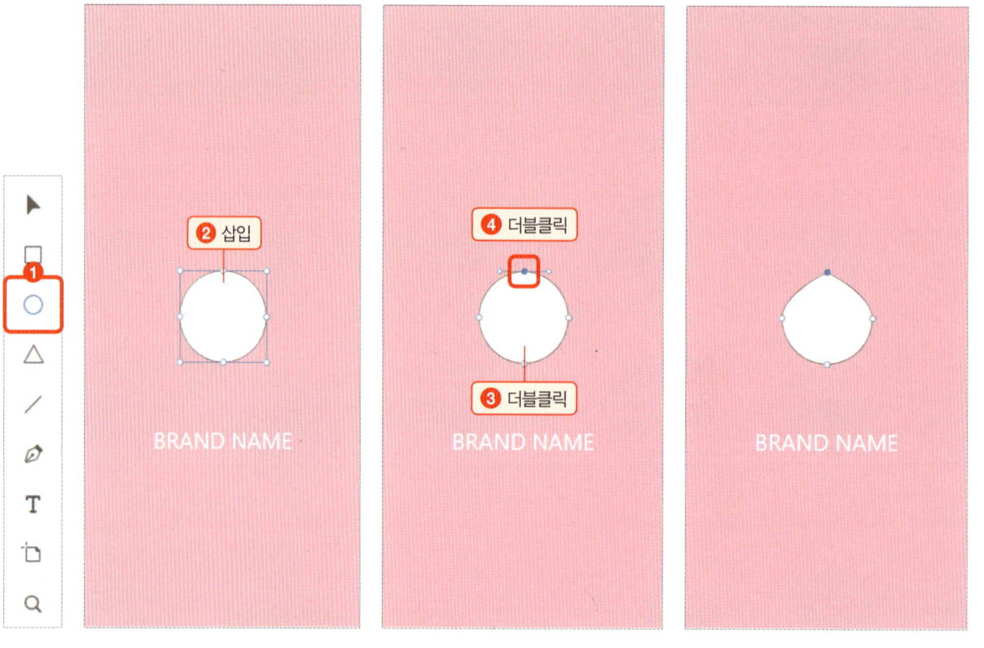

04 상단 앵커 포인트를 위로 드래그해 물방울 모양으로 만든 후 옵션 창에서 '채우기'를 해제한다. '테두리'의 색상은 #FFFFFF, '크기'는 4로 설정한다.

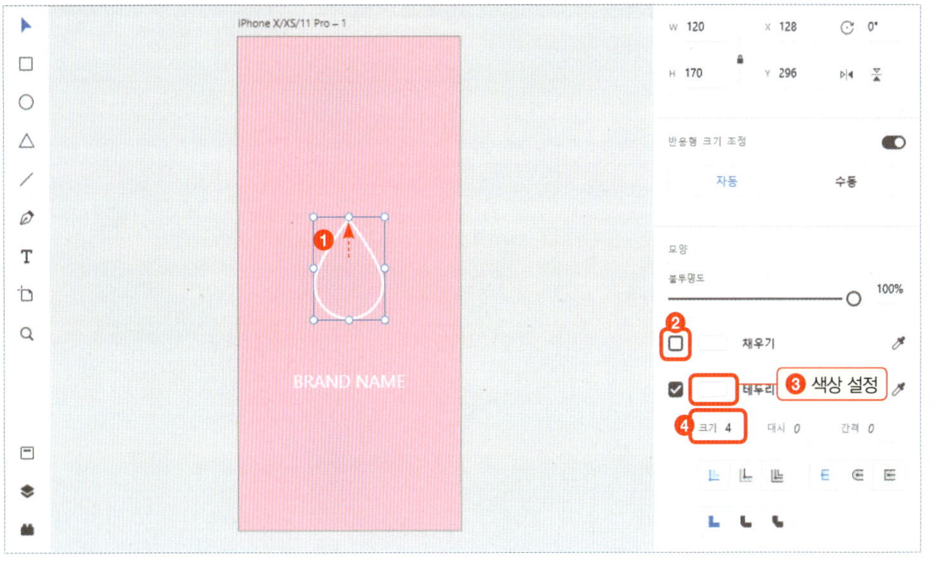

05 오브젝트를 선택한 상태에서 Ctrl + C 와 Ctrl + V 를 눌러 같은 위치에 복제한 후, '채우기' 색상을 #00D3FF로 변경하고 '테두리'의 체크는 해제한다.

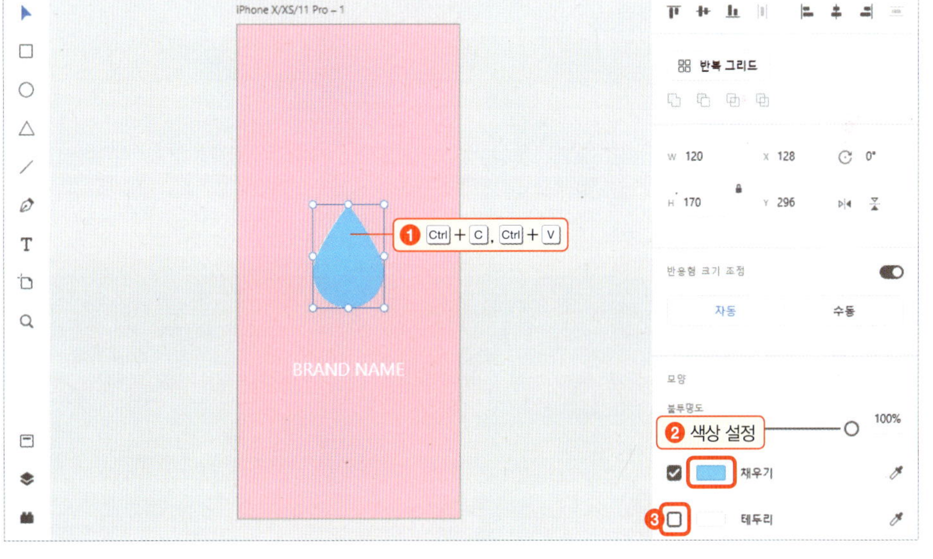

06 물방울 오브젝트의 내부를 선택 툴(▸)로 더블클릭해 앵커 포인트가 나타나면 상단 앵커 포인트를 왼쪽 아래로 드래그한다. 이동한 앵커 포인트를 더블클릭해 다시 곡선 모양으로 변경하고 핸들러를 움직여 물이 고인 형태로 만든 후 Ctrl + Shift + [를 눌러 맨 뒤로 보내 물방울 오브젝트의 테두리가 위로 올라오게 한다.

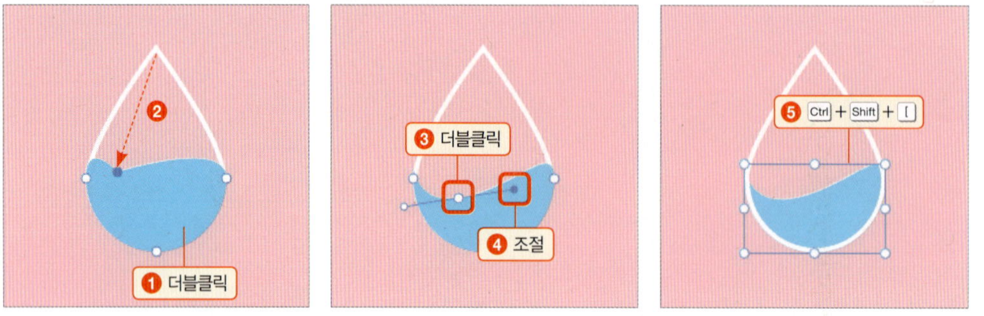

07 텍스트 툴(T)로 0부터 9까지 세로로 두 번 입력하고 글꼴은 Segoe UI, 크기는 18, '채우기' 색상은 #FFFFFF로 한다. 숫자 모음이 세 개가 되도록 복제하고 물방울 오브젝트 하단 가운데에 다음과 같이 배치한다.

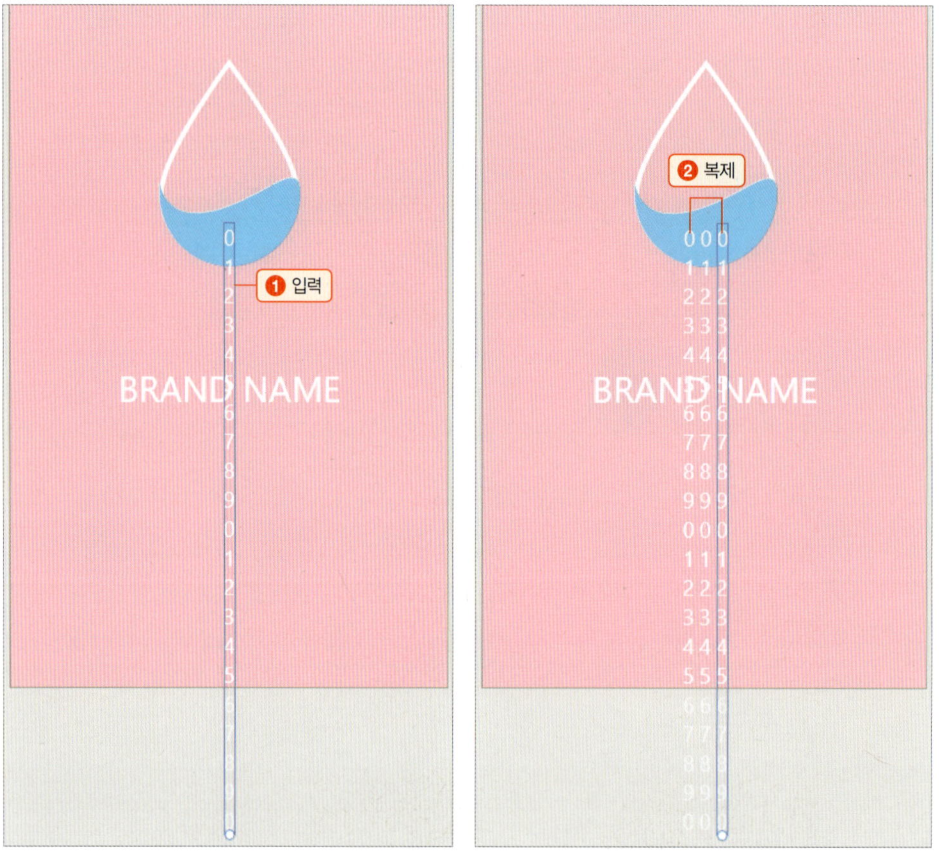

08 사각형 툴(□)로 숫자 '000'을 가리는 사각형을 만든 후 선택 툴(▸)로 숫자 모음 세 개와 사각형을 함께 선택하고 Ctrl + Shift + M을 눌러 마스크 만들기를 실행하면 '000'만 보이게 된다.

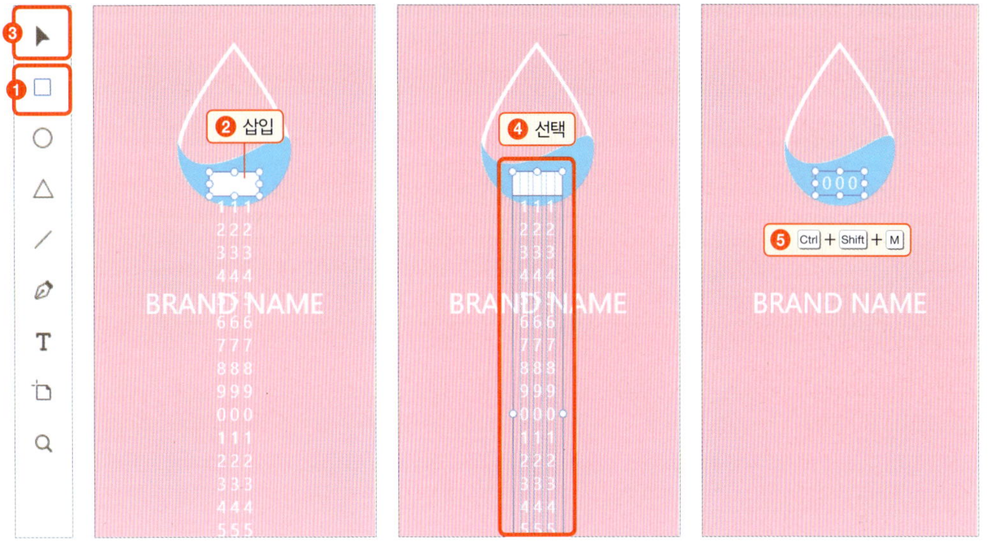

09 선택 툴(▸)로 마스크 영역을 더블클릭해 숫자가 나타나면 첫 번째 숫자 모음을 아래로 드래그해 보이지 않도록 만든 후 숫자 모음 세 개를 모두 선택하고 '불투명도'를 0으로 설정해 보이지 않도록 만든다.

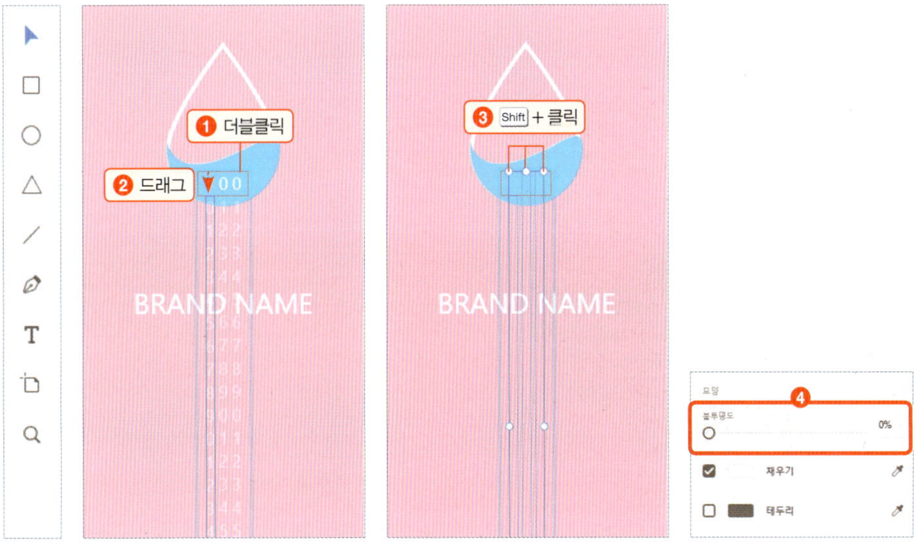

10 아트보드의 이름을 'Number–1'로 바꾸고 Alt를 누른 채 오른쪽에 복제해 'Number–2' 아트보드를 만든다.

11 'Number–2' 아트보드의 파란색 물방울을 더블클릭해 앵커 포인트가 나타나면 조금 상승하는 모양이 되도록 조절해 물방울의 높낮이가 반대가 되도록 한다.

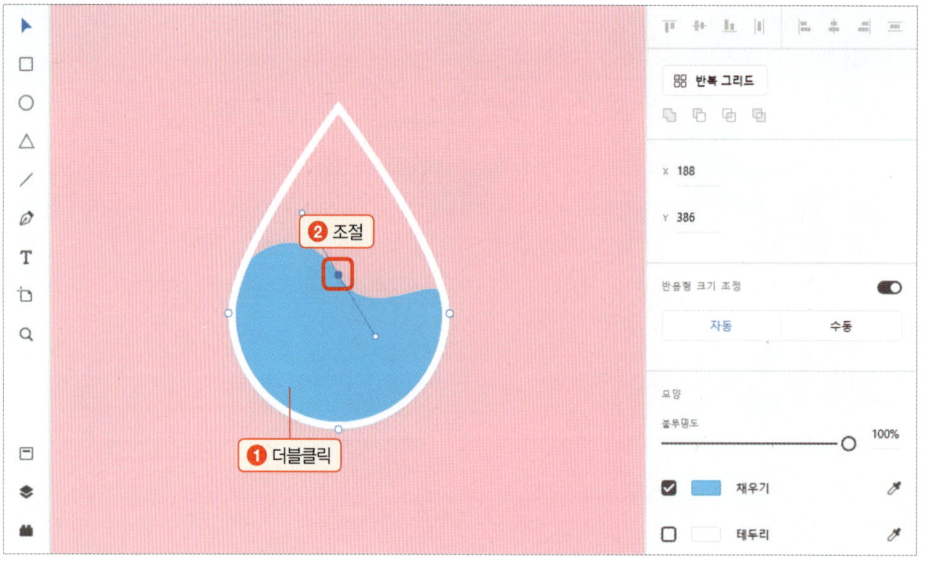

12 마스크 영역을 더블클릭해 숫자 형태가 나타나면 오른쪽 숫자 모음 두 개만 선택해 '불투명도'를 100%로 변경한 후 숫자 모음을 각각 선택하고 드래그해 '46'이 보이도록 배치한다.

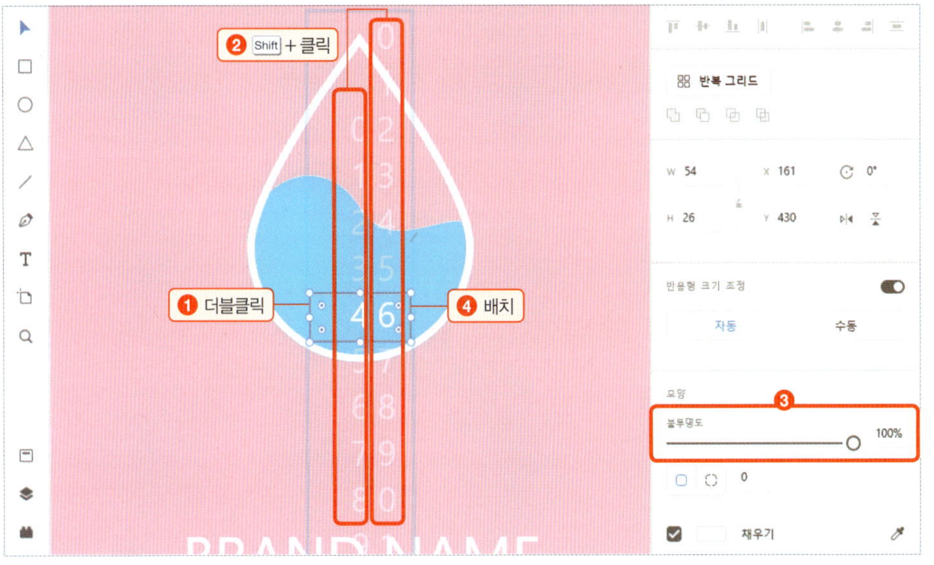

Tip Esc 를 누르거나 아트보드의 빈 영역을 클릭해 선택을 해제한 후 다시 숫자 모음 하나를 더블클릭해 선택하고 위치를 조절한다. 마우스로 드래그해도 되고 키보드의 ↑, ↓를 이용해도 된다.

13 'Number-2' 아트보드를 Alt 를 누른 채 오른쪽에 복제한다.

14 'Number-3' 아트보드의 파란색 물방울을 더블클릭해 앵커 포인트를 나타나게 한 후 조금 더 상승한 모양이 되도록 조절한다. 다시 마스크 영역을 더블클릭해 숫자 모음을 선택하고 각각 위치를 조절해 '87'이 보이도록 배치한다. 이때 세 번째 숫자 세트의 '7'은 두 번째 7로 배치한다.

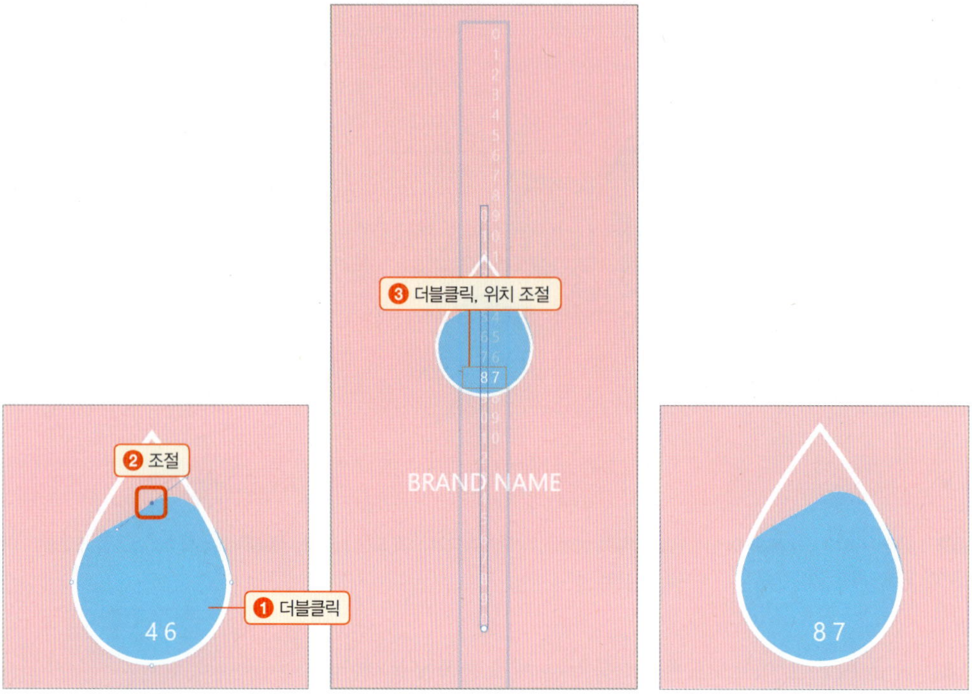

Tip 수평/수직 방향으로 오브젝트를 이동할 때는 Shift를 누르고 드래그하면 편리하다.

15 아트보드를 복제해 'Number-4' 아트보드를 만든다. 'Number-4' 아트보드의 파란색 물방울을 더블클릭해 앵커 포인트를 나타내고 상단 앵커 포인트를 더블클릭해 직선 모양으로 변경한 후 물방울 형태에 꽉 차도록 만든다.

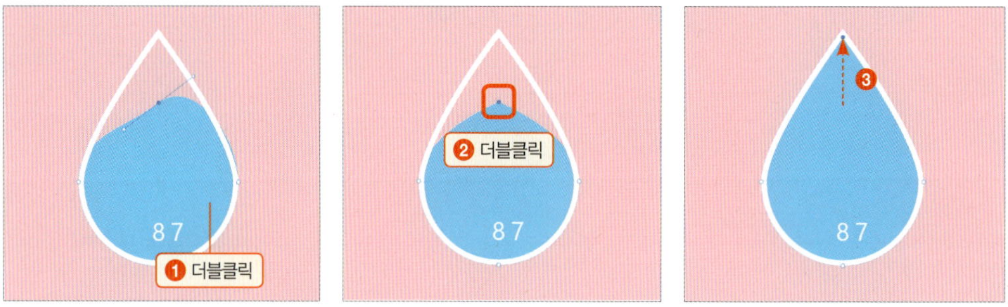

16 마스크 영역을 더블클릭해 숫자 모음이 나타나면 첫 번째 숫자 모음의 '불투명도'를 100%로 변경해 숫자가 보이도록 한다. 첫 번째 숫자는 1, 두 번째 숫자는 중앙의 0, 세 번째 숫자는 마지막의 0으로 배치해 숫자 100이 보이도록 만든다.

17 [프로토타입]을 클릭해 프로토타입 모드로 전환한다. 'Number-1' 아트보드의 인터랙션 연결 위젯을 'Number-2' 아트보드로 드래그해 연결한다. 옵션 창에서 '인터랙션' 옵션의 '트리거'는 [시간], '지연'은 [0초], '액션'은 [자동 애니메이트], '이징 효과'는 [없음], '재생 시간'은 [1초]로 설정한다.

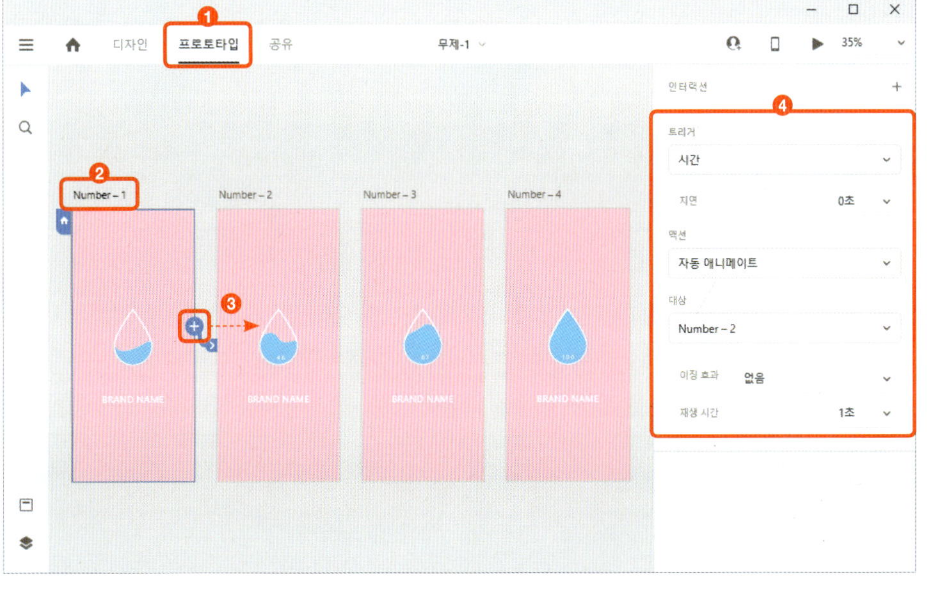

18 같은 옵션으로 각 아트보드를 연결한다.

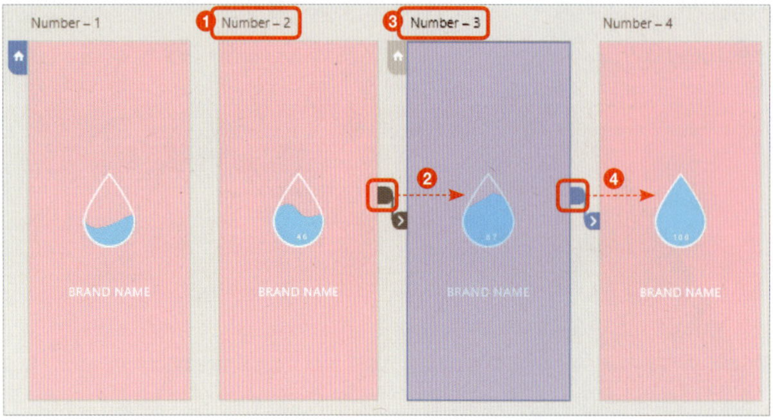

19 'Number-1' 아트보드에서 '데스크탑 미리보기(▶)'를 클릭해 미리보기를 실행하면 물방울 오브젝트가 물로 채워지면서 마지막에 물방울이 가득 차고 숫자는 100에서 멈추는 것을 확인할 수 있다.

5
애니메이션 로딩 인터랙션

완성 이미지

준비 파일 없음

완성 파일 animation_loading_result.xd

01 홈 화면에서 'iPhone X/XS/11 Pro' 모바일 아이콘을 클릭해 새 아트보드를 만든다.

02 아트보드의 '채우기' 색상 옵션을 [선형 그레이디언트]로 변경한 후 좌우 컬러스톱의 색상을 #000000과 #02273A로 변경한다.

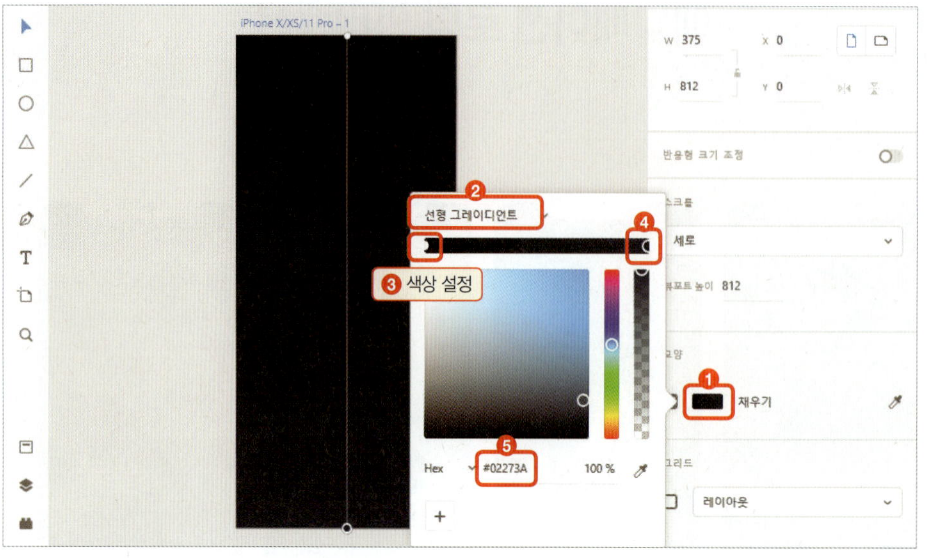

03 타원 툴(○)로 테두리가 없고 크기가 서로 다른 원 세 개를 만들어 아트보드 하단에 배치한다.

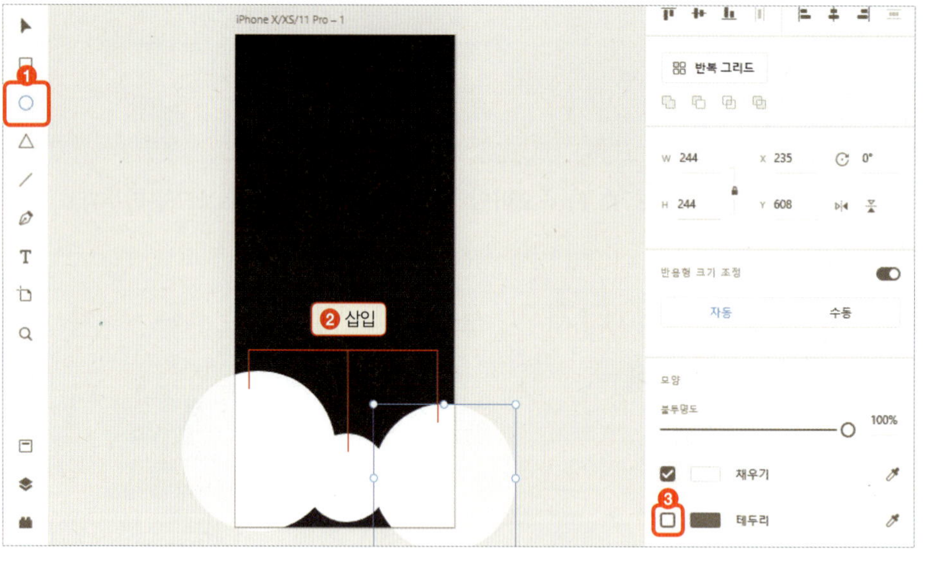

04 선택 툴(▸)로 원 세 개를 한 번에 선택하고 추가(⧉)를 클릭해 합친 후 '채우기' 색상을 #005E81로 설정한다.

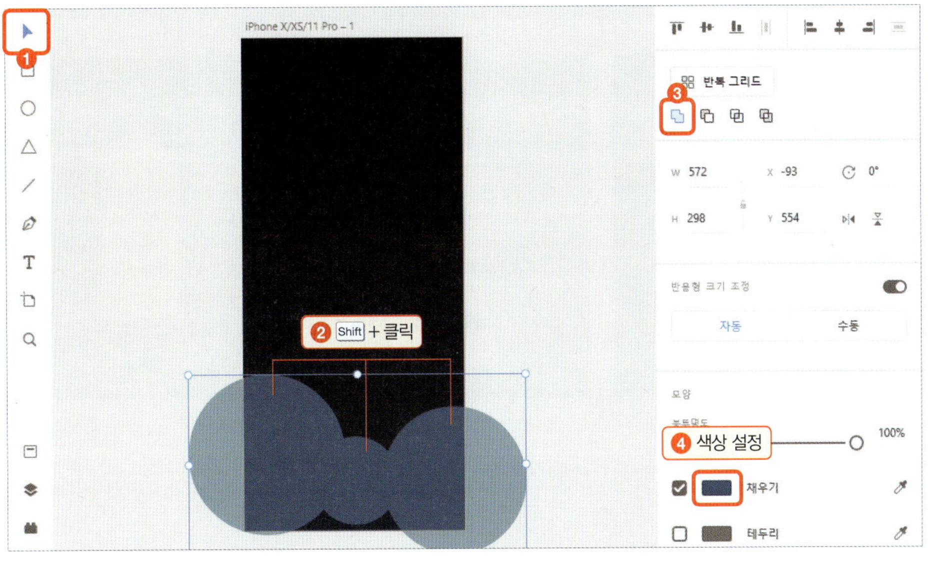

05 오브젝트가 선택된 상태에서 Alt 를 누른 채 아래로 드래그해 복제하고 '채우기' 색상을 #073E53으로 변경한 후 크기와 위치를 조절한다.

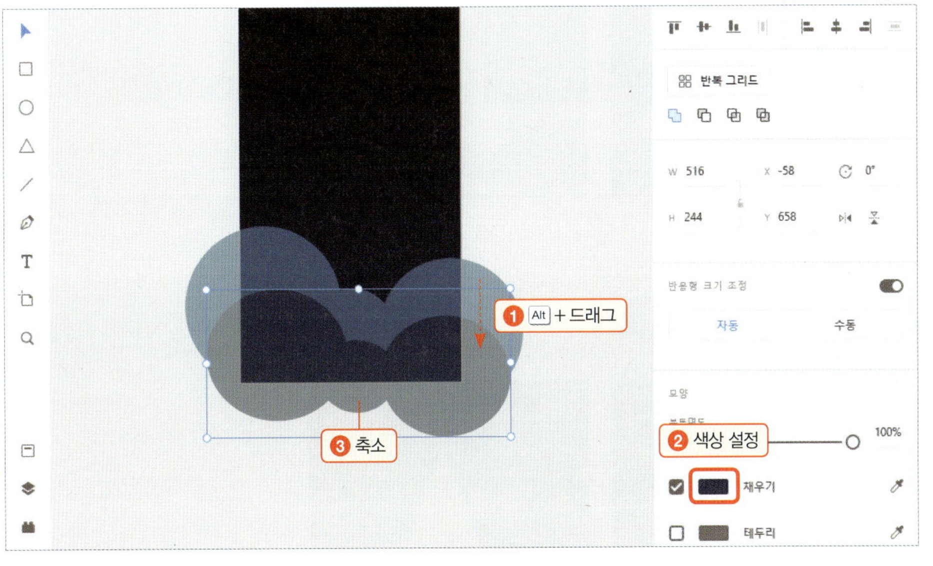

Tip 겹친 구름 모양이 자연스러워 보이도록 복제한 오브젝트의 위치와 크기를 적절히 변경한다. 가로로 뒤집기를 적용해도 되고, 원을 하나씩 더블클릭해 선택하고 크기와 위치를 각각 조절해도 된다.

06 사각형 툴(□)로 직사각형을 만든 후 '채우기' 색상을 #FFDD00으로 설정하고 선택 툴(▸)로 사각형 내부를 더블클릭해 앵커 포인트를 나타낸다. 사각형 윗면 가운데를 클릭해 앵커 포인트를 추가하고 위로 드래그한다.

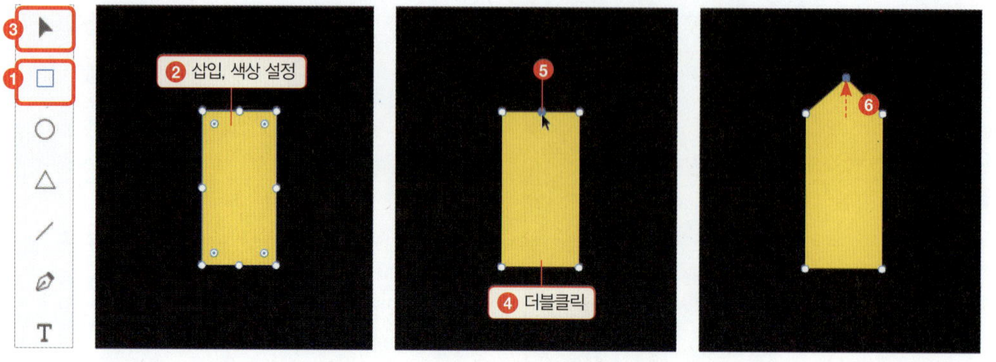

07 선택 툴(▸)로 상단 좌우 앵커 포인트를 동시에 선택하고 아래로 드래그해 이동시킨 후 각 앵커 포인트를 더블클릭해 곡선 형태로 만든다.

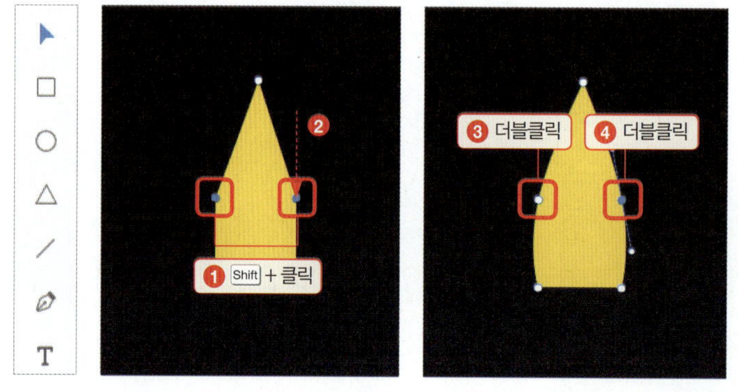

08 오브젝트 아랫면에 앵커 포인트를 세 개 추가한 후 두 번째와 네 번째 앵커 포인트를 동시에 선택하고 위로 드래그해 이동시킨다.

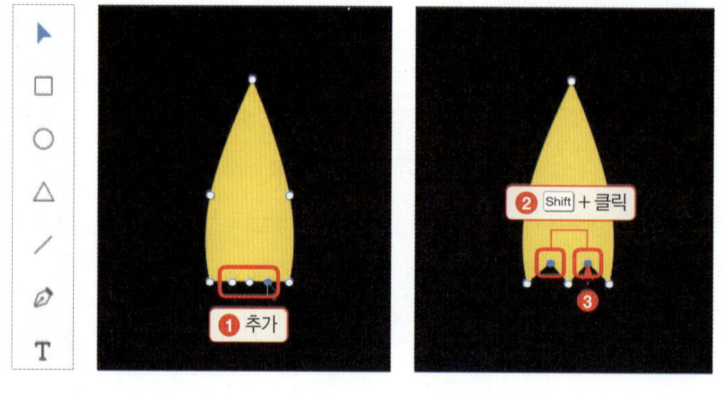

09 사각형 툴(□)로 오브젝트 옆면에 직사각형을 그려 배치하고 색상을 #FFDD00으로 설정한다. 선택 툴(▶)로 사각형 내부를 더블클릭해 앵커 포인트를 나타낸 후 왼쪽 위아래 앵커 포인트를 동시에 선택하고 아래로 드래그해 로켓 날개처럼 만든다. Ctrl+C, Ctrl+V를 눌러 오브젝트를 복제하고 옵션 창에서 가로로 뒤집기(▷◁)를 클릭해 좌우 반전한 후 오른쪽에 배치해 로켓 몸통을 완성한다.

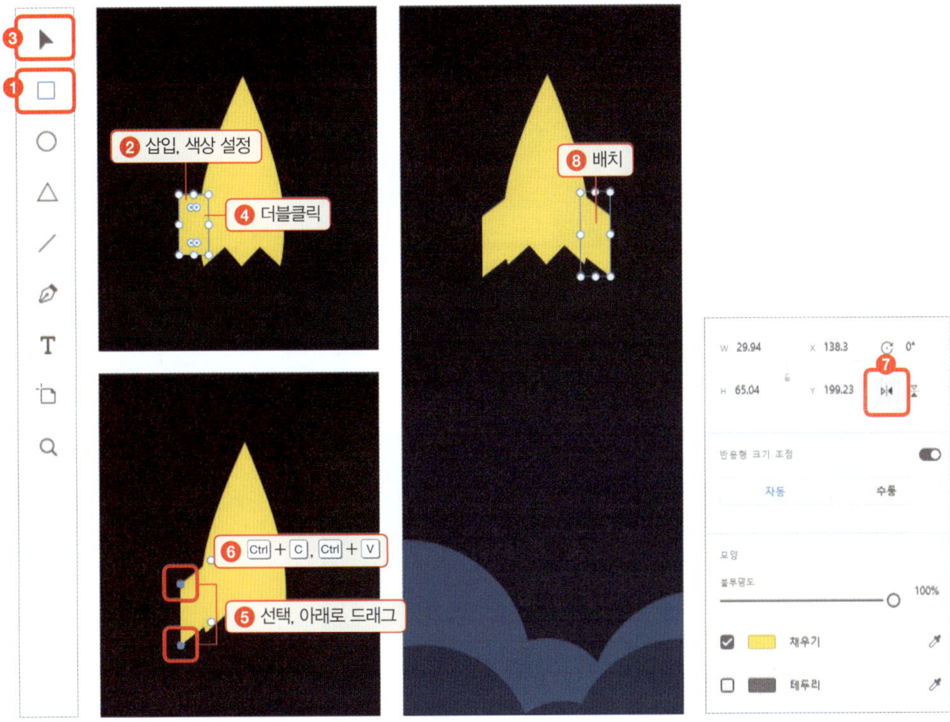

10 타원 툴(○)로 수직 방향 타원을 그린 후 '채우기' 색상을 #FF5700으로 설정한다. 선택 툴(▶)로 원의 내부를 더블클릭해 앵커 포인트를 나타낸 후 하단의 앵커 포인트를 더블클릭해 직선 형태로 변경한다.

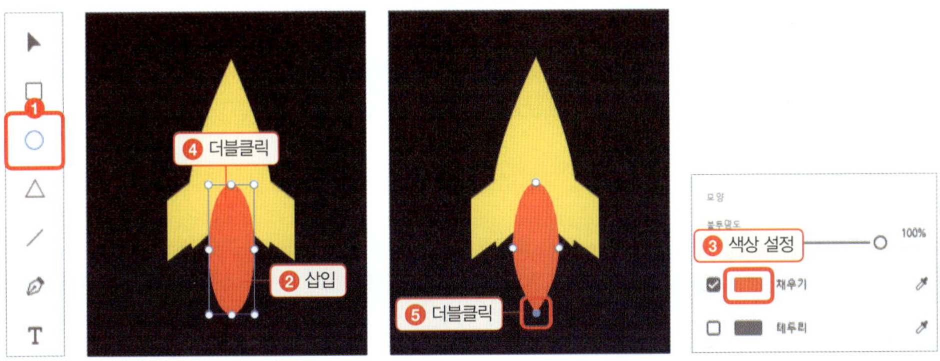

11 선택 툴(▸)로 타원 오브젝트를 선택해 두 개 더 복제하고 축소해 좌우에 배치한다. 타원 오브젝트 세 개를 모두 선택하고 Ctrl + G를 눌러 그룹으로 만든 후 Ctrl + Shift + [를 눌러 맨 뒤에 배치한다.

12 선택 툴(▸)로 로켓 오브젝트를 모두 선택하고 Ctrl + G를 눌러 그룹으로 만든 후 크기를 축소해 아트보드 하단 구름 안에 배치한다.

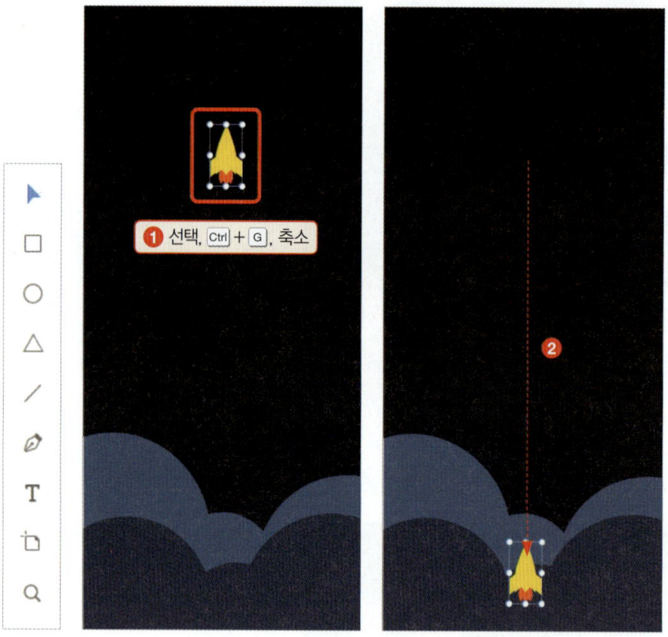

13 다각형 툴(△)을 이용해 수직으로 좁고 긴 삼각형을 만든다. '채우기' 색상 옵션을 [선형 그레이디언트]로 변경하고 왼쪽 컬러스톱의 색상은 #000000, 오른쪽 컬러스톱의 색상은 #808080, 투명도는 0%로 설정해 로켓 슈팅 오브젝트를 만든다.

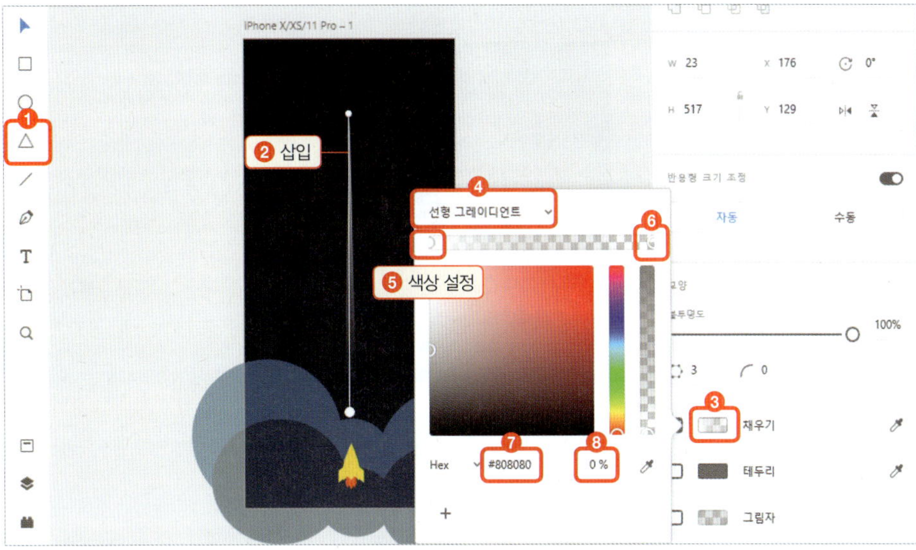

14 선택 툴(▶)로 로켓 슈팅 오브젝트를 작게 축소해 로켓 아래에 배치한다.

15 로켓과 로켓 슈팅 오브젝트를 동시에 선택하고 Ctrl + Shift + [를 눌러 구름 오브젝트 뒤로 보낸다. 툴 패널에서 레이어( )를 클릭해 레이어 패널을 열고 레이어의 이름을 '로켓'과 '그림자'로 각각 변경한다.

16 Ctrl + A 를 눌러 아트보드 내부의 구름, 로켓, 로켓 슈팅 오브젝트를 모두 선택하고 Ctrl + G 를 눌러 그룹으로 만든다.

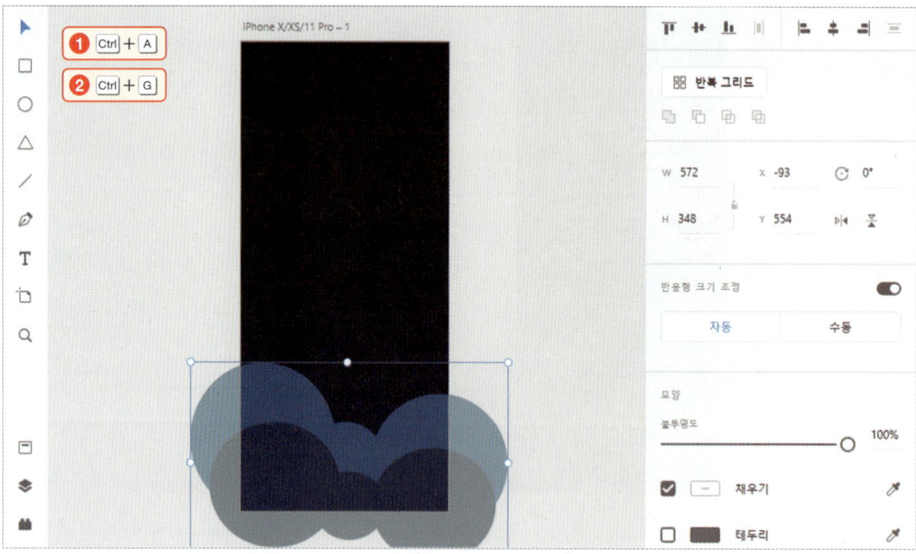

17 텍스트 툴(T)로 'BRAND NAME'을 입력하고 글꼴 크기는 30, '채우기' 색상은 #FFFFFF, '불투명도'는 0%로 설정한다.

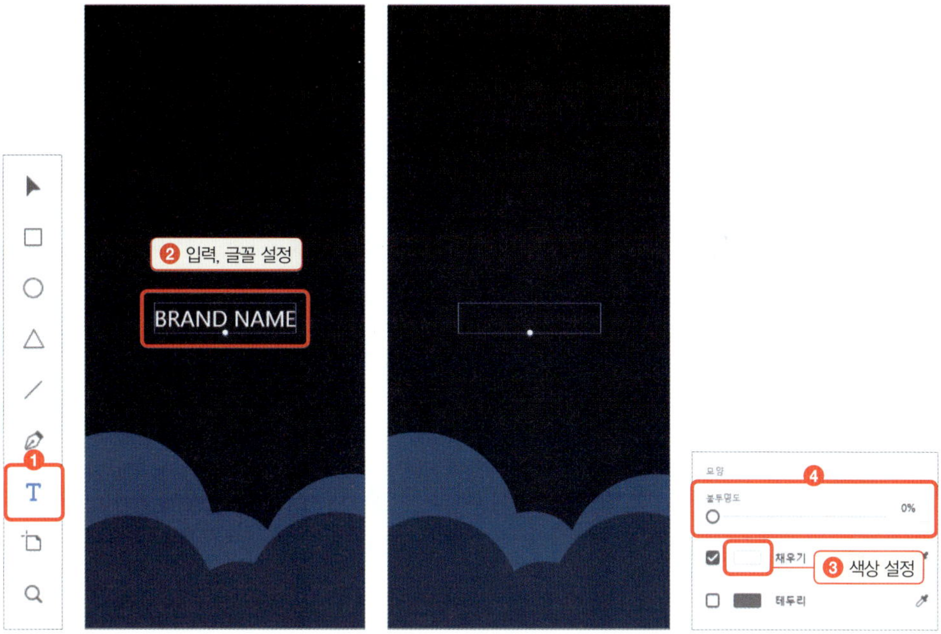

18 선택 툴(▸)로 'iPhone X/XS/11 Pro–1' 아트보드를 Alt 를 누른 채 오른쪽으로 드래그해 복제한다.

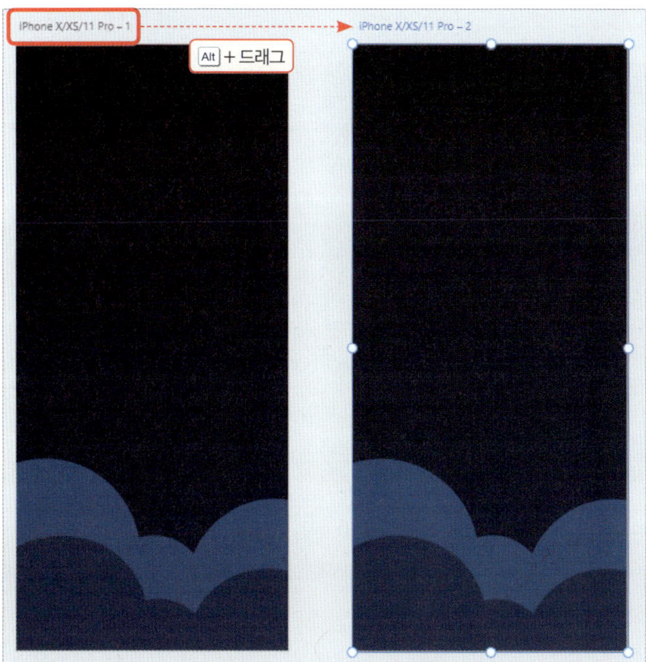

19 복제된 'iPhone X/XS/11 Pro-2' 아트보드를 선택하고 레이어 패널에서 '로켓' 레이어를 선택한 후 아트보드 상단에 배치한다. '그림자' 레이어를 선택해 크기를 키우고 로켓 아래에 배치한 후 'BRAND NAME' 텍스트 레이어의 '불투명도'를 30%로 설정한다.

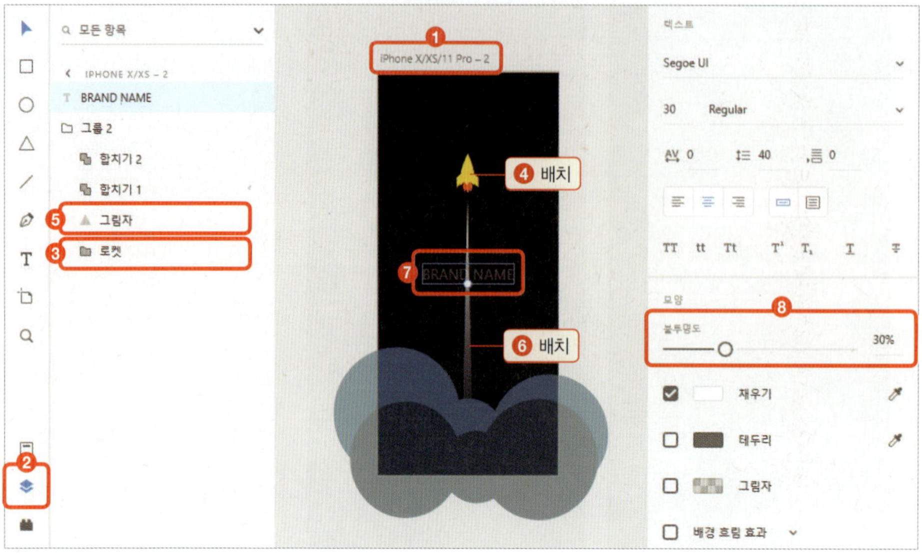

Tip 다른 오브젝트에 가려져서 보이지 않는 오브젝트를 선택할 때는 이처럼 레이어 패널을 이용하면 편리하다.

20 선택 툴( )로 'iPhone X/XS/11 Pro-2' 아트보드를 Alt 를 누른 채 오른쪽으로 드래그해 복제한다.

21 복제된 'iPhone X/XS/11 Pro-3' 아트보드의 로켓 오브젝트를 아트보드 위쪽 바깥으로 드래그한다. 로켓 슈팅 오브젝트는 작게 줄여 상단에 배치하고 '불투명도'를 0%로 설정해 보이지 않도록 만든다.

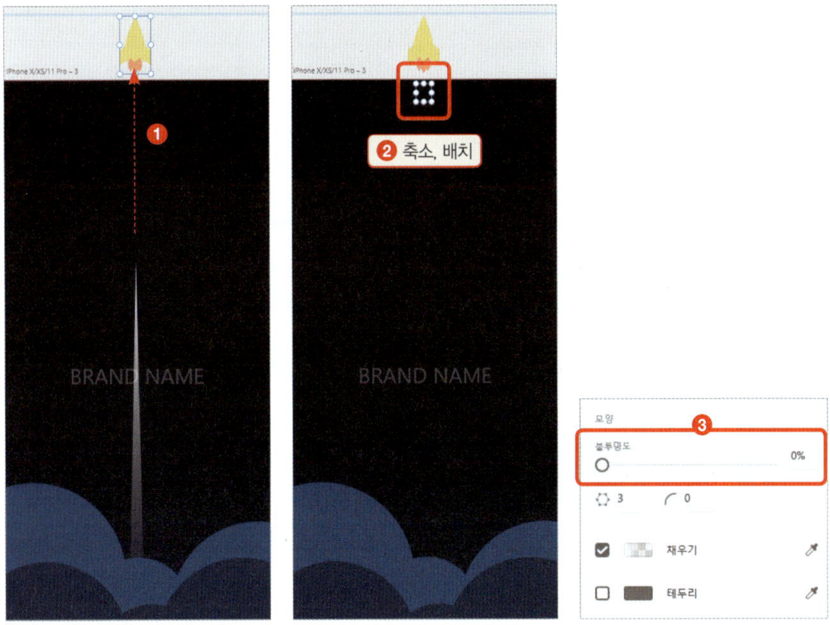

22 텍스트 'BRAND NAME'의 '불투명도'를 100%로 설정해 화면 중앙에 나타나게 한다.

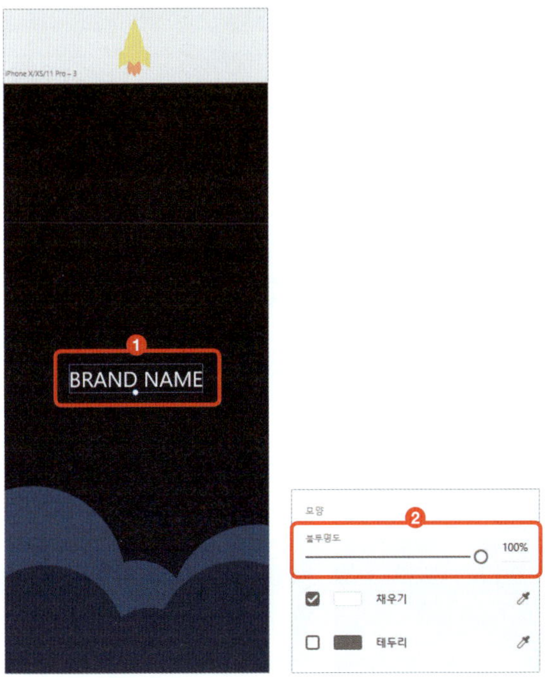

23 [프로토타입]을 클릭해 프로토타입 모드로 전환한다. 'iPhone X/XS/11 Pro–1' 아트보드의 인터랙션 연결 위젯은 'iPhone X/XS/11 Pro–2' 아트보드로 드래그해 연결한다. 옵션 창에서 '인터랙션' 옵션의 '트리거'는 [시간], '지연'은 [0초], '액션'은 [자동 애니메이트], '이징 효과'는 [없음], '재생 시간'은 [1초]로 설정한다. 'iPhone X/XS/11 Pro–2' 아트보드의 인터랙션 연결 위젯도 같은 옵션으로 'iPhone X/XS/11 Pro–3' 아트보드로 연결한다.

24 '데스크탑 미리보기(▶)'를 클릭해 미리보기를 실행하면 로켓이 발사되어 화면 밖으로 사라지고 텍스트가 서서히 나타나는 것을 확인할 수 있다.

Chapter 08
랜딩 페이지와 로그인 인터랙션

1
랜딩 페이지와 선형 인풋 로그인 인터랙션

완성 이미지

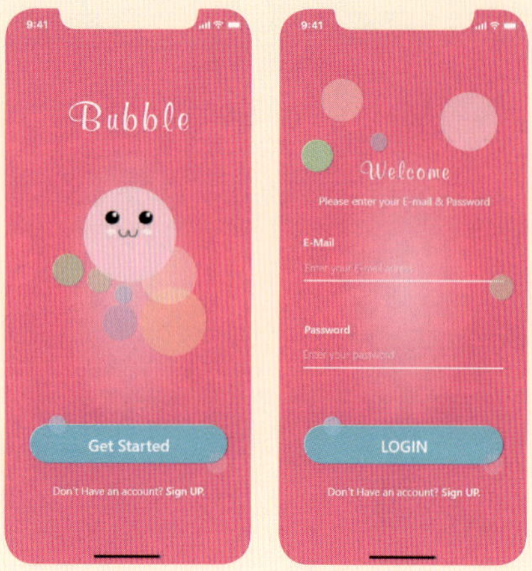

준비 파일 없음

완성 파일 line_login_result.xd

01 Adobe XD를 실행한 후 홈 화면에서 'iPhone X/XS/11 Pro' 모바일 아이콘을 클릭해 새 아트보드를 만든다.

02 아트보드의 '채우기' 색상 옵션을 [방사형 그레이디언트]로 교체한다. 왼쪽(안쪽) 컬러스톱의 색상은 #FEB3D1, 오른쪽(바깥쪽) 컬러스톱의 색상은 #FF77AC로 설정하고 아트보드에서 그레이디언트 영역의 오른쪽 하단 앵커 포인트를 안쪽으로 드래그해 밝은 영역을 줄인다.

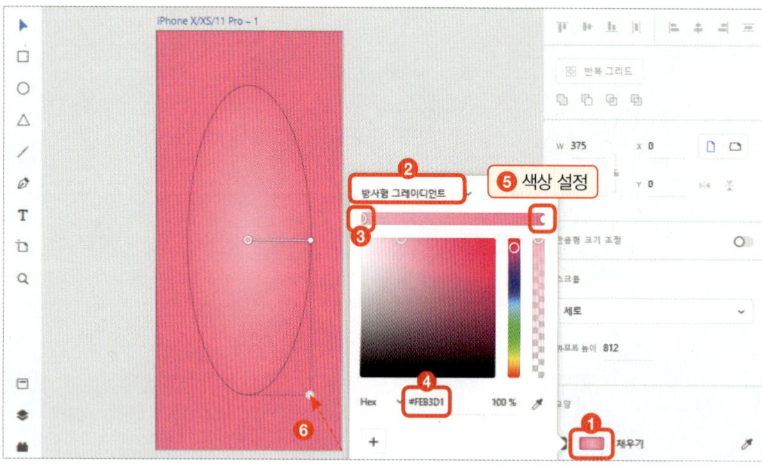

03 타원 툴(○)로 W와 H가 140인 원을 만든 후 '채우기' 색상을 #FFCBDD로 설정하고 '테두리'의 체크를 해제한다. 다시 타원 툴(○)로 W와 H가 20인 원을 만든 후 '채우기' 색상을 #000000으로 설정하고 '테두리'의 체크를 해제해 검은색 점 오브젝트를 생성한다.

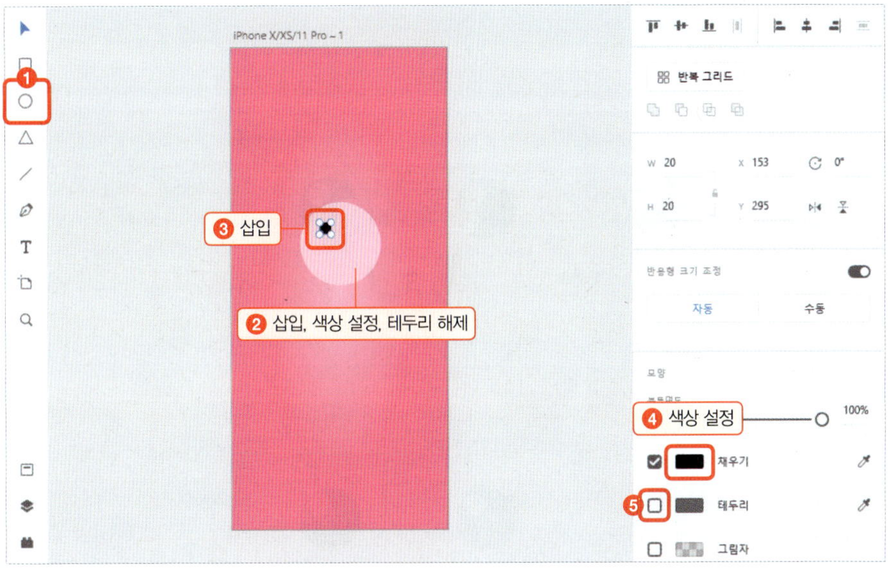

04 타원 툴(○)로 W와 H가 7인 원을 만들고 '채우기' 색상을 #FFFFFF로 설정한 후 검정색 원 내부에 배치해 눈동자 모양을 만든다. 선택 툴(▸)로 눈 오브젝트를 복제해 오른쪽에 배치한다.

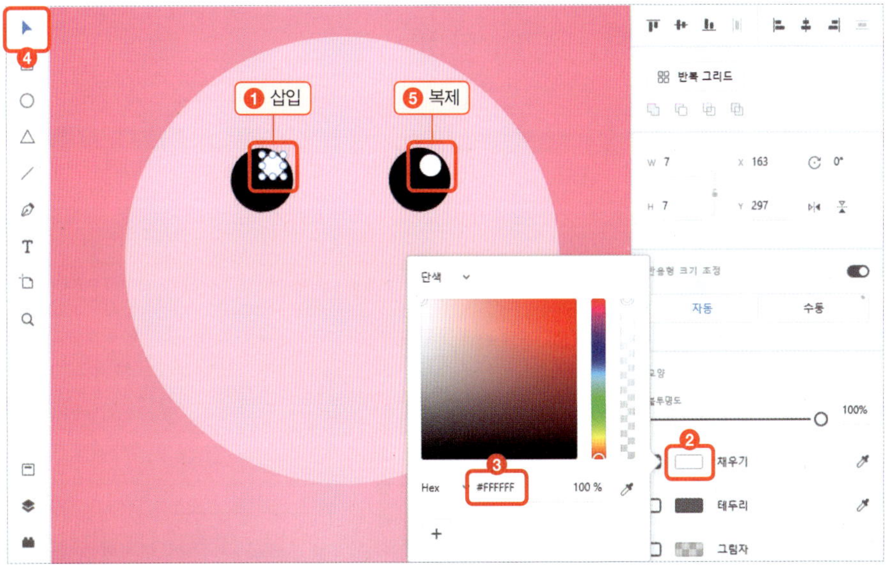

05 펜 툴( )로 W 형태가 되도록 직선 오브젝트를 만든다. 선택 툴( )로 더블클릭해 앵커 포인트가 나타나면 각이 있는 앵커 포인트 세 개를 더블클릭해 곡선 형태로 변경한 후 가운데 앵커 포인트를 조금 아래로 내려 웃는 입 모양으로 만든다. 입 모양 오브젝트 '테두리'의 색상은 #707070, '크기'는 2로 설정한다.

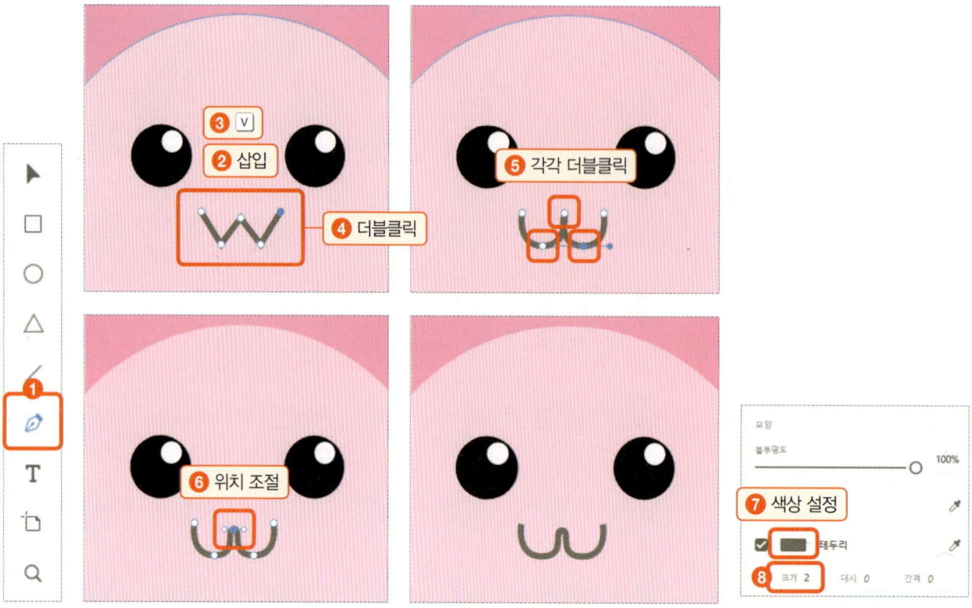

06 타원 툴( )로 W는 15, H는 9인 원 두 개를 만든다. '채우기' 색상은 #FCE9E9로 설정하고 '테두리'의 체크는 해제해 눈동자 아래에 각각 배치한다.

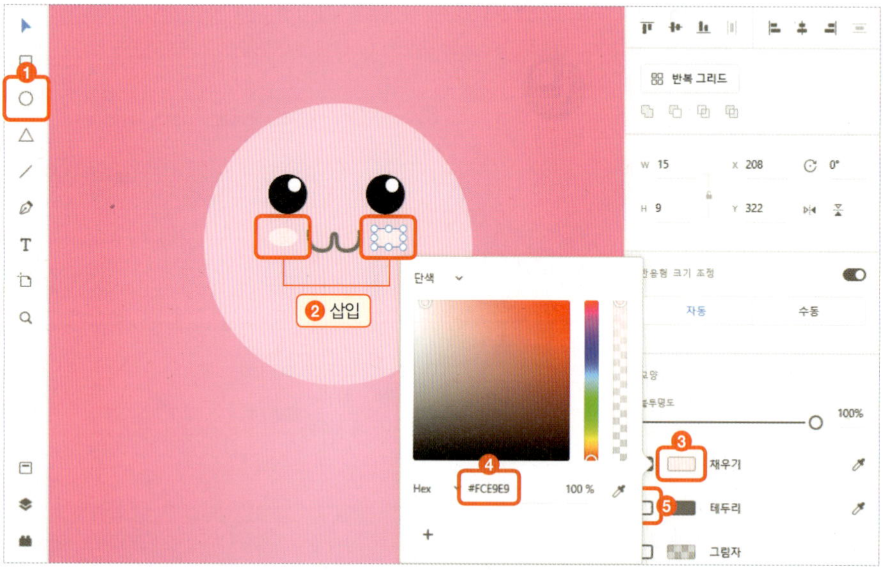

07 타원 툴(○)로 다양한 색상과 크기의 원을 만들어 얼굴 오브젝트 아래에 배치한 후 '불투명도'를 색상에 따라 50~70%로 조절한다.

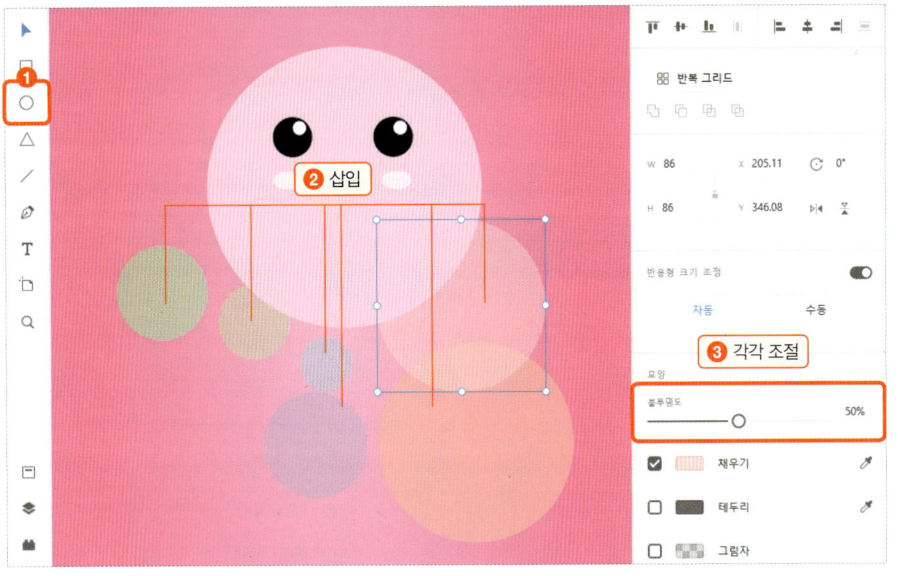

08 텍스트 툴(T)로 얼굴 오브젝트 위에 'Bubble'이라고 입력한다. 글꼴은 'MurrayHill Bd BT', 크기는 '60'으로 설정한다.

09 사각형 툴(□)로 W는 300, H는 56인 사각형을 아트보드 하단에 만들고 '모든 모퉁이에 대해 동일한 반경(□)' 값을 28로 설정한다. '채우기' 색상은 #00E7EF로 설정하고 '테두리'의 체크는 해제한다.

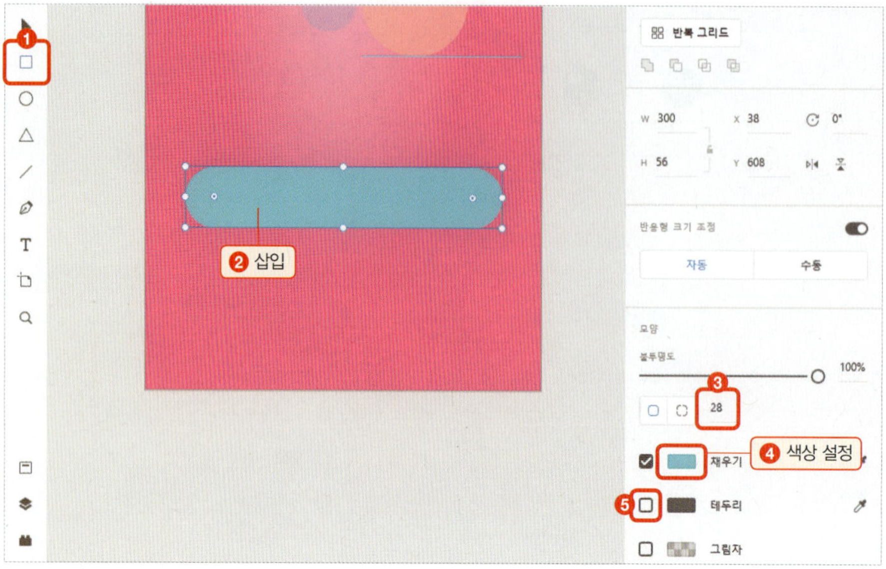

10 새로 만든 버튼 오브젝트 안에 텍스트 툴(T)로 'Get Started'를 입력하고, 글꼴 크기는 24, 두께는 Semibold로 설정한다. 버튼 오브젝트 아래에는 'Don't Have an account? Sign UP.'이라고 입력하고 글꼴 크기를 16으로 설정한다. 'Don't Have an account?'의 두께는 Regular, 'Sign UP'의 두께는 Semibold를 설정해 강조한다.

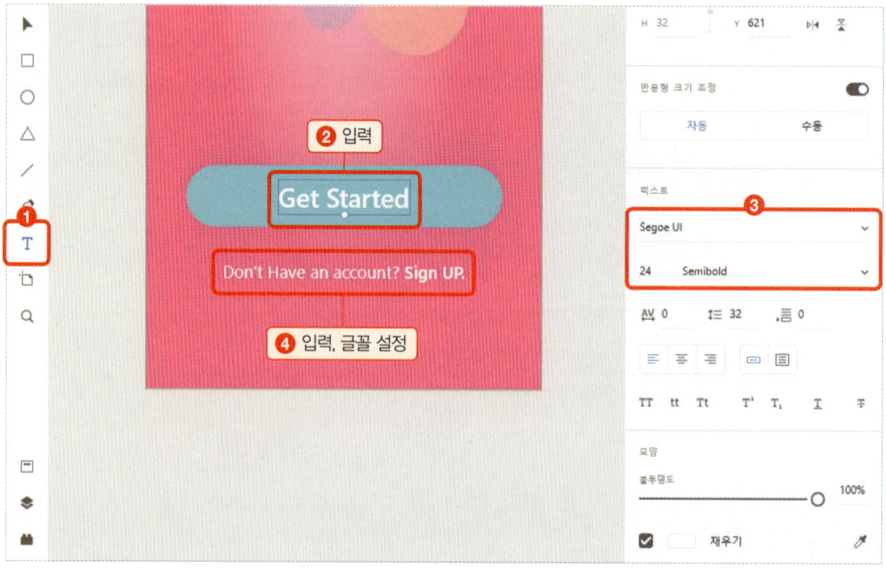

11 타원 툴(○)로 버튼 오브젝트의 왼쪽 윗면과 오른쪽 아랫면에 투명한 원을 만들어 배치한다. [resource ▸ iOS ▸ UI Elements+Design Templates+Guides] 폴더에서 XD 파일을 열고 상태 바를 복사해 아트보드 상단에 붙여넣는다.

12 아트보드 이름 부분을 Alt 를 누른 채 오른쪽으로 드래그해 복제한다. 복제된 아트보드에서 'Bubble' 텍스트와 중앙의 이미지를 삭제한다.

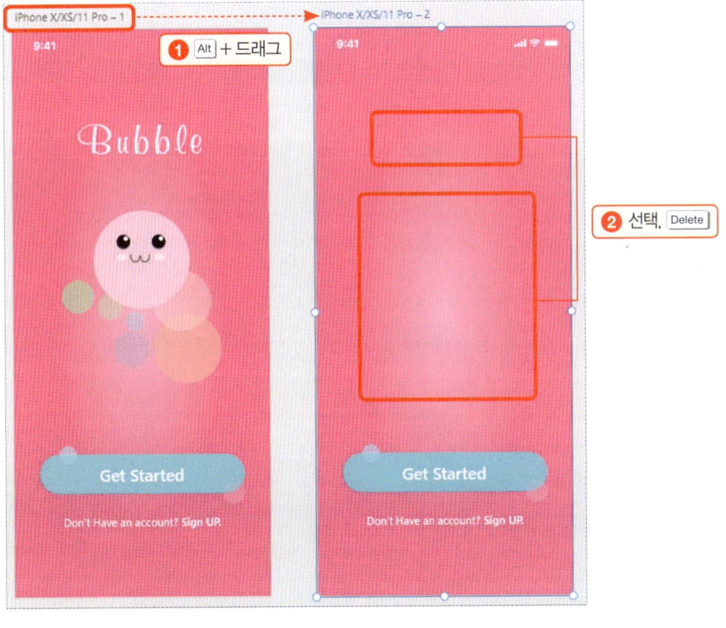

13 아트보드 중앙 부분에 텍스트 툴(T)로 'Welcome'과 'Please enter your E–mail & Password'를 입력하고 글꼴 속성을 적절하게 설정한다.

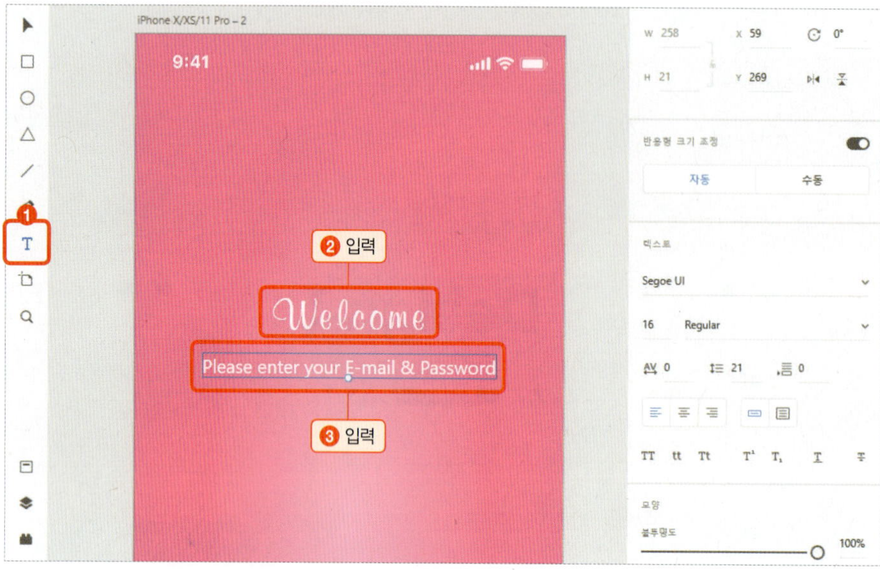

14 아트보드 좌측에서 36 간격을 두고 텍스트 툴(T)로 'E–Mail'을 입력하고, 선 툴(/)로 텍스트 아래에 50 간격을 두고 W가 302인 입력 라인을 만든다. 선 오브젝트 위에 텍스트 툴(T)로 'Enter your E–mail address'를 입력하고 '불투명도'를 50%로 설정한다.

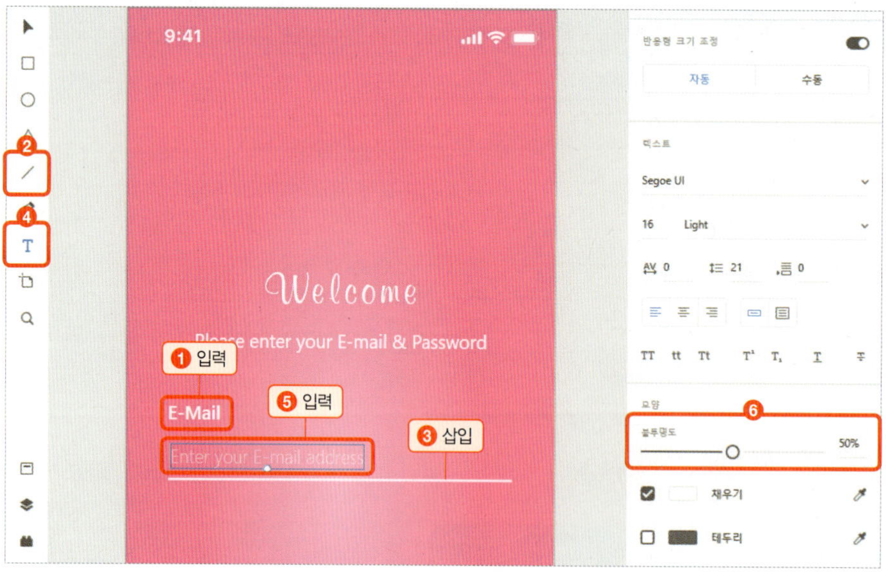

Tip 오브젝트를 선택한 상태에서 Alt 를 누르면 좌푯값을 확인할 수 있다.

15 **14**단계에서 만든 결과물을 선택 툴(▸)로 모두 선택하고 Alt 를 누른 채 아래로 드래그해 복제한다. 입력된 텍스트를 'Password'와 'Enter your password'로 각각 변경한다.

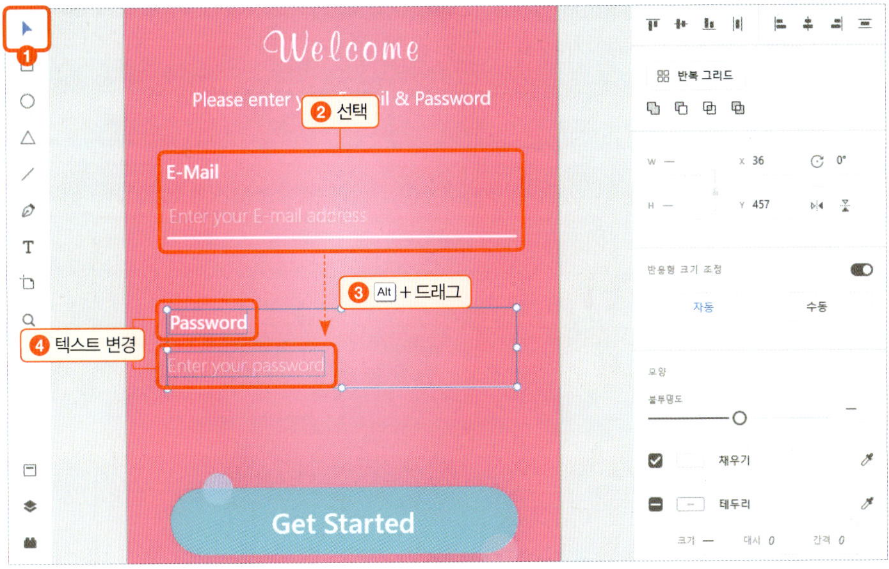

16 버튼 오브젝트의 텍스트를 'LOGIN'으로 변경하고, 반투명 원을 복제해 E-Mail 입력 라인 끝에 배치한다.

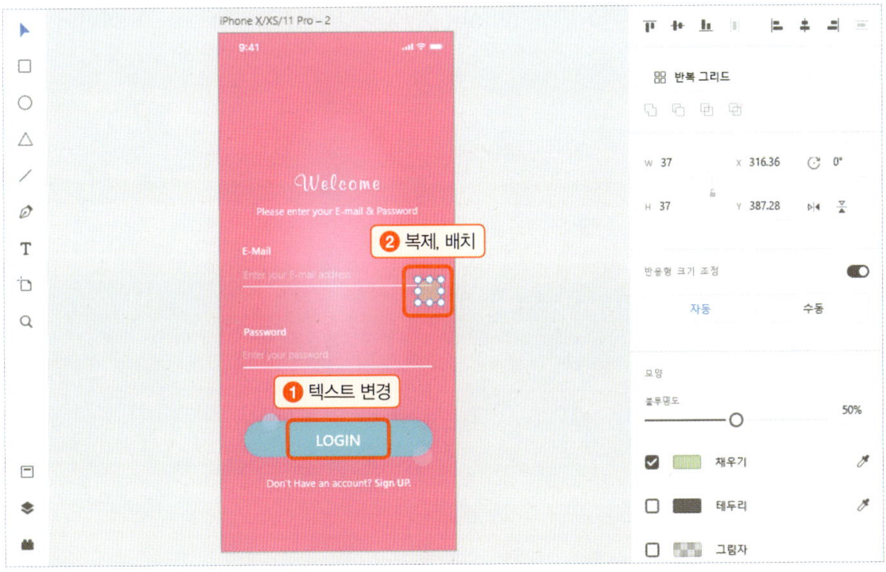

17 [프로토타입]을 클릭해 프로토타입 모드로 전환한다. 'iPhone X/XS/11 Pro–1' 아트보드에 있는 버튼 오브젝트의 인터랙션 연결 위젯을 'iPhone X/XS/11 Pro–2' 아트보드로 드래그해 연결한다. 옵션 창에서 '인터랙션' 옵션의 '트리거'는 [탭], '액션'은 [전환], '애니메이션'은 [왼쪽으로 슬라이드], '이징 효과'는 [스냅], '재생 시간'은 [0.3초]로 설정한다.

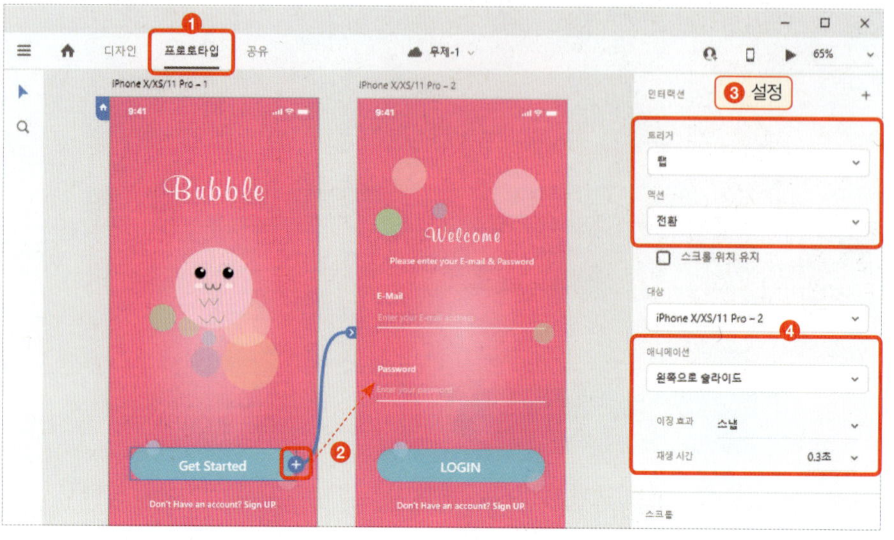

18 '데스크탑 미리보기(▶)'를 클릭해 미리보기를 실행한다. 미리보기 창에서 'Get Started' 버튼을 클릭하면 화면이 왼쪽으로 전환되면서 'iPhone X/XS/11 Pro–2' 아트보드의 화면이 나타나는 것을 확인할 수 있다.

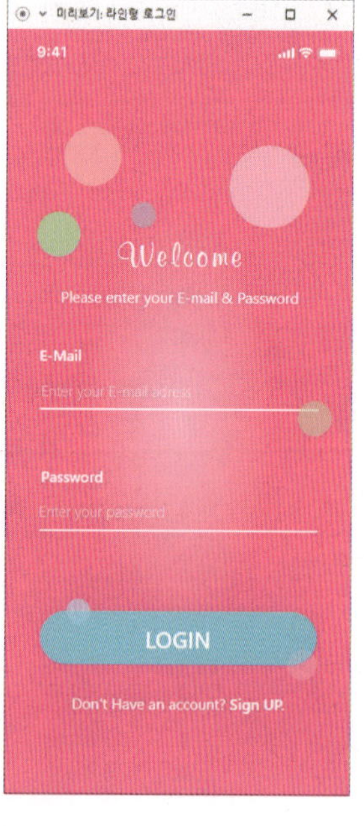

2
SNS 랜딩 페이지와 박스 인풋 로그인 인터랙션

완성 이미지

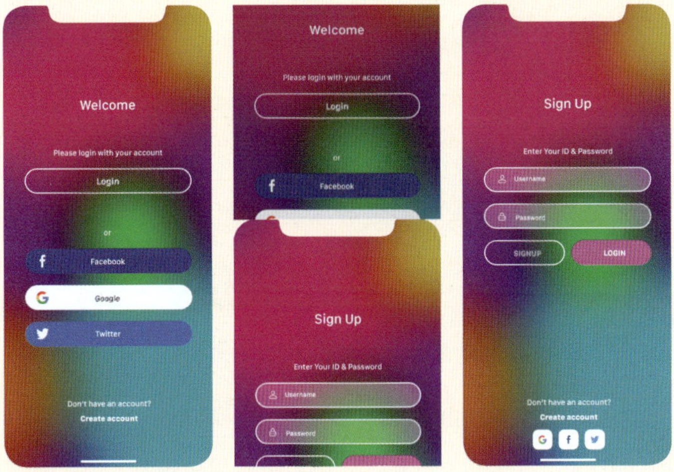

준비 파일 box_input_login.xd

완성 파일 box_input_login_result.xd

01 Adobe XD를 실행한 후 홈 화면에서 'iPhone X/XS/11 Pro' 모바일 아이콘을 클릭해 새 아트보드를 만든다.

02 아트보드의 '채우기' 색상을 #C000D5로 변경한다. 타원 툴(○)로 다양한 크기와 색상의 원을 다섯 개 만들어 배치한다.

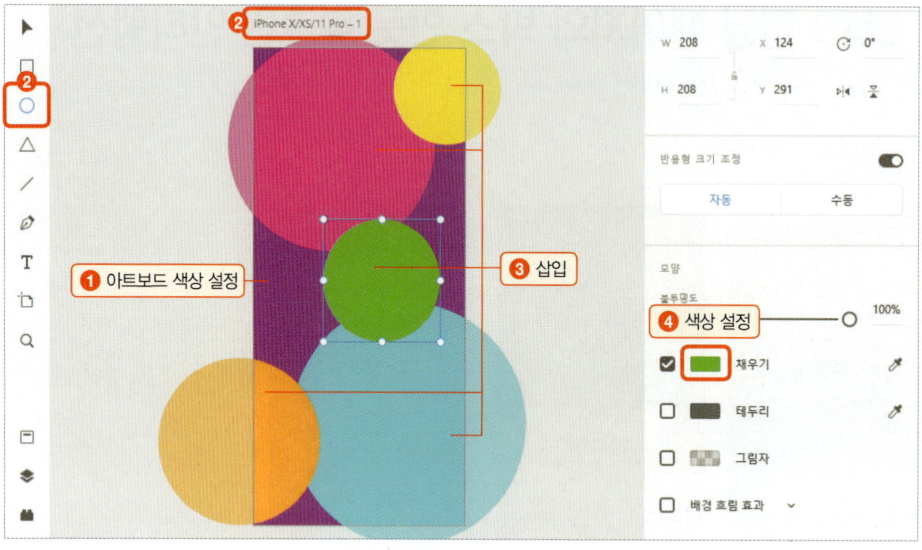

03 사각형 툴(□)로 아트보드와 크기가 동일한 사각형을 만든 후 Ctrl+A를 눌러 오브젝트를 모두 선택하고 Ctrl+Shift+M을 눌러 '모양으로 마스크 만들기'를 적용한다.

04 사각형 툴(□)로 아트보드와 크기가 같은 사각형을 하나 더 만든다. 옵션 창에서 '테두리'의 체크를 해제하고 [배경 흐림 효과]의 '정도'는 50, '밝기'는 -25로 설정해 배경의 색상이 번져 보이도록 만든다.

05 텍스트 툴(T)로 'Welcome'을 입력한 후 아트보드 상단에서 160 간격 위치에 배치하고 가로는 가운데에 맞춘다. 다시 텍스트 툴(T)로 아트보드 상단에서 250 간격 위치에 'Please login with your account'를 입력한다.

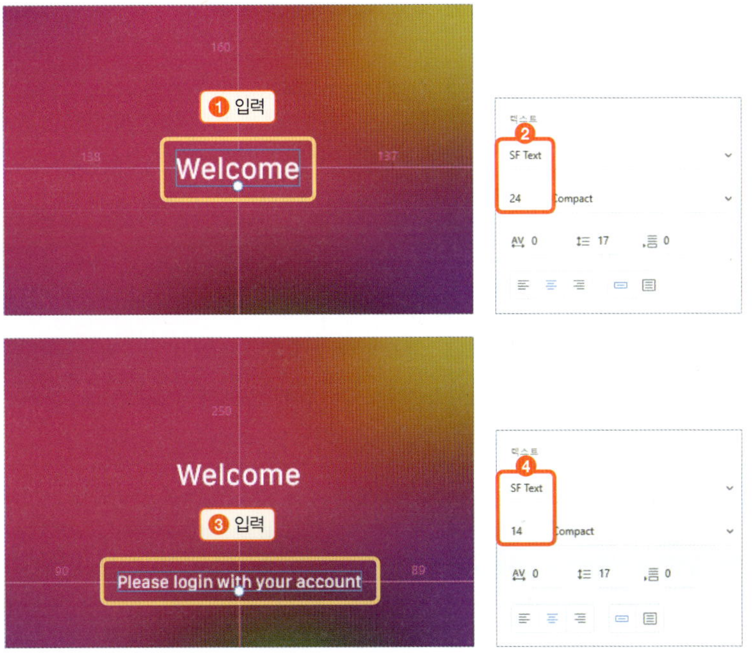

06 사각형 툴(□)로 W는 300, H는 44인 사각형을 만든 후, '모든 모퉁이에 동일한 반경(□)' 값을 100으로 설정한다. '채우기'는 해제하고, '테두리'의 색상은 #FFFFFF, '크기'는 2로 설정한다.

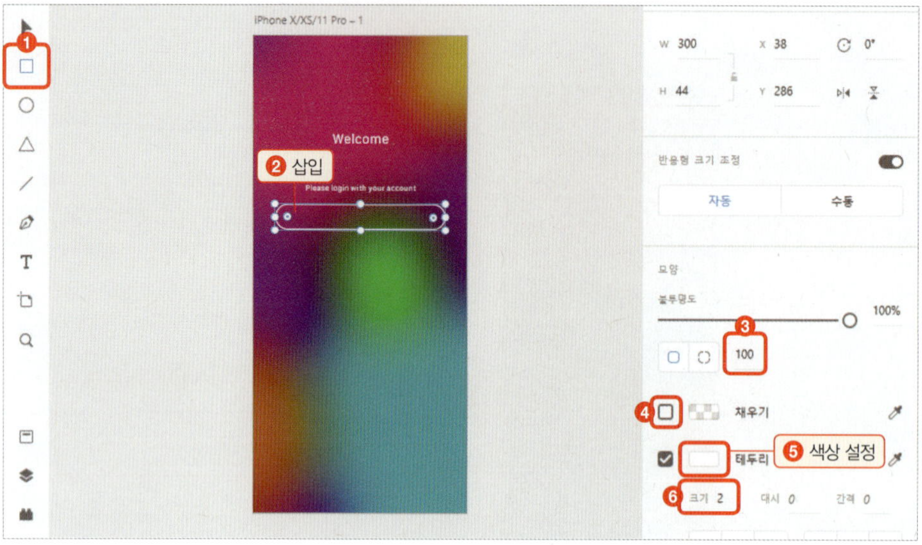

07 텍스트 툴(T)로 버튼 오브젝트 내부에 'Login'을 입력하고 버튼 오브젝트 아래로 60 간격 위치에 'or'을 입력한다. 선택 툴(▸)로 로그인 박스 오브젝트를 선택하고 Alt 를 누른 채 아래로 드래그해 세 개 복제한다. 이때 각 오브젝트의 간격은 20으로 한다.

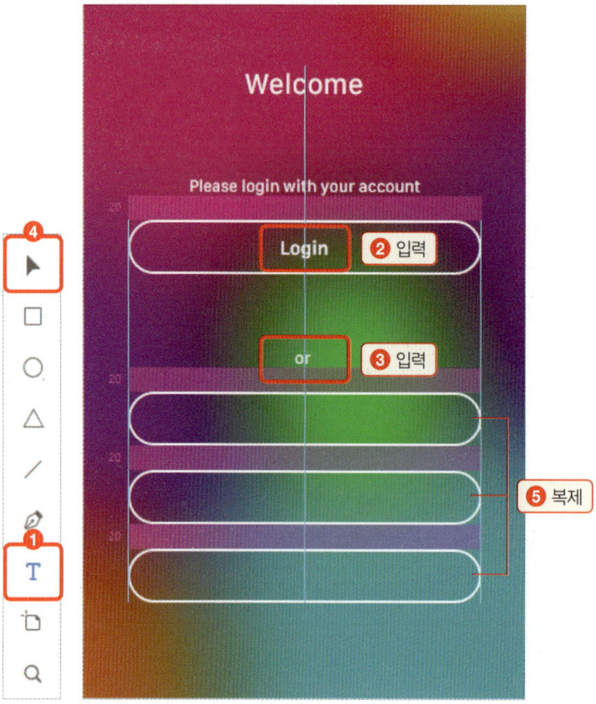

08 버튼 세 개의 '채우기' 색상을 각각 #3B5998, #FFFFFF, #0080FF로 설정하고 '테두리'의 체크는 모두 해제한다. [Chapter_08 ▸ Section_02] 폴더의 'box_input_login.xd' 파일을 열어 준비된 SNS 아이콘을 다음과 같이 배치하고 텍스트 툴(T)로 각각 'Facebook', 'Google', 'Twitter'를 입력한다. 마지막으로 아트보드 하단에 회원 가입을 위한 텍스트를 작성한다.

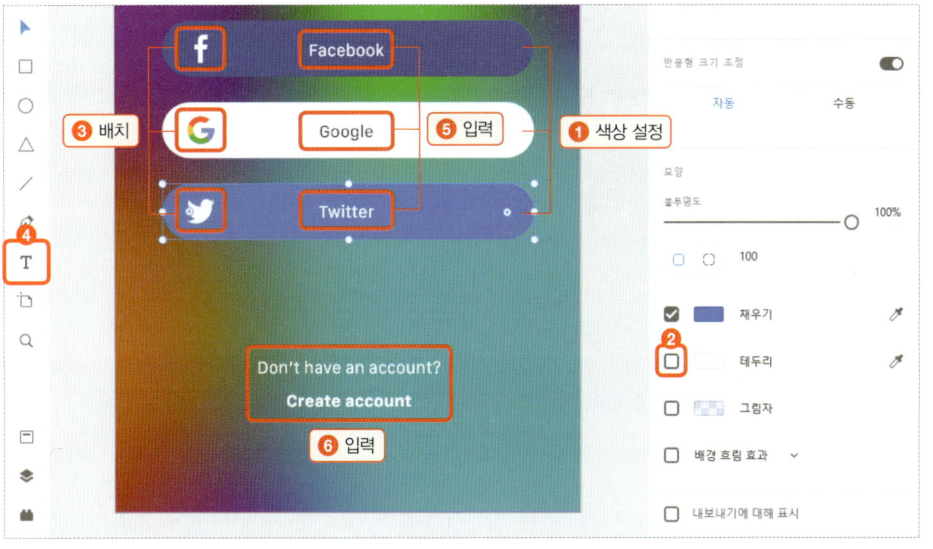

09 'iPhone X/XS/11 Pro–1' 아트보드를 Alt 를 누른 채 오른쪽으로 드래그해 복제하고, 복제된 'iPhone X/XS/11 Pro–2' 아트보드에서 SNS 버튼 영역을 삭제한다.

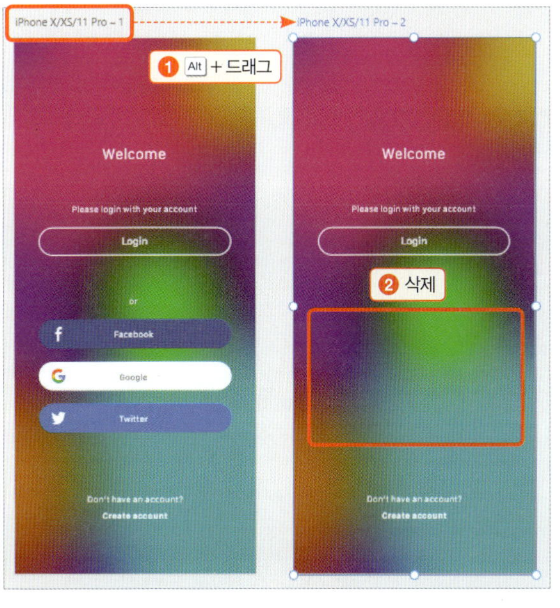

10 선택 툴(▸)로 로그인 버튼의 텍스트를 선택해 삭제하고 로그인 버튼의 '채우기' 색상은 #FFFFFF, 투명도는 30%로 설정한다.

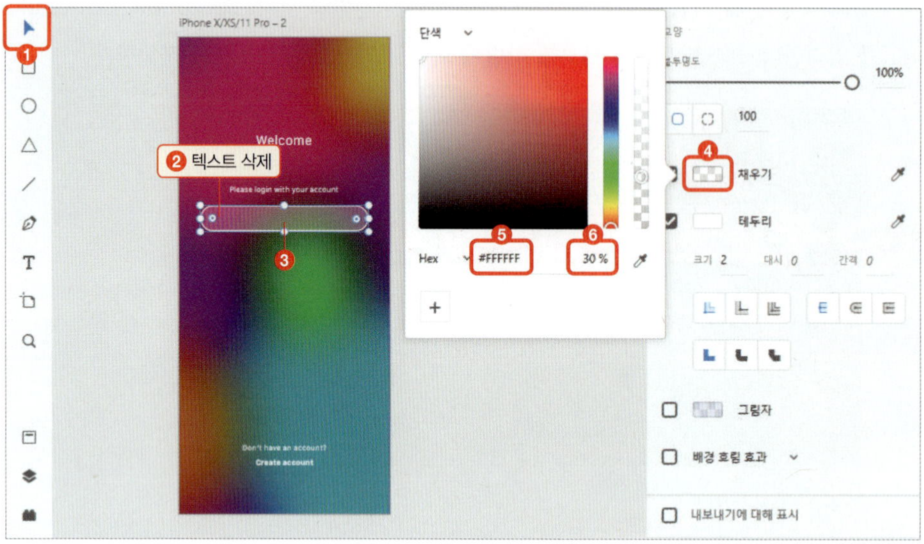

11 버튼 오브젝트를 선택하고 Alt를 누른 채 아래로 드래그해 복제한다. [Chapter_08 ▸ Section_02] 폴더에서 'box_input_login.xd' 파일을 열어 준비된 두 아이콘을 복제해 다음과 같이 배치하고 텍스트 툴(T)로 'Username'과 'Password'를 각각 입력한다. 상단의 텍스트도 화면 내용에 맞게 'Enter your ID & Password'로 변경한다.

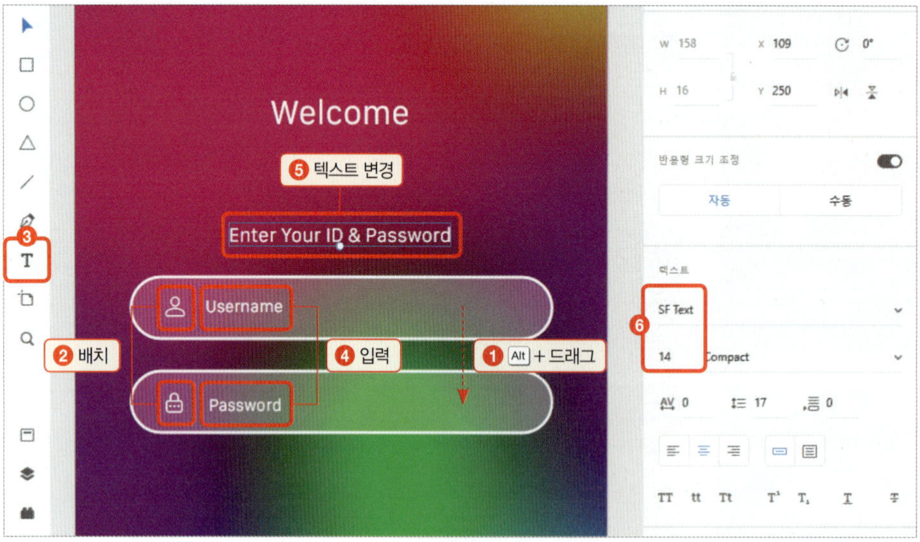

12 선택 툴(▶)로 버튼 오브젝트를 선택하고 Alt를 누른 채 아래로 드래그해 복제한다. W를 144로 변경한 후 오른쪽에 하나 더 복제해 나란히 배치한다.

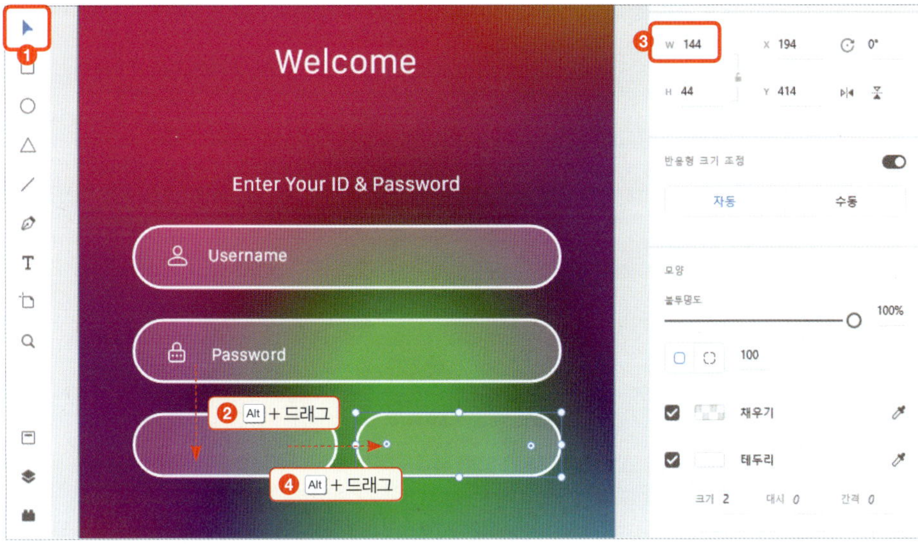

13 왼쪽 버튼 오브젝트는 '채우기'의 체크를 해제하고, 오른쪽 버튼 오브젝트는 '채우기' 색상을 #FF3DF9로 변경하고 '테두리'의 체크를 해제한다. 텍스트 툴(T)로 왼쪽 버튼 오브젝트 내부에는 'SIGNUP', 오른쪽 버튼 오브젝트 내부에는 'LOGIN'을 각각 입력한다. 글꼴 크기와 두께를 변경하고 '채우기' 색상은 #FFFFFF로 설정한다. 'SIGNUP'은 '불투명도'를 60%로 변경한다.

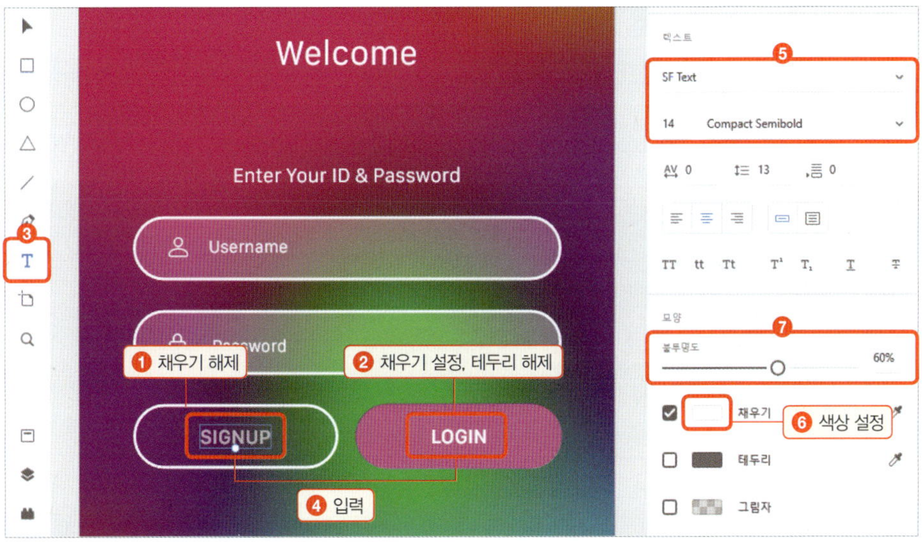

14 사각형 툴(▢)로 W와 H가 36인 사각형을 만들어 아트보드 하단에 배치하고 '모든 모퉁이에 대해 동일한 반경(▢)' 값은 10, '채우기' 색상은 #FFFFFF로 설정한다.

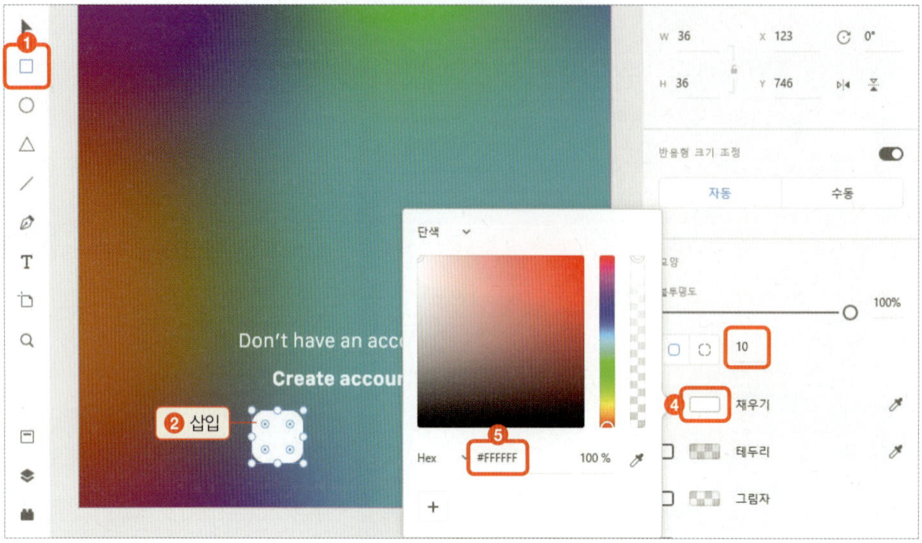

15 사각형을 두 개 복제해 다음과 같이 배치하고, 'box_input_login.xd' 파일에 있는 SNS 아이콘을 각 오브젝트 중앙에 배치한다.

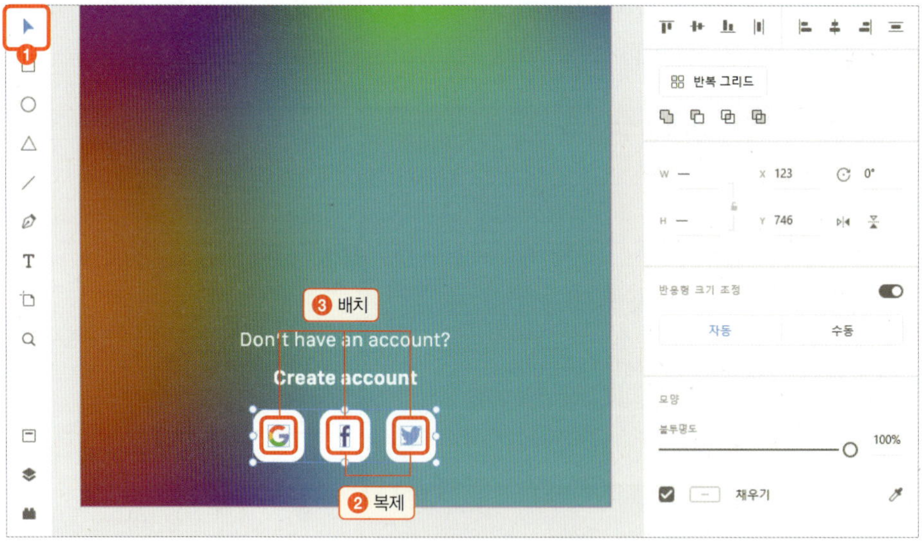

16 [프로토타입]을 클릭해 프로토타입 모드로 전환한다. 'iPhone X/XS/11 Pro–1' 아트보드에 있는 'Login' 버튼 오브젝트의 인터랙션 연결 위젯을 'iPhone X/XS/11 Pro–2' 아트보드로 연결한다. 옵션 창에서 '인터랙션' 옵션의 '트리거'는 [탭], '액션'은 [전환], '애니메이션'은 [위로 슬라이드], '이징 효과'는 [와인드업], '재생 시간'은 [1초]로 설정한다.

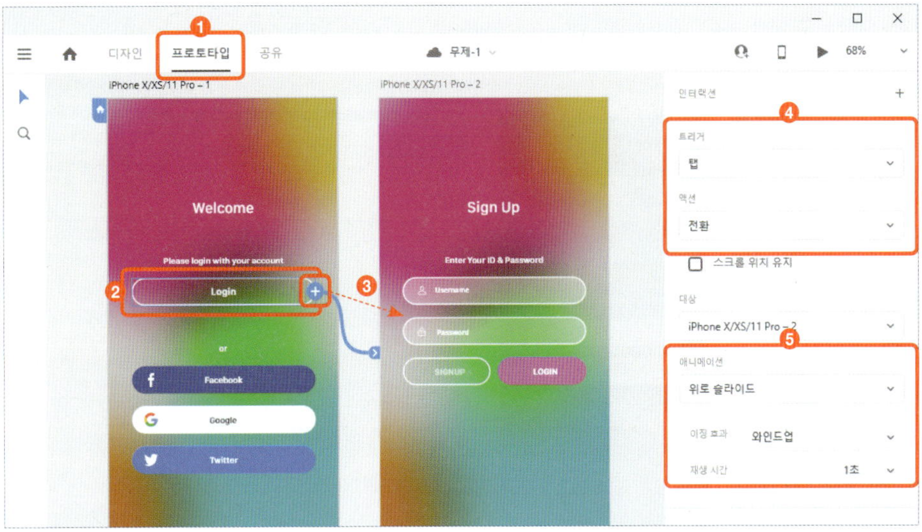

17 '데스크탑 미리보기(▶)'를 클릭해 미리보기를 실행한다. 'Login' 버튼을 클릭하면 'iPhone X/XS/11 Pro–2' 아트보드가 아래에서 위로 슬라이드되면서 나타나는 것을 확인할 수 있다.

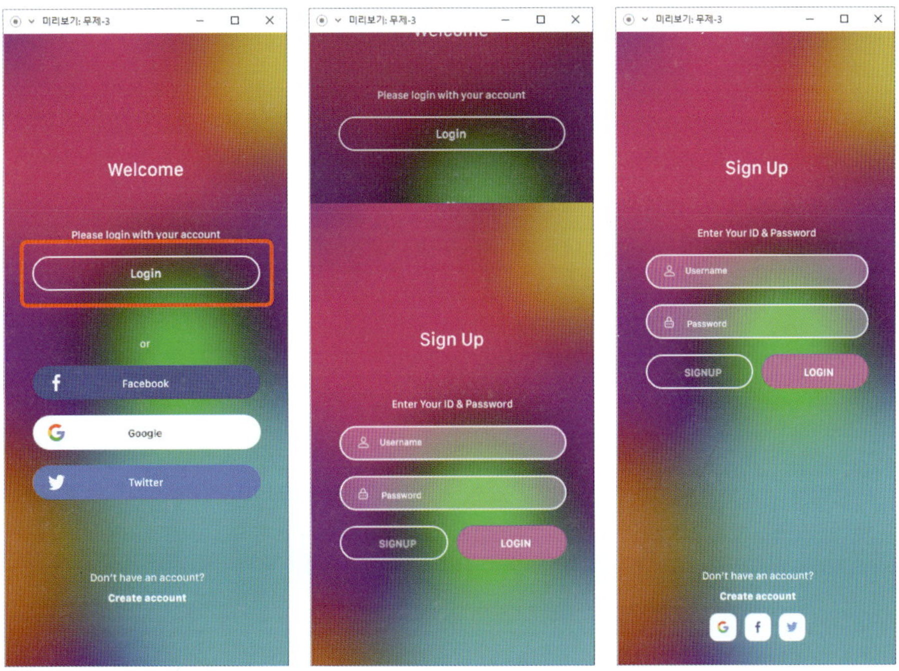

3
팝업 오버레이 로그인 인터랙션

완성 이미지

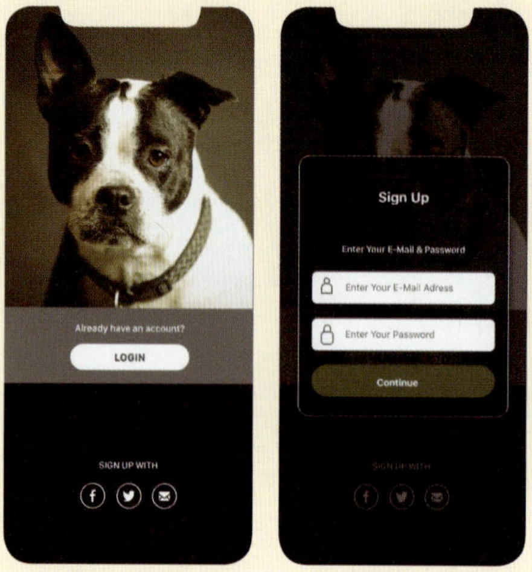

준비 파일 popup_login.xd, puppy.jpg
완성 파일 popup_login_result.xd

01 Adobe XD를 실행한 후 홈 화면에서 'iPhone X/XS/11 Pro' 모바일 아이콘을 클릭해 새 아트보드를 만든다.

02 아트보드의 '채우기' 색상을 #000000으로 변경한다. 사각형 툴(□)로 W는 375, H는 440인 사각형을 만들고 [Chapter_08 ▸ Section_03 ▸ images] 폴더의 'puppy.jpg' 파일을 사각형 오브젝트에 드래그해 붙여넣는다.

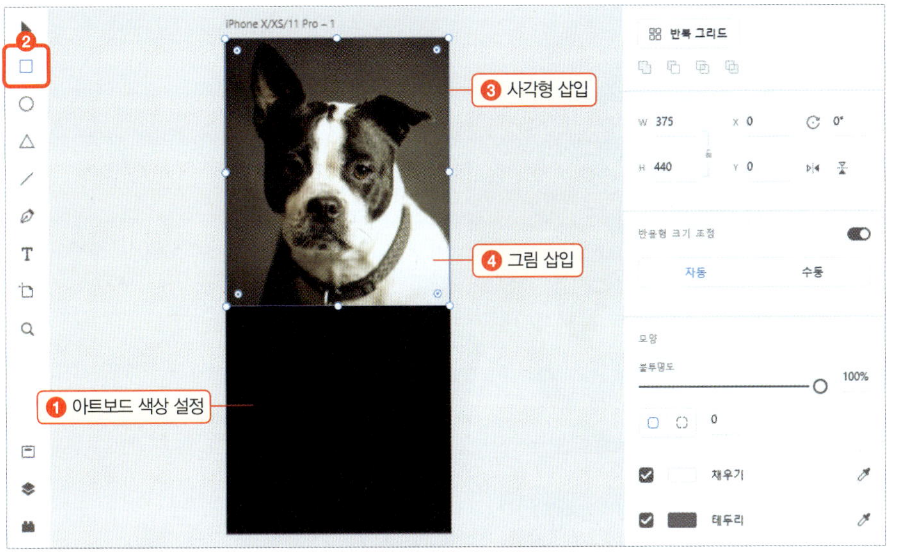

03 이미지 아래에 사각형 툴(□)로 W는 375, H는 110인 사각형을 만들고 '채우기' 색상을 #707070으로 설정한다. 텍스트 툴(T)로 사각형 내부에 'Already have an account?'를 입력하고 글꼴을 설정한다.

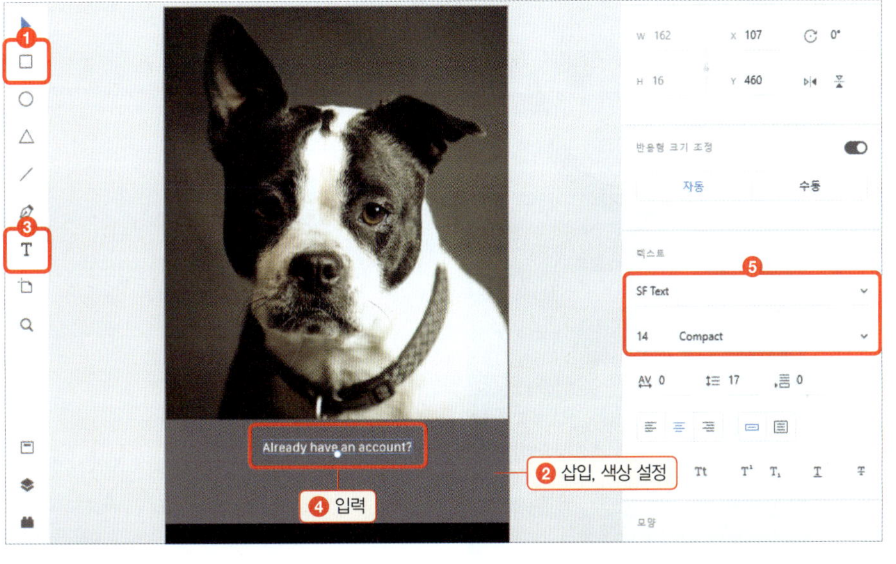

04 사각형 툴(□)로 회색 사각형 박스 상단에서 50 간격 위치에 W는 180, H는 40인 사각형을 만들고 '모든 모퉁이에 대해 동일한 반경(□)' 값을 20으로 설정한다. 텍스트 툴(T)로 오브젝트 내부에 'LOGIN'를 입력하고 글꼴 크기는 16, 두께는 Compact Bold, '채우기' 색상은 #505050으로 변경한다.

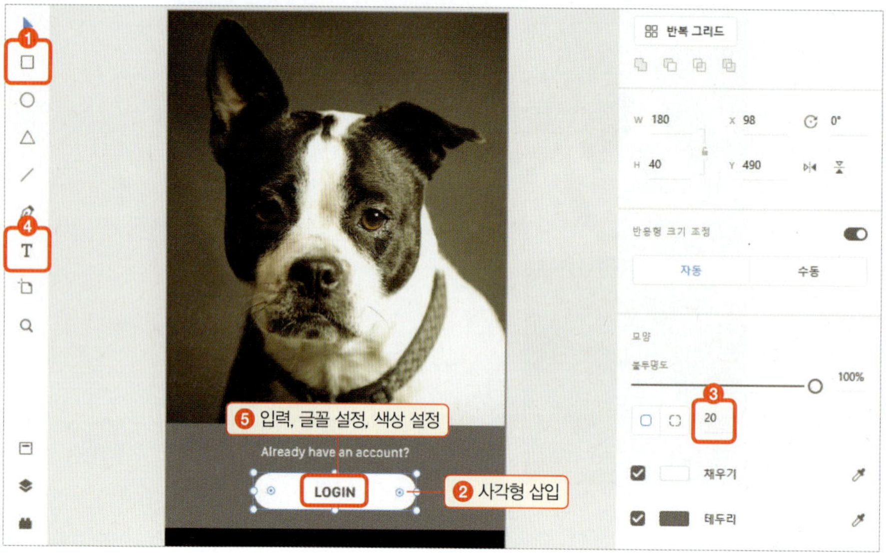

Tip Alt를 누른 채 다른 오브젝트로 마우스를 가져가면 선택된 오브젝트와 마우스가 오버된 오브젝트의 간격을 확인할 수 있다.

05 아트보드 하단에 텍스트 툴(T)로 'SIGN UP WITH'를 입력한다. [Chapter_08 ▸ Section_03] 폴더에서 'popup_login.xd' 파일을 열고 준비된 아이콘을 아트보드 하단에 배치한다.

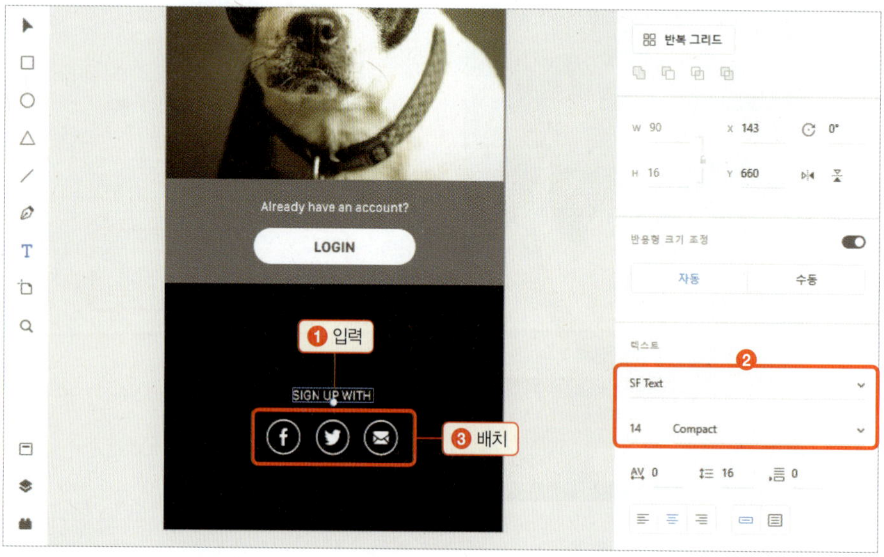

06 아트보드 툴( )을 선택하고 옵션 창에서 [iPhone X/XS/11 Pro]를 선택해 동일한 크기의 아트보드를 추가한다.

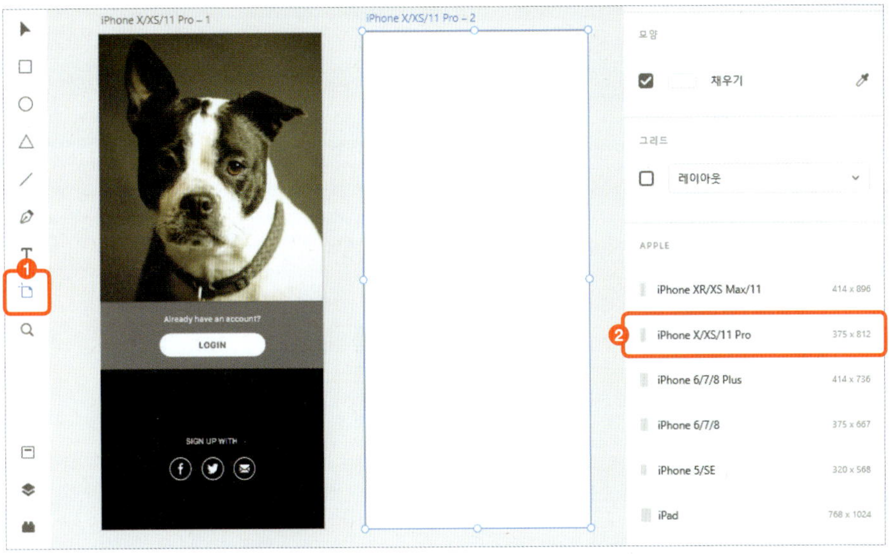

07 추가한 아트보드의 '채우기' 색상은 #000000, 투명도는 60%로 설정한다.

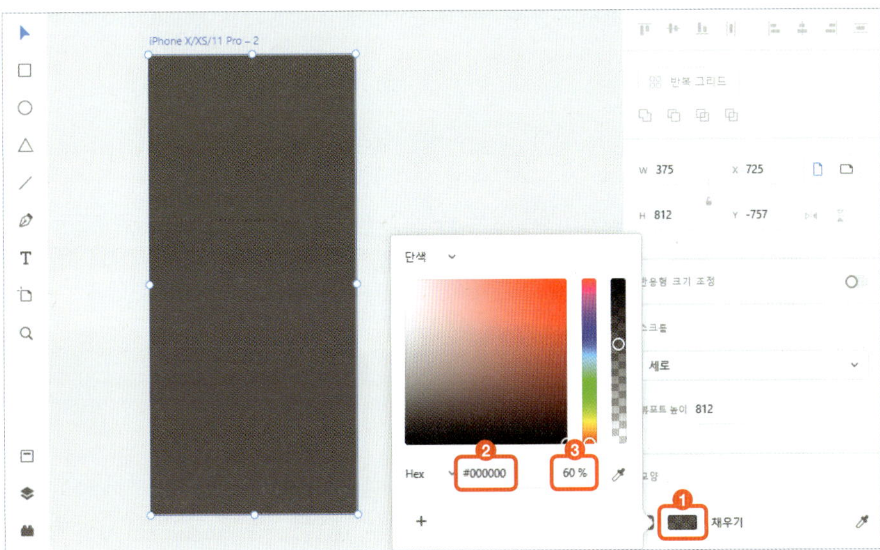

08 사각형 툴(□)로 W는 320, H는 380인 사각형을 만들고 '채우기' 색상은 #000000, 투명도는 40%로 변경한다. '모든 모퉁이에 대해 동일한 반경(□)' 값은 16, '테두리' 색상은 #FFFFFF로 설정한다.

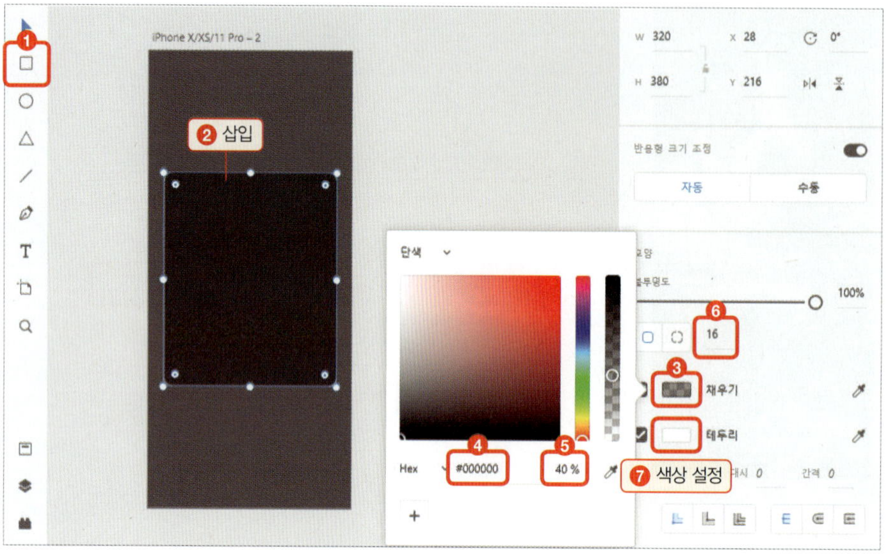

09 '그림자'의 색상은 #000000, X는 3, Y는 3, B는 10으로 설정해 가장자리에 그림자 영역이 번지도록 만든다.

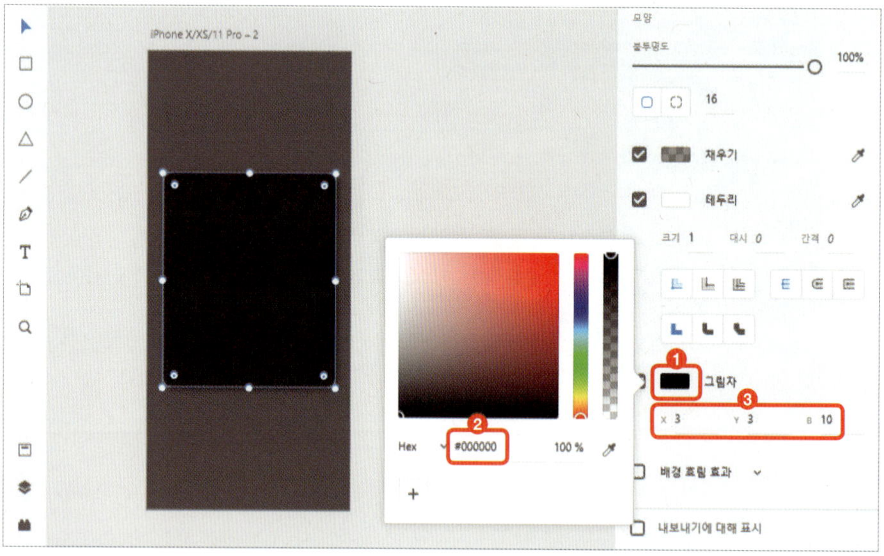

10 텍스트 툴(T)로 사각형 오브젝트 내부에 'Sign Up'과 'Enter Your E-Mail & Password'를 입력한다. 이때 'Sign Up'은 박스 상단에서 48 간격 위치에 배치하고, 그 아래로 56 간격 위치에 아랫줄 텍스트를 배치한다. 글꼴과 글꼴 크기를 적절히 설정하고 '채우기' 색상은 #FFFFFF로 한다.

11 사각형 툴(□)로 W는 280, H는 48인 사각형을 만들어 모퉁이를 둥글게 만들고 '채우기' 색상은 #FFFFFF, '테두리' 색상은 #707070으로 설정한 후 아래에 하나 더 복제한다. [Chapter_08 ▸ Section_03] 폴더에서 'popup_login.xd' 파일을 열고 준비된 아이콘을 사각형 내부에 배치한 후 텍스트 툴(T)로 힌트 텍스트를 각각 입력한다.

12 사각형 오브젝트를 아래에 하나 더 복제한다. '채우기' 색상은 #525834로 변경하고 '테두리'는 해제한 후 'Continue' 텍스트를 입력한다.

Tip 입력 필드와 버튼이 시각적으로 구분되도록 오브젝트 모양과 색상 등에 차이를 둔다. '모든 모퉁이에 대해 동일한 반경' 값의 경우 입력 필드 사각형은 8로, 'Continue' 버튼은 24로 설정했다.

13 [프로토타입]을 클릭해 프로토타입 모드로 전환한다. 'iPhone X/XS/11 Pro–1' 아트보드에 있는 'LOGIN' 버튼의 인터랙션 연결 위젯을 'iPhone X/XS/11 Pro–2' 아트보드에 연결한다. '인터랙션' 옵션의 '트리거'는 [탭], '액션'은 [오버레이], '애니메이션'은 [디졸브], '이징 효과'는 [서서히 끝내기], '재생 시간'은 [0.3초]로 설정한다.

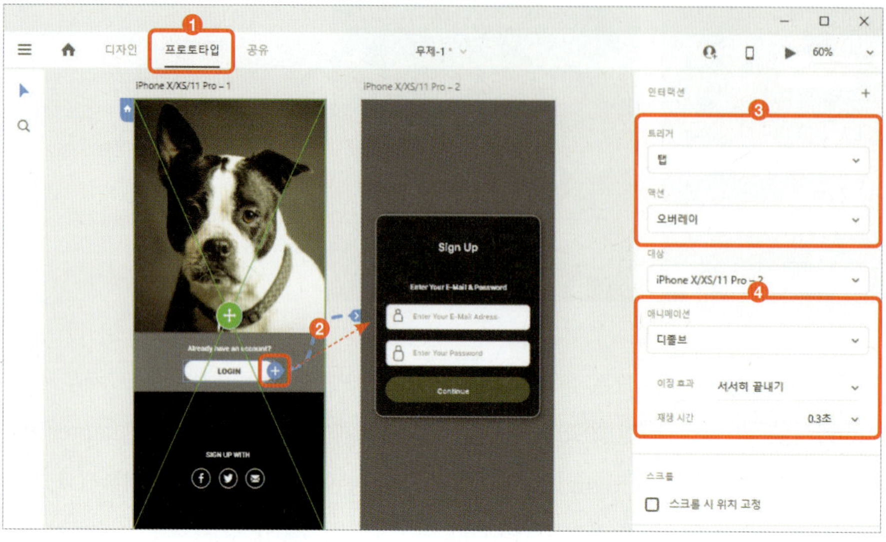

14 '데스크탑 미리보기(▶)'를 클릭해 미리보기를 실행한다. 'LOGIN' 버튼을 클릭하면 화면 위로 'iPhone X/XS/11 Pro–2' 아트보드가 오버레이되어 나타난다.

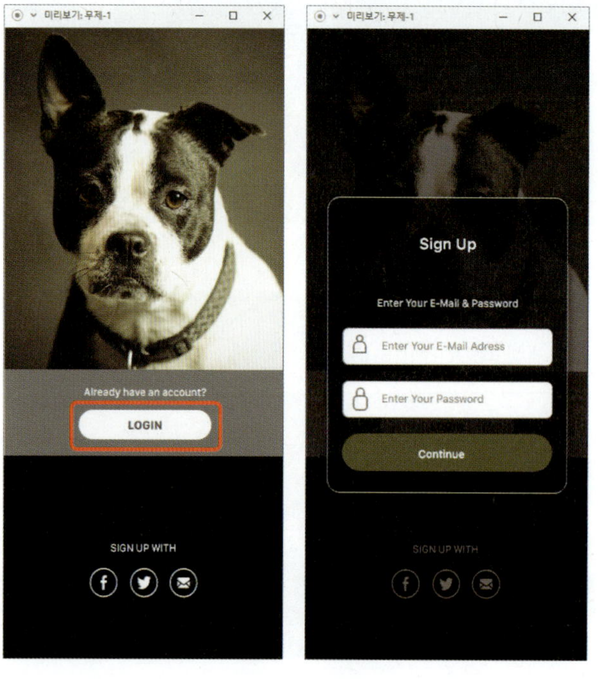

Chapter 09
Adobe XD의 유용한 기능

01 8dp 그리드와 반응형 그리드

02 반복 사용되는 구성 요소를 위한 에셋 활용 UI

03 플러그인 활용

1
8dp 그리드와 반응형 그리드

그리드grid는 사진, 그림, 문자, 여백 등의 시각적 효과를 고려해 배열하고 구성하는 것이다. 그리드 시스템을 구축해 정보에 질서와 일관성을 부여하면 사용자가 정보를 쉽게 보고 읽고 이해하는 데 도움이 된다.

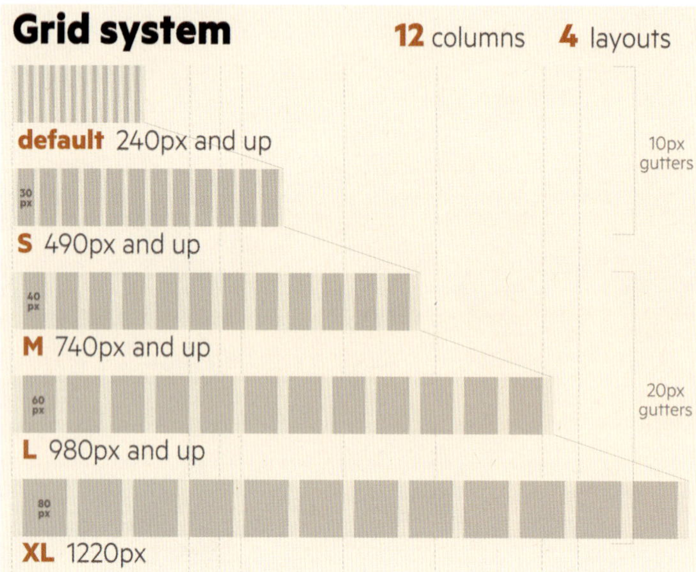

그림 9-1 그리드 시스템의 예시

1 8dp 그리드

그리드 시스템을 만들려면 그리드 간의 간격을 맞추는 기준선이 있어야 한다. 간격을 맞추는 방법으로는 비율, 컨테이너, 터치 대상에 영향을 주는 기준선 그리드와 패딩 및 증분 간격을 사용한다. 기본적으로 모바일, 태블릿, 데스크톱에 사용되는 모든 구성 요소는 8dp의 기본 그리드에 맞추어 정렬한다. 이는 iOS에서도 마찬가지다.

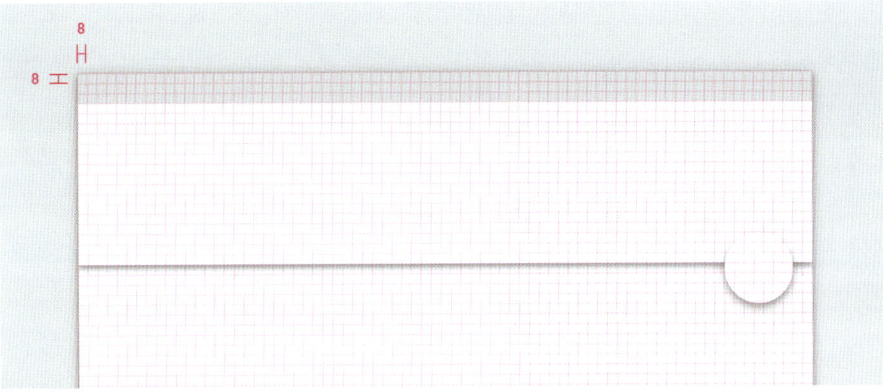

그림 9-2 8dp의 기준 그리드

8dp를 기준 그리드로 사용하는 이유는 배수의 개념에서 필요한 hdpi인 1.5배수에 대응하지 못하는 수치가 나타나지 않게 하기 위해서이다. 예를 들어 xxxdpi에서 4px의 선을 그린 후 작은 화면으로 축소하면, hdpi에서는 1.5라는 수치가 나타날 수밖에 없다. 그런데 픽셀에서는 0.5라는 단위를 사용하지 않기 때문에 0.5를 정수로 변환하려면 xxxdpi에서의 수치가 8dp여야 한다. 따라서 기준 그리드를 8dp로 하는 것이다.

하지만 도형, 타이포그래피 등의 일부 요소는 4dp 그리드에 맞출 수도 있다. [그림 9-3]과 같이 아래쪽 내비게이션의 막대 요소는 4dp 그리드에 정렬되며, 타이포그래피는 버튼이나 리스트 항목과 같은 구성 요소의 가운데에 있을 때 4dp 그리드 외부에 배치할 수 있다.

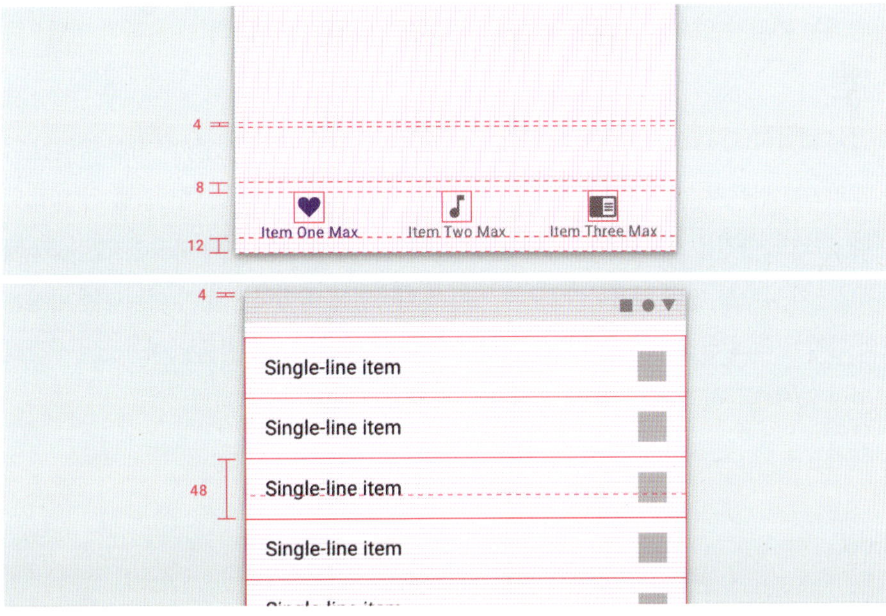

그림 9-3 4dp 그리드의 허용

기본적으로 360dp 기준 모바일 화면에서는 4컬럼(열)을, 태블릿에서는 600dp 8컬럼을, 데스크톱의 웹 화면에서는 1280dp 12컬럼을 사용할 것을 권장한다. 특히 머티리얼 디자인에서는 화면의 크기와 방향에 적응해 레이아웃 전체에서 일관성을 유지하는 반응형 레이아웃 그리드를 사용하는 것이 좋다. 그리드를 구성하고 있는 요소는 컬럼Column, 거터Gutter, 마진Margin이다.

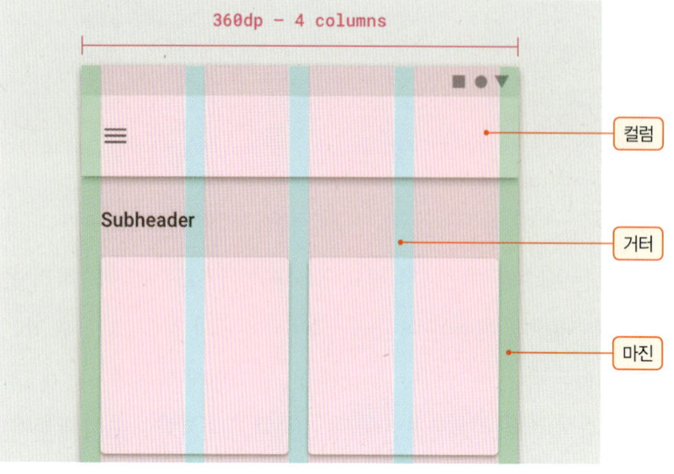

그림 9-4 컬럼, 거터, 마진

[그림 9-4]에서 컬럼은 분홍색 영역으로, 콘텐츠가 포함된 영역을 말한다. 컬럼의 너비는 고정값이 아니며 지정한 마진과 거터를 제외한 나머지 너비를 컬럼의 개수로 나누어 유연하게 적용한다. 거터는 컬럼과 컬럼 사이의 영역을 말한다. 가장 왼쪽에 있는 컬럼의 좌측과 가장 오른쪽에 있는 컬럼의 우측에는 거터가 없으며, 그 공간을 마진, 즉 여백이라고 한다. 그림에는 녹색 영역으로 표시되어 있다.

그렇다면 실제 디자이너는 머티리얼 디자인 가이드에 맞추어 그리드를 작성할까? 사실 숙련된 디자이너는 그리드를 만들지 않고 기준선을 그어 통일감을 주는 경우가 많고, 가이드를 잘 따르지 않기도 한다. 그래도 마진은 프로젝트의 디자인 스타일 가이드를 만들기 위해 지정하지만, 8의 배수보다는 4나 5의 배수를 많이 사용한다. 구글 서비스 디자인에 참여하는 것이 아니라면 마진은 디자이너의 감각에 의해 결정하는 것이 맞다. 하지만 초보 디자이너라면 전체 레이아웃의 시각적 요소를 통일성 있게 정돈하기 위해 가이드를 충실하게 지키는 것이 바람직하다.

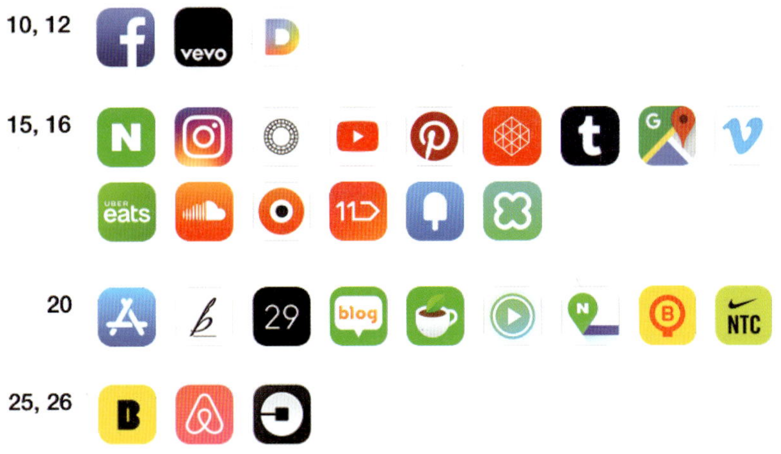

그림 9-5 실제 각 서비스의 마진 값

그리드 시스템을 만들 때는 먼저 마진 영역부터 설정한다. 머티리얼 가이드에서는 마진의 기본값으로 16dp를 권장하지만 [그림 9-5]에서 볼 수 있는 것처럼 시각적으로 균형 있는 값을 사용하면 된다. 마진을 설정했으면 컬럼의 개수를 고민할 차례이다. 거터의 개수는 컬럼의 개수에 따라 결정된다. 머티리얼 가이드에서는 4컬럼을 권장하지만 실제 디자이너들은 6컬럼을 더 많이 사용한다. 6컬럼은 2분할 3분할이 모두 가능하기 때문이다. 6컬럼으로 결정했다면 거터는 5개가 된다. 이제 거터의 너비를 지정하고 남은 영역을 6으로 나눈 값을 컬럼의 너비로 지정하면 된다.

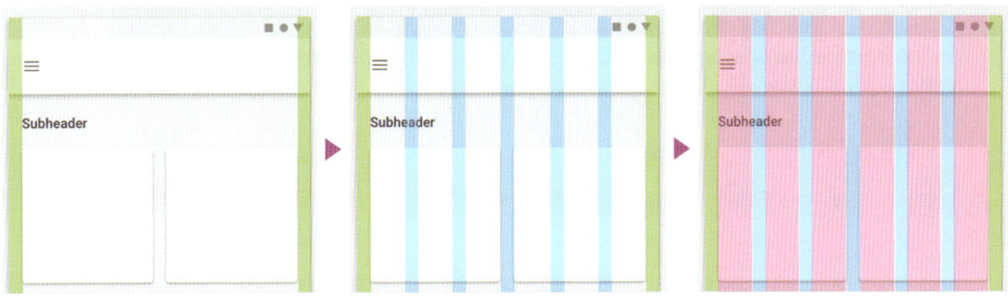

(a) 1단계–마진 설정 (b) 2단계–컬럼과 거터의 개수 결정 (c) 3단계–컬럼과 거터의 너비 지정

그림 9-6 그리드 시스템을 만드는 순서

2 반응형 그리드 시스템

모바일이 등장한 후 한동안은 웹 디자인을 먼저 한 후 콘텐츠의 양을 줄여 핵심 콘텐츠만 남겨놓는 방식으로 태블릿과 모바일 디자인을 구현했다. 이후 모바일의 중요도가 커짐에 따라 모바일 디자인을 먼저 하는 방식을 주로 사용하기도 했다. 지금은 무엇을 먼저 디자인해야 하는가를 따지

기보다는 콘텐츠 규모나 기획 의도에 맞게 디자인 방향을 결정한다. 또한 기기의 종류와 해상도가 다양해졌으므로 데스크톱, 태블릿, 모바일 디자인을 별도로 하지 않고 기기에 따라 자동으로 크기가 변하는 반응형 웹을 주로 제작한다. 특정 레이아웃이 필요한 경우에는 정해진 크기에 맞는 디자인만 적응형 웹으로 제작하기도 한다.

반응형 그리드 시스템Responsive Grid System은 기존의 그리드 시스템과 형태는 유사하지만, 컬럼의 너비 값을 백분율로 지정하고 기기별로 브레이크 포인트Break Point를 지정해 화면의 크기와 방향에 따라 자동으로 레이아웃이 조정되는 시스템이다. 점유율이 가장 높은 해상도에 맞춰 제작하거나 일정 비율 이하로 낮은 해상도는 제외하고 제작하는 방식을 주로 사용한다. 이때 특정 레이아웃에 따라 크기가 변하게 되는 범위를 브레이크 포인트라고 한다.

나중에 개발자에게 그리드 수치를 전달할 때는 마진 값과 거터 값을 정확하게 알려주어야 한다. 컬럼 값은 스크린 크기에 따라 유동적으로 변하므로 N이라고 하면 된다. 개발자는 이 값에 따라 미디어 쿼리를 이용해 각각 브레이크 포인트로 구분해 개발하게 된다. 시스템을 만들기 위해 그리드를 일일이 계산할 수도 있지만, GRID CALCULATOR와 같은 웹사이트에서 쉽게 계산할 수도 있다. 웹사이트에서 계산한 값은 포토샵이나 일러스트레이터로 다운로드해 사용할 수 있어 편리하다.

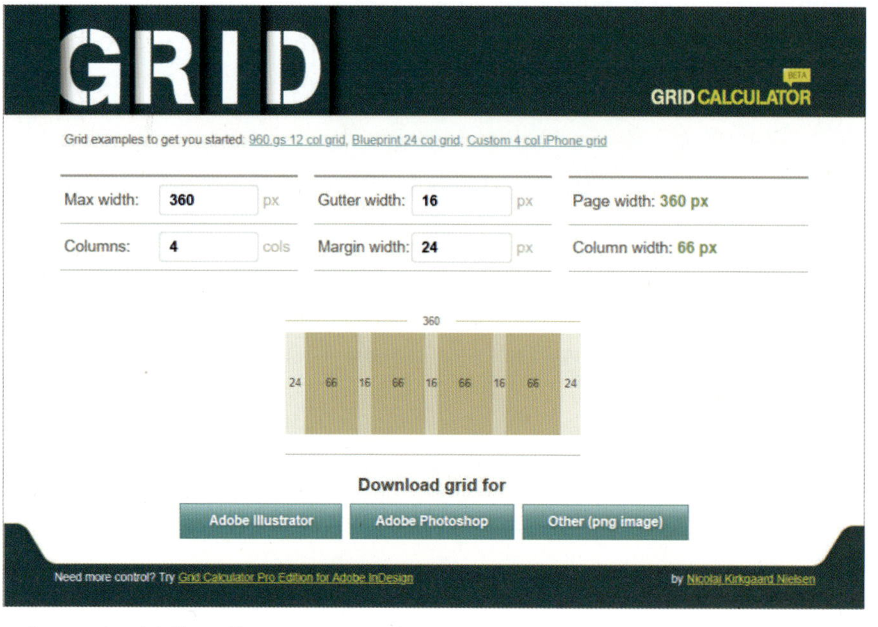

그림 9-7 그리드 계산기(http://gridcalculator.dk/)

브레이크 포인트의 범위에 따라 각 디스플레이 크기에 대한 컬럼, 마진/거터의 수가 결정되는데, 이는 [표 9-1]과 같다. 마진과 거터는 융통성 있게 사용하면 되고 꼭 같은 크기일 필요는 없다.

표 9-1 브레이크 포인트의 범위별 컬럼과 마진/거터

브레이크 포인트	컬럼	마진/거터
0~359	4	16
360~399	4	16
400~479	4	16
480~599	4	16
600~719	8	16
720~839	8	24
840~959	12	24
960~1023	12	24
1024~1279	12	24
1280~1439	12	24
1440~1599	12	24
1600~1919	12	24
1920 +	12	24

3 Adobe XD에서 그리드 설정 실습

01 Adobe XD를 실행한 후 홈 화면에서 모바일의 'Android Mobile (360 × 640)'을 선택해 새 아트보드를 만든다.

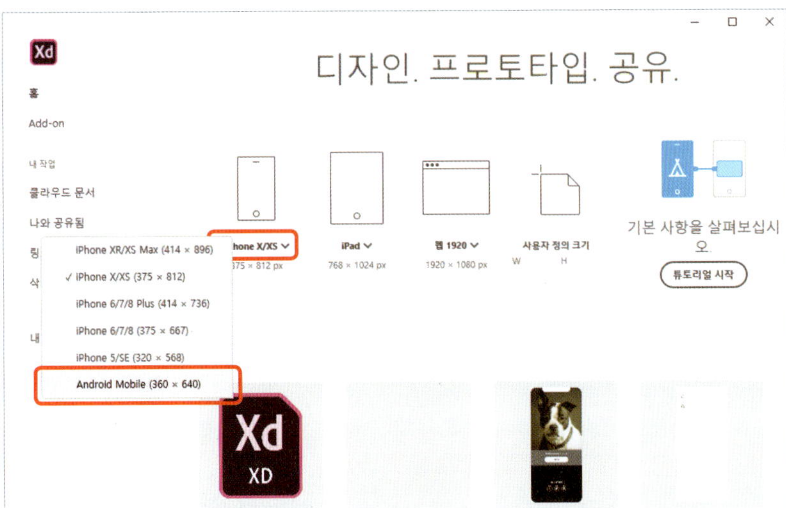

02 옵션 창의 '그리드' 옵션에서 [레이아웃]에 체크하면 자동으로 열이 4개인 기본 그리드가 생성된다.

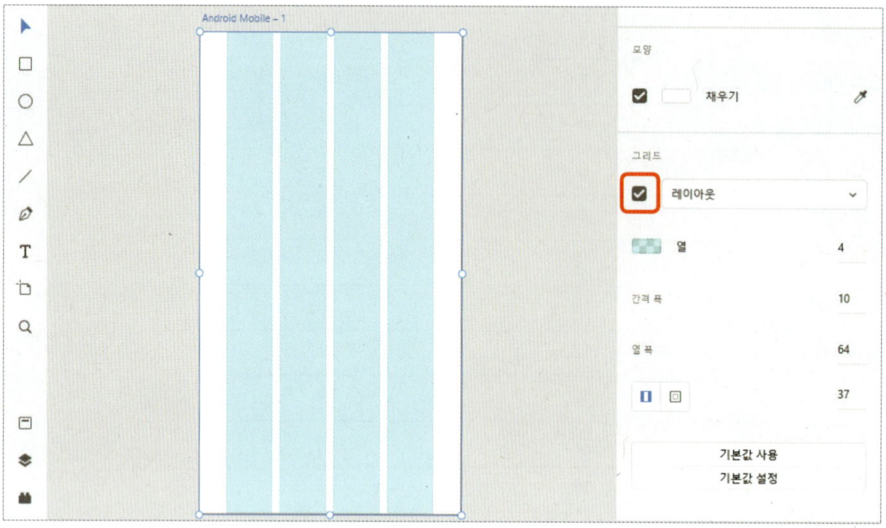

03 옵션 창에서 '간격 폭'은 16, '연결된 왼쪽/오른쪽 여백( )'은 16으로 설정한다. 이렇게 간격과 여백(마진)을 조절하면 '열 폭'이 자동으로 조절된다.

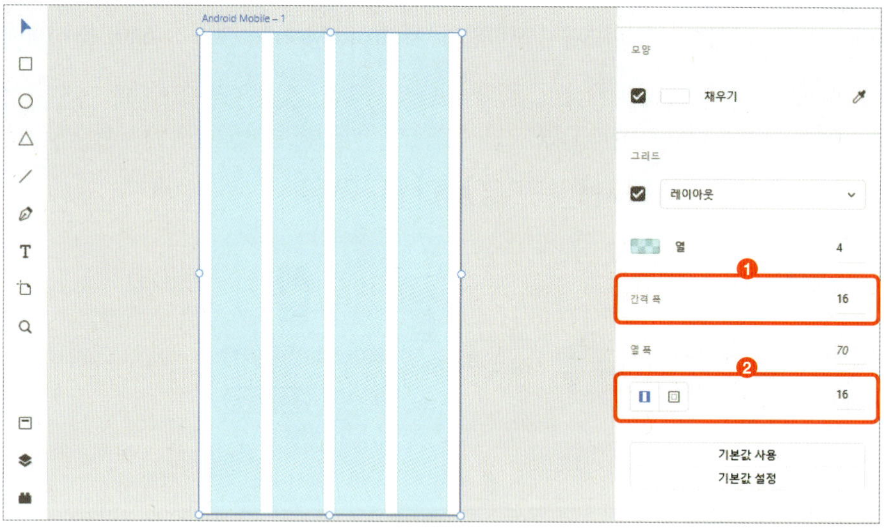

04 '간격 폭'을 8로 변경하면 '열 폭'도 그에 맞춰 76으로 변경된다. 간격 폭과 여백(마진) 값은 같지 않아도 되며 각 값에 따라 열 폭은 계속 변경된다.

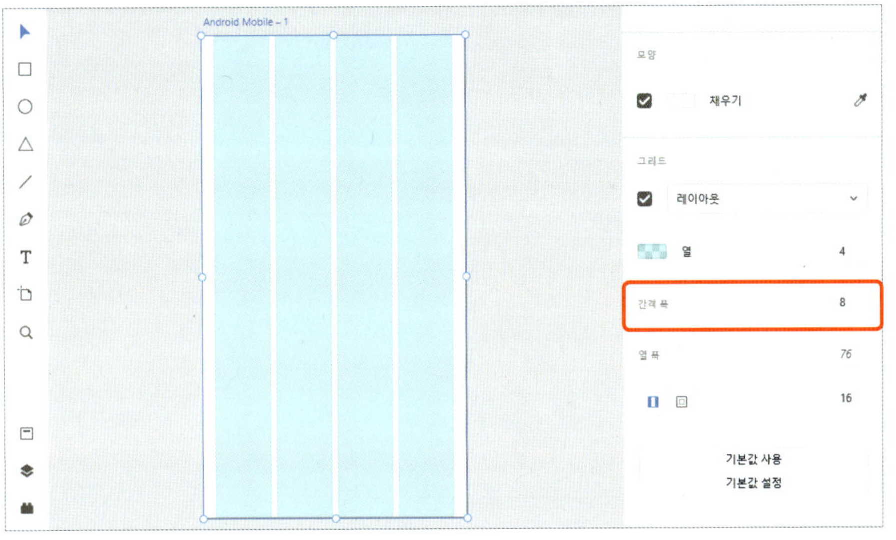

Tip 처음 상태의 그리드로 돌아가고 싶으면 [기본값 사용]을 클릭한다. [기본값 설정]을 클릭해 자주 사용하는 값을 기본값으로 설정할 수 있다.

05 '그리드' 옵션을 [정사각형]으로 변경하면 정사각형 그리드가 화면 가득 생성된다. '정사각형 크기'의 기본값은 8이다.

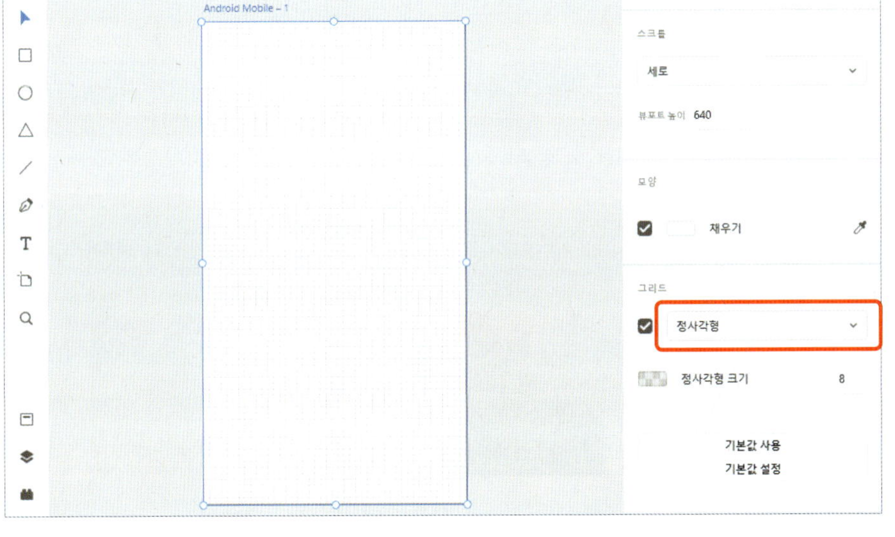

06 옵션 창에서 '정사각형 크기'를 변경하면 변경한 값에 따라 그리드의 크기가 변한다.

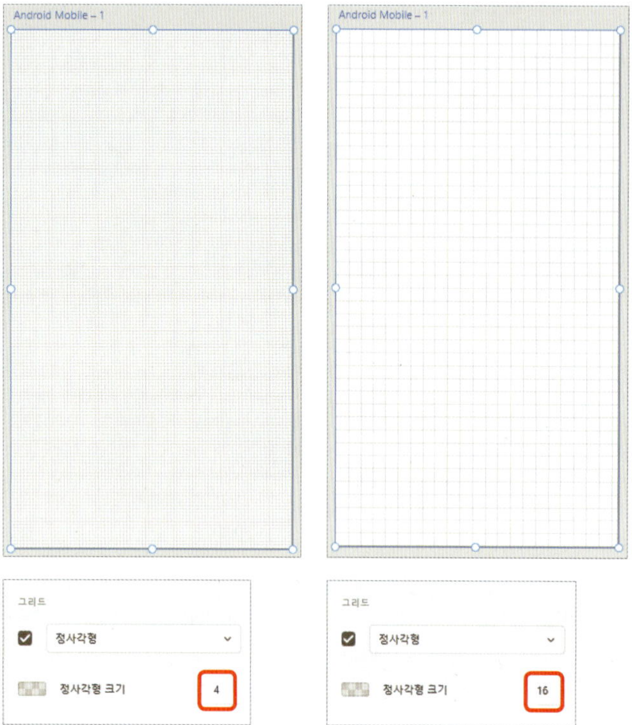

Tip 필요에 따라 그리드 크기를 지정할 수 있지만 8dp 그리드를 고려해 8의 배수 또는 4의 배수를 활용하는 것이 좋다.

07 '정사각형 크기'의 색상 상자를 클릭해 그리드 색상을 변경할 수 있다.

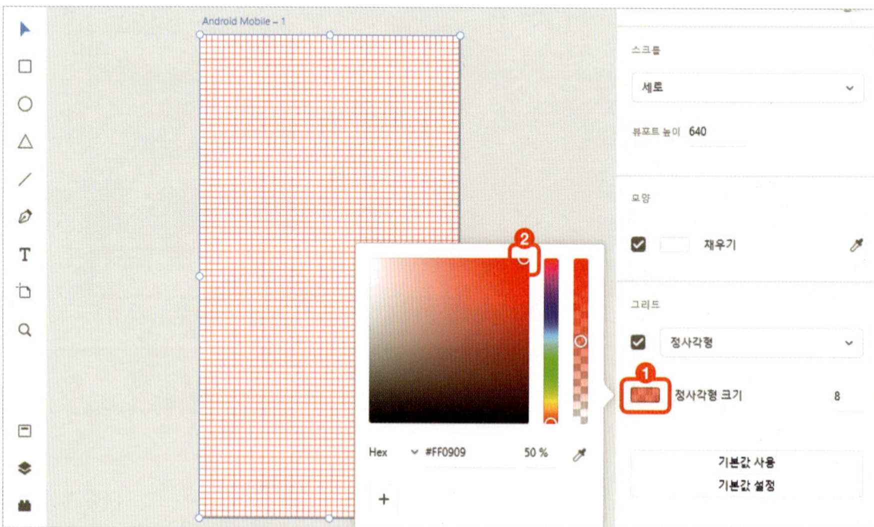

Tip Ctrl + ' 를 눌러 그리드를 보이지 않게 잠시 숨겨둘 수도 있다.

08 아트보드 왼쪽 가장자리에 마우스를 가져가 포인터 모양이 변하면 화면 안쪽으로 드래그해 가이드라인을 생성할 수 있다.

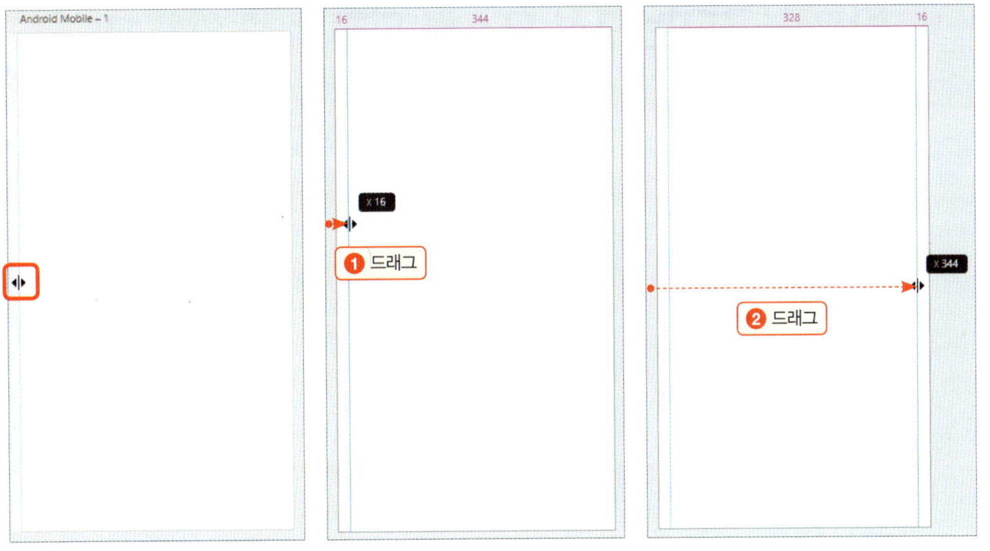

Tip 가이드라인은 왼쪽에서 오른쪽, 상단에서 하단으로 드래그해 수직과 수평 방향으로 생성할 수 있다.

09 생성된 가이드라인을 제거하려면 화면 밖으로 드래그한다.

Tip Ctrl + ; 를 누르면 가이드라인이 잠시 숨겨져서 보이지 않는다.

2
반복 사용되는 구성 요소를 위한 에셋 활용 UI

완성 이미지

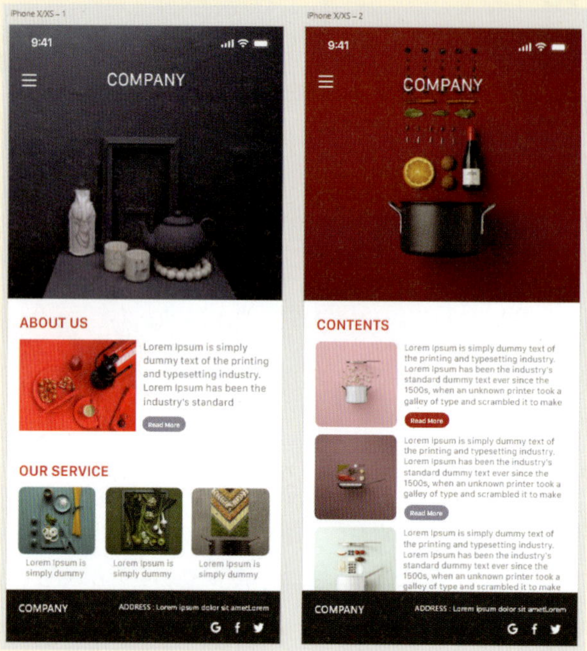

준비 파일 asset.xd, img1.jpg~img9.jpg

완성 파일 asset_result.xd

01 Adobe XD를 실행한 후 홈 화면에서 'iPhone X/XS/11 Pro' 모바일 아이콘을 클릭해 새 아트보드를 만든다.

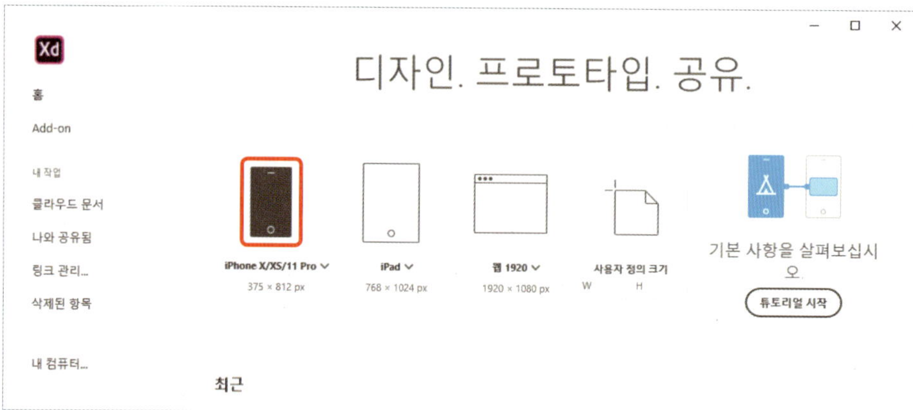

02 사각형 툴(□)로 W는 375, H는 360인 사각형을 만들어 아트보드 상단에 배치하고, [Chapter_09 ▸ Section_02 ▸ images] 폴더에서 'img1.jpg' 파일을 사각형 오브젝트 안으로 드래그해 배치한다.

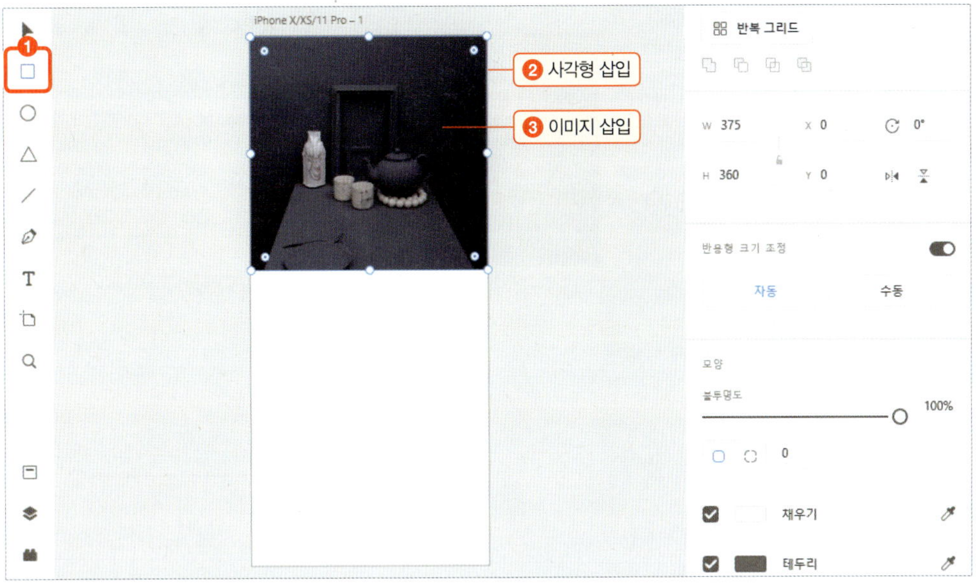

03 선택 툴(▸)로 아트보드 왼쪽 가장자리부터 드래그해 가이드라인을 아트보드 좌우에 각각 16 간격을 두고 배치한다.

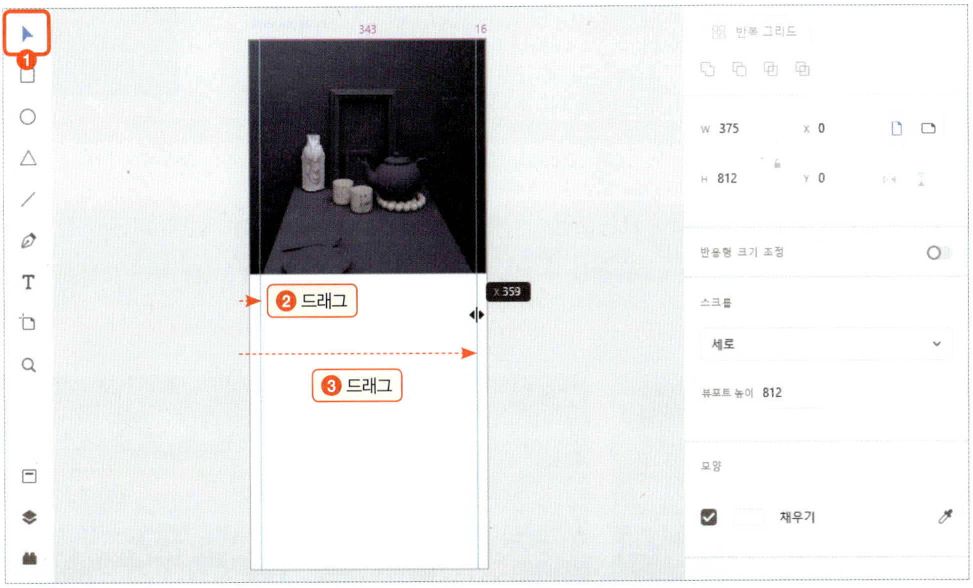

04 [Chapter_09 ▸ Section_02] 폴더에서 'asset.xd' 파일을 열고 상태 바를 복사해 아트보드 상단에 붙여넣는다. 툴 패널 하단의 에셋( )을 클릭해 [에셋] 패널이 열리면 '구성 요소'의 '+'를 클릭해 상태 바를 구성 요소로 등록한다.

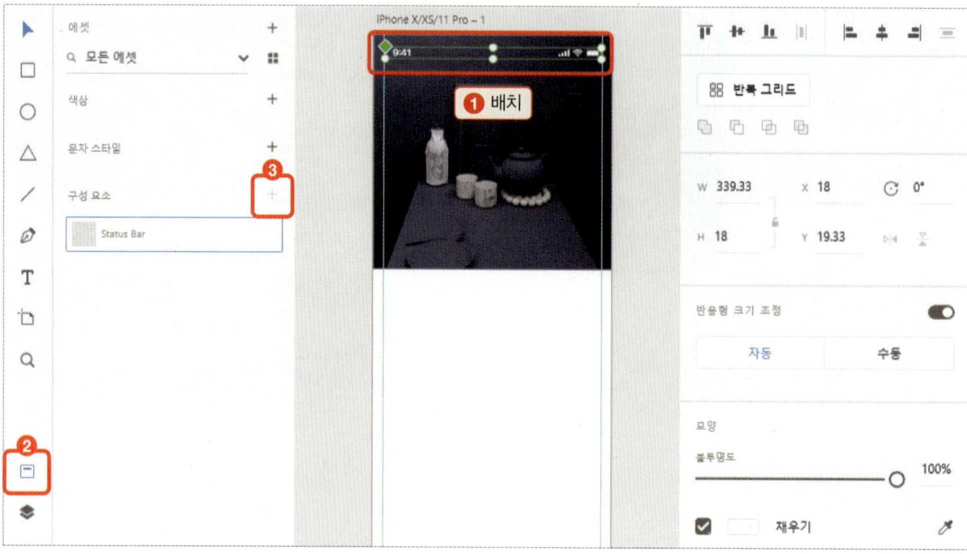

하나 더 알기 마스터 구성 요소

에셋에 등록된 구성 요소 왼쪽 상단에 초록색 다이아몬드 마크가 생긴 구성 요소를 '마스터 구성 요소'라고 한다. 마스터 구성 요소의 옵션을 변경하면 적용된 에셋이 모두 변경된다.

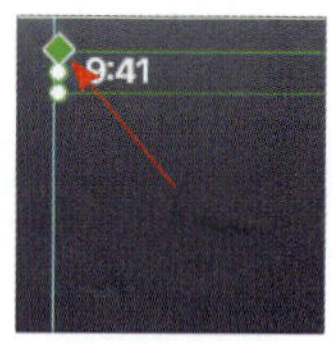

05 사각형 툴( )로 W는 20, H는 2인 사각형을 만든다. 선택 툴( )로 선택하고 Alt를 누른 채 5씩 간격을 두고 아래로 두 개 복제한 후 세 개를 모두 선택하고 Ctrl+G를 눌러 그룹화해 햄버거 버튼을 완성한다.

06 사각형 툴(□)로 W와 H가 24인 사각형을 그려 햄버거 버튼을 덮은 후 '채우기'와 '테두리'의 체크를 해제해 투명으로 만든다. 사각형과 햄버거 버튼을 함께 선택하고 Ctrl+G를 눌러 그룹으로 만든 후 왼쪽 가장자리에서 16, 상단에서 60 위치에 배치한다.

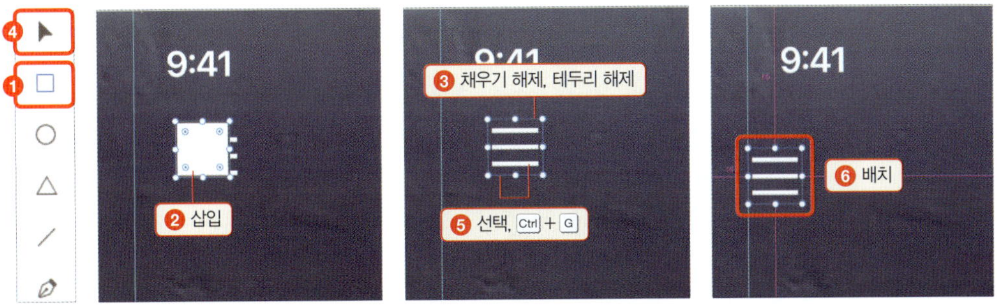

Tip 여기서 만든 투명 정사각형은 터치 영역이다. 크기를 24×24로 하는 이유는 아이콘의 터치 영역이 @2에서 48이므로 @1인 아트보드에서는 24 크기로 만들어야 하기 때문이다.

07 그룹으로 만든 아이콘이 선택된 상태에서 툴 패널의 에셋(▤)을 클릭해 [에셋] 패널을 열고 '구성 요소'의 '+'를 클릭해 에셋으로 등록한다. 등록된 구성 요소의 이름을 'Hamburger'로 변경한다.

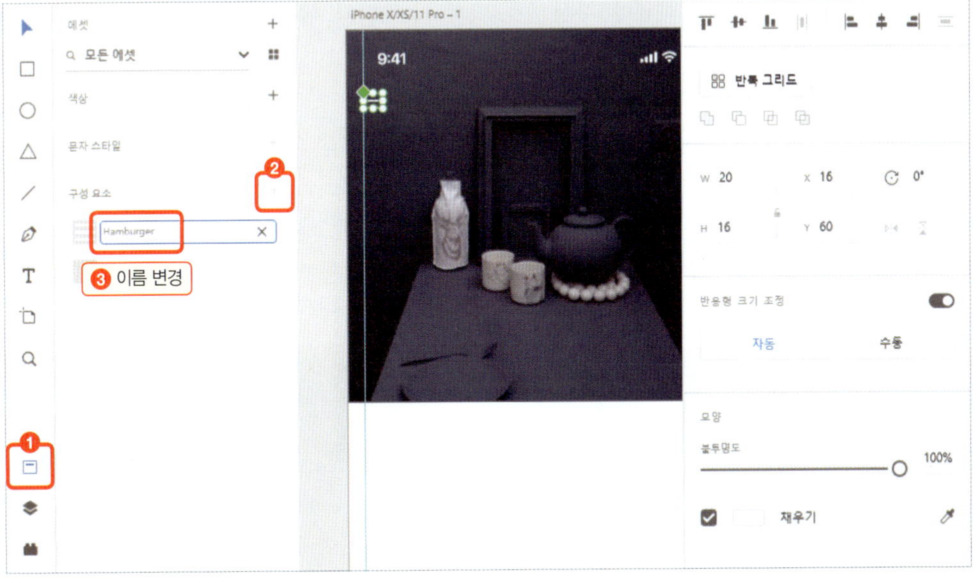

Tip 이름을 변경할 구성 요소를 마우스 오른쪽 버튼으로 클릭하고 팝업 메뉴에서 [이름 바꾸기]를 선택한 후 이름을 입력한다. 또는 구성 요소의 이름을 더블클릭한 후 입력한다.

08 텍스트 툴(T)로 아트보드에 앱 화면의 타이틀인 'COMPANY'를 입력한다. 이때 글꼴은 SF Text, 크기는 24, 두께는 Compact, '채우기' 색상은 #FFFFFF로 설정한다.

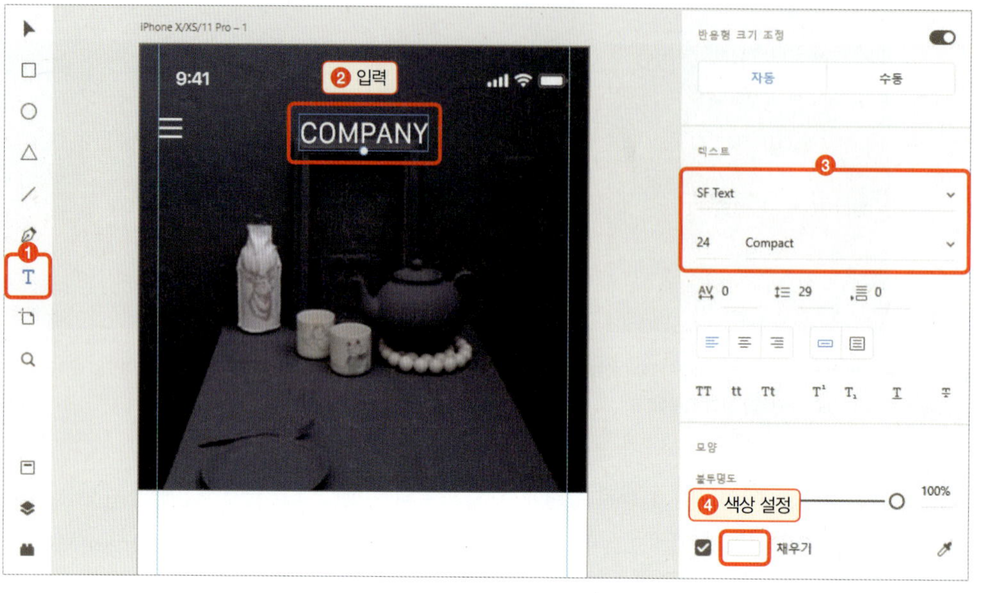

09 타이틀 텍스트를 [에셋] 패널에 '구성 요소'와 '문자 스타일' 에셋으로 등록한 후 이름을 모두 'Title'로 변경한다.

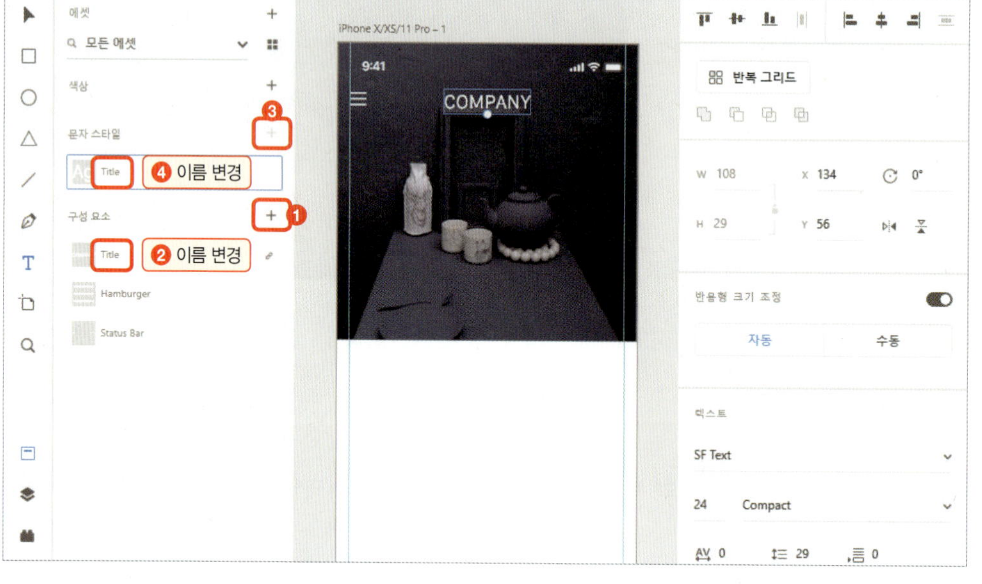

10 텍스트 툴(T)로 아트보드에 콘텐츠 타이틀 'ABOUT US'를 입력한다. 글꼴은 SF Text, 크기는 20, 두께는 Compact Semibold, '채우기' 색상은 #797994로 설정한다. [에셋] 패널에서 콘텐츠 타이틀을 '문자 스타일'로 등록하고 이름을 'List-Title'로 수정한다. '색상' 에셋에도 등록한다.

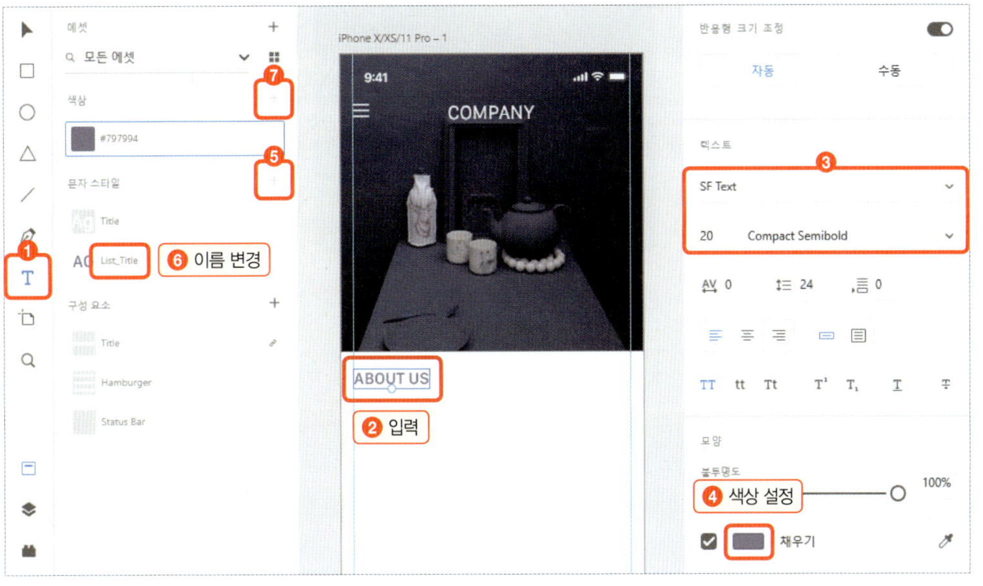

11 사각형 툴(□)로 W는 160, H는 120인 사각형을 만든 후 [Chapter_09 ▸ Section_02 ▸ images] 폴더에서 'img2.jpg' 파일을 드래그해 삽입하고 '테두리'의 체크를 해제한다.

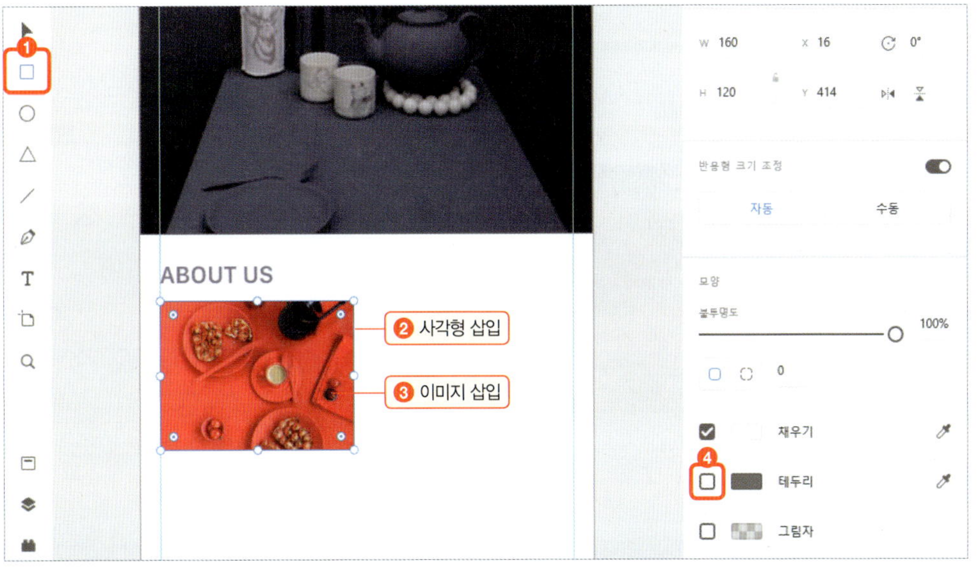

Tip 아트보드에 사용하는 오브젝트의 크기나 간격은 4 또는 8의 배수를 사용하는 것이 좋다.

12 텍스트 툴(T)로 드래그해 이미지 옆에 텍스트 상자를 만들고 설명 문구를 입력한 후 글꼴은 SF Text, 크기는 14, 두께는 Compact, '채우기' 색상은 #767782로 설정한다. [에셋] 패널에 '색상' 에셋으로 등록한 후 이름을 '본문 텍스트'로 변경한다.

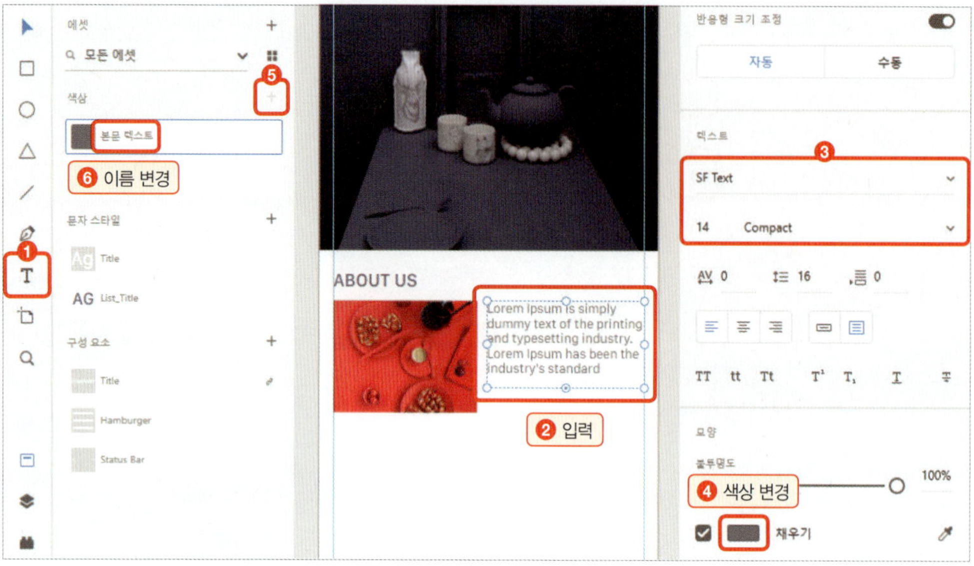

13 사각형 툴(□)로 W는 60, H는 20인 사각형을 만든 후 '모든 모퉁이에 대해 동일한 반경(□)' 값은 12, '채우기' 색상은 #818AAB로 설정해 버튼 오브젝트로 만든다. 설명 문구 하단에 배치하고 내부에 텍스트 툴(T)로 'Read More'라고 입력한다.

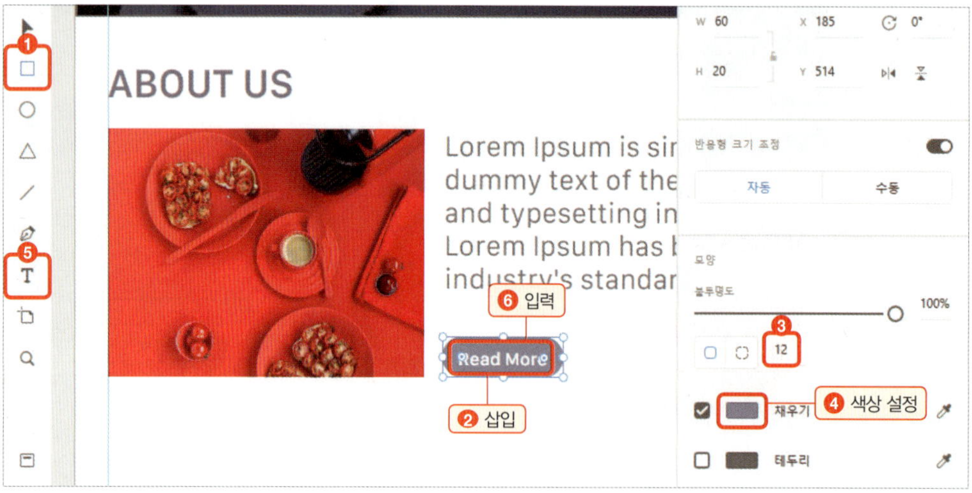

14 텍스트 툴(T)로 콘텐츠 타이틀 'OUR SERVICE'를 입력한다. [에셋] 패널의 '문자 스타일'에서 'List_Title'을 선택해 문자 스타일을 적용한다.

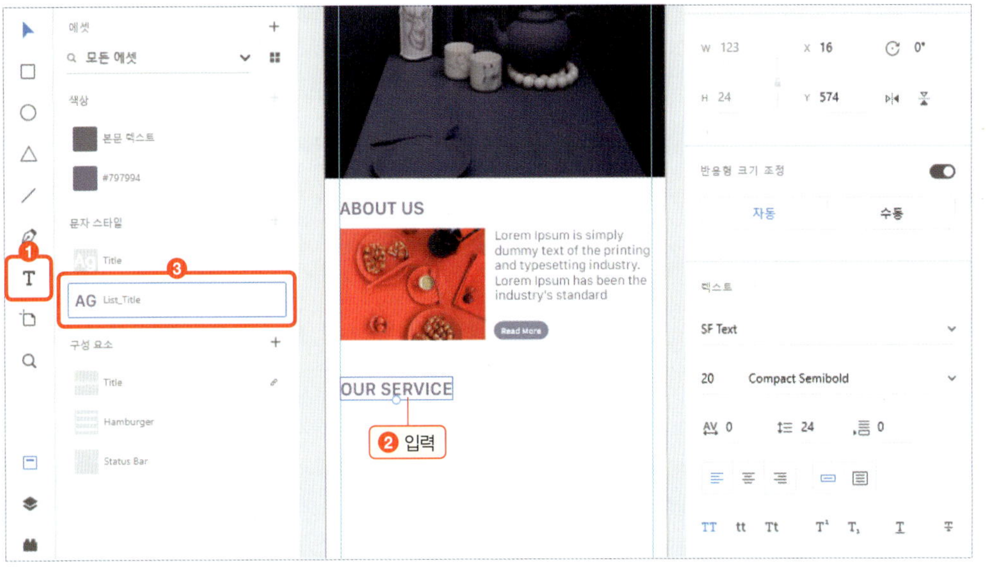

15 사각형 툴(□)로 W는 105, H는 88인 사각형을 만들고 [Chapter_09 ▸ Section_02 ▸ images] 폴더에서 'img3.jpg' 파일을 드래그해 넣은 후 '테두리'의 체크를 해제한다.

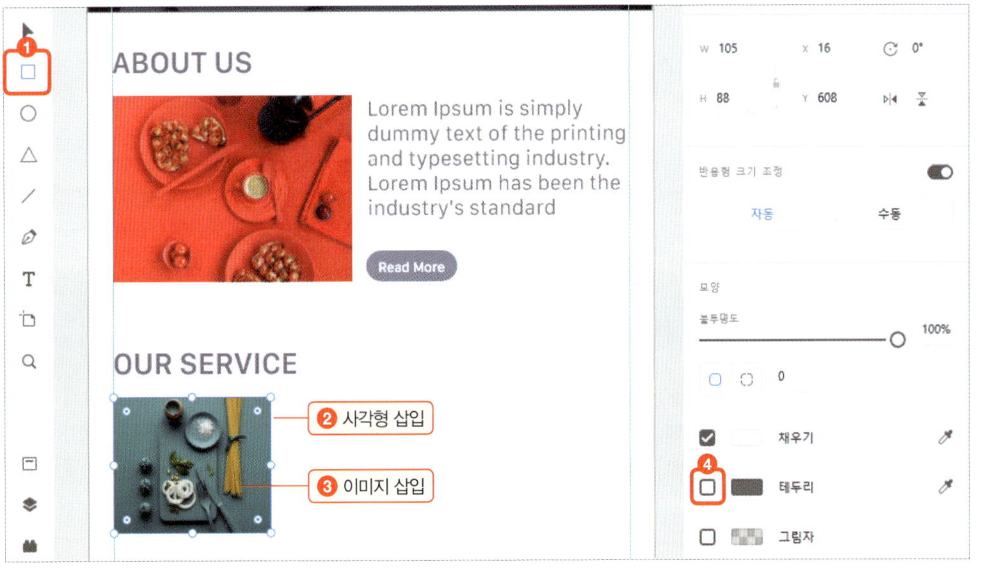

16 텍스트 툴(T)로 드래그해 이미지 아래에 텍스트 상자를 만든 후 설명 문구를 입력하고 글꼴은 'SF Text', 크기는 12로 설정한다. [에셋] 패널에서 '색상'의 '본문 텍스트'를 클릭해 색상을 본문 텍스트 색상과 맞춘다.

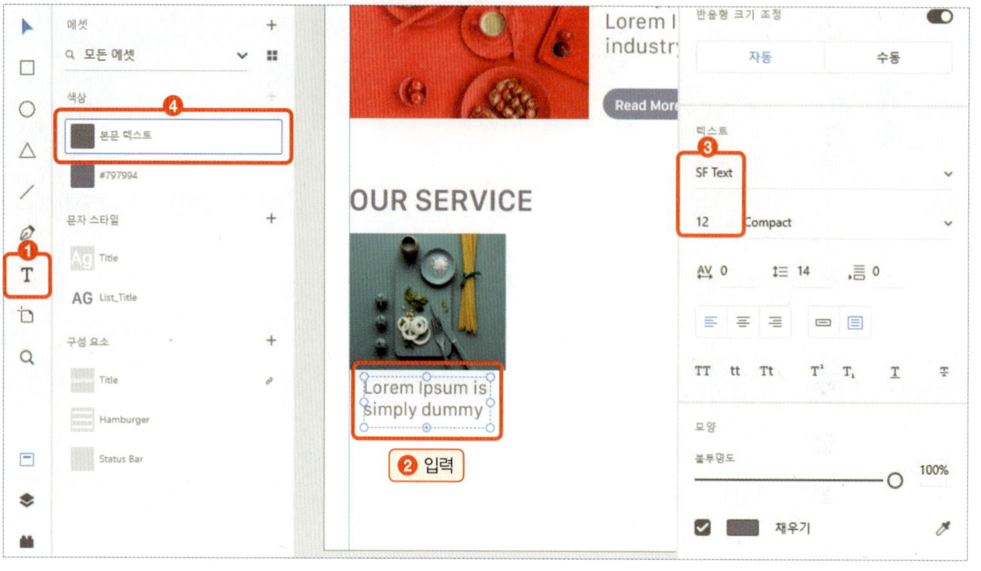

17 선택 툴(▸)로 이미지와 텍스트 상자를 함께 선택하고 [에셋] 패널에서 '구성 요소'로 등록한 후 이름을 'Contents'로 변경한다.

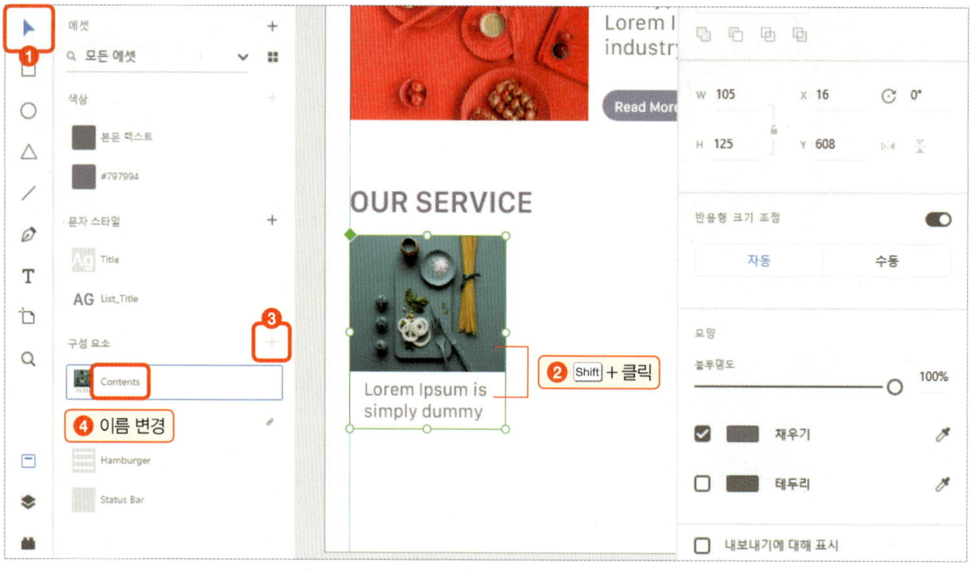

18 [에셋] 패널에서 '구성요소'의 'Contents'를 아트보드로 두 번 드래그해 추가로 배치한 후 [Chapter_09 ▸ Section_02 ▸ images] 폴더에서 'img4.jpg'와 'img5.jpg' 파일을 각각 드래그해 배치한다.

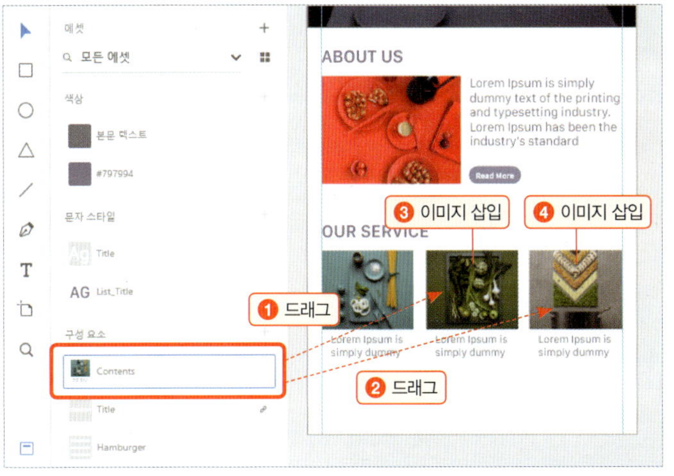

Tip 에셋에서 복제한 구성 요소도 초록색이지만, 마스터 구성 요소와 달리 왼쪽 상단에 다이아몬드 형태가 없다.

19 아트보드 하단에 사각형 툴(□)로 W는 375, H는 70인 사각형을 만든 후 '채우기' 색상을 #232A24로 설정한다. 텍스트 툴(T)로 앱 타이틀과 주소 텍스트를 입력한 후 [Chapter_09 ▸ Section_02] 폴더의 'asset.xd' 파일을 열고 SNS 아이콘을 복제해 사각형 안에 배치한다.

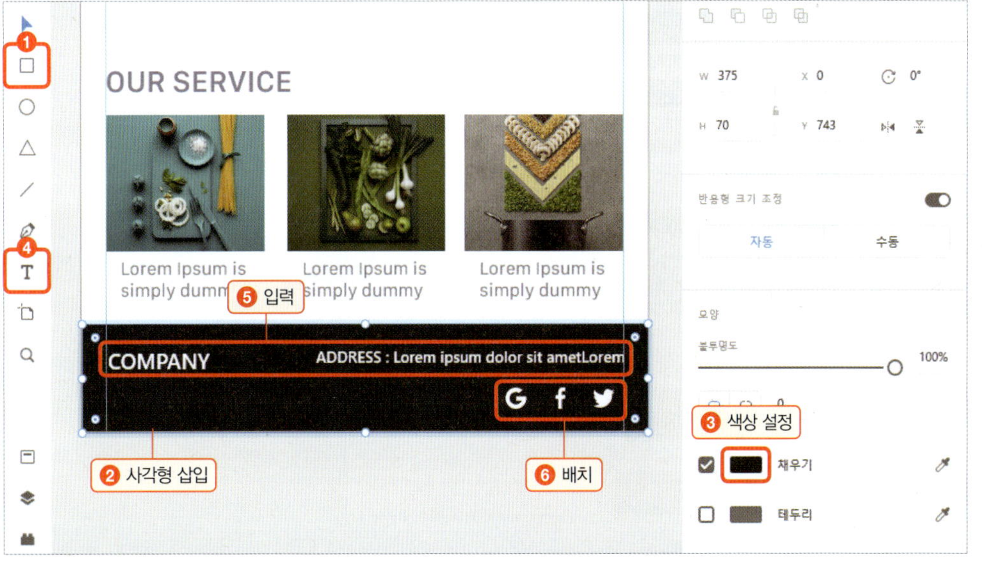

20 선택 툴( )로 방금 완성한 푸터 영역을 모두 선택하고 [에셋] 패널에 '구성 요소'로 등록한다. 이름은 'Footer'로 수정한다.

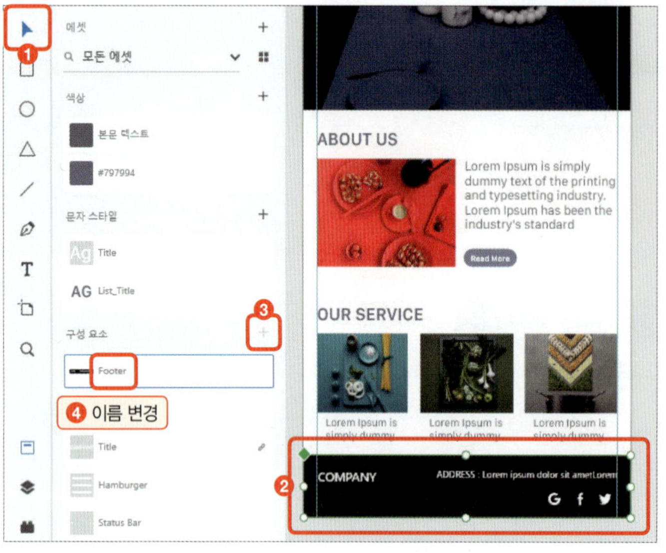

21 아트보드 툴( )을 선택하고 옵션 창에서 'iPhone X/XS/11 Pro'를 선택해 아트보드를 추가한다. 새 아트보드 상단에 사각형 툴( )로 W는 375, H는 360인 사각형을 만들고 [Chapter_09 ▸ Section_02 ▸ images] 폴더에서 'img6.jpg' 파일을 드래그해 배치한다.

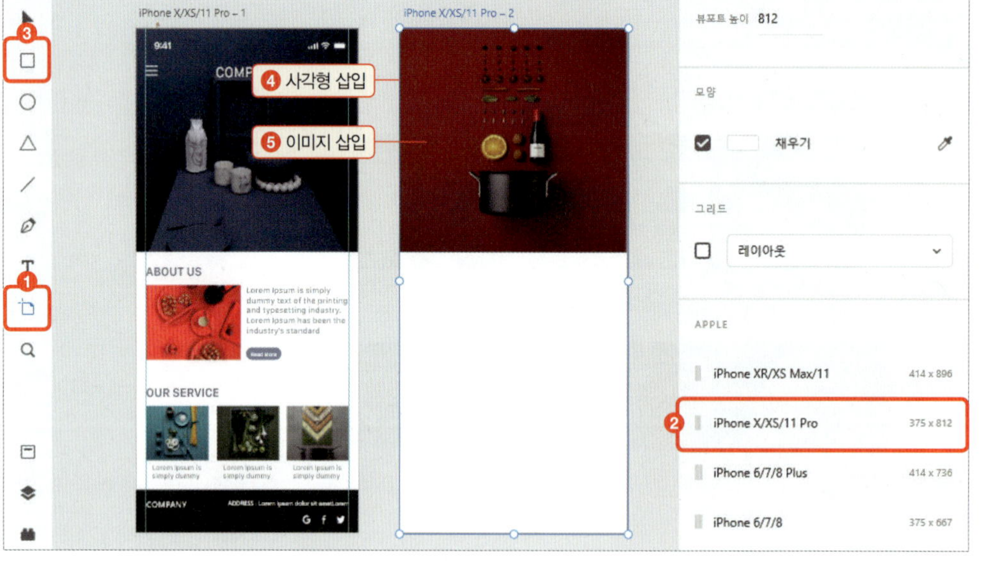

22 [에셋] 패널에서 '구성 요소'의 'Status_Bar'를 'iPhone X/XS/11 Pro-2' 아트보드의 상태바 위치에 드래그해 배치한다.

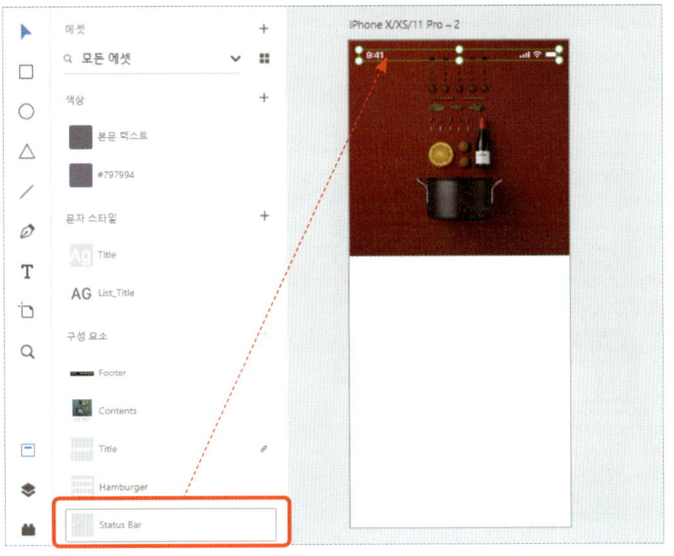

23 [에셋] 패널의 '구성요소'에서 'Hamburger'와 'Title'을 드래그해 햄버거 버튼과 앱 타이틀을 배치한다.

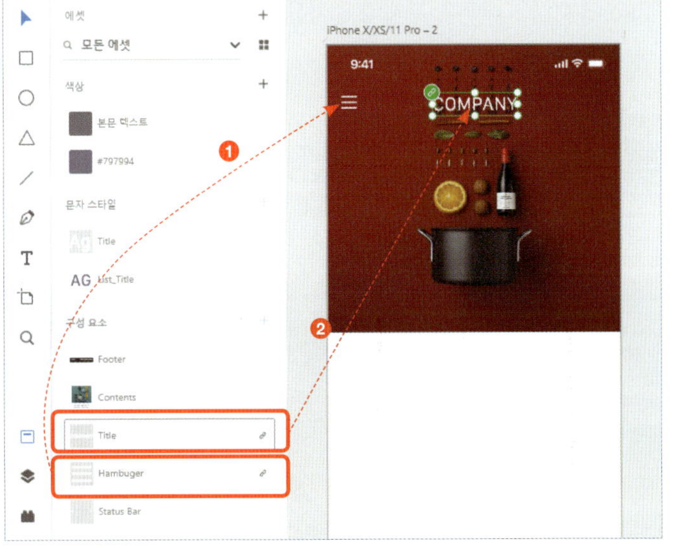

24 텍스트 툴(T)로 콘텐츠 타이틀 'CONTESTS'를 입력하고, [에셋] 패널의 '문자 스타일'에서 'List_Title'을 클릭해 속성을 적용한다. '구성 요소'의 'Contents'를 아트보드로 드래그해 배치하고 내부를 더블클릭해 텍스트 상자를 오른쪽 끝에 배치한다.

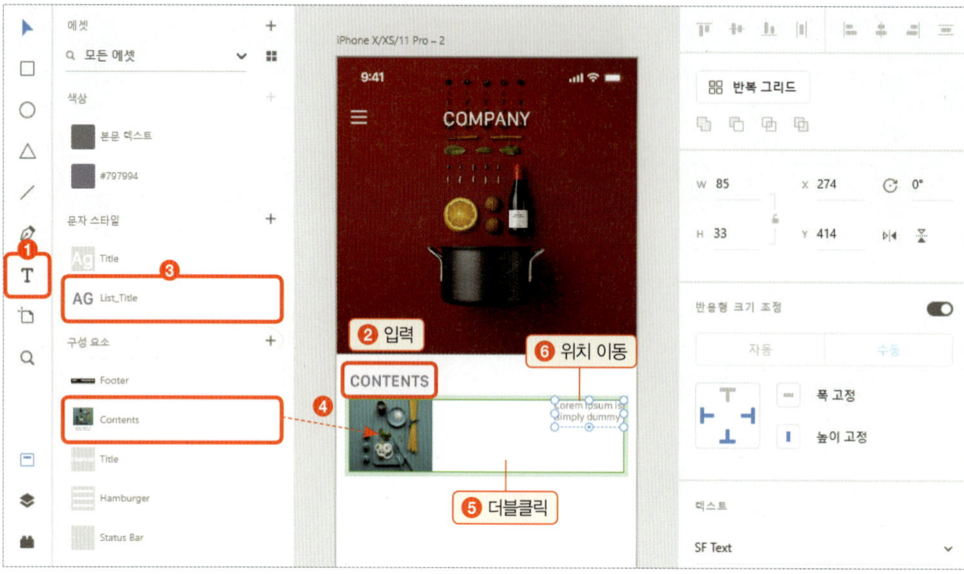

25 이미지 상자의 W와 H를 112로, 텍스트 상자의 W는 221, H는 88로 변경한다. 'iPhone X/XS/11 Pro–2' 아트보드에서 'Read More' 버튼을 복제해 배치하고, 이미지를 [Chapter_09 ▸ Section_02 ▸ images] 폴더에 있는 'img7.jpg' 파일로 변경한다.

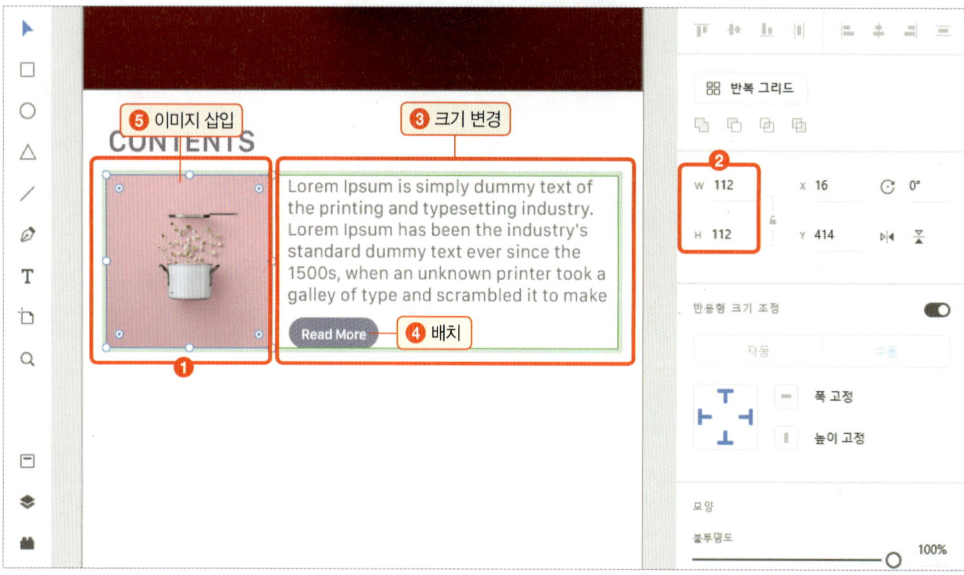

26 콘텐츠 요소 그룹을 아래로 두 개 더 복제하고 [Chapter_09 ▸ Section_02 ▸ images] 폴더에 있는 'img8.jpg'와 'img9.jpg'로 이미지를 변경한다.

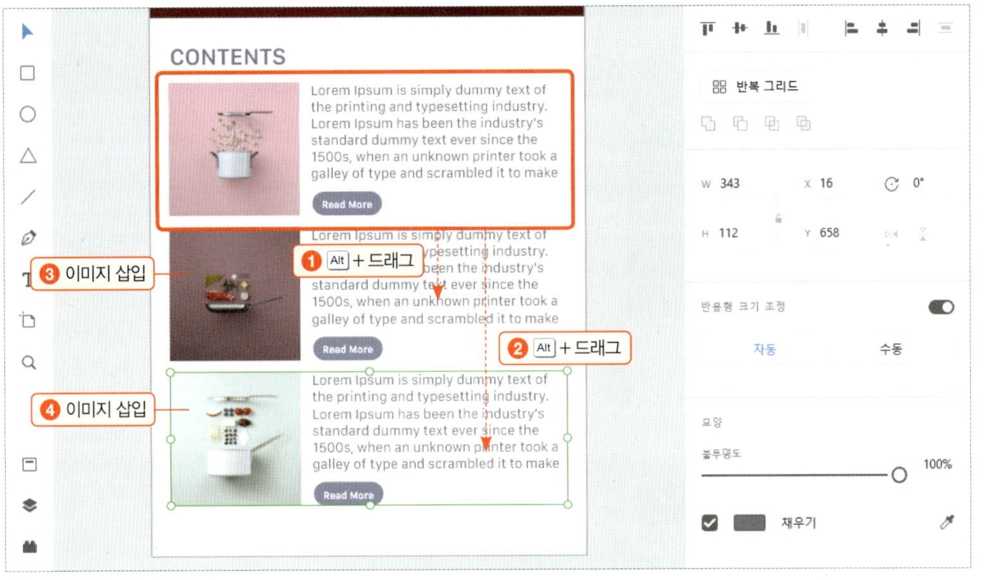

27 [에셋] 패널의 '구성요소'에서 'Footer'를 아트보드 하단으로 드래그해 배치한다.

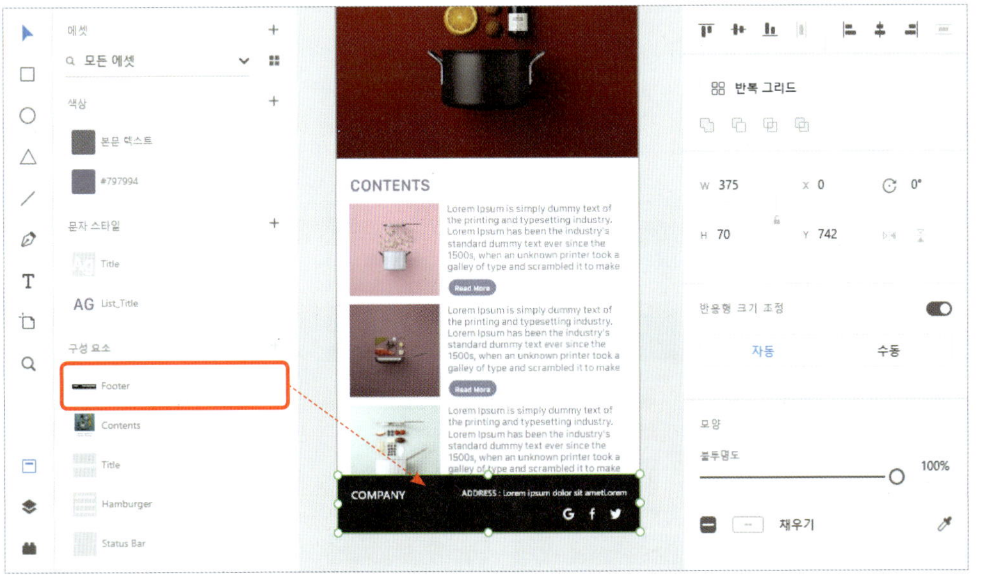

28 'iPhone X/XS/11 Pro–1' 아트보드에 있는 'Contents'의 마스터 구성 요소를 더블클릭하고 옵션 창에서 '모든 모퉁이에 대해 동일한 반경(▢)' 값을 8로 변경한다. 사용한 구성 요소의 속성이 한 번에 변경되는 것을 확인할 수 있다.

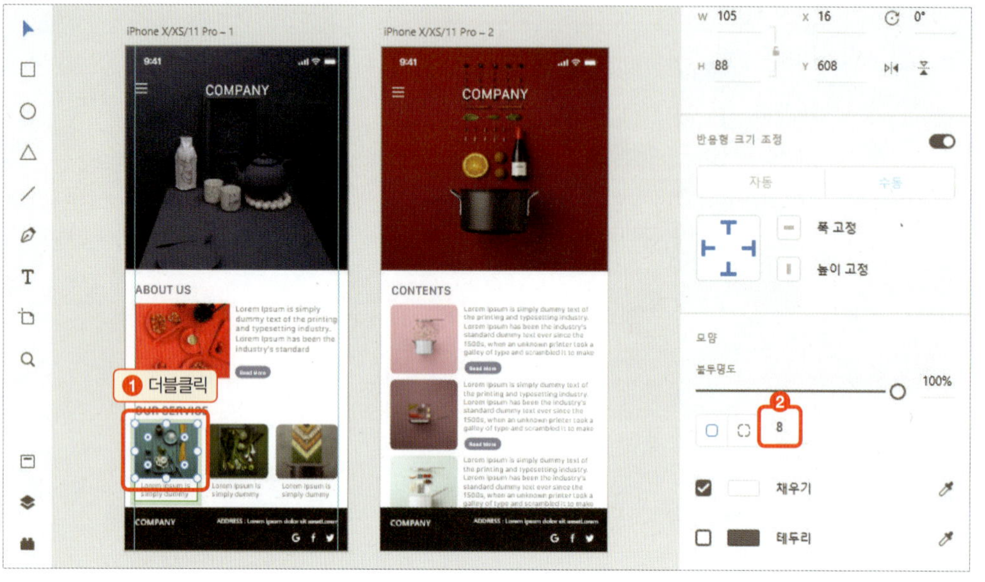

29 [에셋] 패널의 '문자 스타일'에서 'List–Title'을 마우스 오른쪽 버튼으로 클릭해 [캔버스에서 강조 표시]를 선택하면 해당 속성을 사용한 콘텐츠에 강조 표시가 된다.

30 [에셋] 패널의 '색상'에서 '#797994'를 마우스 오른쪽 버튼으로 클릭해 [편집]을 선택하고 색상을 #D91A27로 변경하면 해당 색상을 사용한 콘텐츠의 색상이 한꺼번에 변경된다.

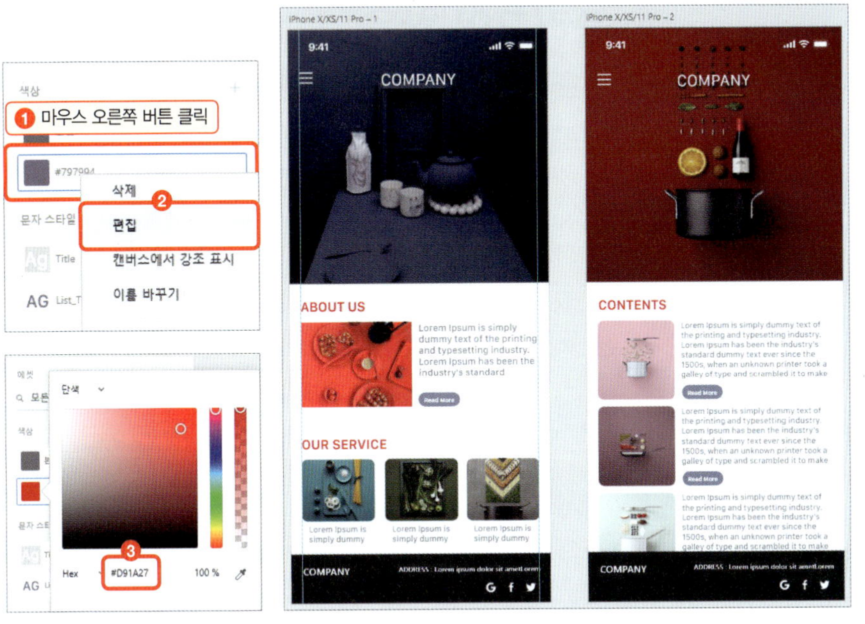

31 등록한 구성 요소를 사용하지 않은 오브젝트는 색상 등의 속성을 일일이 변경해야 한다. 이것이 에셋을 이용한 구성 요소와의 가장 큰 차이점이라고 할 수 있다.

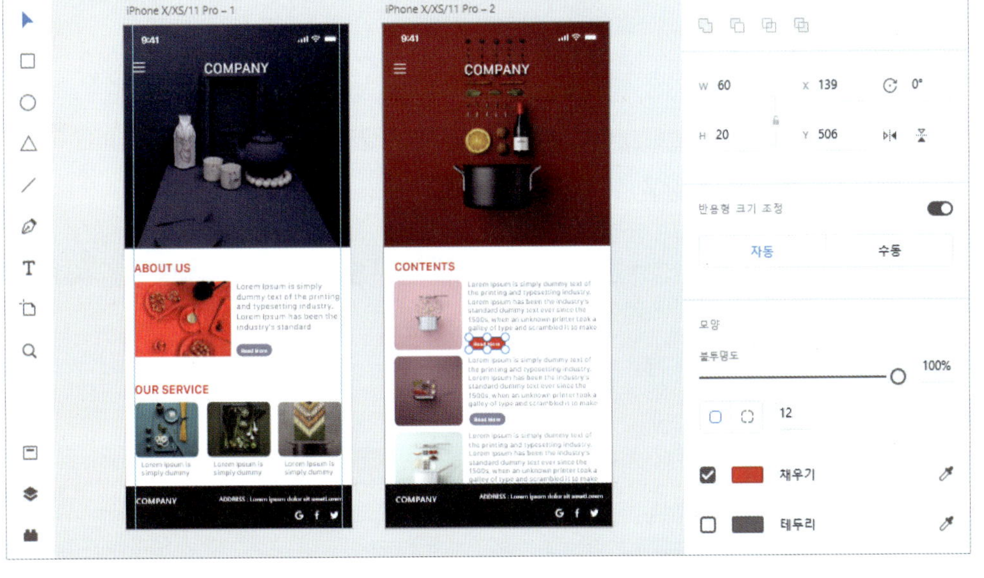

3
플러그인 활용

1 플러그인 설치

01 Adobe XD를 실행한 후 홈 화면의 메뉴에서 [Add on]을 선택하고 '플러그인' 아이콘을 클릭하거나 작업 화면에서 [목록] 버튼(☰)을 클릭하고 [플러그인]-[플러그인 탐색]을 선택한다.

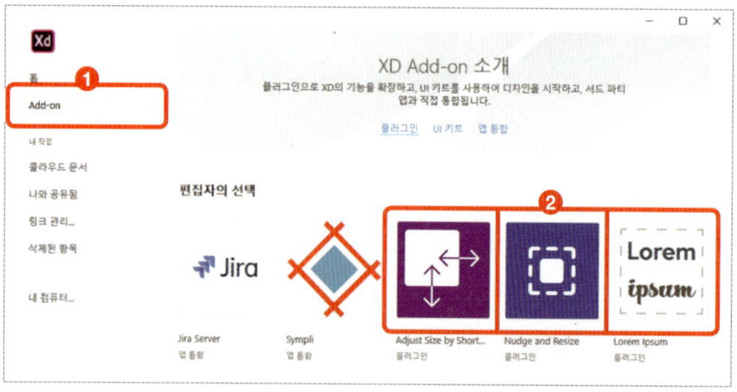

02 플러그인을 탐색할 수 있는 창이 열린다. [검색] 탭을 클릭한 후 검색 창에 'calendar'를 입력해 'calendar' 플러그인을 찾고 [설치]를 클릭한다.

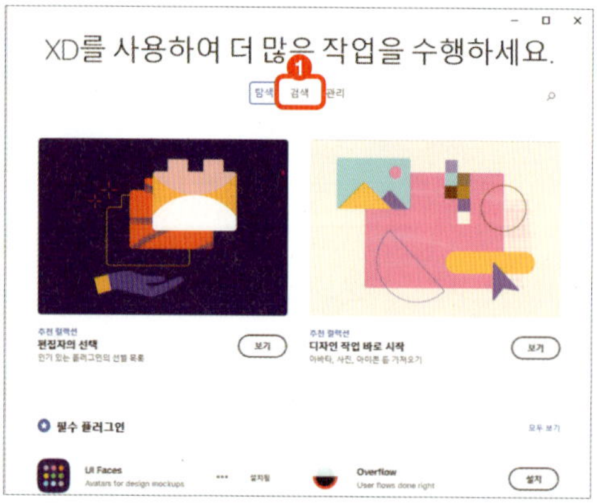

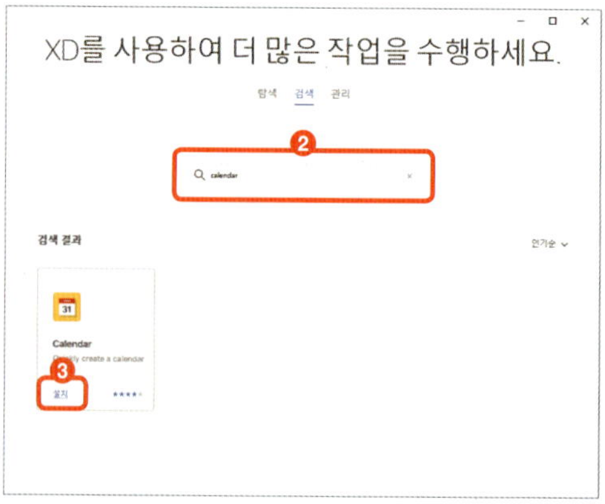

Tip [설치]를 클릭하면 해당 플러그인 홈페이지로 이동해 회원 정보를 입력해야 설치가 되는 경우도 있다.

03 [관리] 탭을 클릭하면 현재 설치되어 있는 모든 플러그인의 목록과 업데이트 정보를 확인할 수 있다. 플러그인 이름 옆의 '···'을 클릭하면 플러그인을 비활성화하거나 제거할 수 있다. 또 플러그인 이름을 클릭하면 해당 플러그인에 대한 설명을 볼 수 있다.

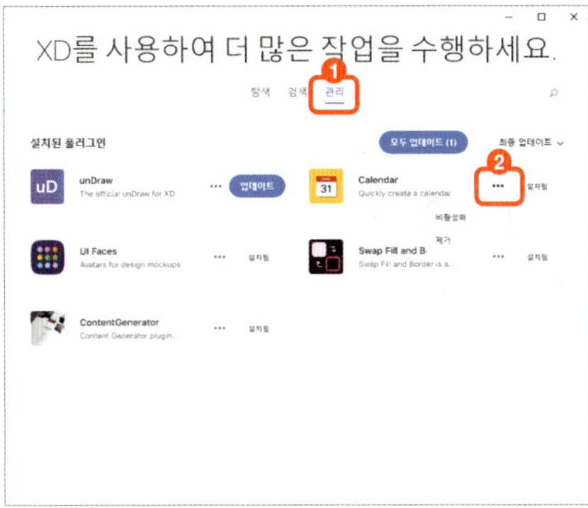

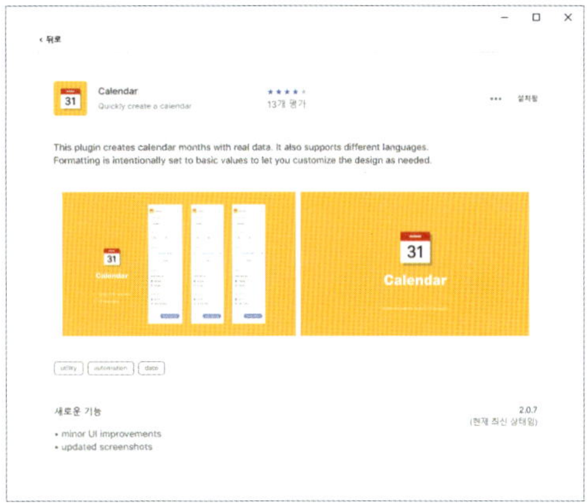

Tip [목록]–[플러그인]–[플러그인 관리]를 선택하거나, [플러그인] 패널의 목록에서 특정 플러그인을 마우스 오른쪽 버튼으로 클릭해 [플러그인 관리]를 선택해도 동일한 화면이 열린다.

2 플러그인으로 달력 UI 제작

01 Adobe XD를 실행한 후 홈 화면에서 모바일의 'Android Mobile (360×640)'을 선택해 새 아트보드를 만든다.

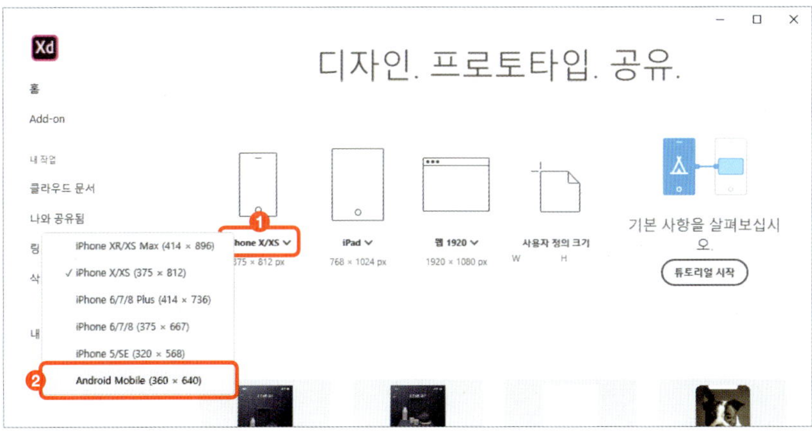

02 툴 패널에서 플러그인( )을 클릭해 설치된 플러그인 리스트를 열고 [Calender] 플러그인을 선택한다.

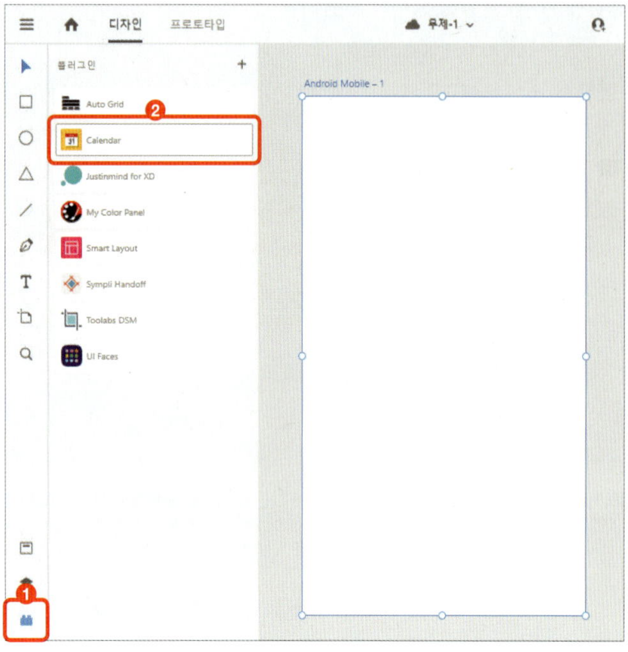

03 [Calendar] 플러그인 옵션 창에서 W와 H는 40, 'MONTH'(시작 연월)는 [January 2020]으로 설정한 후 [Make Calender] 버튼을 클릭해 아트보드 내에 달력을 생성한다.

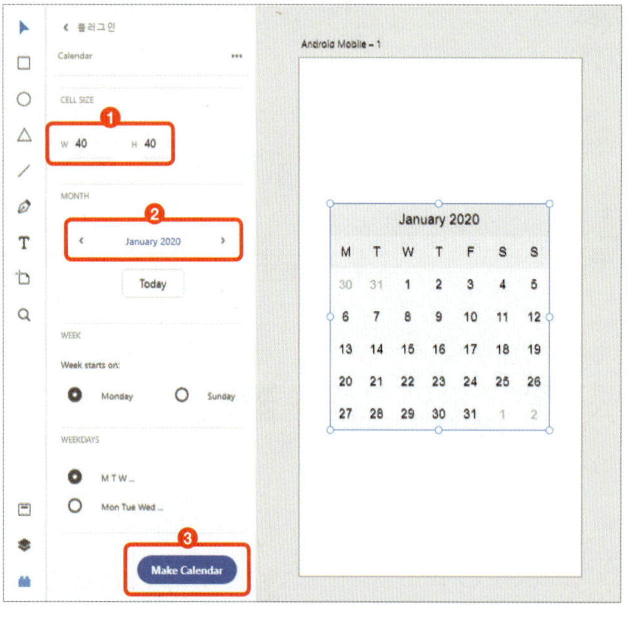

Tip 아트보드가 선택되어 있어야만 달력이 생성되며 아트보드가 선택되지 않은 상태에서는 아트보드를 선택하라는 알림 창이 뜬다.

04 선택 툴(▸)로 달력 내부 임의의 날짜 칸을 더블클릭해 선택한 후 [플러그인] 패널에서 [Selection]을 선택하고 [Fill] 옵션을 클릭하면 같은 배경으로 만들어진 칸이 한 번에 선택된다.

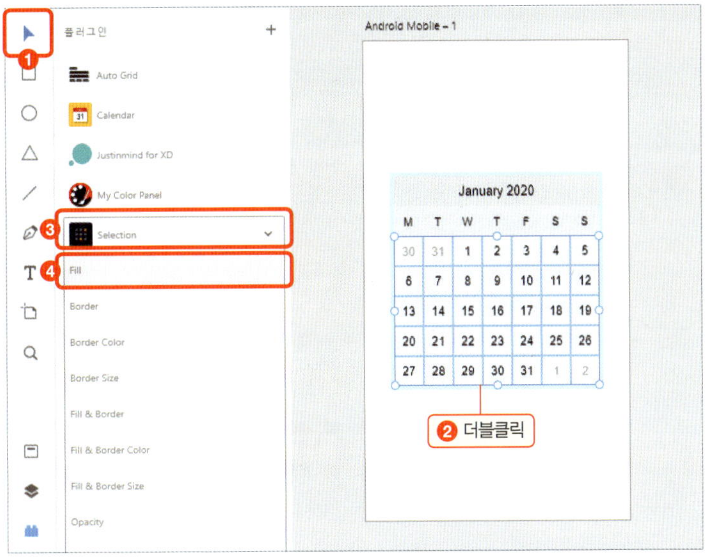

Tip [플러그인] 패널의 목록에 [Selection] 플러그인이 없으면 [목록]–[플러그인]–[플러그인 탐색]에서 'Selection'을 검색해 설치한다.

05 옵션 창에서 '채우기' 색상을 #FED4E2로 설정한다.

06 선택 툴(▸)로 숫자 '30'을 더블클릭해 선택하고 [Selection] 플러그인에서 [Font & Color]를 선택하면 해당 숫자와 같은 색상의 숫자가 모두 선택된다. 옵션 창에서 '채우기' 색상을 #FF0057로 변경한다.

07 같은 방법으로 요일 사각형과 요일 텍스트를 [Selection] 플러그인을 이용해 선택하고 '채우기' 색상을 각각 #FF7EAE와 #FFFFFF로 변경한다. 월 사각형과 월 텍스트의 '채우기' 색상도 #D45477과 #FFFFFF로 변경한다.

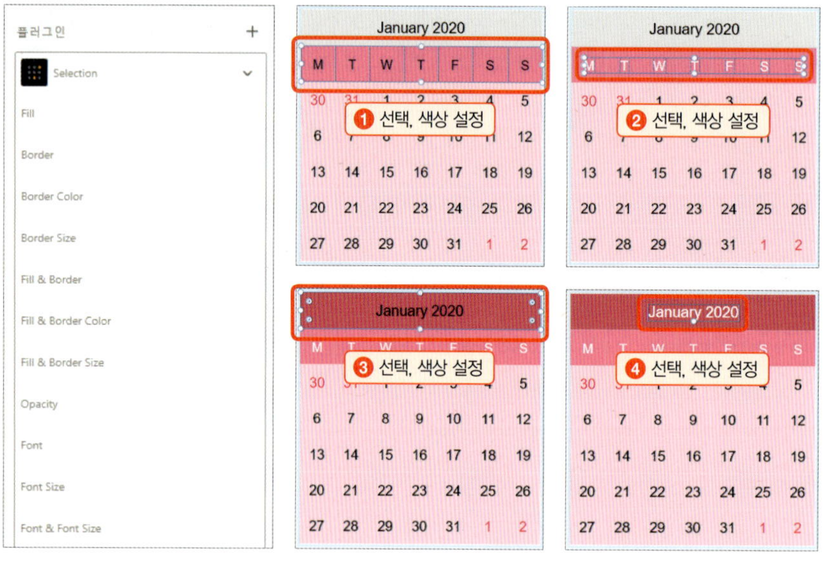

08 선택 툴(▸)로 달력을 선택하고 아트보드 상단에 배치한 후 Shift를 누른 채 드래그해 아트보드에 맞도록 확대한다. 27일에 타원 툴(○)로 W와 H가 36인 원을 만들고 '채우기' 색상을 #D45477로 변경한 후 텍스트 툴(T)로 흰색 날짜를 다시 입력한다.

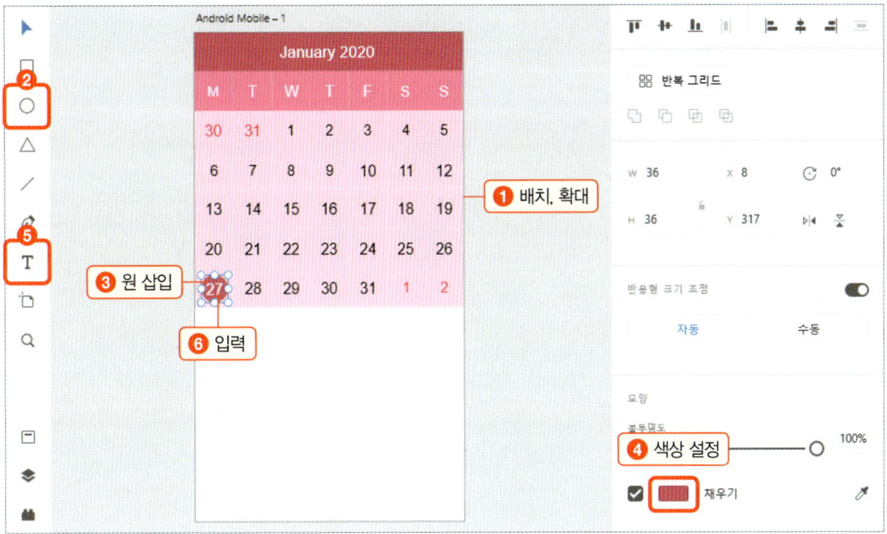

09 타원 툴(○)로 W와 H가 36인 원을 만들어 '채우기'의 체크를 해제하고 '테두리' 색상을 #D45477로 변경한 후 7일, 17일, 24일, 25일에 복제하여 배치한다.

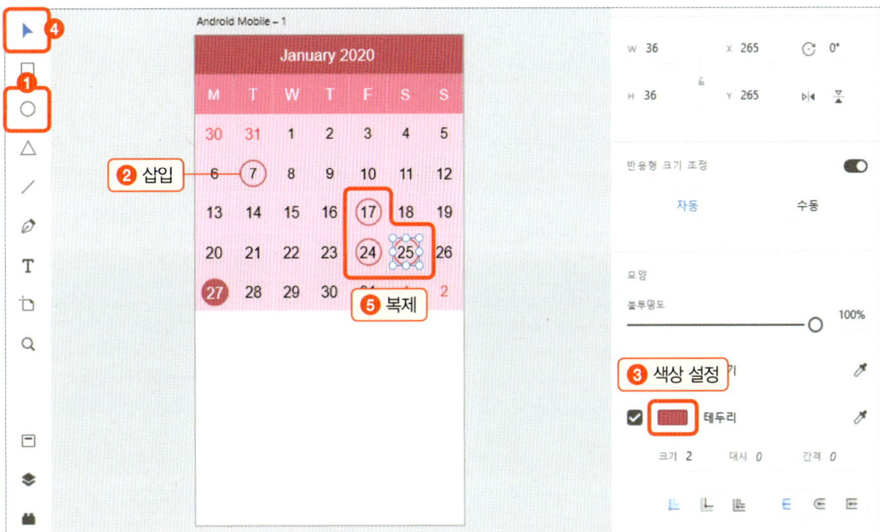

10 타원 툴(○)로 하단 영역에 W와 H가 6인 원 두 개를 생성하고, 텍스트 툴(T)로 일정 텍스트와 시간 텍스트를 각각 입력한다.

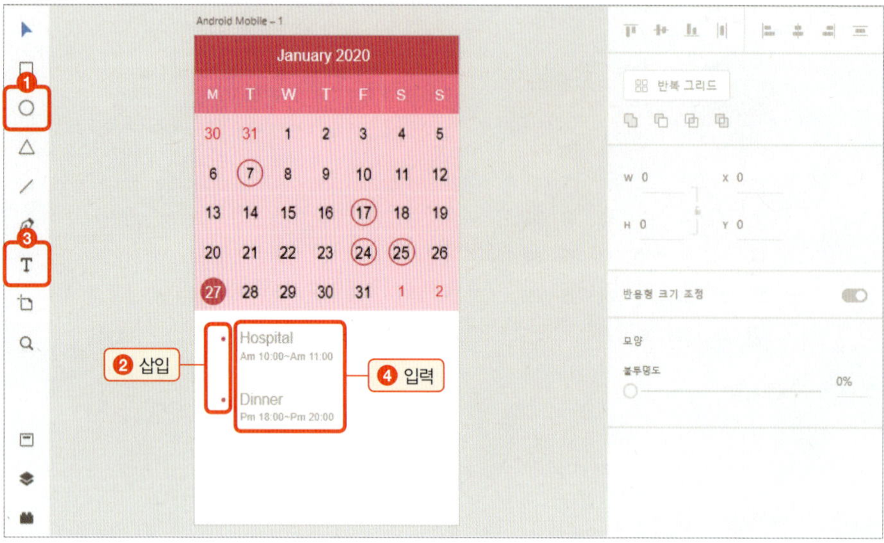

11 타원 툴(○)로 아트보드 하단 오른쪽에 W와 H가 56인 원을 만들고 '채우기' 색상을 #D45477로 설정한다. '테두리'의 체크는 해제하고 '그림자'의 색상은 #000000, 투명도는 26%, X는 6, Y는 6, B는 6으로 설정한다. 텍스트 툴(T)로 원 가운데에 '+'를 입력해 스케줄 추가 버튼을 만들어 달력 UI를 완성한다.

3 플러그인으로 프로필 UI 제작

01 Adobe XD를 실행한 후 홈 화면에서 모바일의 'Android Mobile(360×640)'을 선택해 새 아트보드를 만든다.

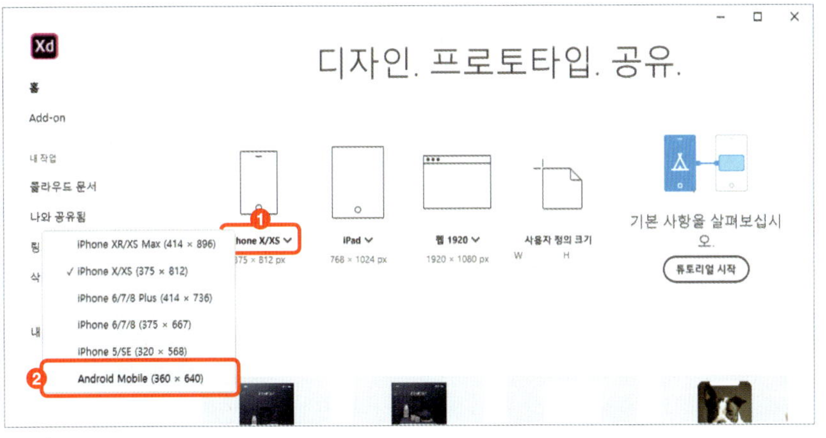

02 사각형 툴(□)로 아트보드 상단에 W는 360, H는 360인 사각형을 만들고, [Chapter_09 ▸ Section_03 ▸ images] 폴더에 있는 'img1.jpg' 파일을 드래그해 배치한다.

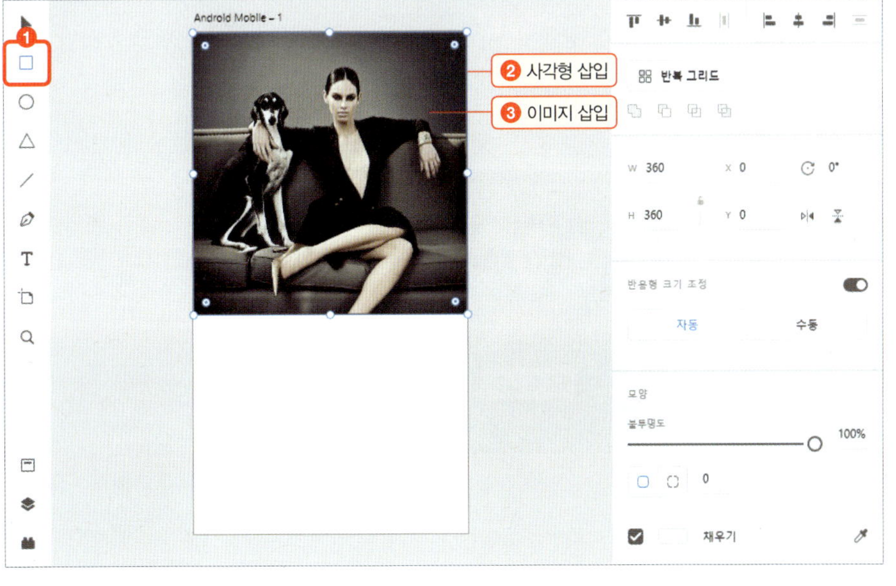

03 사각형 툴(□)로 W와 H가 360인 사각형을 만들어 이미지와 같은 위치에 배치한다. 옵션 창에서 '테두리'의 체크를 해제하고 [배경 흐림 효과]를 선택한 후 '정도'는 30, '밝기'는 -25로 설정한다.

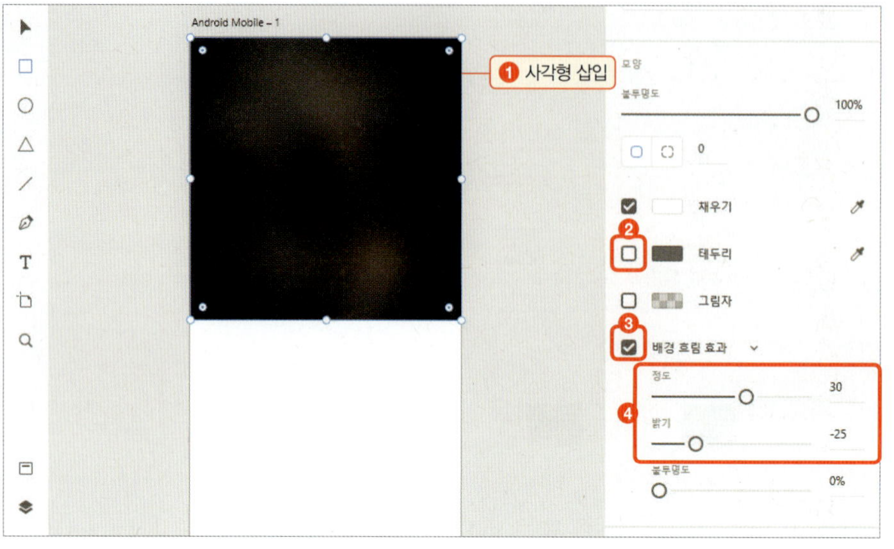

04 타원 툴(○)로 W와 H가 160인 원을 만든 후 [플러그인] 목록을 열어 [UI Face] 플러그인을 선택한다. [UI Face] 플러그인 옵션 창에서 [Apply] 버튼을 클릭하면 원에 랜덤으로 사람 얼굴이 배치된다.

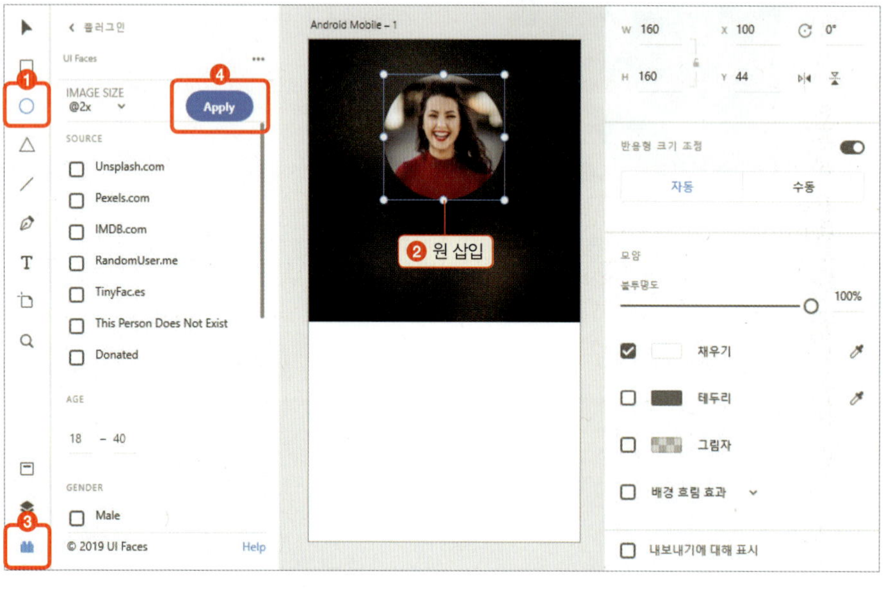

Tip [UI Face] 플러그인에서 옵션을 지정하지 않으면 모든 옵션이 선택된 것과 같다. 옵션은 꼭 필요한 경우에만 지정하는 것이 좋고, 특정 옵션을 지정하면 사진 결과가 나오지 않을 수도 있다.

05 텍스트 툴(T)로 사진 아래에 'NAME'을 입력하고 글꼴은 Roboto, 크기는 20으로 설정한다. 텍스트 상자가 선택된 상태로 [플러그인] 패널에서 [ContentGenerator] 플러그인을 선택한다. 옵션 창에서 'Names' 옵션 중 [Female]을 선택하면 해당 텍스트가 외국 여성 이름으로 변경된다.

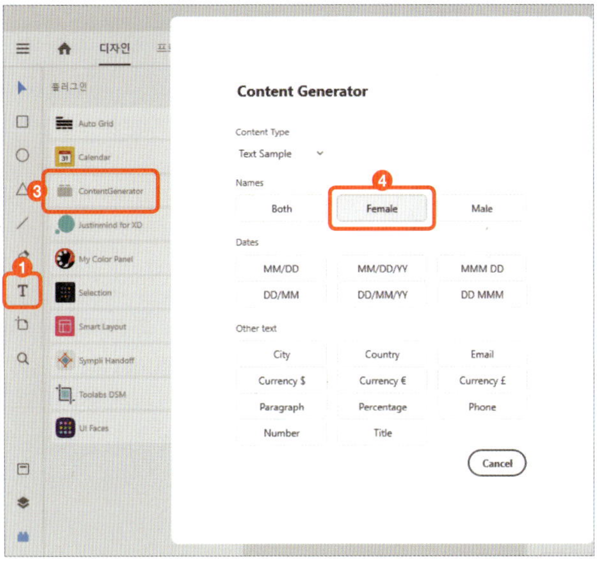

06 선택 툴(▸)로 이름 텍스트를 아래로 복제한 후 텍스트 크기를 18로 변경하고 [플러그인] 패널에서 [ContentGenerator] 플러그인을 선택한다. 옵션 창에서 'Other text' 옵션 중 [Email]을 선택하면 해당 텍스트의 내용이 이메일 형태로 바뀐다.

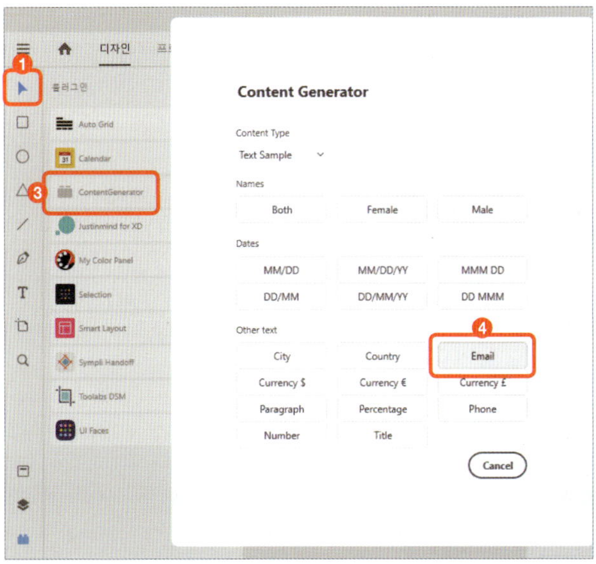

07 텍스트 툴(T)로 이메일 텍스트 아래에서 드래그해 'Contents'를 입력하고 글꼴은 Roboto, 크기는 14로 설정한다. 텍스트 상자가 선택된 상태로 [플러그인] 패널에서 [Lorem Ipsum] 플러그인의 [Fill with placeholder text]를 선택하면 텍스트 상자에 문장이 입력된다.

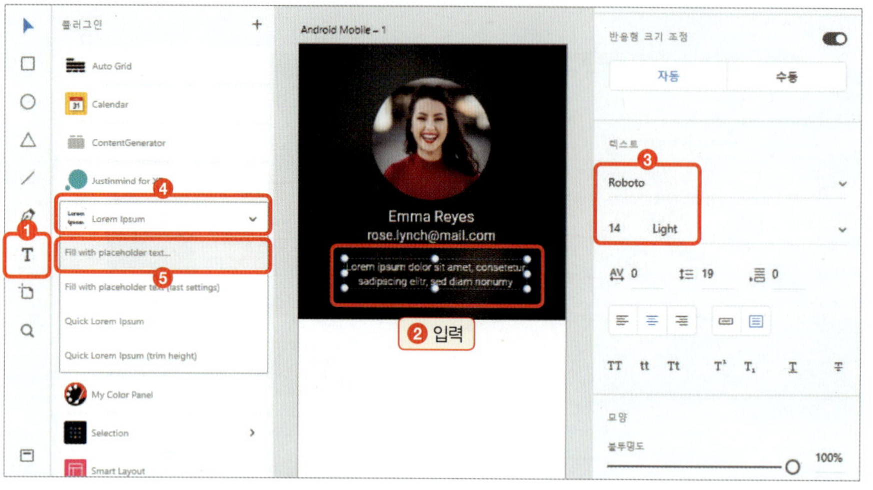

Tip 텍스트 툴로 아트보드를 클릭해 문장을 입력했어도 옵션 창에서 영역 텍스트(▤)를 클릭하면 영역 텍스트 속성으로 변경되고, 포인트 텍스트(▭)를 클릭하면 포인트 텍스트로 전환된다.

08 아트보드를 선택해 '채우기' 색상을 #5D1212로 변경하고, [플러그인] 패널에서 [Icons 4 Design]을 선택해 옵션이 나타나면 'facebook'을 입력하고 크기를 32로 설정한다. [facebook-square]를 선택하면 아트보드에 아이콘이 지정된 크기로 생성된다. 사각형 오브젝트 아래에 배치한다.

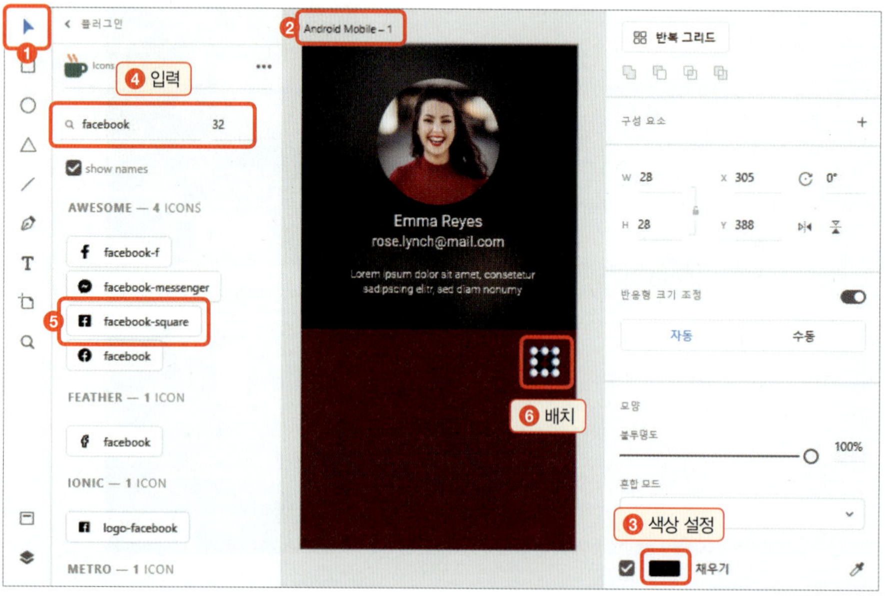

09 같은 방법으로 여러 개의 아이콘을 생성한 후 '채우기' 색상을 #FFFFF로 변경하고, 아트보드 좌우 여백을 30으로 두고 각 아이콘의 간격이 35가 되도록 배치한다. 텍스트 툴(T)을 이용해 제목 텍스트로 'SNS', 목록 텍스트로 'Friends'를 입력한다.

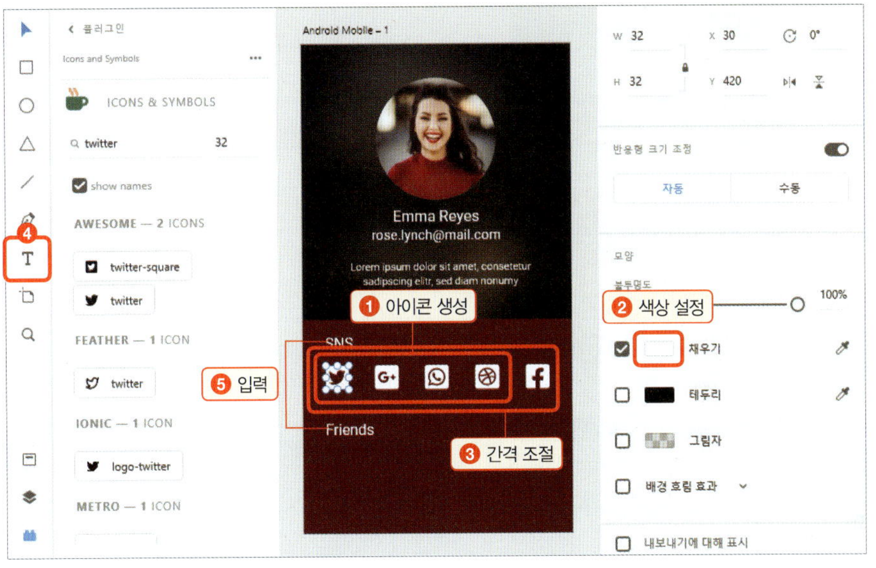

10 사각형 툴(□)로 W와 H가 60인 사각형을 만들고 '모든 모퉁이에 대해 동일한 반경(▢)' 값을 8로 설정한다. 옵션 창에서 [반복 그리드]를 클릭하고 사각형 오브젝트 오른쪽 면의 앵커 포인트를 드래그해 사각형을 네 개로 만들고 간격을 20으로 지정한다.

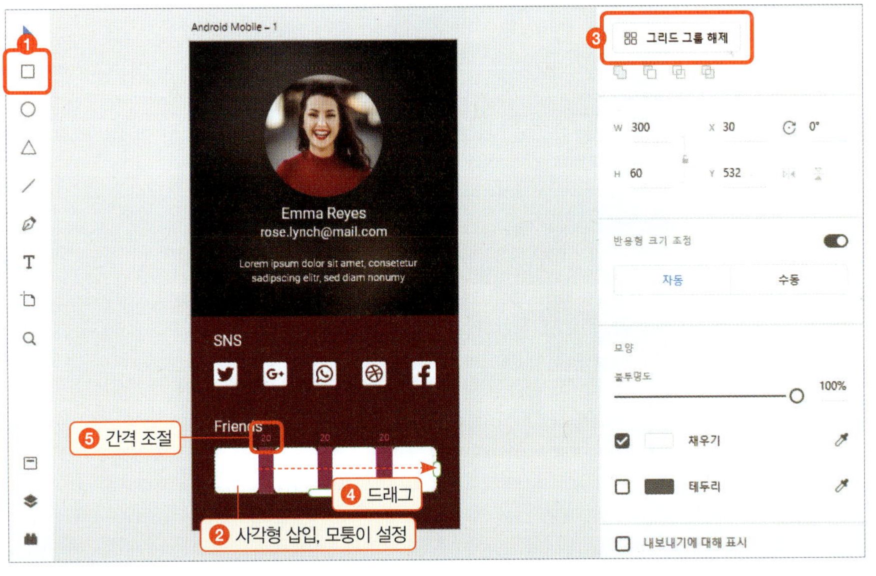

Tip 옵션 창에서 [반복 그리드]를 클릭하면 버튼 이름이 [그리드 그룹 해제]로 변경된다.

11 옵션 창에서 [그리드 그룹 해제]를 클릭해 그리드 그룹을 해제한다.

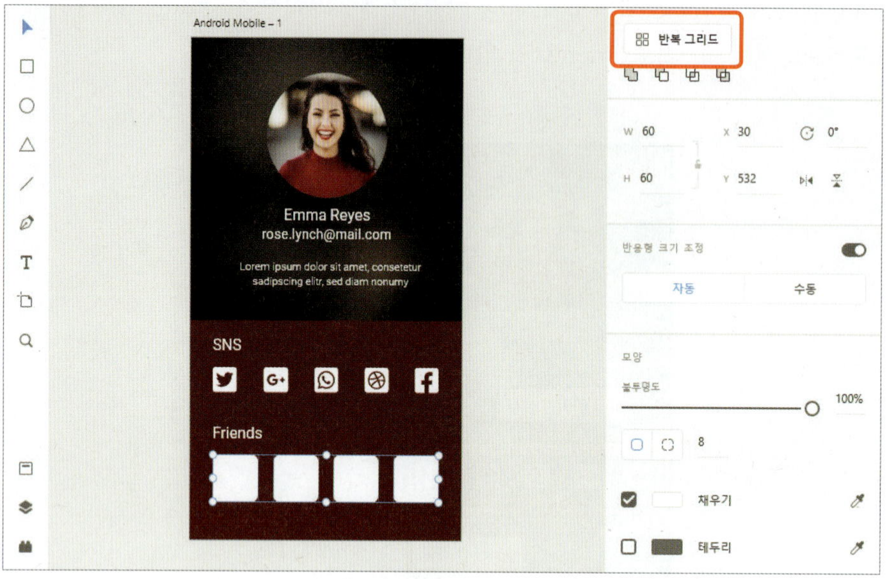

Tip [그리드 그룹 해제]를 클릭하면 버튼 이름이 다시 [반복 그리드]로 변경된다.

12 사각형 오브젝트 네 개가 모두 선택된 상태로 [플러그인] 패널에서 [UI Faces] 플러그인을 선택하고 옵션 창에서 [Apply]를 클릭하면 각 오브젝트마다 얼굴 사진이 배치된다.

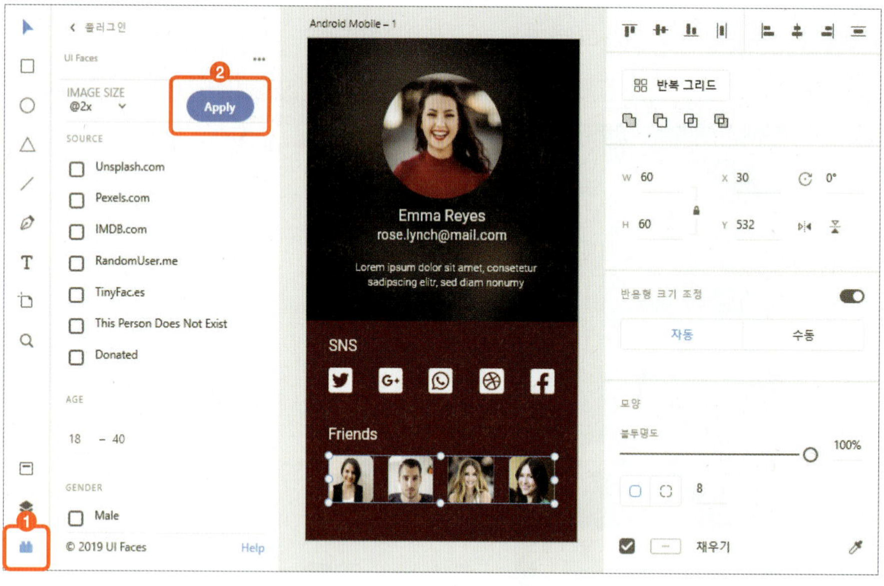

Chapter 10
스타일 가이드

01 UI 디자인 스타일

02 iOS와 안드로이드의 이해

03 해상도

04 색상

05 타이포그래피

06 컴포넌트와 그림자 높이

1
UI 디자인 스타일

얼마 전까지 모바일 UI/UX 디자인의 종류는 모바일 운영체제에 의해 결정되었다. 안드로이드에서는 머티리얼 디자인, iOS에서는 플랫 디자인을 주로 사용했다. 그런데 최근에는 플랫 디자인을 고수하던 iOS가 점차 머티리얼 디자인을 받아들이는 추세이다. 플랫 디자인과 머티리얼 디자인은 각각 장단점이 있으므로 유동적으로 사용하는 것이 바람직하다. 기술의 발달로 스마트폰의 해상도와 메모리가 향상되면서 3D나 아이소메트릭을 이용한 입체 디자인을 주로 사용하게 되었고, 이로 인해 예전의 스큐어모픽 디자인을 사용하는 빈도도 조금씩 높아지고 있다.

1 스큐어모픽 디자인

스큐어모픽 디자인Skeuomorphic Design은 현실의 객체를 디지털로 구현한 사실적이고 3차원적인 디자인이다. 'skeuomorph'라는 용어는 그리스어 'skéuos(컨테이너 또는 도구)'와 'morphé(형태나 모양)'에서 유래한 것으로, 익숙한 소재를 모방해 사용자의 친숙함과 편안함을 일으킨다는 의미이다.

초창기 애플에서는 스큐어모픽 디자인을 활용해 스마트폰에 현실감을 적용했고, 이로 인해 사용자는 터치스크린 환경에 빠르고 친숙하게 적응할 수 있었다. 실제로 애플에서는 디테일한 질감, 색감, 빛, 엠보싱 효과 등을 이용해 화려하고 사실적인 이미지를 구현했기 때문에 사용자가 잘 이해할 수 있었다. 하지만 다양한 기기에서 일관된 느낌을 주기 어렵고, 콘텐츠에 집중하는 데 효과적이지 않으며, 그래픽 요소의 과다 사용으로 인해 비용적인 측면에서도 효율적이지 않다는 단점이 있었다.

그림 10-1 스큐어모픽 디자인

2 플랫 디자인

플랫 디자인Flat Design은 입체적이고 복잡한 그래픽 요소를 배제하고 단순한 구성과 컬러를 통해 사용자가 직관적으로 인식할 수 있게 하는 2차원적인 평면 방식 디자인이다. 레이아웃은 그리드를 기반으로 규칙적으로 구성한다. 사각형의 메트로 디자인으로 구성한 마이크로소프트 윈도우 8의 시작 화면은 플랫 UI의 대표적인 사례이다. 애플도 iOS 7부터 GUI 디자인을 플랫 디자인으로 전환하기 시작했다.

그림 10-2 마이크로소프트 윈도우 8의 메트로 UI

플랫 디자인의 장점은 단순한 면 분할, 대비가 높은 컬러, 입체적 요소를 배제한 아이콘, 가독성 높은 타이포그래피, 손쉬운 반응형 디자인 전환, 빠른 로딩 등이다. 기능에 중점을 둔 디자인이라고 할 수 있다. 반면, 그림자와 깊이감이 부족해 직관적으로 형태를 알아보기 어려울 수 있다는 단점이 있다. 또한, 모든 요소가 평면적이기 때문에 어떤 요소가 중요하며 요소에 어떤 기능이 있는지 알기 어렵고, 클릭이 가능한 영역의 구분도 모호하다. 그리고 지나친 단순화로 인해 사용자가 중요한 기능을 놓치거나 서비스를 이해하지 못하게 될 수 있다.

그리드 기반의 콘텐츠 분할, 산세리프체, 유사한 컬러 등의 원칙은 플랫 디자인을 개성 있고 세련되게 만드는 요인이지만, 시간이 지날수록 익숙해지면서 점차 개성이 사라지고 유사한 디자인 스타일이 양산되었다. 이를 보완하기 위해 그레이디언트나 블러Blur 처리를 통해 요소 간의 우선순위를 표현하기 시작했는데, 이를 플랫 2.0 또는 딥 플랫Deep Flat이라고 한다. 하지만 최근의 iOS는 딥 플랫 방식보다는 머티리얼 디자인을 차용하고 있으며, iOS를 위한 머티리얼 디자인 가이드도 제공되고 있다.

Tip 휴먼 인터페이스 가이드라인을 보면 애플의 iOS 디자인으로 대표되는 플랫 디자인의 변화된 유형과 사용 가이드를 확인할 수 있다.
• 애플의 휴먼 인터페이스 가이드: https://developer.apple.com/design

(a) iOS 3 (b) iOS 7 (c) iOS 12

그림 10-3 iOS의 변화

3 머티리얼 디자인

안드로이드를 운영체제로 사용하는 제조사가 많고 스마트폰의 종류도 다양하다. 그러므로 각 제조사의 아이덴티티를 유지하면서도 제조사별 커스텀이 가능하도록 하는 것이 중요했다. 이런 상황에 적합한 디자인 기준을 만들기 위해 안드로이드 롤리팝Lollipop 버전부터 머티리얼 디자인이 등장했다. 머티리얼 디자인Material Design이란 물질의 질감이나 광원 효과, 그림자 효과 등을 통해 디자인에 깊이감을 더한 것으로, 디자인보다는 단순하고 편리한 기술 개발에 주력했던 구글이 디자인 중심으로 개편되면서 발표한 것이다. 머티리얼 디자인은 플랫 디자인과 상당히 유사해 보이지만, 평면만 추구하는 플랫 디자인과 달리 종이 두께의 높낮이를 표면에 적용해 그림자를 만들고 질감을 적용한다.

머티리얼 디자인은 3차원의 Z축을 이용해 표면에 높낮이를 구현한다. 요소 간의 우선순위를 그림자를 통해 나타내므로 정보 구조를 표현하기에 적합하다는 장점이 있다. 그 결과 사용자는 디자이너의 의도대로 서비스를 이용할 수 있게 된다. 머티리얼 디자인은 플랫 디자인의 장점인 단순함을 유지하면서 스큐어모피즘의 시각적 다양성을 추가해 사용성을 더 끌어올린다.

Tip 구글 안드로이드의 머티리얼 디자인은 2018년에 '머티리얼 2.0'을 발표하는 등 계속 진화하고 있다.

• 안드로이드의 머티리얼 디자인 가이드: https://material.io

그림 10-4 **머티리얼 디자인의 재질**

2
iOS와 안드로이드의 이해

1 모바일 UI 디자인 패턴

우리는 살아가면서 어떤 문제에 직면했을 때 다양한 시행착오를 거치면서 해결한다. 이후에 비슷한 문제가 발생하면 경험을 바탕으로 손쉽게 해결하기도 한다. 만약 개개인의 머릿속에 있는 해결책을 추상화해 폭넓게 적용할 수 있는 형태로 만든다면, 그 문제에 대처해 본 경험이 없는 사람도 적절히 해결할 수 있을 것이다. 모바일 UI 디자인 패턴은 모바일 애플리케이션이나 시스템을 설계하는 과정에서 자주 발생하는 공통적인 문제의 해결책이며, 이때 사용할 수 있는 최상의 가이드Guide 또는 템플릿Template이라고 할 수 있다.

모바일 UI를 디자인한다는 것은 모바일 UI 패턴을 디자인하는 것이다. 이는 사용자가 설계된 정보 구조에 따라 화면을 이동하며 앱을 총체적으로 이용하는 내비게이션 패턴을 파악하는 일에서부터 시작한다. 따라서 앱의 구조와 명칭, 주의사항과 역할에 대해 운영체제별로 잘 파악하고 있어야 한다.

개발자나 디자이너가 iOS를 사용하고 있다고 해서 iOS 디자인이나 개발만 하는 것이 아니다. 또한 모바일 디자인이나 개발을 한다고 해서 데스크톱 디자인을 하지 않는 것도 아니다. 개인적으로 하나의 시스템을 선호하는 경향이 있겠지만, 앱을 설계 · 디자인 · 개발하는 것은 iOS와 안드로이드의 두 운영체제를 모두 아우르는 일이기 때문에 두 개의 제품을 병행해서 사용하거나 구입해서 사용하는 것이 좋으며, 웹이라면 다양한 해상도를 고려해 테스트할 필요가 있다.

2 iOS와 안드로이드의 차이

iOS와 안드로이드 플랫폼은 네이티브 앱의 모습뿐 아니라 구조와 흐름에도 차이가 있다. 따라서 최상의 사용자 환경을 제공하려면 이러한 차이점을 염두에 두고 디자인해야 한다. iOS와 안드로이드용 모바일 애플리케이션에는 운영체제별로 특별한 기능이 있다. 각 운영체제의 가이드라인에 따라 페이지 컨트롤, 탭 표시줄, 세그먼트 컨트롤, 표 보기, 컬렉션 보기, 분할 보기 등의 플랫폼 표준 탐색 컨트롤을 가능할 때마다 사용하는 것이 좋다. 사용자는 이러한 컨트롤이 일반적으로 작동하는 방식을 잘 알고 있다. 그러므로 표준 컨트롤을 사용하면 사용자가 앱 사용법을 직관적으로 알 수 있다.

2.1 구조적 차이

iOS와 안드로이드의 구조적 차이를 알아보자.

■ iOS 앱의 구조

iOS 환경에서 앱을 제작하면 UI 키트UI Kit에 정의된 UI 요소를 적어도 몇 개 이상은 사용하게 된다. 이런 기본 컴포넌트의 이름, 역할, 기능 등을 알면 앱 UI를 디자인할 때 올바른 결정을 할 수 있다. UI 키트의 UI 요소는 바, 뷰, 컨트롤의 세 가지 카테고리로 분류할 수 있다.

- **바**Bar 사용자가 현재 앱의 어느 위치에 있는지 알려주고, 탐색 기능을 제공하며, 다른 화면으로 이동하거나 액션을 수행하는 컨트롤을 넣을 수 있다.
- **뷰**Views 텍스트, 그래픽, 애니메이션, 상호작용 요소와 같이 앱에 표시되는 기본 콘텐츠를 보여준다. 또한, 여기에서 아이템을 스크롤하거나 추가, 삭제, 정렬할 수 있다.
- **컨트롤**Controls 버튼, 스위치, 텍스트 필드, 진행과 같은 컨트롤 및 액션Action을 수행하거나 정보를 표시한다.

■ 안드로이드 앱의 구조

안드로이드는 머티리얼 디자인Material Design을 바탕으로 플랫폼과 장치에 걸쳐 최상위 뷰와 세부 뷰로 구성된다. 최상위 뷰는 앱이 지원하는 다양한 뷰로 구성되며, 각 뷰의 모양은 동일한 데이터를 표현하는 방법과 앱의 기능에 맞게 구현된다. 계층구조가 복잡해지고 이동 경로가 길어지면 카테고리 뷰를 이용해 최상위 뷰와 세부 뷰를 연결한다. 카테고리 뷰가 특정 데이터를 최상위 뷰와 세부 뷰로 연결하는 구조이며, 세부 뷰에서는 데이터를 편집해 보여준다.

- **최상위 뷰** 앱 시작 화면 레이아웃으로, 앱을 시작한 후 사용자가 보는 첫 화면이다. 최상위 뷰에서는 콘텐츠 표시에 집중해야 하며, 이동 가능한 화면이 아니라 콘텐츠를 배치하는 것이 좋다.
- **카테고리 뷰** 정보 계층 구조가 있는 앱에서는 카테고리 뷰를 통해 세부 뷰로 이동하게 된다. 탭을 이용해 카테고리를 선택하고 데이터를 표현할 수 있도록 해야 하며, 카테고리가 유사하거나 개수가 적을 때는 탭을 이용하면 좋다.
- **세부 뷰** 세부 뷰에서는 사용자가 데이터를 보거나 사용하고 직접 정의할 수 있다. 여러 항목을 순차적으로 볼 수 있도록 이동 화면을 제공하고, 특히 뷰 스와이프를 사용하도록 유도하는 것이 좋다.

iOS와 안드로이드는 구조가 다르며 UI 요소의 명칭과 가이드라인도 다르다. iOS는 각 구성 요소를 바, 뷰, 컨트롤로 구분하며, 안드로이드에서는 이와 관련된 요소를 모두 컴포넌트와 패턴으로 구분한다. 바, 뷰, 컨트롤은 iOS와 안드로이드에서 가장 많이 사용되면서 역할이 중복되는 요소이기도 하다.

2.2 탐색 패턴의 차이

모바일 화면에서는 화면을 탭하거나 스와이프해 원하는 콘텐츠로 이동하는 것이 일반적인 작업 방법이다. 정보의 위계적 또는 수평적 화면 이동을 돕는 내비게이션 패턴은 iOS와 안드로이드의 기본 앱 디자인 가이드라인이 다르다.

iOS에는 글로벌 내비게이션이 없으므로 기본 앱 디자인에서 '뒤로 가기' 버튼으로 이동하는 것이 불가능하며, 화면 왼쪽 상단에 '뒤로 가기' 버튼이 있는 기본 탐색 모음을 둔다. 이와 달리 안드로이드에는 하드웨어 탐색 바 또는 디지털 탐색 바가 있고, 이를 이용해 '뒤로 가기' 버튼으로 이전 화면이나 이전 단계로 돌아갈 수 있다. 이 방법은 거의 모든 안드로이드 앱에서 사용된다.

Tip iOS에서는 앱 화면을 왼쪽에서 오른쪽으로 스와이프하면 이전 화면으로 갈 수 있다. 이 제스처는 대다수의 앱에서 작동한다. 즉 안드로이드와 달리 별도의 탐색 버튼 없이 스와이프 동작으로 이전 화면으로 이동할 수 있다는 것이다.

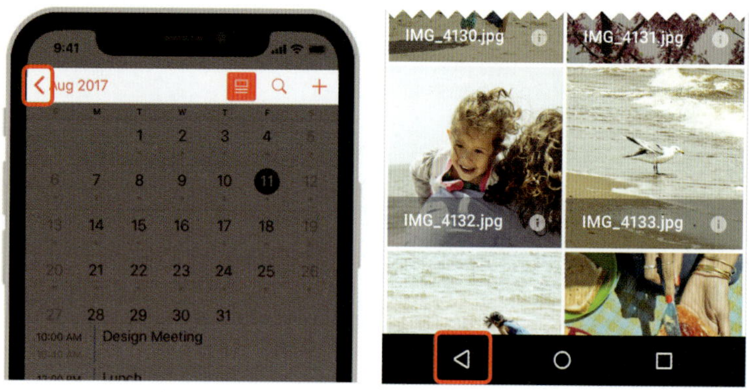

(a) iOS (b) 안드로이드

그림 10-5 iOS와 안드로이드의 '뒤로 가기' 버튼

iOS와 안드로이드는 앱에서의 탐색 패턴 역시 다르다. 안드로이드 앱에서 자주 사용되는 탐색 패턴 중 하나는 탐색 창과 탭을 결합한 내비게이션 드로어Navigation Drawer이다. 드로어는 햄버거 메뉴 아이콘을 탭하면 왼쪽이나 오른쪽에서 서랍처럼 열리는 메뉴이다. 탭은 화면 제목 바로 아래에 위치하며, 사용자 보기, 데이터 세트, 앱의 기능적 측면 간에 전환할 수 있도록 상위 수준에서 콘텐츠 구성을 할 수 있다.

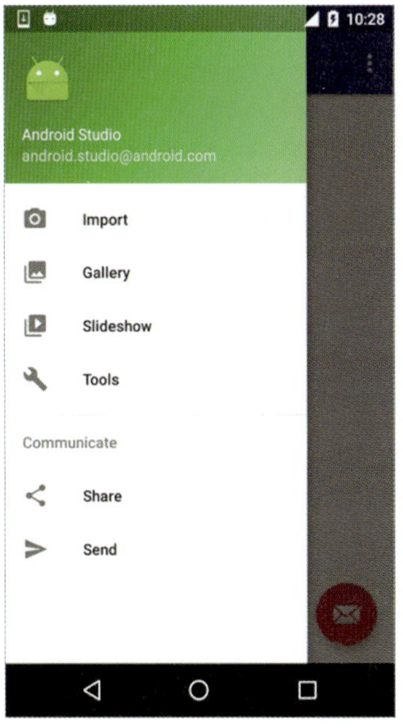

그림 10-6 **안드로이드의 내비게이션 드로어**

안드로이드의 머티리얼 디자인에는 하단 내비게이션이라는 구성 요소가 있는데, 이는 머티리얼 디자인 기본 앱에서도 매우 중요하다. 하단 탐색 모음을 사용하면 한 번의 탭으로 '최상위 보기'를 쉽게 탐색하고 전환할 수 있다. 머티리얼 디자인 가이드에서는 혼동을 피하기 위해 하단 내비게이션과 탭을 동시에 배치하지 않을 것을 권장한다.

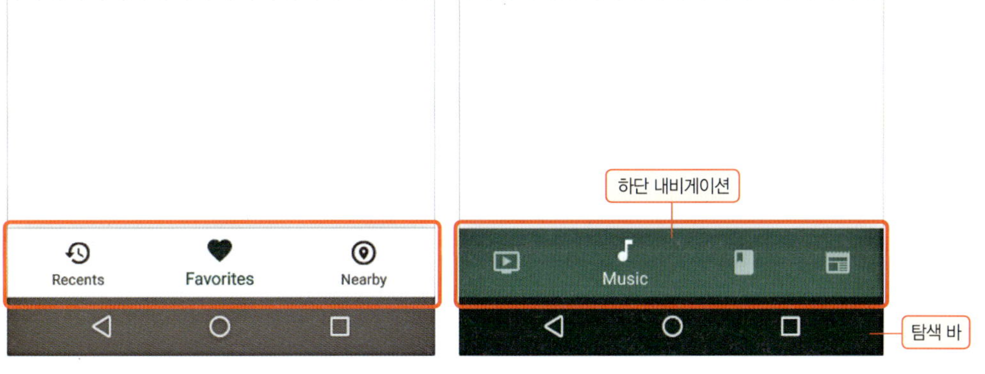

그림 10-7 **머티리얼 디자인의 하단 내비게이션**

iOS의 휴먼 인터페이스 가이드라인에는 서랍 탐색 메뉴와 비슷한 표준 탐색 컨트롤이 없는 대신 탭 바에 글로벌 내비게이션을 사용할 것을 권장한다. 탭 표시줄은 앱 화면 하단에 표시되며, 주요 섹션 간의 신속한 전환 기능을 제공한다.

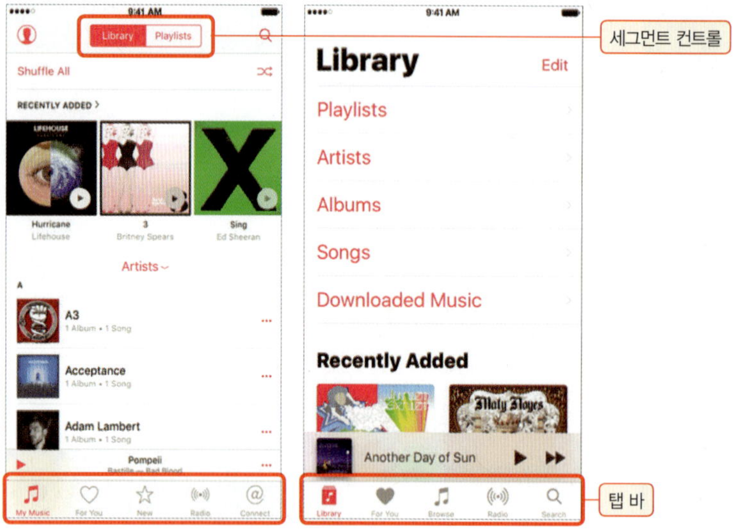

그림 10-8 iOS 상단 세그먼트 컨트롤과 하단 탭 바

Tip 탭이나 세그먼트 같은 분할된 컨트롤, 하단 탐색 등 두 운영체제에서 유사한 기능을 수행하는 요소가 있기는 하지만, 두 시스템은 탐색 기능 자체가 다르다는 점에 유의해야 한다.

2.3 표준 컨트롤의 차이

서로 다른 플랫폼에서도 앱의 각 요소가 동일하게 보이도록 하려면 최상의 모바일 앱 디자인을 위해 좀 더 노력해야 한다. 사실 가장 크게 다른 디자인 요소는 라디오 버튼, 체크 박스, 스위치 등의 기본 컨트롤이라고도 할 수 있다. 따라서 컨트롤은 iOS와 안드로이드에서 유사하게 보이게 하기 위한 맞춤 구현 과정이 필요하다.

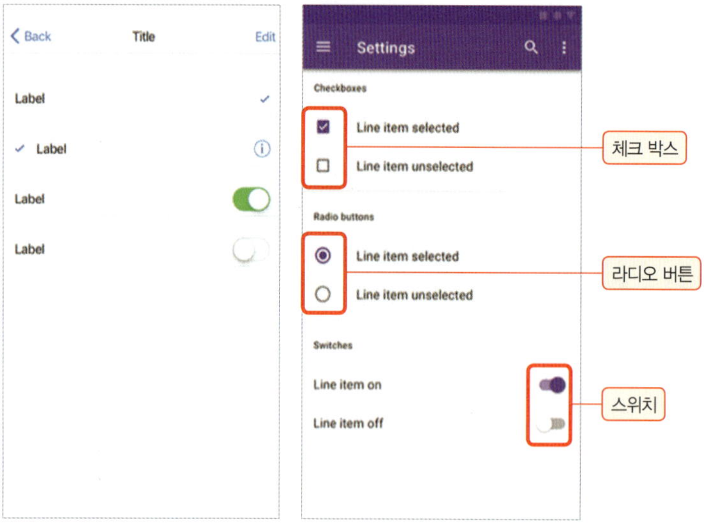

(a) iOS (b) 안드로이드

그림 10-9 표준 선택 컨트롤

날짜를 선택하는 방법은 두 플랫폼에서 다르게 설계된 요소의 대표적인 예이다. iOS에서는 슬롯 머신과 같은 릴 스타일을 추구하며, 안드로이드에서는 날짜 선택 도구를 사용한다.

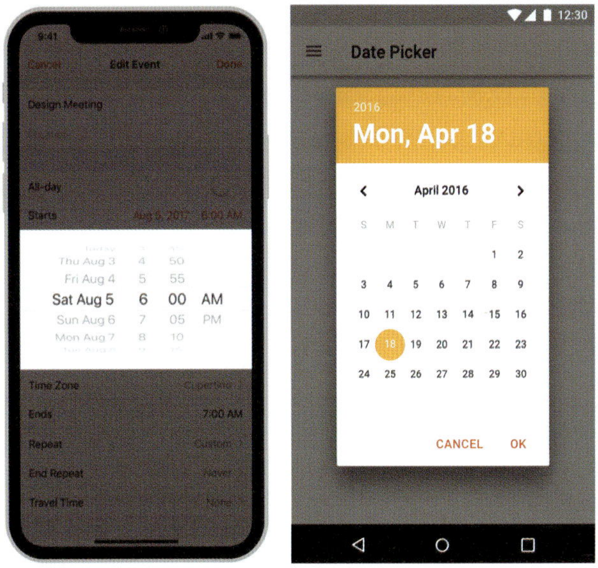

(a) iOS (b) 안드로이드

그림 10-10 날짜 선택 방법

2.4 버튼 스타일의 차이

안드로이드에서는 버튼 텍스트에 대문자를 사용하고, iOS에서는 대부분 첫 글자만 대문자를 사용한다. 안드로이드에는 일반 버튼과 구분되는 플로팅 액션 버튼Floating Action Button, FAB이 있는데, 이는 응용프로그램의 기본 동작을 나타낸다.

(a) iOS의 버튼 (b) 안드로이드의 버튼 (c) 안드로이드의 플로팅 액션 버튼

그림 10-11 버튼 스타일

하나 더 알기 iOS와 안드로이드 애플리케이션의 통일된 디자인

각 운영체제에서 사용자의 습관을 존중하는 디자인이 좋은 디자인이다. 기본적으로 iOS와 안드로이드 플랫폼의 차이점을 명심해야 사용자의 기대에 부합하는 앱을 설계할 수 있다. 그런데 과연 가이드라인에 따라 운영체제별로 다른 디자인을 제공하는 것이 과연 사용자를 위한 것인가 하는 질문을 던져볼 수 있다. 또한 두 플랫폼의 디자인을 별개로 개발하면 디자인과 개발 리소스가 많이 들어간다는 문제도 있다. 그래서 최근에는 사용성을 통일해 운영체제와 상관없이 동일한 경험을 제공하는 방식으로 디자인을 개발하는 경향이 있다. 그 대표적인 사례가 카카오톡이나 인스타그램이다.

(a) iOS (b) 안드로이드

그림 10-12 iOS와 안드로이드의 인스타그램

3
해상도

해상도Resolution란 화면 또는 인쇄물 등에서 이미지가 몇 개의 픽셀Pixel 또는 도트Dot로 표현되는지를 나타내는 정밀도의 지표이다. 예를 들어 '스마트폰의 해상도가 480×800이다'라고 하면 스마트폰 화면에 가로 480개, 세로 800개, 즉 384,000개의 픽셀(점)이 서로 다른 색을 내며 빛나고 있다는 뜻이다. 이미지는 해상도가 높을수록 선명하다. 주로 사용하는 해상도 단위는 1인치에 픽셀 몇 개가 있는지를 나타내는 ppi pixels per inch와 1인치에 점이 몇 개 있는지를 나타내는 dpi dot per inch이다. 픽셀 또는 도트의 수가 많을수록 고해상도의 정밀한 이미지를 표현할 수 있다.

1 px(픽셀)

픽셀Pixel은 화면을 구성하는 최소 단위로, 'Pixel'의 약자인 px를 단위로 사용한다. 픽셀은 mm나 cm와 같이 화면의 전체 크기와 상관없이 지정한 수치만큼 표시되는 절대 단위로, 실제 디자인할 크기를 지정할 때 사용한다.

2 pt(포인트)

아이폰은 레티나 디스플레이를 장착하면서부터 픽셀을 두 배로 늘려 매우 선명한 화면으로 출력하는 그래픽을 구현했다. 레티나 디스플레이에서 UI가 레티나 디스플레이 이전의 디스플레이와 동일한 물리적 크기를 유지하게 하려면 픽셀 크기를 두 배로 늘려서 디자인해야 한다. 예를 들어, 터치 타깃 영역의 기본 크기인 44×44px은 레티나 디스플레이에서는 88×88px로 키워서 디자인해야 한다. 따라서 디자이너는 원래 버전인 @1x 그래픽과 새로운 크기인 @2x, @3x 그래픽을 함께 제공하게 되었다. 이는 UI 안에서 보이는 버튼의 크기가 더 이상 44×44px이라고 단정지을 수 없는 상대적 개념이 되었다는 뜻이다. 이를 위해 사용하는 개념이 포인트이다. 1pt는 레티나 디스플레이 이전의 기기에서의 1px을, @2x인 레티나 디스플레이에서는 2px을 뜻한다. 즉 44pt의 버튼은 @2x에서는 88px이며 @3x에서는 132px이 된다.

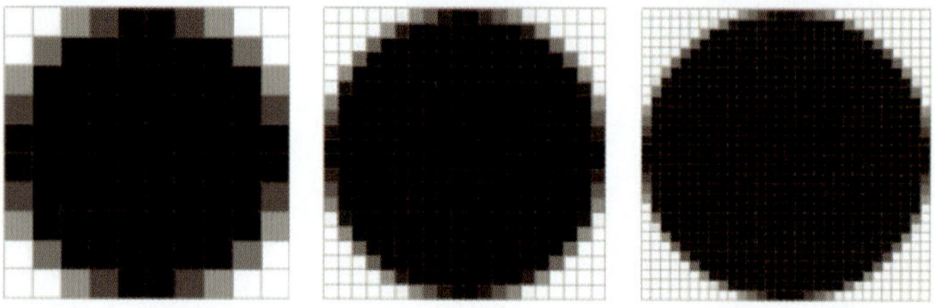

(a) 1x (10×10pt) (b) 2x (20×20pt) (c) 3x (30×30pt)

그림 10-13 iOS의 pt 해상도

표 10-1 모바일 기기별 비율, 면적, 화면 크기

모바일 기기	비율	면적	화면 크기
iPhone XS Max, 11 Pro Max	@3x	1242px × 2688px	6.5
iPhone XR	@2x	828px × 1792px	6.1
iPhone X, XS, 11 Pro	@3x	1125px × 2436px	5.8
iPhone 6+, 6S+, 7+, 8+	@3x	1242px × 2208px	5.5
iPhone 6, 6S, 7, 8	@2x	750px × 1334px	4.7

3 dpi와 ppi

dpi[dots per inch]는 인쇄할 때 사용되는 공간 밀도의 측정값을 나타내는 단위이다. 프린터에 넣을 수 있는 잉크 방울의 수를 말한다. 당연히 인치당 도트 수가 많을수록 이미지가 선명하게 출력된다. 어떤 이미지가 72dpi라면 가로 1인치에 72개의 점과 세로 1인치에 72개의 점, 즉 총 5,184개의 점(도트 또는 픽셀)으로 채워진다는 뜻이다.

이 개념을 컴퓨터 화면에 적용한 것이 ppi[pixel per inch]이다. ppi는 모니터 화면의 인치당 표시되는 픽셀 수를 말한다. 모니터의 해상도는 한 화면에 픽셀이 몇 개나 포함되어 있는지를 말하는데, 대개 가로 픽셀 수와 세로 픽셀 수를 곱한 형태로 나타낸다. 예를 들어 1024×768은 가로 1024개, 세로 768개의 픽셀로 이루어져 있다. 따라서 같은 해상도라도 17인치 모니터에서 보이는 이미지와 27인치 모니터에서 보이는 이미지는 선명도는 다르다. 모니터가 클수록 면적이 넓어지므로 선명도는 떨어진다. 안드로이드 기기의 대표적인 dpi는 다음과 같다.

표 10-2 안드로이드 기기의 dpi

화면	dpi	비율	화면 밀도
ldpi(Low Density per Inches)	120	0.75	240×320
mdpi (Medium Density per Inches)	**160**	**1.0**	**320×480**
hdpi(High Density per Inches)	240	1.5	480×800
xhdpi(Extra High Density per Inches)	320	2.0	720×1280
xxhdpi(Extra Extra High Density per Inches)	480	3.0	1080×1920
xxxhdpi(Extra Extra Extra High Density per Inches)	640	4.0	1440×2560

이 중에서도 기준 dpi는 mdpi인 160dpi이다. 160dpi인 mdpi의 경우, 독립 단위인 dp와 px의 크기는 같다. '160dpi=1dp=1px'이라는 뜻이다. dp를 px로 변환할 때는 다음과 같은 공식을 사용한다.

px = dp × dpi ÷ 160 = dp × density
dp = dp × 160 ÷ dpi = px ÷ density
density = dpi ÷ 160

Tip 디자이너는 주로 px 단위로 작업을 하는데 개발자는 dp 단위를 요구하기 때문에 디자이너가 개발자에게 파일을 넘길 때 어려움을 겪기도 한다. angryTools 웹사이트(http://angrytools.com/android/pixelcalc)에서 제공하는 자동 계산 기능을 사용하면 dp, sp, px, mm, pt, in 단위를 해상도별로 변환할 수 있으므로 이런 문제를 해결할 수 있다.

4 dp(dip)

iOS를 운영체제로 사용하는 아이폰과는 달리 안드로이드를 운영체제로 사용하는 스마트폰은 종류, 크기, 비율이 매우 다양하다. 초창기 스마트폰을 제외하면 물리적인 하드웨어 크기는 큰 차이가 없지만, 화면 해상도를 살펴보면 고해상도와 저해상도의 차이가 크다. 스마트폰 크기가 같더라도 화면 해상도에 따라 실제 디자인해야 하는 크기가 다르기 때문이다. 같은 이미지를 해상도가 다른 스마트폰에서 확인하면 [그림 10-14]와 같이 크기가 각각 다르게 보인다. 이를 방지하고 스마트폰의 해상도가 달라도 동일한 크기로 볼 수 있게 하는 방식이 밀도Density이다. 화면의 픽셀 밀도와 해상도는 플랫폼에 따라 다르기 때문에 1인치에 들어가는 픽셀의 수를 픽셀 밀도로 계산해 화면의 크기를 조절하게 된다. 고밀도 화면은 저밀도 화면보다 1인치에 들어가는 픽셀 수가 많다. 결과적으로 동일한 픽셀 크기의 UI 요소는 저밀도 화면에서는 크게 보이고, 고밀도 화면에서는 작게 보인다.

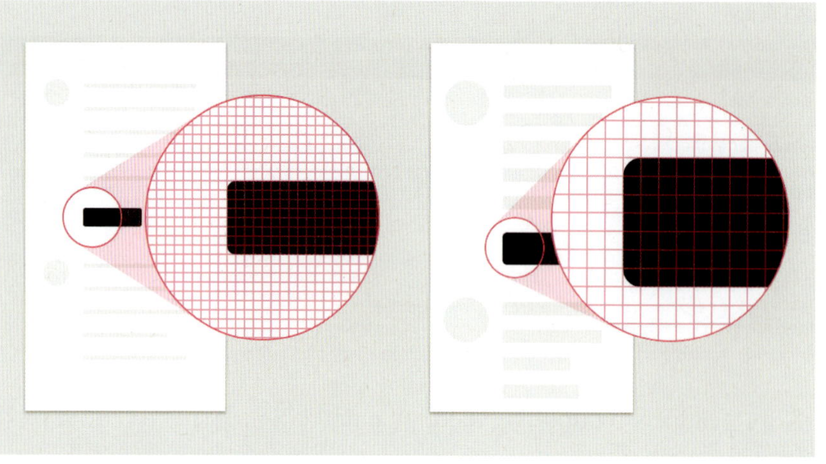

그림 10-14 해상도에 따른 이미지 크기의 차이

[그림 10-15]에서 검은 원의 크기는 같지만, 원이 놓여 있는 그리드의 수는 오른쪽이 더 많다. 화면 해상도로 인해 크기가 달라지지 않도록 하기 위해 그 안에 담긴 픽셀의 개수를 다르게 해 밀도에 차이를 두는 방식으로, 이를 밀도의 독립성이라 한다. 이 원리를 이용해 해상도가 다른 화면에서도 UI 요소의 크기를 균일하게 표시할 수 있다. 밀도의 단위는 dp density independent pixel 이다.

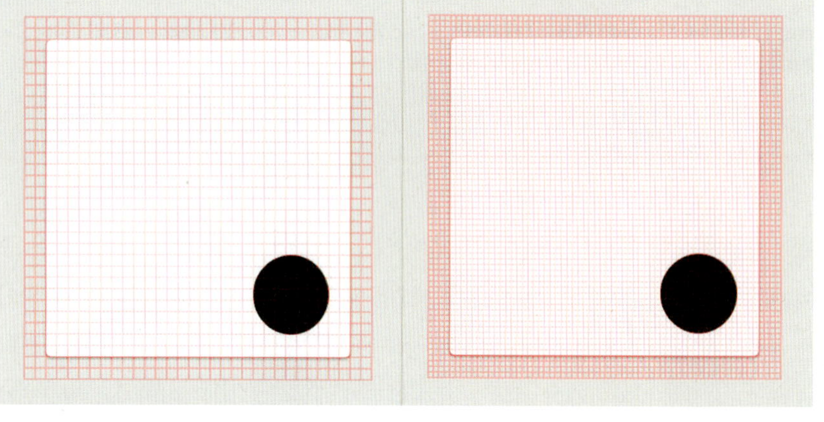

그림 10-15 저밀도 화면과 고밀도 화면

밀도 독립적 픽셀이라고 불리는 dp는 안드로이드의 여러 화면 크기를 지원한다. 안드로이드는 기기의 크기가 다양해서 픽셀을 기준으로 작업하면 각 화면마다 보이는 크기가 달라진다. 따라서 모든 기기에서 레이아웃이 제대로 보이게 하려면 dp를 사용해 어떤 크기의 화면에서도 동일하게 보이도록 해야 한다. dpi는 화면 밀도가 변해도 이미지의 크기가 변하지 않는다. 화면 밀도가 달라지면 일정 비율에 따라 이미지의 픽셀을 조정해 큰 이질감 없이 동일한 크기로 보여주기 때문이다.

안드로이드는 160dpi를 기준으로 하는데, 이것은 320×480px 화면의 밀도를 나타낸다. 밀도의 비율을 정하는 기준은 mdpi로, 160dpi에서 1dp는 그냥 1px이지만, hdpi(240dpi)에서 1dp는 1.5px이, xhdpi(320dpi)에서 1dp는 2px이 된다. 예를 들어 480×800(240dpi) 화면을 dp로 나타내면 (480÷1.5)×(800÷1.5), 즉 320×533이 된다.

5 아트보드의 크기

시안 작업을 하려면 디자이너는 아트보드의 크기를 어떻게 설정할지 고민하게 된다. 이때 가장 유용한 웹사이트는 [그림 10-16]의 머티리얼 디자인 디바이스 메트릭스이다.

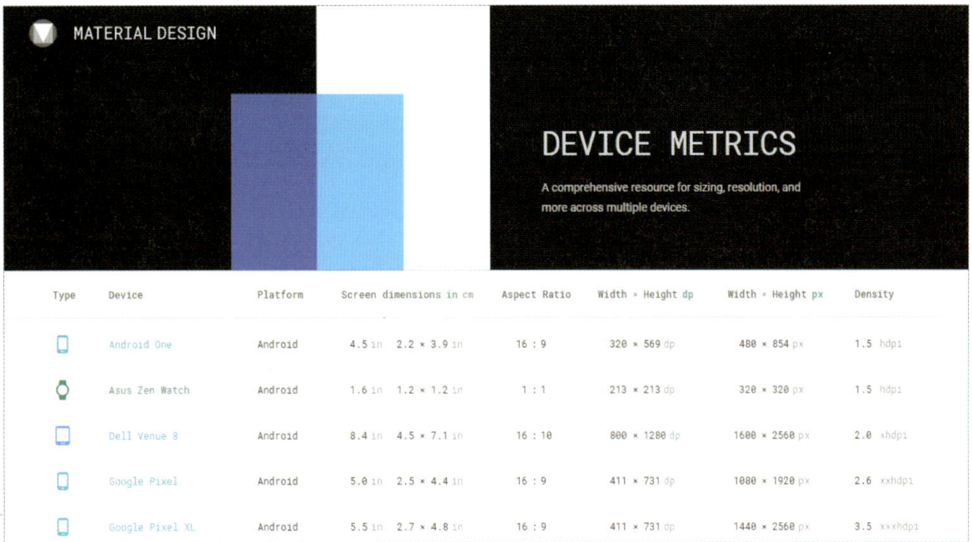

그림 10-16 머티리얼 디자인 디바이스 메트릭스[1]

이 웹사이트에서 dp를 기준으로 살펴보면 안드로이드에서 가장 보편적으로 사용하는 크기가 360×640px인 것을 알 수 있다. 스케치나 어도비 XD 또는 일러스트레이터와 같은 벡터 프로그램에서는 안드로이드의 기준 크기인 mdpi의 비율을 그대로 사용해도 된다. 하지만 대표적인 비트맵 프로그램인 포토샵에서는 이야기가 달라진다. mdpi로 작업해 XXXhdpi에 적용하려면 이미지를 네 배 키워야 한다. 예를 들어, 360×640px을 XXXhdpi로 하려면 1440×2560px로 커지는데, 이렇게 하면 사용된 UI 요소는 이미지가 흐려질 수밖에 없다. 흔히 말하는 '이미지 깨짐' 현상이 일어나는 것이다. 작업 완료 후에 크기를 변경해야 하는 경우에는 미리 가장 큰 크기로 디자인하고 크기를 줄이는 것이 이미지 손상을 최소화하는 방법이다. 따라서 XXXhdpi로 작업한

1 출처: https://material.io/tools/devices/

후, 리소스의 크기를 각 해상도에 맞게 변경하는 것이 가장 이상적인 방법이다. 하지만 이 경우 제작 시간도 많이 걸리고, 리소스의 크기나 용량도 매우 커질 수밖에 없다. 만일 인쇄물로 발행할 것이라면 크기별로 디자인을 하거나 가장 큰 크기로 작업해 품질을 높이는 것이 좋지만, 모바일 포맷인 png로 발행하면 실제 구동되는 서비스가 무거워지므로 효율적이지 않다.

밀도라는 dp 개념은 실제 기기에서 보이는 크기가 동일하기 때문에 2배수인 xhdpi로 작업해 가장 큰 xxxhdpi로 두 배 늘리더라도 디테일에 큰 영향을 미치지 않는다. 특히 이미지를 많이 사용하는 게임과 같은 서비스를 xxxhdpi로 디자인하는 것은 무리이다. 따라서 mdpi의 360×640px는 아트보트의 크기를 2배수인 xhdpi 720×1280px로 지정하고 작업하면 된다.

6 sp

머티리얼 디자인 가이드에서 종종 볼 수 있는 또 하나의 단위는 sp scalable pixels 이다. sp는 UI 레이아웃에서 텍스트의 크기를 지정하기 위해 사용하는 단위다. 안드로이드 설정 화면에서 사용자는 안드로이드 시스템 전체에서 보이는 텍스트의 크기를 선택할 수 있는데, sp는 이 설정의 영향을 받는다. 즉 문자의 크기를 일정한 비율로 유지하고 싶다면 dp를 사용하고, 사용자의 설정에 따라 조절하고 싶다면 sp를 사용하면 된다. 일반적으로 sp의 기본값은 dp의 기본값과 동일하다.

4
색상

색상Color은 데이터를 시각화하고 상태 정보를 전달하며 시각적 연속성을 제공하는 것은 물론 사용자와의 상호작용에 대한 피드백을 제공하는 데도 도움을 준다. iOS에서는 Notes의 상호작용 요소는 노란색, 캘린더의 상호작용 요소는 빨간색으로 정의해두고 다른 색상으로 대체하지 않을 것을 권장한다. [그림 10-17]은 iOS에서 제공하는 시스템 색상이다.

그림 10-17 iOS의 시스템 색상

머티리얼 디자인의 기본 테마에는 기본 색상과 보조 색상이 포함되어 있으며, 배경, 표면, 오류, 타이포그래피, 도해법의 색상과 같이 UI를 정의하는 추가 색상도 포함되어 있다. 이 모든 색상은 앱에 맞게 사용자 정의로 사용할 수 있다.

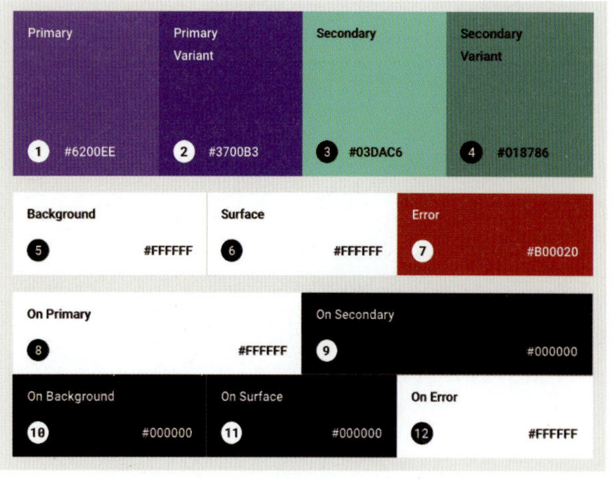

그림 10-18 머티리얼 디자인의 기본 색상과 보조 색상

기본 색상은 앱의 화면과 구성 요소에 가장 자주 사용되는 색상으로, 보조 색상 없이 기본 색상만으로도 구성 요소를 강조할 수 있다. 기본 색상과 어둡고 밝은 변형을 사용해 색상 테마를 만들고, 시스템 바에서 최상위 응용프로그램인 상태 바를 구분하는 것과 같이 UI 요소 사이의 대조를 밝거나 어둡게 설정할 수 있다. 머티리얼 디자인에서는 기본 색상을 500이라는 수치로 정중앙에 배치하고, 각 단계별로 수치를 100씩 높여 어둡게 만든다. 또한 흰색과 함께 사용하기 위한 50 수치의 밝은 색상도 만든다. 이런 방법을 통해 기본 색상만으로 구성 요소를 구분하는데, 이처럼 단계를 만들어 사용하는 이유는 작은 아이콘이나 가는 선과 넓은 면적 등에서 색상이 다르게 인식되고 색의 온도 차이도 크게 느껴지기 때문이다. 따라서 기본 색상을 기준으로 어두운 단계와 밝은 단계를 구성한 후 사용 면적의 크기나 포인트 위치에 따라 구분해 사용하는 것을 권장한다.

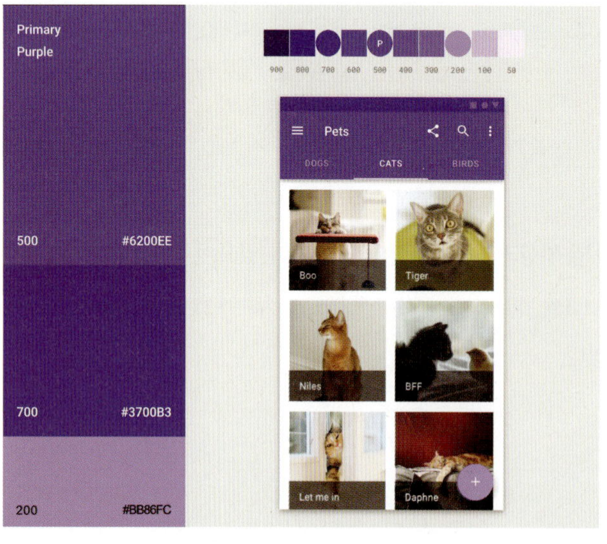

그림 10-19 기본 색상과 두 가지 기본 변형을 사용한 컬러 테마

보조 색상은 구성 요소를 구별하거나 강조하는 다양한 용도로 사용한다. 보조 색상을 지정하는 것은 선택 사항이지만, 가급적 UI의 선택 부분을 강조하기 위해 적용한다. 주로 플로팅 버튼, 슬라이더 및 스위치와 같은 선택 컨트롤, 진행률 표시, 링크나 헤드라인 등에 사용할 것을 권장한다.

색상 단계를 만들기 어렵다면 색상 선택 도구를 사용해 생성할 수 있다. 선택 색상 도구를 사용하면 접근성 표준을 준수하면서 색조, 채도, 밝기를 자동으로 조절해 밝고 어두운 단계를 조절할 수 있다.

하나 더 알기 색상 선택 도구

머티리얼 디자인에서 보조 색상을 적용하는 방법은 색상을 클릭하는 것이다. 적용 색상을 알려주는 컬러 툴을 이용하는 것도 좋다. 기본 색상과 보조 색상을 선택하면 해당 컬러가 실제 어디에 적용되는지 미리보기를 통해 확인할 수 있다.

- https://material.io/design/color/the-color-system.html#tools-for-picking-colors

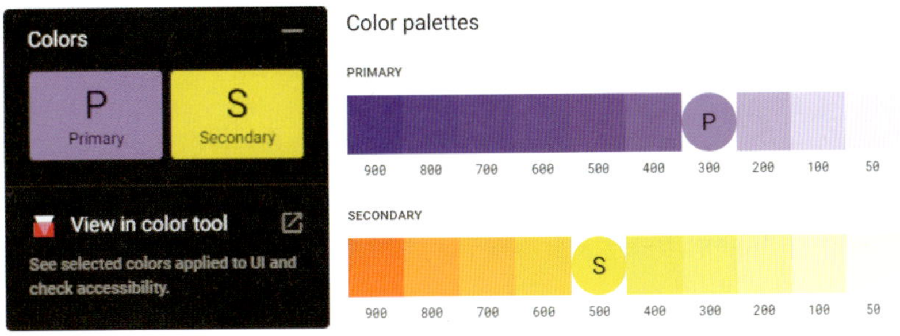

그림 10-20 색상 선택 도구로 기본 색상과 보조 색상의 단계 설정

하나 더 알기 머티리얼 디자인 컬러 툴

머티리얼 디자인 컬러 툴은 다음 사이트에서 확인할 수 있다.

- https://material.io/tools/color

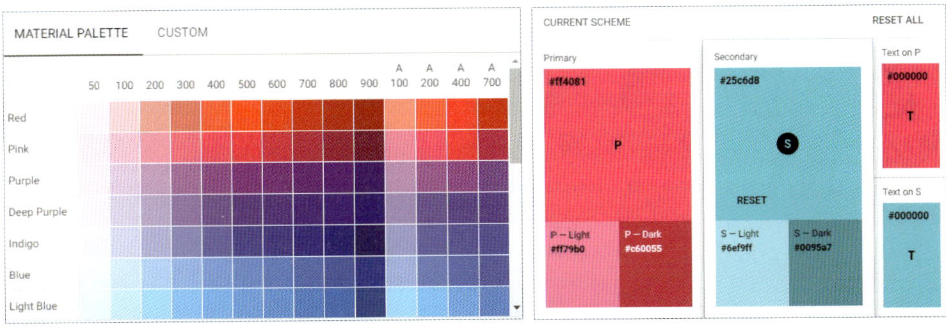

그림 10-21 컬러 툴로 기본 색상과 보조 색상을 지정한 예시

5
타이포그래피

폰트는 이미지와 유사한 역할을 한다. 사용자는 서비스를 이용하면서 알게 모르게 폰트에 대해 느낌을 갖게 된다. 폰트가 전달하는 감정은 매우 중요하다. 이런 이유로 그래서 기업에서는 자사 브랜드 폰트를 만들어 사용하기도 한다. 그런데 자체적으로 제작한 폰트는 인쇄물에 사용할 때는 아무 문제가 없지만, 디지털 환경에서는 조금 다르다. 자체 브랜드 폰트 또는 콘셉트에 맞는 유료 혹은 무료 폰트를 사용하기로 했더라도 디지털 환경에서는 부득이하게 시스템 폰트를 사용해야 하는 경우가 많다. 원하는 폰트를 강제로 임베드Embed하는 방식으로 사용할 수도 있지만, 그렇게 하면 시스템이 무거워지고 유료 폰트의 경우 별도의 비용이 발생하므로 운영체제에서 제공하는 폰트를 그대로 사용하는 것이 좋다.

폰트는 크게 세리프Serif 폰트와 산세리프Sans-serif 폰트로 나눌 수 있다.

문자의 시작이나 끝부분에 작은 모양의 삐침이나 장식이 있는 서체를 세리프 폰트라고 한다. 웹이나 모바일에서는 가장자리 부분의 번짐 현상 때문에 세리프 폰트를 사용하지 않는 것이 좋지만, 웹 사이트의 콘셉트에 따라 사용해야 하는 경우도 있다. 그런 경우에는 폰트 자체로 사용하기보다는 주로 이미지 처리를 한다.

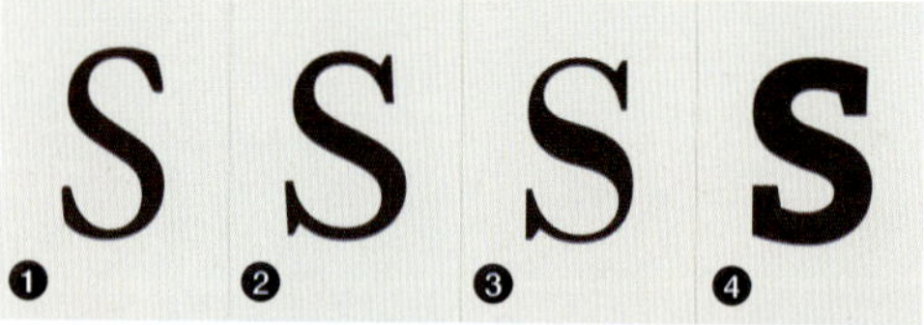

❶ EB Garamond(old-style serif) ❷ Libre Baskerville(transitional serif)
❸ Libre Bodoni(neoclassical serif) ❹ Bitter(slab serif)

그림 10-22 다양한 종류의 세리프 폰트

산세리프란 '없음'을 뜻하는 프랑스어 'sans'를 앞에 붙여 '세리프가 없음'을 의미하는 용어이다. 웹이나 모바일에서는 가독성을 위해 산세리프 폰트를 사용할 것을 권장한다.

❶ Work Sans(grotesque sans serif) ❷ Alegreya Sans(humanist sans serif)
❸ Quicksand(geometric sans serif)

그림 10-23 다양한 종류의 산세리프 폰트

같은 폰트라도 획의 두께에 따라 무게감이 달라질 수 있다. [그림 10-24]의 이미지는 두께에 변화를 주어 무게감을 다르게 한 문자 스타일의 예이다.

❶ Light ❷ Regular ❸ Medium ❹ Bold

그림 10-24 무게에 따른 문자 스타일

iOS의 시스템 폰트는 San Francisco Pro이며, SF UI Display와 SF Compact Display로 구분해 사용된다. SF UI Display는 iOS, macOS, tvOS의 시스템 글꼴로 사용되며, SF Compact Display는 watchOS의 시스템 폰트이다.

(a) SF UI Display (b) SF Compact Display

그림 10-25 iOS의 시스템 폰트인 San Francisco Pro

iOS의 시스템 폰트는 다른 폰트로 대체되지 않으며, 윈도우에서는 사용할 수 없다. 대신 윈도우 호환 버전인 ttf 파일로 사용할 수 있다. 이들은 다시 SF UI Text와 SF UI Display로 구분되며, 텍스트의 최대 크기는 19pt이고, 20pt부터는 디스플레이로 시스템에서 자동 전환된다. 이는 자간과도 밀접한 관련이 있다.

그림 10-26 San Francisco Pro의 윈도우 호환 버전

안드로이드의 시스템 폰트는 Roboto이며, Google Meteral Design Resource 메뉴에서 별도로 다운로드해 설치할 수 있다. 그런데 일부 국가의 언어를 혼용해 사용할 때 이상한 형태로 문자가 깨져 보이는 경우가 있다. 이러한 형태의 깨진 폰트를 두부 모양과 닮았다고 하여 'tofu'라고 부르는데, 어도비와 구글은 이런 현상을 없애기 위해 'No more Tofu'라는 주제 의식을 가지고 Noto라는 폰트를 개발했다. 어도비에서는 이 폰트를 Bon Font라 하고 구글에서는 Noto Font라고 한다. 다양한 국가의 언어를 사용하는 경우에는 Noto 폰트를 사용하는 것이 좋다.

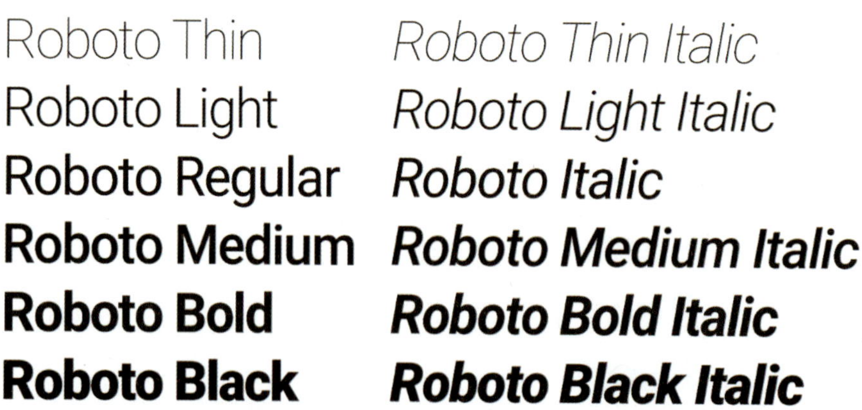

그림 10-27 안드로이드의 시스템 폰트인 Roboto

본고딕 Extra Light　노토산스 Noto Sans CJK Thin
본고딕 Light　노토산스 Noto Sans CJK Light
본고딕 Normal　노토산스 Noto Sans CJK DemiLight
본고딕 Regular　노토산스 Noto Sans CJK Regular
본고딕 Medium　노토산스 Noto Sans CJK Medium
본고딕 Bold　노토산스 Noto Sans CJK Bold
본고딕 Heavy　노토산스 Noto Sans CJK Black

그림 10-28 **Noto 폰트인 본고딕, 노토산스**

Tip **San Francisco Pro 다운로드** https://developer.apple.com/fonts

Tip **San Francisco Pro 윈도우 호환 폰트 다운로드**
https://www.dropbox.com/s/dyw7kl0mtrftjix/San-Francisco-UI-and-COMPACT.zip?dl=0

Tip **Roboto 다운로드** https://fonts.google.com

Tip **Noto 다운로드** https://www.google.com/get/noto

iOS와 안드로이드에서 폰트를 중복 사용하는 것은 좋지 않다. 안드로이드에서의 타이포그래피는 충분한 여백을 두고 폰트의 크기를 다양하게 활용해 계층 구조를 표시하는 반면, iOS에서는 약간의 크기 조정만 허용한다.

표 10-3 **iOS의 문자 권장 크기**

스타일	두께	크기(포인트)	리딩(포인트)	트래킹(1/10000em)
Large Title	Regular	34	41	+11
Title 1	Regular	28	34	+13
Title 2	Regular	22	28	+16
Title 3	Regular	20	25	+19
Headline	Semi-Bold	17	22	-24
Body	Regular	17	22	-24
Callout	Regular	16	21	-20
Subhead	Regular	15	20	-16
Footnote	Regular	13	18	-6
Caption 1	Regular	12	16	0
Caption 2	Regular	11	13	+6

표 10-4 안드로이드의 문자 권장 크기

스타일	타입	폰트	크기	케이스	문자 간격
Head 1	Roboto	Light	96	문장	−1.5
Head 2	Roboto	Light	60	문장	−0.5
Head 3	Roboto	Regular	48	문장	0
Head 4	Roboto	Regular	34	문장	0.25
Head 5	Roboto	Regular	24	문장	0
Head 6	Roboto	Medium	20	문장	0.15
Subtitle 1	Roboto	Regular	16	문장	0.15
Subtitle 2	Roboto	Medium	14	문장	0.1
Body 1	Roboto	Regular	16	문장	0.5
Body 2	Roboto	Regular	14	문장	0.25
Button	Roboto	Medium	14	모두 대문자	1.25
Caption	Roboto	Regular	12	문장	0.4
Overline	Roboto	Regular	10	모두 대문자	1.5

폰트는 글자의 모음으로, 각 글자의 고유한 모양에는 여러 문자에 걸쳐 공유된 패턴이 있다. 모바일 화면 디자인을 체계적으로 하려면 폰트에 대해서도 잘 알고 있어야 한다. 폰트는 디지털 기기에서도 인쇄 디자인의 원칙을 준수하는 것이 좋다. 앞으로 설명할 문자 영역은 나중에 개발자에게 전달할 결과물에서 반드시 준수해야 한다.

가장 기본적으로 알고 있어야 하는 원리는 기준선이다. 기준선의 위치는 [그림 10−29]와 같다. 머티리얼 디자인에서 기준선은 텍스트와 요소 사이의 수직 거리를 측정할 때 중요한 사양이므로 꼭 기억해야 한다.

그림 10-29 텍스트의 기준선

텍스트 요소는 [그림 10−30]와 같이 4dp 그리드 격자에 맞추어 배치한다.

그림 10-30 4dp 그리드 배치

텍스트 간의 거리나 UI 요소까지의 거리는 항상 기준선을 중심으로 표시하며, 기준선의 그리드 값은 4dp이다.

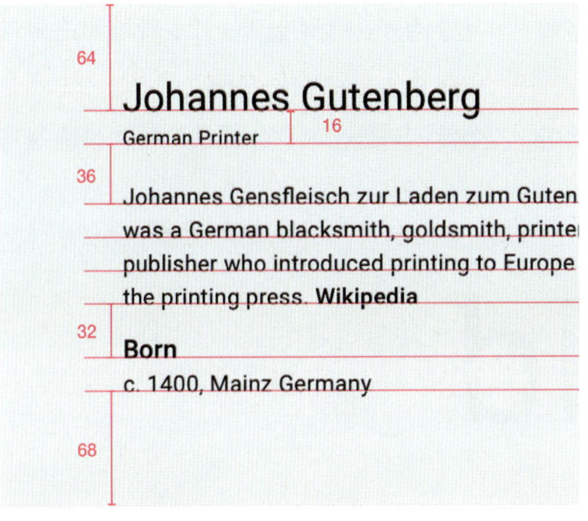

그림 10-31 수직 정렬을 위한 기준선

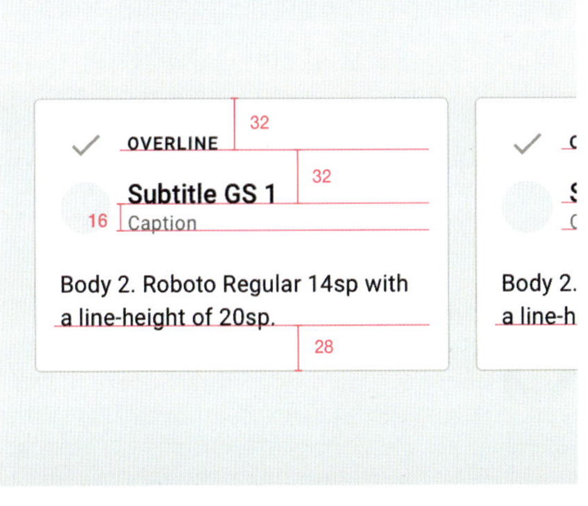

그림 10-32 다른 구성 요소와 텍스트의 간격 측정

특정 폰트에는 캡 높이Cap Height가 있다. 캡 높이는 주로 영어 대문자를 사용할 때 적용되는 상단 기준선이다. 이때 S나 A와 같은 형태의 글자는 다른 글자보다 좀 더 높게 맞춰서 시각적으로 동일하게 보이는 효과를 낸다.

그림 10-33 캡 높이

대문자와 소문자를 함께 쓰는 경우에는 x 높이x-Height를 적용한다. x 높이는 소문자의 기준 높이로, 문자 그대로 소문자 x의 높이를 기준으로 한다. 이때 d, h, t와 같은 형태의 글자는 세로획을 제외한 위치를 기준으로 한다. 이것은 나중에 개발자에게 결과물을 전달할 때 준수해야 하는 문자 영역이다.

그림 10-34 X 높이

텍스트가 잘 읽히도록 하려면 가독성을 고려해 배치해야 한다. 가독성이란 글이 읽히는 능률을 말한다. 가독성이 좋은 폰트도 있고 한눈에 잘 읽히지 않는 폰트도 있으며, 글자와 글자의 간격을 너무 좁거나 넓게 하면 가독성이 떨어진다. 글자 간격Letter Spacing은 글자와 글자 사이의 간격을 말하는데 이를 일정하게 조절함으로써 가독성을 높일 수 있다.

그림 10-35 자간

헤드라인에서와 같이 큰 글자를 사용하는 경우는 가독성을 높이고 글자 사이에 생기는 공간을 줄이기 위해 글자 간격을 더 좁게 조절한다.

그림 10-36 헤드라인 글자의 좁은 자간

작은 글자들이 촘촘하게 배치되어 있으면 가독성이 떨어질 수 있으므로 글자 간격을 넓혀 각 글자가 명확히 보이도록 조절한다.

그림 10-37 작은 글자의 넓은 자간

6
컴포넌트와 그림자 높이

1 컴포넌트

컴포넌트Component는 일련의 표준 기반 웹 플랫폼 API 세트로, 재사용할 수 있는 구성 요소를 말하며 이는 주로 컨트롤과 밀접하게 관련되어 있다. iOS와 안드로이드의 가이드라인을 보면 컨트롤Controls이라는 용어가 자주 등장한다. 컨트롤은 사용자 인터페이스를 통해 명령을 실행시켜 기기와 사용자 간의 상호작용을 하는 단위로, UI 구성 요소라고도 한다. 컨트롤의 종류에는 버튼이나 스위치 등 명령을 실행하는 컨트롤, 텍스트 필드나 검색 필드 등 정보를 입력하는 컨트롤, 옵션이나 시간 등을 선택하는 컨트롤, 음악이나 영상을 재생하거나 정지하는 컨트롤, 진행 상황을 표시하는 컨트롤 등이 있다.

iOS에서는 컨트롤을 항목별로 분류해 가이드라인을 제공하고, 안드로이드에서는 컴포넌트와 패턴으로 분류해 가이드라인을 제공한다. 컨트롤의 종류가 다양하므로 디자이너는 용도에 따른 올바른 사용 방법을 익혀 이용자가 앱을 더욱 편리하게 쓸 수 있도록 해야 한다. [표 10-5]는 대표적으로 많이 사용하는 컨트롤을 종류별로 구분한 것으로, 버튼, 링크, 텍스트 컨트롤, 셀렉션 컨트롤, 인디케이터, 메시지, 윈도우 등의 요소로 구성되어 있으며, 이 모든 요소를 컴포넌트로 규정할 수 있다.

표 10-5 컨트롤의 종류

구분	종류
버튼	• 푸시 버튼(Push Button) • 그레이디언트 버튼(Gradient Button) • 헬프 버튼(The Help Button) • 베벨 버튼(Bevel Button) • 라운드 버튼(Round Button)
링크	• 플레인 텍스트 링크(Plain Text Links) • 커맨드 링크(Command Links) • 아이콘 링크가 포함된 텍스트(Text with Icon Links)

텍스트 컨트롤	• 스태틱 텍스트 필드(Static Text Field) • 텍스트 인풋 필드(Text Input Field) • 토큰 필드(Token Field) • 서치 필드(Search Field) • 스크롤링 리스트(Scrolling List)
셀렉션 컨트롤	• 라디오 버튼(Radio Buttons) • 체크 박스(Checkbox) • 세그멘트 컨트롤(Segmented Control) • 팝업 메뉴(Pop-Up Menu) • 액션 메뉴(Action Menu) • 셰어 메뉴(Share Menu) • 콤비네이션 박스(콤보 박스)(Combination Box(Combo ox)) • 데이트 피커(Date Picker) • 드롭다운 메뉴(Drop-Down Menu) • 슬라이더(Slider) • 스테퍼 컨트롤(Stepper Control) • 플래카드(Placard)
인디케이터	• 진행 인디케이터(Progress Indicators) • 결정된 진행 바(Determinate Progress Bars) • 불확실한 진행 바(Indeterminate Progress Bars) • 동시에 존재하지 않는 진행 인디케이터(Asynchronous Progress Indicator)
메시지	• 오류(Errors) • 경고(Warnings) • 확인(Confirmations) • 공지(Notifications) • 툴 팁(Tool Tips)
윈도우	• 패널(Panels) • 대화(Dialogs) • 경보(Alerts)

컴포넌트는 프로젝트 내에서 반복적으로 사용되기 때문에 컴포넌트 시스템을 구성하면 인터페이스를 일관성 있게 디자인할 수 있으며, 코드의 간소화는 물론 업무 효율도 높아진다. 그렇다고 모든 컴포넌트를 시스템에 포함하는 것보다는 공통으로 사용되는 코어 시스템으로 구축하는 것이 바람직하다. 컴포넌트 코어 시스템은 크기와 스타일의 두 가지로 구분할 수 있다. 크기의 경우 높이 값을 기준으로 제작하고, 스타일의 경우 배경의 채우기 값 적용 여부, 모서리의 반경 정도, 그림자의 크기와 같은 세 가지 정도의 옵션으로 제작한다.

2 그림자 높이

모바일 기기의 화면은 평면으로 보이지만, 디자인적으로는 가상의 Z라는 깊이감을 가지고 있다. iOS는 iOS 7을 기점으로 플랫 디자인을 사용했지만, 최근에는 머티리얼 디자인을 도입해 적용하고 있다.

Z축의 깊이감은 그림자를 통해 표현된다. 팝업 창이 열렸을 때를 예로 들어보자. 이때 기존의 콘텐츠는 뒤로 물러나면서 흐릿해지고 팝업 창이 앞으로 돌출되어 있는 것처럼 보인다. 그렇게 보이는 이유는 팝업 창에 그림자가 생겼기 때문이다. 그리고 그림자가 어디에 있느냐에 따라 팝업 창의 높이가 결정된다. 이처럼 그림자를 통해 깊이감이 표현되고 높낮이가 좌우되므로 효과적으로 시각적 요소를 구성하려면 Z축과 그림자에 대해 이해하고 있어야 한다.

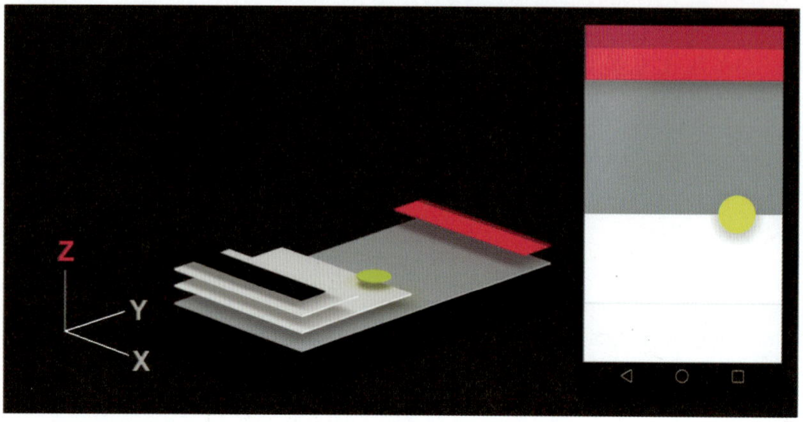

그림 10-38 Z축의 깊이

이를 아이소메트릭 화면으로 보면 [그림 10-39]와 같다. 그림자의 크기에 따라 컨테이너가 부유하는 Z값이 구현되며, 원근법에 따른 변화가 생긴다.

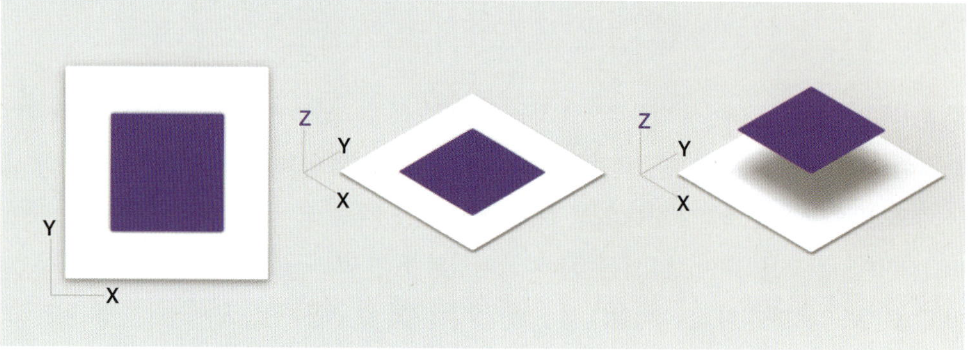

그림 10-39 Z축을 이용해 깊이감을 구현하는 아이소메트릭 화면

[그림 10-40]의 왼쪽 두 컨테이너는 같은 크기이지만, 아래쪽 컨테이너가 더 부유되어 보인다. 이처럼 그림자 값으로 높낮이를 조절하는 것이 머티리얼 디자인의 기본 원칙이다. 이때 컴포넌트들은 각각 규칙적인 높이 값을 갖게 된다. 이처럼 그림자 값을 통해 Z의 높낮이가 생기는 것을 엘리베이션Elevation 이라고 한다.

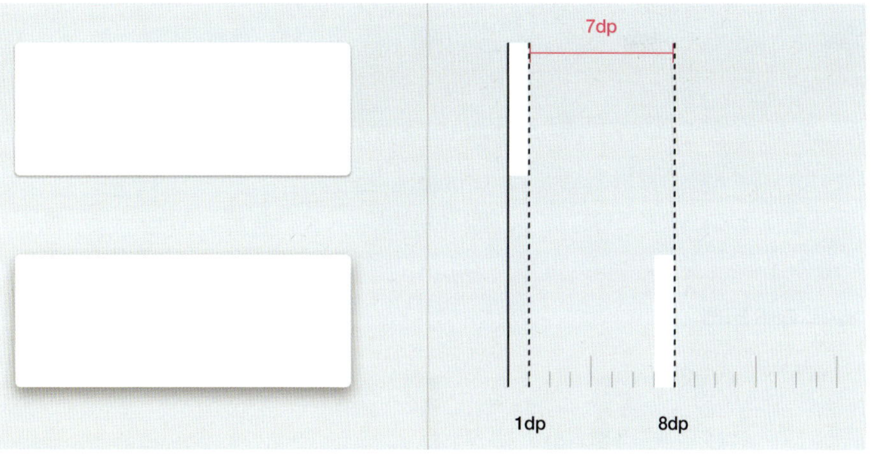

그림 10-40 Z축의 엘리베이션

포토샵Photoshop의 레이어Layer를 연상하면 엘리베이션을 좀 더 쉽게 이해할 수 있다. 포토샵에서는 배경 위로 레이어가 겹겹이 쌓이면서 위 레이어의 이미지가 아래 레이어의 이미지 위에 배치된다. 이때 위 레이어에 불투명한 이미지가 있으면 아래 레이어는 가려서 보이지 않는다. 엘리베이션의 원리는 이런 레이어의 개념과 유사하다.

엘리베이션을 구현하는 방법에 그림자만 있는 것은 아니다. 컨테이너를 색상으로 채우거나 불투명도와 같은 시각적 기호를 사용해도 된다. 하지만 머티리얼의 기본 원칙은 종이에 조명을 비추면 생기는 그림자의 원리에 따라 Z의 높이를 구현하는 것이다.

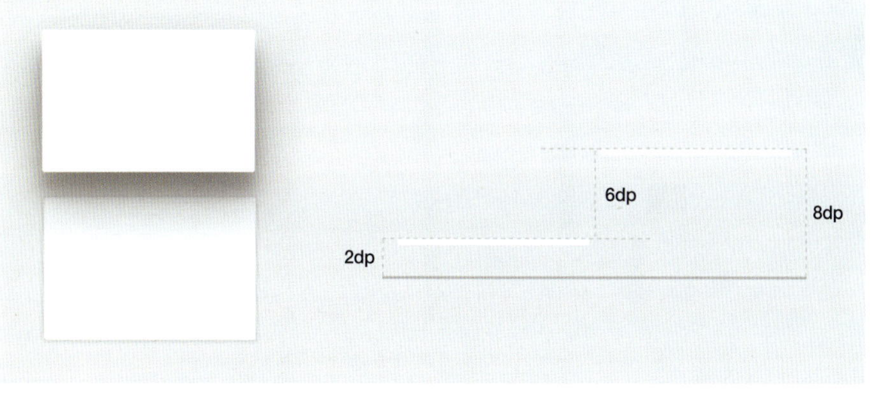

그림 10-41 Z축의 엘리베이션 측면 높이

각 컴포넌트에 설정할 수 있는 높이 값은 0~24dp이다. 디자인을 진행할 때는 각 컴포넌트의 그림자 크기를 일관되게 사용해야 한다.

그림 10-42 그림자로 표현한 원근법

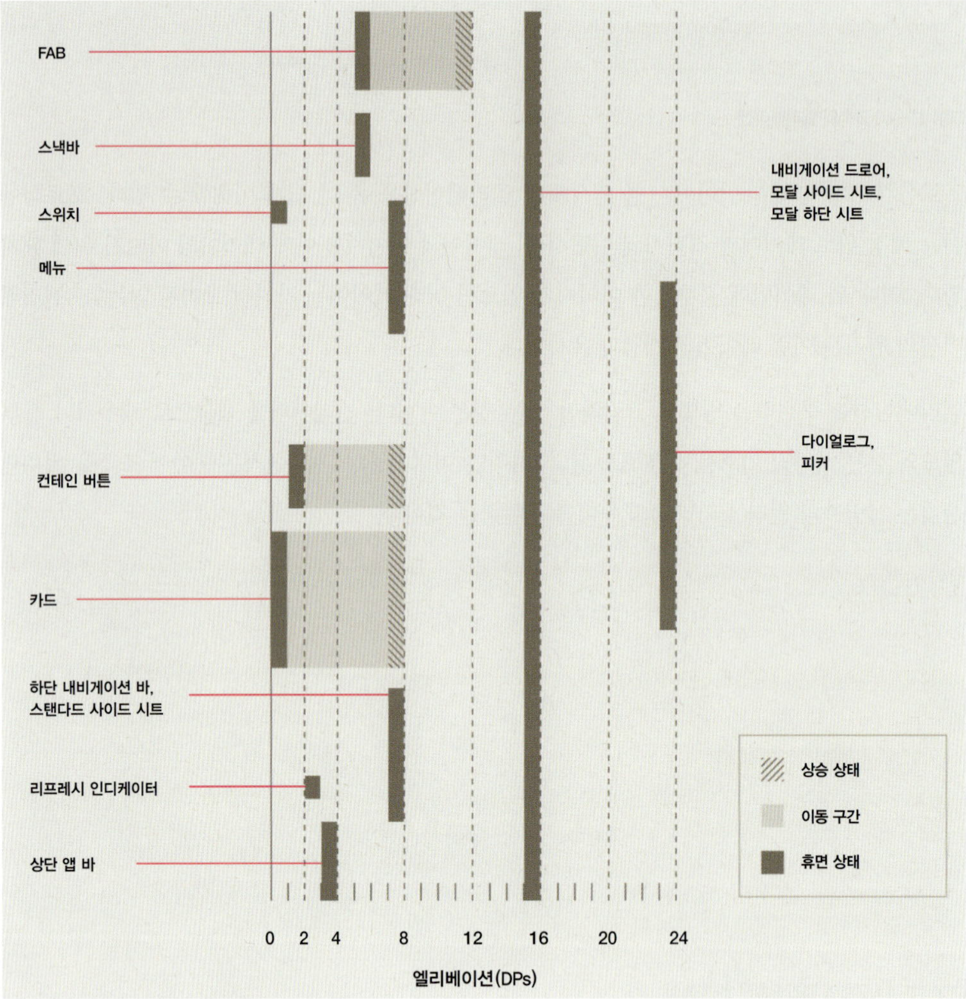

그림 10-43 컴포넌트의 속성에 따른 높이 값

표 10-6 컴포넌트별 엘리베이션의 디폴트 값

컴포넌트	디폴트 값(dp)	컴포넌트	디폴트 값(dp)
다이얼로그(Dialog) 피커(Picker)	24	FAB(Floating Action Button) 스낵 바(Snack Bar)	6
모달 하단 시트(Modal Bottom Sheet) 모달 사이트 시트(Modal Side Sheet)	16	상단 앱 바 (Top App Bar, 스크롤했을 때)	4
내비게이션 드로어(Navigation Drawer)	16	상단 앱 바(Top App Bar, 휴면 상태)	4 or 0
플로팅 액션 버튼 (FAB, Floating Action Button)	12	리프레시 인디케이터(Refresh Indicator) 검색 바(Search Bar, 스크롤했을 때)	3
스탠다드 하단 시트(Standard Bottom Sheet) 스탠다드 사이드 시트(Standard Side Sheet)	8	컨테인 버튼 (Contained Button, 휴면 상태)	2
하단 내비게이션 바(Bottom Navigation Bar)	8	검색 바(Search Bar, 휴면 상태)	1
하단 앱 바(Bottom App Bar)	8	카드(Card, 휴면 상태)	1
메뉴와 서브 메뉴(Menus and Sub Menus)	8	스위치(Switch)	1
카드(Card, 선택했을 때)	8	텍스트 버튼(Text Button)	0
컨테인 버튼 (Contained Button, 선택했을 때)	8	스탠다드 사이드 시트 (Standard Side Sheet)	0

[그림 10–44]에서 볼 수 있듯이 높이가 같은 컨테이너도 다른 컨테이너가 뒤에 있으면 달라 보일 수 있다. 컨테이너 A와 B는 동일하게 8dp 높이에 있다. 그런데 컨테이너 B는 4dp 높이에 있는 컨테이너 C의 위에 있기 때문에 결과적으로 8dp가 아니라 4dp 높이 값을 갖게 된다.

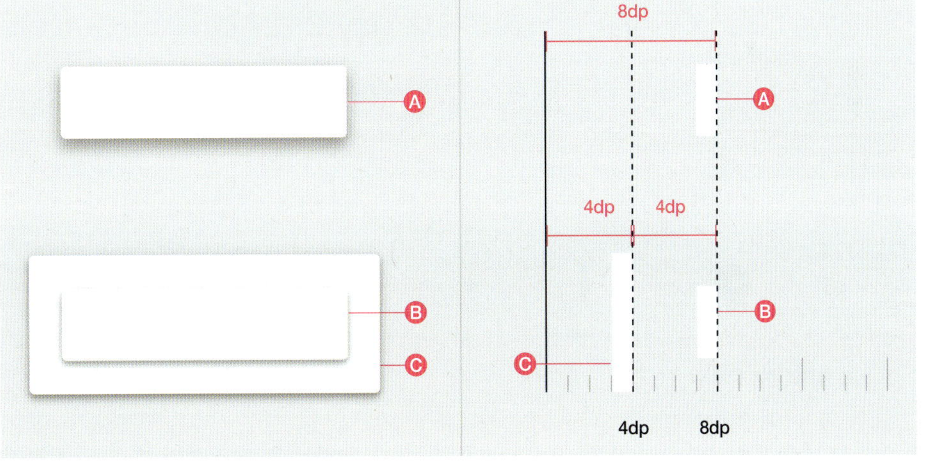

그림 10-44 높이가 같은 컨테이너의 엘리베이션

컴포넌트의 높이는 사용자의 상호작용 또는 시스템의 이벤트에 대한 응답으로 변경될 수 있다. 이를 동적 높이 변화라고 한다. 버튼의 경우 높이 값이 2dp지만, 사용자가 탭하면 8dp로 높아진다. 또한 사용자의 상호작용이나 시스템 이벤트가 완료 또는 취소되면 원래 상태로 돌아간다.

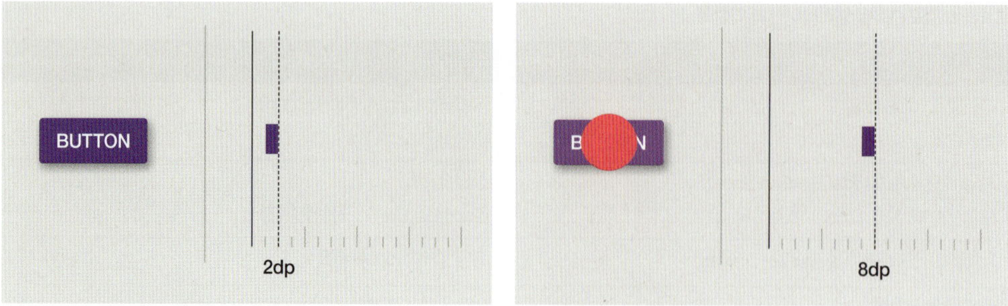

(a) 휴면 상태의 버튼 (b) 버튼을 탭했을 때

그림 10-45 동적 높이 변화

모바일에서 상호작용이 이루어지면 컨테이너의 크기가 변화하기도 하지만, 컨테이너의 위치가 변하기도 한다. 이때 컨테이너끼리 접촉이 발생할 수 있는데, 동적 높이 변화로 인해 이동하면서 다른 컴포넌트와 충돌하면 안 된다. [그림 10-46]을 보면 카드가 올라가면서 플로팅 버튼Floating Button을 통과하도록 플로팅 버튼보다 높은 높이에 배치되었다. 이때 플로팅 버튼은 충돌이 발생하기 전에 일시적으로 사라지거나 화면 밖으로 벗어난다. 즉, 전환하는 구성 요소와 충돌 가능성이 있는 경우에는 컴포넌트를 일시적으로 제거하거나 위치를 변경하는 방식으로 충돌을 피한다.

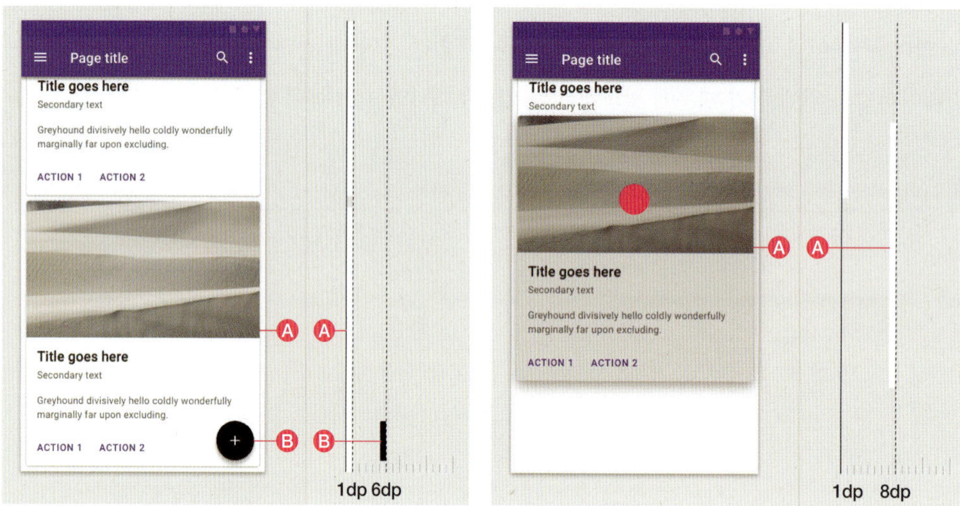

그림 10-46 카드 흐름의 충돌 방지

Z축과 그림자의 역할은 Z의 높낮이를 보여주고 콘텐츠를 구분하는 것이 전부가 아니다. 사용자의 상호작용이나 시스템의 이벤트로 인해 컨테이너에 발생하는 움직임과 위치 변화를 명확하게 알기 위한 장치로도 사용된다. 그러므로 머티리얼 가이드에서는 각 컴포넌트의 그림자 높이를 준수해야 한다.

Part 04
프로젝트: 푸드 레시피 앱 만들기

Part 04

프로젝트: 푸드 레시피 앱 만들기

Chapter 11
로그인과 튜토리얼 구현

01 로그인 페이지 제작 1: 랜딩 페이지 UI

02 로그인 페이지 제작 2: 로그인 UI

03 로그인 페이지 제작 3: 비밀번호 찾기 UI

04 로그인 페이지 제작 4: 회원가입 UI

05 로그인 페이지 제작 5: 프로토타입 연결

06 튜토리얼 페이지 제작 1: 튜토리얼 UI

07 튜토리얼 페이지 제작 2: 프로토타입 연결

1

로그인 페이지 제작 1: 랜딩 페이지 UI

01 [Chapter_11 ▸ Section_01] 폴더에 있는 'recipe_landing.xd' 파일을 불러온다. 툴 패널 하단에서 에셋(▣)을 클릭해 [에셋] 패널을 열어 보면 푸드 레시피 앱 디자인에 필요한 아이콘들이 준비되어 있다. 또 색상 패널을 열어 보면 여러 색상이 등록된 것을 확인할 수 있다.

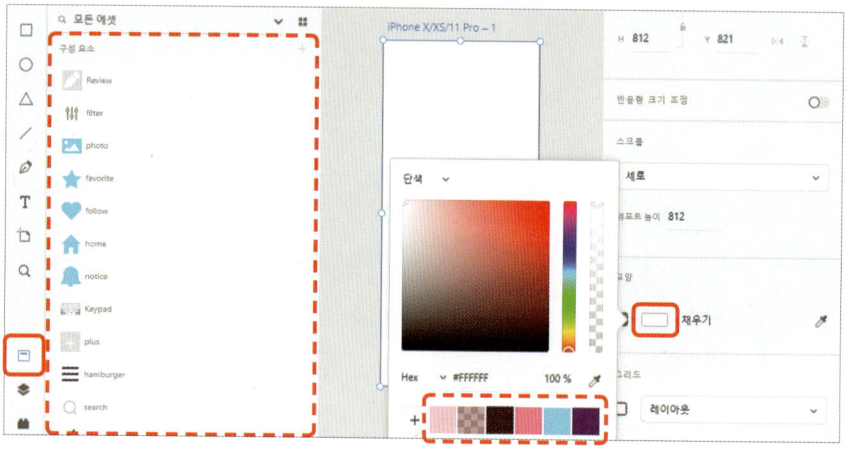

02 사각형 툴(□)로 아트보드 크기와 같은 사각형을 만든 후 [Chapter_11 ▸ Section_01 ▸ images] 폴더에 있는 'img1.jpg' 파일을 사각형 오브젝트 안으로 드래그한다.

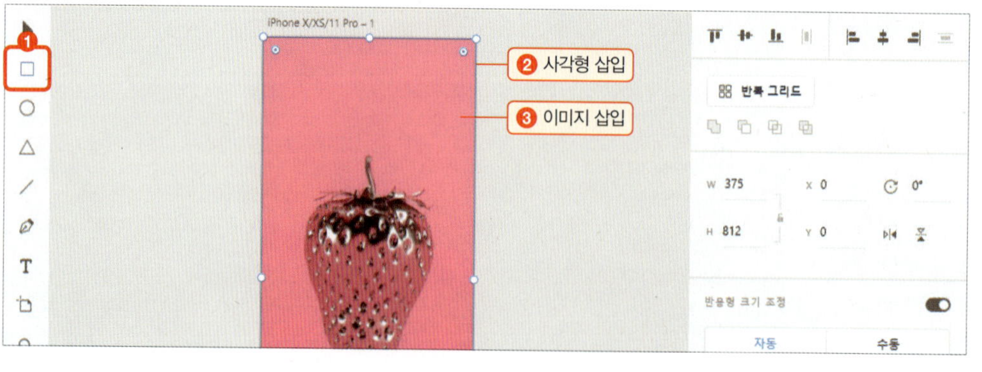

03 텍스트 툴(T)로 아트보드 상단에 앱 제목인 'Delicious TIME'을 입력하고 글꼴은 Curlz MT, 크기는 48, 문자 간격은 20, 줄 간격은 52로 설정하고 가운데 정렬한다. '채우기' 색상과 '테두리' 색상은 #00E5FF로 설정한다.

Tip 글꼴이 얇은 경우 '테두리'의 '크기'를 적용해 두께를 조절할 수 있다. 하지만 과다하게 적용하면 가독성이 떨어질 수 있으니 주의한다.

04 사각형 툴(□)로 W는 335, H는 56인 사각형을 그린 후, 사각형 내부의 위젯을 안쪽으로 드래그해 모서리를 둥글게 만든다. '채우기'의 색상 패널에 등록된 #00E5FF 색상을 클릭하고 '테두리'의 체크를 해제하여 버튼 오브젝트를 만든다.

05 텍스트 툴(T)로 버튼 오브젝트 안에 'Get Started'를 입력하고 글꼴은 SF Text, 크기는 20, 두께는 Compact Medium으로 설정하고 버튼 가운데에 배치한다. '채우기' 색상은 #F27EA1로 설정한다.

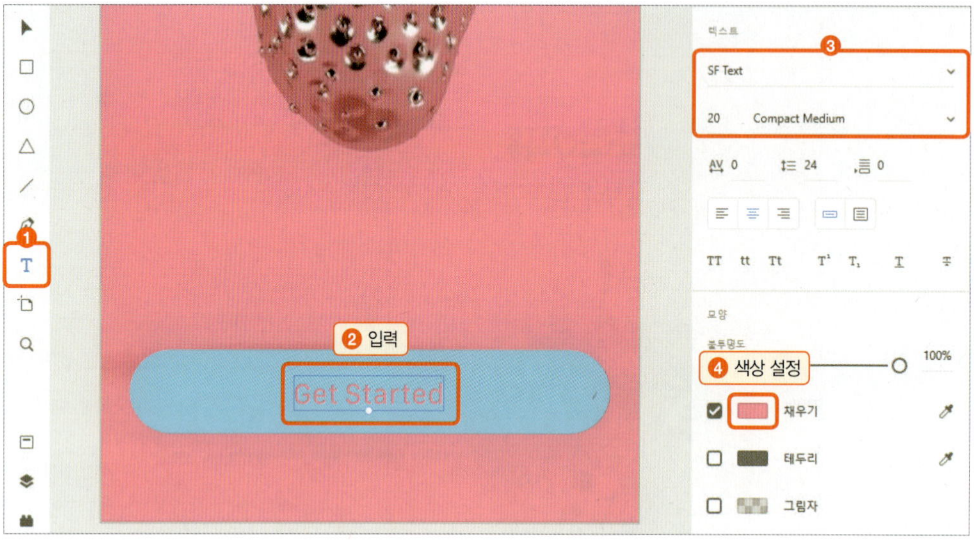

Tip 텍스트 상자를 선택하고 Alt를 누른 채 버튼 오브젝트에 마우스를 위치시키면 두 오브젝트 사이의 간격이 보이므로 세밀하게 움직여 가운데에 배치할 수 있다. 두 오브젝트를 동시에 선택하고 중간 정렬(세로)( )와 가운데 정렬(가로)( )를 각각 클릭해도 간편하게 가운데에 배치할 수 있다.

06 툴 패널에서 에셋( )을 클릭해 [에셋] 패널을 열고 'Status Bar_White'를 아트보드 상단으로 드래그해 상태 바를 배치한다.

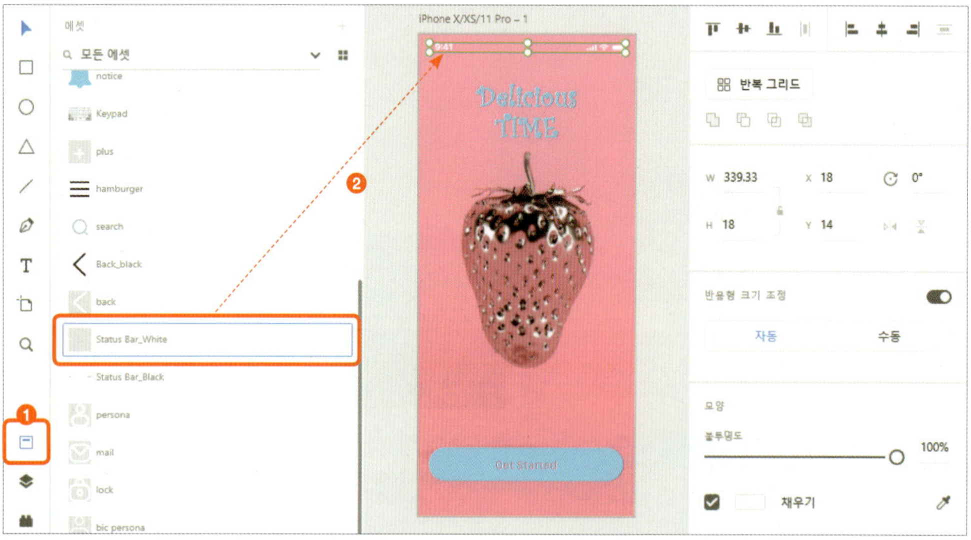

2

로그인 페이지 제작 2: 로그인 UI

01 Section 01 실습에서 이어서 진행하거나 [Chapter_11 ▸ Section_02] 폴더에서 'recipe_login.xd' 파일을 불러온다. 아트보드 이름을 'Landing'으로 변경하고 아트보드를 복제한다. 복제한 아트보드 이름을 'Log-in'으로 변경한 후 상태 바, 앱 타이틀, 시작 버튼을 삭제한다.

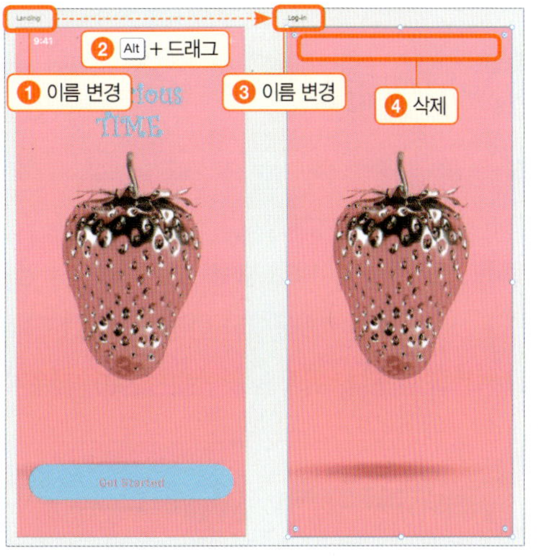

02 사각형 툴(□)로 아트보드와 크기가 같은 사각형을 만들고 '테두리'의 체크를 해제한다. [배경 흐림 효과]를 선택하고 '정도'는 10, '밝기'는 0, '불투명도'는 0%로 변경한다.

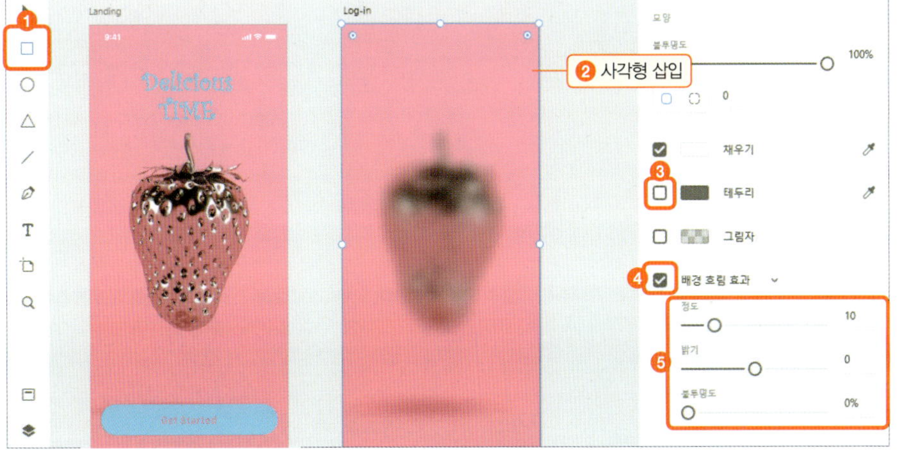

03 'Landing' 아트보드의 상태 바와 앱 타이틀 텍스트를 'Log-in' 아트보드에 붙여넣는다.

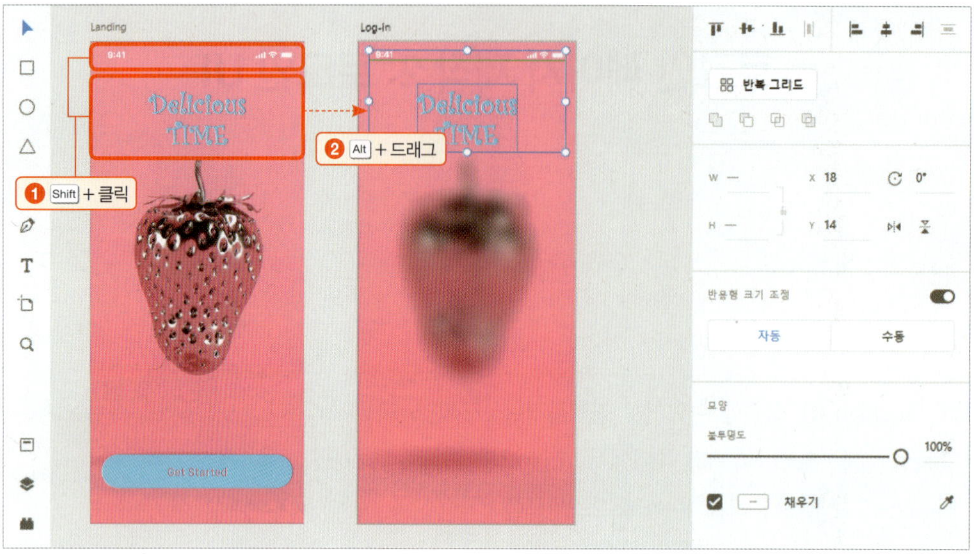

04 사각형 툴(□)로 W는 335, H는 56인 사각형을 만든 후, 옵션 창에서 '불투명도'는 20%, '모든 모퉁이에 대해 동일한 반경(□)' 값은 34로 변경하고 '테두리'의 체크를 해제해 입력 필드 오브젝트를 만든다. 위치는 윗면에서 340, 좌우 각각 20 여백을 두고 배치한다.

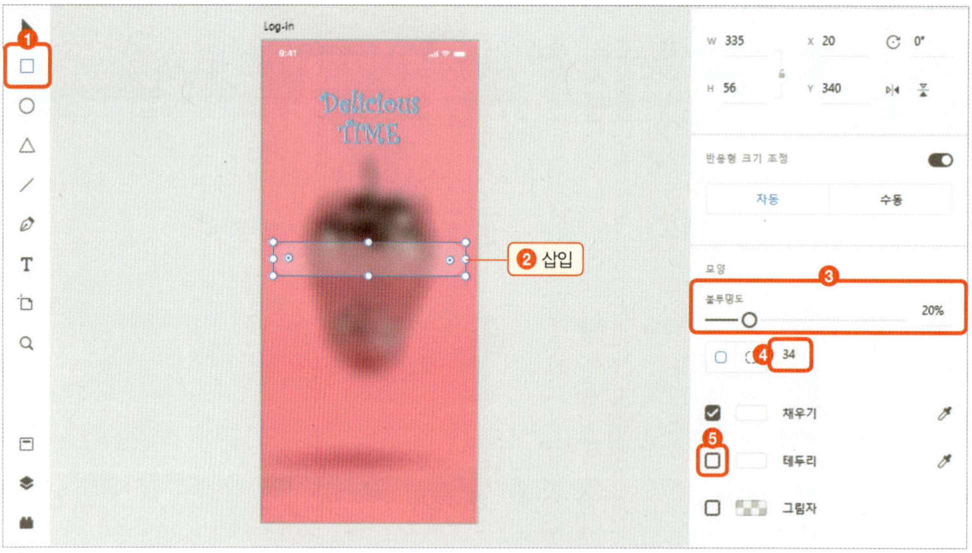

Tip 오브젝트 위치는 옵션 창에서 X(가로 방향)와 Y(세로 방향)를 이용해 지정한다. 또한 오브젝트를 선택하고 Alt 를 누르면 좌푯값을 확인할 수 있다.

05 선택 툴(▶)로 오브젝트를 선택하고 Alt를 누른 채 아래로 드래그해 복제한다. 툴 패널 하단에서 에셋(⊟)을 클릭해 [에셋] 패널을 열고 'mail'과 'lock'을 입력 필드 내부 왼쪽에 각각 배치한다.

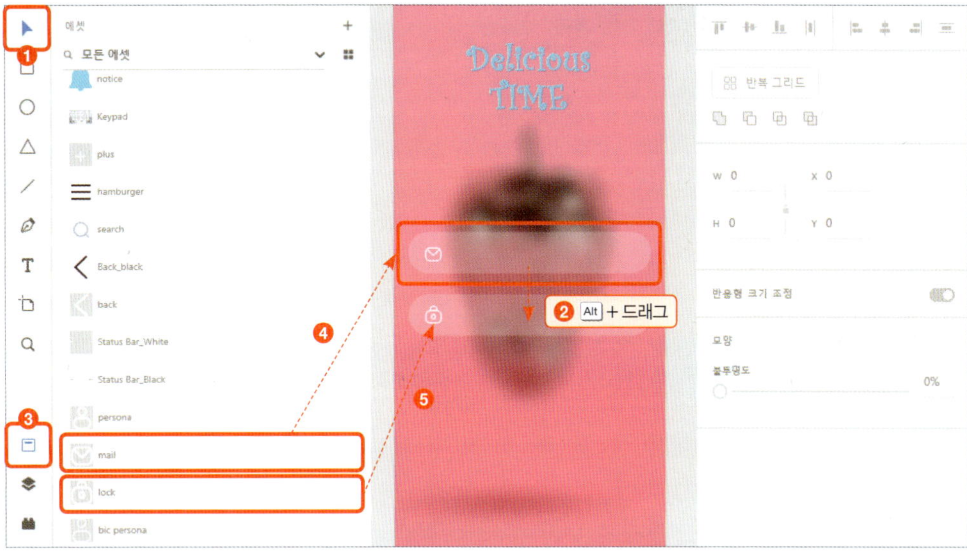

06 텍스트 툴(T)로 입력 필드에 'Email'과 'Password'를 각각 입력한 후 글꼴은 SF Text, 크기는 16, 두께는 Compact, '채우기' 색상은 #FFFFFF로 설정한다. 추가로 입력 필드 오른쪽 아래에 'Forgot Password?'를 입력하고 크기를 '18'로 설정한다.

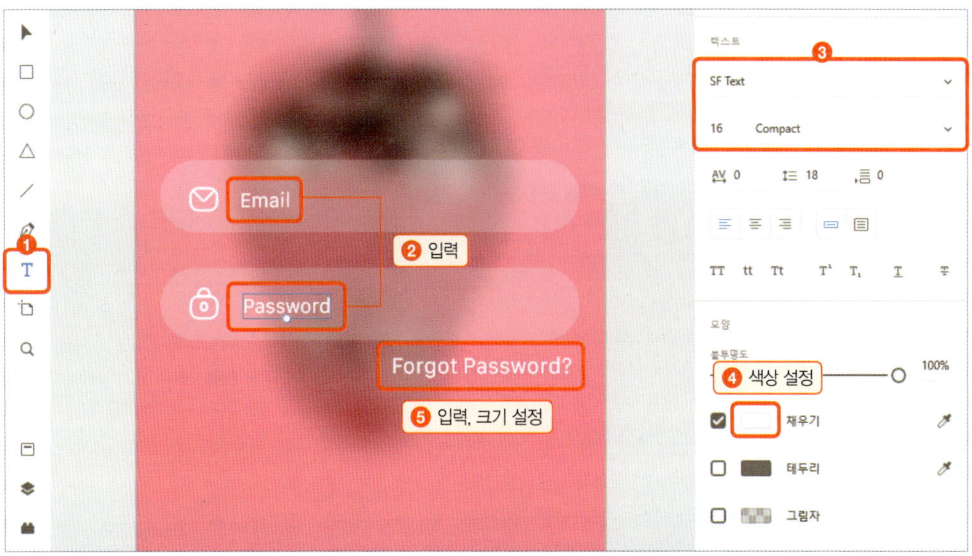

07 'Landing' 아트보드에서 버튼 오브젝트를 'Log-in' 아트보드로 복제하고, 패스워드 입력 필드 아래 100 간격 위치에 배치한다. 텍스트 툴(T)로 내부에 'Login'을 입력한다.

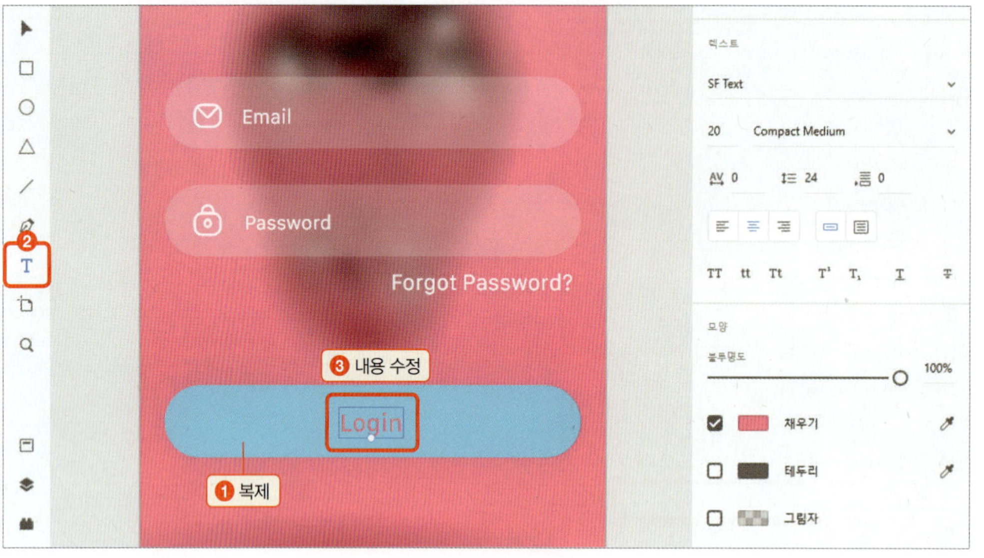

08 아트보드 하단에서 48 간격을 두고 텍스트 툴(T)로 회원 가입을 위한 텍스트인 'Create New Account'를 입력한다.

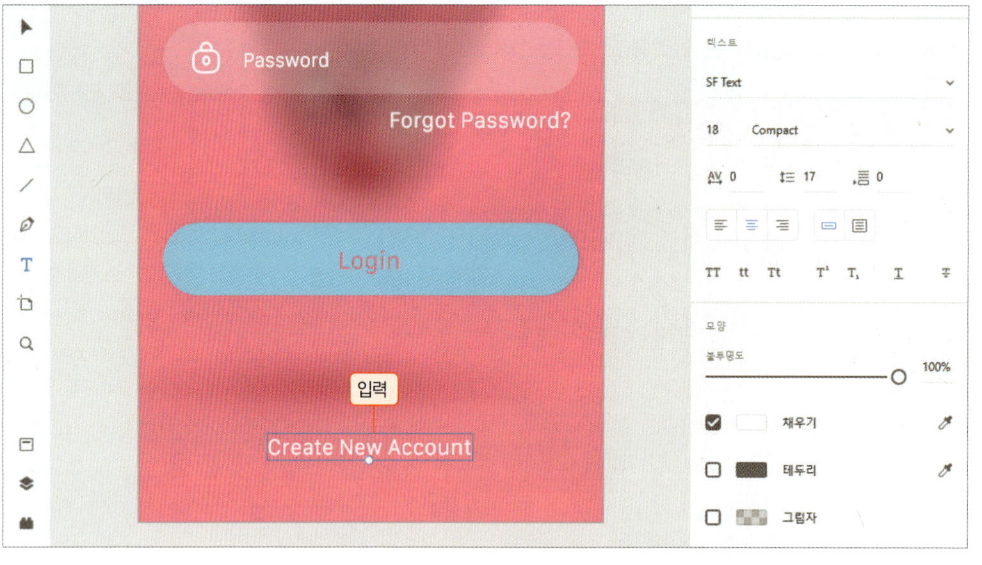

3

로그인 페이지 제작 3: 비밀번호 찾기 UI

01 이전 실습에서 이어서 진행하거나 [Chapter_11 ▸ Section_03] 폴더에서 'recipe_password.xd' 파일을 불러온다. 'Log-in' 아트보드를 복제하고, 복제된 아트보드의 이름을 'Find_Password'로 변경한 후 상태 바를 제외한 나머지 요소들을 삭제한다.

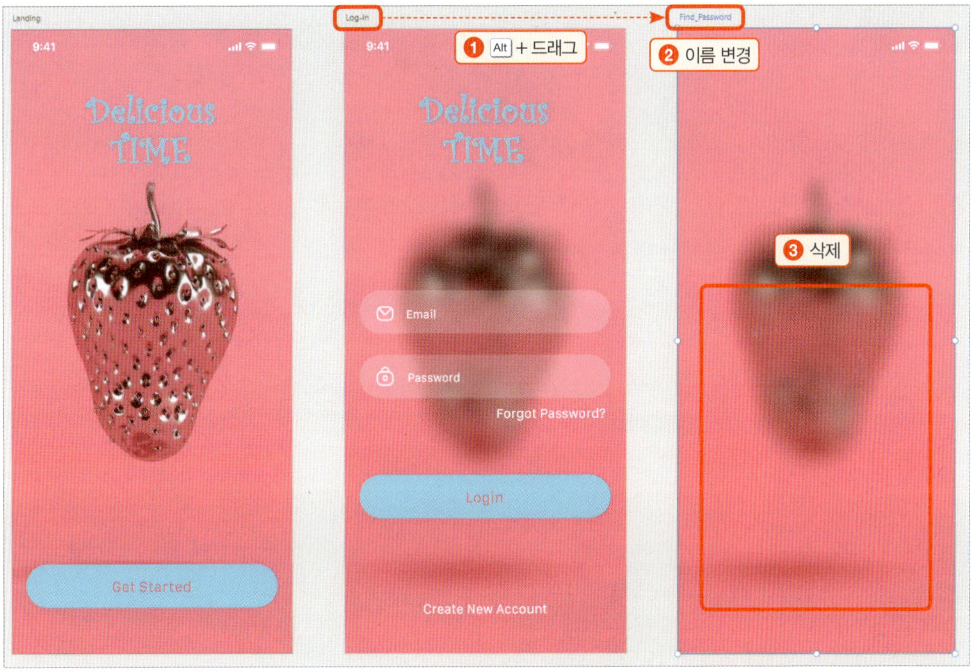

02 에셋( )을 클릭해 [에셋] 패널을 열고 'back'을 아트보드 상단에 드래그해 배치한다. 텍스트 툴(T)로 타이틀 텍스트인 'Forgod Password'를 입력하고 크기를 20으로 설정한다. 다시 텍스트 툴(T)로 W가 252인 텍스트 상자를 만들어 비밀번호를 잃어버린 경우에 대한 설명 문구를 입력하고 크기를 16으로 설정한다.

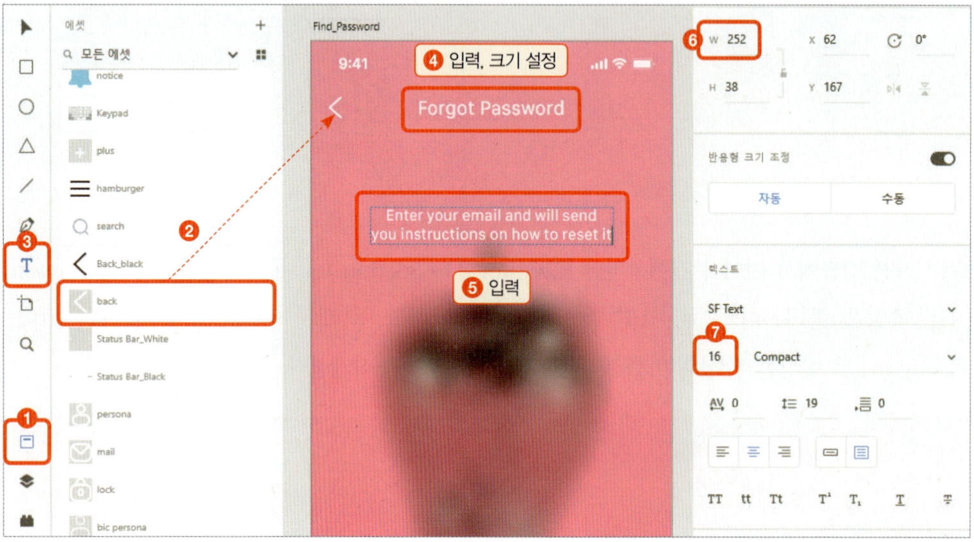

03 'Log-in' 아트보드에서 이메일 입력 필드와 버튼 오브젝트를 'Find_Password' 아트보드로 복제한 후 버튼 오브젝트의 텍스트를 'Send'로 변경한다.

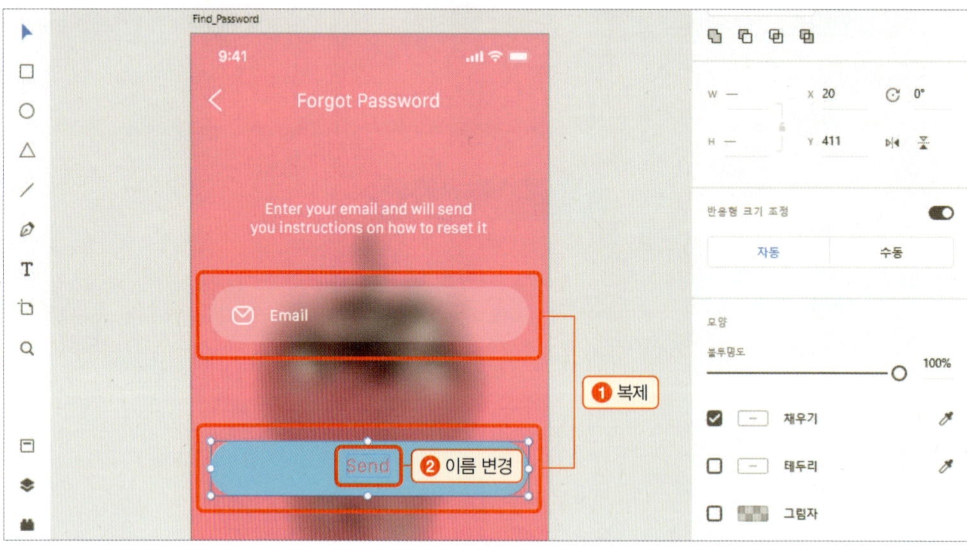

04 [에셋] 패널을 열어 'keypad'를 아트보드 하단으로 드래그해 배치한다.

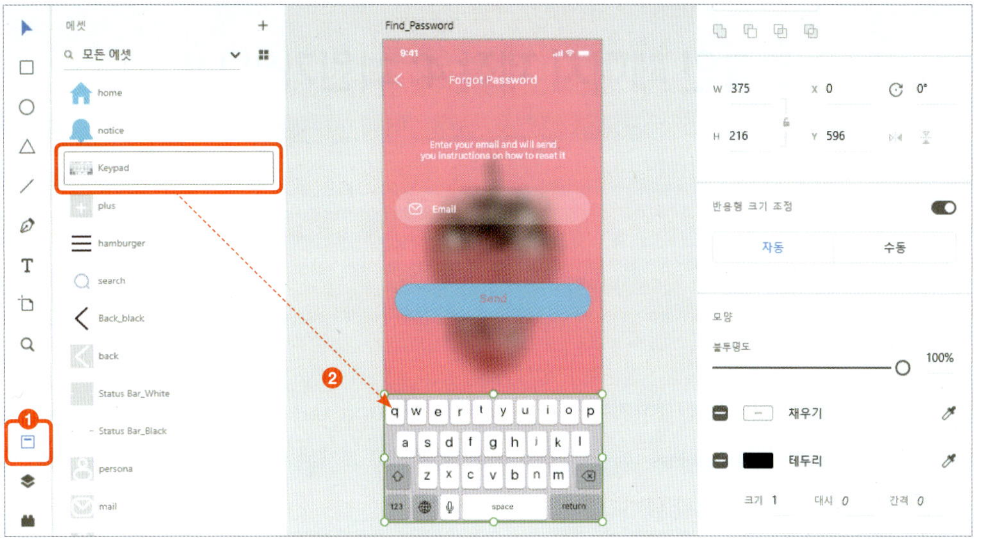

4
로그인 페이지 제작 4: 회원가입 UI

01 이전 실습에서 이어서 진행하거나 [Chapter_11 ▸ Section_04] 폴더에서 'recipe_member.xd' 파일을 불러온다. 'Find_Password' 아트보드를 복제하고 복제된 아트보드의 이름을 'Register'로 변경한 후 상태 바를 제외한 나머지 요소들을 삭제한다.

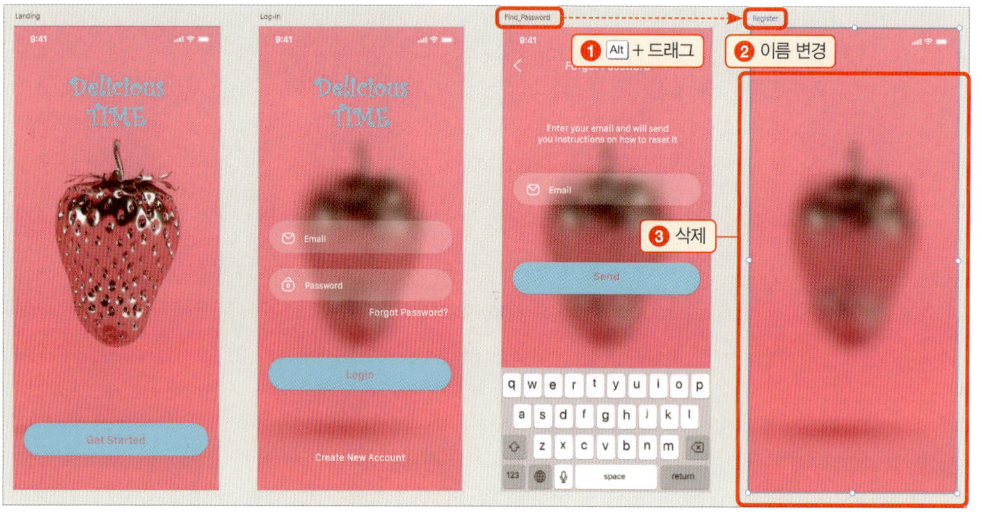

02 'Find_password' 아트보드에서 뒤로 가기 아이콘과 타이틀 텍스트를 복사해 붙여넣은 후 텍스트 상자를 더블클릭해 제목을 'New Account'로 변경한다.

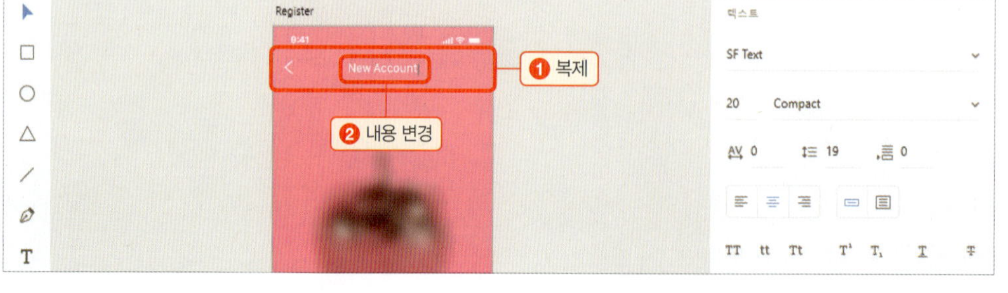

03 타원 툴(◯) 로 타이틀 제목 아래에 W와 H가 160인 원을 만들고, '채우기' 색상은 #FFC4D5, '테두리' 색상은 #FFFFFF, '테두리'의 '크기'는 3으로 설정한다. [에셋] 패널에서 'big_persona'를 원 가운데로 드래그해 배치한다.

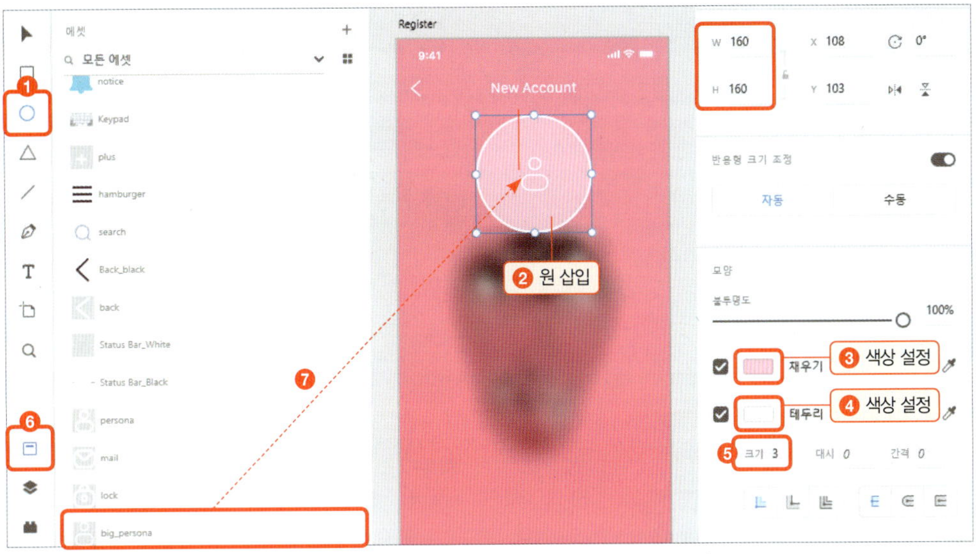

04 'Find_password' 아트보드에서 입력 필드를 복제해 원 아래로 48 간격을 두고 배치한다. 선택 툴(▸)로 입력 필드를 선택하고 Alt 를 누른 채 16씩 간격을 두어 세 개 복제한다.

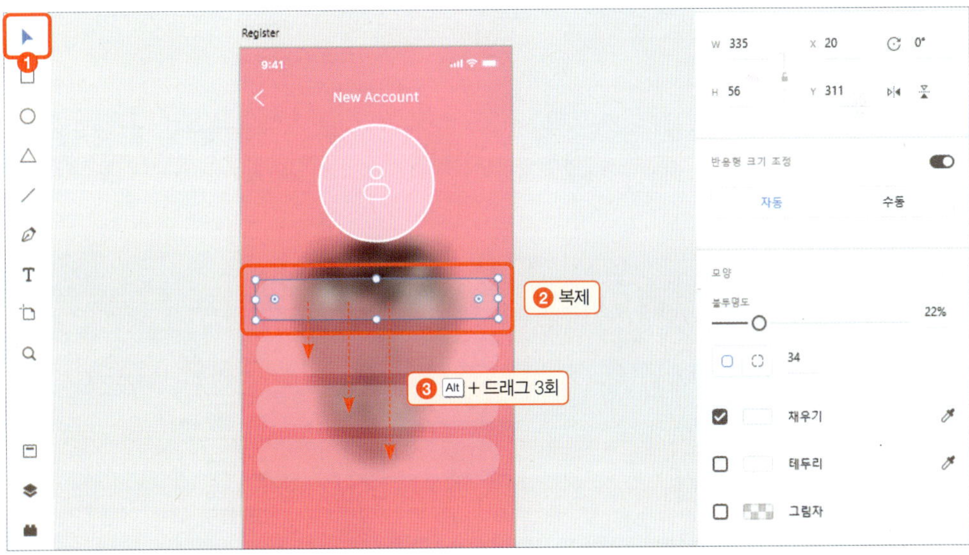

05 [에셋] 패널에서 'persona', 'mail', 'lock', 'lock'을 네 개의 입력 필드에 각각 배치하고, 텍스트 툴(T)로 'Name', 'Email', 'Password', 'Confirm Password'를 각각 입력한다.

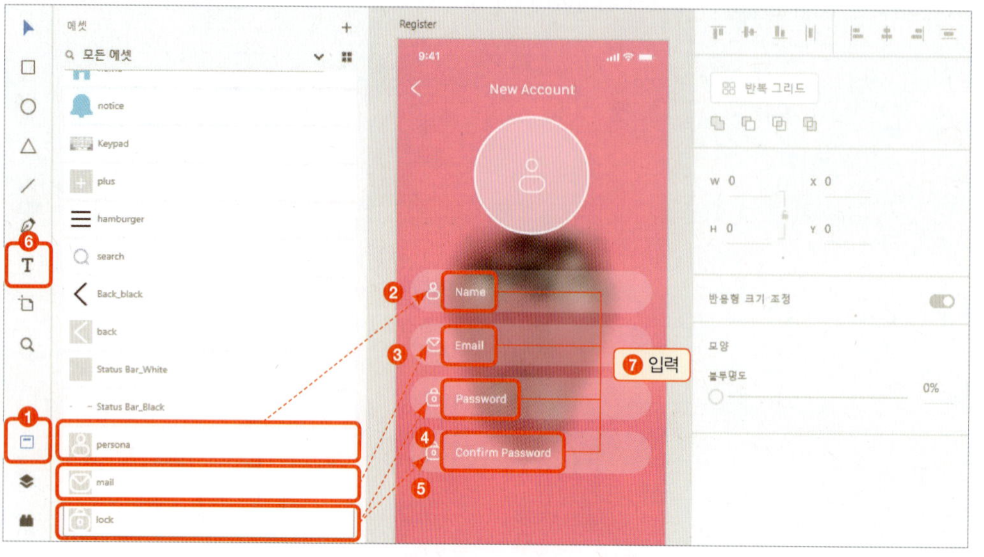

06 'Find_password' 아트보드에서 버튼 오브젝트를 복제해온 후, 텍스트를 'Register'로 변경한다. 버튼 아래에 텍스트 툴(T)로 'Already have and account?'를 입력하고, 그 옆에 'Login'을 입력한 후 '채우기' 색상을 #00E5FF로 설정한다.

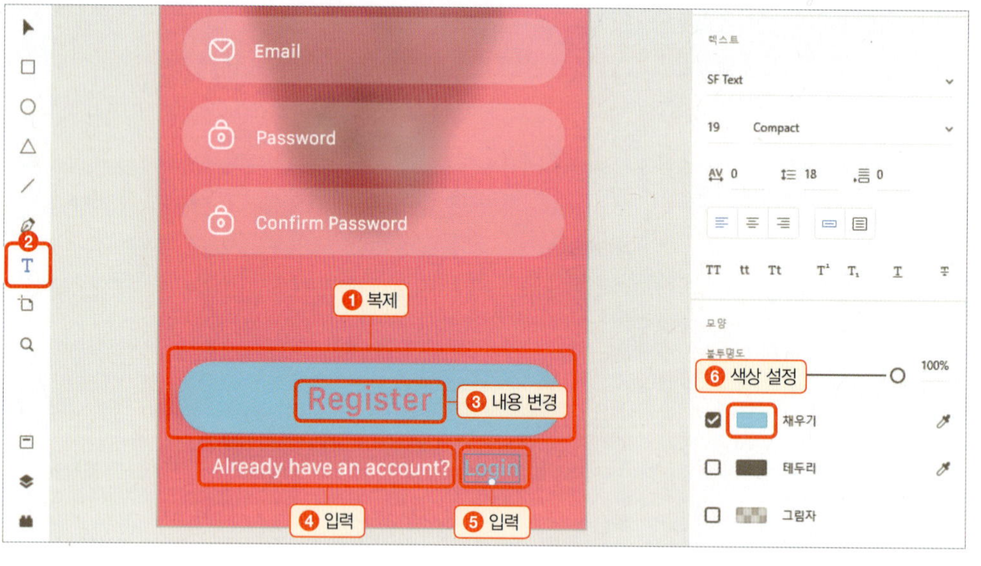

5

로그인 페이지 제작 5: 프로토타입 연결

01 이전 실습을 이어서 진행하거나 [Chapter_11 ▸ Section_05] 폴더에서 'recipe_login_UI.xd' 파일을 불러온 후 [프로토타입]을 클릭해 프로토타입 모드로 전환한다. 'Landing' 아트보드의 'Get Started' 버튼을 선택하고 인터랙션 연결 위젯을 'Log-in' 아트보드로 드래그해 연결한다. '인터랙션' 옵션의 '트리거'는 [탭], '액션'은 [전환], '애니메이션'은 [디졸브], '이징 효과'는 [서서히 끝내기], '재생 시간'은 [0.3초]로 설정한다.

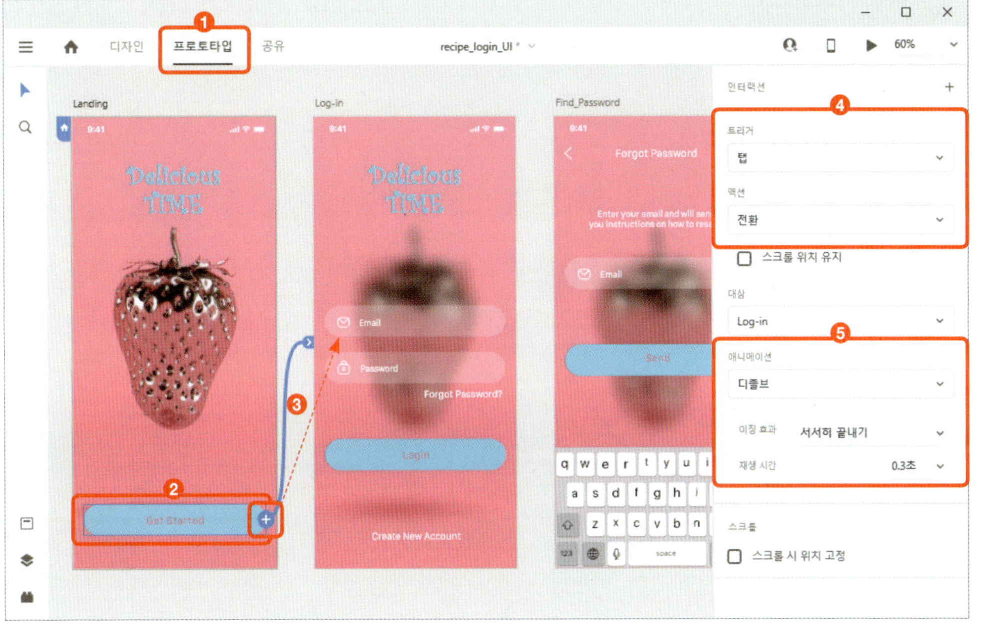

02 'Log-in' 아트보드에서 'Forgot Password?' 텍스트를 선택하고 인터랙션 연결 위젯을 'Find_Password' 아트보드로 연결한다. '인터랙션' 옵션의 '트리거'는 [탭], '액션'은 [전환], '애니메이션'은 [디졸브], '이징 효과'는 [서서히 끝내기], '재생 시간'은 [0.3초]로 설정한다.

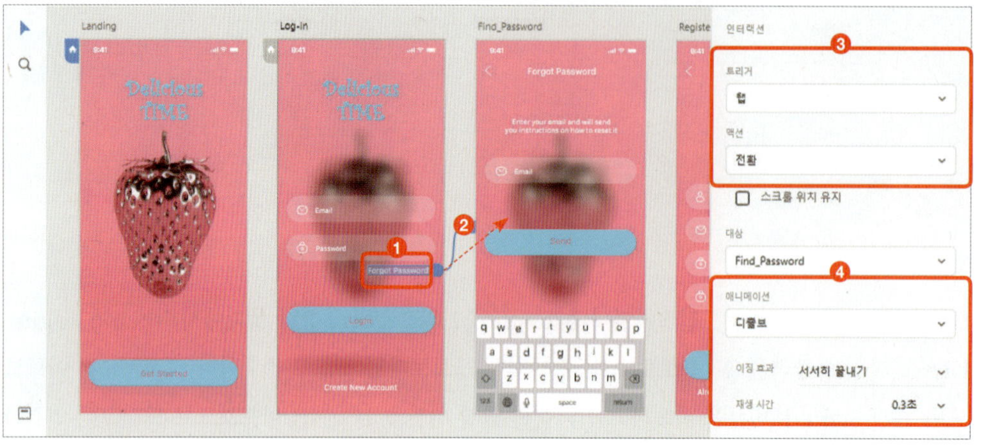

03 'Log-in' 아트보드 하단에 있는 'Create New Account' 텍스트의 인터랙션 연결 위젯을 'Register' 아트보드로 연결한다. '인터랙션' 옵션의 '트리거'는 [탭], '액션'은 [전환], '애니메이션'은 [왼쪽으로 슬라이드], '이징 효과'는 [서서히 끝내기], '재생 시간'은 [0.3초]로 설정한다.

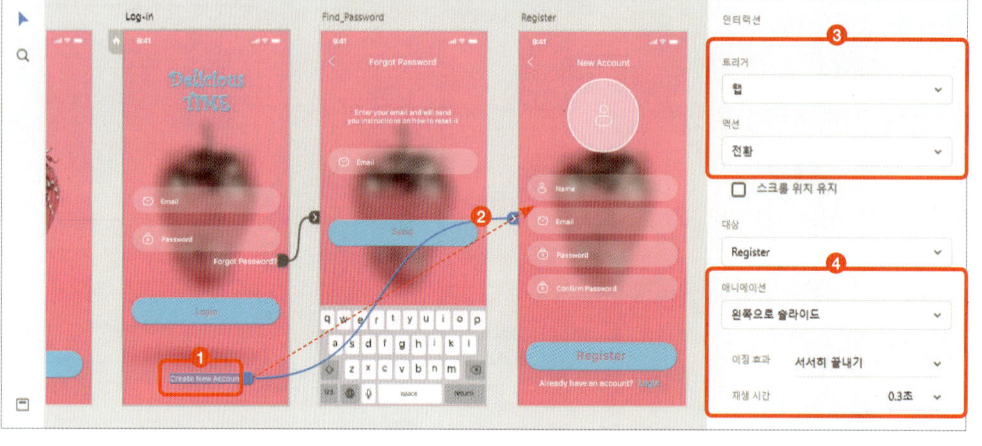

04 'Find_Password' 아트보드에서 뒤로 가기 아이콘을 선택하고 인터랙션 연결 위젯을 'Log-in' 아트보드로 연결한다. '인터랙션' 옵션의 '트리거'는 [탭], '액션'은 [전환], '애니메이션'은 [오른쪽으로 슬라이드], '이징 효과'는 [서서히 끝내기], '재생 시간'은 [0.3초]로 설정한다.

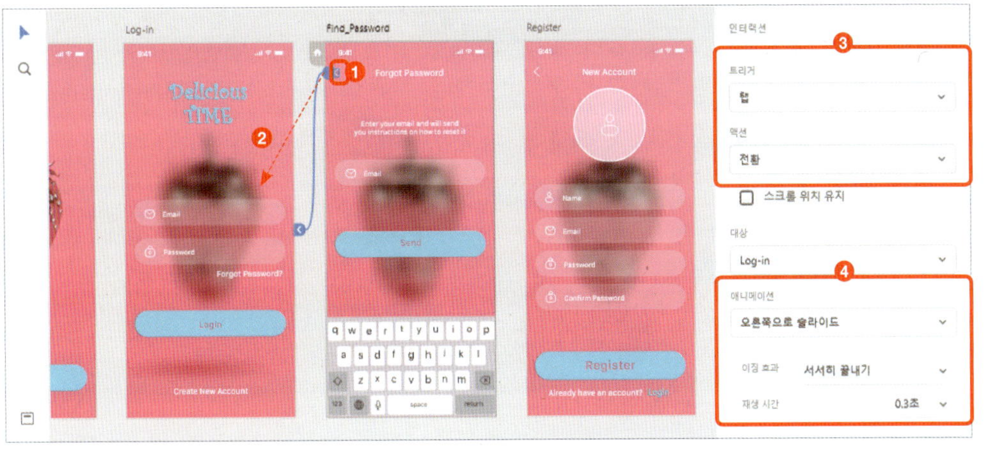

05 'Register' 아트보드에 있는 뒤로 가기 아이콘의 인터랙션 연결 위젯도 'Log-in' 아트보드로 연결한다. '인터랙션' 옵션은 이전 설정을 그대로 적용한다.

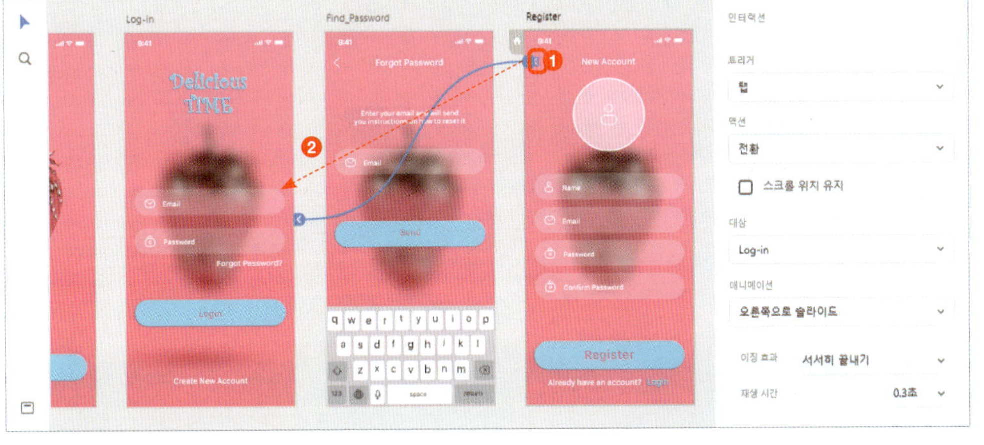

06 'Register' 아트보드에 있는 'Register' 버튼의 인터랙션 연결 위젯을 'Log-in' 아트보드로 연결한다. '인터랙션' 옵션은 이전 설정을 그대로 적용한다.

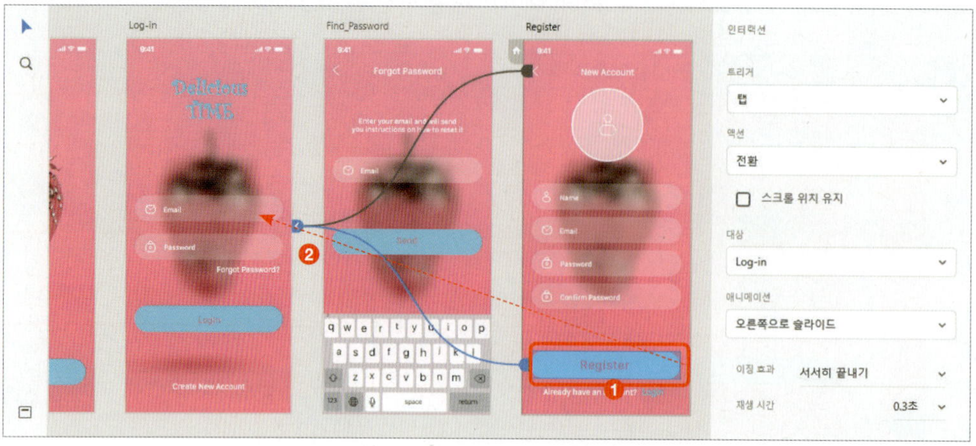

07 'Register' 아트보드 하단에 있는 'Login' 텍스트의 인터랙션 연결 위젯을 'Log-in' 아트보드로 연결한다. '인터랙션' 옵션은 이전 설정을 그대로 적용한다.

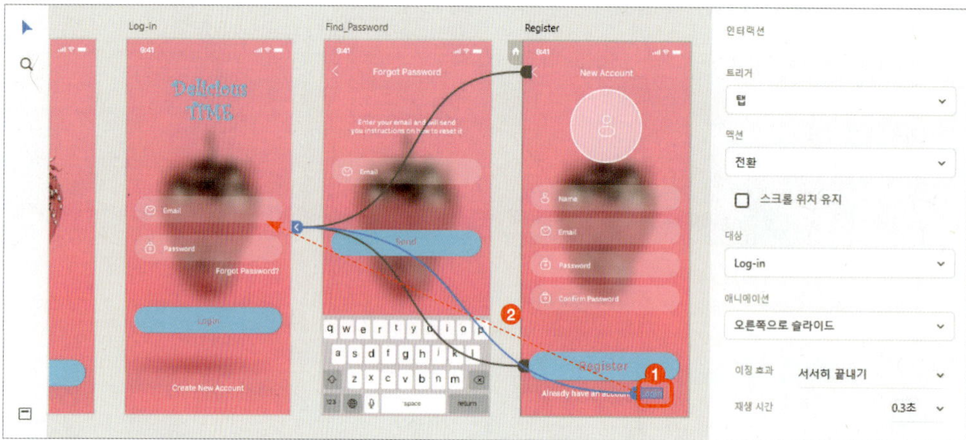

08 '데스크탑 미리보기(▶)'를 클릭해 미리보기를 실행한다. 버튼을 클릭할 때마다 전환 애니메이션이 변하는 것을 알 수 있다.

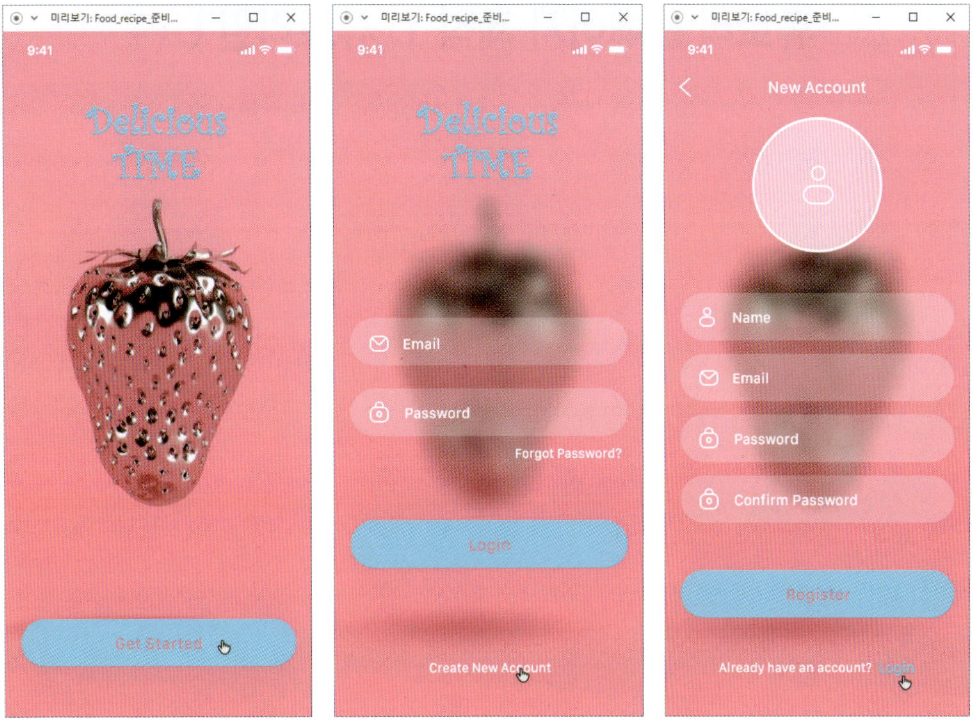

6
튜토리얼 페이지 제작 1: 튜토리얼 UI

01 [Chapter_11 ▸ Section_06] 폴더에서 'tutorial.xd' 파일을 열고 [에셋] 패널에 준비된 아이콘과 색상 패널에 등록된 색상 견본을 확인한다.

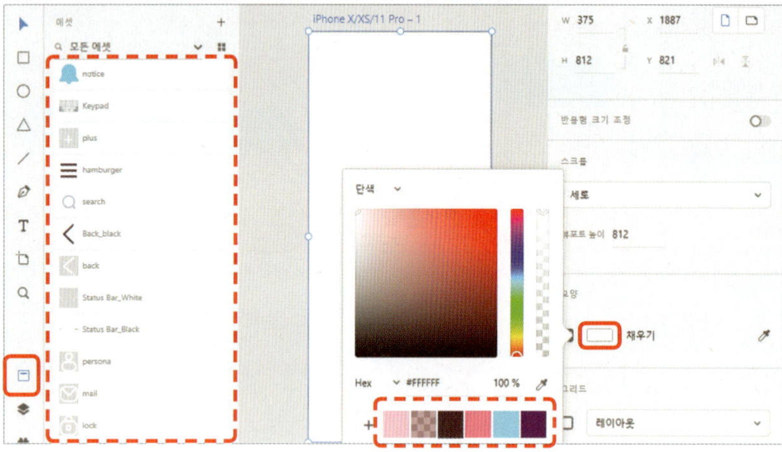

02 [에셋] 패널에서 'Status Bar_Black'을 아트보드 상단으로 드래그해 배치한다. 텍스트 툴(T)로 아트보드 상단에 앱 제목인 'WELCOME Delicious TIME'을 입력하고, 글꼴은 Curlz MT, 크기는 28, '채우기' 색상과 '테두리' 색상을 #00E5FF로 변경한다.

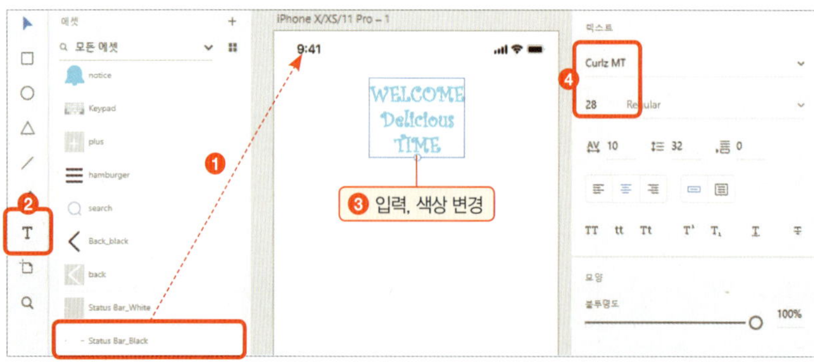

03 [플러그인] 패널을 열어 [undraw]를 선택한다. [unDraw] 플러그인 옵션 창이 열리면 'Reading book'을 클릭한다.

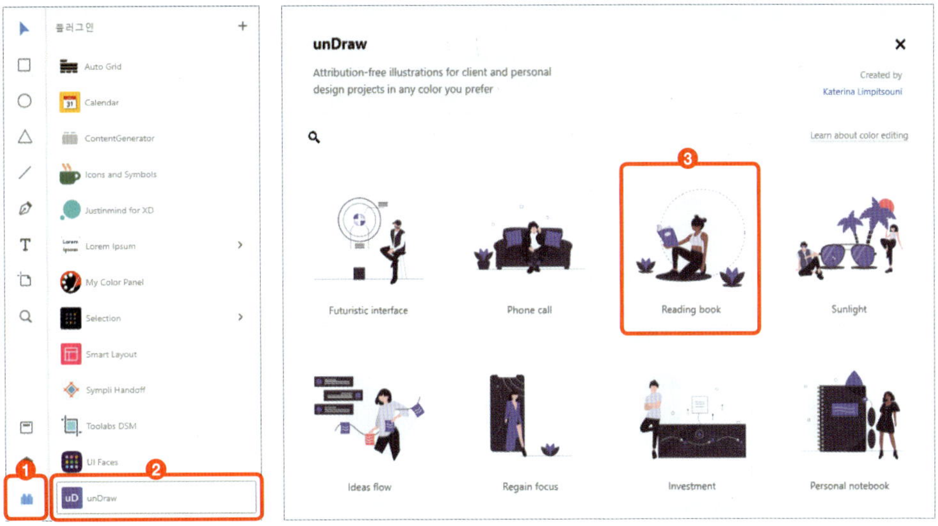

Tip 상단의 검색 상자를 이용하면 쉽게 찾을 수 있다.

04 아트보드를 선택하고 Ctrl+V를 눌러 선택한 일러스트를 붙여넣는다. Alt와 Shift를 누른 채 대각선 방향으로 드래그해 크기를 줄인다.

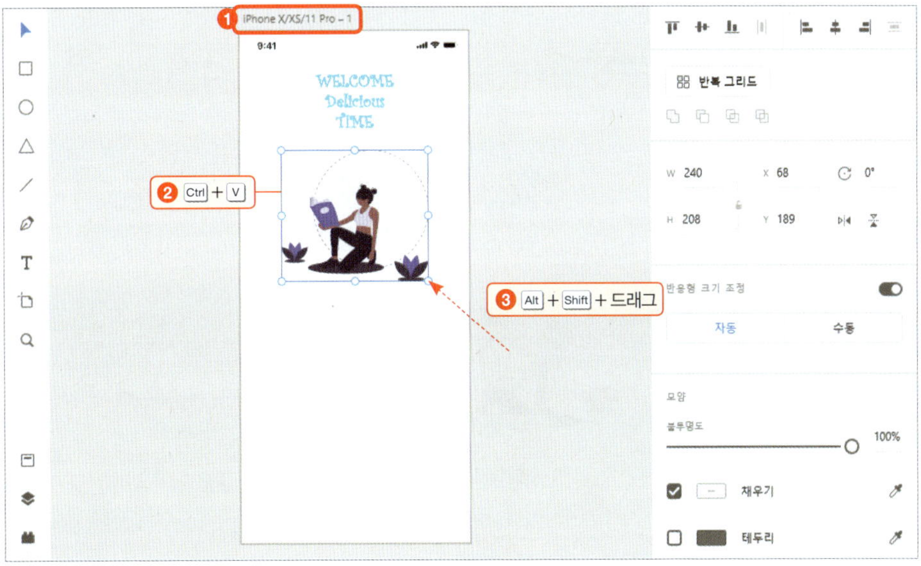

Tip 'unDraw' 플러그인을 통해 붙여넣은 일러스트는 매우 크게 삽입된다. 크기를 조절하다가 형태가 망가지지 않도록 꼭 Shift를 누른 채 드래그한다. Alt도 함께 누르면 가운데를 향해 축소되므로 유용하다.

Tip 아트보드 내부를 클릭하지 말고 아트보드 자체를 선택하고 붙여넣어야 한다.

05 타원 툴(○)로 W와 H가 40인 원을 만들고 '채우기' 색상은 #FF0066, '테두리' 색상은 #FFFFFF로 변경한 후, 선택 툴(▸)로 Alt 를 누른 채 두 개 더 복제한다.

06 선택 툴(▸)로 오른쪽 원 두 개를 선택하고 [플러그인] 패널에서 [Swap Fill and Border]를 선택해 채우기 색상과 테두리 색상이 반전되도록 한다. 텍스트 툴(T)로 색상이 #00E5FF인 텍스트 '1', '2', '3'을 원 내부에 각각 입력한다. 글꼴은 SF Text, 크기는 30으로 설정한다.

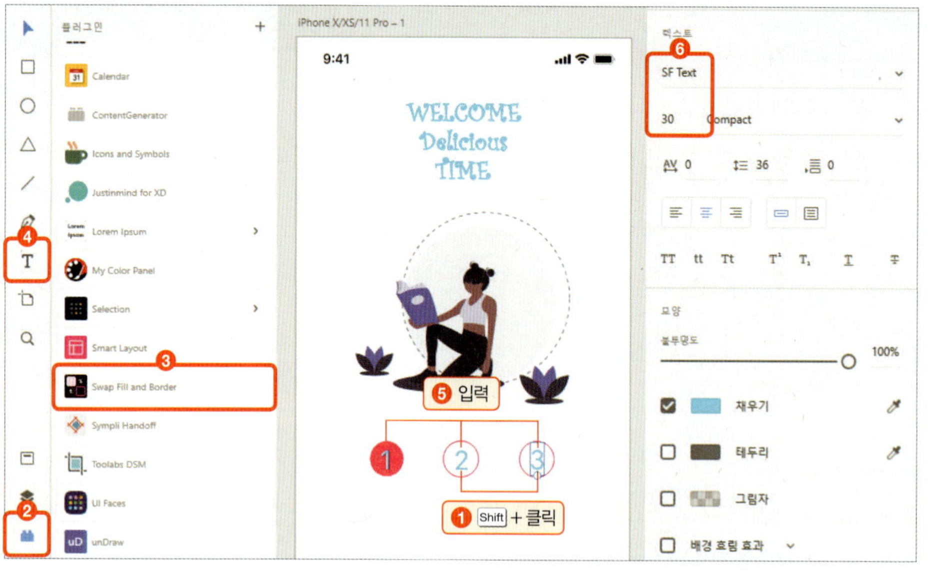

Tip 오브젝트에 채우기나 테두리 색상이 없는 경우에는 'Swap Fill and Border' 플러그인이 실행되지 않는다.

07 텍스트 툴(T)로 상자를 만들어 임의의 텍스트를 입력한 후 [플러그인] 패널에서 [Content Generator]를 선택한다. [Content Generator] 플러그인 옵션 창에서 'Other text'의 [Paragraph]를 클릭하면 문장이 입력된다.

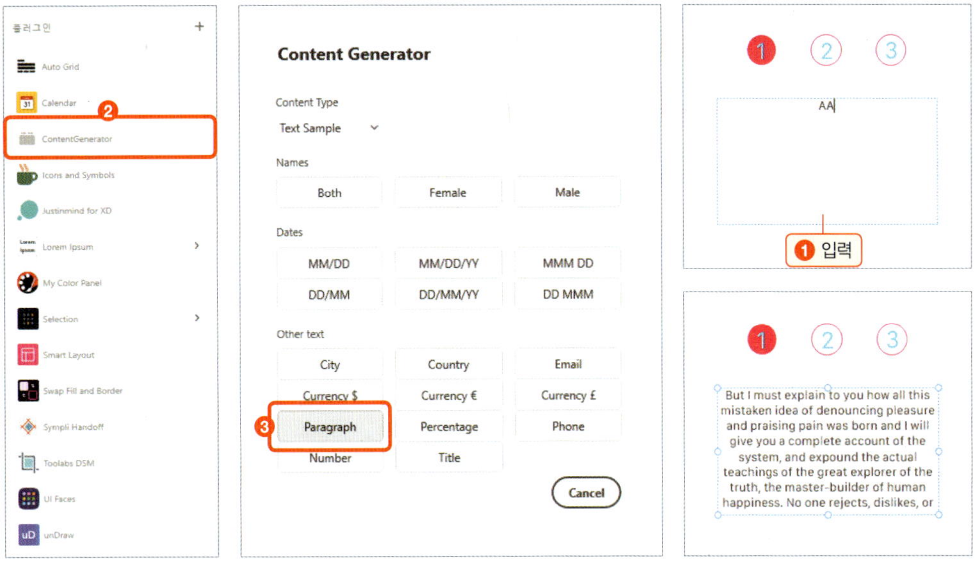

08 사각형 툴(□)로 W는 188, H는 60인 사각형을 만들고 '채우기' 색상을 #F27EA1로 설정한 후 '테두리'의 체크를 해제하고 아트보드 하단에 배치한다. 선택 툴(▸)로 오브젝트를 하나 더 복제해 옆에 나란히 배치한다.

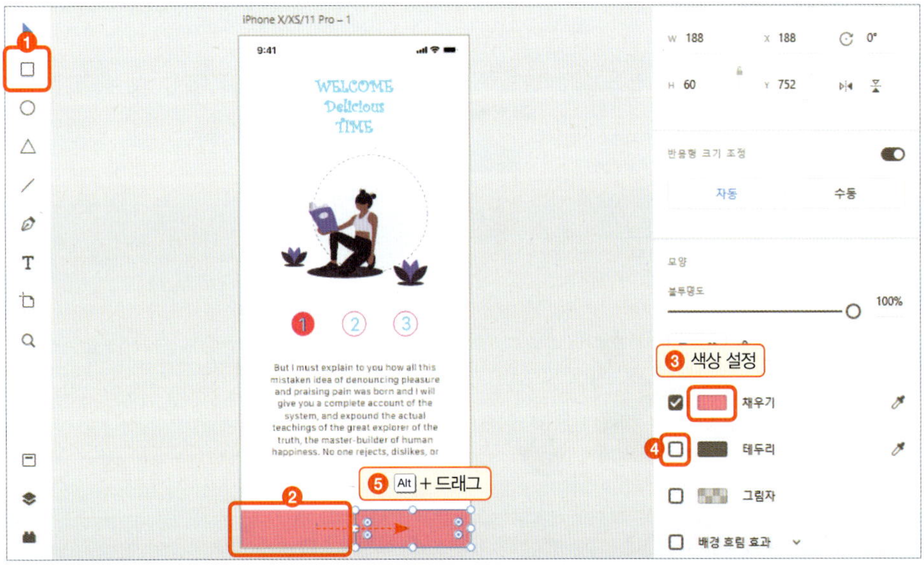

09 아트보드 오른쪽 하단에 다각형 툴(△)로 작은 정삼각형을 만들고 옵션 창에서 '채우기' 색상을 #00E5FF로 설정한 후 '테두리'의 체크는 해제하고 90° 회전시킨다. 텍스트 툴(T)로 정삼각형 오브젝트 왼쪽에 'Next'를 입력한다. 글꼴은 SF Text, 크기는 18, 색상은 #FFFFFF로 설정한다.

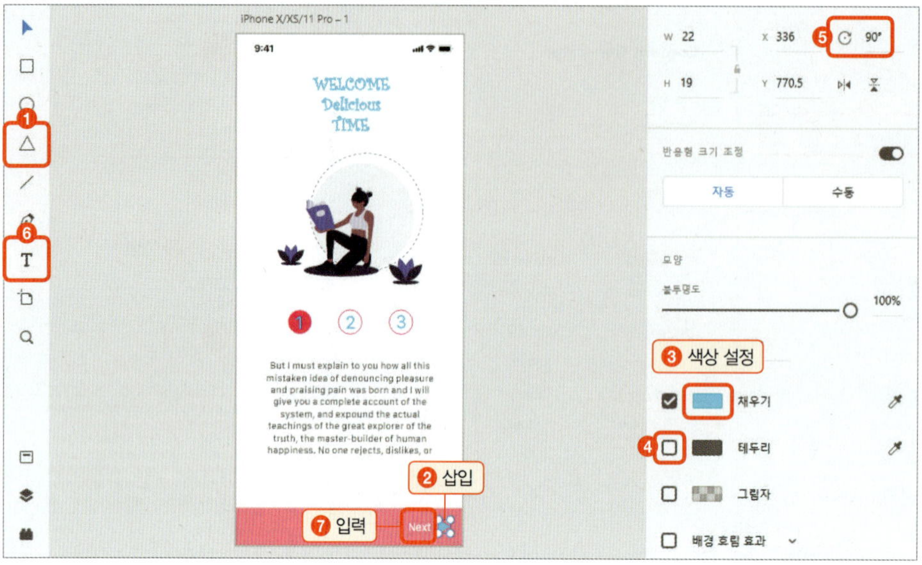

10 아트보드 오른쪽 상단에 사각형 툴(□)로 W는 52, H는 24인 사각형을 만들고 모퉁이를 둥글게 만든 후 '채우기' 색상을 #00E5FF로 채우고 '테두리'의 체크는 해제한다. 오브젝트 안에 텍스트 툴(T)로 'Skip'을 입력해 '튜토리얼 건너뛰기' 버튼을 만든다. 글꼴 크기는 12, 색상은 #F27EA1로 설정한다.

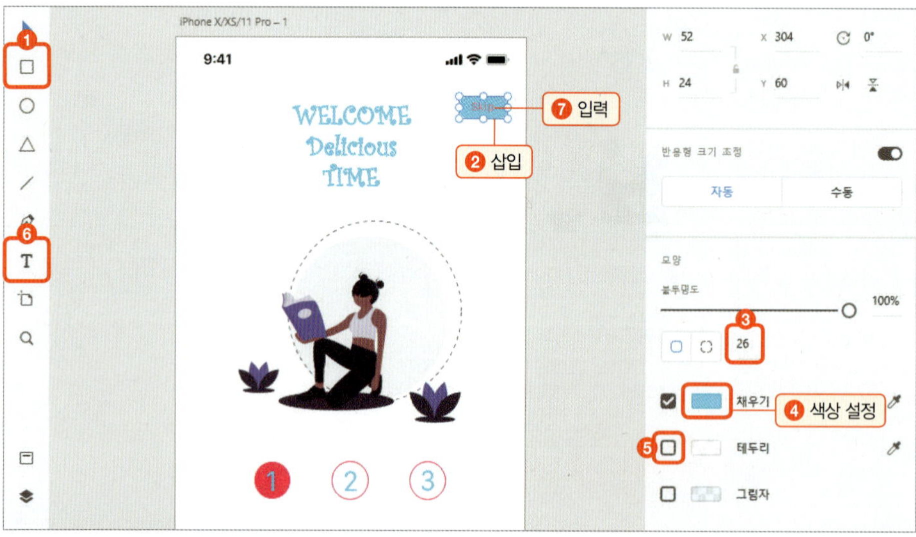

Tip 색상 견본에 등록되어 있는 색상을 선택하면 쉽게 설정할 수 있다.

11 'iPhone X/XS/11 Pro–1' 아트보드를 Alt 를 누른 채 오른쪽으로 드래그해 복제한다.

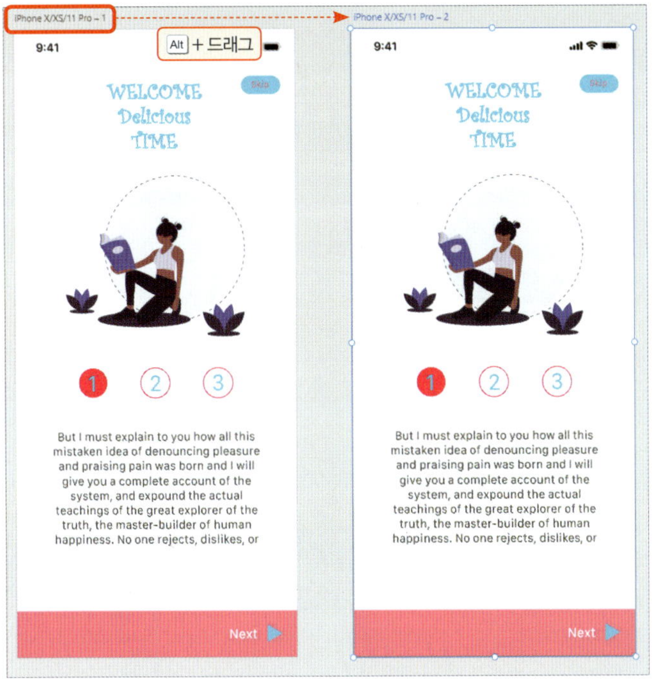

12 복제된 'iPhone X/XS/11 Pro–2' 아트보드의 오른쪽 하단 삼각형 오브젝트를 왼쪽 하단으로 복제하고 가로로 뒤집기( )를 클릭해 좌우를 반전시킨 후 텍스트 툴(T)로 'Prev'를 입력한다.

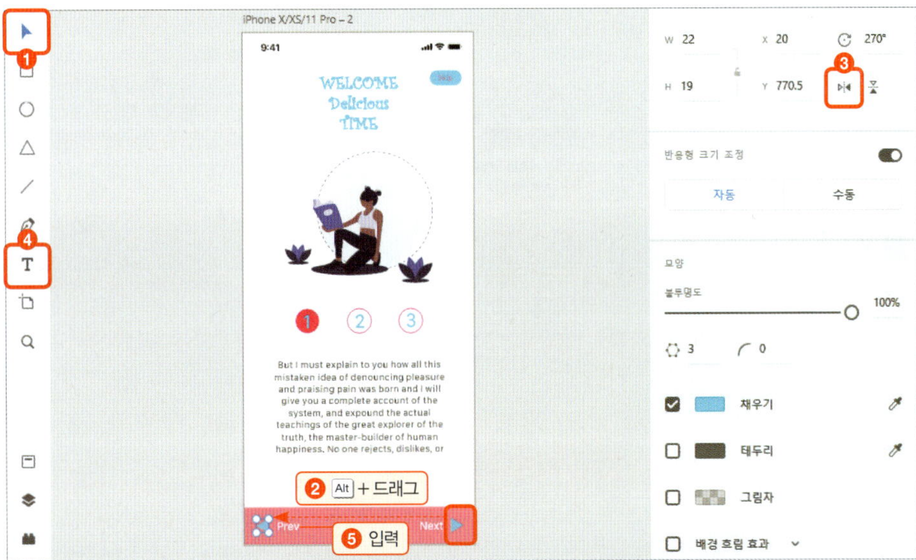

13 일러스트를 삭제한 후 [플러그인] 패널에서 [unDraw]를 선택해 'Sunlight' 일러스트를 삽입한다.

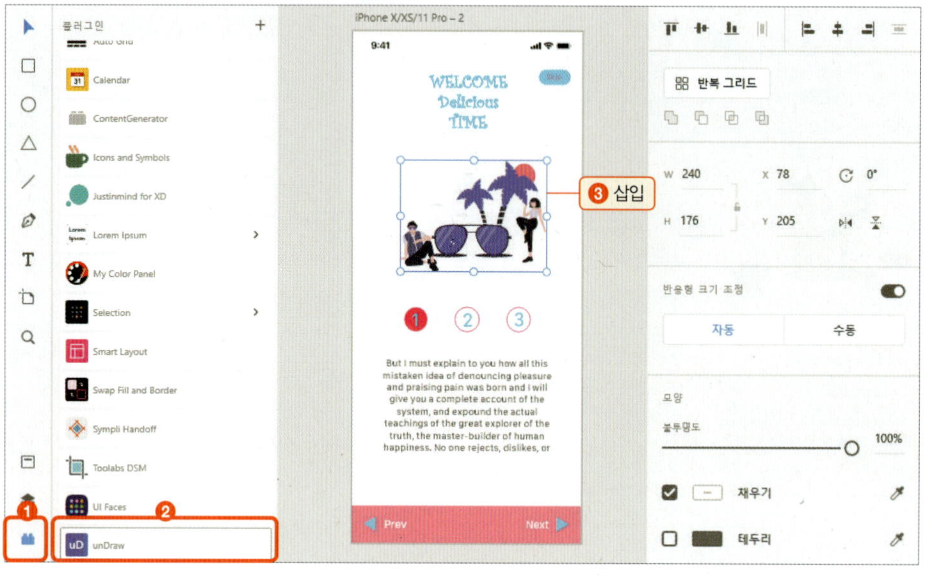

14 선택 툴( )로 숫자 '1'과 '2'가 있는 원을 선택하고, [플러그인] 패널에서 [Swap Fill and Border]를 클릭해 색상을 반전시킨다.

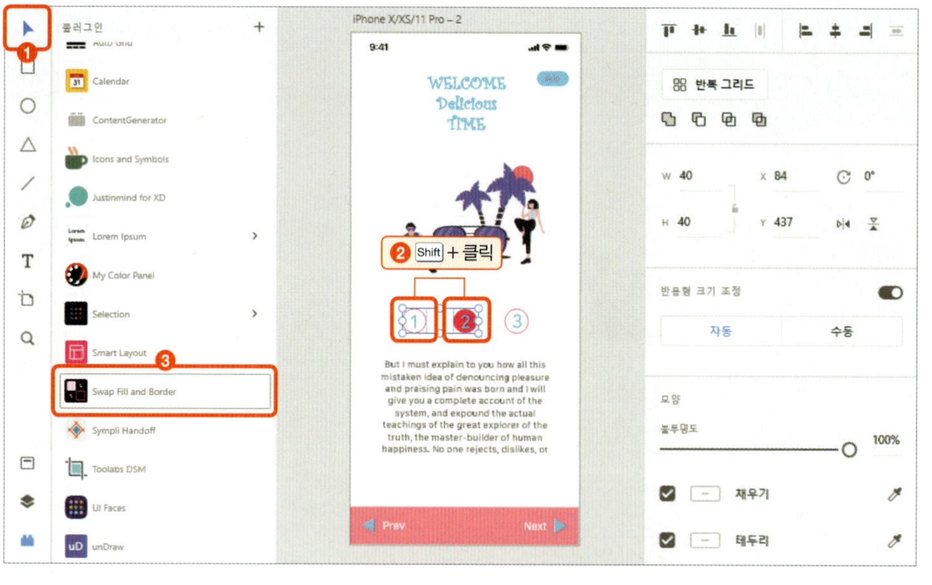

15 'iPhone X/XS/11 Pro–2' 아트보드를 Alt 를 누른 채 오른쪽으로 드래그해 복제한 후, 아트보드 세 개의 이름을 각각 'Tutorial–1', 'Tutorial–2', 'Tutorial–3'으로 변경한다.

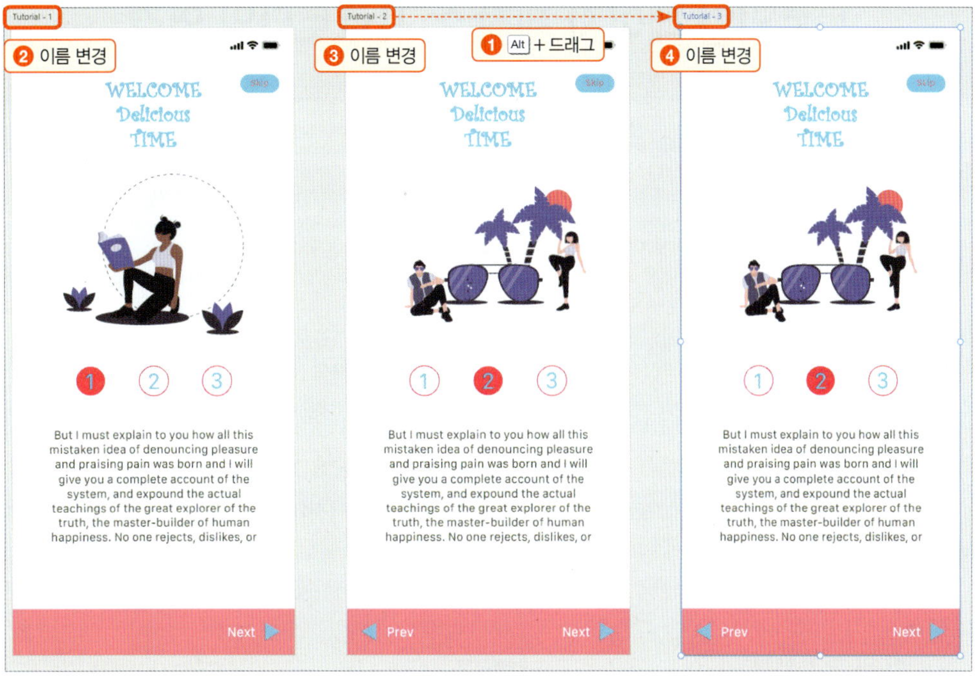

16 'Tutorial–3' 아트보드의 일러스트를 삭제한 후 [플러그인] 패널에서 [unDraw]를 선택해 'Personal notebook' 일러스트를 삽입한다. 선택 툴(▸)로 숫자 '2'와 '3'이 있는 원을 선택하고, [플러그인] 패널에서 [Swap Fill and Border]를 선택해 색상을 반전시킨다.

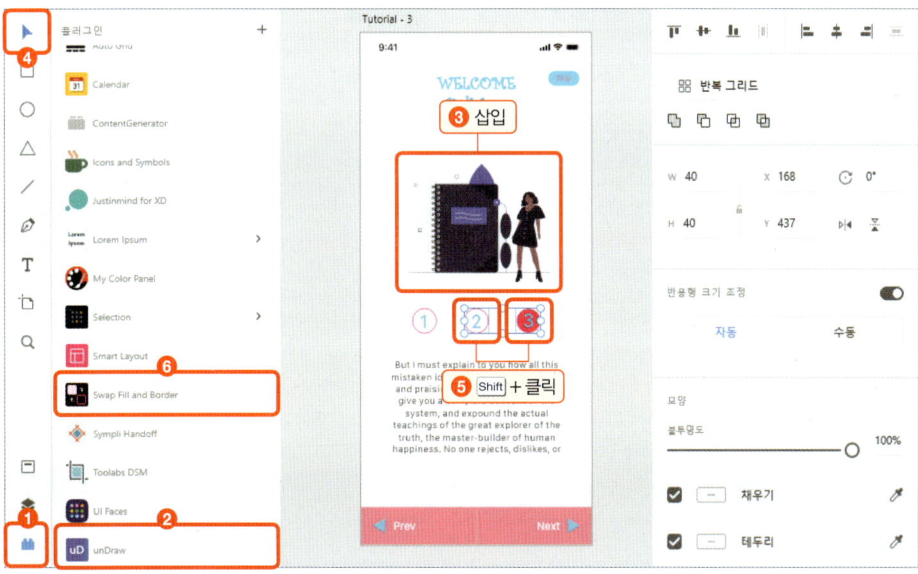

7

튜토리얼 페이지 제작 2: 프로토타입 연결

01 이전 실습을 이어서 진행하거나 [Chapter_11 ▸ Section_07] 폴더에서 'tutorial_UI.xd' 파일을 불러와 프로토타입 모드로 전환한다. 'Tutorial-1' 아트보드에서 'Next' 버튼을 선택하고 인터랙션 연결 위젯을 'Tutorial-2' 아트보드로 연결한다. '인터랙션' 옵션의 '트리거'는 [탭], '액션'은 [전환], '애니메이션'은 [왼쪽으로 슬라이드], '이징 효과'는 [서서히 끝내기], '재생 시간'은 [0.3초]로 설정한다.

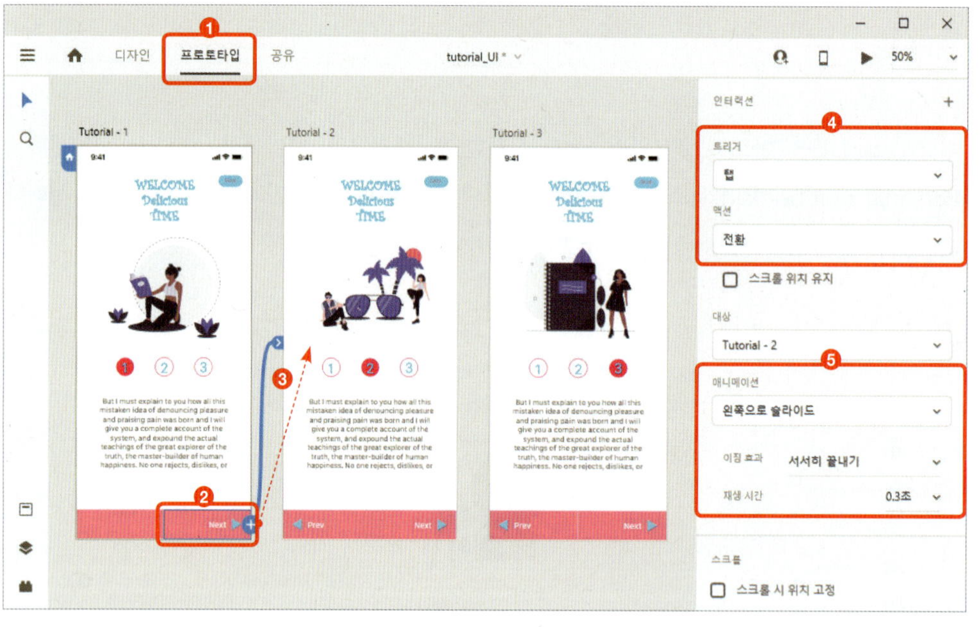

02 'Tutorial-2' 아트보드에서 'Next' 버튼을 선택하고 인터랙션 연결 위젯을 'Tutorial-3' 아트보드로 연결한다. 인터랙션 옵션은 이전 설정을 적용한다.

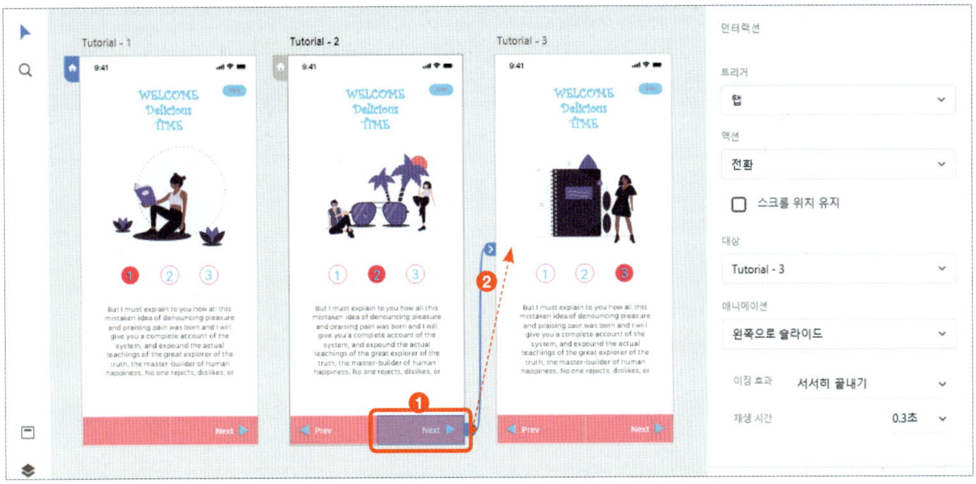

03 'Tutorial-2' 아트보드에서 'Prev' 버튼의 인터랙션 연결 위젯을 'Tutorial-1' 아트보드로 연결한다. '인터랙션' 옵션의 '트리거'는 [탭], '액션'은 [전환], '애니메이션'은 [오른쪽으로 슬라이드], '이징 효과'는 [서서히 끝내기], '재생 시간'은 [0.3초]로 설정한다.

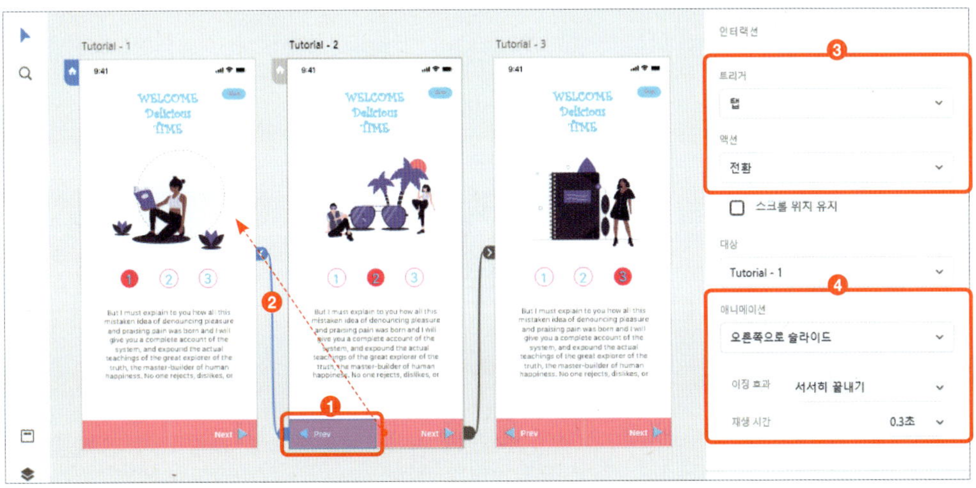

04 'Tutorial-3' 아트보드에서 'Prev' 버튼의 인터랙션 연결 위젯을 'Tutorial-2' 아트보드로 연결한다. 인터랙션 옵션은 이전 설정을 적용한다.

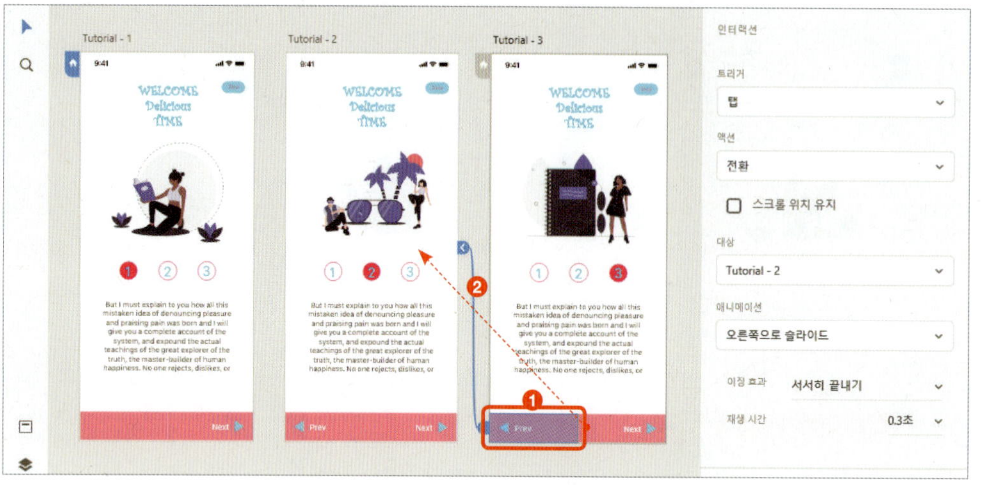

05 '데스크탑 미리보기(▶)'를 클릭해 미리보기를 실행한다. 'Next' 버튼과 'Prev' 버튼을 클릭해 화면이 좌우로 전환되는 것을 확인한다.

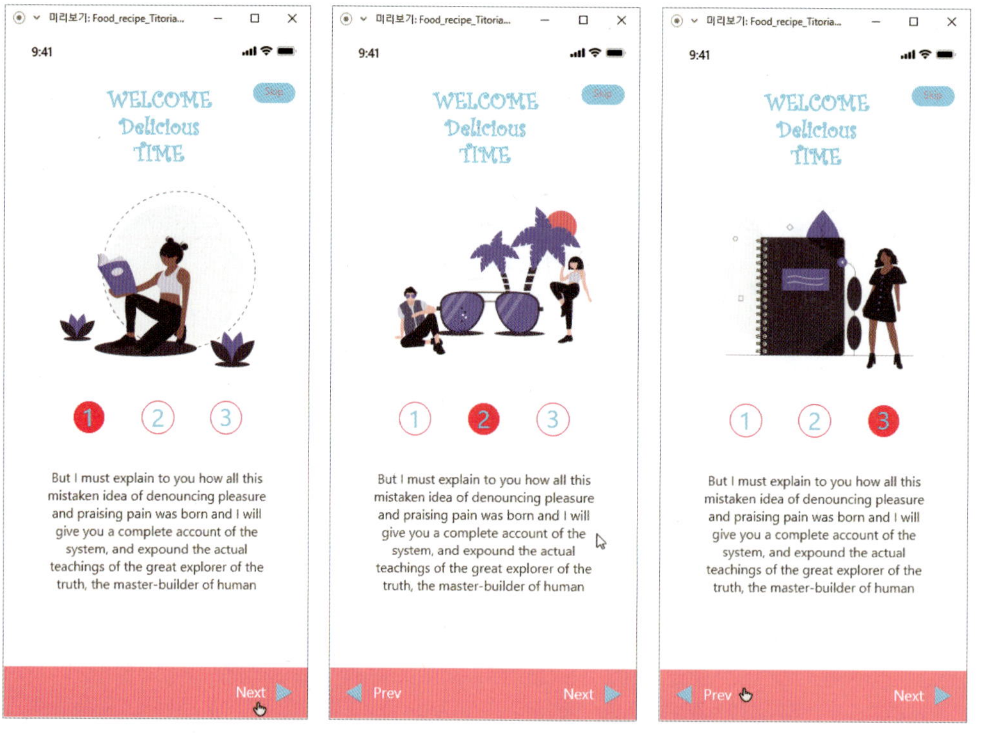

Chapter 12
메인 페이지와 상세 페이지 구현

01 메인 페이지 제작 1: 메인 콘텐츠 페이지 UI

02 메인 페이지 제작 2: 프로토타입 연결

03 상세 페이지 제작 1: 콘텐츠 리스트-스크롤 UI

04 상세 페이지 제작 2: 상세 페이지 UI

05 상세 페이지 제작 3: 사진 그리드 UI

06 상세 페이지 제작 4: 프로토타입 연결

1
메인 페이지 제작 1: 메인 콘텐츠 페이지 UI

01 [Chapter_12 ▸ Section_01] 폴더에서 'main_page.xd' 파일을 불러온다. [에셋] 패널에서 앱 디자인에 필요한 아이콘이 준비된 것을 확인하고, 색상 패널에 견본으로 등록된 색상도 확인한다.

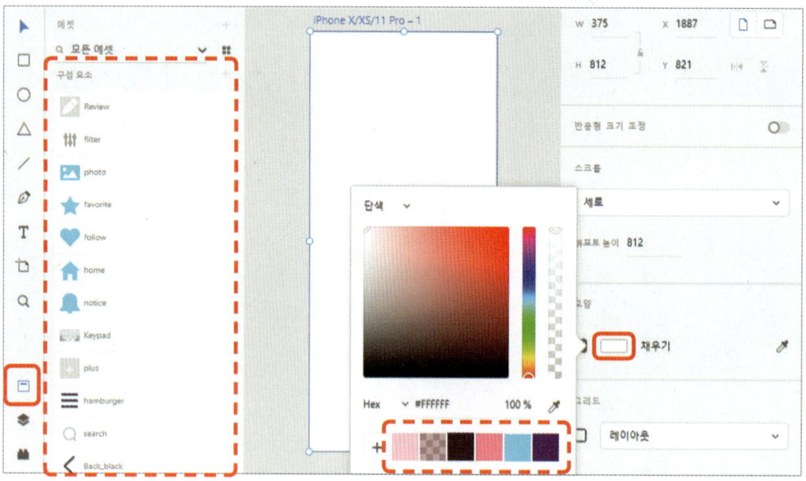

02 [에셋] 패널에서 'Status Bar_Black'을 아트보드 상단으로 드래그하고, 좌우에 20 간격을 두고 가이드라인을 배치한다.

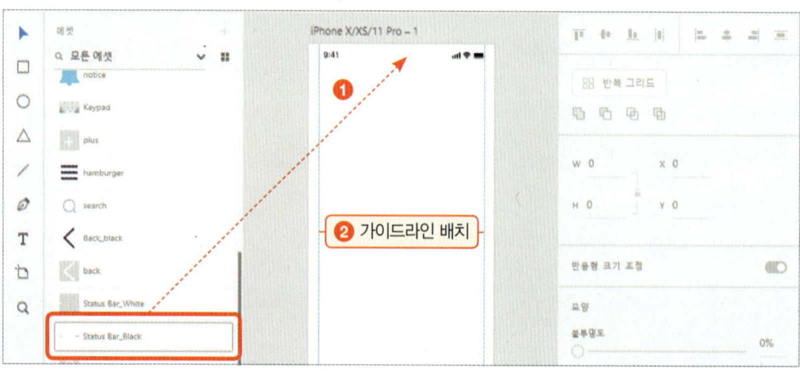

03 [에셋] 패널에서 'hamburger'를 아트보드로 드래그해 가이드라인에 맞춰 상태 바 왼쪽 아래에 배치한다. 텍스트 툴(T)로 앱 제목 'Delicious TIME'을 햄버거 버튼 옆에 입력하고 글꼴은 Curlz MT, 크기는 24, 문자 간격은 20으로 설정하고 가운데에 배치한다. '채우기' 색상과 '테두리' 색상은 #00E5FF로 설정한다.

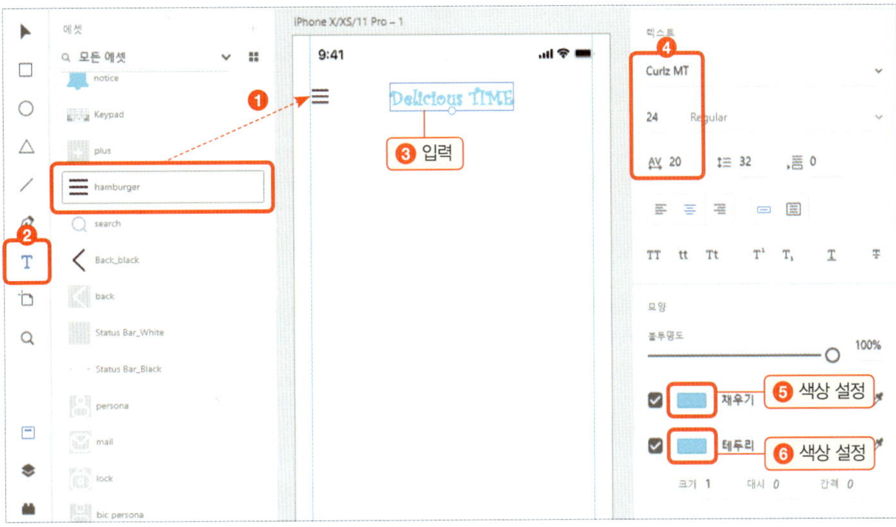

Tip #00E5FF 색상은 색상 패널에 견본으로 등록되어 있다.

04 사각형 툴(□)로 W는 335, H는 36인 사각형을 만든 후, '모든 모퉁이에 대해 동일한 반경(□)' 값은 8, '채우기' 색상은 #FFFFFF, '테두리' 색상은 #E8E8E8, '테두리'의 '크기'는 2로 설정한다.

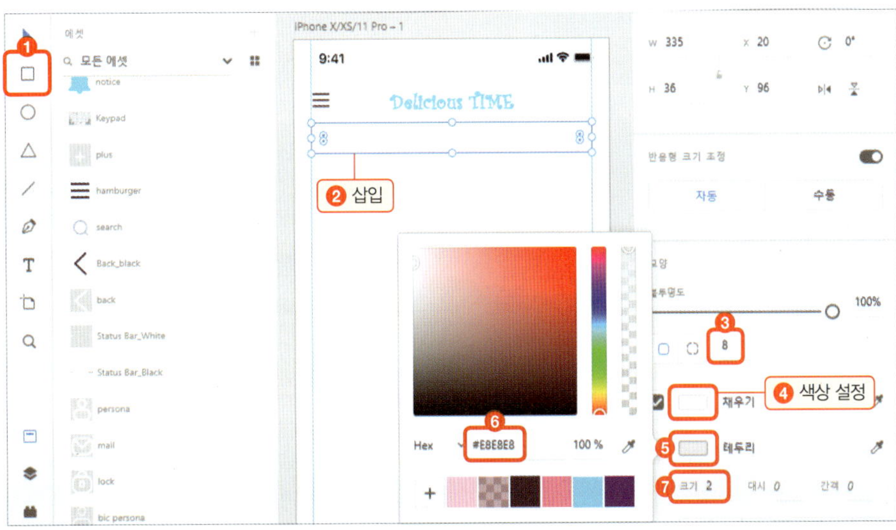

05 [에셋] 패널에서 'search'와 'filter'를 오브젝트 내부 양 끝에 각각 배치하고, 텍스트 툴(T)로 'Search'를 입력해 검색 필드로 만든다.

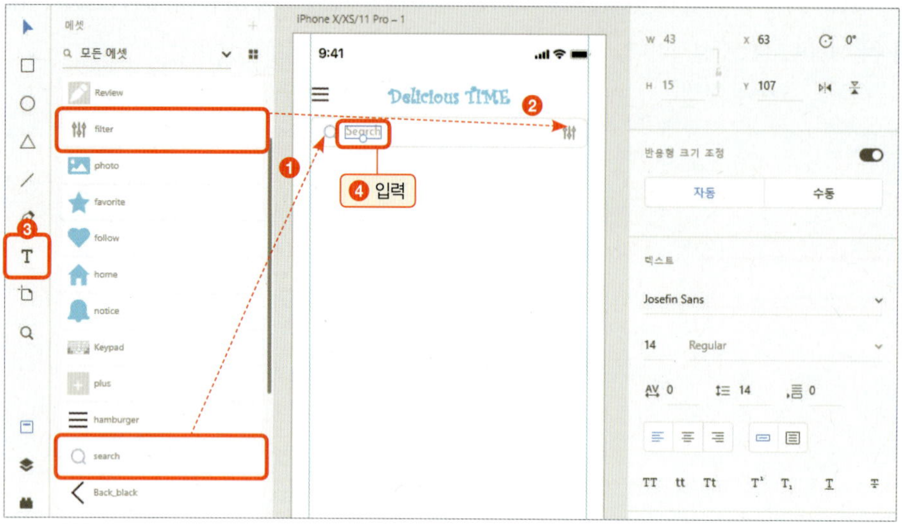

06 텍스트 툴(T)로 검색 필드 왼쪽 아래에 'New Recipe'를 입력하고, 글꼴은 SF Text, 크기는 20, 두께는 Compact Semibold, '채우기' 색상은 #472F39로 설정한다. 검색 필드 오른쪽 아래에 'See all (36)'을 입력하고, 글꼴 크기는 12, 두께는 Compact로 설정한다.

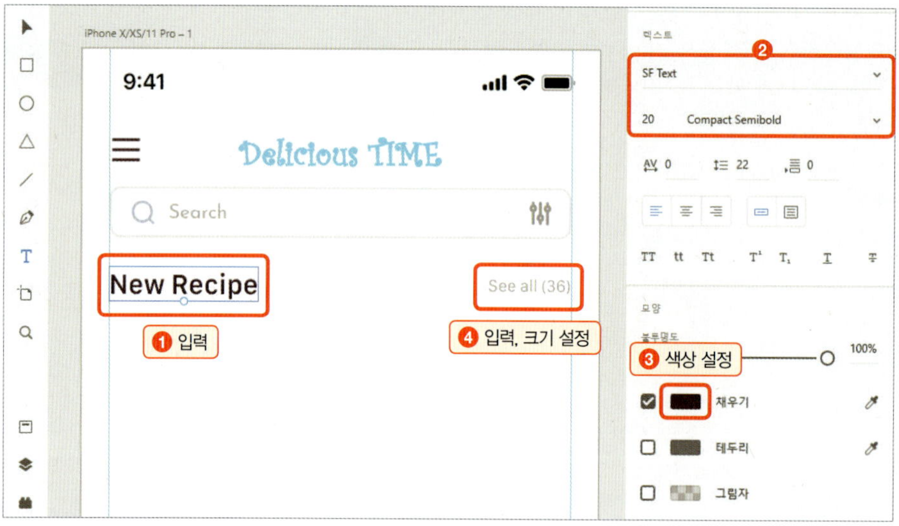

07 사각형 툴(□)로 W는 300, H는 240인 사각형을 만든 후, '모든 모퉁이에 대해 동일한 반경(□)' 값은 8, '채우기' 색상은 #FFFFFF로 설정한다. '테두리'의 체크를 해제한 후, '그림자'에 체크하고 X는 3, Y는 3, B는 6으로 지정해 상자 밖에 그림자를 생성한다.

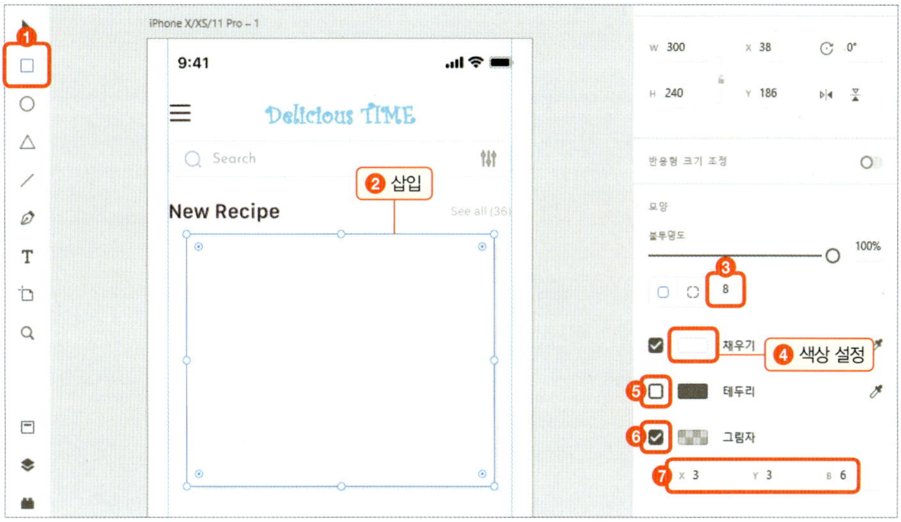

08 사각형 툴(□)로 W는 300, H는 240인 사각형을 07단계에서 만든 사각형 오브젝트 앞에 만들고 '각 모퉁이에 대해 다른 반경(□)' 값을 각각 8, 8, 0, 0으로 지정한다. [Chapter_12 ▸ Section_02 ▸ images] 폴더에서 'img2.jpg' 파일을 사각형 안에 드래그해 삽입한다.

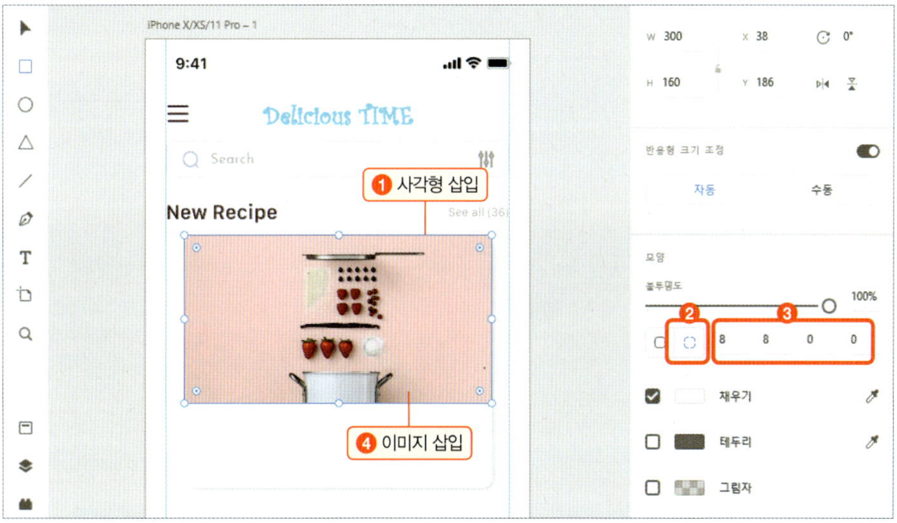

09 이미지 왼쪽 아래에 텍스트 툴(T)로 'Fresh Recipe'를 입력하고 글꼴은 SF Text, 크기는 16, 두께는 Compact Bold, '채우기' 색상은 #F27EA1로 설정한다. 다시 텍스트 툴(T)로 하단에 임의의 텍스트를 입력하고 [플러그인] 패널에서 [Lorem Ipsum]–[Fill with placeholder text]를 선택해 문장을 완성한다.

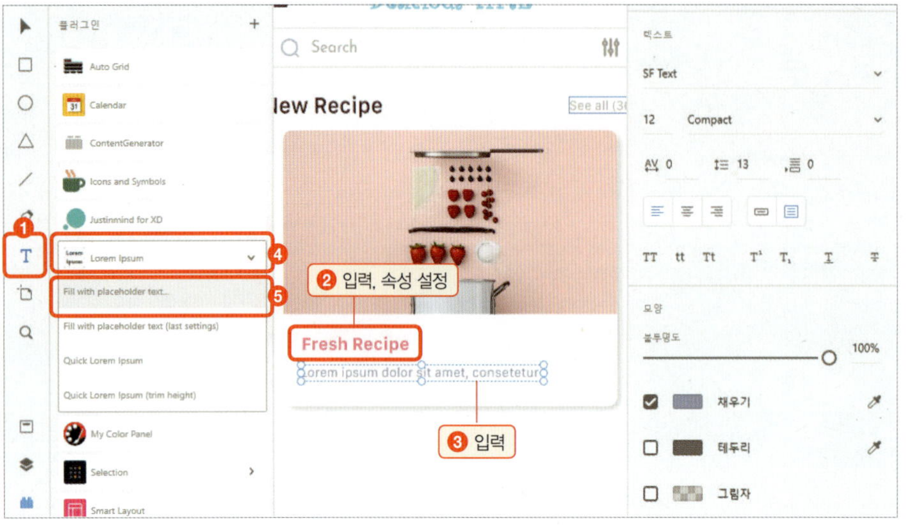

10 [에셋] 패널에서 [favorite]를 아트보드로 드래그해 노란색 별 평점 오브젝트 5개를 만든다. W와 H는 11, '채우기' 색상은 #FFCC00으로 한다. [follow]와 [favorite]를 오른쪽 하단에 각각 배치한 후, 텍스트 툴(T)으로 노란색 별 평점 오른쪽에 '5.0'을 입력한다.

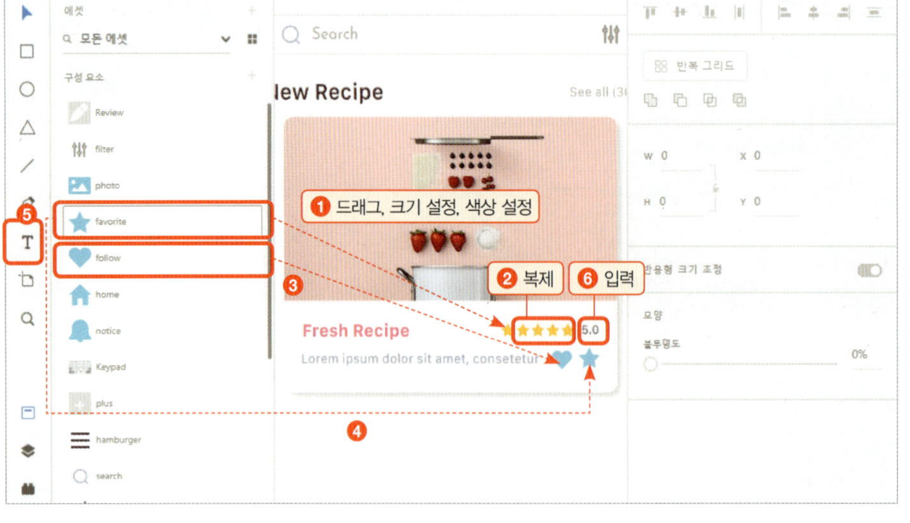

11 선택 툴(▶)로 앞에서 만든 오브젝트를 모두 선택하고 Ctrl + G 를 눌러 그룹으로 만들고, Alt 를 누른 채 왼쪽과 오른쪽에 각각 드래그해 복제한다.

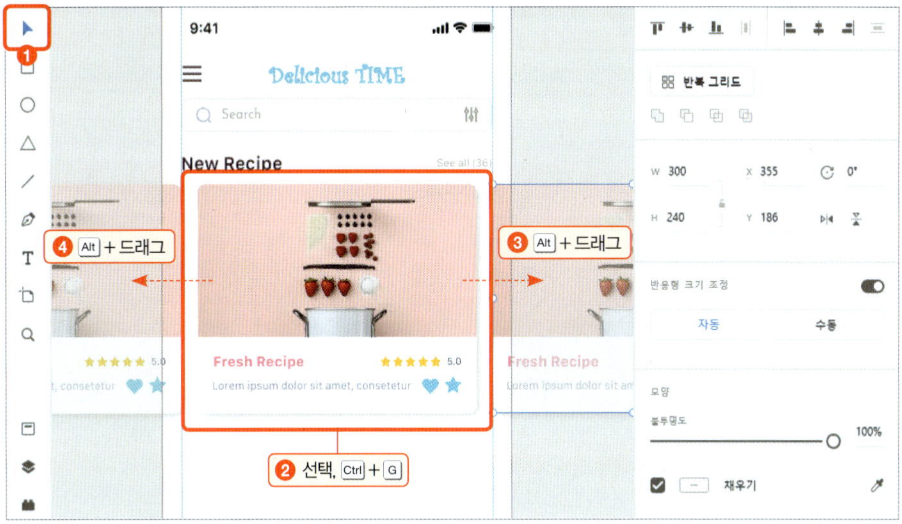

12 [Chapter_12 ▸ Section_02 ▸ images] 폴더에서 'img3.jpg'와 'img4.jpg'을 드래그해 좌우 오브젝트의 이미지를 변경하고, 텍스트 툴(T)로 좌우 오브젝트의 제목 텍스트를 'Grain Recipe'와 'Chicken Recipe'로 각각 변경한다.

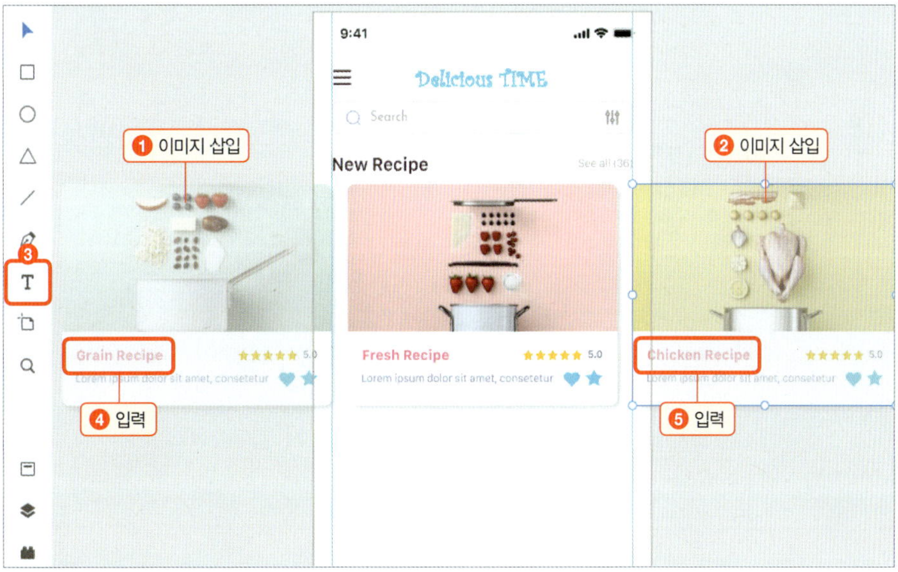

13 좌우 오브젝트 그룹의 앵커 포인트를 Shift 를 누른 채 안쪽으로 드래그해 W는 240, H는 192로 축소하고 가이드라인에 맞춰 배치한다.

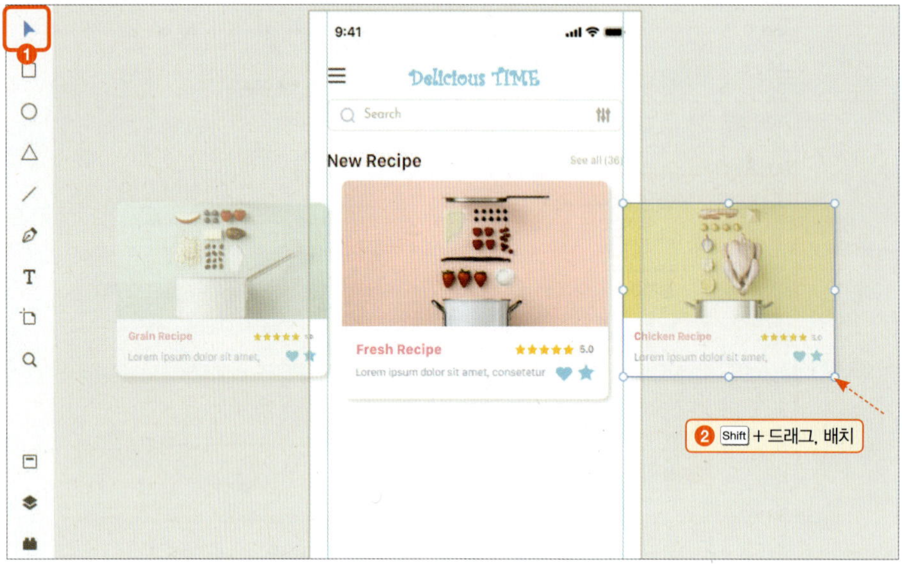

14 오브젝트 세 개를 모두 선택하고 Ctrl + G 를 눌러 그룹으로 만든다.

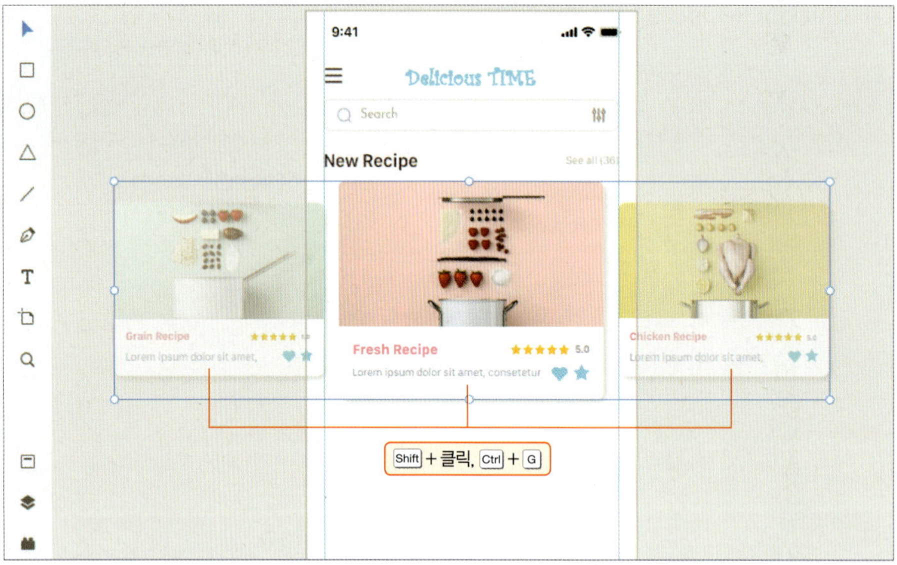

15 'New Recipe' 텍스트를 오브젝트 하단 30 간격 위치에 복제하고 'Category'로 변경한다. 텍스트 아래에 사각형 툴(□)로 W는 120, H는 100, '모든 모퉁이에 대해 동일한 반경(□)' 값은 8인 사각형을 만들고 [반복 그리드]를 클릭한다. 반복 그리드의 앵커 포인트를 오른쪽으로 드래그해 사각형을 세 개 더 생성하고 각 오브젝트의 간격을 16으로 조절한다.

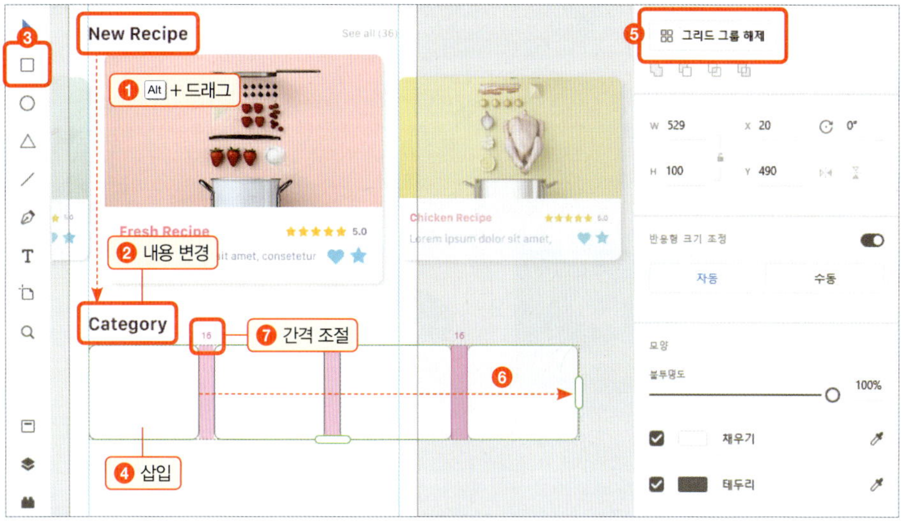

Tip [반복 그리드]를 클릭하면 [그리드 그룹 해제]로 버튼이 전환된다.

16 [Chapter_12 ▸ Section_02 ▸ images] 폴더에서 'img5.jpg'~'img8.jpg' 파일을 동시에 선택해 반복 그리드에 드래그하면 이미지가 순서대로 배치된다. 반복 그리드의 사각형을 하나 선택하고 '테두리'의 체크를 해제하면 나머지 사각형에도 적용된다.

17 사각형 툴(□)로 W는 120, H는 36인 사각형을 그리고 '각 모퉁이에 대해 다른 반경(□)' 값을 0, 0, 8, 8로 설정한 후 '채우기' 색상을 #690076으로 설정하고 '테두리'의 체크는 해제한다. '불투명도'를 40%로 설정해 배경 이미지가 반투명하게 보이도록 만든다.

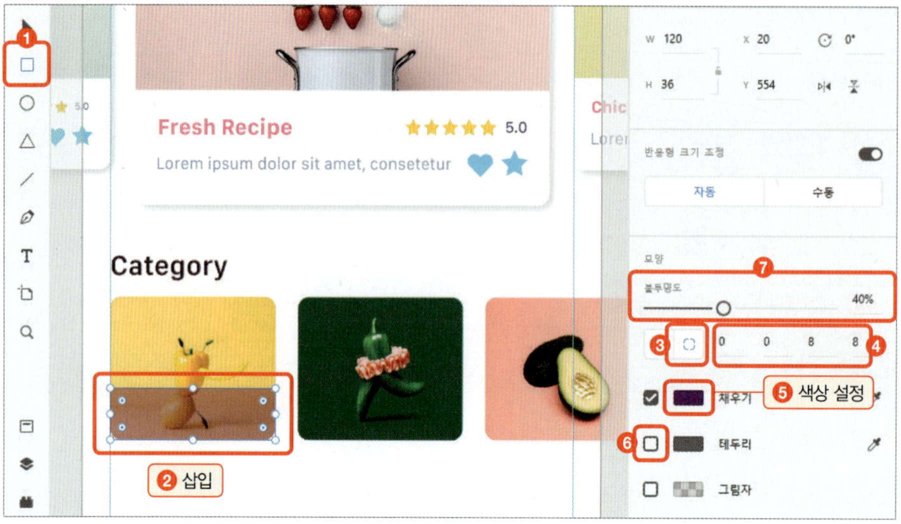

18 선택 툴(▸)로 반투명 오브젝트를 선택하고 Alt를 누른 채 오른쪽으로 드래그해 사각형 오브젝트 안에 각각 복제한 후, 텍스트 툴(T)로 'Korean', 'Mexican', 'Italian', 'Chinese'를 입력한다. 선택 툴(▸)로 반복 그리드 그룹, 반투명 박스, 텍스트를 모두 선택하고 Ctrl+G를 눌러 그룹으로 만든다.

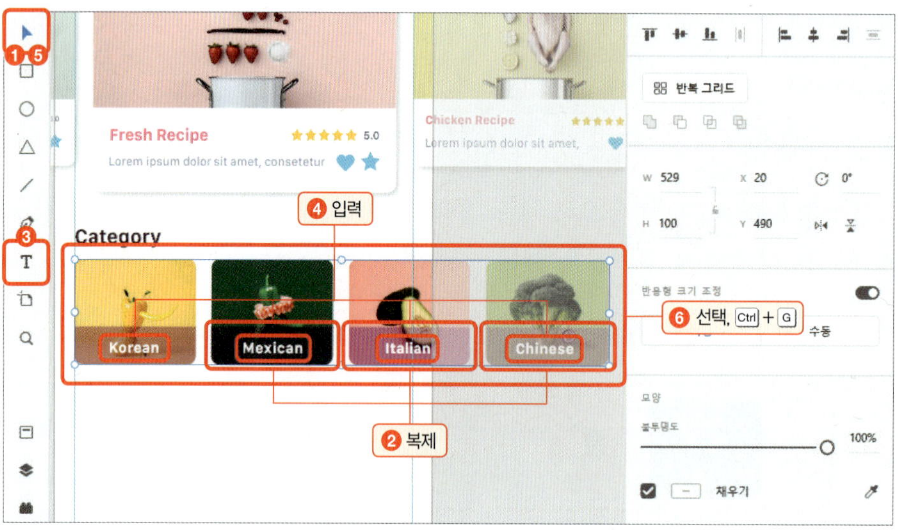

19 'Category' 텍스트를 반복 그리드 오브젝트 하단 30 간격 위치에 복제하고 'Chef'로 변경한다. 타원 툴(○)로 W와 H가 52인 원을 만들고 반복 그리드로 만들어 원이 5개가 되도록 조절한다.

20 반복 그리드가 선택된 상태에서 [그리드 그룹 해제]를 클릭해 반복 그리드를 해제하고, 원 5개가 모두 선택된 상태로 [플러그인] 패널에서 [UI Faces]를 클릭하면 각 원에 사람 얼굴이 배치된다.

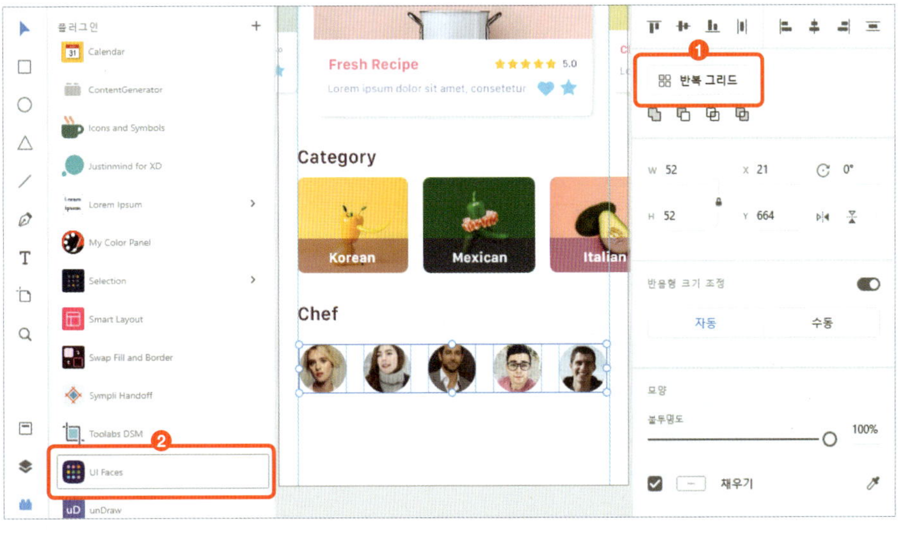

21 사각형 툴(□)로 W는 375, H는 72인 사각형을 아트보드 하단에 만들고 '각 모퉁이에 대해 다른 반경(□)' 값을 8, 8, 0, 0으로 지정한다. '테두리'의 체크를 해제한 후 '그림자'에 체크하고 X는 −3, Y는 −3, B는 6으로 설정해 그림자가 위로 나타나도록 하여 탭 바를 만든다.

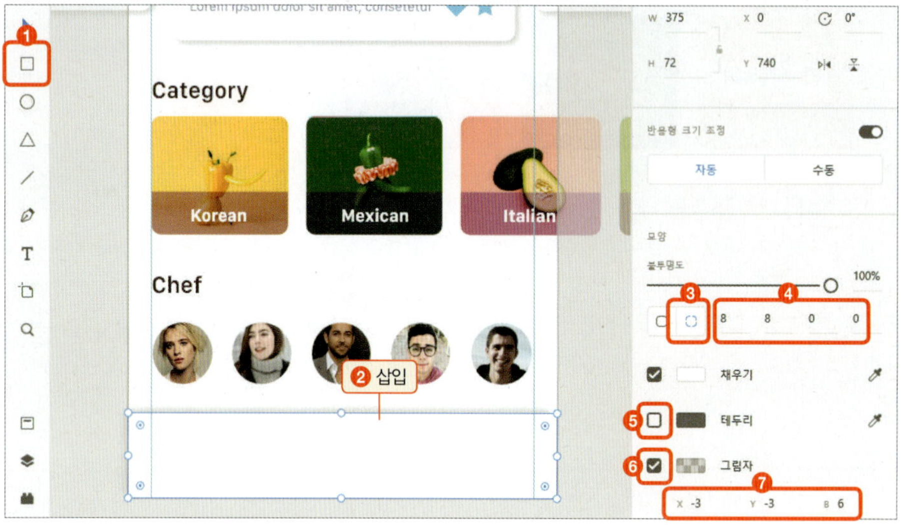

22 [에셋] 패널에서 [home], [follow], [favorite], [photo]를 각각 탭 바로 드래그해 배치한다. 탭 바와 탭 메뉴 아이콘을 모두 선택해 Ctrl+G를 눌러 그룹으로 만든다.

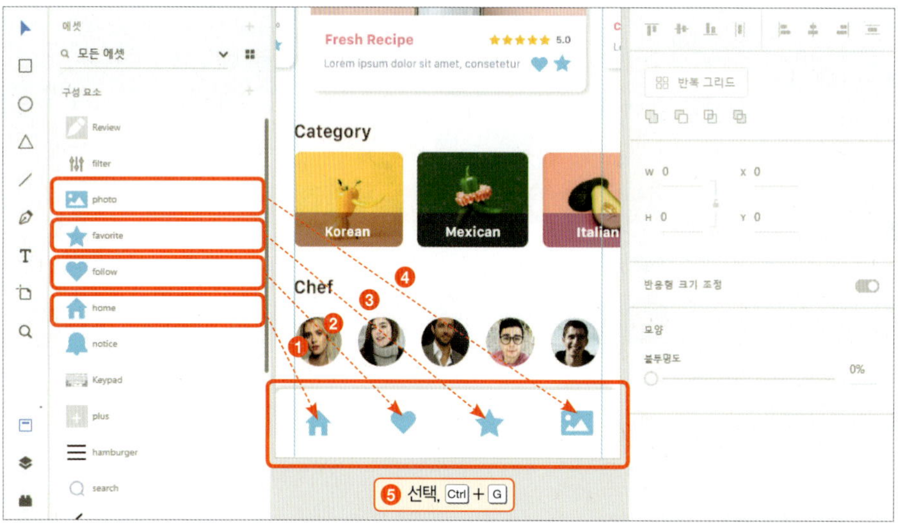

Tip 탭 메뉴 아이콘은 형태가 제각각이므로 배치할 때 아이콘 간의 간격을 유지하려고 하지 말고 아트보드 너비를 탭 메뉴 개수로 나눠 각 칸의 너비를 잡고, 그 가운데에 아이콘을 배치해야 한다.

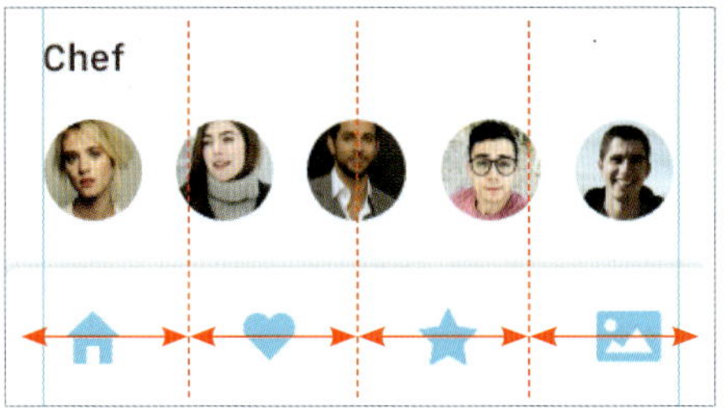

2

메인 페이지 제작 2: 프로토타입 연결

01 이전 실습에서 이어 진행하거나 [Chapter_12 ▸ Section_02] 폴더에서 'main_page_prototype.xd' 파일을 불러온다. 아트보드 이름을 'Main-1'로 변경하고 Alt를 누른 채 오른쪽으로 드래그해 'Main-2' 아트보드를 만든다. 원활한 실습을 위해 두 아트보드의 간격을 넓게 한다.

02 'Main-2' 아트보드에서 New Recipe 그룹의 가운데 오브젝트를 더블클릭해 선택하고 W는 240, H는 192로 축소한 후 다른 오브젝트와 위치를 맞춘다.

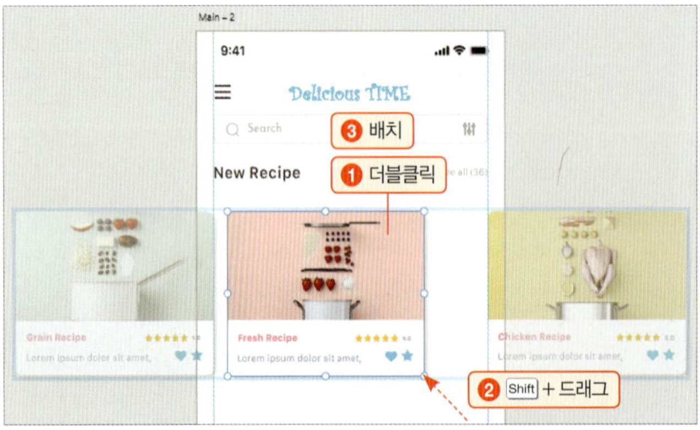

Tip Shift를 누른 채 대각선 방향으로 확대 및 축소해야 한다. Shift를 누르지 않고 크기를 조절하면 각 요소의 위치가 달라진다.

03 오른쪽 오브젝트의 크기를 W는 300, H는 240으로 변경한 후 전체 그룹을 선택하고 왼쪽으로 드래그해 오른쪽 오브젝트가 아트보드 가운데에 오도록 배치한다.

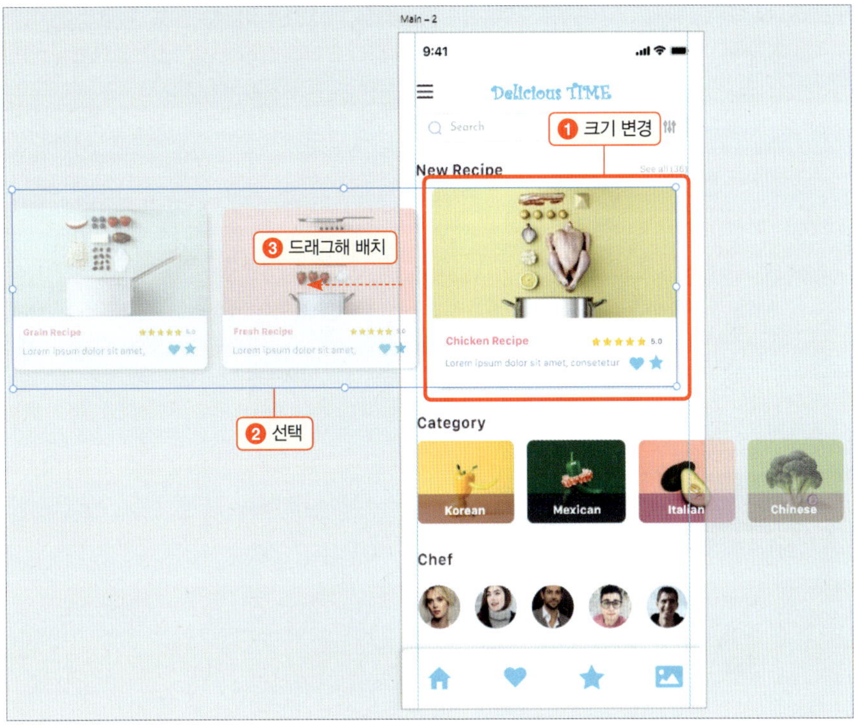

04 'Main–2' 아트보드를 'Main–1' 아트보드 가까이 배치한 후 'Main–1' 아트보드를 Alt 를 누른 채 오른쪽으로 드래그해 복제하고 조금 떨어진 위치에 배치한다. 아트보드 이름은 'Main–3'으로 변경한다.

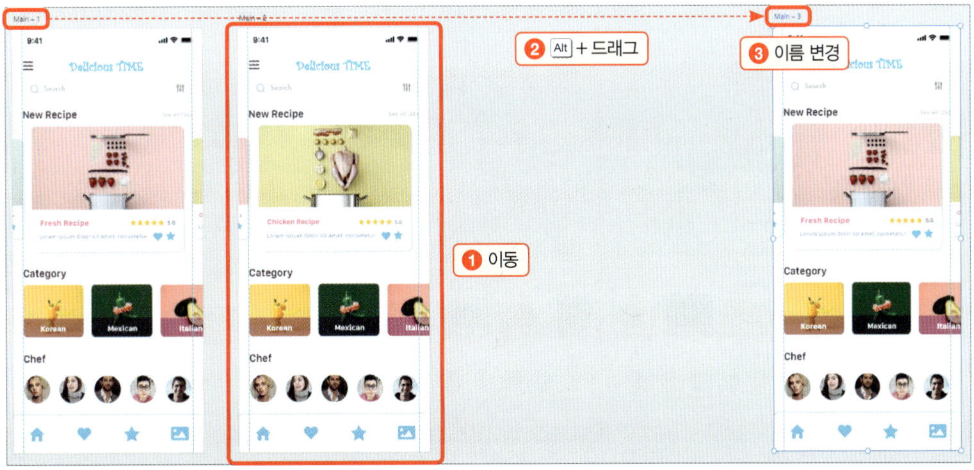

05 'Main-3' 아트보드의 Category 콘텐츠 그룹을 선택하고 Shift를 누른 채 왼쪽으로 드래그해 가장 오른쪽 오브젝트가 가이드라인에 딱 맞도록 배치한다.

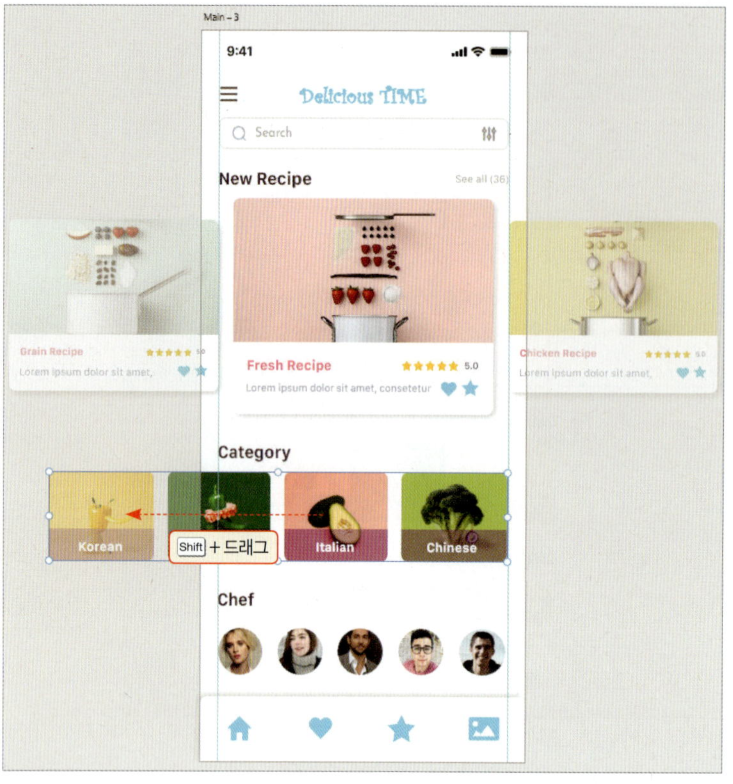

Tip Shift를 누른 채 드래그해야 수평 위치를 유지하면서 이동할 수 있다.

06 'Main-3' 아트보드를 'Main-2' 아트보드 가까이에 배치한 후, 'Main-2' 아트보드를 Alt를 누른 채 오른쪽으로 드래그해 'Main-4' 아트보드를 만들고, 조금 떨어진 위치에 배치한다.

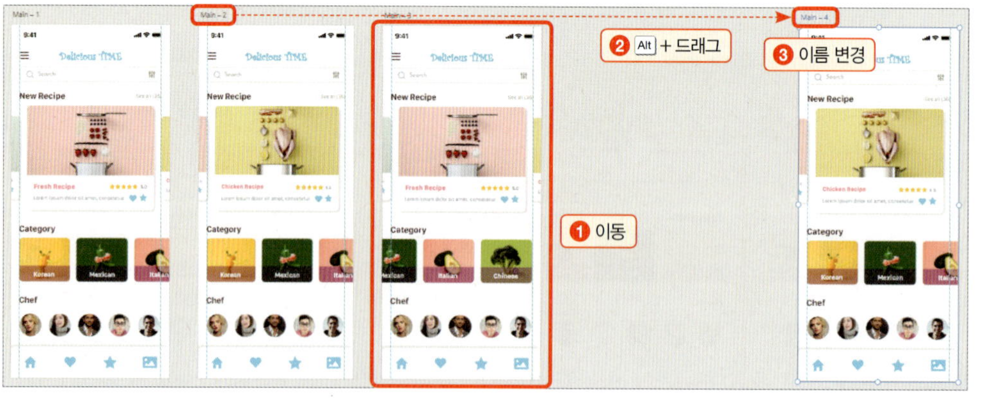

07 'Main–4' 아트보드의 Category 콘텐츠 그룹을 선택하고 Shift 를 누른 채 왼쪽으로 드래그해 가장 오른쪽 오브젝트가 가이드라인에 딱 맞도록 배치한다.

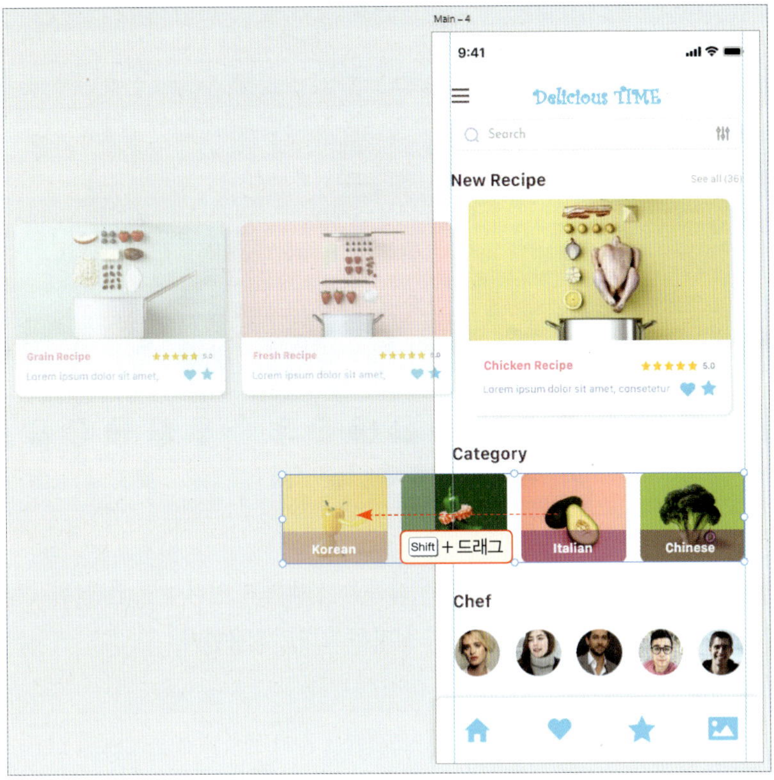

08 프로토타입 모드로 전환하고 'Main–1' 아트보드에서 New Recipe 오브젝트 그룹을 선택하고 인터랙션 연결 위젯을 'Main–2' 아트보드로 연결한다. '인터랙션' 옵션의 '트리거'를 [드래그], '액션'은 [자동 애니메이트], '이징 효과'는 [서서히 시작–끝내기]로 설정한다.

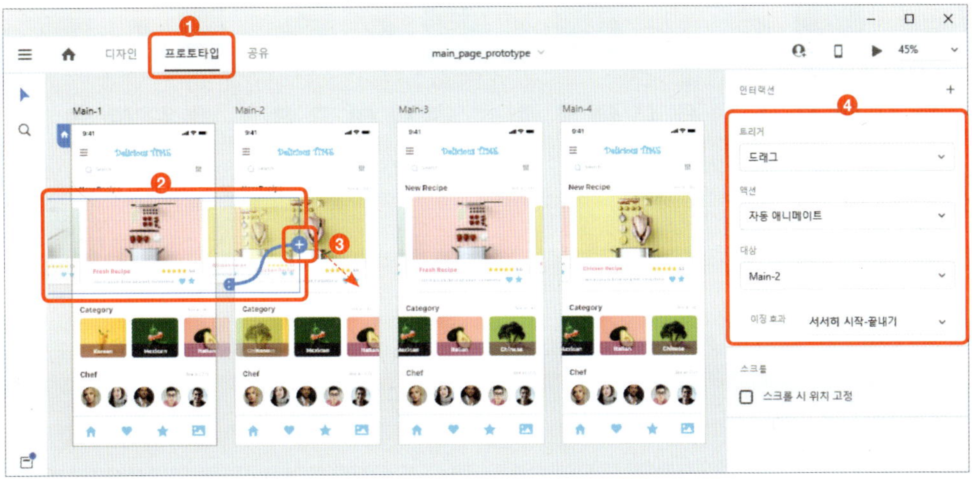

09 'Main-2' 아트보드에서 New Recipe 오브젝트 그룹을 선택하고 인터랙션 연결 위젯을 'Main-1' 아트보드로 연결한다. '인터랙션' 옵션은 이전 설정을 그대로 적용한다.

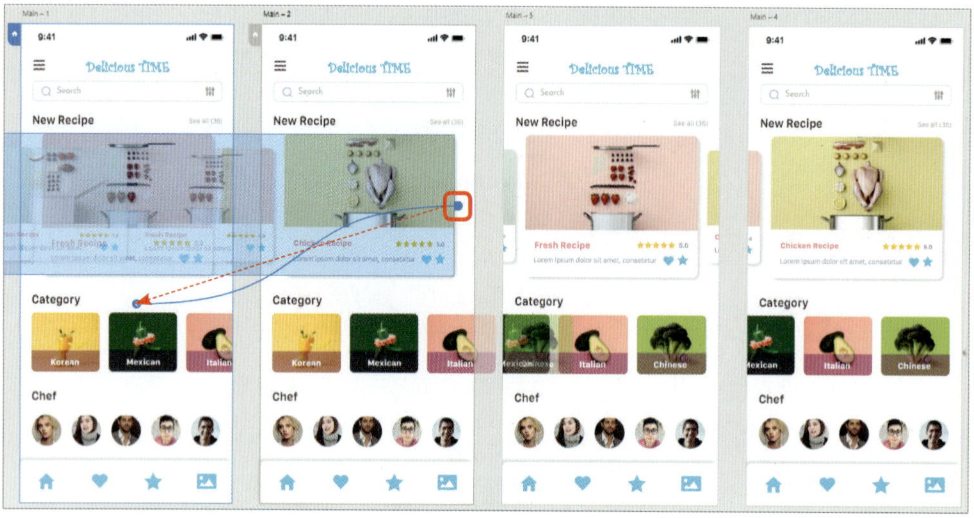

10 'Main-3' 아트보드에서 New Recipe 오브젝트 그룹을 선택하고 인터랙션 연결 위젯을 'Main-4' 아트보드로 연결한다. '인터랙션' 옵션은 이전 설정을 그대로 적용한다.

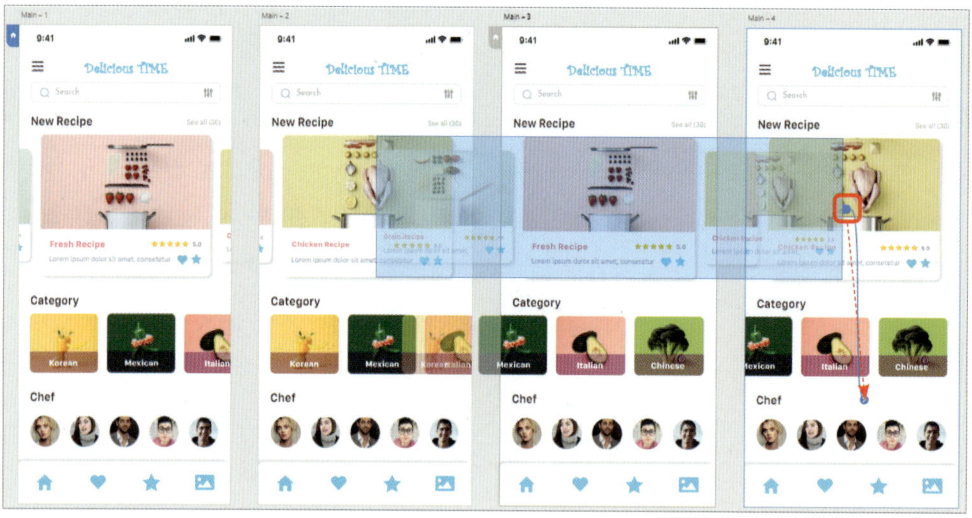

11 'Main-4' 아트보드에서 New Recipe 오브젝트 그룹을 선택하고 인터랙션 연결 위젯을 'Main-3' 아트보드로 연결한다. '인터랙션' 옵션은 이전 설정을 그대로 적용한다.

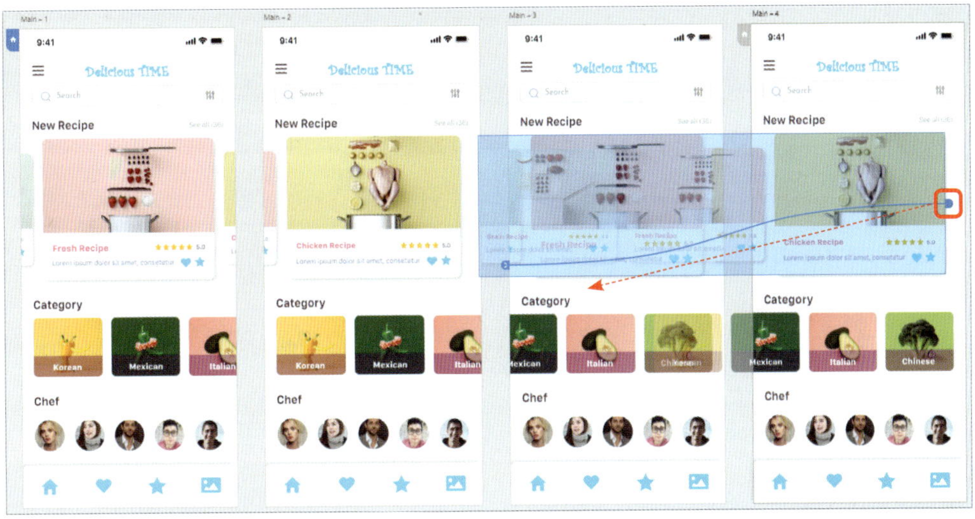

12 'Main-1' 아트보드에서 Category 오브젝트 그룹을 선택하고 인터랙션 연결 위젯을 'Main-3' 아트보드로 연결한다. '인터랙션' 옵션은 이전 설정을 그대로 적용한다.

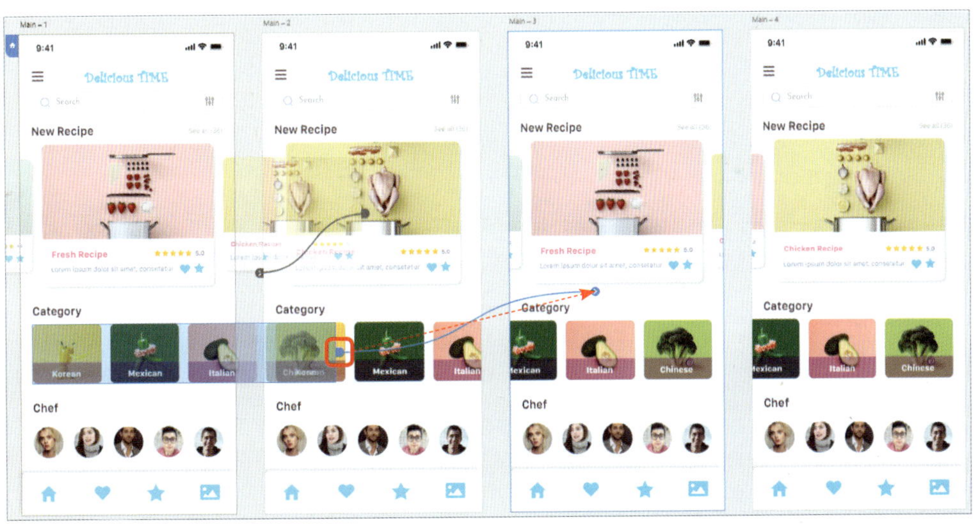

13 'Main-2' 아트보드에서 Category 오브젝트 그룹을 선택하고 인터랙션 연결 위젯을 'Main-4' 아트보드로 연결한다. '인터랙션' 옵션은 이전 설정을 그대로 적용한다.

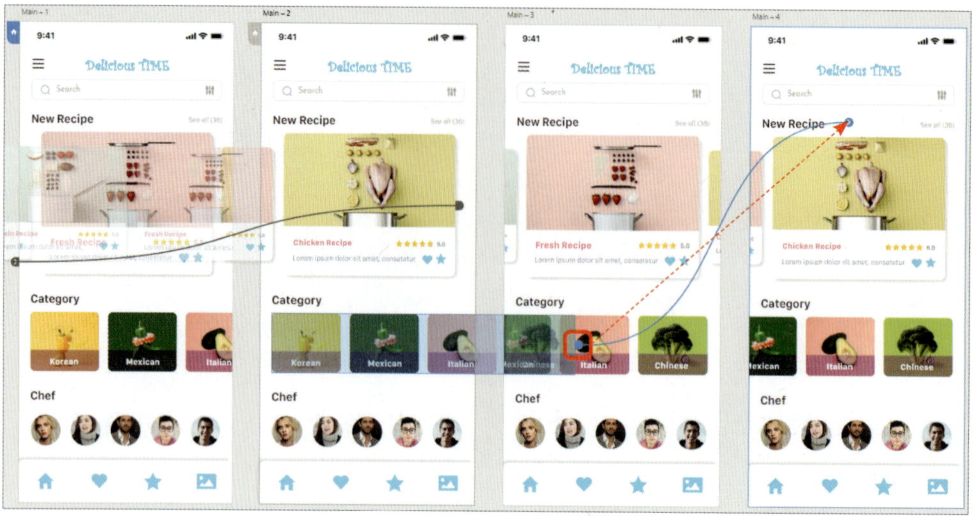

14 'Main-3' 아트보드에서 Category 오브젝트 그룹을 선택하고 인터랙션 연결 위젯을 'Main-1' 아트보드로 연결한다. '인터랙션' 옵션은 이전 설정을 그대로 적용한다.

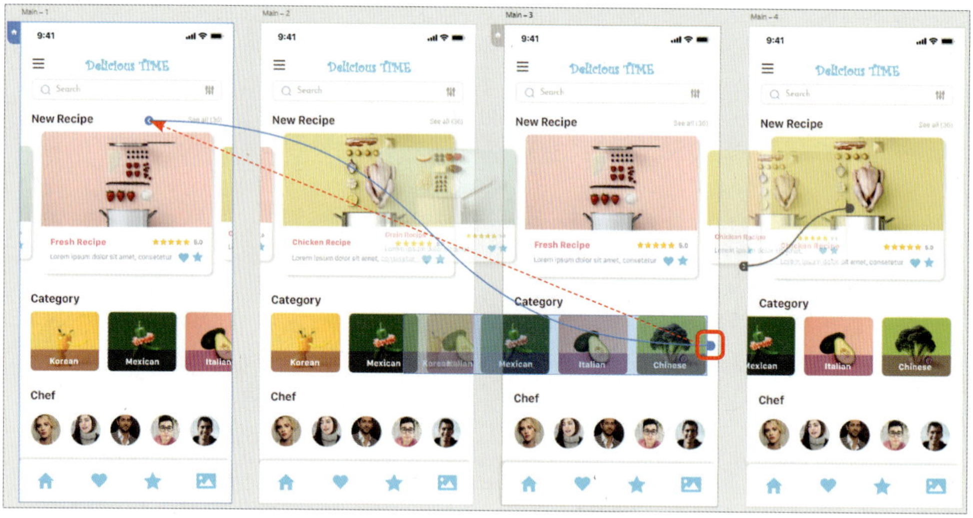

15 'Main–4' 아트보드에서 Category 오브젝트 그룹을 선택하고 인터랙션 연결 위젯을 'Main–2' 아트보드로 연결한다. '인터랙션' 옵션은 이전 설정을 그대로 적용한다.

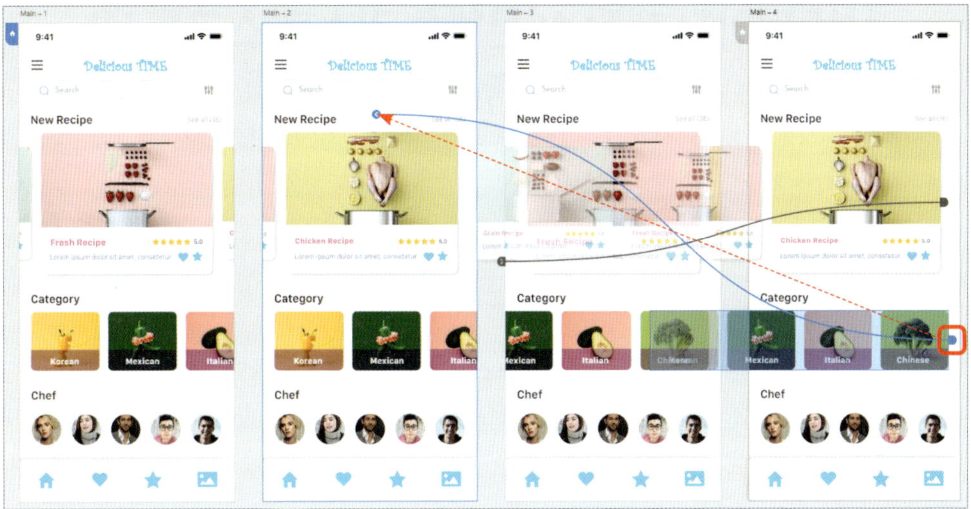

16 [데스크탑 미리보기(▶)]를 클릭해 미리보기를 실행한다. 콘텐츠 그룹을 드래그해 보면 어떤 위치에서도 자연스럽게 좌우로 드래그되는 것을 확인할 수 있다.

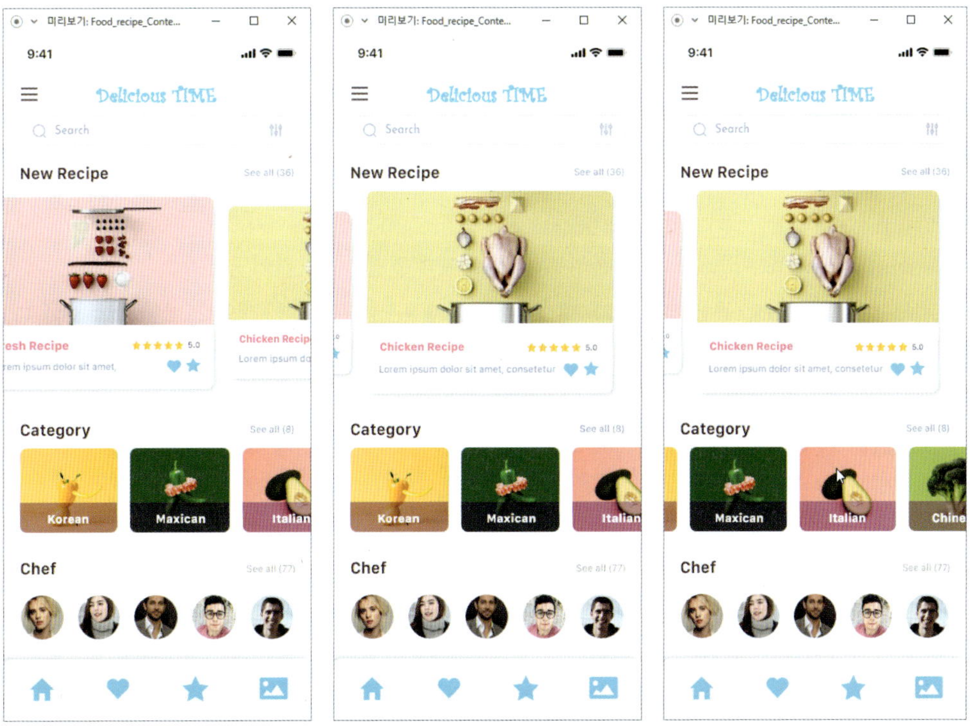

3
상세 페이지 제작 1: 콘텐츠 리스트 스크롤 UI

01 이전 실습에서 이어 진행하거나 [Chapter_12 ▸ Section_03] 폴더에서 'contents_list_scroll.xd' 파일을 불러온다. 툴 패널에서 아트보드 툴( )을 선택하고 빈 공간을 클릭해 새 아트보드를 만든 후 아트보드 이름을 'Contents_List'로 변경한다.

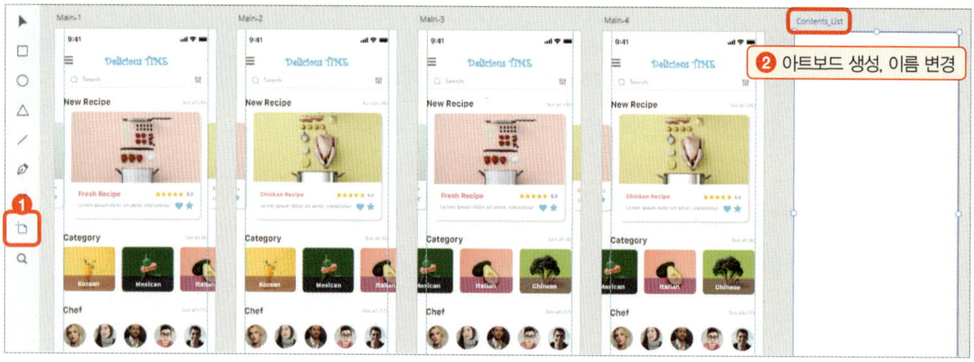

02 선택 툴( )로 아트보드 가장자리부터 좌우 여백 20을 두고 가이드라인을 배치한다. 이전 아트보드에서 상단 요소들을 복제한 후 텍스트는 'New Recipe'를 복제해와 크기를 24로 키운다. 목록 아이콘 자리에는 [에셋] 패널에서 뒤로 가기 아이콘인 'Back_black'을 드래그해 배치한다.

03 'Main-1' 아트보드에서 New Recipe 그룹의 가운데 오브젝트를 복제한 후 Shift 를 누른 채 드래그해 W는 335, H는 270으로 변경하고 검색 필드와 16 간격 위치에 배치한다.

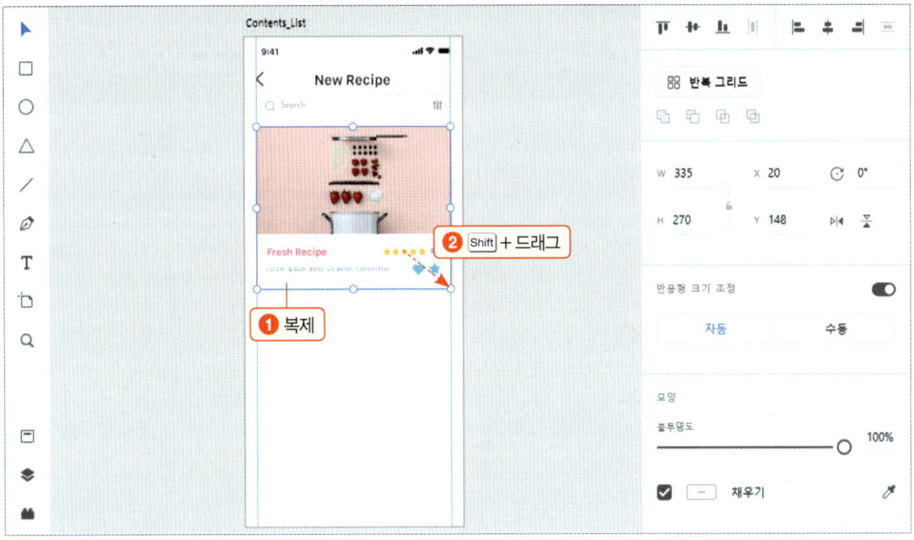

04 아트보드를 선택하고 H를 1200으로 변경해 아트보드 높이를 길게 변경한다. 이때 원래 아트보드 높이에 맞춰 점선이 나타나는데 이 점선을 기준으로 스크롤이 생긴다. 점선 왼쪽에 있는 핸들을 수직 방향으로 이동해 선의 위치를 변경할 수 있다.

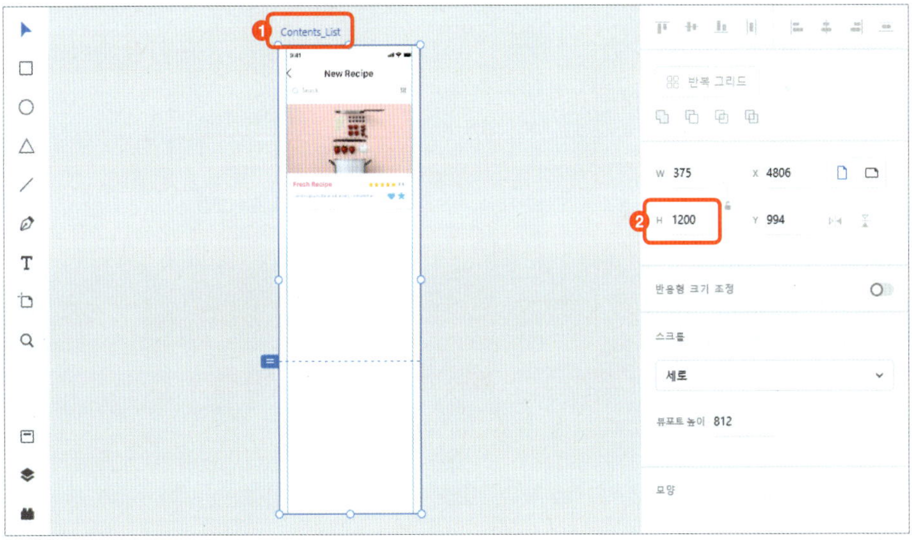

05 오브젝트를 세 개 더 복제해 16 간격으로 아래에 반복 배치한 후, 오브젝트 내부의 이미지와 콘텐츠 제목, 별점 점수를 변경한다.

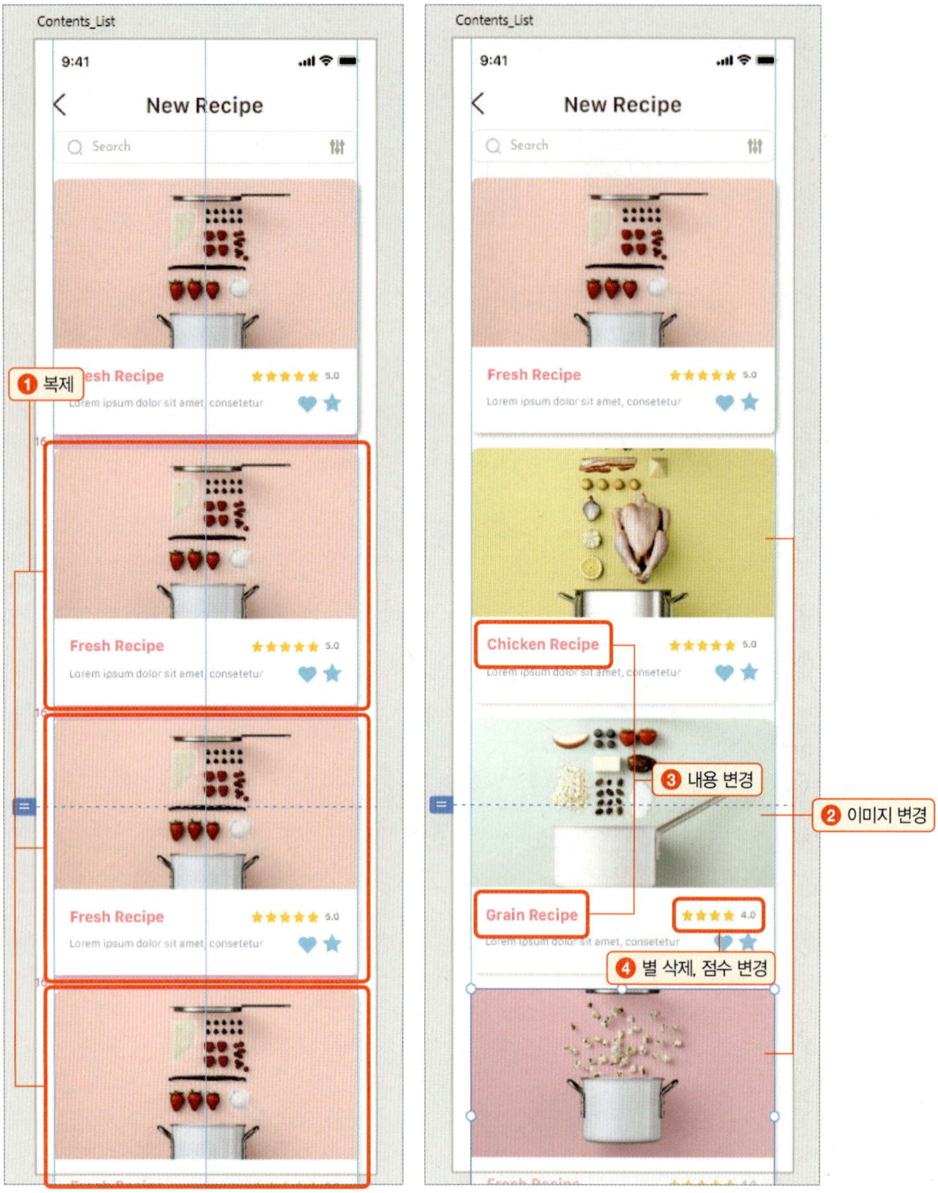

06 'Main-1' 아트보드에서 하단의 탭 메뉴를 복제해 'Main-4' 아트보드의 점선을 기준으로 배치한다.

4
상세 페이지 제작 2: 상세 페이지 UI

01 이전 실습에서 이어 진행하거나 [Chapter_12 ▸ Section_04] 폴더의 'detail.xd' 파일을 불러온다. 새 아트보드를 만들고 아트보드 이름을 'Detail'로 변경한다.

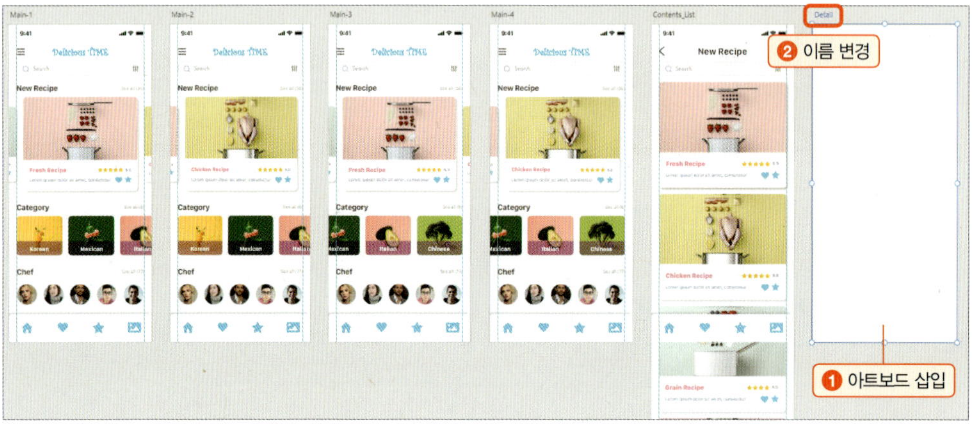

02 사각형 툴(□)로 W는 375, H는 320인 사각형을 만들어 상단에 배치하고 '테두리'의 체크를 해제한다.

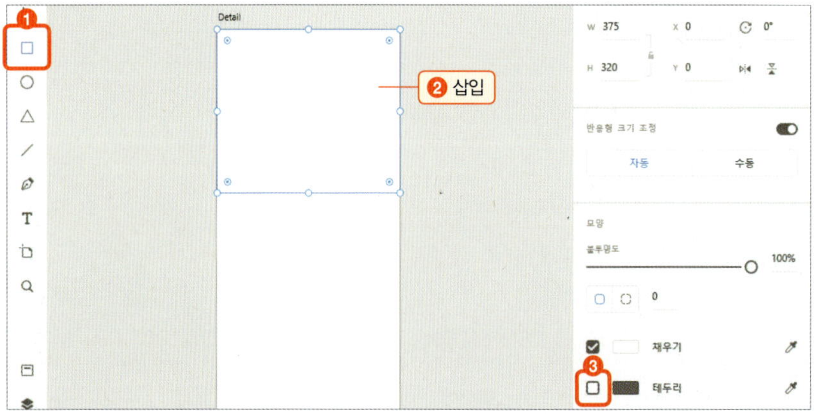

03 아트보드 좌우 20 간격을 두고 가이드라인을 배치한 후 [Chapter_12 ▸ Section_04 ▸ images] 폴더에서 'img2.jpg' 파일을 오브젝트 안으로 드래그해 삽입하고 'Contents_List' 아트보드에서 상태 바와 뒤로 가기 아이콘을 복사해 붙여넣는다.

04 [에셋] 패널에서 [Review]를 이미지 오른쪽 하단으로 드래그해 배치한다.

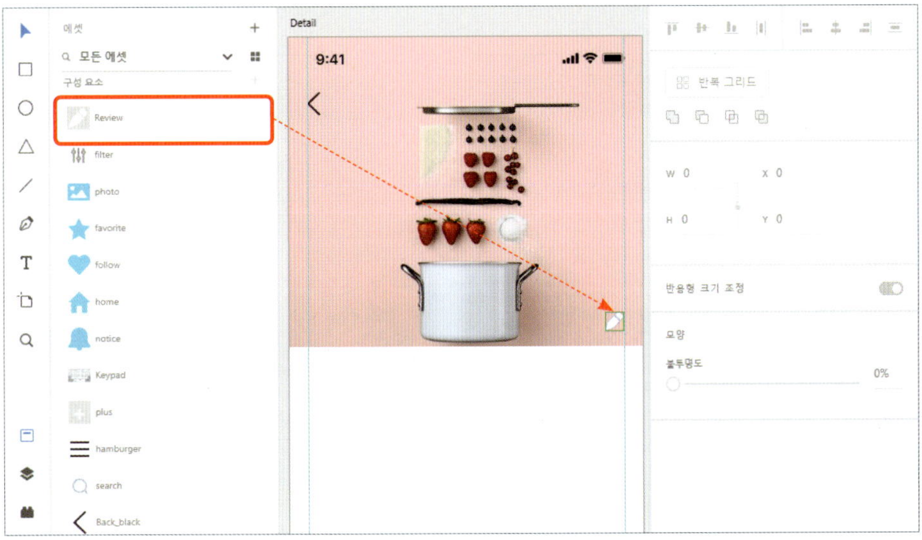

05 'Contents_List' 아트보드에서 'Fresh Recipe' 텍스트, 별점, 텍스트 상자를 복사해 이미지 하단에 붙여넣는다. 텍스트 상자의 W는 335, H는 56, 줄 간격은 18로 설정한다.

06 'Main-1' 아트보드에서 Category 타이틀과 'See all (8)' 텍스트를 복사해 붙여넣고 타이틀 텍스트를 'Ingredient'로 변경한다. 사각형 툴(□)로 W는 105, H는 105인 사각형을 만든 후 [반복 그리드]를 클릭하고 사각형이 세 개가 되도록 조절한 후 사각형 간격을 8로 설정한다.

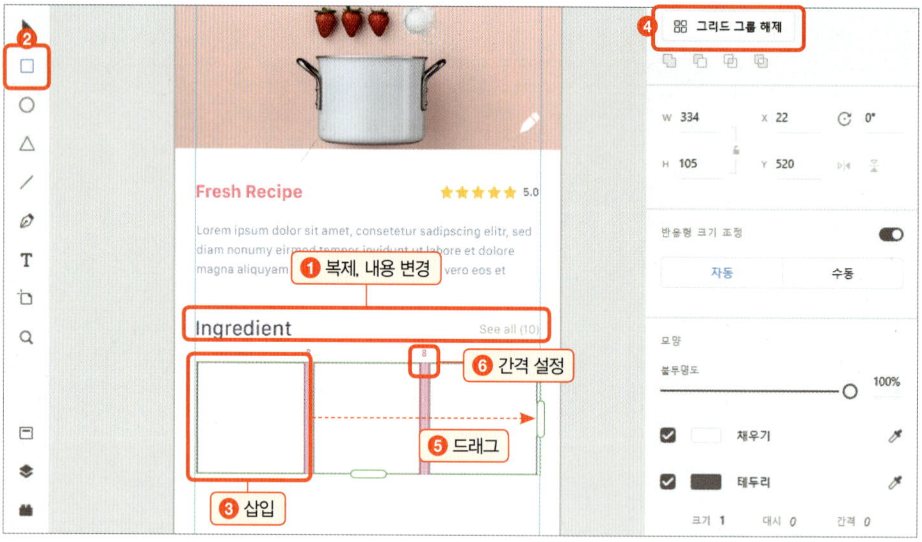

07 [Chapter_12 ▸ Section_04 ▸ images] 폴더에서 'img13.jpg', 'img14.jpg', 'img15.jpg' 파일을 동시에 선택해 반복 그리드 오브젝트 안으로 드래그해 삽입한 후 '테두리'의 체크를 해제한다.

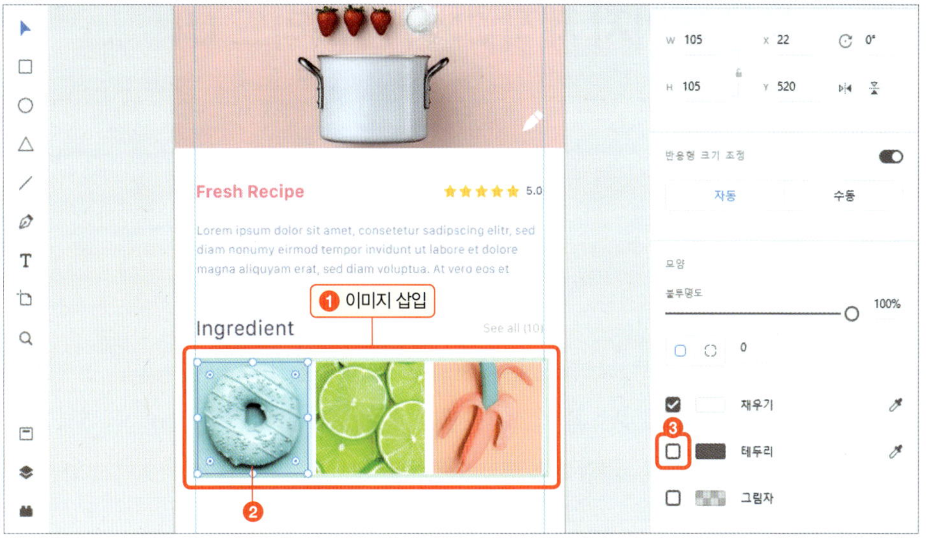

08 Ingredient 그룹을 이용해 다음과 같은 Order 콘텐츠를 제작한다. 이때 사각형 오브젝트의 W와 H는 88이고, 이미지는 'img10.jpg'와 'img11.jpg'이다.

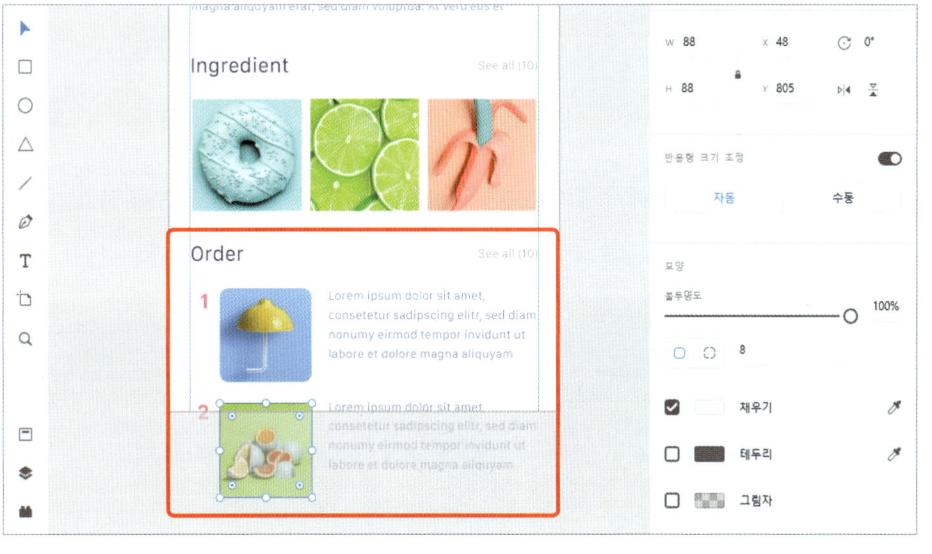

5
상세 페이지 제작 3: 사진 그리드 UI

01 이전 실습에서 이어 새 아트보드를 만든 후 아트보드 이름을 'Photo_Grid'로 변경한다. 'Contents_List' 아트보드에서 상단 요소들을 복제한 후 타이틀을 'Ingredient'로 변경한다. 'Detail' 아트보드에서 반복 그리드 그룹을 복제한 후 타이틀 아래로 20 간격 위치에 배치한다.

02 반복 그리드를 선택한 상태에서 앵커 포인트를 아래로 드래그해 네 줄이 되도록 하고 간격을 10으로 조절한 후 Ctrl + Shift + G를 두 번 눌러 그룹을 해제한다.

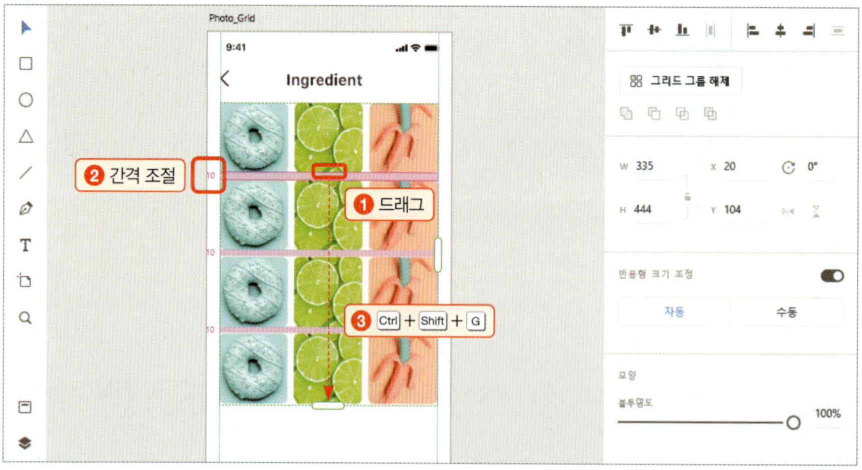

03 두 번째 줄 오른쪽 이미지와 세 번째 줄 가운데, 오른쪽 이미지를 삭제하고, 두 번째 줄 가운데 이미지를 Shift를 누른 채 대각선으로 드래그해 가이드라인에 딱 맞게 배치한다. 왼쪽 이미지 중 하나를 복제해 W는 335, H는 242로 설정해 하단에 배치한다.

04 [Chapter_12 ▸ Section_05 ▸ images] 폴더에서 여러 파일을 사각형 오브젝트 안에 드래그해 각 칸마다 다른 이미지를 배치한다.

6
상세 페이지 제작 4: 프로토타입 연결

01 이전 실습에서 이어 진행하거나 [Chapter_12 ▸ Section_06] 폴더의 'contents_prototype.xd' 파일을 불러온다. 아트보드를 연결하기 편하게 배치하고 프로토타입 모드로 전환한다.

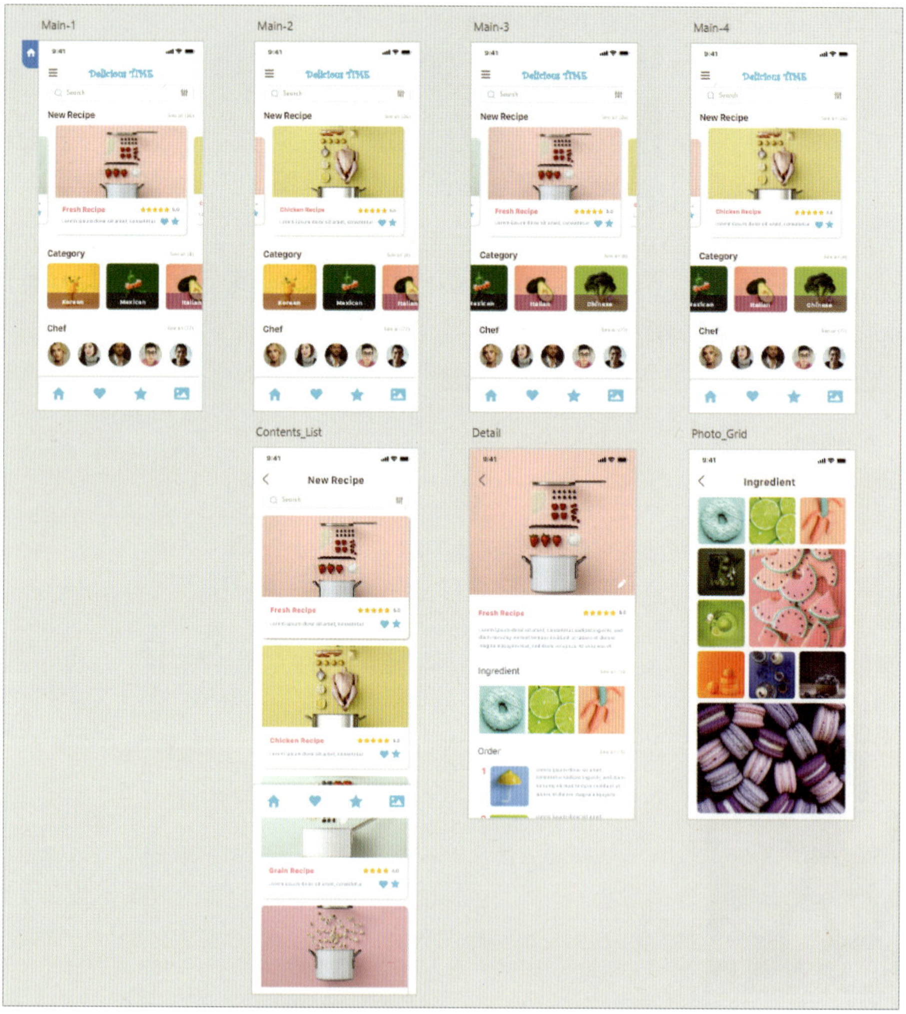

02 'Main-1' 아트보드에서 전체 보기 버튼인 'See all' 텍스트를 선택하고 인터랙션 연결 위젯을 'Contents_List' 아트보드로 연결한다. '인터랙션' 옵션에서 '트리거'는 [탭], '액션'은 [전환], '애니메이션'은 [왼쪽으로 슬라이드], '이징 효과'는 [서서히 끝내기], '재생 시간'은 [0.3초]로 설정한다.

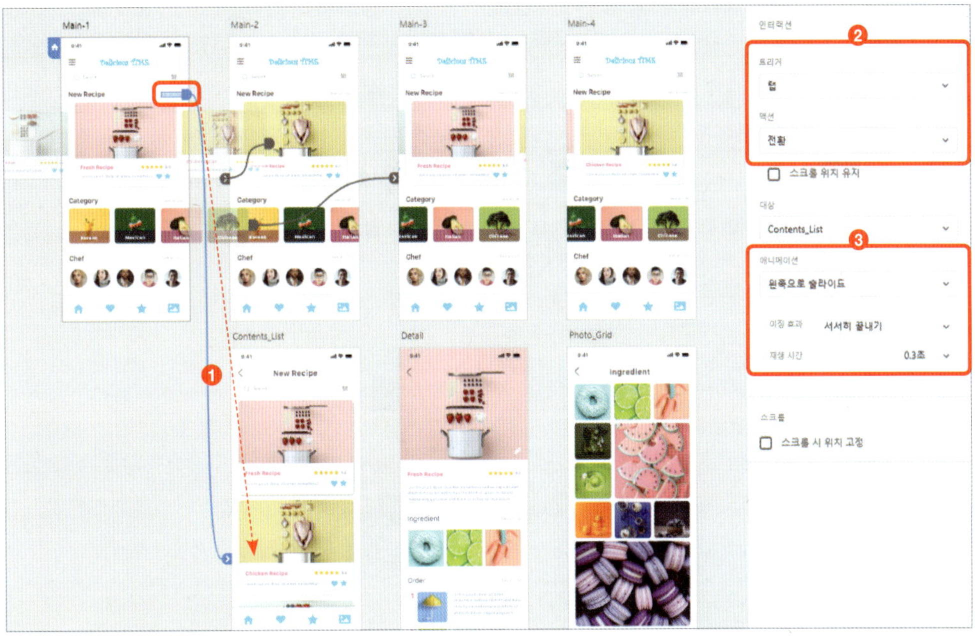

03 'Main-2' 아트보드에 있는 'See all' 텍스트의 인터랙션 연결 위젯을 'Contents_List' 아트보드로 연결한다. '인터랙션' 옵션은 이전 설정을 그대로 유지한다.

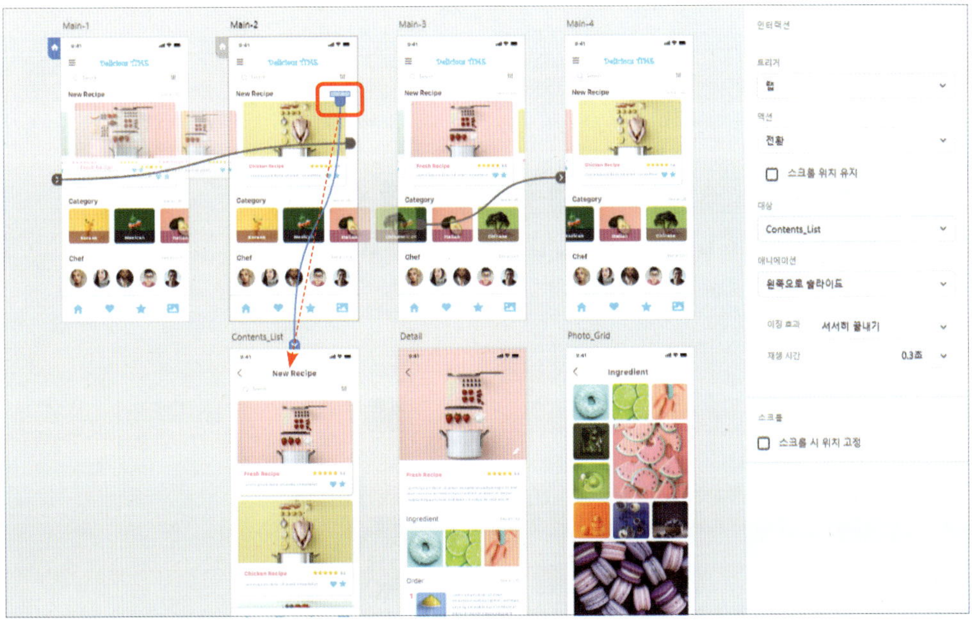

04 'Main-3' 아트보드에 있는 'See all' 텍스트의 인터랙션 연결 위젯을 'Contents_List' 아트보드로 연결한다. '인터랙션' 옵션은 이전 설정을 그대로 유지한다.

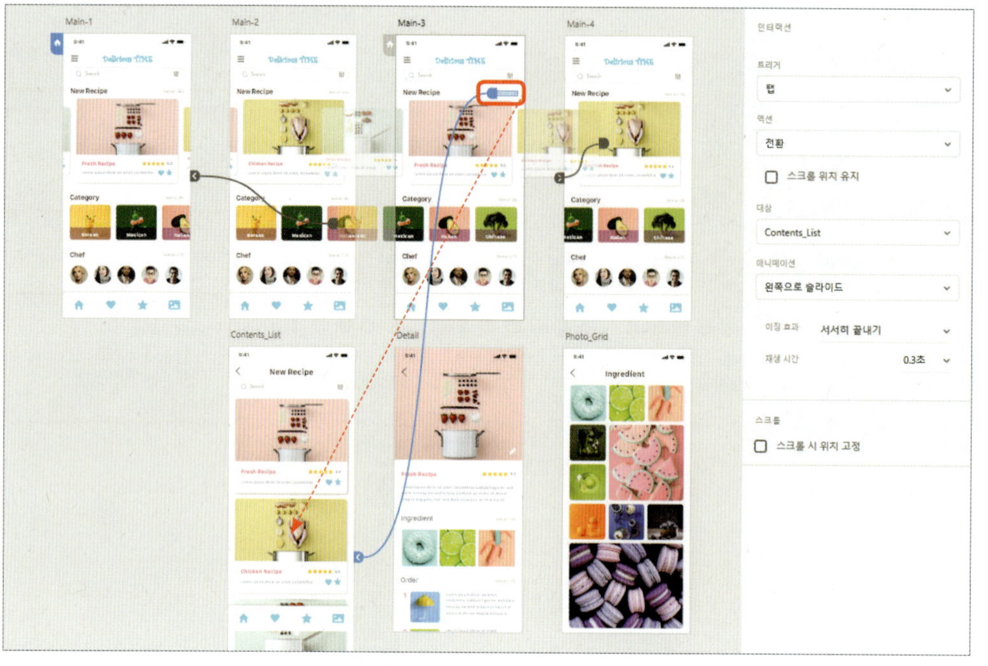

05 'Main-4' 아트보드에 있는 'See all' 텍스트의 인터랙션 연결 위젯을 'Contents_List' 아트보드로 연결한다. '인터랙션' 옵션은 이전 설정을 그대로 유지한다.

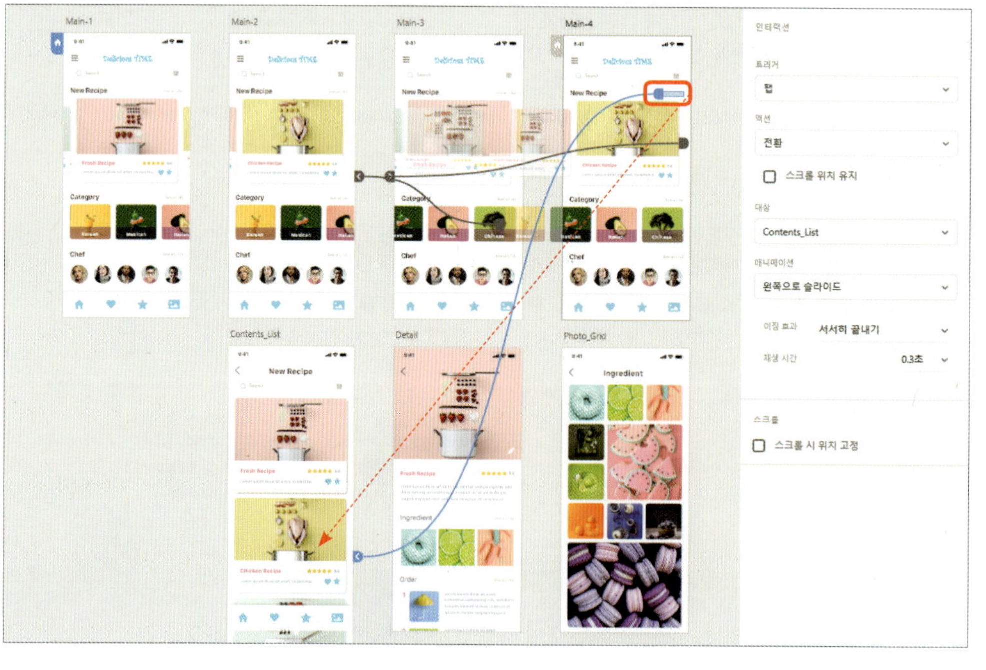

06 'Contents_List' 아트보드 맨 위에 있는 오브젝트 그룹을 선택하고 인터랙션 연결 위젯을 'Detail' 아트보드로 연결한다. '인터랙션' 옵션의 '트리거'는 [탭], '액션'은 [전환], '애니메이션'은 [왼쪽으로 슬라이드], '이징 효과'는 [서서히 끝내기], '재생 시간'은 [0.3초]로 설정한다.

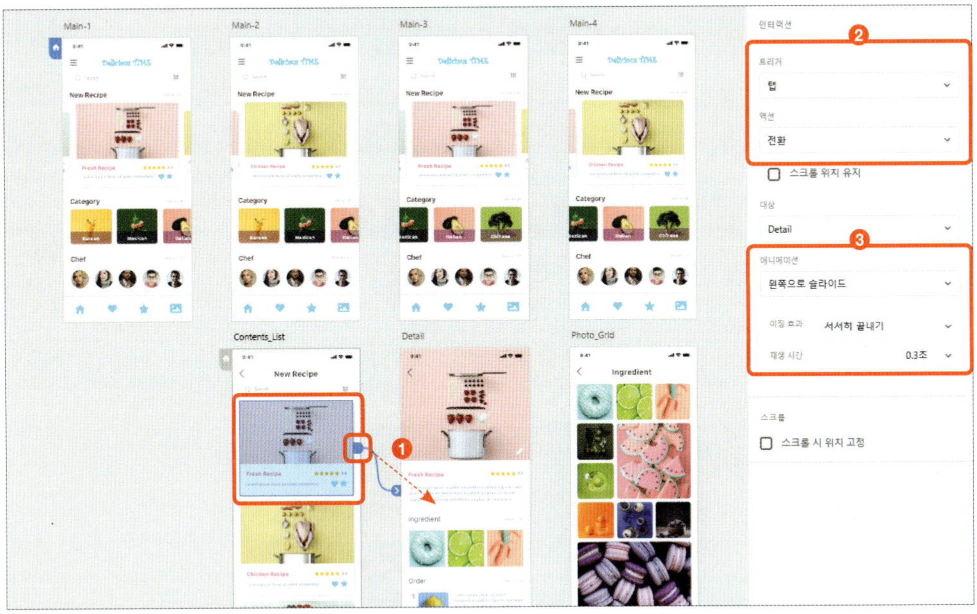

07 'Contents_List' 아트보드의 탭 바를 선택하고 옵션 창에서 [스크롤 시 위치 고정]에 체크한다. 이렇게 하면 미리보기에서 스크롤을 움직여도 탭 바가 그대로 화면 하단에 고정된다.

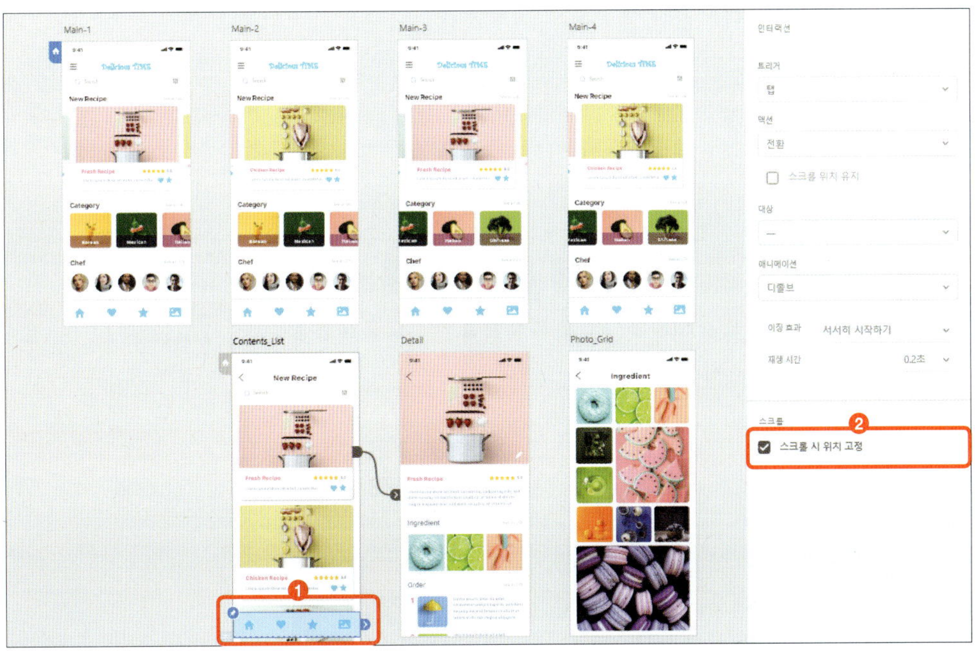

08 'Detail' 아트보드에서 뒤로 가기 아이콘을 선택해 인터랙션 연결 위젯을 'Contents_List' 아트보드로 연결한다. '인터랙션' 옵션의 '트리거'는 [탭], '액션'은 [전환], '애니메이션'은 [오른쪽으로 슬라이드], '이징 효과'는 [서서히 끝내기], '재생 시간'은 [0.3초]로 설정한다.

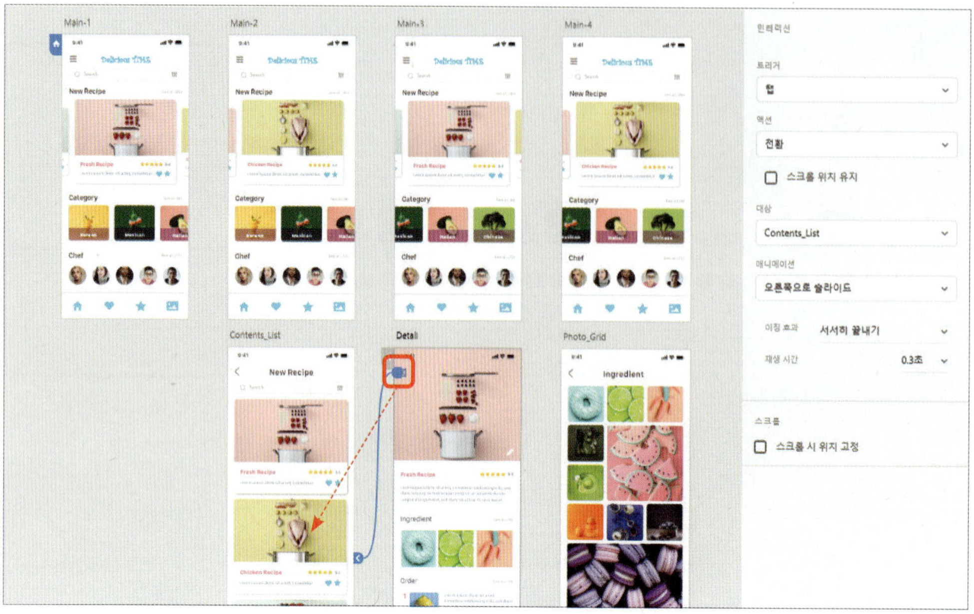

09 'Detail' 아트보드에서 전체 보기 텍스트인 'See all'을 선택하고 인터랙션 연결 위젯을 'Photo_Grid' 아트보드로 연결한다. '인터랙션' 옵션의 '트리거'는 [탭], '액션'은 [전환], '애니메이션'은 [왼쪽으로 슬라이드], '이징 효과'는 [서서히 끝내기], '재생 시간'은 [0.3초]로 설정한다.

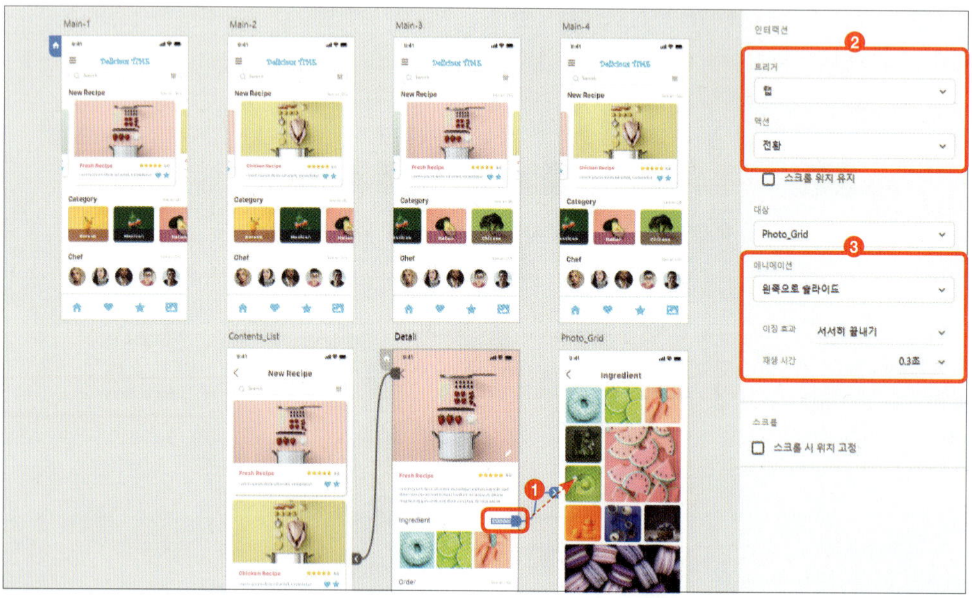

10 'Photo_Grid' 아트보드에서 뒤로 가기 아이콘의 인터랙션 연결 위젯을 'Detail' 아트보드로 연결한다. '인터랙션' 옵션에서 '트리거'는 [탭], '액션'은 [전환], '애니메이션'은 [오른쪽으로 슬라이드], '이징 효과'는 [서서히 끝내기], '재생 시간'은 [0.3초]로 설정한다.

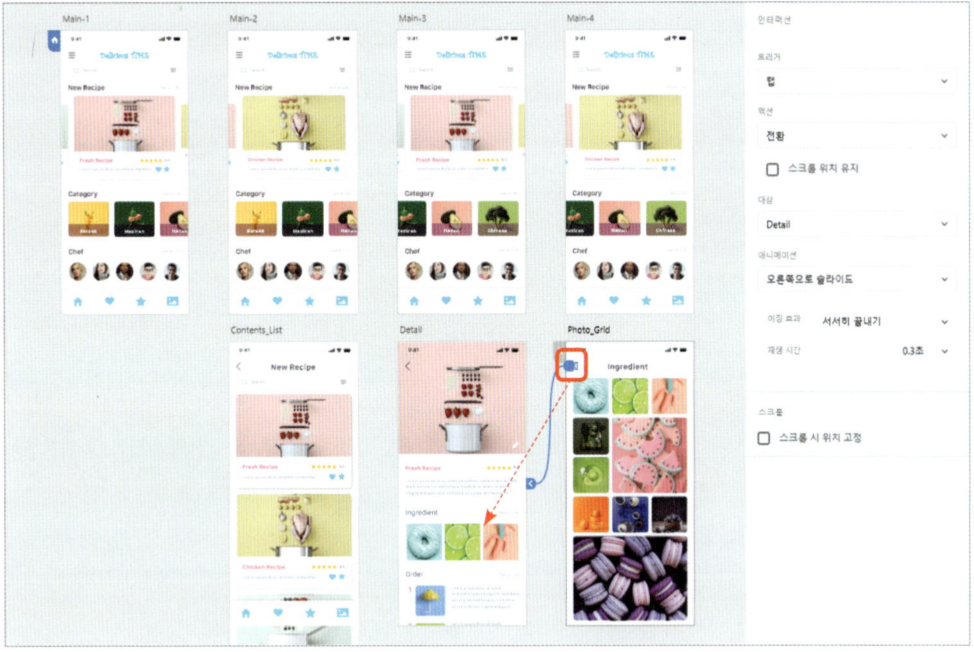

11 프로토타입 모드로 전환하고 Ctrl + A 를 누르면 연결된 프로토타입을 확인할 수 있다.

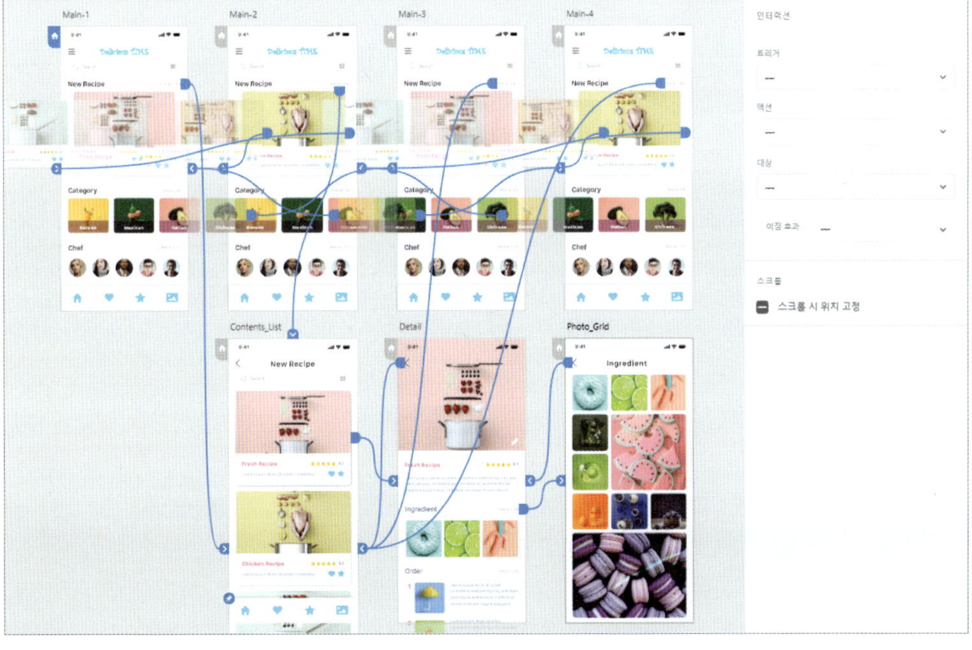

12 데스크탑 미리보기(▶)를 클릭해 미리보기를 확인한다. 화면을 스크롤했을 때 탭 바가 고정되는 것과 마우스 클릭에 따라 화면이 전환되는 것을 확인할 수 있다.

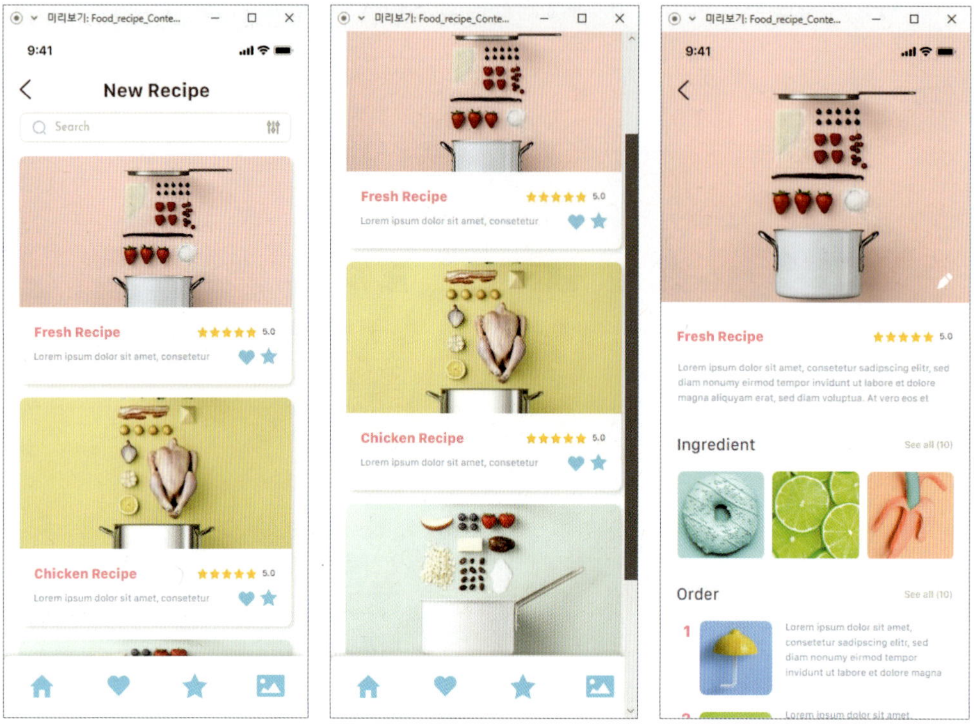

Chapter 13

목록과 리스트 구현

1
메인 목록 UI 제작

01 [Chapter_13 ▸ Section_01] 폴더에서 'main_category.xd' 파일을 불러온다. [에셋] 패널에서 앱 디자인에 필요한 아이콘이 준비된 것을 확인하고, 색상 패널에 여러 색상이 등록된 것도 확인한다.

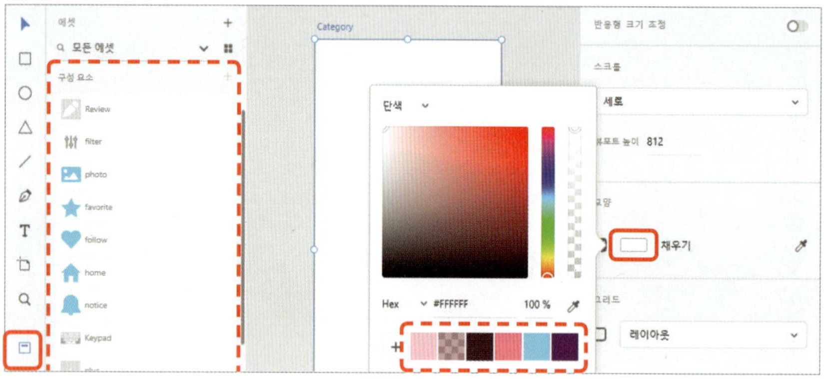

02 아트보드 좌우 가장자리에서 20 위치에 가이드라인을 배치한다. [에셋] 패널에서 [Status Bar_Black]과 [Back_black]을 아트보드 상단에 배치한 후 텍스트 툴(T)로 타이틀 텍스트인 'Category'를 입력한다.

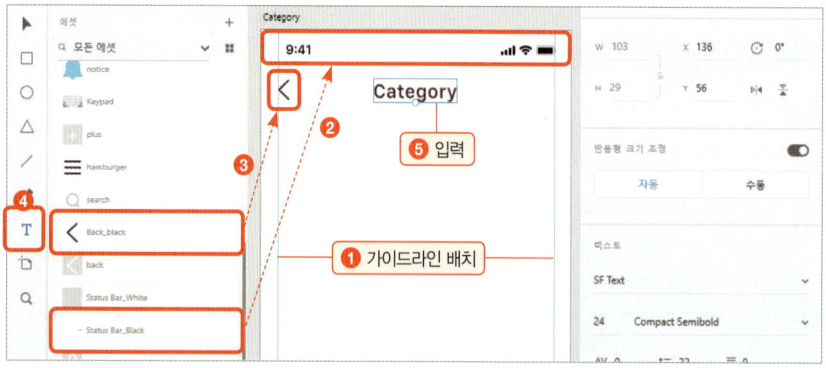

03 타이틀 아래로 40 간격을 두고 사각형 툴(□)로 W는 160, H는 220인 사각형을 만든 후 '모든 모퉁이에 대해 동일한 반경(□)' 값을 8로 설정한다. '채우기' 색상을 #FFFFFF로 설정하고 '테두리'의 체크는 해제한 후 '그림자'에 체크하고 X는 3, Y는 3, B는 6으로 설정한다.

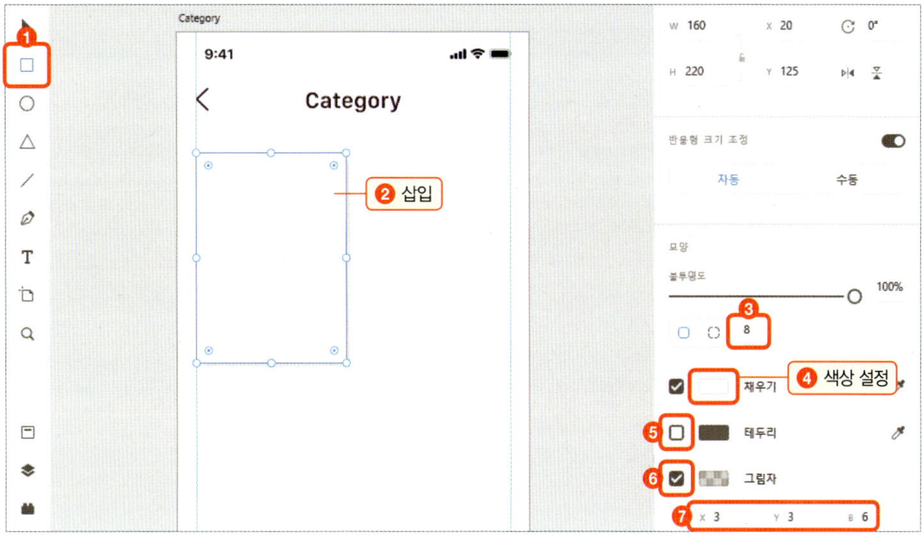

04 사각형 툴(□)로 W와 H가 160인 사각형을 **03**단계에서 만든 오브젝트 상단에 만들고 '각 모퉁이에 대해 다른 반경(□)' 값을 8, 8, 0, 0으로 설정한다.

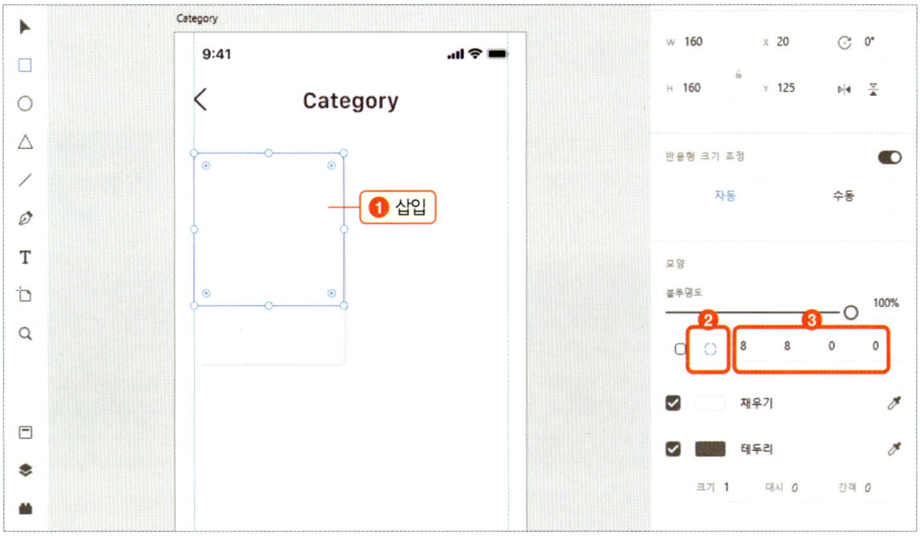

05 [Chapter_13 ▸ Section_01 ▸ images] 폴더에서 'img5.jpg' 파일을 **04**단계에서 만든 오브젝트 안에 삽입하고 '테두리'의 체크를 해제한다. 텍스트 툴(T)로 이미지 아래에 'Korean'이라고 입력하고 글꼴은 SF Text, 크기는 20, 두께는 Compact Bold, '채우기' 색상은 #F27EA1로 설정한다.

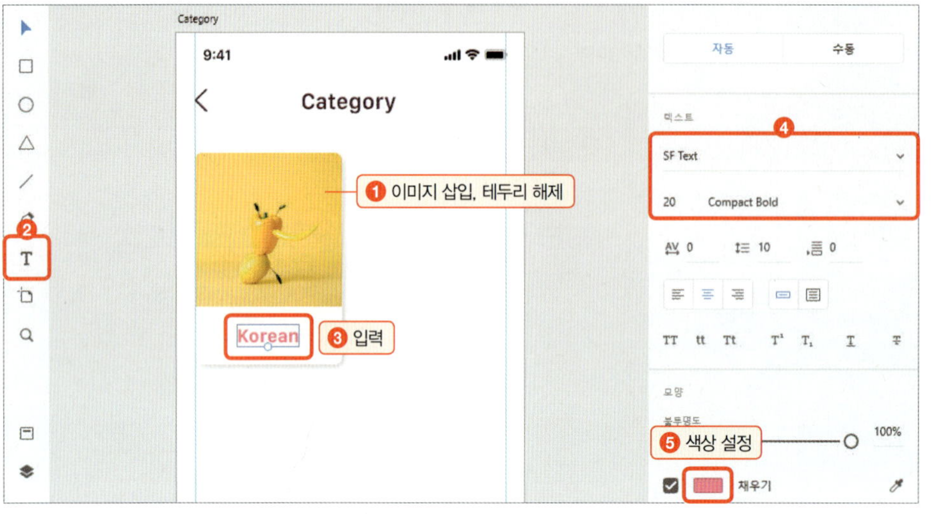

06 이미지와 타이틀 상자를 5개 복제해 좌우 간격 15, 상하 간격 24씩 두고 배치한 후 이미지와 텍스트를 각각 변경한다.

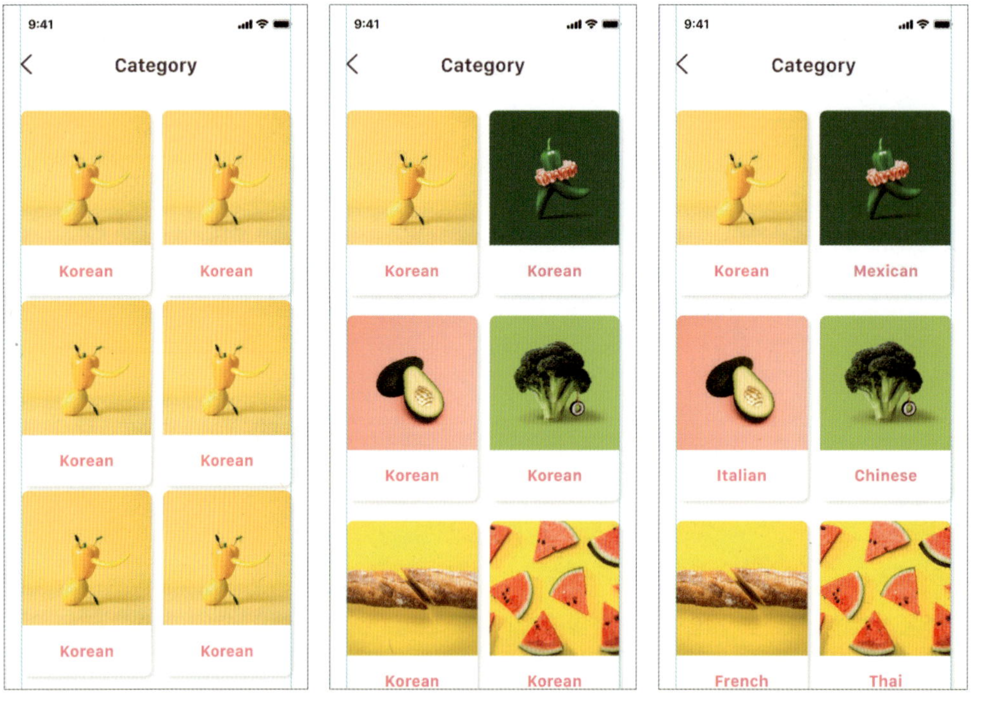

2
목록 리스트 UI 제작

01 이전 실습에서 이어 진행하거나 [Chapter_13 ▸ Section_02] 폴더에서 'category_detail.xd' 파일을 불러온다. 아트보드 툴( )을 선택하고 빈 공간을 클릭해 새 아트보드를 만든 후 아트보드의 이름을 'Category_Detail'로 변경한다. 아트보드 좌우 가장자리에서 20 위치에 가이드라인을 배치한다.

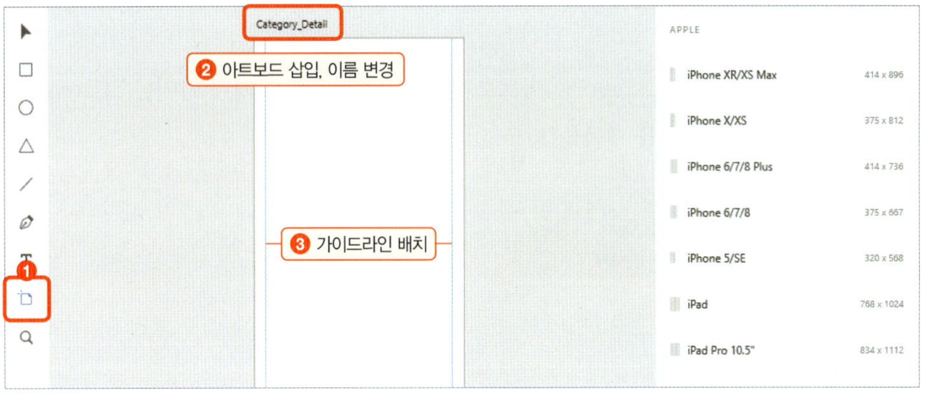

02 아트보드 상단에 사각형 툴( )로 W는 375, H는 106인 사각형을 만들고, [Chapter_13 ▸ Section_02 ▸ images] 폴더에서 'img5.jpg' 파일을 오브젝트 안으로 드래그해 삽입한다.

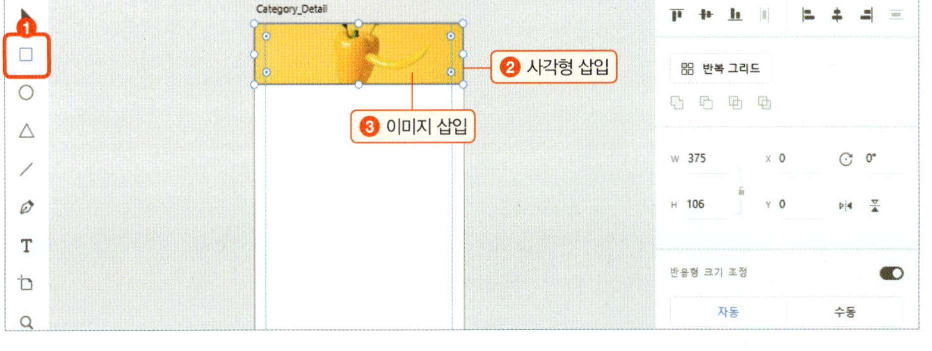

03 이미지를 삽입한 오브젝트 앞에 사각형 툴(□)로 W는 375, H는 106인 사각형 오브젝트를 그린다. '채우기' 색상을 #FFFFFF로 변경하고 '테두리'의 체크는 해제한다. [배경 흐림 효과]를 선택하고 '정도'는 2, '밝기'는 -20, '불투명도'는 0%로 설정해 이미지를 조금 어둡고 번지게 만든다.

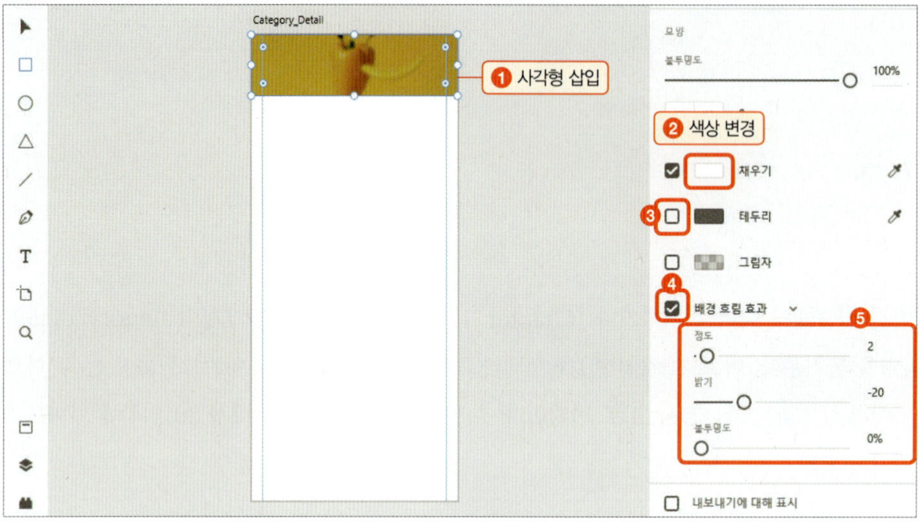

04 Section 01에서 작업한 'Category' 아트보드에서 상태 바, 뒤로 가기 아이콘, 'Category' 텍스트 타이틀을 복제한 후 타이틀 제목을 'Korean'으로 변경한다.

05 [Chapter_12 ▸ Section_03] 폴더에서 'contents_list_scroll_result.xd' 파일을 열어 콘텐츠 그룹을 복제해 타이틀 상자와 20 간격을 두고 배치한다.

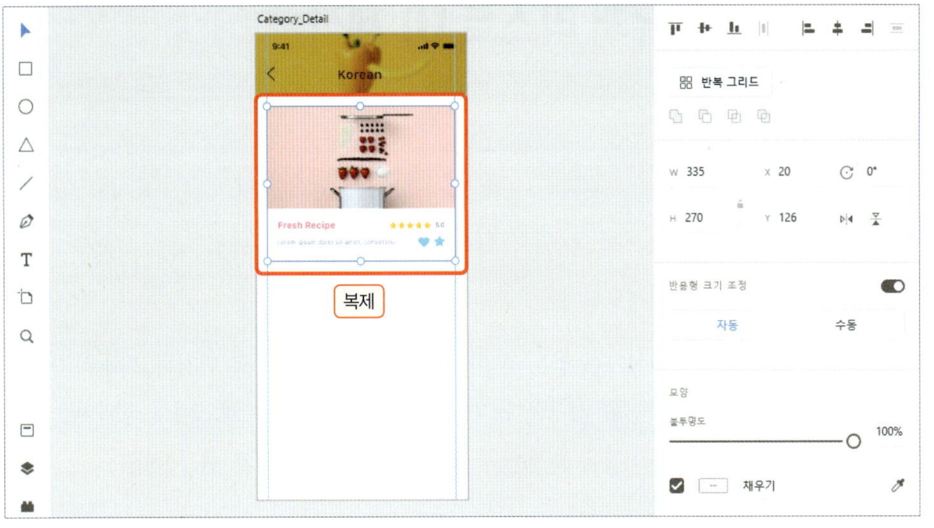

06 콘텐츠 그룹을 아래로 20 간격을 두면서 두 개 복제한 후 [Chapter_13 ▸ Section_02 ▸ images] 폴더에서 'img16.jpg', 'img25.jpg', 'img26.jpg' 파일을 각각 삽입해 이미지를 변경한다. 위 콘텐츠 그룹 두 개의 제목을 'Galic Recipe'와 'Pumpkin Recipe'로 각각 변경한다.

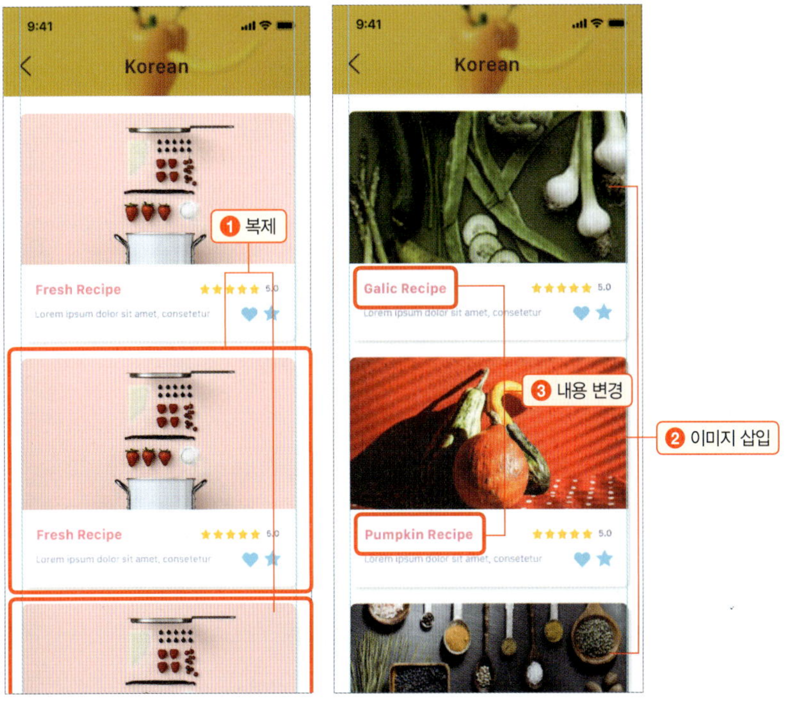

3
유저 리스트 UI 제작

01 이전 실습에 이어서 새 아트보드를 만든 후 아트보드 이름을 'Chef'로 변경하고 좌우 가장자리에서 20 간격을 두고 가이드라인을 배치한다. 'Category_Detail' 아트보드에서 상태 바, 뒤로 가기 아이콘, 'Korean' 텍스트 타이틀을 복제한 후 타이틀 제목을 'Chef'로 변경한다.

02 타원 툴(○)로 W와 H가 72인 정원을 만든 후 [반복 그리드]를 클릭한다. 반복 그리드의 앵커 포인트를 아래로 드래그해 원을 여러 개 만든다. 이때 간격은 24로 한다. Ctrl+Shift+G를 눌러 그리드 그룹을 해제한다.

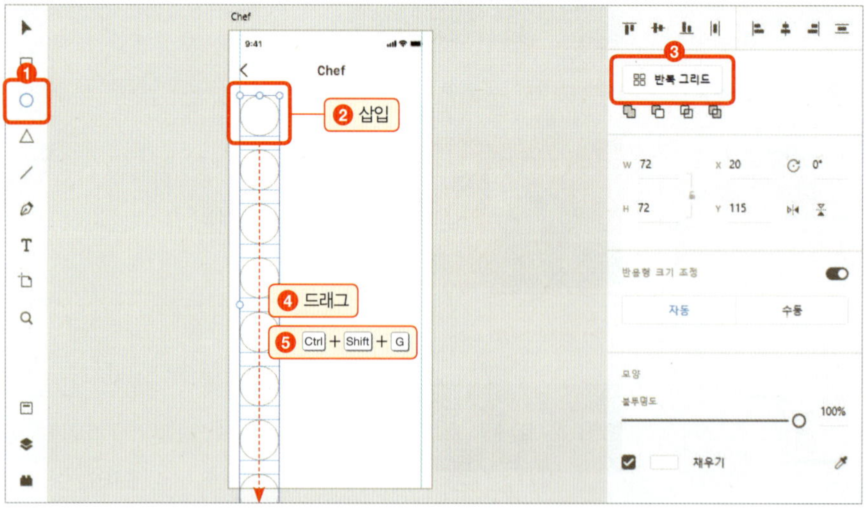

03 원이 모두 선택된 상태에서 [플러그인] 패널을 열어 [UI Faces]를 선택해 각 원마다 사람 얼굴을 배치하고 옵션 창에서 '테두리'의 체크를 해제한다.

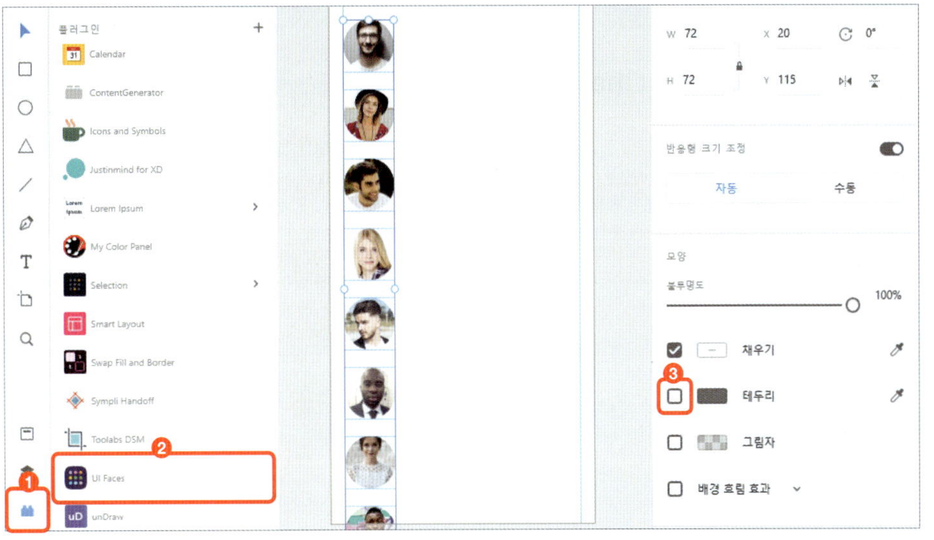

04 텍스트 툴(T)로 임의의 문자를 입력하고 글꼴은 SF Text, 크기는 18, 두께는 Compact로 설정한다. [플러그인] 패널에서 [Contents Generator]를 선택하고, [Contents Generator] 플러그인 옵션 창에서 'Names'의 [Male]을 선택하면 텍스트가 남자 이름으로 변경된다.

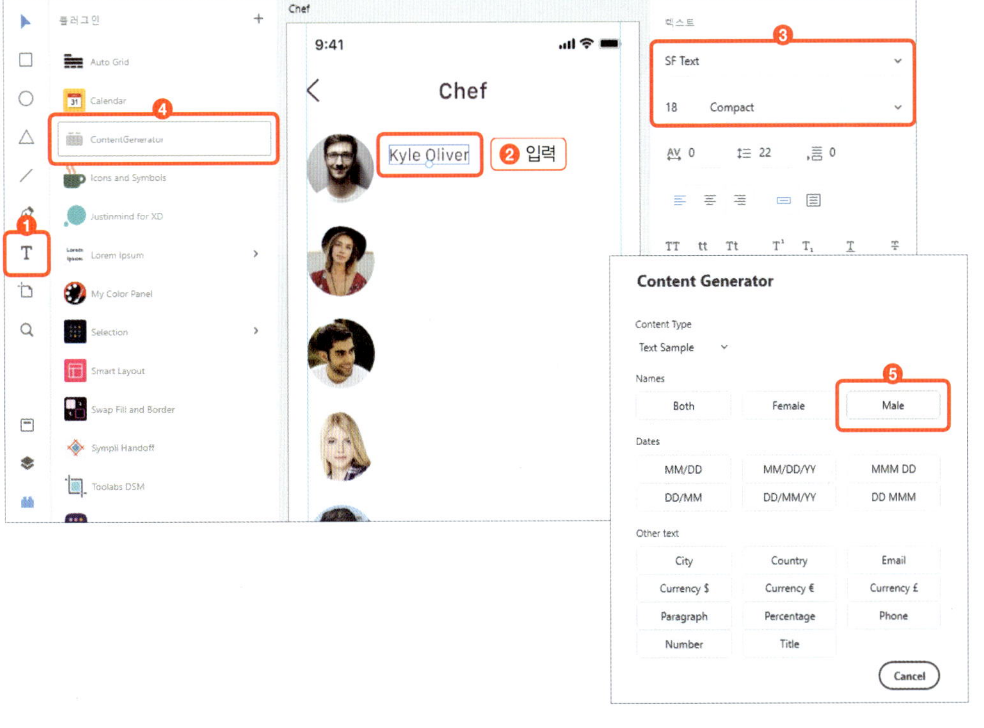

05 텍스트 툴(T)로 이름 텍스트 아래에 '128 Recipes'를 입력하고 크기는 14, '채우기' 색상은 #BBB4B7로 설정한다. 'Category_Detail' 아트보드에서 별점을 복제해 이름 텍스트 오른쪽에 배치한다.

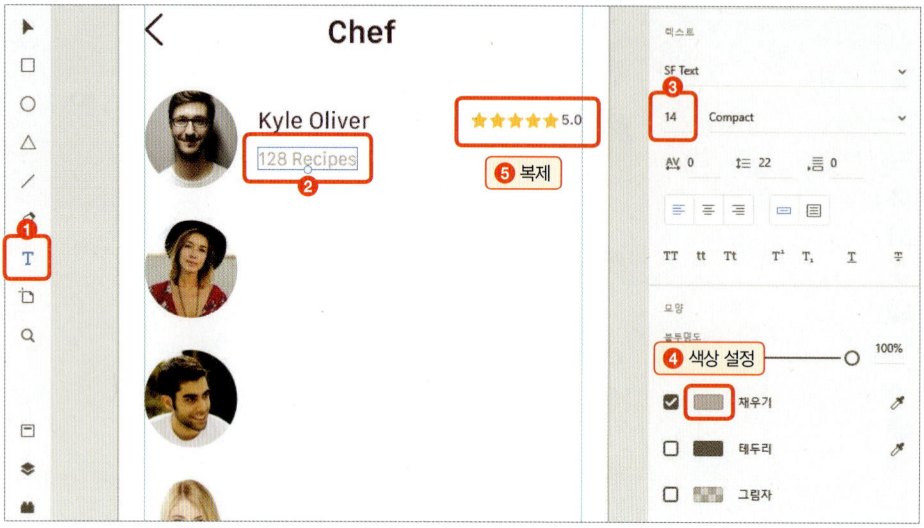

06 사각형 툴(□)로 별점 아래에 W는 86, H는 28인 오브젝트를 만들고 '모든 모퉁이에 대해 동일한 반경(▢)' 값은 16, '채우기' 색상은 #00E5FF로 설정한다. 텍스트 툴(T)로 오브젝트 내부에 'Follow'를 입력하고 텍스트의 '채우기' 색상을 #FFFFFF로 설정한다.

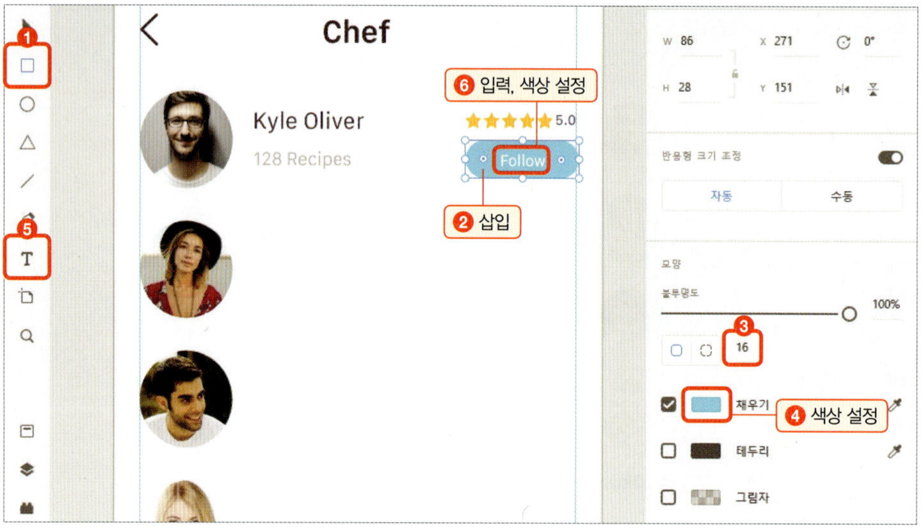

07 인물 사진을 제외한 나머지 요소를 복제해 각 인물 사진 옆에 같은 간격으로 배치하고 이름을 변경한다. 두 번째 인물의 경우 별점이 낮으므로 Follow 버튼의 '채우기'와 '테두리'를 반대로 설정하고 텍스트를 'Unfollow'로 변경한다.

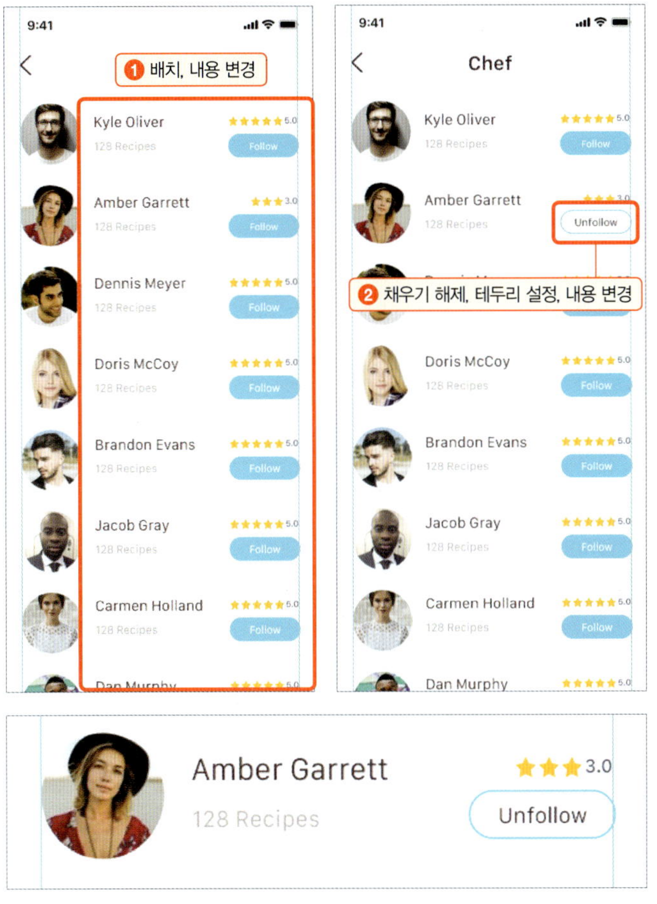

4
유저 상세 페이지 UI 제작

01 이전 실습에 이어서 새 아트보드를 만든 후 아트보드의 이름을 'Chef_Detail'로 변경하고 좌우 가장자리에서 20 간격을 두고 가이드라인을 배치한다. 사각형 툴(□)로 W는 375, H는 460인 사각형을 만들어 '채우기' 색상을 #F27EA1로 설정하고 '테두리'의 체크는 해제한다. 'Chef' 아트보드에서 상태 바, 뒤로 가기 아이콘, 타이틀 텍스트를 복제한다.

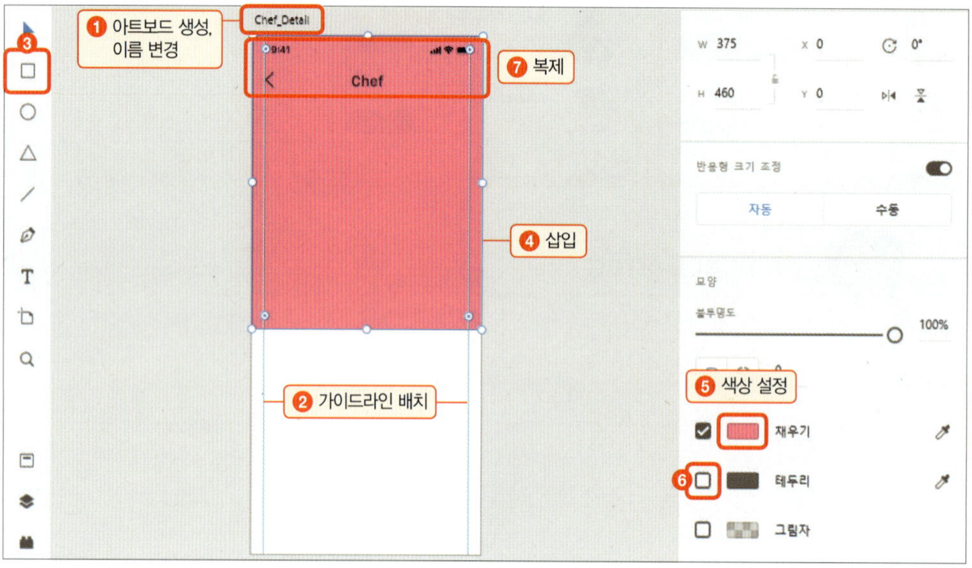

02 타원 툴(○) W와 H가 160인 원을 만들고 타이틀 텍스트 아래에 20 간격을 두고 배치한다. '채우기' 색상은 #FFFFFF, 투명도는 30%, '테두리' 색상은 #00E5FF, '테두리'의 '크기'는 2로 설정한다.

03 'Chef' 아트보드에서 아바타를 복제해 W와 H를 140으로 변경하고 원 오브젝트 내부에 배치한다. 아바타의 이름도 복제해 원 오브젝트 아래에 배치한다.

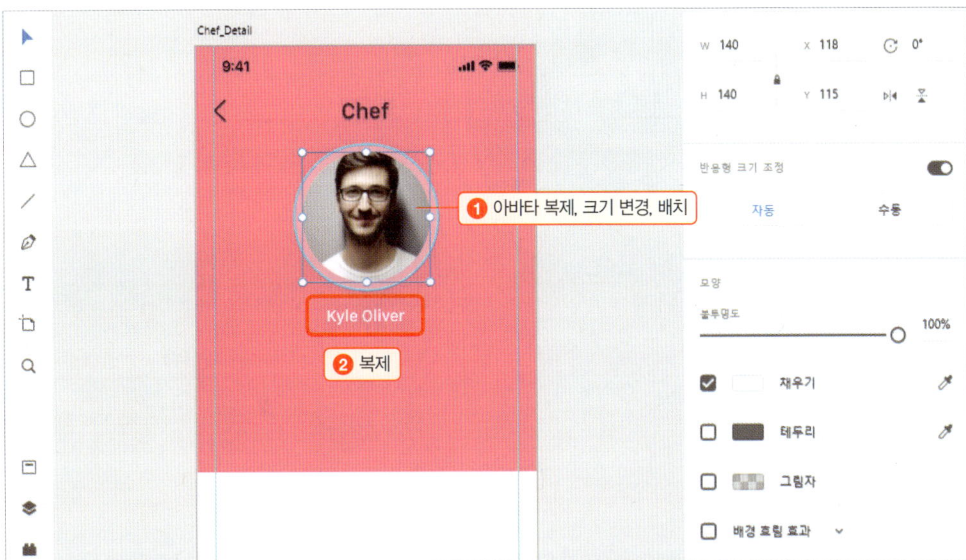

04 선택 툴( )로 이름 텍스트를 선택하고 Alt 를 누른 채 아래로 복제한다. [플러그인] 패널에서 [Contents Generator] 플러그인을 클릭해 [Contents Generator] 플러그인 옵션 창이 열리면 'Other text'의 [Email]을 선택해 텍스트 내용을 이메일 주소로 변경한다.

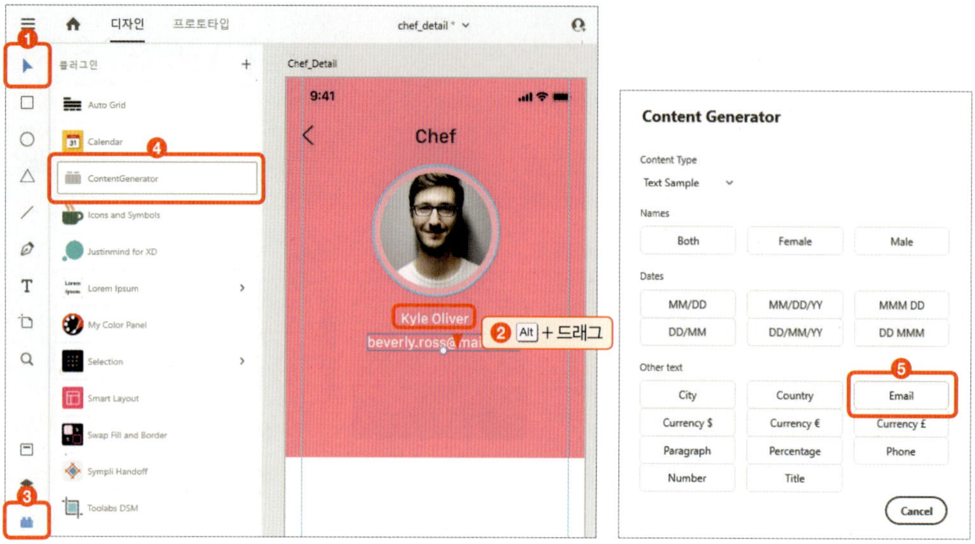

05 이메일 주소 아래에 선 툴( )로 선을 그리고 H는 24, '테두기' 색상은 #FFFFFF, '불투명도'는 50%로 변경한다. 선을 하나 더 복제해 칸을 구분하고 텍스트 툴(T)로 다음과 같이 문자를 입력한다.

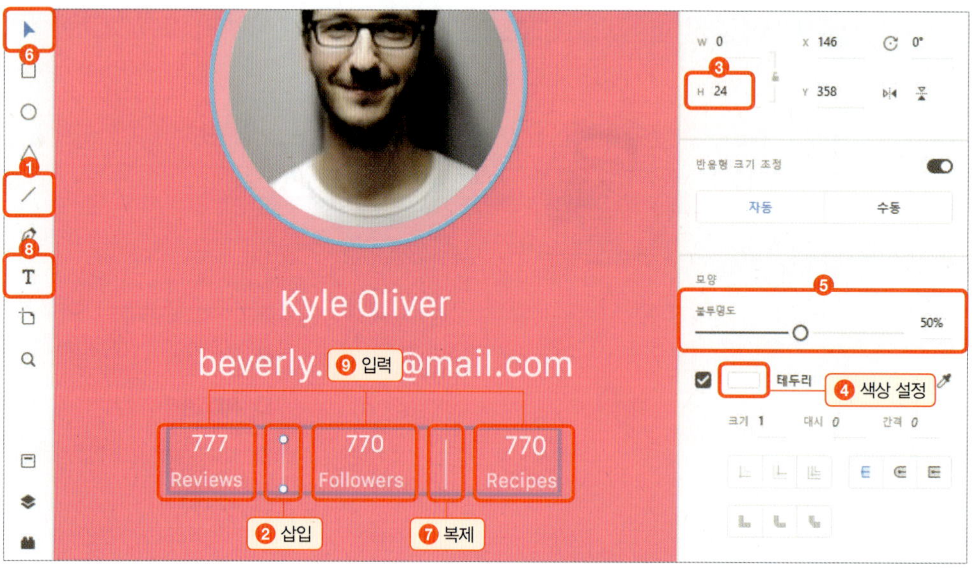

06 'Chef' 아트보드에서 'Follow' 버튼을 복제해 텍스트 아래에 배치하고 오른쪽에 하나 더 복제한다. 복제한 오브젝트의 '채우기'와 '테두리' 색상을 'Follow' 버튼과 반대로 설정하고 텍스트를 'Block'으로 변경한다.

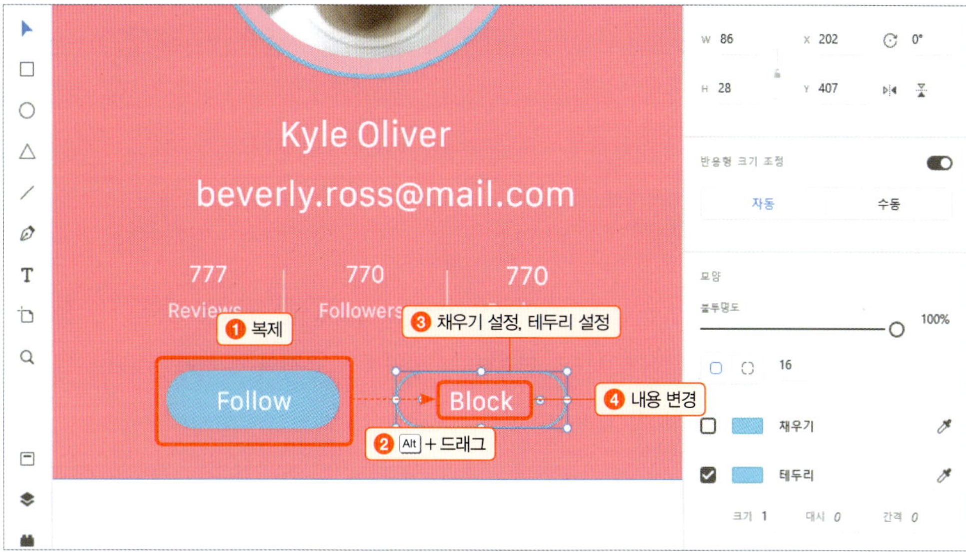

07 'Category_Detail' 아트보드에서 콘텐츠 그룹을 복제해 분홍색 상자 아래에 배치하여 유저 상세 페이지를 완성한다.

5
프로토타입 연결

01 프로토타입 모드로 전환하고 'Category' 아트보드에서 'Korean' 그룹을 선택해 인터랙션 연결 위젯을 'Category_Detail' 아트보드로 연결한다. '인터랙션' 옵션의 '트리거'는 [탭], '액션'은 [전환], '애니메이션'은 [디졸브], '이징 효과'는 [서서히 끝내기], '재생 시간'은 [0.3초]로 변경한다.

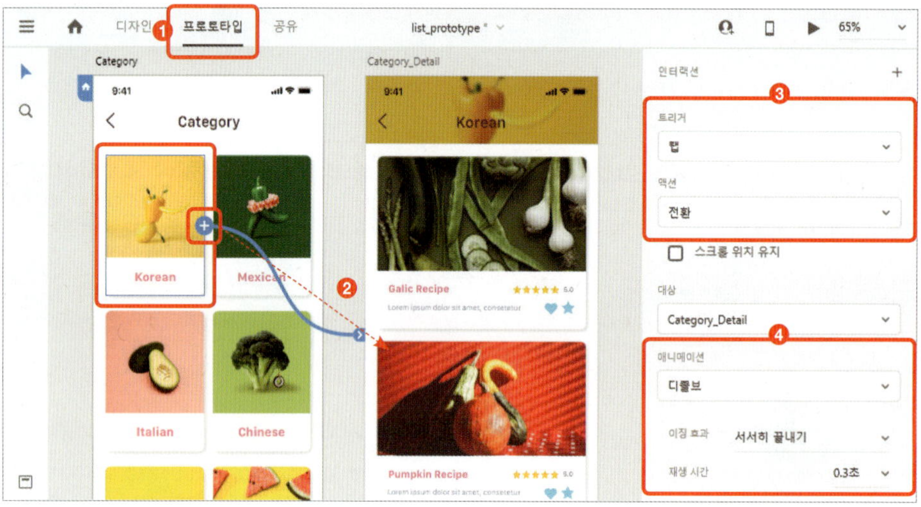

02 'Category_Detail' 아트보드의 뒤로 가기 아이콘을 'Category' 아트보드로 연결한다.

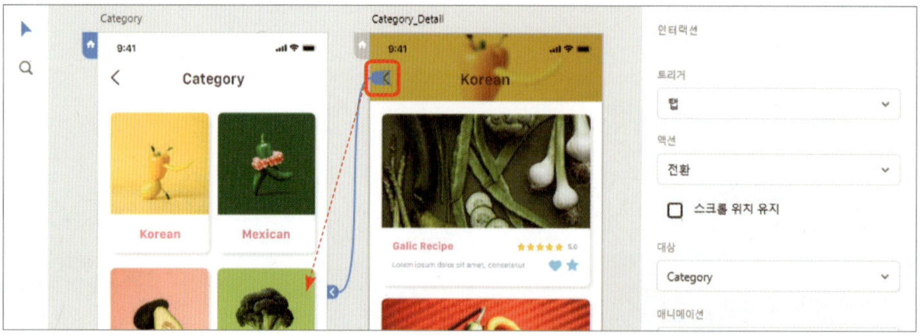

03 'Chef' 아트보드에서 첫 번째 그룹의 인터랙션 연결 위젯을 'Chef_Detail' 아트보드로 연결한다. '인터랙션' 옵션의 '트리거'는 [탭], '액션'은 [전환], '애니메이션'은 [아래로 슬라이드], '이징 효과'는 [서서히 끝내기], '재생 시간'은 [0.3초]로 설정한다

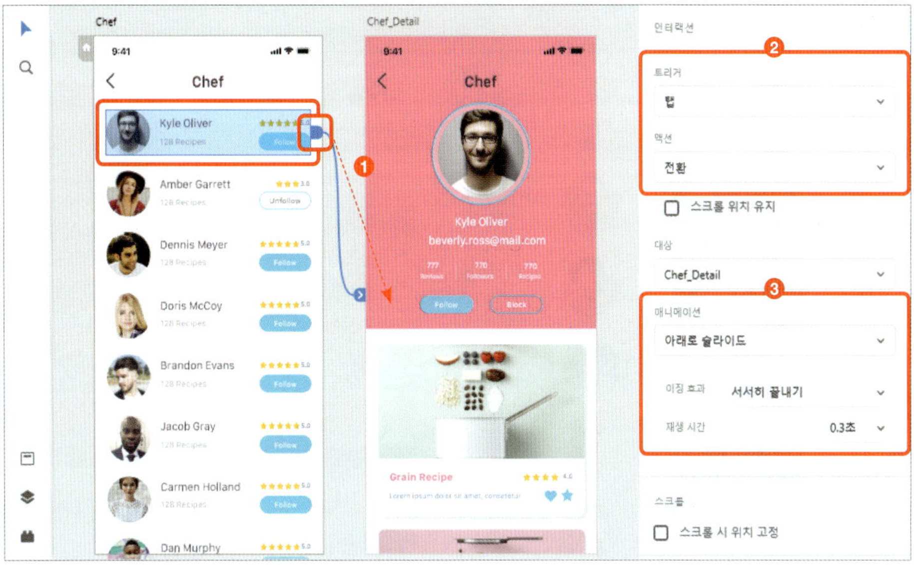

04 'Chef_Detail' 아트보드에서 뒤로 가기 아이콘을 선택하고 인터랙션 연결 위젯을 'Chef' 아트보드로 연결한다. '인터랙션' 옵션의 '트리거'는 [탭], '액션'은 [전환], '애니메이션'은 [위로 슬라이드], '이징 효과'는 [서서히 끝내기], '재생 시간'은 [0.3초]로 설정한다.

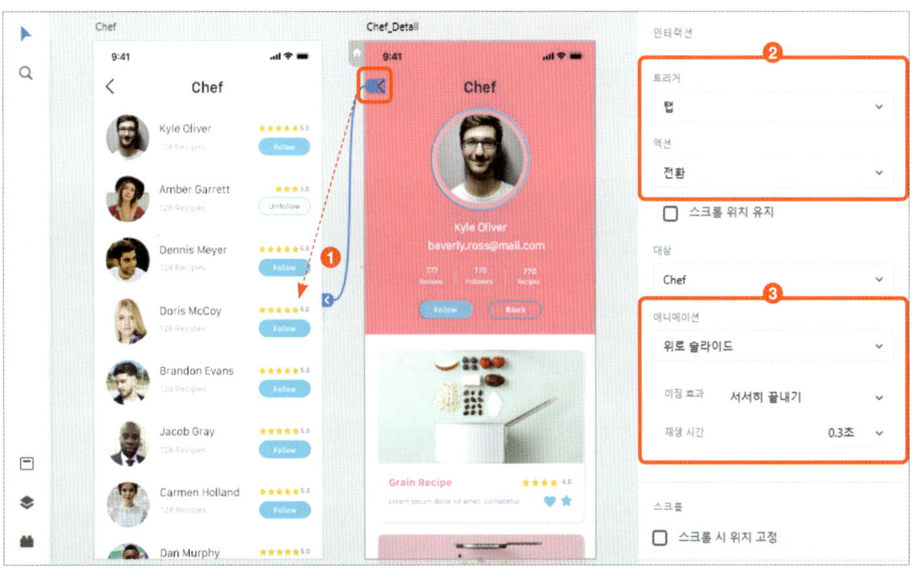

05 '데스크탑 미리보기(▶)'를 클릭해 미리보기를 확인한다. 'Category_Detail' 아트보드와 'Chef' 아트보드는 연결된 부분이 없기 때문에 처음에는 'Category' 아트보드의 인터랙션만 확인할 수 있다. 'Chef' 아트보드의 인터랙션을 확인하려면 미리보기 창을 닫은 후 'Chef' 아트보드를 선택하고 '데스크탑 미리보기(▶)'를 클릭한다.

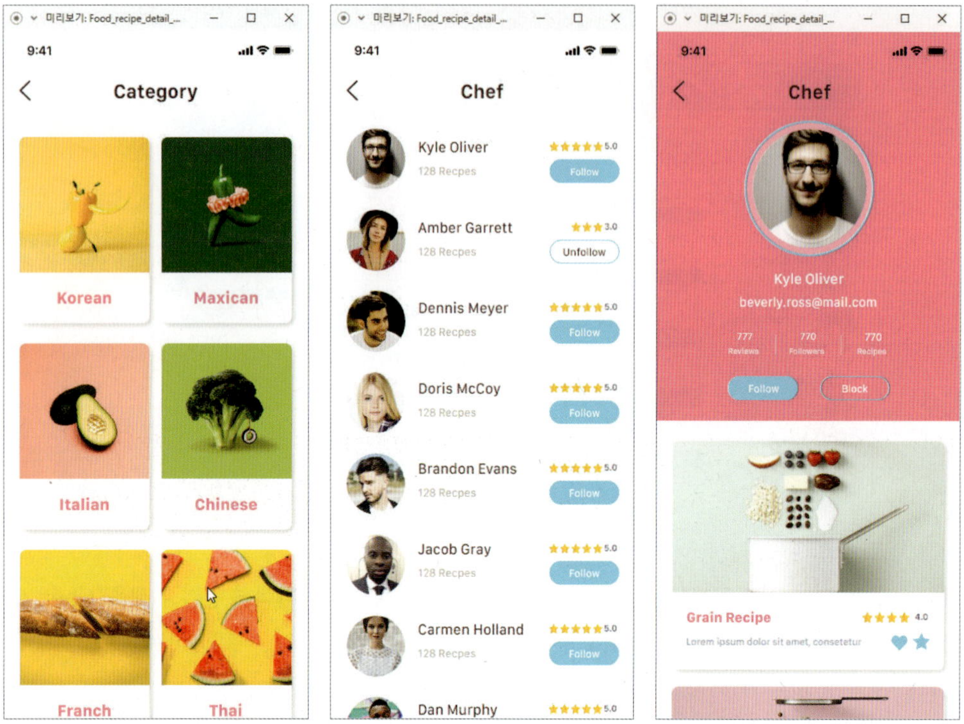

Chapter 14
리뷰, 검색, 프로필 구현

1

리뷰 작성 UI 제작

01 [Chapter_14 ▸ Section_01] 폴더에서 'review.xd' 파일을 불러온다. [에셋] 패널에서 앱 디자인에 필요한 아이콘이 준비된 것을 확인하고, 색상 패널에 견본 색상이 등록된 것도 확인한다.

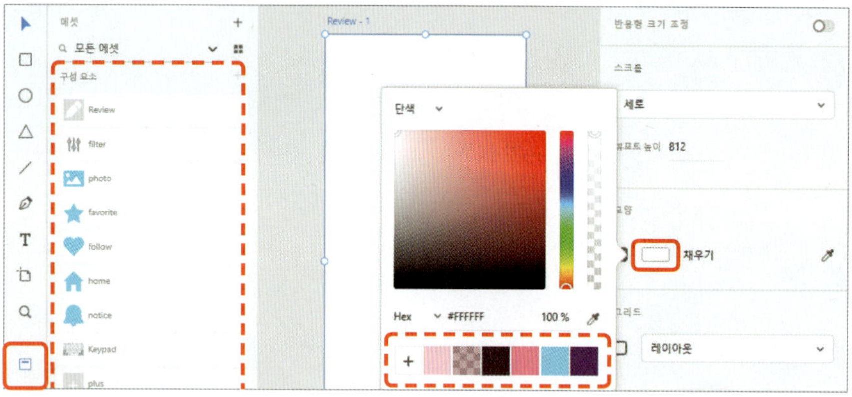

02 아트보드 가장자리에서 20 간격을 두고 가이드라인을 배치한다. [에셋] 패널에서 [Status Bar_Black]과 [Back_black]을 불러와 아트보드 상단에 배치한 후 텍스트 툴(T)로 'Review'를 입력하고 글꼴을 설정한다.

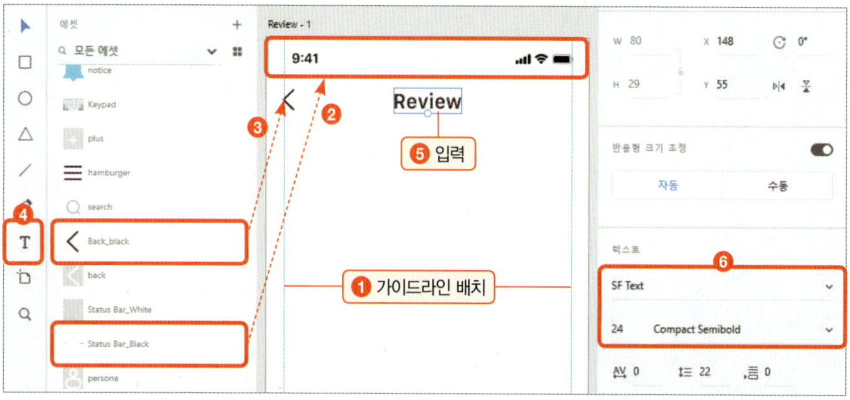

03 텍스트 툴(T)로 타이틀 텍스트 아래에 'Ratings'를 입력하고 글꼴은 SF Text, 크기는 20, 두께는 Compact로 설정한다. 사각형 툴(□)로 W는 335, H는 60인 사각형을 만들고 '모든 모퉁이에 대해 동일한 반경(▢)' 값을 30으로 변경한 후 '채우기' 색상은 #F27EA1로 설정하고 '테두리'의 체크는 해제한다.

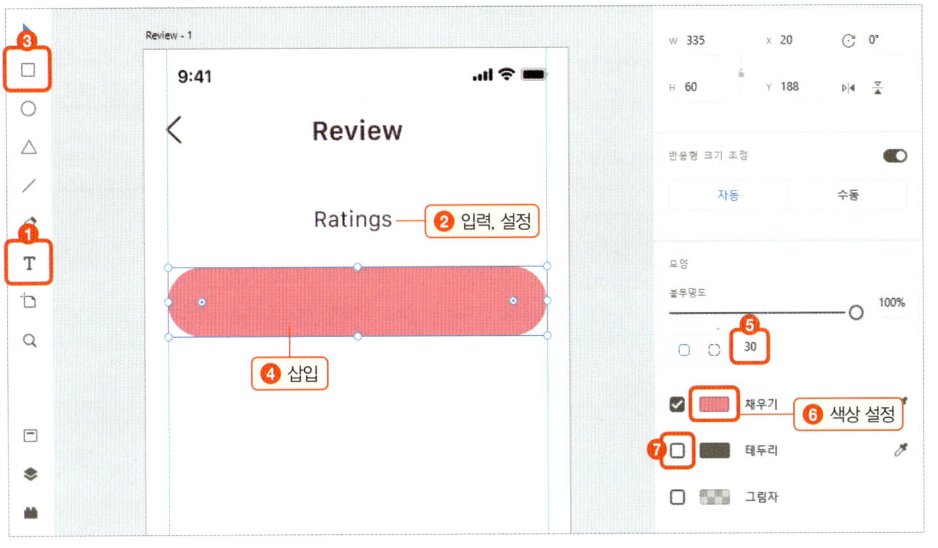

04 [에셋] 패널에서 [favorite]를 오브젝트 내부 왼쪽에 배치하고 W는 42, H는 40으로 변경한다. '채우기' 색상의 투명도를 30%로 변경하고 '테두리' 색상은 #00E5FF, '테두리'의 '크기'는 2로 설정한 후 '불투명도'를 80%로 조절한다.

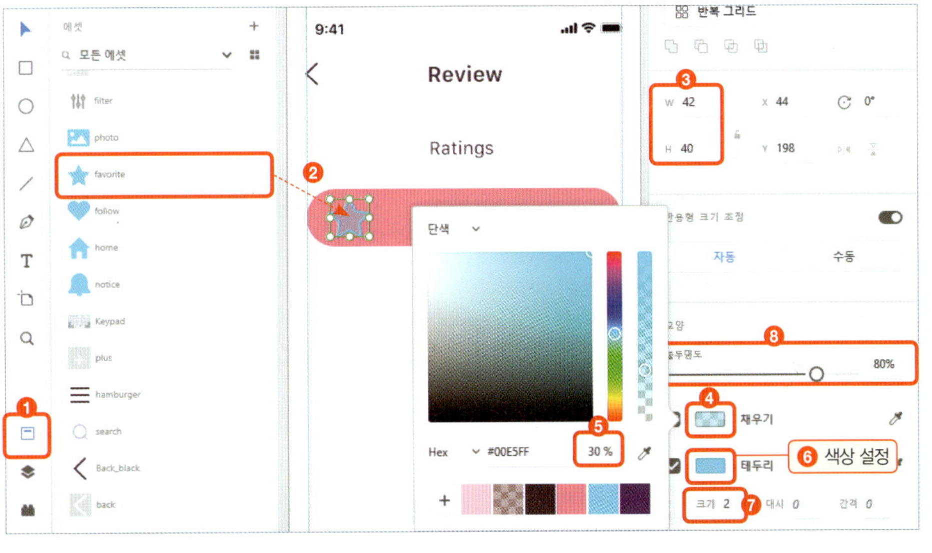

05 반투명 별 오브젝트를 복제해 5개로 만들고 간격을 일정하게 배치한다. 텍스트 툴(T)로 오브젝트 아래에 'Rate your experience'를 입력하고 글꼴은 SF Text, 크기는 14, 두께는 Compact, '채우기' 색상은 #949494로 설정한다.

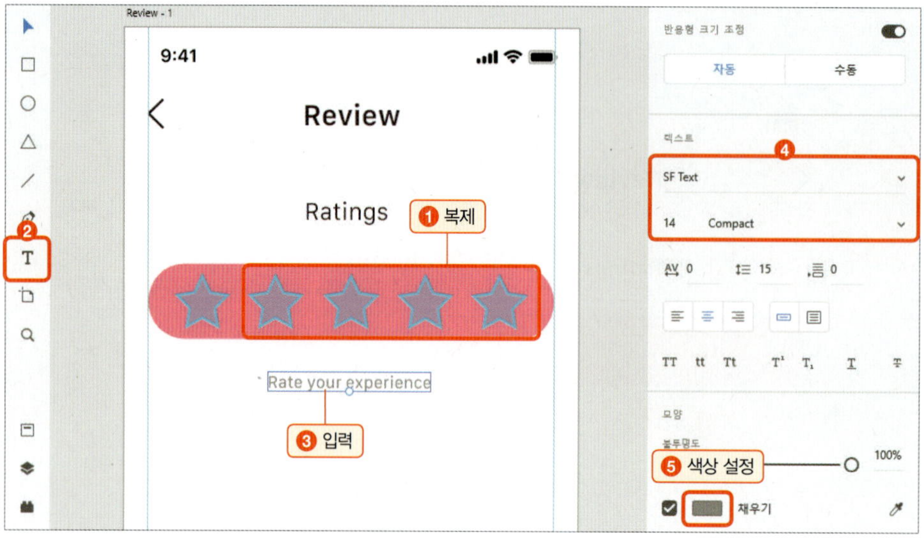

06 사각형 툴(□)로 W는 335, H는 200인 사각형을 만들고 '모든 모퉁이에 대해 동일한 반경(□)' 값은 8, '테두리' 색상은 #00E5FF로 변경한다.

07 텍스트 툴(T)로 사각형 안에 'Write your experience'를 입력하고 [에셋] 패널에서 [Keypad] 에셋을 드래그해 아트보드 하단에 배치한다.

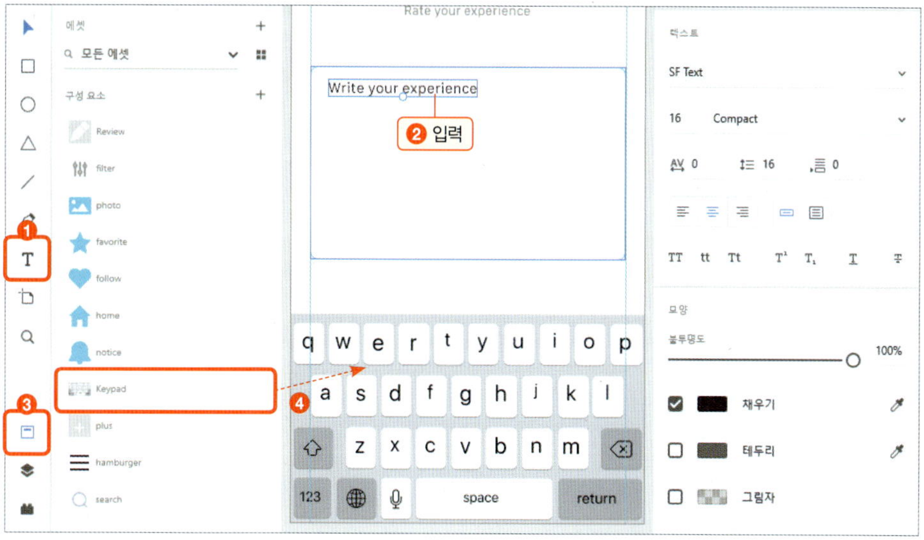

08 'Review–1' 아트보드를 오른쪽에 복제해 'Review–2' 아트보드를 만들고 키패드 에셋을 삭제한다.

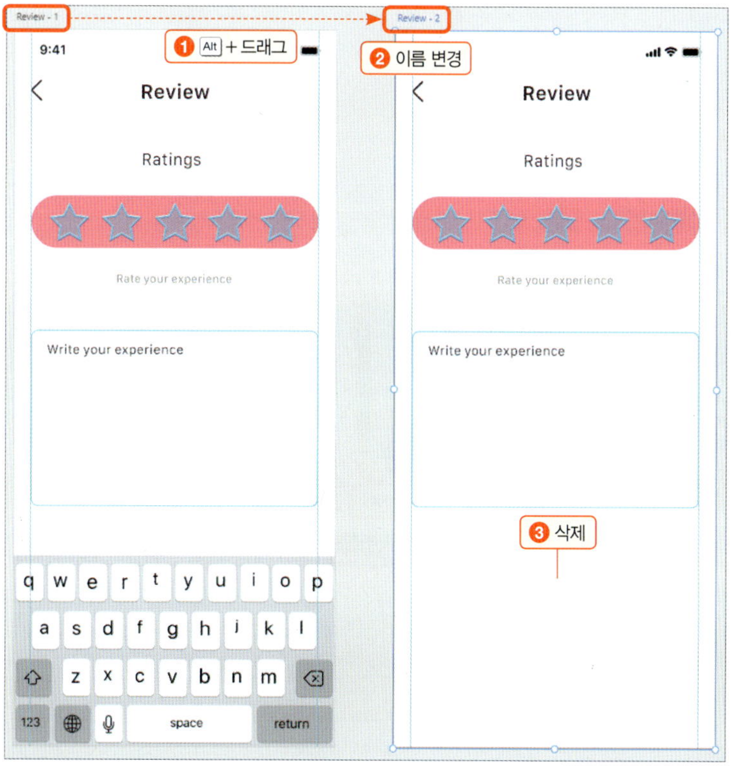

09 선택 툴( )로 텍스트 상자를 선택하고 옵션 창에서 '텍스트' 항목의 영역 텍스트( )를 클릭해 문단이 입력되도록 만든다. [플러그인] 패널에서 [ContentGenerator]를 클릭해 플러그인 옵션 창이 열리면 'Other text'의 [Paragraph]를 선택해 텍스트 상자에 문장이 입력되도록 만든다.

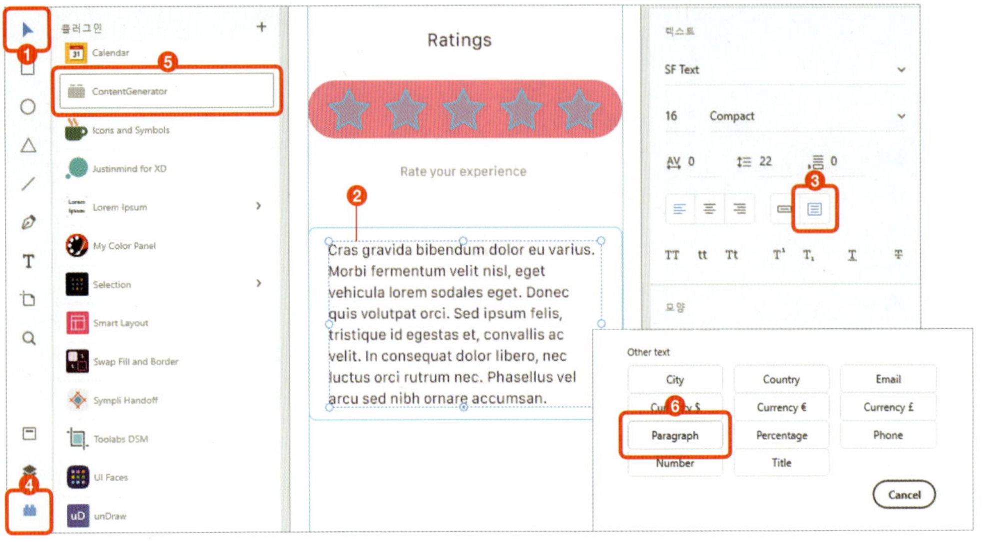

10 별 오브젝트 세 개를 선택하고 '채우기' 색상의 투명도를 100%로 설정한다. '불투명도'는 100%로 변경한다.

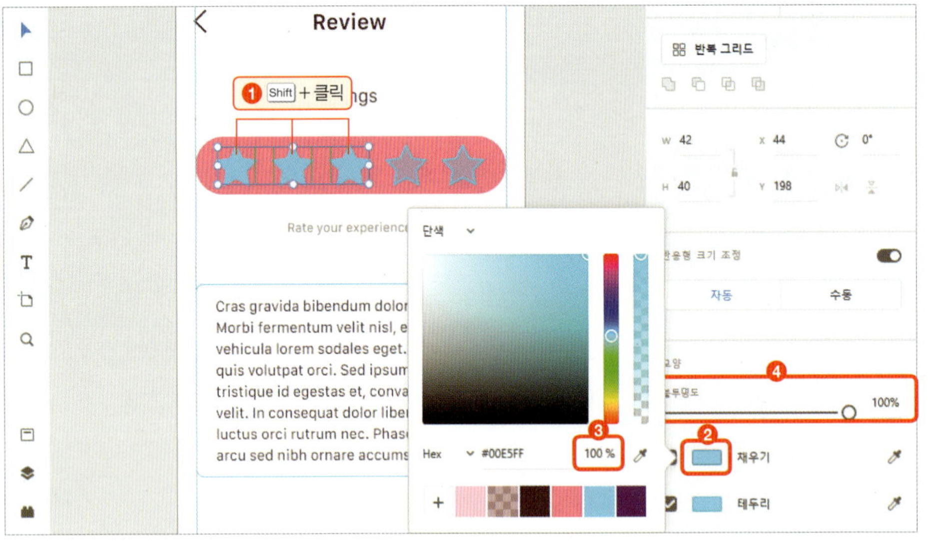

11 사각형 툴(□)로 아트보드 하단에 W는 375, H는 72인 오브젝트를 만들고 '각 모퉁이에 대해 다른 반경(◌)' 값을 8, 8, 0, 0, '채우기' 색상은 #00E5FF로 변경한다. '그림자'의 색상은 #000000, 투명도는 16%, X는 −3, Y는 −3, B는 6으로 설정한다. 텍스트 툴(T)로 오브젝트 중앙에 'Done'을 입력해 리뷰 작성 UI를 완성한다.

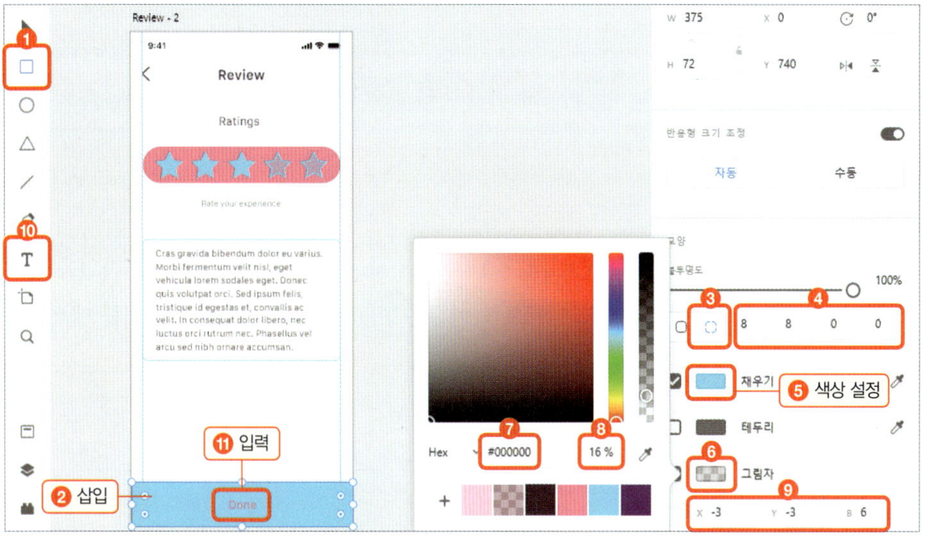

2
검색 필터 UI 제작

01 이전 실습에서 이어 진행하거나 [Chapter_14 ▸ Section_02] 폴더의 'filter.xd' 파일을 불러온다. 'Review-1' 아트보드를 복제하고 아트보드 이름을 'Filter-1'로 변경한 후 타이틀 텍스트를 'Filter'로 수정한다. 별점 아이콘 아래 요소를 모두 삭제하고 텍스트 툴(T)로 아트보드 중앙에 'Select Category'를 입력한다.

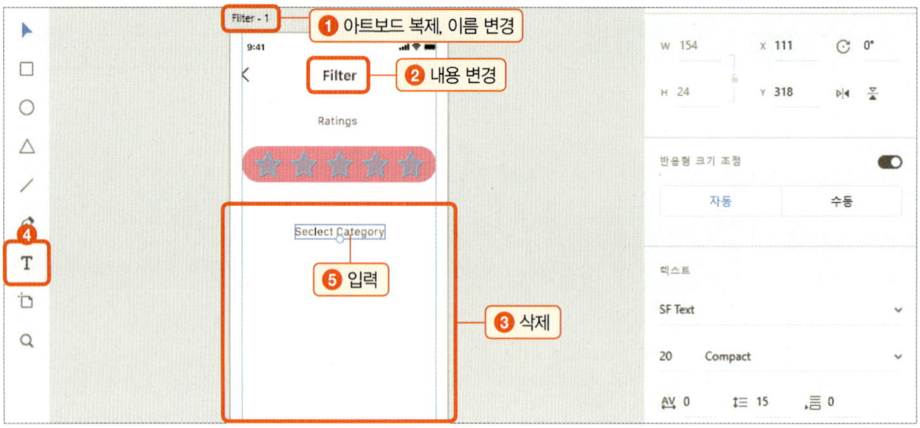

02 사각형 툴(□)로 W는 100, H는 48인 사각형을 만든 후 '모든 모퉁이에 대해 동일한 반경(▢)' 값을 24로 지정한다. '채우기' 색상은 #FFFFFF, '테두리' 색상은 #00E5FF, '테두리'의 '크기'는 2로 설정한다.

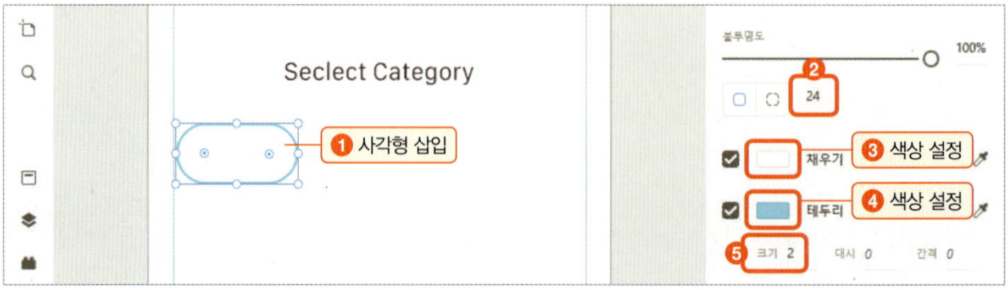

03 옵션 창에서 [반복 그리드]를 클릭하고 반복 그리드의 오른쪽과 아래 앵커 포인트를 드래그해 총 9개의 오브젝트가 되도록 만든다. 이때 가로 간격은 16, 세로 간격은 24로 조절한다. Ctrl+Shift+G를 두 번 눌러 그리드 그룹을 해제한 후 텍스트 툴(T)로 각 오브젝트 내부에 카테고리명으로 나라 이름을 입력한다.

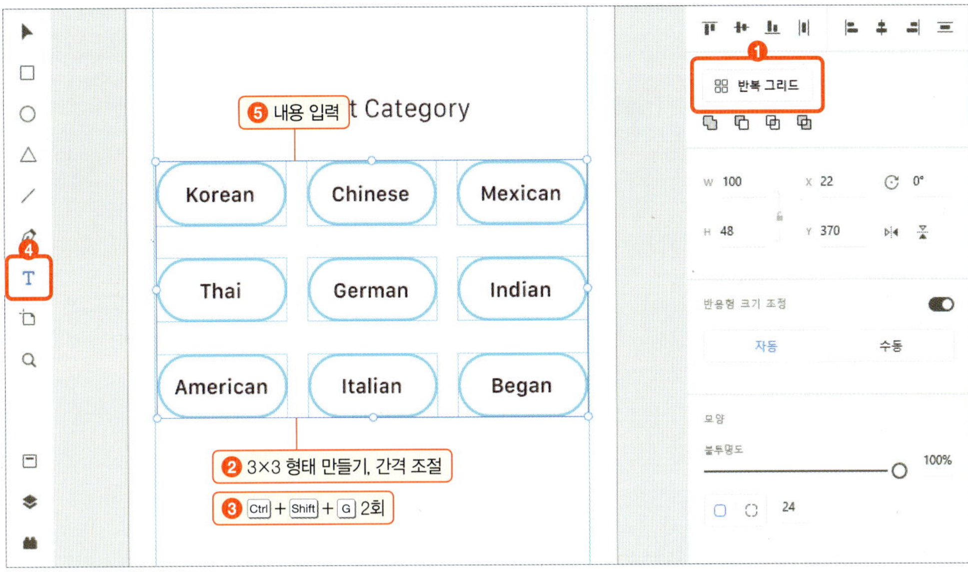

04 선택 툴(▸)로 'Filter-1' 아트보드를 오른쪽에 복제하여 'Filter-2' 아트보드를 만든다. 별 오브젝트 세 개를 선택하고 '채우기' 색상의 투명도를 100%로 변경한다.

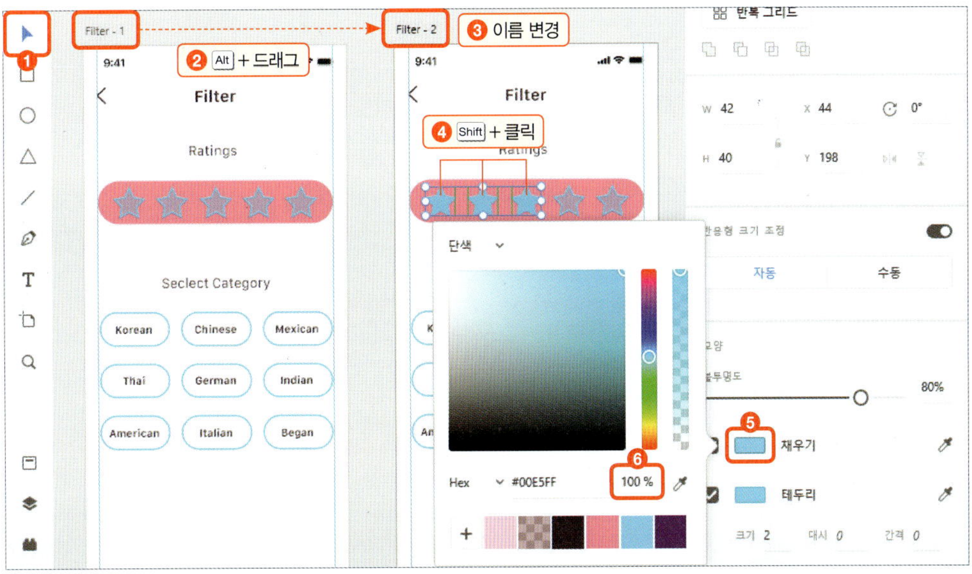

05 선택 툴(▶)로 'Korean'과 'Italian' 오브젝트를 선택한 후 [플러그인] 패널을 열고 [Swap Fill and Border]를 클릭해 색상을 반전시킨다. 텍스트의 '채우기' 색상은 #FFFFFF로 변경한다.

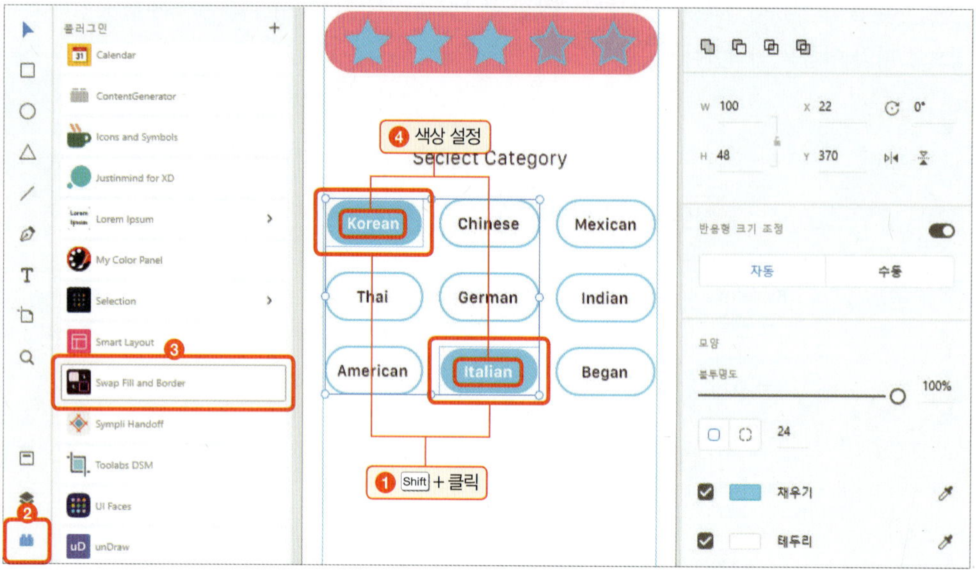

06 오브젝트 중 하나를 아래로 복제한 후 '채우기' 색상을 #F27EA1로 설정하고 텍스트를 'Reset'으로 변경한다. 'Review-2' 아트보드에서 'Done' 버튼을 복제해 아트보드 하단에 배치한다.

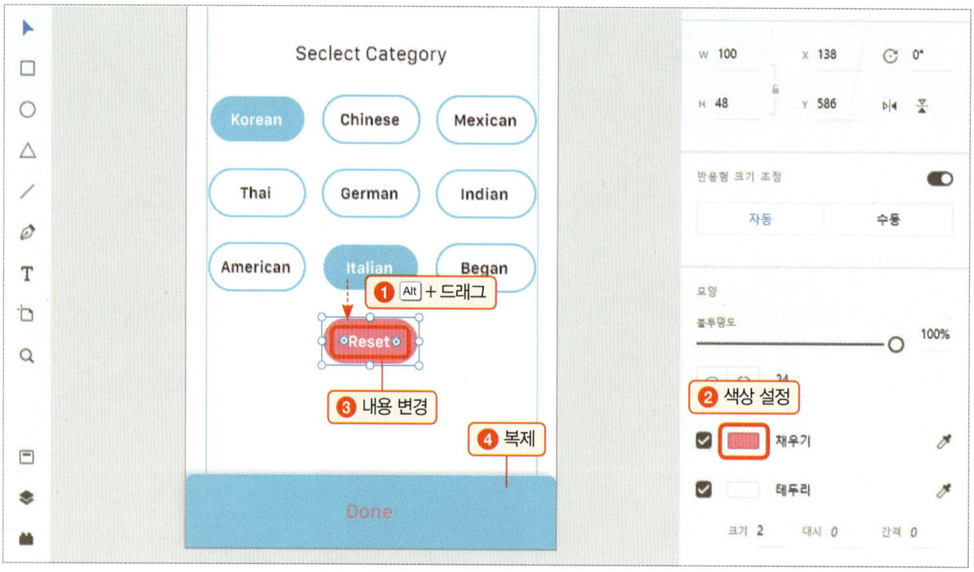

3
프로필 페이지 UI 제작

01 이전 실습에서 이어 진행한다. 아트보드 툴(□)을 선택하고 빈 공간을 클릭해 새 아트보드를 만들고 아트보드 이름을 'Profile'로 변경한다. '채우기' 색상은 #472F39, 투명도는 80%로 설정한다.

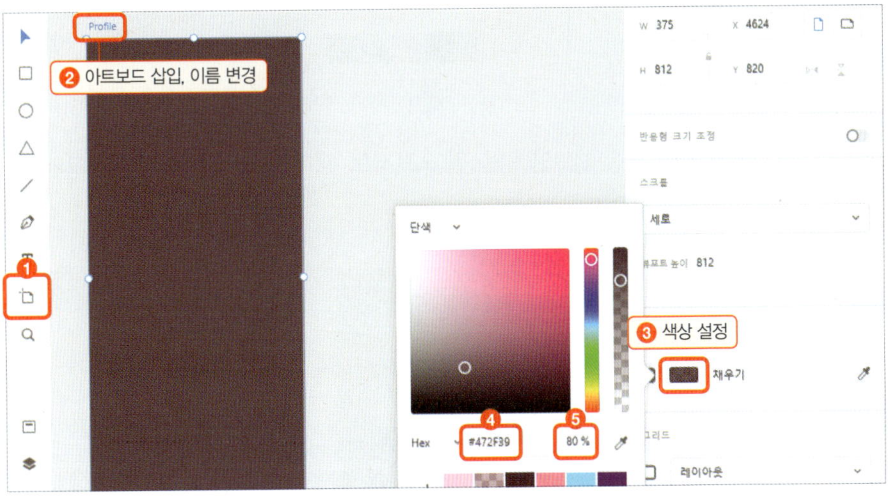

02 사각형 툴(□)로 W는 280, H는 812인 사각형을 만들어 아트보드 왼쪽에 배치한다. 다시 W는 280, H는 300인 사각형을 만든 후 '채우기' 색상을 #F27EA1로 설정하고 '테두리'의 체크는 해제한다. 타원 툴(○)로 W는 140, 높이는 140인 원을 만들어 왼쪽 상단에 배치한다.

03 원이 선택된 상태로 '채우기' 색상의 투명도를 30%로 변경한다. '테두리'의 색상은 #00E5FF, '크기'는 2로 설정한다.

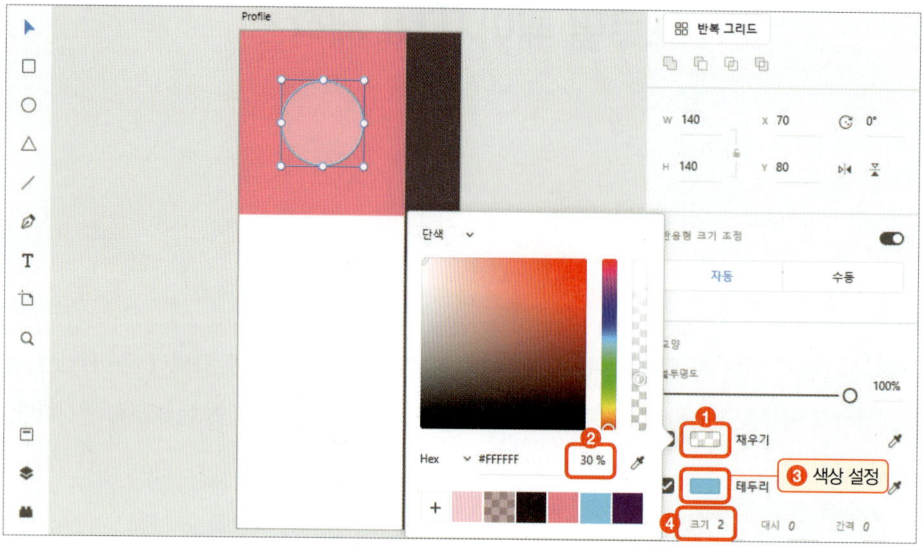

04 타원 툴( )로 W는 120, H는 120인 원을 원 오브젝트 한가운데에 만들고, [플러그인] 패널에서 [UI Faces]를 실행해 얼굴 사진을 배치한다.

05 얼굴 사진 아래에 텍스트 툴(T)로 임의의 문자를 입력한 후 [ContentGenerator] 플러그인을 이용해 이름과 이메일을 각각 입력한다. 텍스트 툴(T)로 상자 오른쪽 상단에 'X'를 입력하고 글꼴 크기는 20, 두께는 Compact Bold로 설정한다.

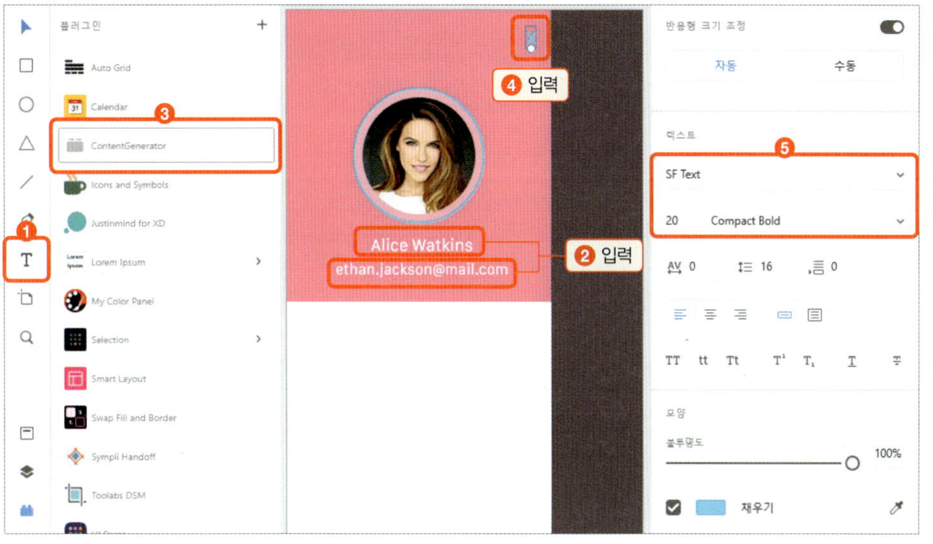

06 [에셋] 패널에서 각 아이콘을 흰색 상자로 드래그해 다음과 같이 배치하고, 텍스트 툴(T)로 아이콘에 맞는 텍스트를 입력해 프로필 페이지 UI를 완성한다.

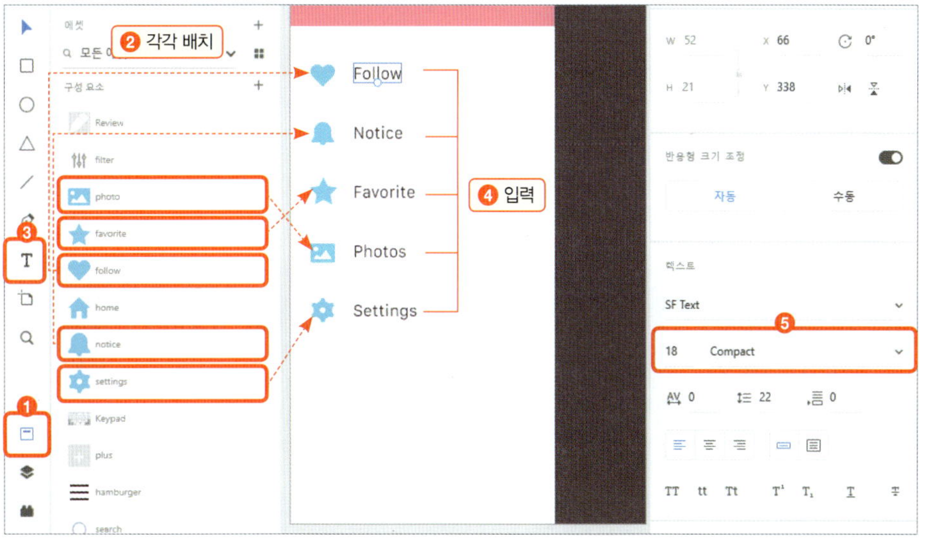

4
프로토타입 연결

01 프로토타입 모드로 전환하고 'Review-1' 아트보드의 인터랙션 연결 위젯을 'Review-2' 아트보드로 연결한다. '인터랙션' 옵션에서 '트리거'는 [탭], '액션'은 [전환], '애니메이션'은 [디졸브], '이징 효과'는 [서서히 끝내기], '재생 시간'은 [0.3초]로 변경한다.

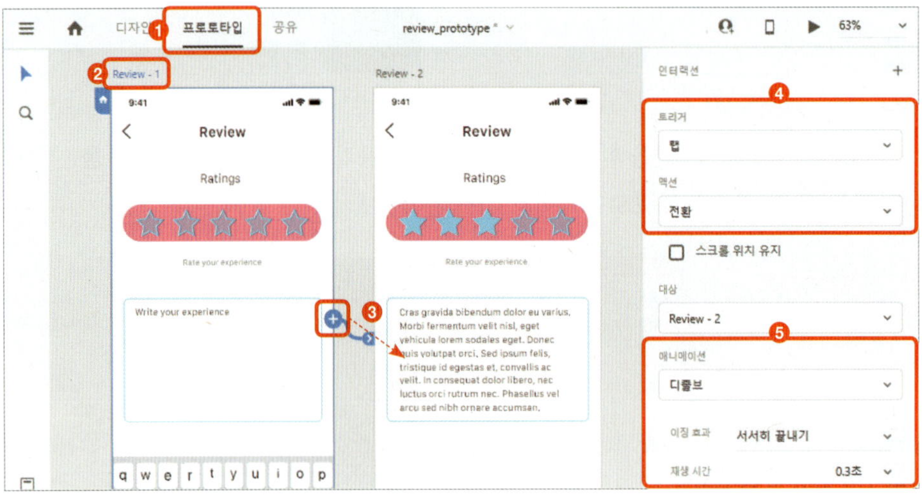

02 'Review-2' 아트보드의 뒤로 가기 아이콘을 선택해 인터랙션 연결 위젯을 'Review-1' 아트보드로 연결한다. 옵션은 이전 설정을 적용한다.

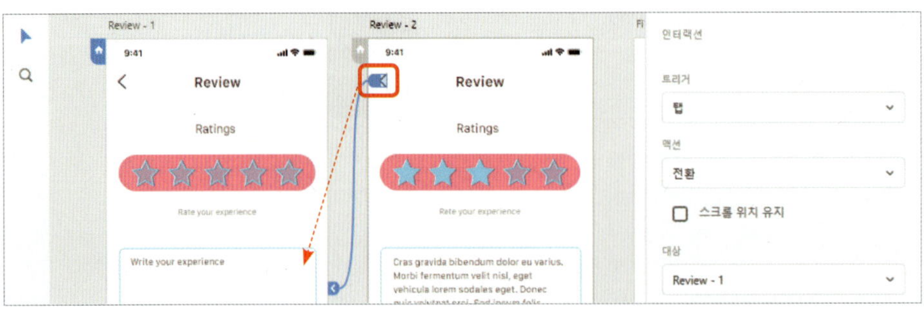

03 'Filter–1' 아트보드의 인터랙션 연결 위젯을 'Filter–2' 아트보드로 연결한다. 옵션은 이전 설정을 적용한다.

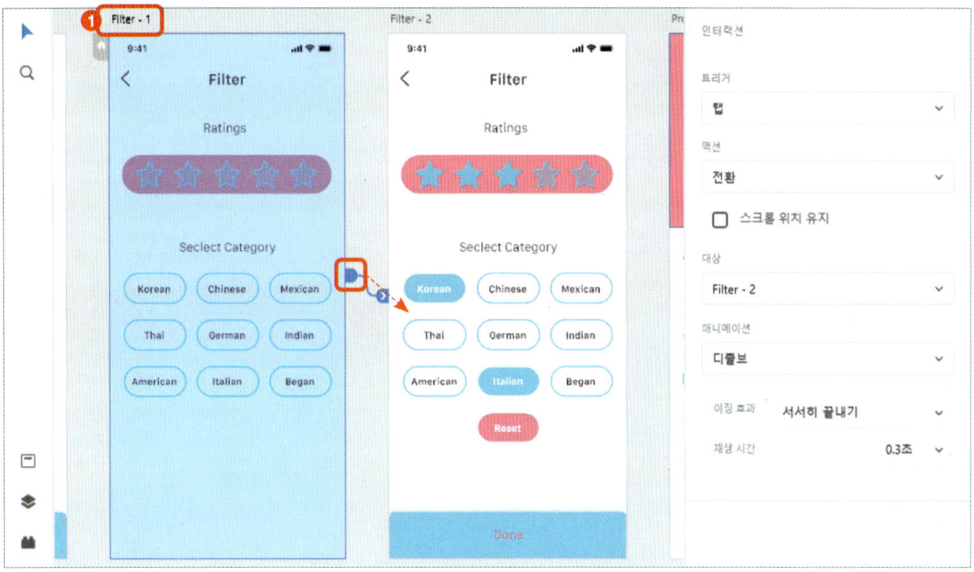

04 'Filter–2' 아트보드의 뒤로 가기 아이콘을 선택해 인터랙션 연결 위젯을 'Filter–1' 아트보드로 연결한다. 옵션은 이전 설정을 적용한다.

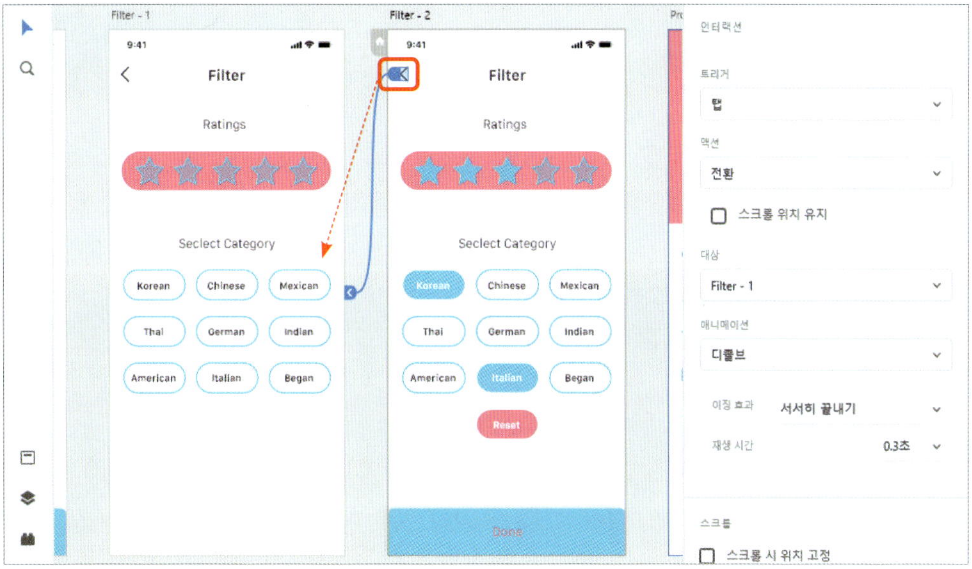

05 '데스크탑 미리보기(▶)'를 클릭해 미리보기를 확인한다. 'Review-2' 아트보드와 'Filter-1' 아트보드의 연결된 부분이 없기 때문에 처음에는 'Review-1' 아트보드의 인터랙션만 확인이 가능하다. 'Filter-1' 아트보드의 인터랙션을 확인하려면 미리보기 창을 닫은 후 'Filter-1' 아트보드를 선택하고 '데스크탑 미리보기(▶)'를 클릭한다.

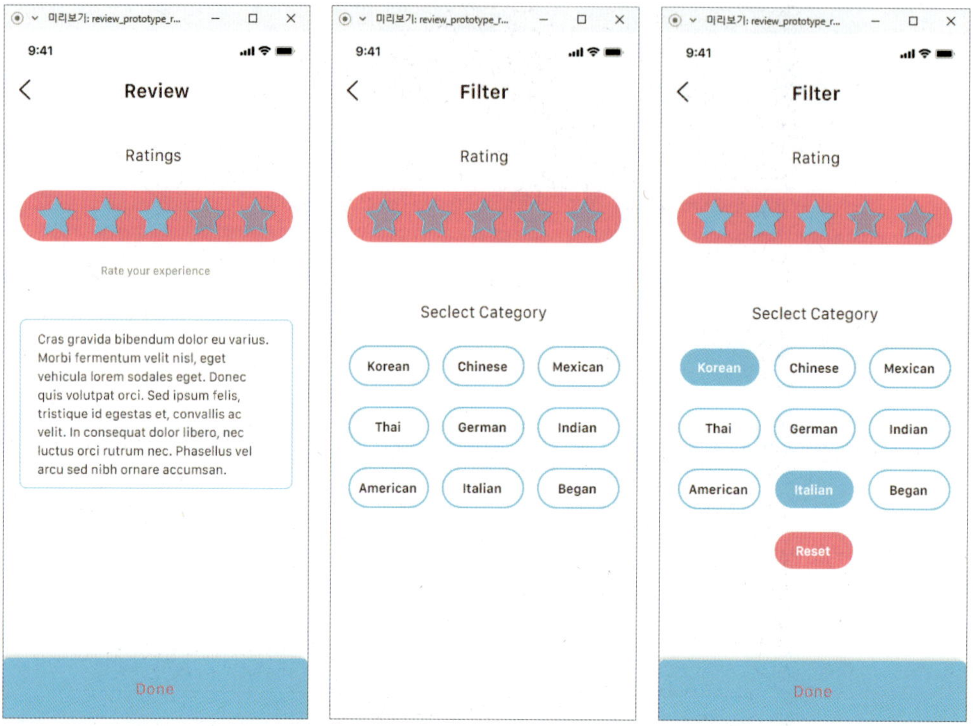

Chapter 15
전체 앱 프로토타입 연결

1
종합 제작 1: 개별 XD 파일 하나로 합치기

01 Chapter 11~14까지 만든 XD 파일을 모두 열어 새로운 XD 파일에 모든 아트보드를 붙여넣는다. 이때 프로토타입 모드에서 복제해야 프로토타입이 함께 복제된다. 디자인 모드에서 복제하면 아트보드만 가져와진다. 아트보드의 각 이름 부분을 드래그해 다음과 같이 적절하게 배치한다.

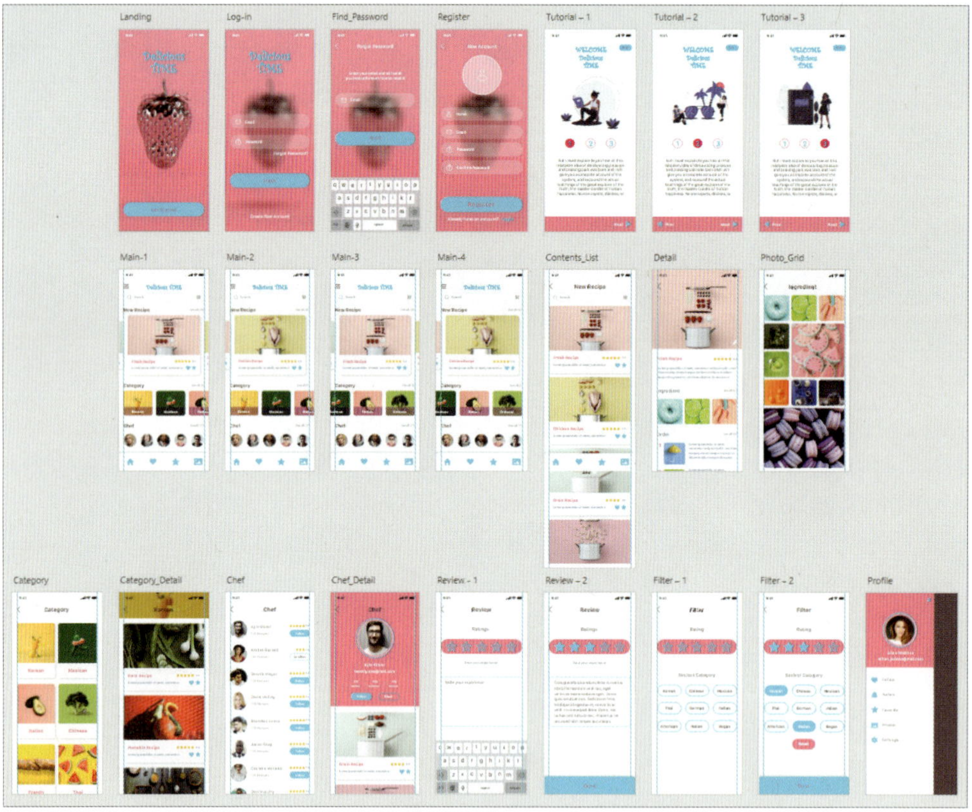

Tip [Chapter_15 ▸ Section_01] 폴더에서 'recipe_prototype.xd' 파일을 열어 사용해도 된다.

02 프로토타입 모드에서 Ctrl+A를 누르면 이전에 각 파일에서 개별적으로 작업한 인터랙션 연결을 모두 확인할 수 있다.

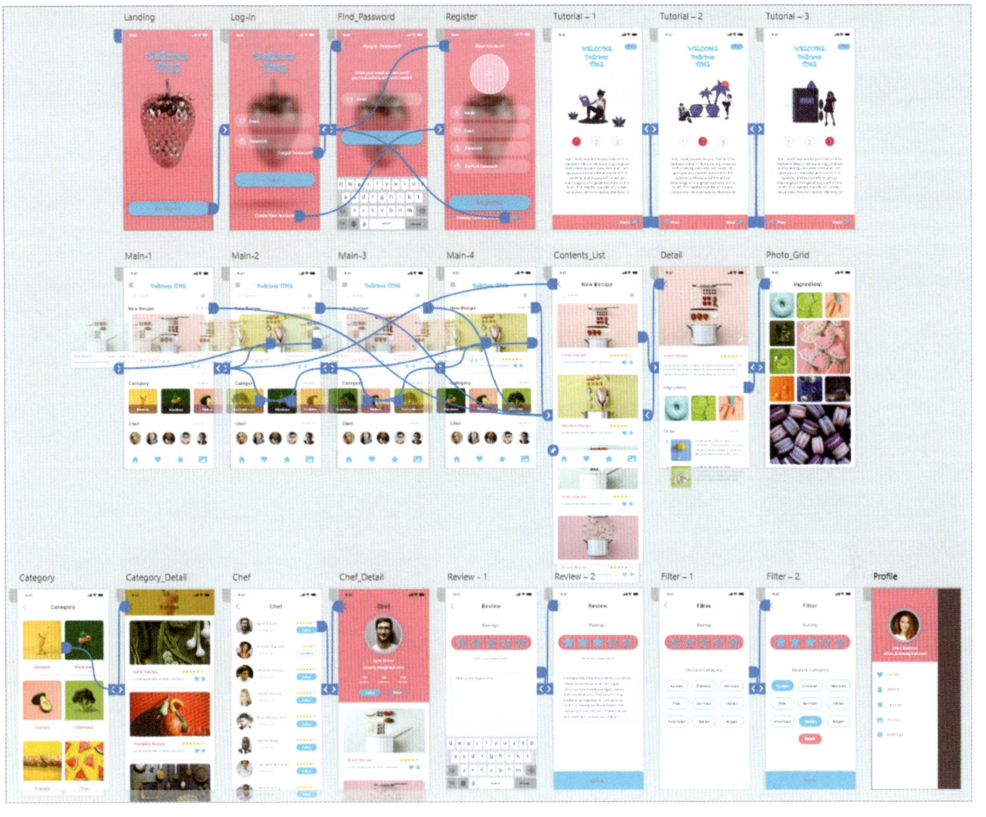

2
종합 제작 2: 프로토타입 연결

01 'Log-in' 아트보드의 'Login' 버튼을 선택하고 인터랙션 연결 위젯을 'Tutorial-1' 아트보드로 연결한다. '인터랙션' 옵션의 '트리거'는 [탭], '액션'은 [전환], '애니메이션'은 [왼쪽으로 슬라이드], '이징 효과'는 [서서히 끝내기], '재생 시간'은 [0.3초]로 변경한다.

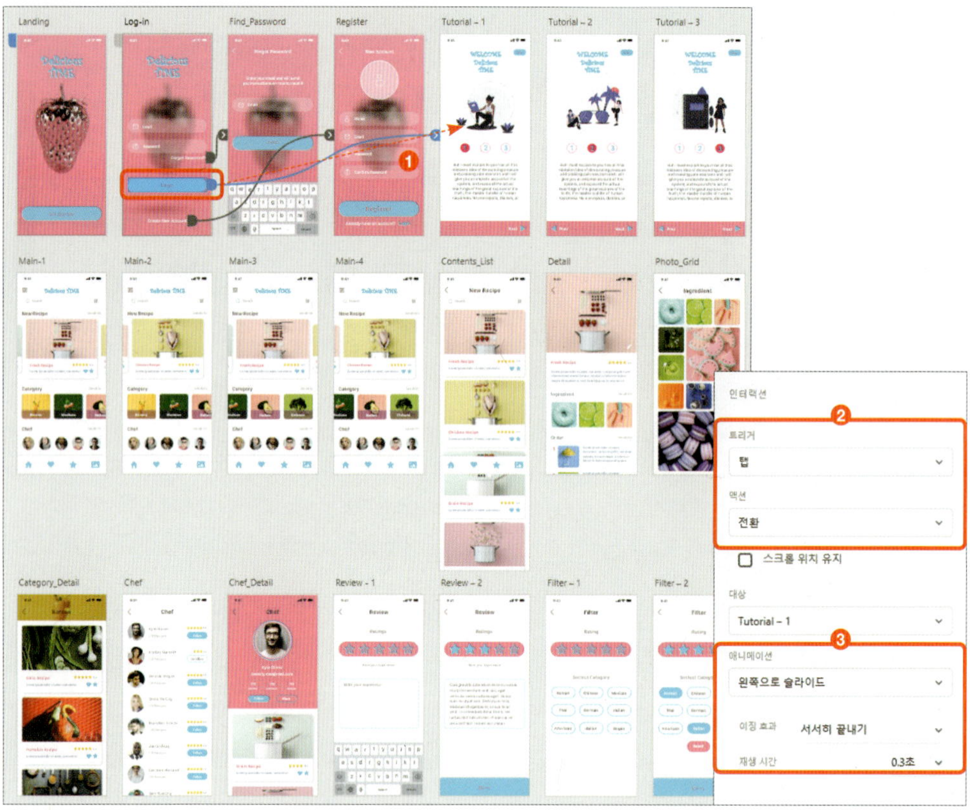

02 'Tutorial-3' 아트보드에서 'Next' 버튼을 선택해 인터랙션 연결 위젯을 'Main-1' 아트보드로 연결한다. '인터랙션' 옵션의 '트리거'는 [탭], '액션'은 [전환], '애니메이션'은 [디졸브], '이징 효과'는 [서서히 끝내기], '재생 시간'은 [0.3초]로 변경한다.

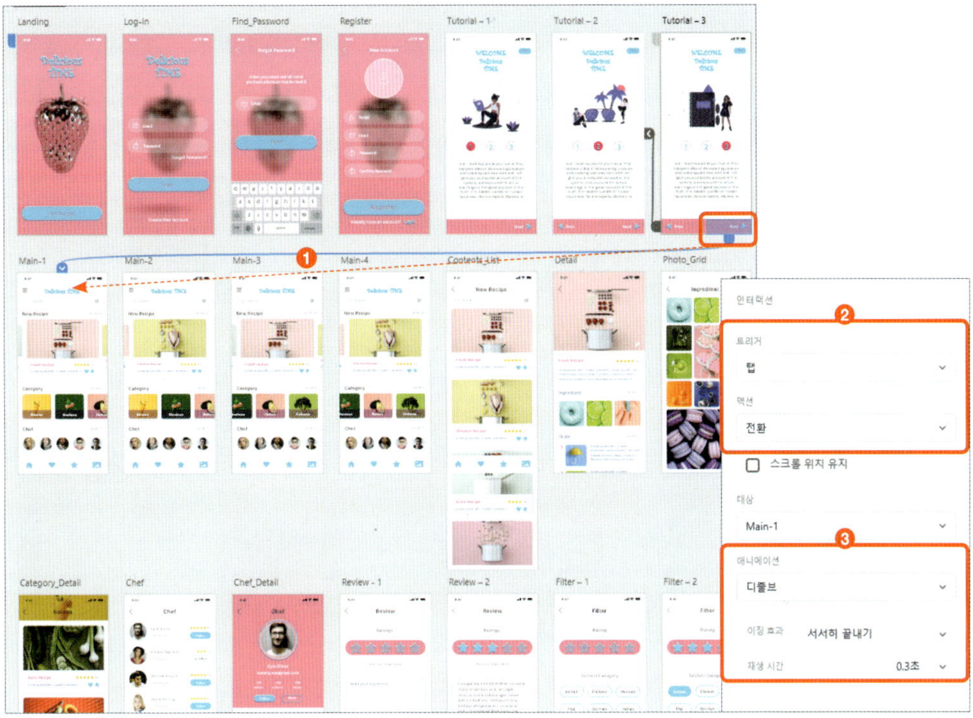

03 'Tutorial-1', 'Tutorial-2', 'Tutorial-3' 아트보드 오른쪽 상단에 있는 'Skip' 버튼의 인터랙션 연결 위젯을 각각 'Main-1' 아트보드로 연결한다. '인터랙션' 옵션은 이전 설정을 그대로 유지한다.

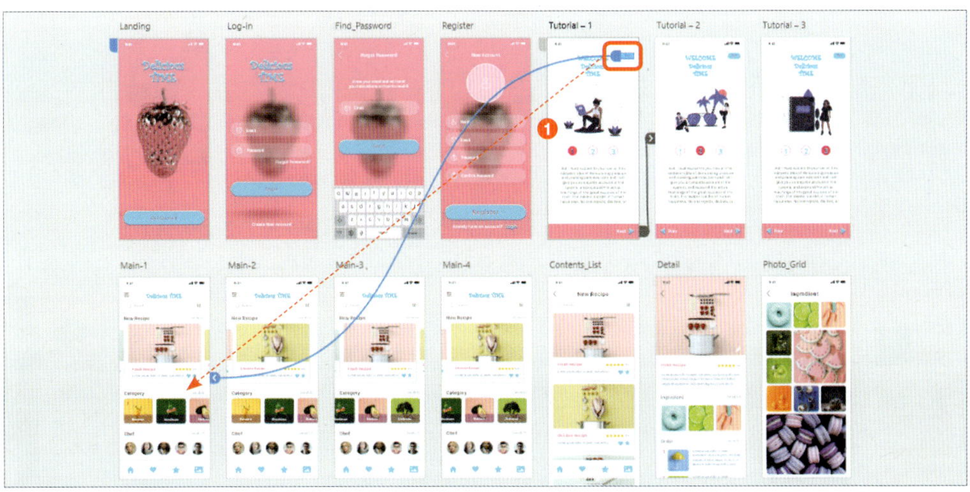

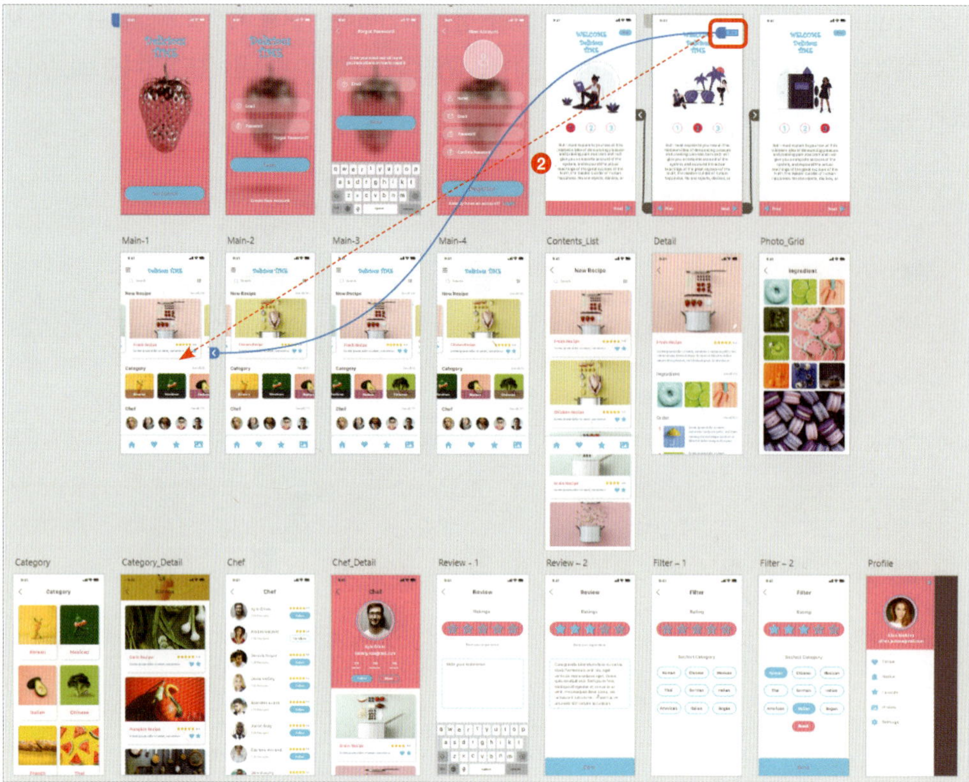
2
Main-1
Main-2
Main-3
Main-4
Contents_List
Detail
Photo_Grid
Category
Category_Detail
Chef
Chef_Detail
Review - 1
Review - 2
Filter - 1
Filter - 2
Profile

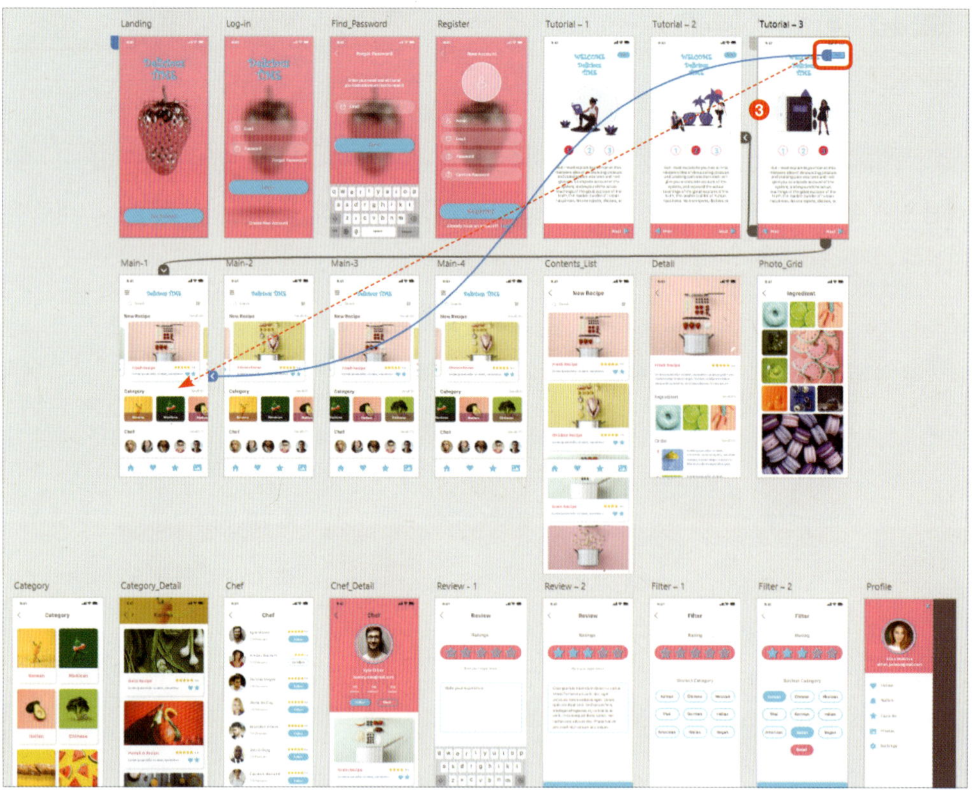
Landing
Log-in
Find_Password
Register
Tutorial - 1
Tutorial - 2
Tutorial - 3
3
Main-1
Main-2
Main-3
Main-4
Contents_List
Detail
Photo_Grid
Category
Category_Detail
Chef
Chef_Detail
Review - 1
Review - 2
Filter - 1
Filter - 2
Profile

04 'Main-1' 아트보드에서 검색 필드를 선택해 인터랙션 연결 위젯을 'Filter-1'로 연결한다. '인터랙션' 옵션의 '트리거'는 [탭], '액션'은 [전환], '애니메이션'은 [위로 슬라이드], '이징 효과'는 [서서히 끝내기], '재생 시간'은 [0.3초]로 변경한다.

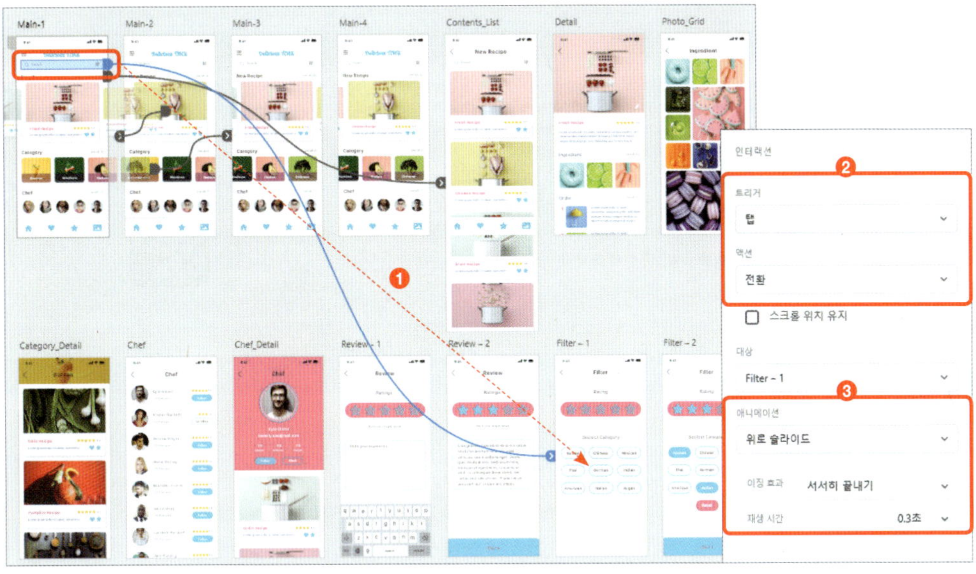

05 'Main-2', 'Main-3', 'Main-4', 'Contents_List' 아트보드의 검색 필드도 모두 'Filter-1' 아트보드로 연결한다. '인터랙션' 옵션은 이전 설정을 그대로 유지한다.

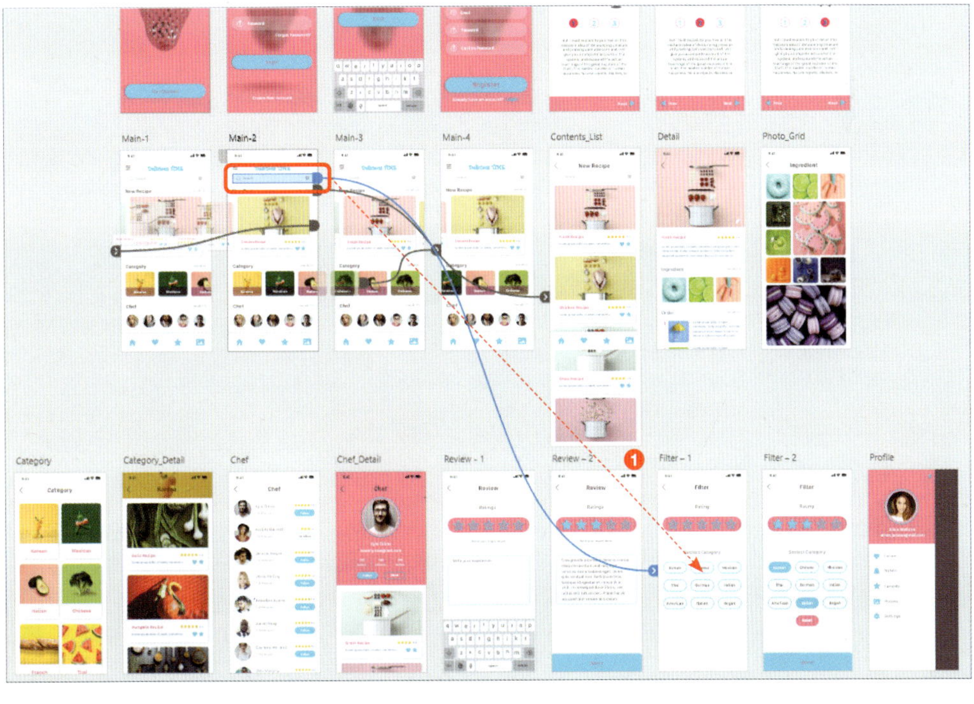

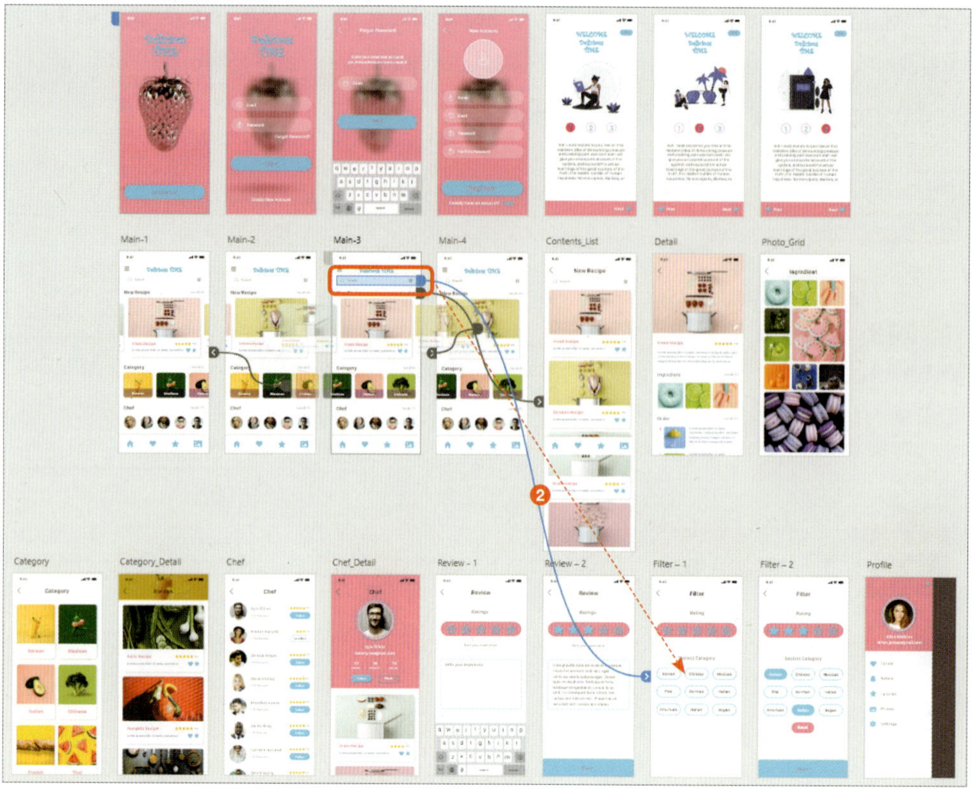
Main-1
Main-2
Main-3
Main-4
Contents_List
Detail
Photo_Grid
2
Category
Category_Detail
Chef
Chef_Detail
Review – 1
Review – 2
Filter – 1
Filter – 2
Profile

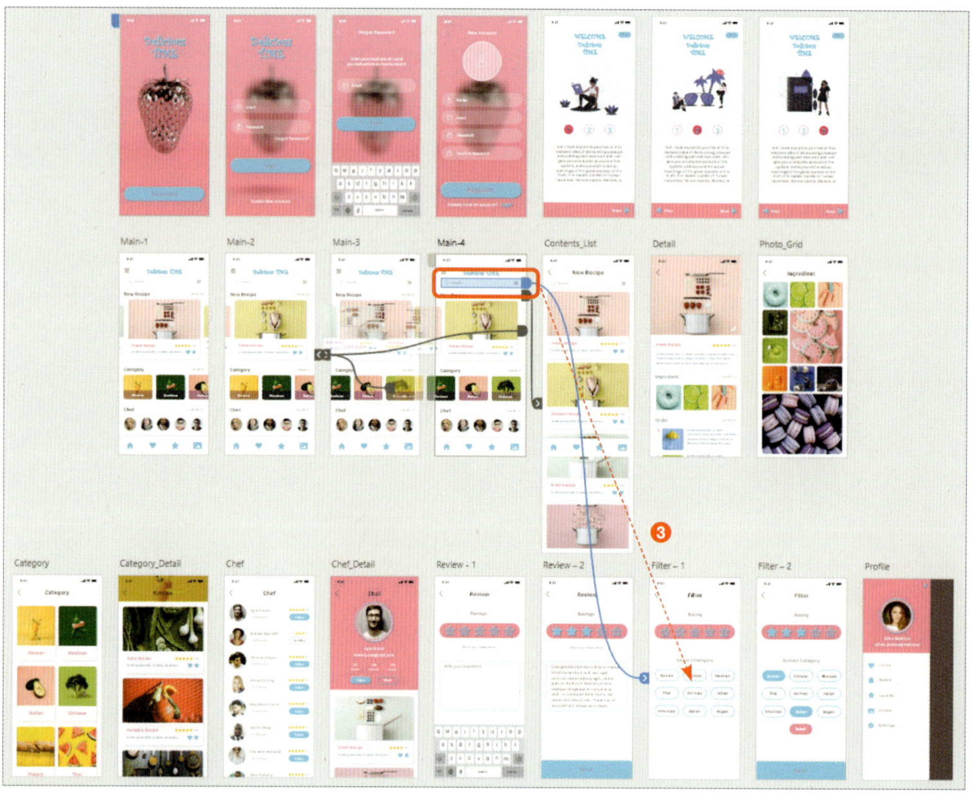
Main-1
Main-2
Main-3
Main-4
Contents_List
Detail
Photo_Grid
3
Category
Category_Detail
Chef
Chef_Detail
Review – 1
Review – 2
Filter – 1
Filter – 2
Profile

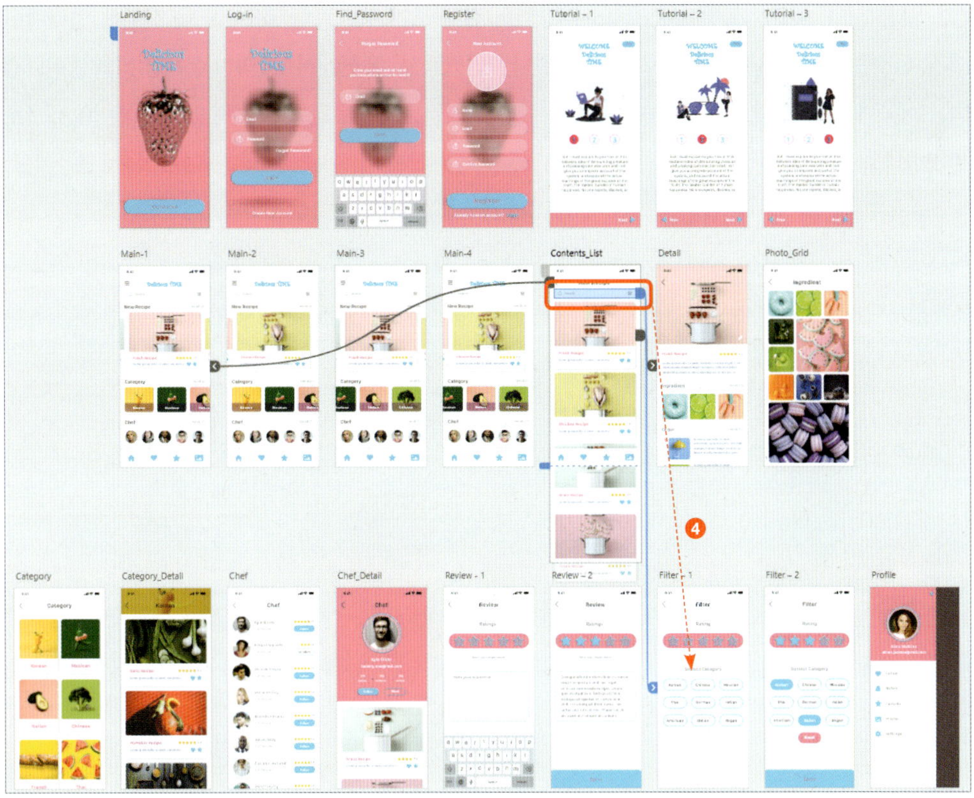

06 'Filter-1' 아트보드의 뒤로 가기 버튼을 선택하고 인터랙션 연결 위젯을 'Main-1' 아트보드로 연결한다. '인터랙션' 옵션의 '트리거'는 [탭], '액션'은 [전환], '애니메이션'은 [아래로 슬라이드], '이징 효과'는 [서서히 끝내기], '재생 시간'은 [0.3초]로 변경한다.

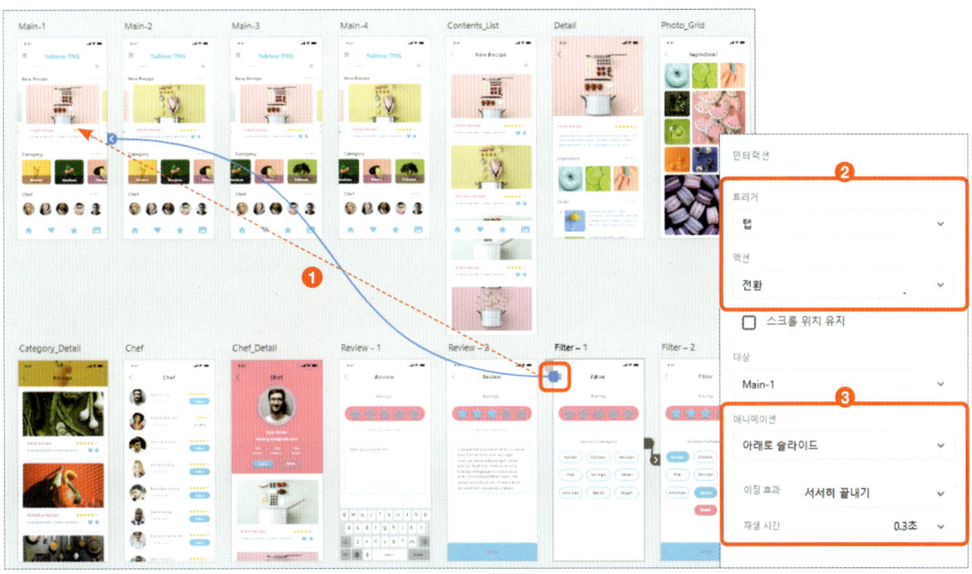

07 'Main-1' 아트보드에서 Category 영역의 전체 보기 텍스트인 'see all'을 선택해 인터랙션 연결 위젯을 'Category' 아트보드로 연결한다. '인터랙션' 옵션에서 '트리거'는 [탭], '액션'은 [전환], '애니메이션'은 [왼쪽으로 슬라이드], '이징 효과'는 [서서히 끝내기], '재생 시간'은 [0.3초]로 변경한다.

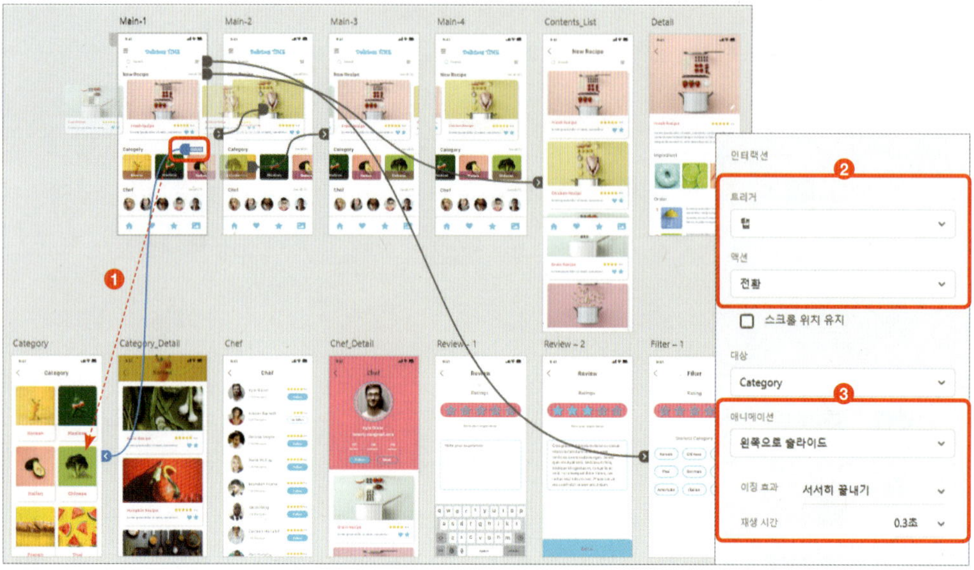

08 'Main-2', 'Main-3', 'Main-4' 아트보드에서 Category 영역의 전체 보기 텍스트인 'see all'을 'Category' 아트보드로 연결한다. '인터랙션' 옵션은 이전 설정을 그대로 유지한다.

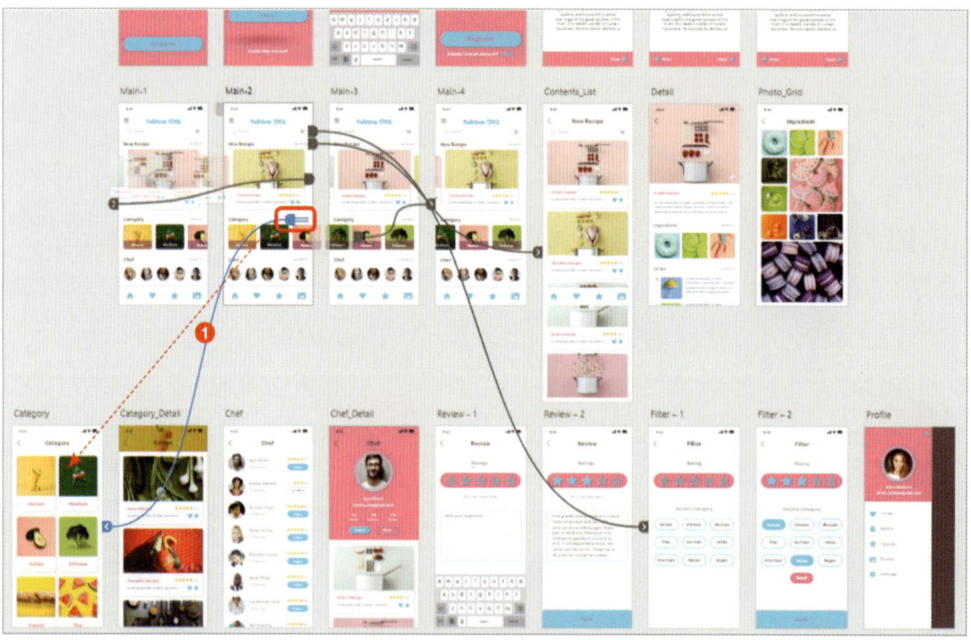

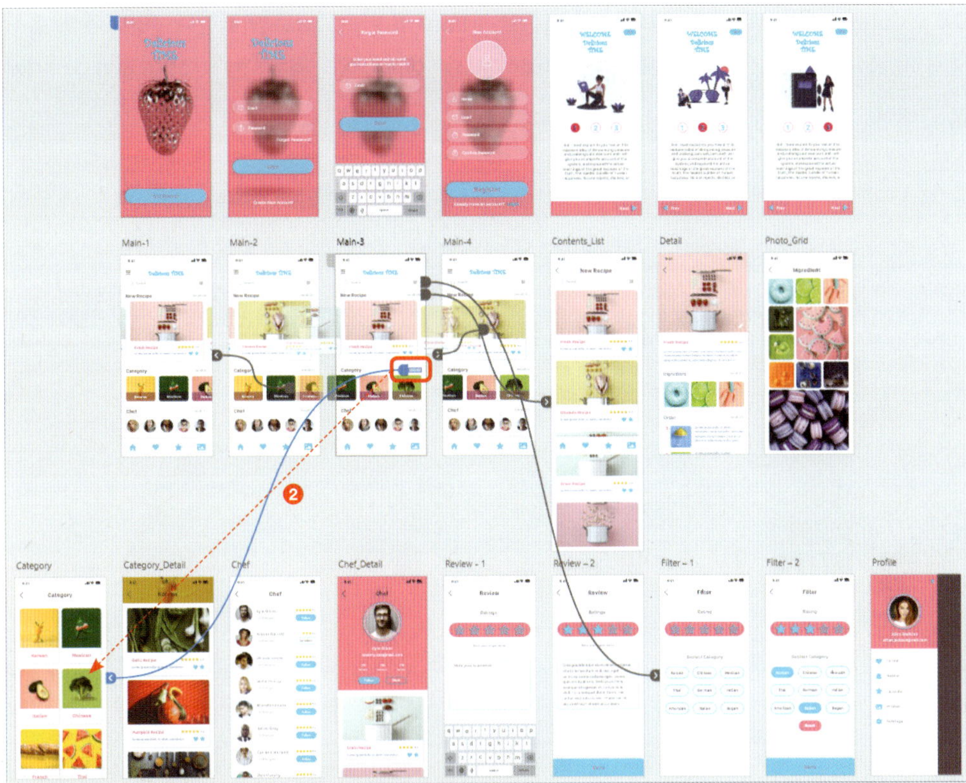

Main-1
Main-2
Main-3
Main-4
Contents_List
Detail
Photo_Grid
Category
Category_Detail
Chef
Chef_Detail
Review - 1
Review - 2
Filter - 1
Filter - 2
Profile

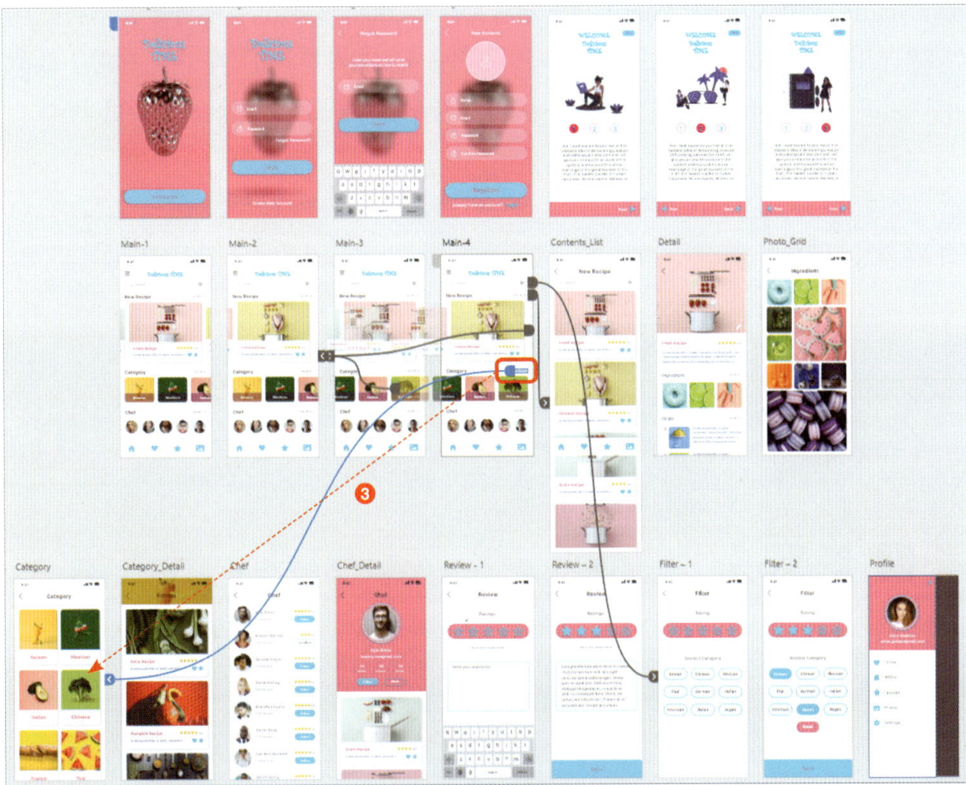

Main-1
Main-2
Main-3
Main-4
Contents_List
Detail
Photo_Grid
Category
Category_Detail
Chef
Chef_Detail
Review - 1
Review - 2
Filter - 1
Filter - 2
Profile

09 'Category' 아트보드의 뒤로 가기 버튼을 'Main-1' 아트보드로 연결한다. '인터랙션' 옵션에서 '트리거'는 [탭], '액션'은 [전환], '애니메이션'은 [오른쪽으로 슬라이드], '이징 효과'는 [서서히 끝내기], '재생 시간'은 [0.3초]로 변경한다.

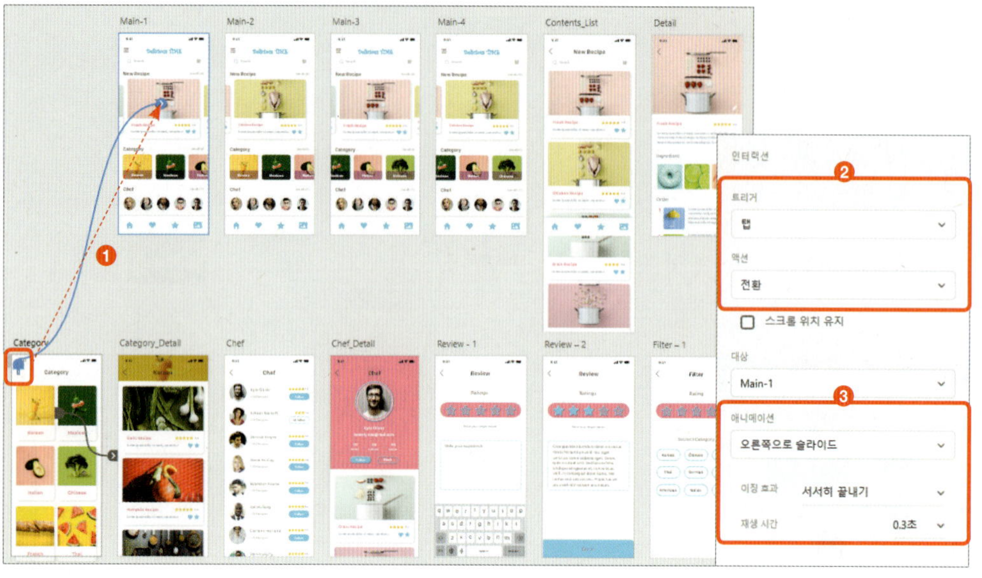

10 'Main-1' 아트보드에서 Chef 영역의 전체 보기 텍스트인 'see all'을 선택해 인터랙션 연결 위젯을 'Chef' 아트보드로 연결한다. '인터랙션' 옵션에서 '트리거'는 [탭], '액션'은 [전환], '애니메이션'은 [왼쪽으로 슬라이드], '이징 효과'는 [서서히 끝내기], '재생 시간'은 [0.3초]로 변경한다.

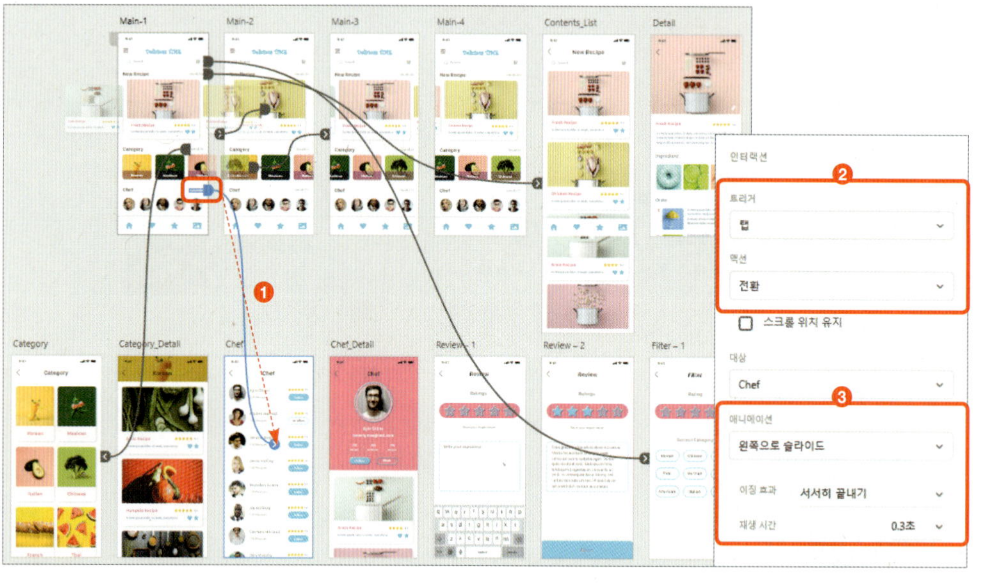

11 'Main-2', 'Main-3', 'Main-4' 아트보드에서 Chef 영역의 'see all' 텍스트를 선택해 'Chef' 아트보드로 연결한다. '인터랙션' 옵션은 이전 설정을 그대로 유지한다.

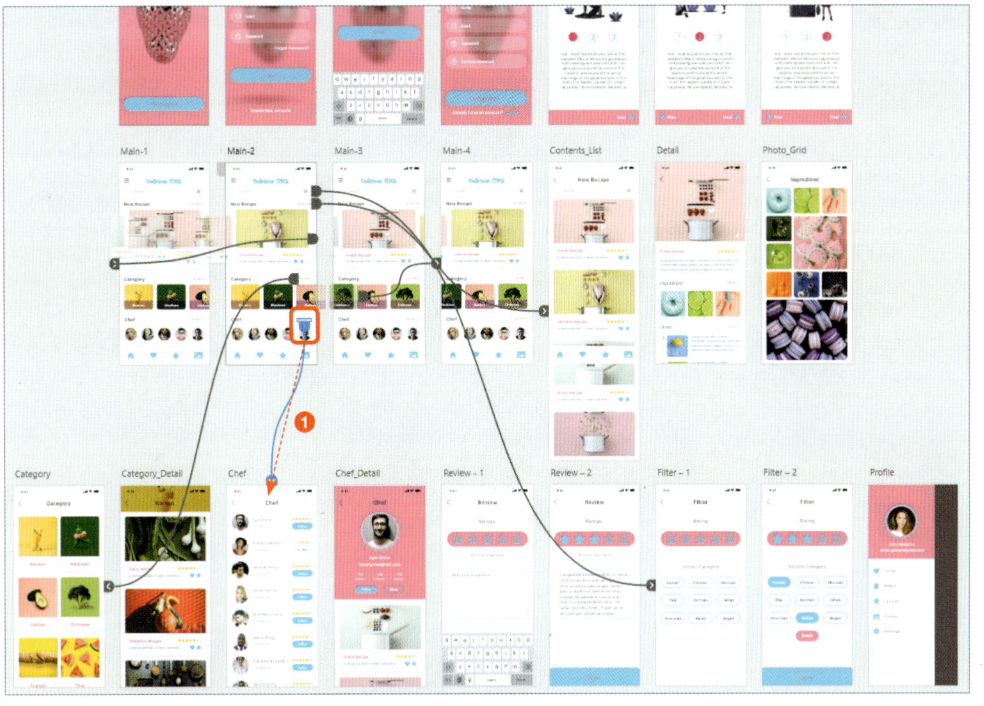

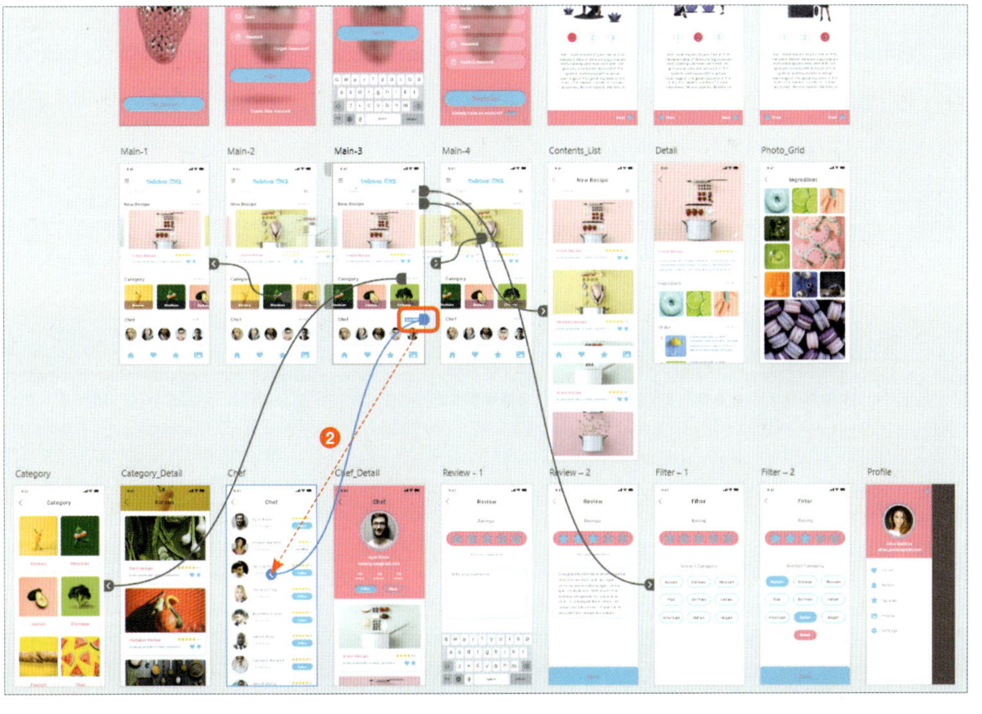

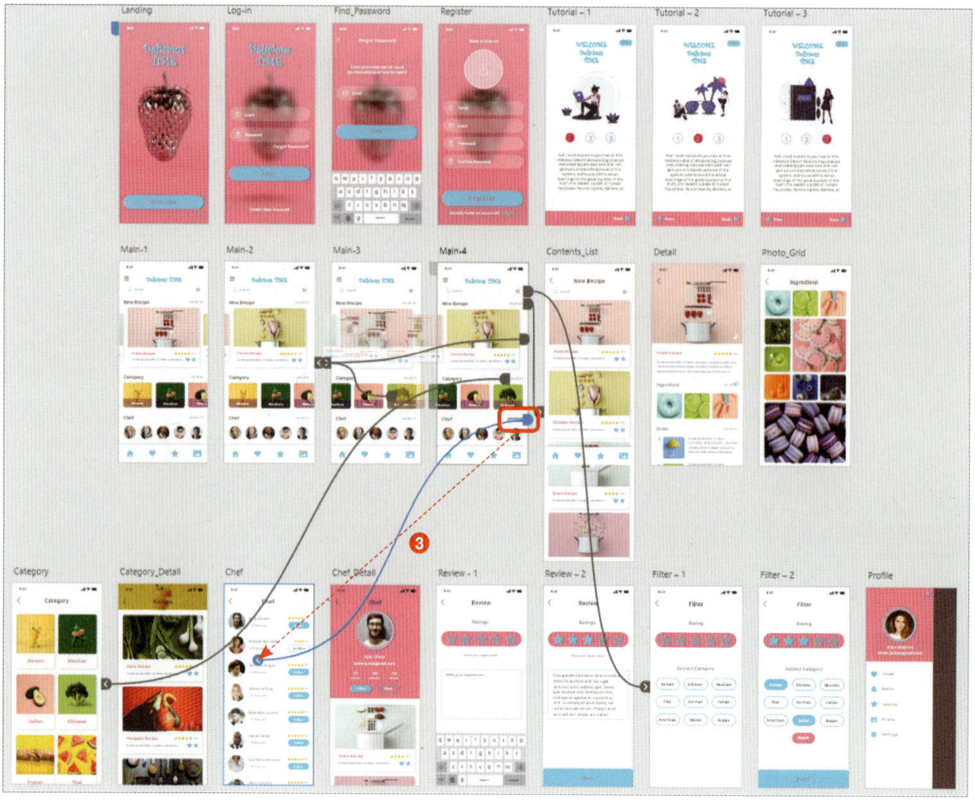

12 'Chef' 아트보드의 뒤로 가기 버튼을 'Main–1' 아트보드로 연결한다. '인터랙션' 옵션의 '트리거'는 [탭], '액션'은 [전환], '애니메이션'은 [오른쪽으로 슬라이드], '이징 효과'는 [서서히 끝내기], '재생 시간'은 [0.3초]로 변경한다.

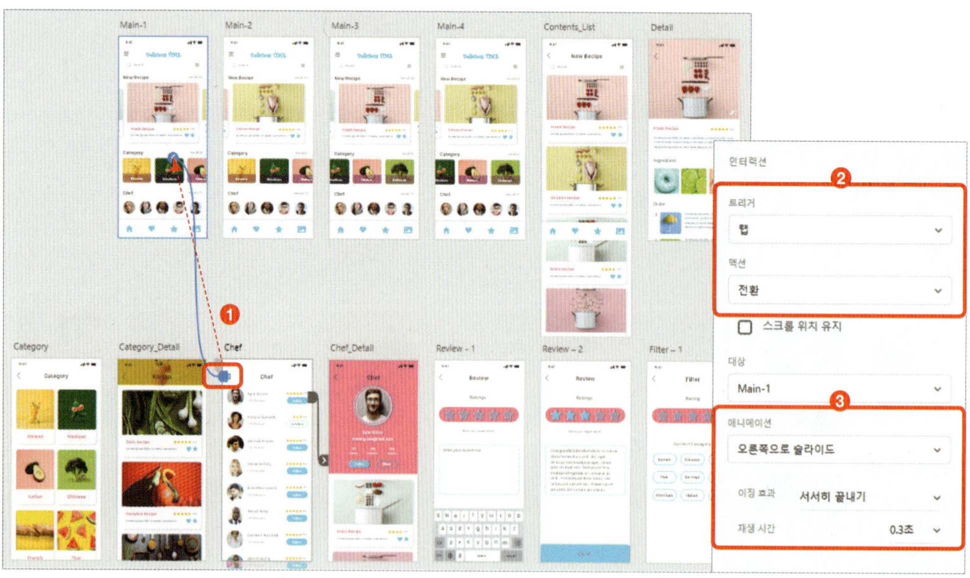

13 'Detail' 아트보드의 사진 이미지에 있는 리뷰 버튼의 인터랙션 연결 위젯을 'Review–1' 아트보드로 연결한다. '인터랙션' 옵션에서 '트리거'는 [탭], '액션'은 [전환], '애니메이션'은 [위로 슬라이드], '이징 효과'는 [서서히 끝내기], '재생 시간'은 [0.3초]로 변경한다.

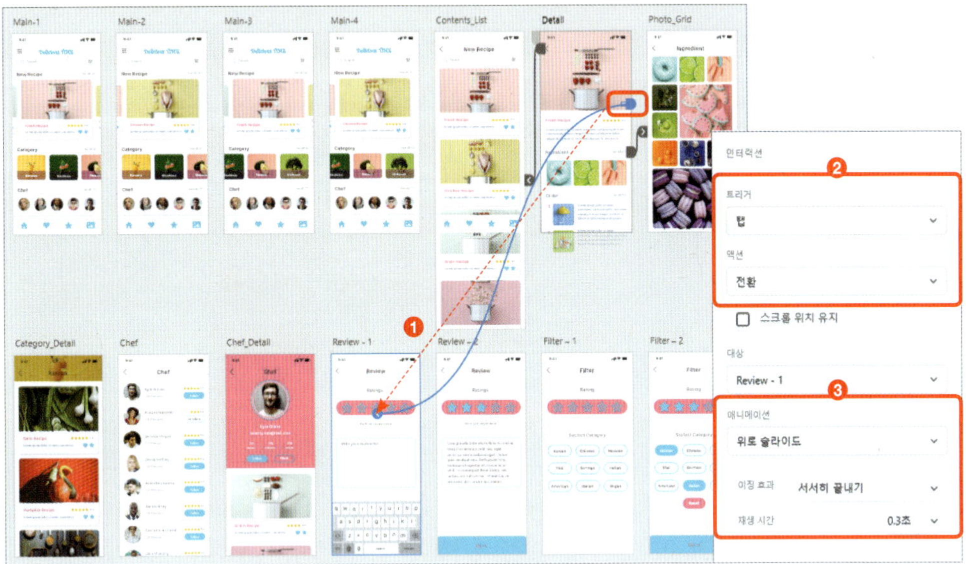

14 'Review–1' 아트보드에서 뒤로 가기 버튼의 인터랙션 연결 위젯을 'Detail' 아트보드로 연결한다. '인터랙션' 옵션에서 '트리거'는 [탭], '액션'은 [전환], '애니메이션'은 [아래로 슬라이드], '이징 효과'는 [서서히 끝내기], '재생 시간'은 [0.3초]로 변경한다.

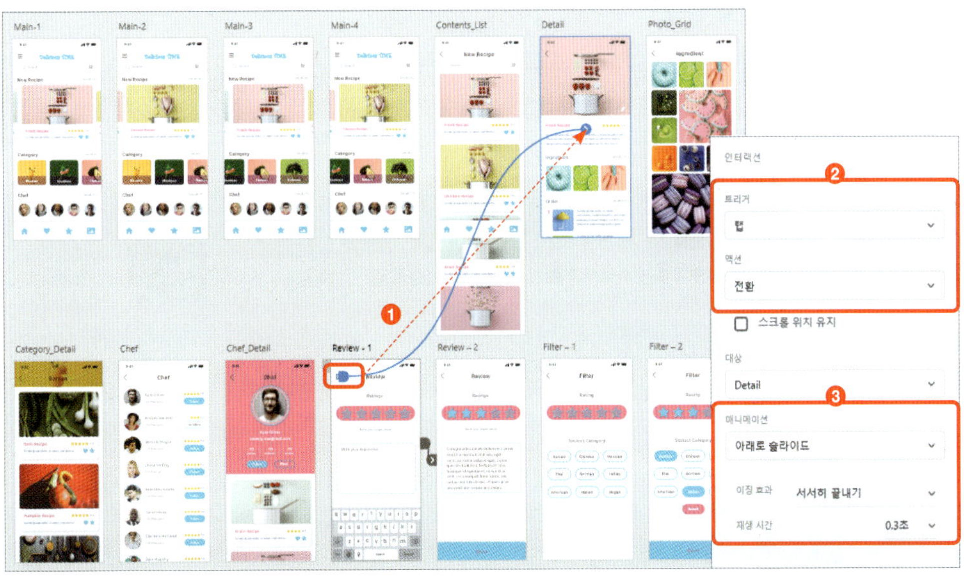

15 'Main-1' 아트보드에서 목록 아이콘의 인터랙션 연결 위젯을 'Profile' 아트보드로 연결한다. '인터랙션' 옵션의 '트리거'는 [탭], '액션'은 [오버레이], '애니메이션'은 [오른쪽으로 슬라이드], '이징 효과'는 [서서히 끝내기], '재생 시간'은 [0.3초]로 변경한다.

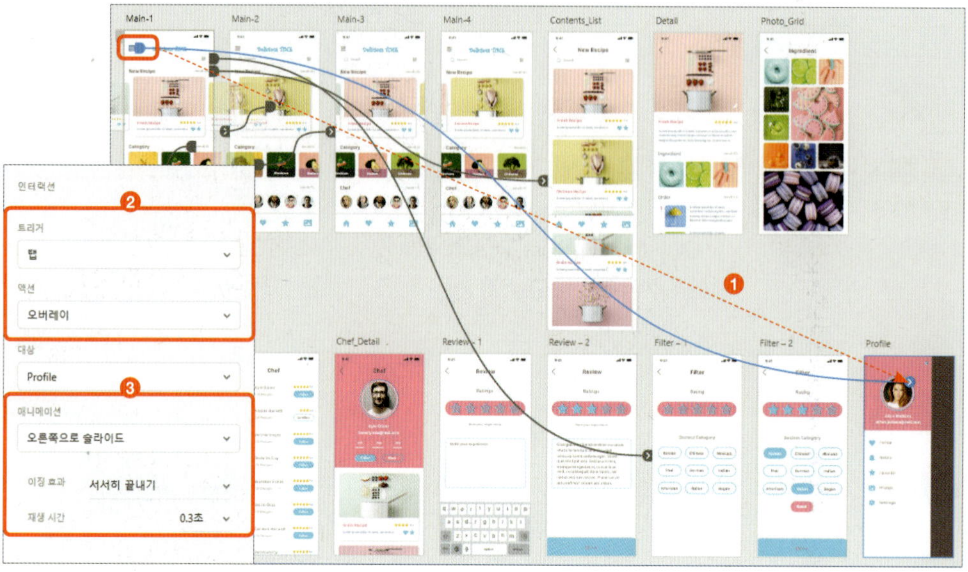

16 'Main-2', 'Main-3', 'Main-4' 아트보드의 목록 아이콘도 'Profile' 아트보드로 연결한다. '인터랙션' 옵션은 이전 설정을 그대로 유지한다.

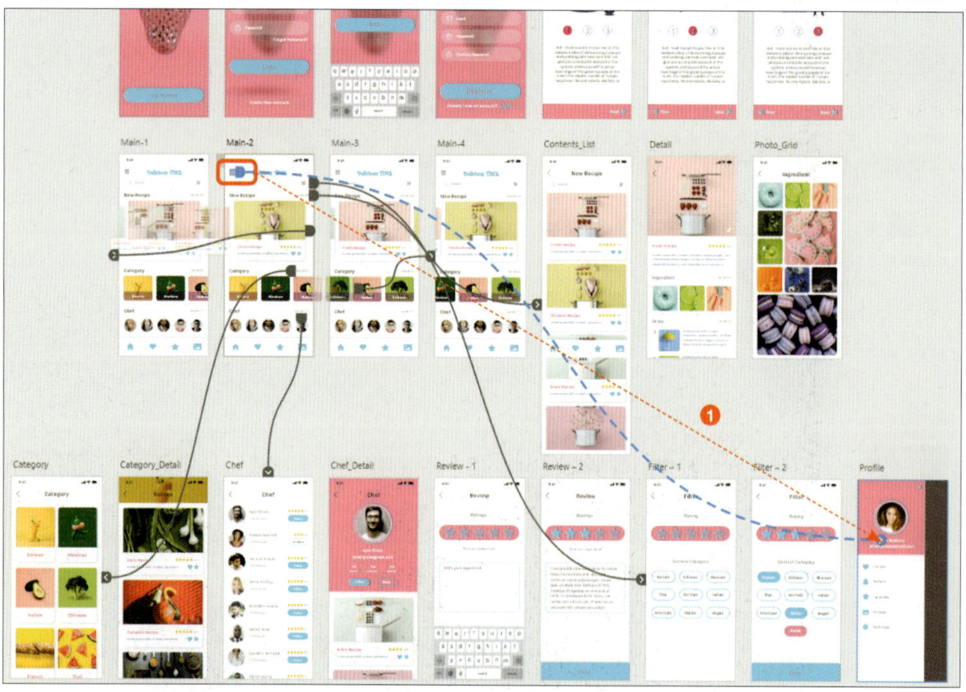

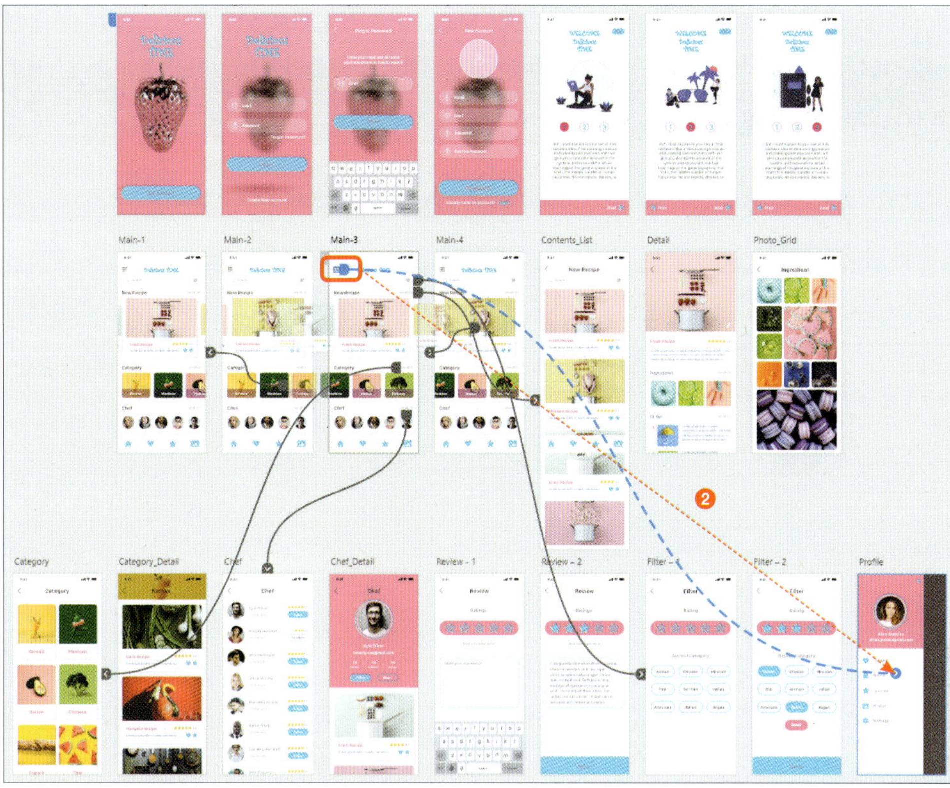
Main-1
Main-2
Main-3
Main-4
Contents_List
Detail
Photo_Grid
Category
Category_Detail
Chef
Chef_Detail
Review - 1
Review - 2
Filter - 1
Filter - 2
Profile
2

Main-1
Main-2
Main-3
Main-4
Contents_List
Detail
Photo_Grid
Category
Category_Detail
Chef
Chef_Detail
Review - 1
Review - 2
Filter - 1
Filter - 2
Profile
3

17 'Profile' 아트보드에서 '닫기(X)' 아이콘을 'Main-1' 아트보드로 연결한다. '인터랙션' 옵션에서 '트리거'는 [탭], '액션'은 [전환], '애니메이션'은 [왼쪽으로 슬라이드], '이징 효과'는 [서서히 끝내기], '재생 시간'은 [0.3초]로 변경한다.

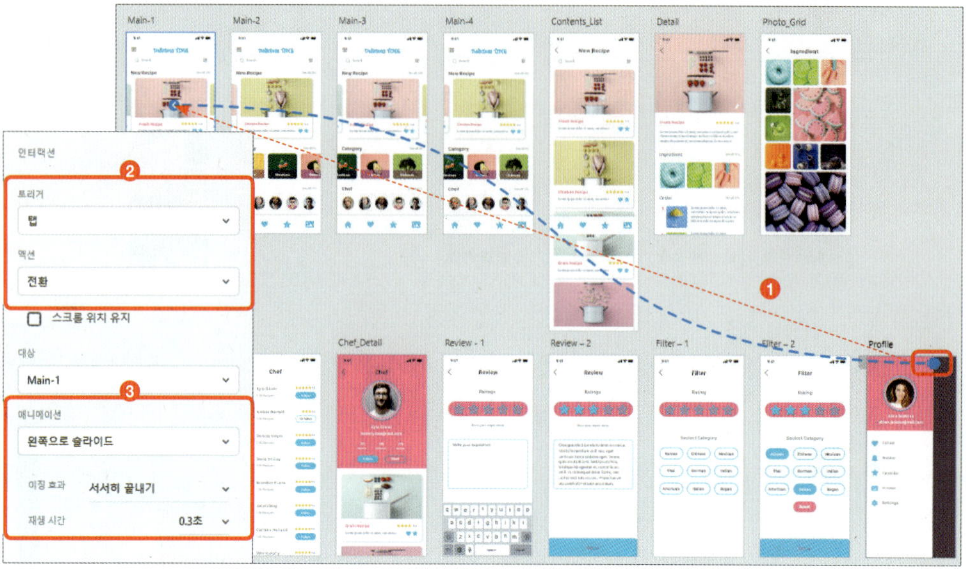

18 'Main-1', 'Main-2', 'Main-3', 'Main-4' 아트보드의 하단 탭 메뉴 중 두 번째 아이콘을 'Chef' 아트보드로 연결한다. '인터랙션' 옵션의 '트리거'는 [탭], '액션'은 [전환], '애니메이션'은 [디졸브], '이징 효과'는 [서서히 끝내기], '재생 시간'은 [0.3초]로 변경한다.

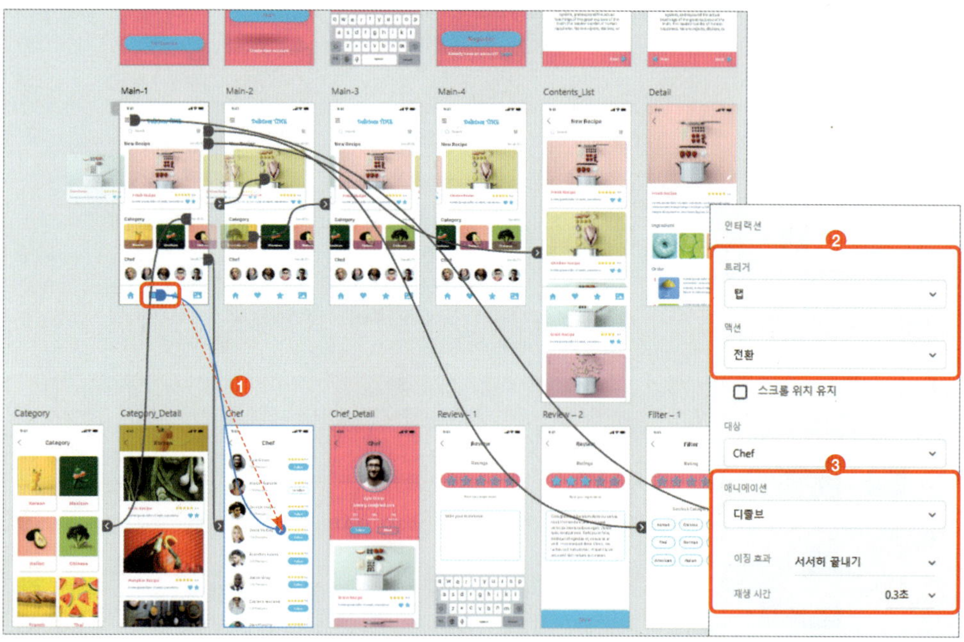

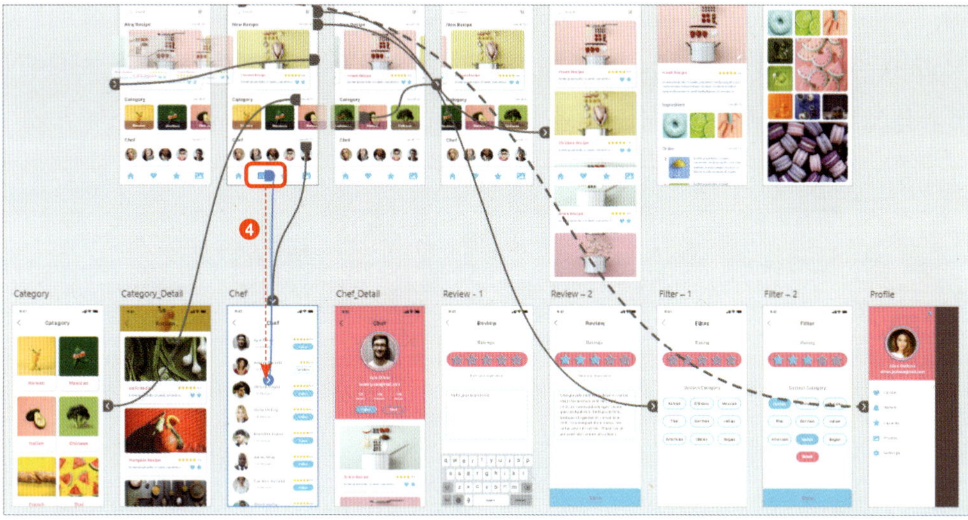
4
Category
Category_Detail
Chef
Chef_Detail
Review - 1
Review - 2
Filter - 1
Filter - 2
Profile

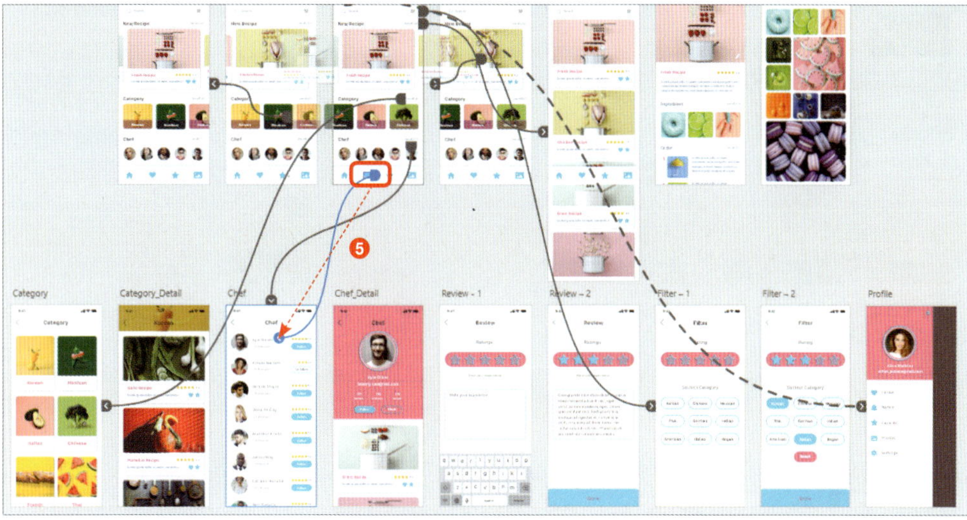
5
Category
Category_Detail
Chef
Chef_Detail
Review - 1
Review - 2
Filter - 1
Filter - 2
Profile

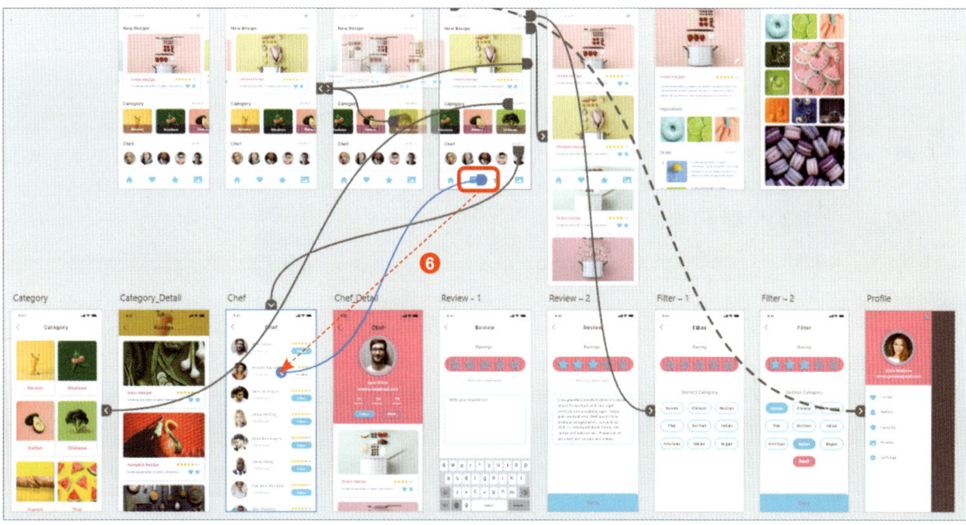
6
Category
Category_Detail
Chef
Chef_Detail
Review - 1
Review - 2
Filter - 1
Filter - 2
Profile

19 'Main-2', 'Main-3', 'Main-4' 아트보드의 하단 탭 메뉴 중 첫 번째 아이콘인 홈 버튼을 'Main-1' 아트보드로 연결한다. '인터랙션' 옵션에서 '트리거'는 [탭], '액션'은 [전환], '애니메이션'은 [디졸브], '이징 효과'는 [서서히 끝내기], '재생 시간'은 [0.3초]로 변경한다.

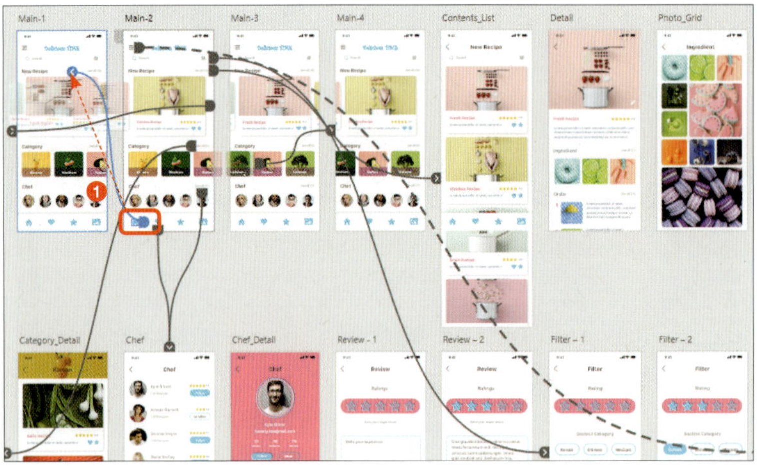

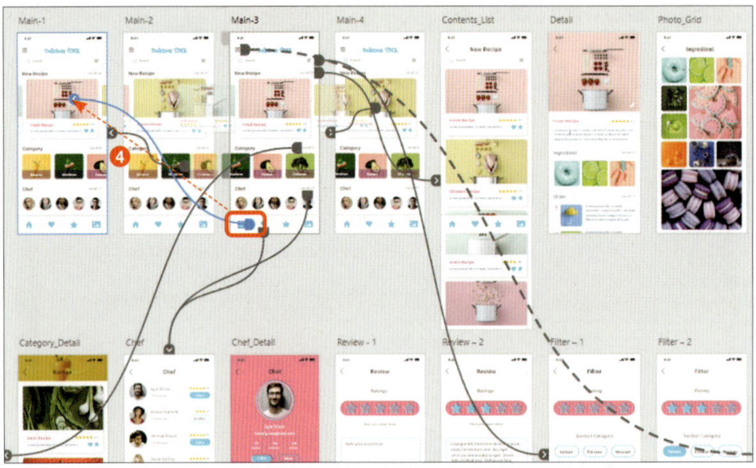

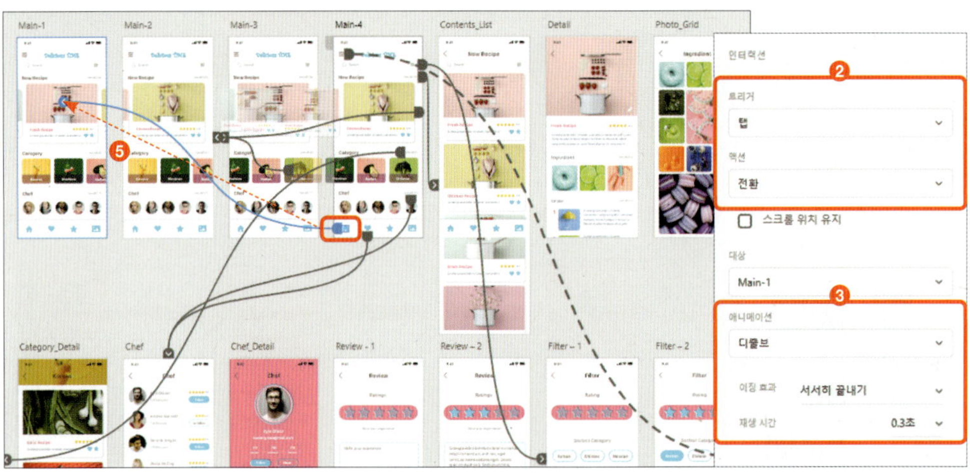

20 'Main-1', 'Main-2', 'Main-3', 'Main-4' 아트보드의 하단 탭 메뉴 중 세 번째 아이콘은 'Category_Detail' 아트보드로, 네 번째 아이콘은 'Photo_Grid' 아트보드로 연결한다. '인터랙션' 옵션은 이전 설정을 그대로 유지한다.

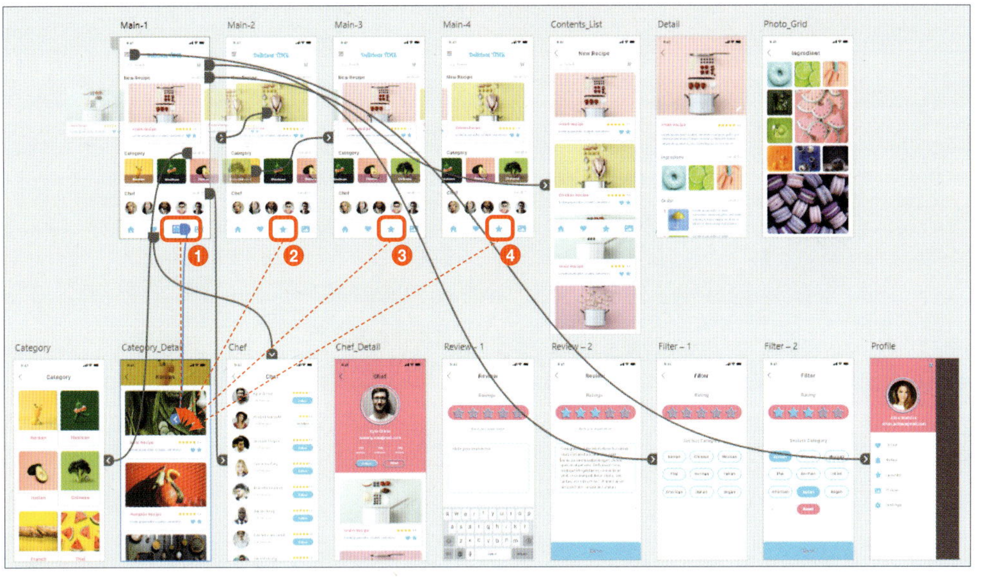

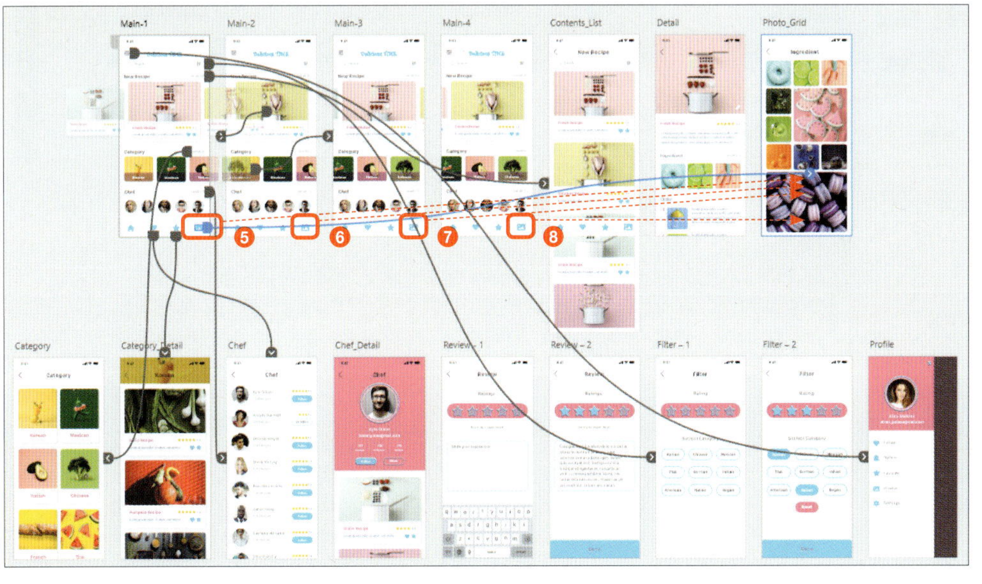

21 프로토타입 모드로 전환하고 Ctrl + A를 누르면 연결된 전체 프로토타입을 확인할 수 있다. 푸드 레시피 앱의 전체 프로토타입 연결이 완성되었다.

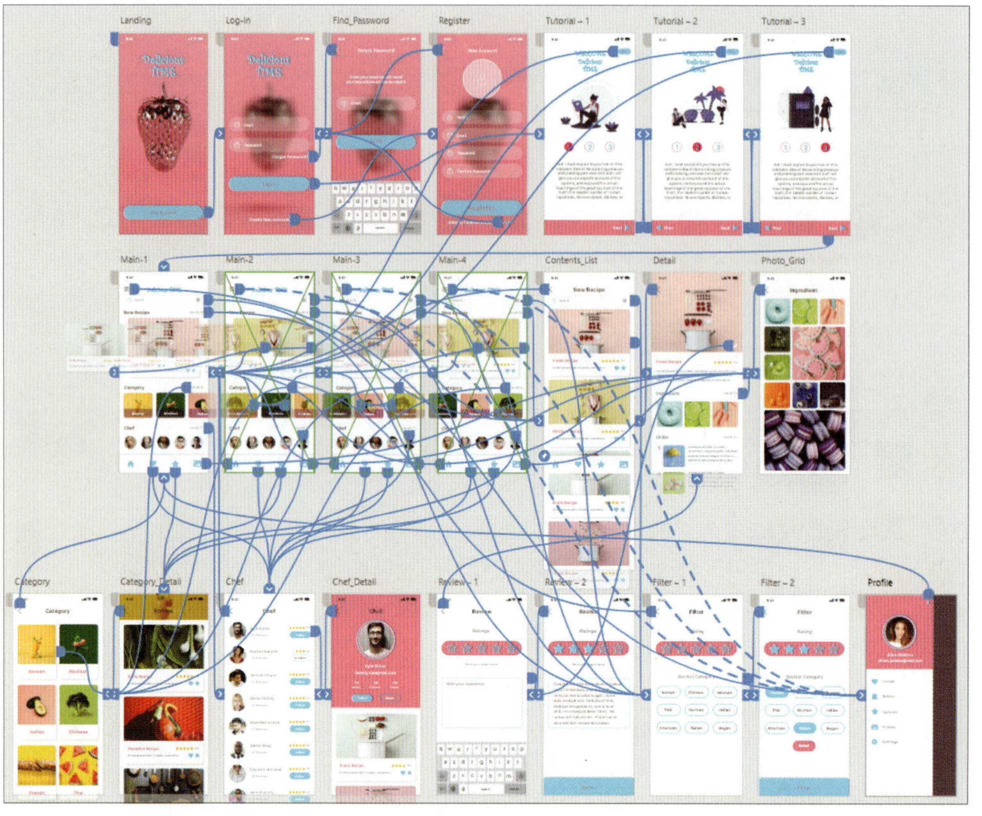

Tip 미리보기는 파란색 홈 버튼이 있는 아트보드에서 시작되지만 원하는 아트보드를 선택해 홈 버튼을 클릭하면 시작 페이지를 변경할 수 있다.

Part 05
공유와 협업

Part 05

공유와 협업

Chapter 16
내보내기와 공유

1
구성 요소 내보내기

01 [Chapter_16 ▸ Section_01] 폴더에서 'export.xd' 파일을 불러오면 Chapter 09에서 에셋을 등록하기 위해 작업한 파일이 열린다.

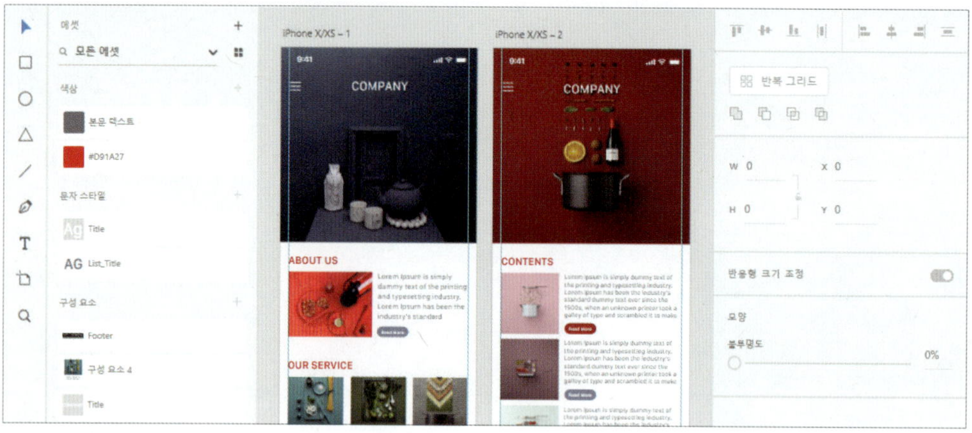

02 [목록(≡)]-[내보내기]-[일괄 처리]를 선택하면 [에셋 내보내기] 옵션 창이 열린다. 여기에서 '포맷'은 [PNG], '내보내기 대상'은 [디자인]을 선택하면 '디자인 작업사양'이 [1x]로 자동 설정된다. '내보낼 위치'를 설정한 후 [내보내기]를 클릭한다.

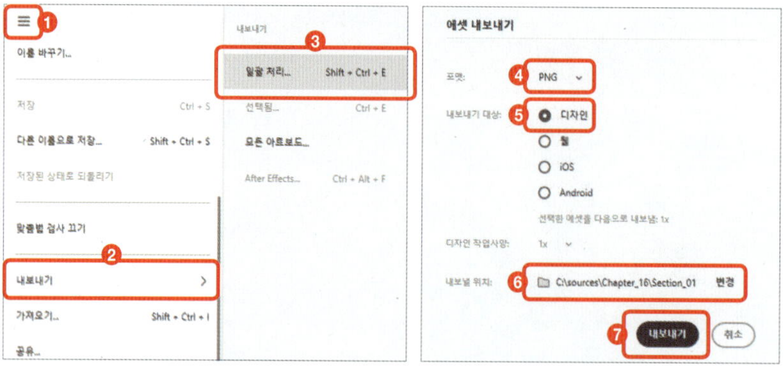

03 내보낼 위치로 설정한 폴더를 열어 보면 모든 파일이 내보내기되지 않은 것을 확인할 수 있다.

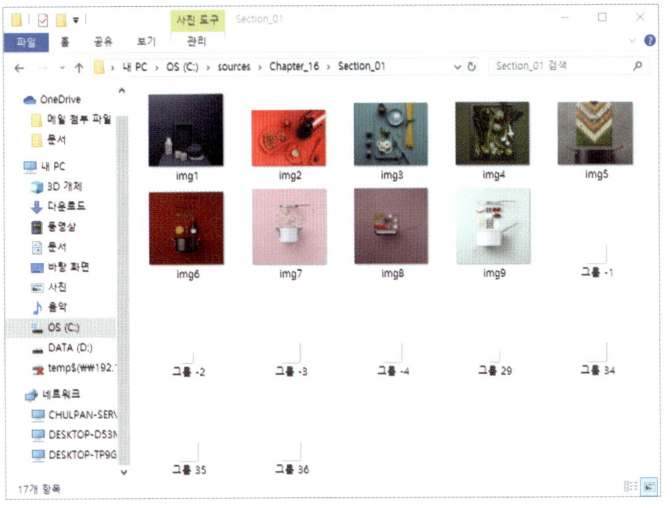

04 아트보드 하단에 있는 구글, 페이스북, 트위터 아이콘을 각각 선택하고 옵션 창의 [내보내기에 대해 표시]에 체크한 후, [에셋] 패널에 '구성 요소'로 등록하고 이름을 각각 'Google', 'Facebook', 'Twitter'로 변경한다.

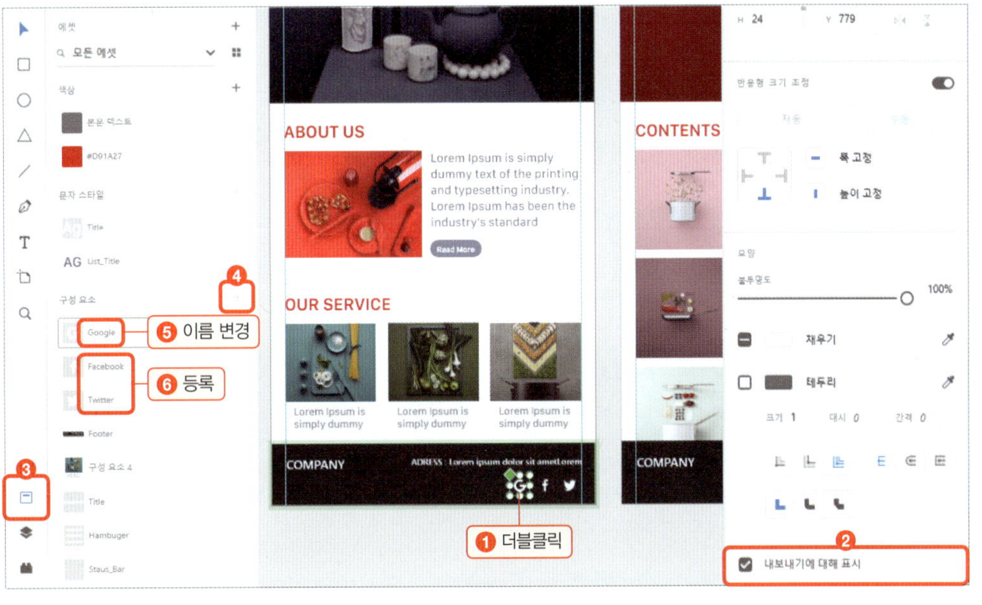

05 [에셋] 패널에 에셋으로 등록하지 않더라도 구성 요소들을 각각 선택하고 [내보내기에 대해 표시]에 체크한다.

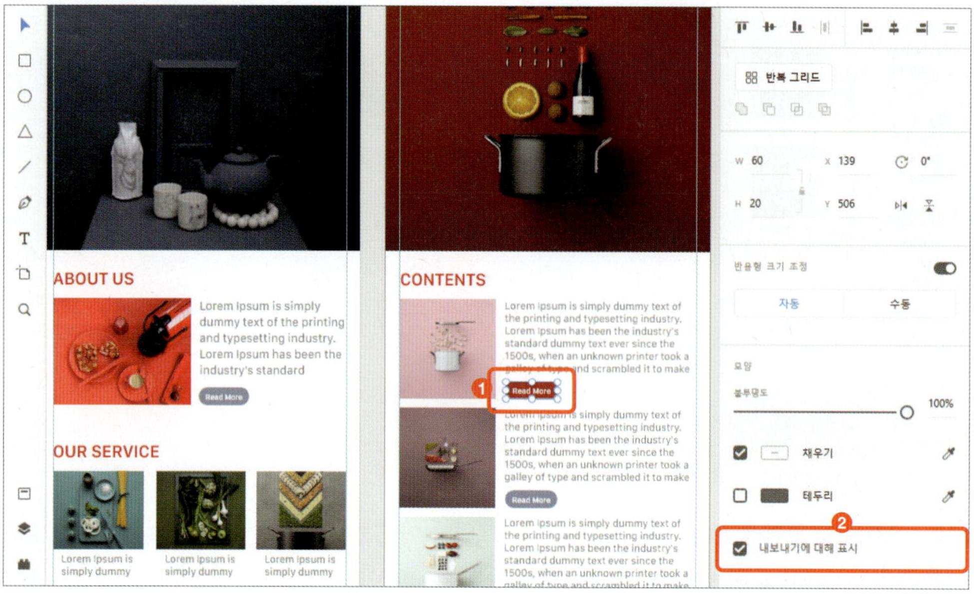

Tip 오브젝트가 많은 경우에는 오브젝트마다 선택해 [내보내기에 대해 표시]에 체크하는 작업이 번거로울 수 있다. [레이어] 패널을 열고 각 오브젝트에 마우스를 가져가면 생기는 [내보내기에 대해 표시( )]를 클릭하는 방법이 훨씬 간편하다. 또한 이때 레이어에서 각 오브젝트의 명칭을 변경하면 내보내기한 파일을 찾거나 관리하기 쉽다. 에셋에 등록된 오브젝트들은 에셋에 등록된 이름으로 내보내기된다.

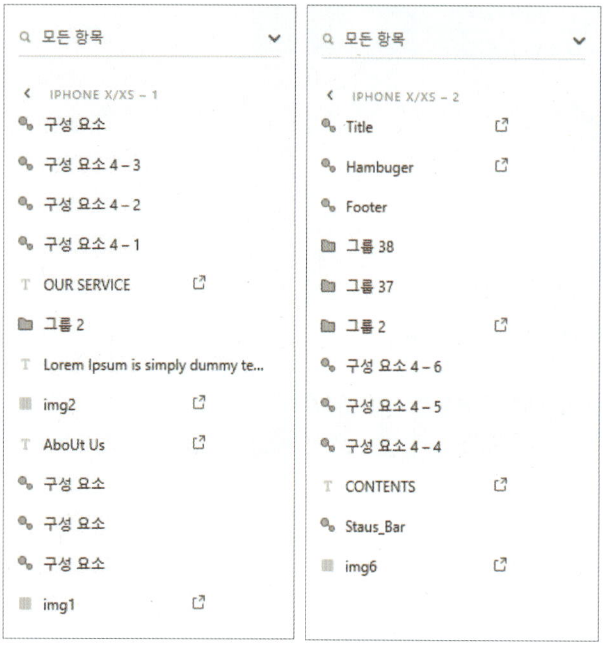

06 [목록(≡)]–[내보내기]–[일괄 처리]를 선택해 다시 한 번 실행한다. 폴더를 보면 이전과는 결과가 다른 것을 확인할 수 있다.

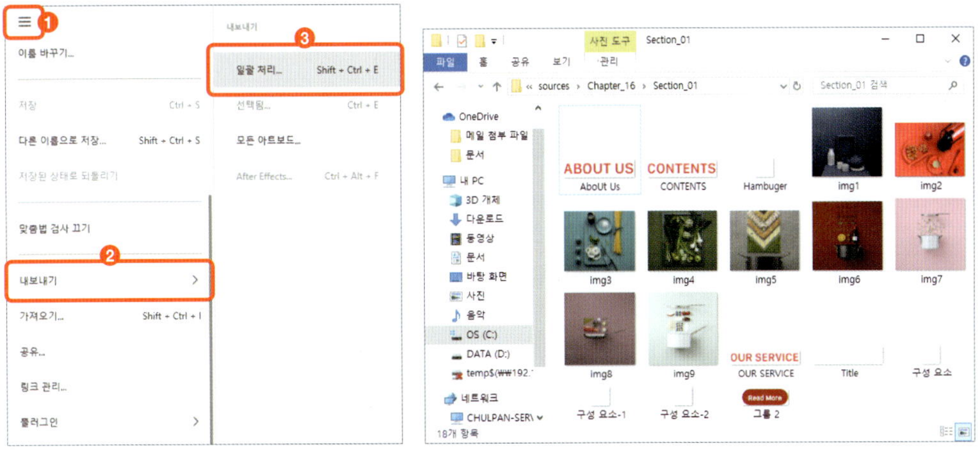

07 [목록(≡)]–[내보내기]–[일괄 처리]를 선택하고 [에셋 내보내기] 옵션 창에서 '내보내기 대상'으로 [iOS] 옵션을 선택하면 '디자인 작업사양'을 [1x], [2x], [3x]로 설정할 수 있다. 현재 작업한 아트보드의 비율에 따라 설정하면 내보낸 에셋의 크기가 달라진다.

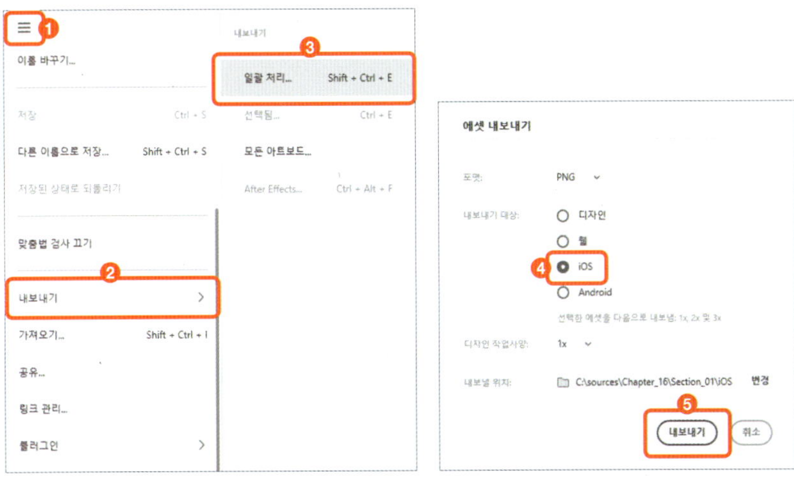

08 iOS 모드로 '내보내기'를 실행한 폴더를 열어 확인하면 같은 이름의 '@2x'와 '@3x' 파일이 추가로 생성된 것을 확인할 수 있다. '@2x'와 '@3x' 파일은 각각 이미지 크기가 2배수, 3배수이다.

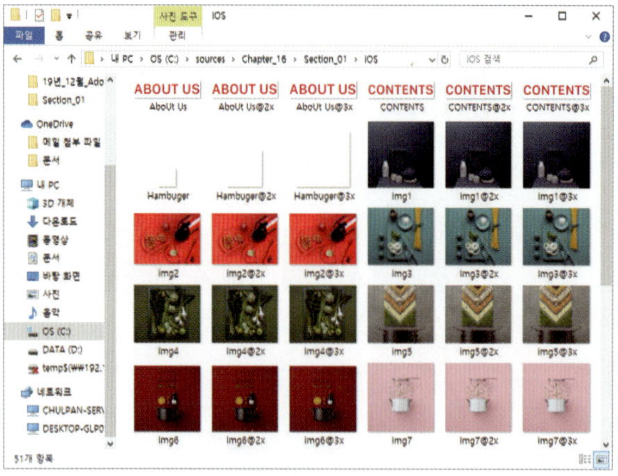

09 [목록(≡)]–[내보내기]–[일괄 처리]를 선택하고 [에셋 내보내기] 옵션 창에서 '내보내기 대상'을 [Android]로 설정한다. 100%–mdpi에서 작업한 파일이므로 '디자인 작업사양'은 [100%–mdpi]를 선택하고 [내보내기]를 클릭한다. 내보낼 위치로 지정한 폴더를 열어 보면 hdpi, ldpi, mdpi, xhdpi, xxhdpi, xxxhdpi 폴더가 만들어져 있고, 폴더별로 각 배수에 맞는 이미지 파일이 생성되어 있는 것을 확인할 수 있다.

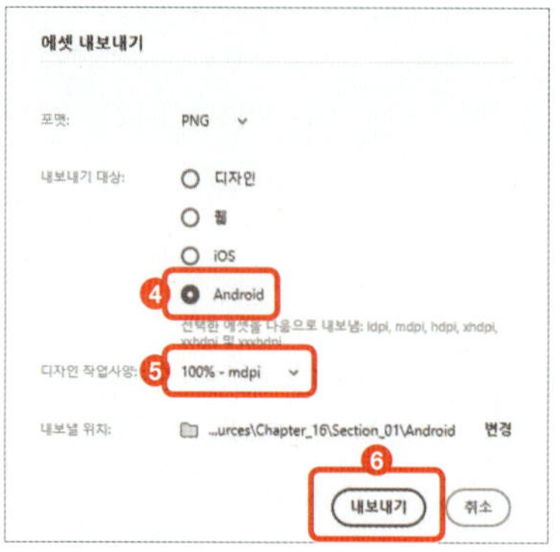

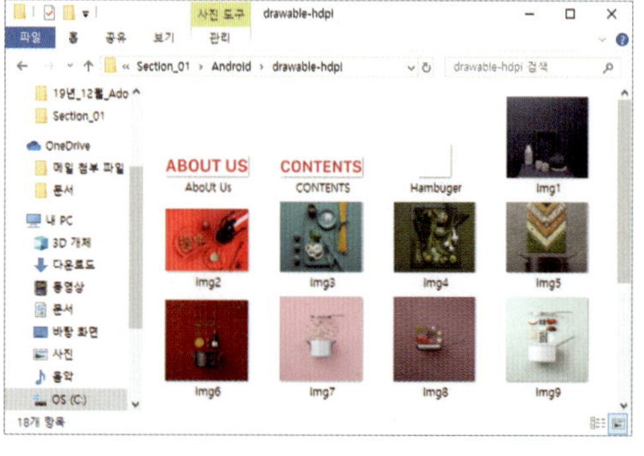

10 'iPhone X/XS/11 Pro–2' 아트보드를 선택하고 [목록(≡)]–[내보내기]–[선택됨]을 선택한다. [에셋 내보내기] 옵션 창에서 '내보내기 대상'을 [iOS]로 설정하고 [내보내기]를 클릭한다. 내보낼 위치로 설정한 폴더를 확인하면 선택된 아트보드가 내보내진 것을 알 수 있다. 이때도 iOS의 @2x, @3x 크기가 함께 생성된다.

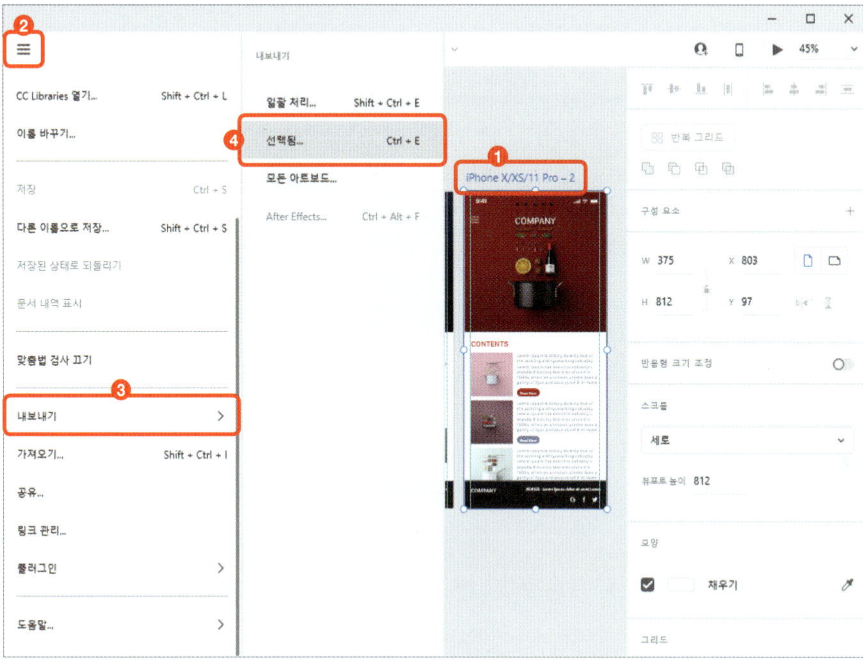

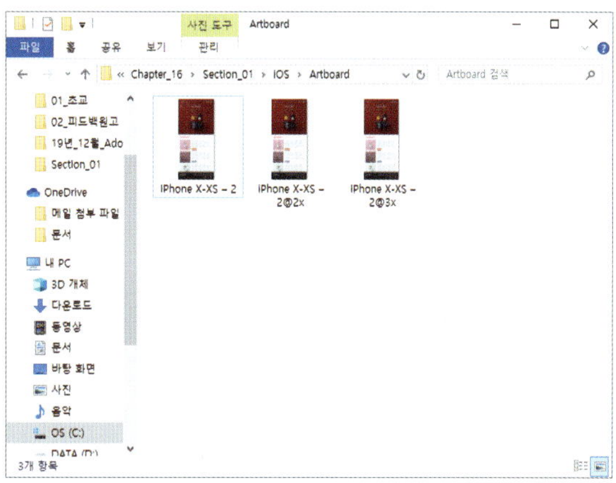

11 'iPhone X/XS/11 Pro–2' 아트보드의 상단 이미지를 선택하고 [목록(≡)]–[내보내기]–[선택됨]을 선택한다. [에셋 내보내기] 옵션 창에서 '내보내기 대상'을 [iOS]로 설정하고 [내보내기]를 클릭한다. 내보낼 위치로 설정한 폴더를 확인하면 선택한 이미지만 내보내진 것을 알 수 있다. 이때도 iOS의 @2x, @3x 크기가 함께 생성된다.

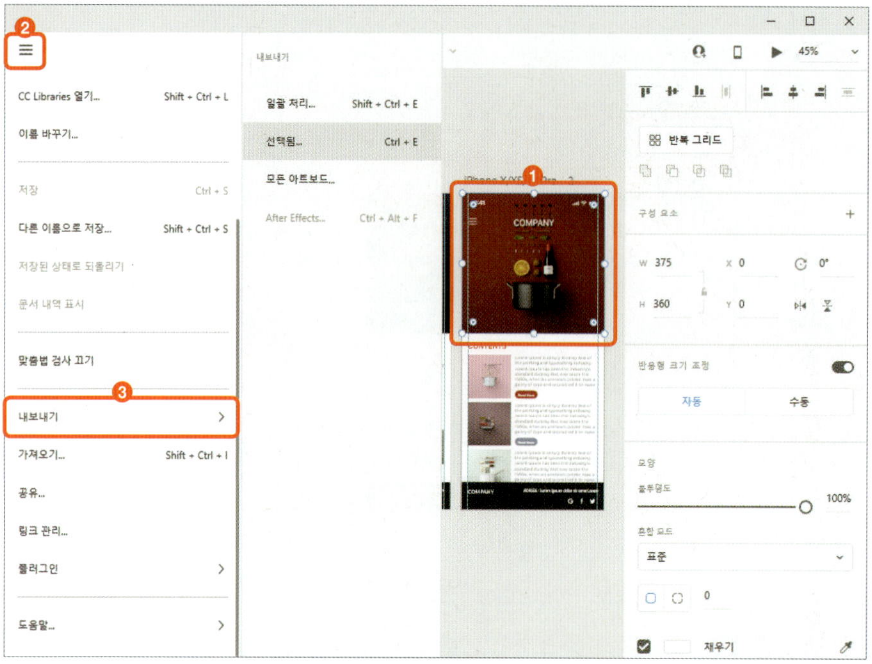

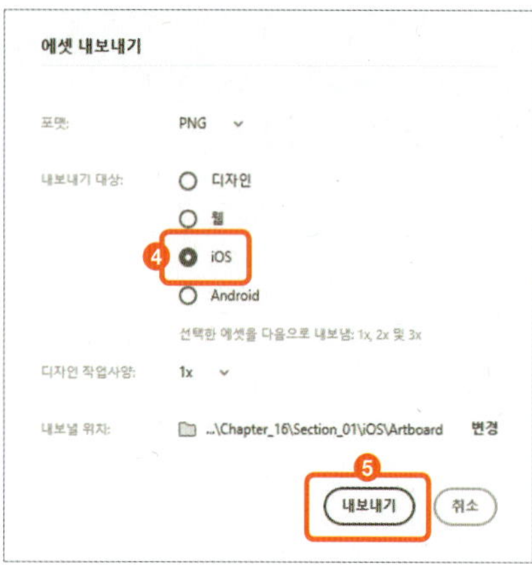

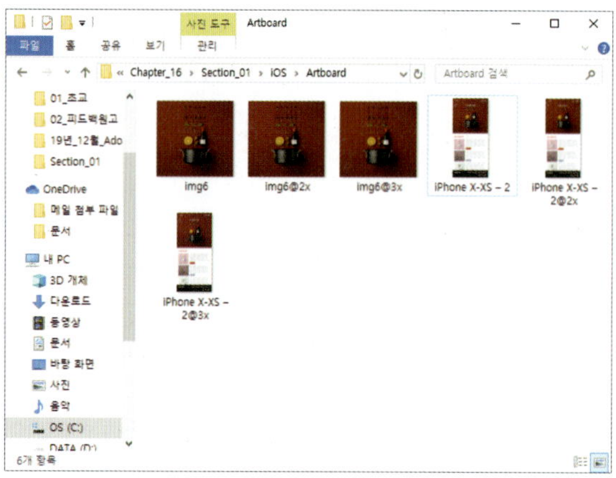

12 'iPhone X/XS/11 Pro–2' 아트보드의 상단 이미지를 선택하고 [목록(≡)]–[내보내기]–[선택됨]을 선택한다. [에셋 내보내기] 옵션 창에서 '내보내기 대상'으로 [Android]를 설정하고 [내보내기]를 클릭한다. 내보낼 위치로 설정한 폴더를 확인하면 선택된 이미지만 내보내진 것을 알 수 있다.

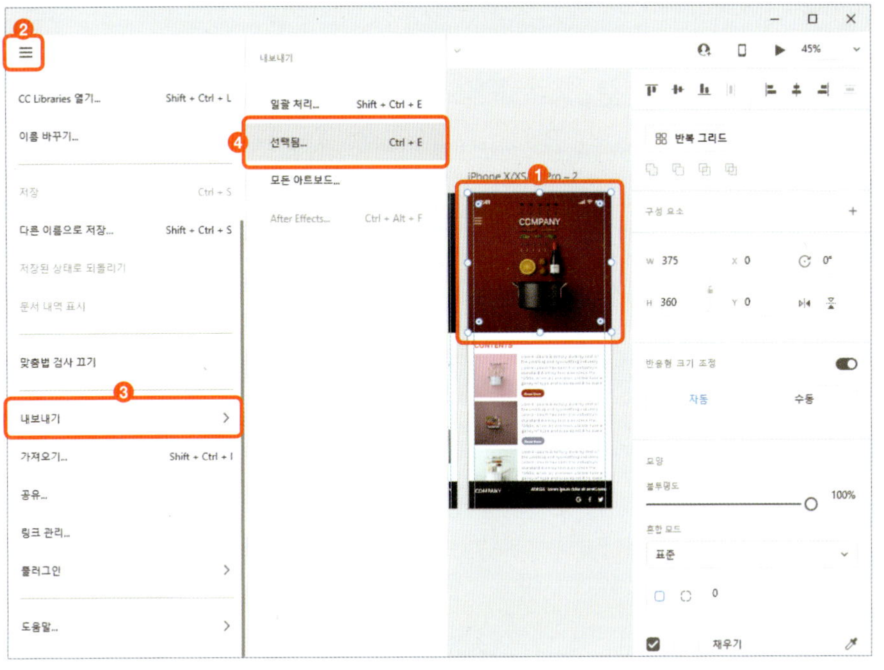

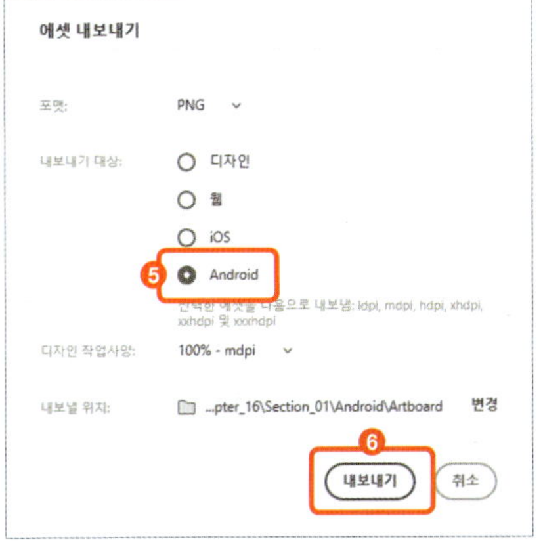

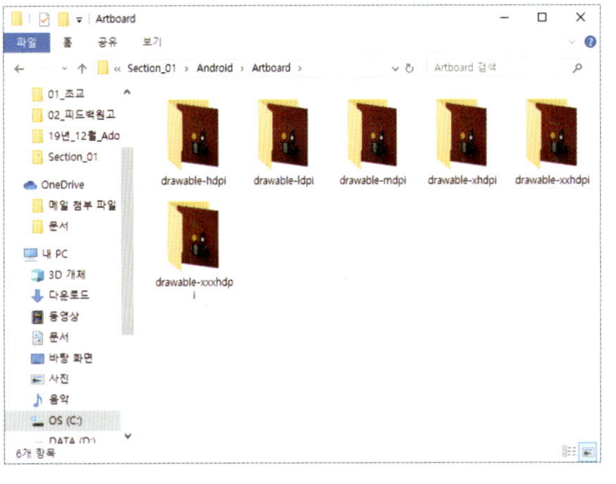

Tip 10단계 실습과 같이 아트보드 전체를 클릭한 후, '내보내기 대상'을 [Android]로 설정하고 '내보내기'를 실행해본다.

13 [목록(≡)]–[내보내기]–[모든 아트보드]를 선택하고 [에셋 내보내기] 옵션 창에서 '내보내기 대상'을 [iOS]로 설정하고 [모든 아트보드 내보내기]를 클릭한다. 내보낼 위치로 설정한 폴더를 보면 모든 아트보드가 파일로 생성되어 있다.

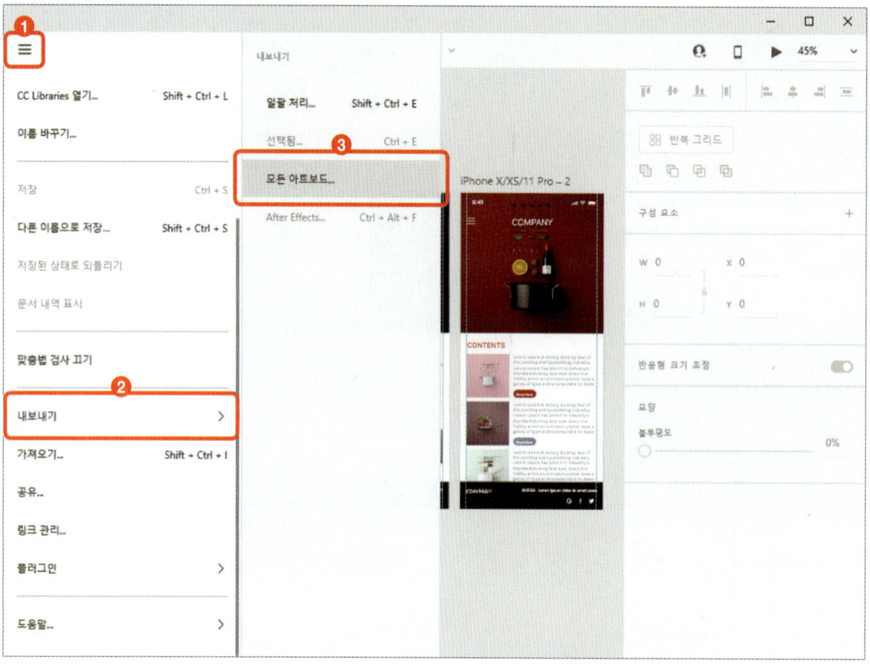

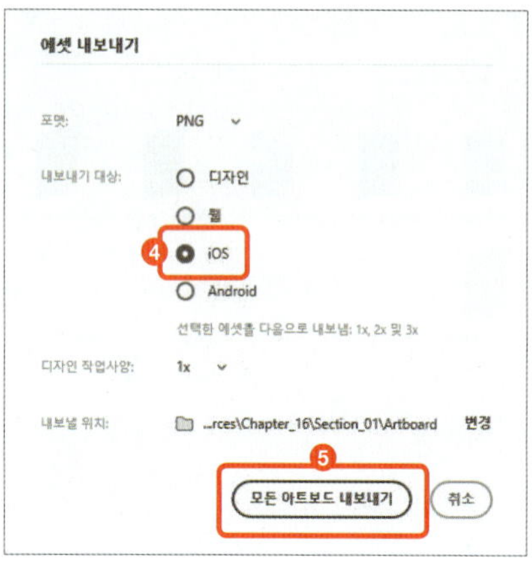

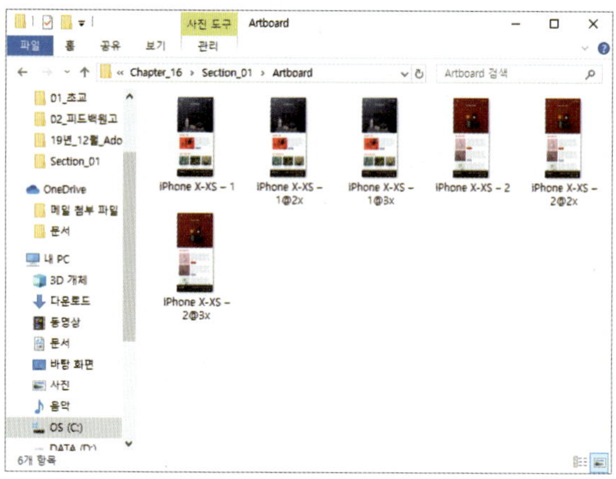

2
개발자와의 공유

01 [Chapter_16 ▸ Section_02] 폴더에서 'share.xd' 파일을 열고 상단의 [공유]를 클릭한다.

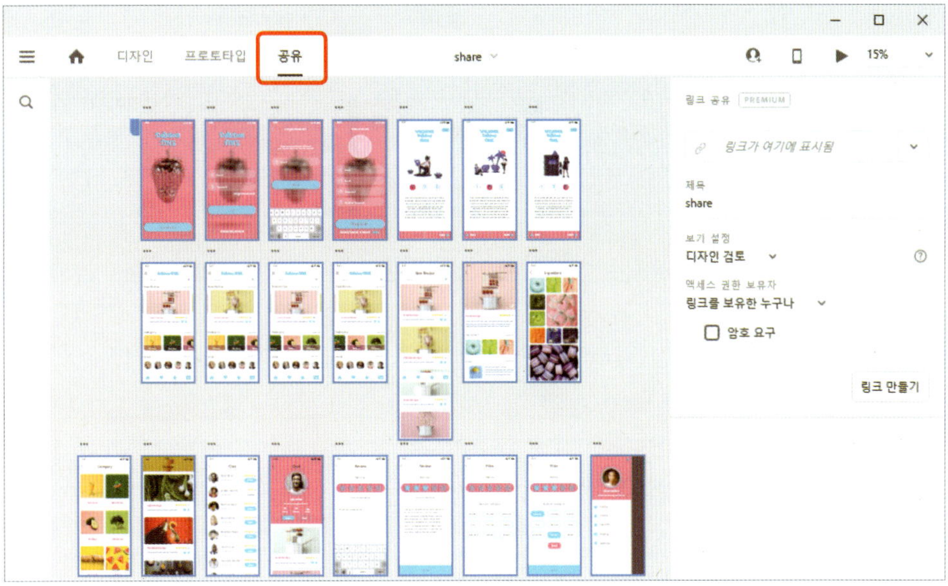

하나 더 알기 공유의 '보기 설정' 옵션

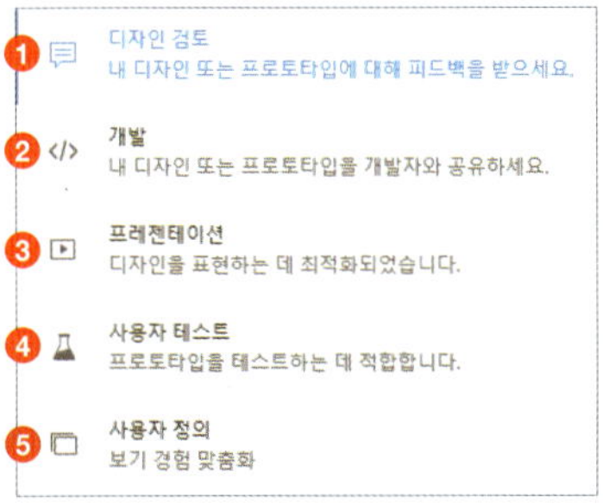

❶ **디자인 검토:** 자신의 디자인이나 프로토타입에 대해 피드백을 받을 수 있다.

❷ **개발:** 자신의 디자인이나 프로토타입을 개발자와 공유할 수 있다.

❸ **프레젠테이션:** 디자인을 표현하는 데 최적화되어 있다.

❹ **사용자 테스트:** 프로토타입을 테스트하는 데 적합하다.

❺ **사용자 정의:** 사용자의 보기 경험에 맞출 수 있다.

02 옵션 창에서 '보기 설정'을 [개발]로 하면 에셋을 다운로드할지 여부를 선택할 수 있다. 여기서 [링크 만들기]를 클릭하면 공유할 수 있는 링크가 생성되는데, 이 링크를 클릭해 웹 페이지로 이동할 수 있다.

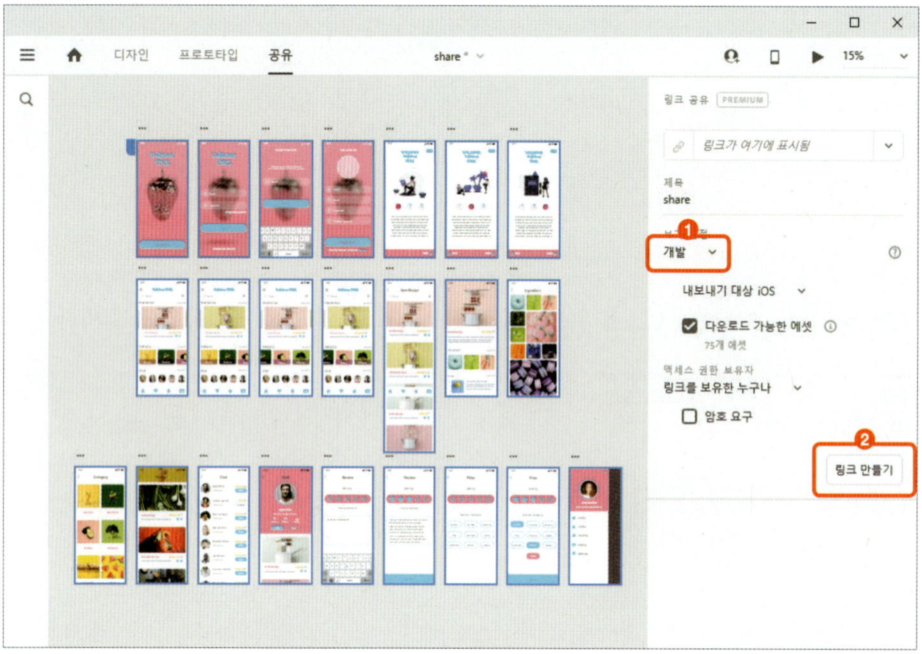

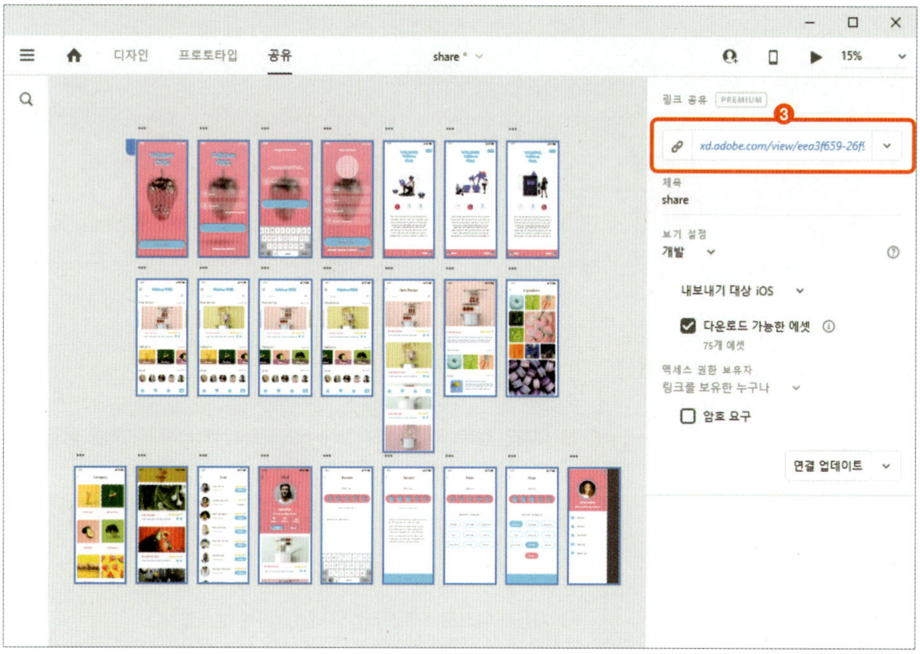

03 생성된 링크를 클릭하면 프로토타입 모드에서 홈으로 지정된 시작 페이지의 아트보드 화면이 로딩된다.

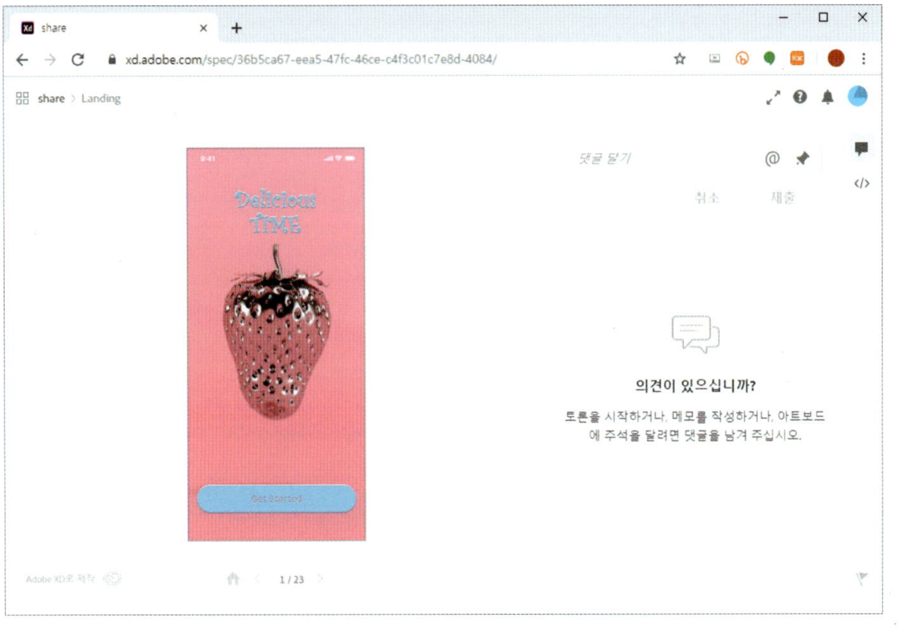

04 페이지 하단의 페이지 이동 버튼을 이용해 한 페이지씩 넘기며 확인할 수 있다.

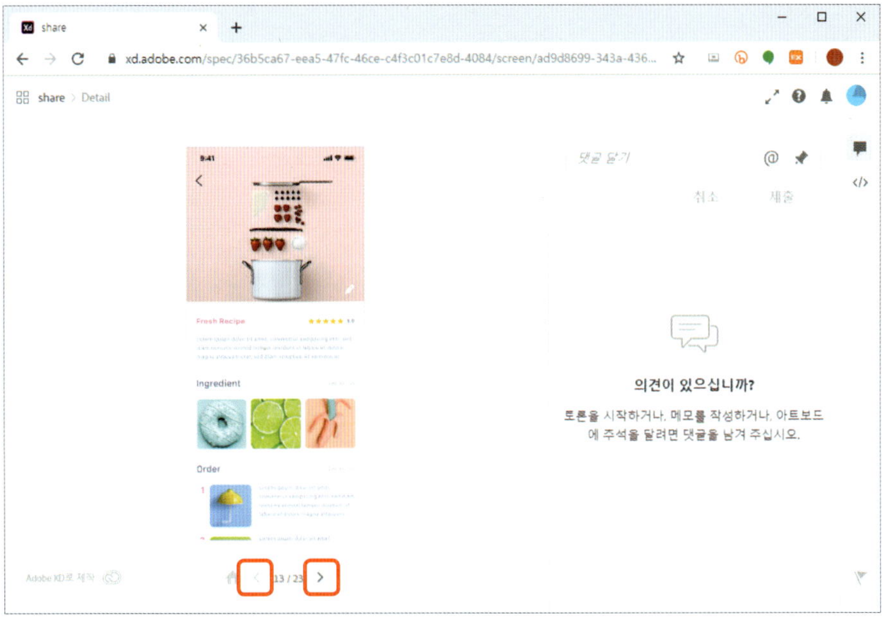

05 왼쪽 상단의 파일명을 클릭하면 전체 그리드 화면을 확인할 수 있다. 그리드 화면에서 원하는 페이지를 클릭하면 해당 페이지의 아트보드 화면이 나타난다.

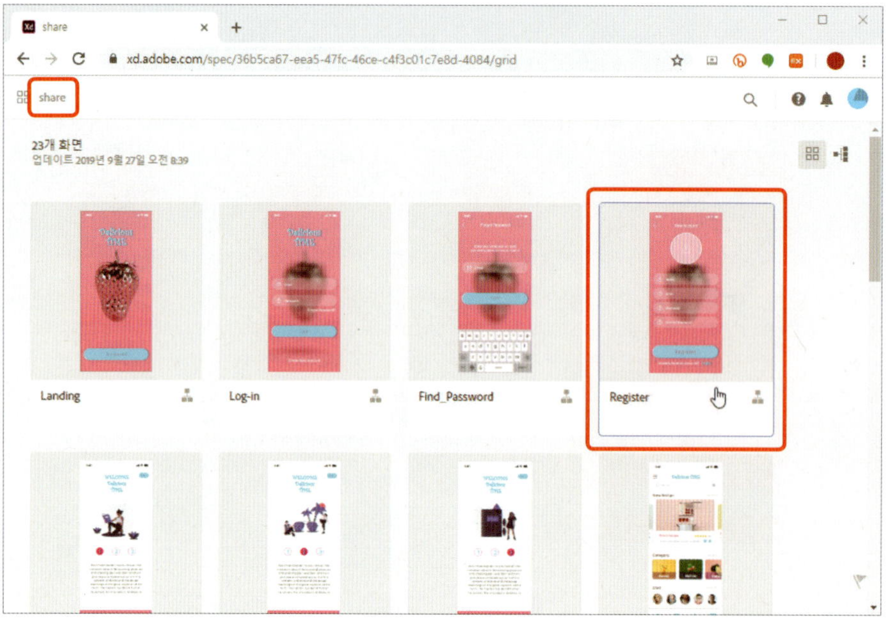

06 그리드 화면 오른쪽 상단에 있는 검색 창을 이용하면 원하는 키워드의 아트보드 페이지만 볼 수 있다.

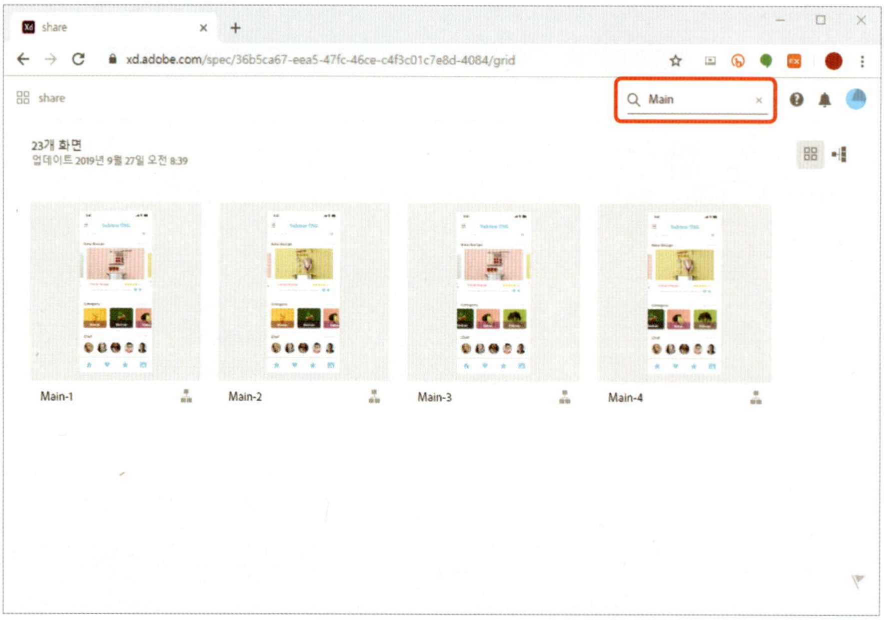

Tip 다시 전체 그리드 화면으로 돌아가려면 웹 브라우저의 '뒤로 가기' 버튼을 클릭한다.

07 각 아트보드 페이지에서 '댓글 달기' 창을 이용해 공유할 의견을 댓글로 달 수 있다.

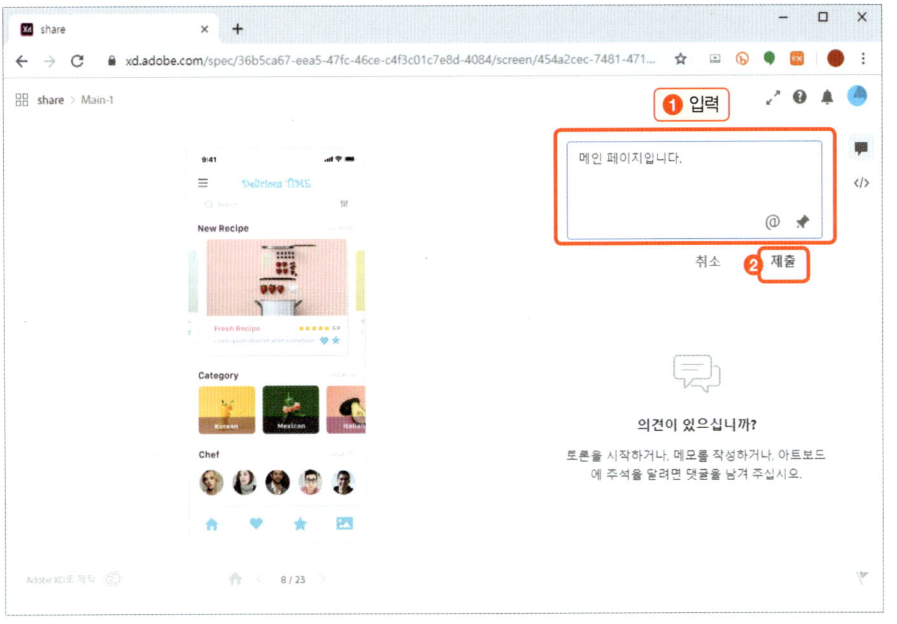

08 댓글을 달 때 핀으로 화면에 표시를 하면 무엇에 대한 댓글인지 정확하게 알릴 수 있어 유용하다.

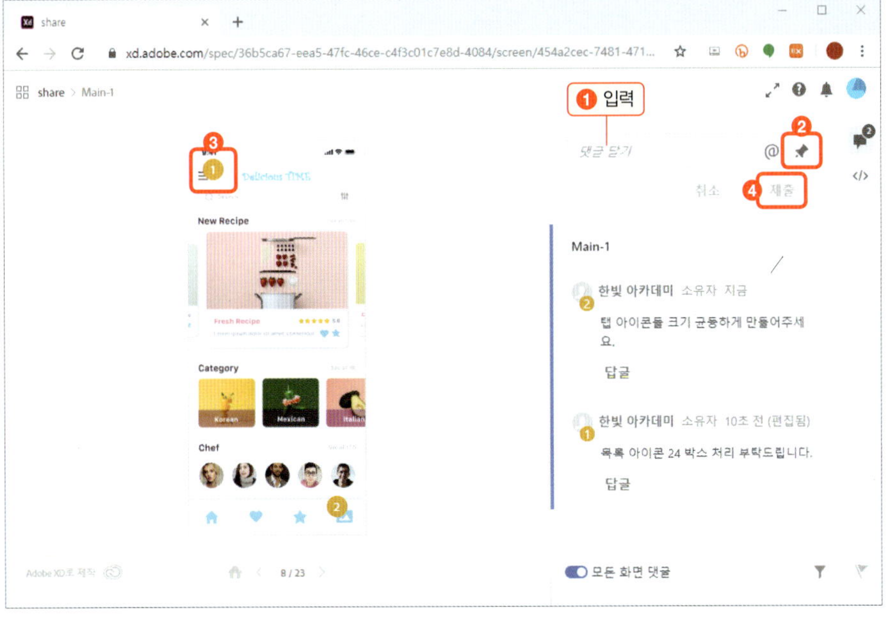

Tip '댓글' 아이콘의 숫자 배지를 클릭하면 멤버들이 작성한 댓글을 바로 확인할 수 있다.

09 [사양 보기(</>)]를 클릭하면 해당 페이지의 크기를 비롯해 포함된 에셋, 색상, 문자 스타일, 아이콘에 대한 정보를 확인할 수 있다.

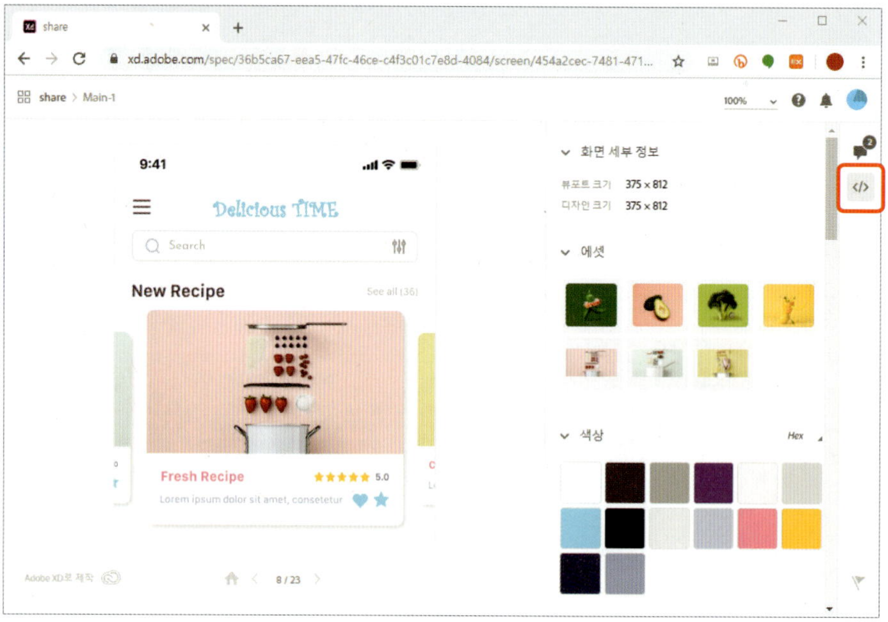

10 '에셋' 영역에 있는 에셋을 클릭하면 오른쪽 하단에 [다운로드] 버튼이 생긴다. 원하는 에셋만 선택해 다운로드할 수 있다.

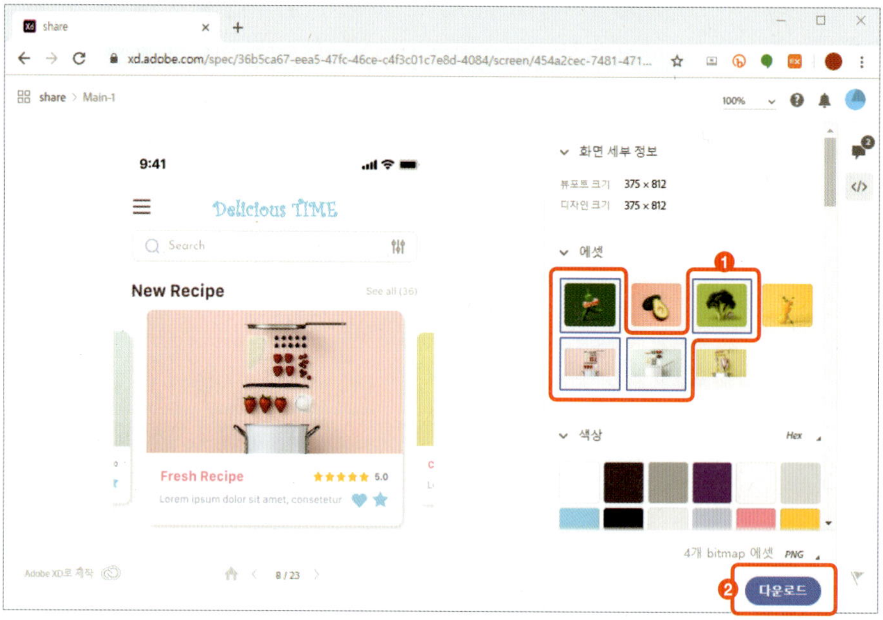

11 [색상] 영역에 있는 색상 패널에 마우스를 가져가면 Hex 값이 나타나며, 색상 정보나 문자 정보를 클릭하면 해당 색상 또는 문자 속성이 복제된다.

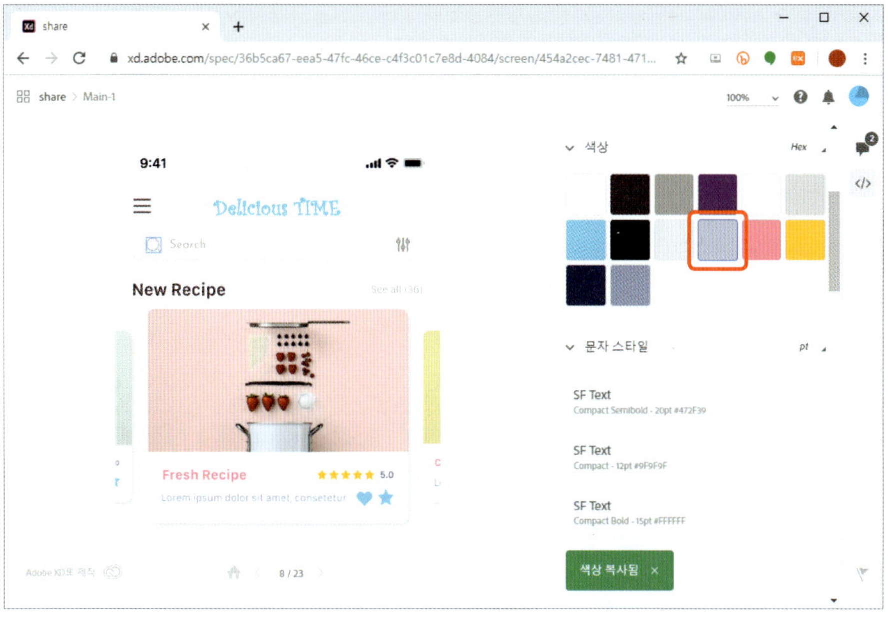

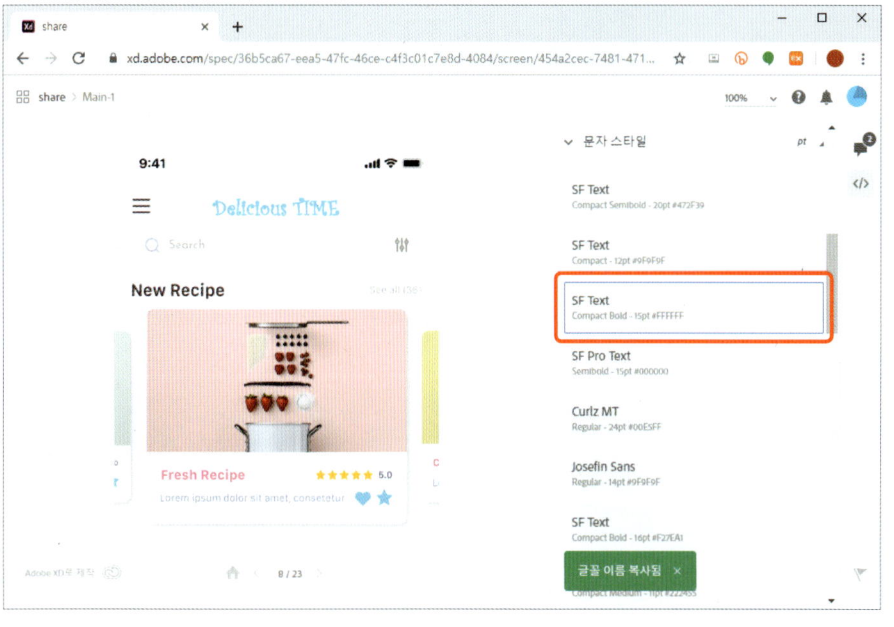

12 사양 보기 모드에서 Shift 를 누르면 화면 안의 핫스팟을 볼 수 있으며, 스크롤을 내리면 해당 페이지에서 연결되는 인터랙션 페이지의 정보를 확인할 수 있다.

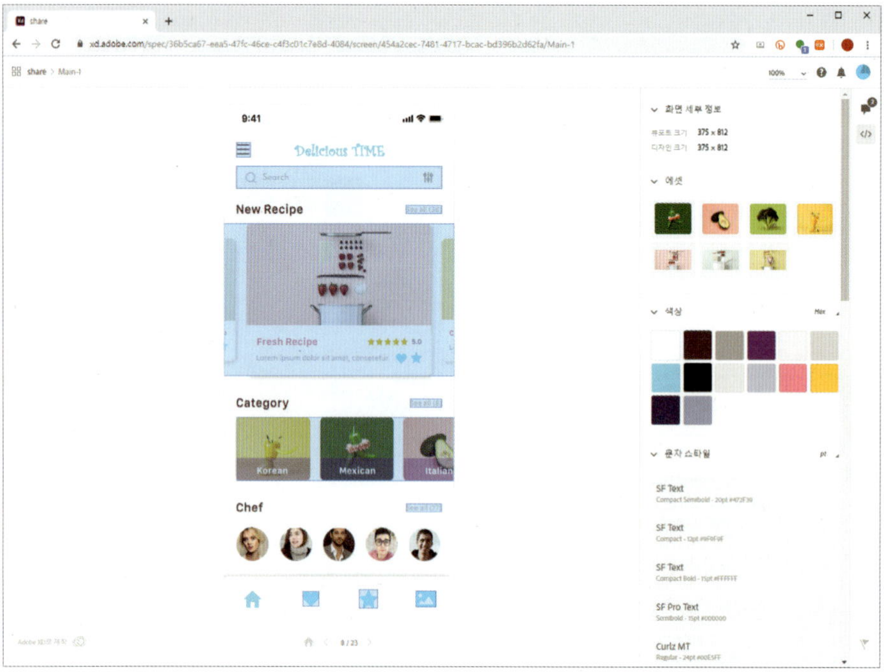

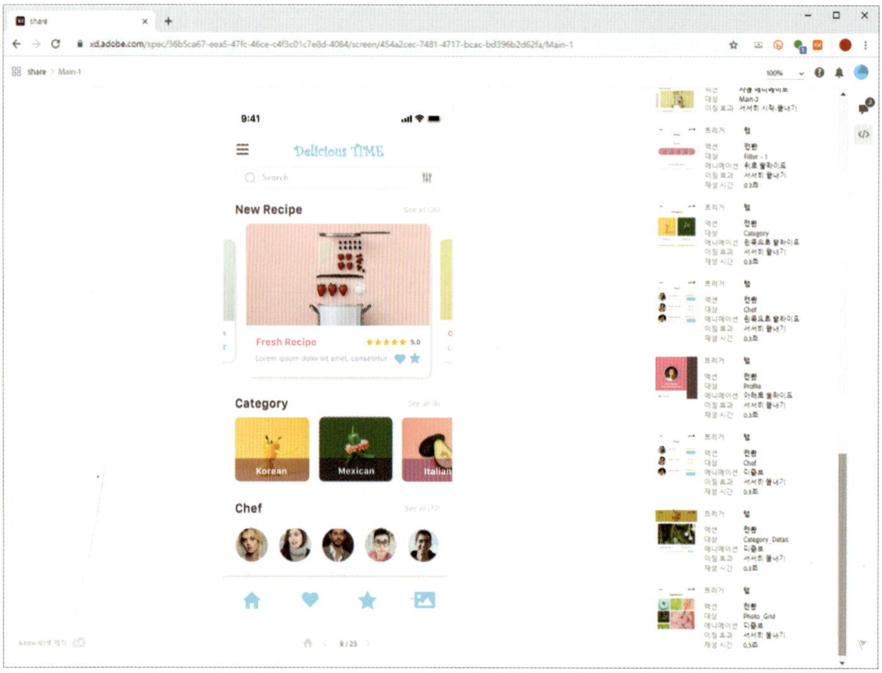

13 사양 보기 버튼(</>)을 클릭해 사양 보기 모드를 해제한 후 아트보드에 마우스를 가져가면 Adobe XD의 프로토타입 모드처럼 인터랙션을 진행할 수 있다.

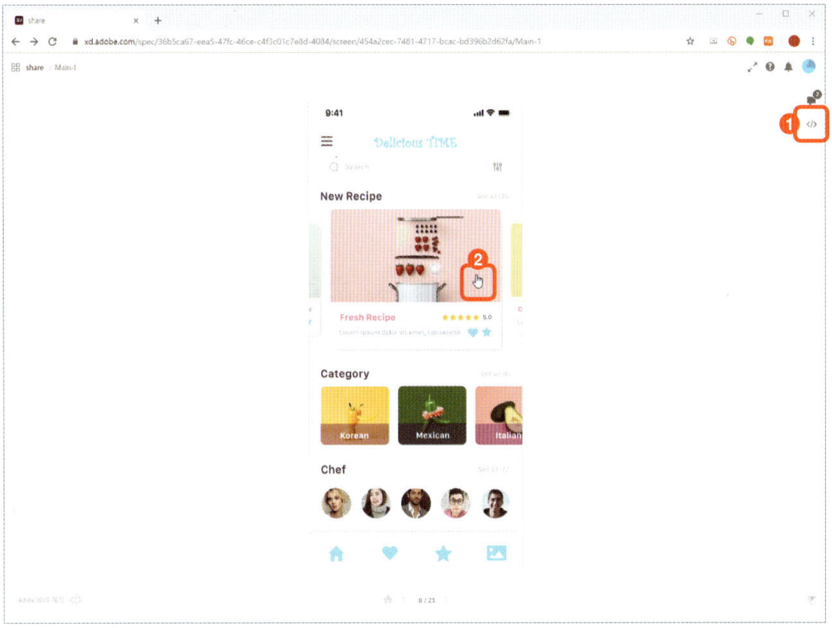

14 다시 사양 보기 버튼(</>)을 클릭해 사양 보기 모드로 전환한 후 아트보드의 문자 에셋을 선택하면 오른쪽 창에서 문자 에셋의 크기, 위치 정보, 속성을 확인할 수 있다. 여기에서 특정 속성을 클릭하면 자동으로 속성이 복제된다.

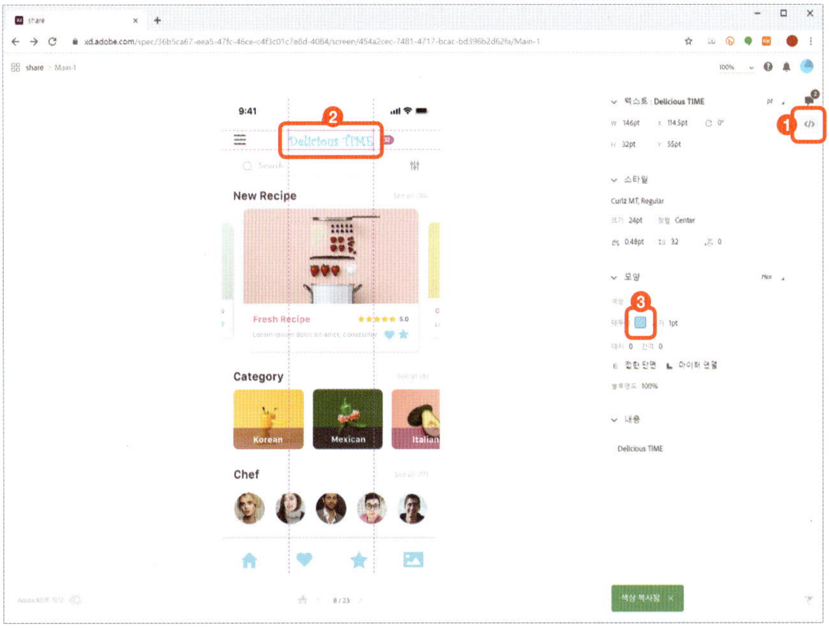

15 인터랙션이 설정된 에셋을 선택하면 오른쪽 창에 트리거, 액션, 대상, 이징 효과 등의 인터랙션 옵션 설정 내용을 확인할 수 있다. 해당 에셋의 인터랙션 정보를 클릭하면 연결된 대상으로 이동된다.

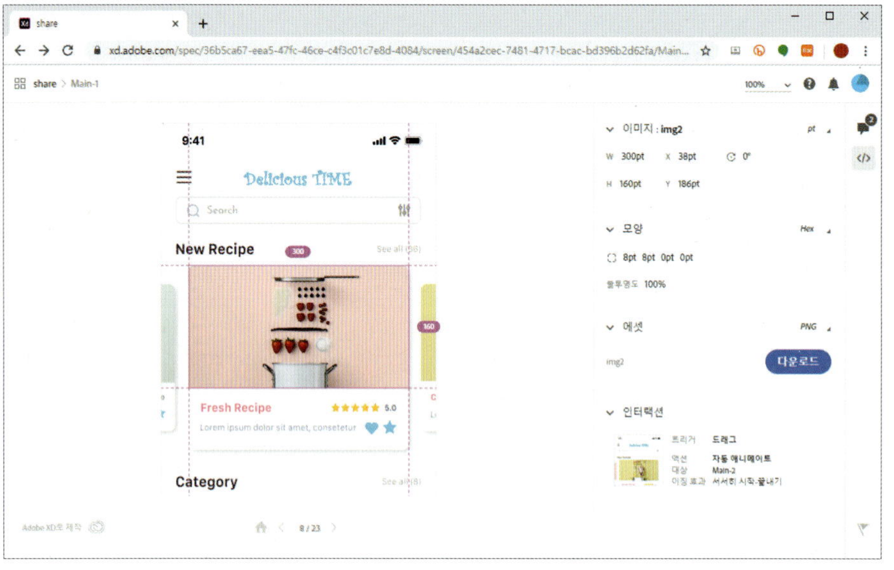

3
제플린으로 공유

01 웹 브라우저를 열고 Zeplin 사이트(https://zeplin.io)에 접속해 [Get Started for Free] 버튼을 클릭하고 회원 가입을 한다.

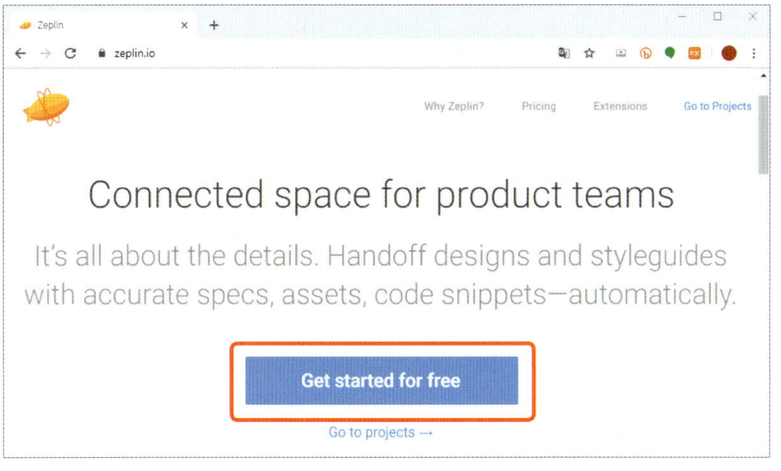

02 사용할 버전을 선택해 다운로드한다. 제플린은 별도의 설치 버전과 웹 상에서 바로 사용할 수 있는 앱 버전을 제공한다.

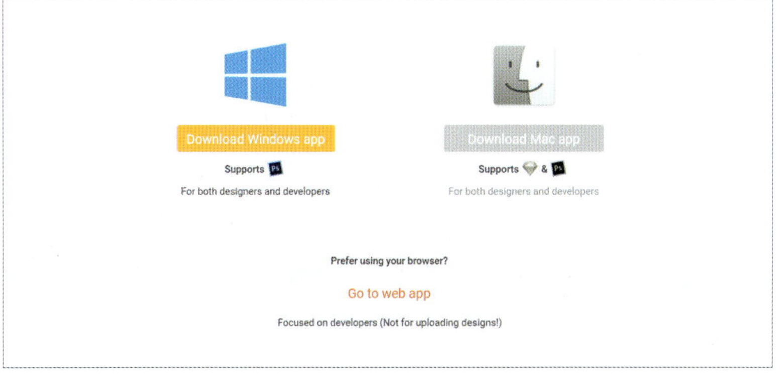

03 다운로드한 파일을 실행하고 설치 창에서 [INSTALL]을 클릭해 제플린을 설치한다.

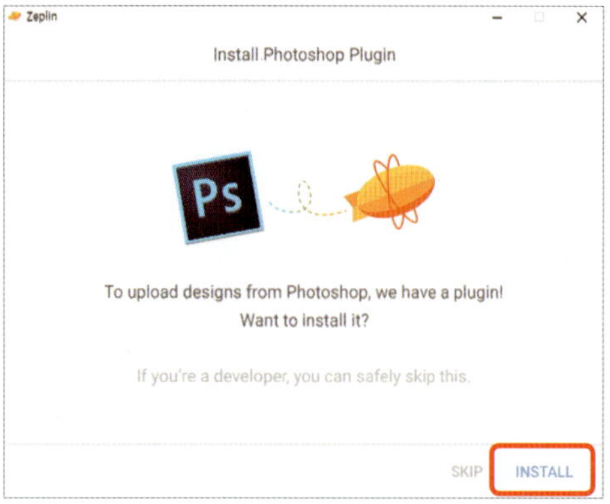

04 설치가 끝난 후 로그인 페이지가 열리면 가입한 계정으로 로그인한다.

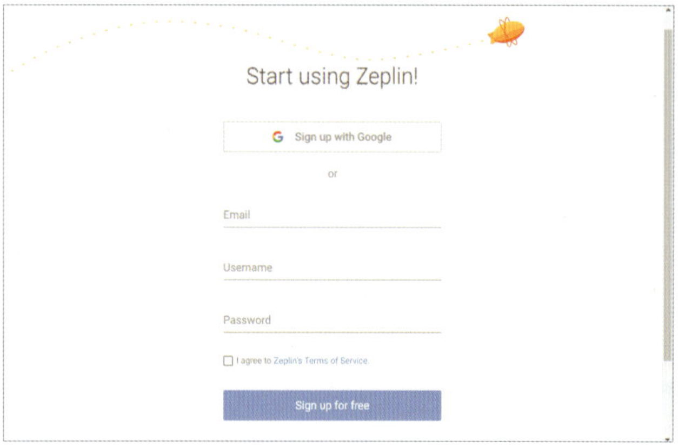

05 로그인 후에는 [Create a project]를 클릭해 프로젝트를 만든다.

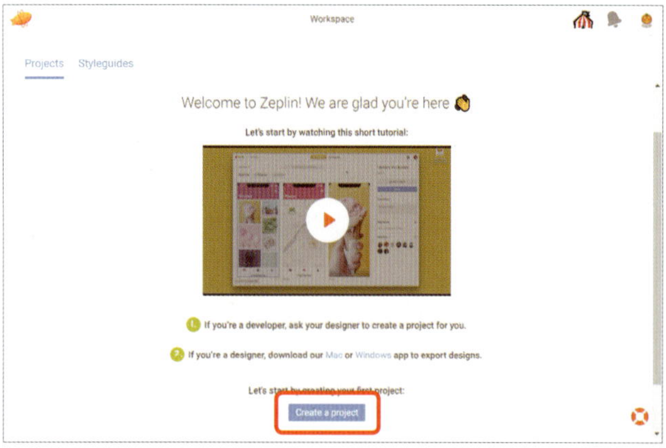

Tip 유료 버전은 프로젝트를 여러 개 만들 수 있고, 무료 버전은 한 개만 만들 수 있다.

06 옵션 창이 열리면 [iOS]를 선택하고 [CREATE] 버튼을 클릭한다.

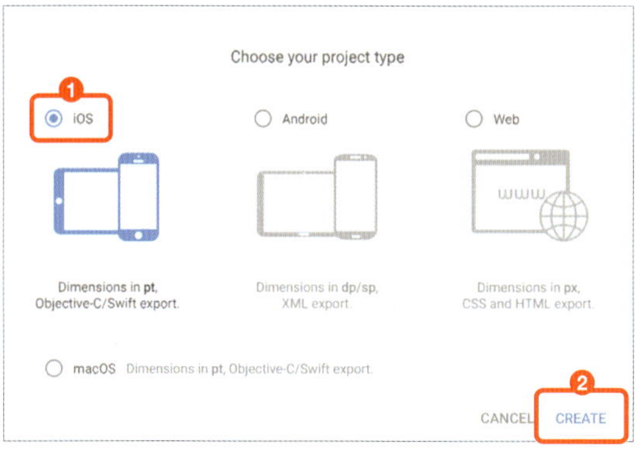

07 대시보드 화면이 나타나면 상단 오른쪽에 프로젝트 이름을 설정하고, 이름 아래에 있는 연필 아이콘을 클릭해 창이 열리면 작업 화면의 크기에 맞게 화면을 설정한다.

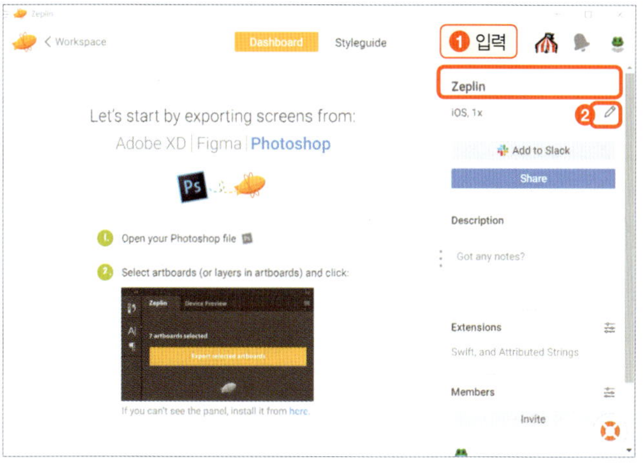

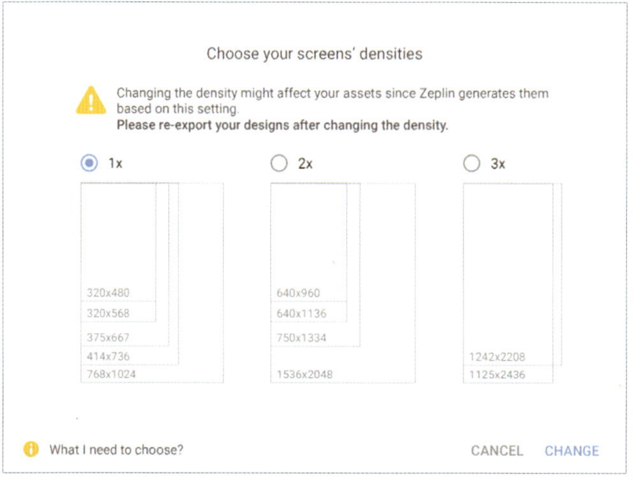

08 [Chapter_16 ▸ Section_03] 폴더에서 'zeplin.xd' 파일을 열고 아트보드를 모두 선택한 후 [목록(☰)]–[내보내기]–[Zeplin]을 선택한다.

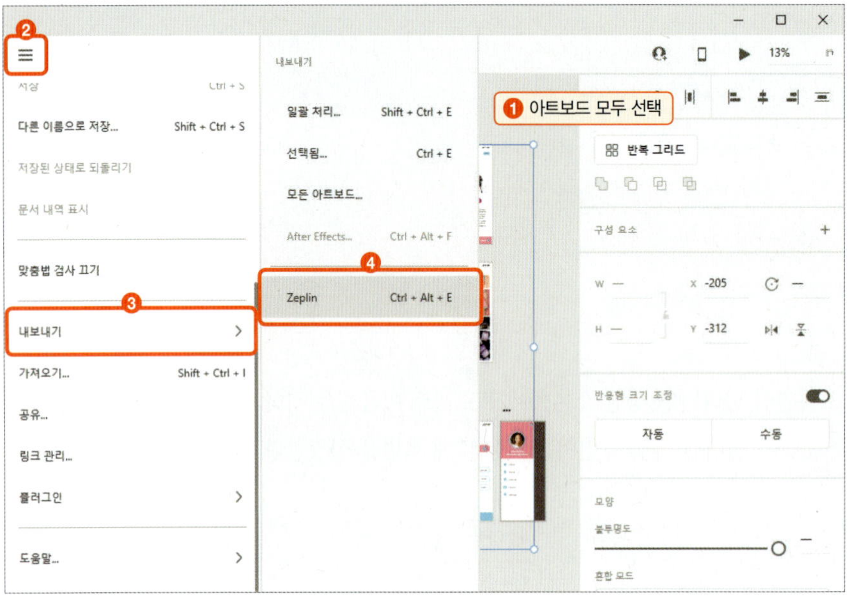

09 제플린에 새로운 창이 열리면 미리 지정한 프로젝트를 선택하고 [EXPORT]를 클릭한다.

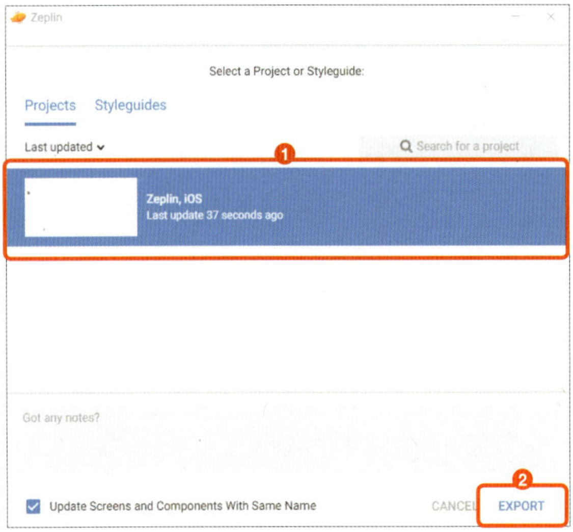

Tip [EXPORT]를 클릭했는데 오류 메시지가 나타난다면 Adobe XD에서 아트보드를 선택하지 않고 [내보내기]를 실행했기 때문이다. 반드시 원하는 아트보드를 선택하고 [내보내기]를 실행해야 한다.

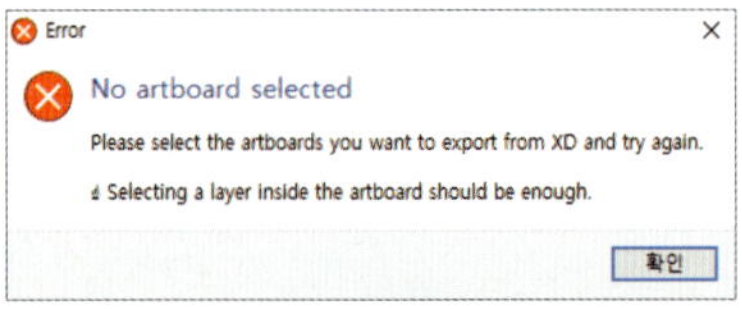

10 선택한 아트보드가 제플린으로 로딩된다. 단 아트보드에서 지정한 순서와 상관없이 로딩된다.

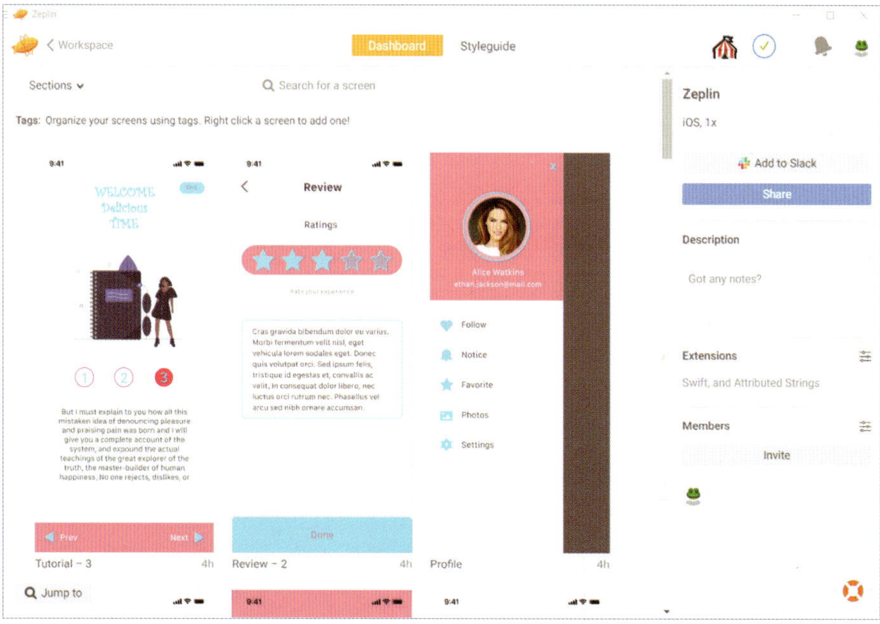

11 제플린에서 아트보드를 선택하고 드래그해 순서를 조절한다.

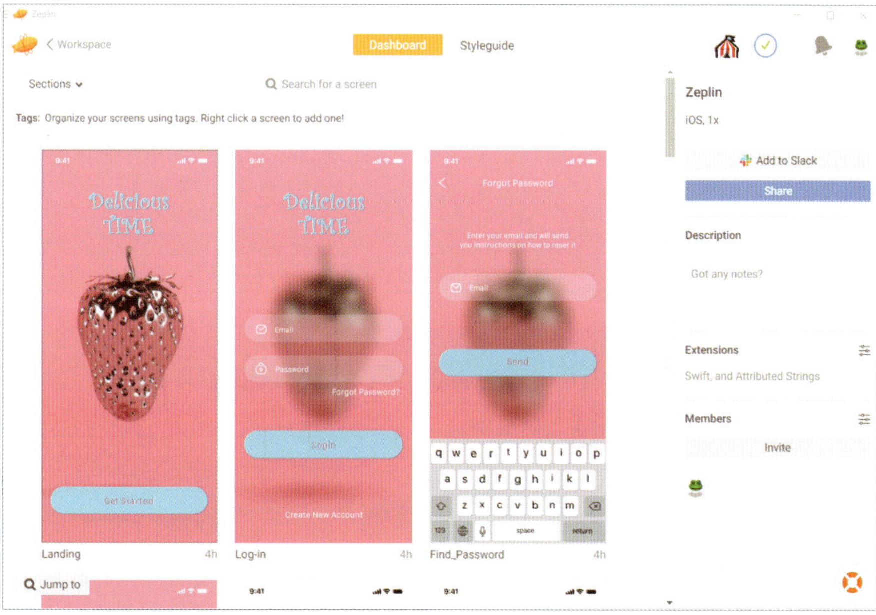

12 아트보드 왼쪽 부분에 마우스를 가져가면 나누기 마크가 나타난다. 이때 선을 클릭하면 섹션 제목 영역이 나타난다. 제목을 입력해 섹션을 구분하면 된다.

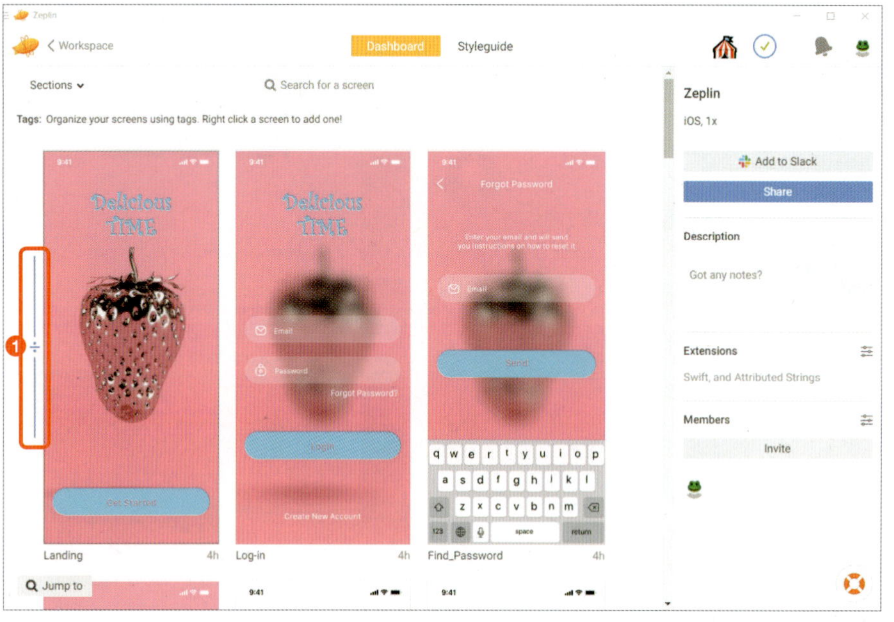

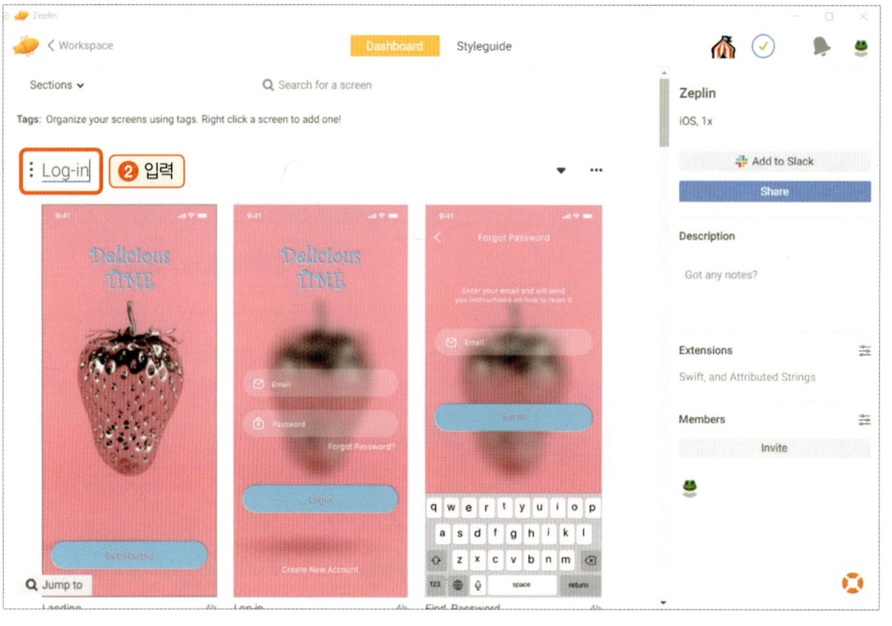

13 섹션 제목 옆에 있는 삼각형을 클릭하면 섹션이 열리거나 닫힌다.

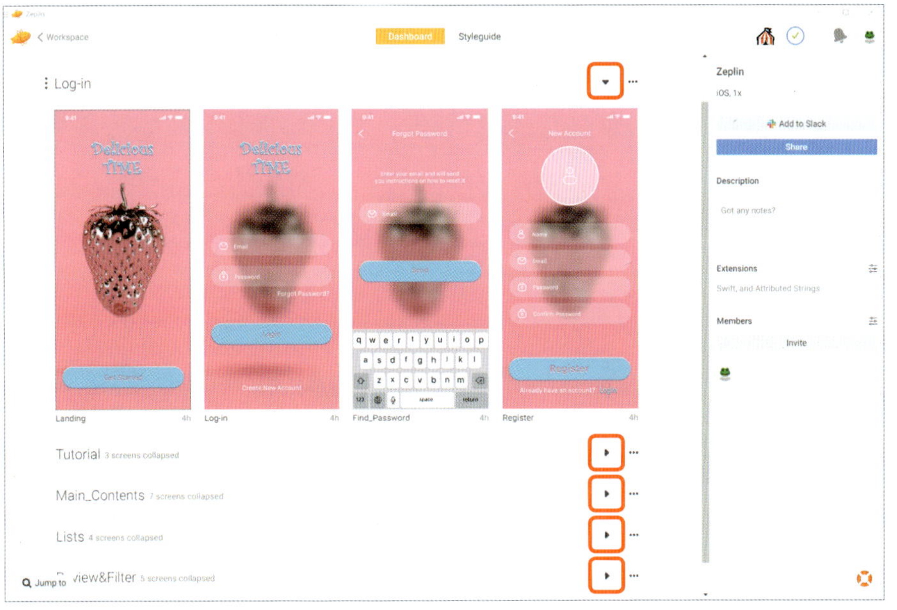

14 'Log-in'의 아트보드 썸네일을 클릭하면 모바일 영역이 나타난다. 첫 번째 옵션인 'Information'에서는 현재 페이지에 대한 정보가 나타나며 다른 사람과 공유할 수 있는 공유 주소 등을 확인할 수 있고, 이 링크를 복사하여 공유할 멤버에게 보낼 수 있다.

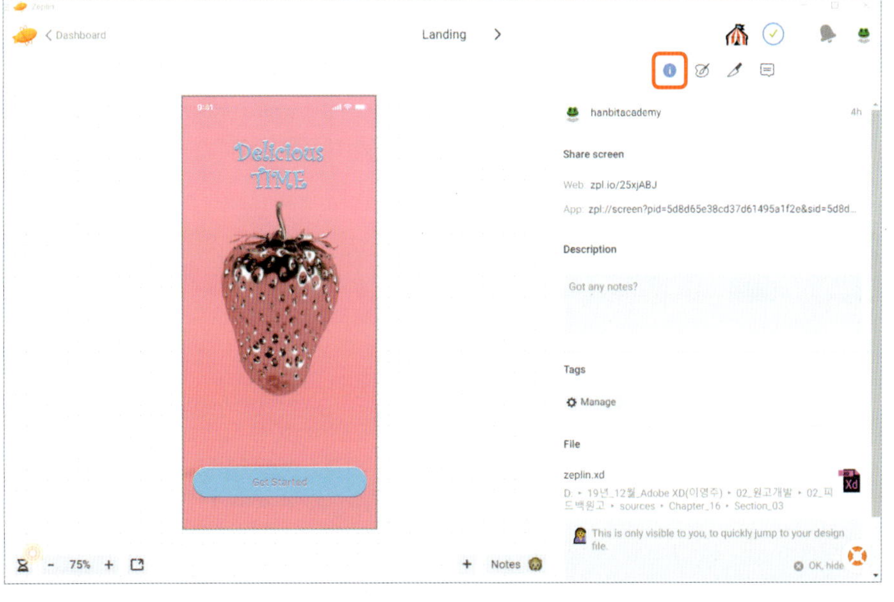

15 두 번째 옵션인 'Color'에서는 웹 페이지 내에서 사용된 색상 정보가 나타나며, 'Colors' 영역의 오른쪽 물방울 아이콘을 클릭하면 스타일가이드로 저장할 수 있다. 등록된 색상은 물방울 아이콘이 파란색으로 변경된다.

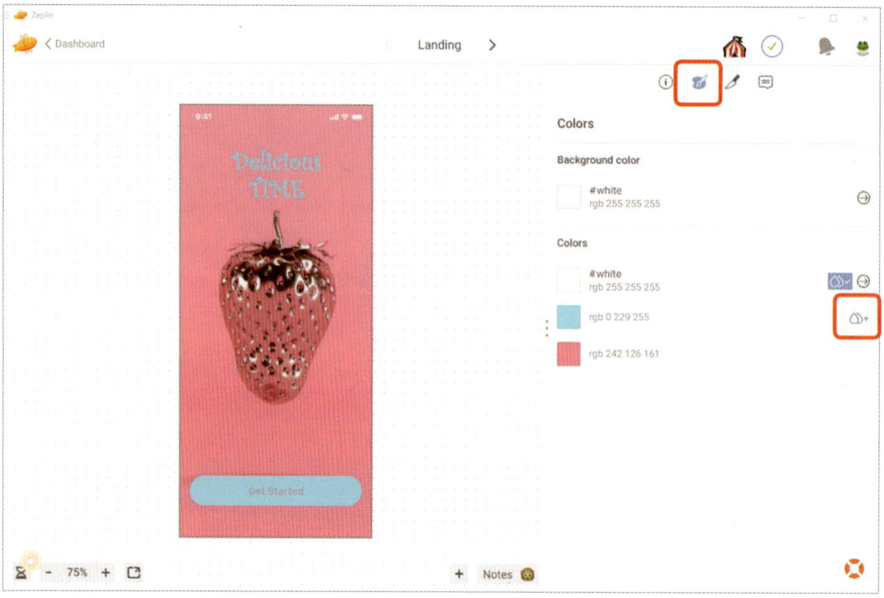

Tip 파란색 물방울 아이콘에 마우스를 가져가면 오렌지색으로 변하며, 이때 버튼을 눌러 스타일 가이드에서 제거할 수 있다.

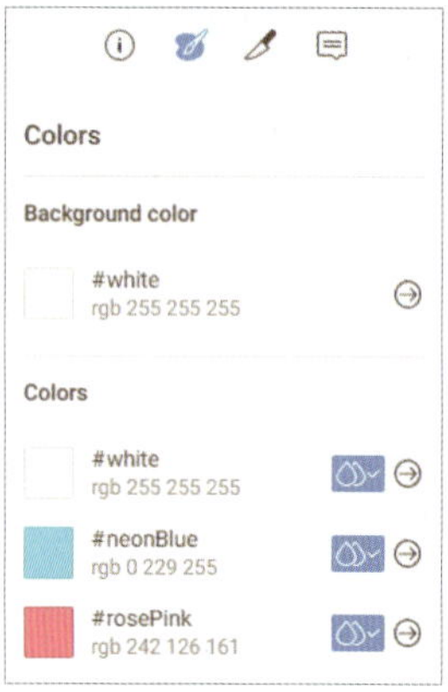

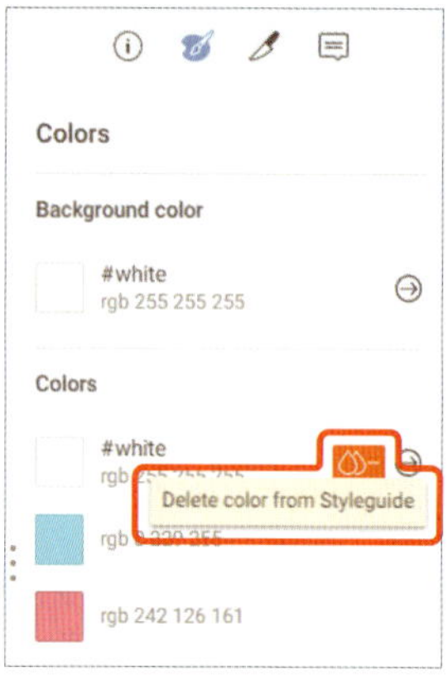

16 세 번째 옵션인 'Assets'에서는 페이지 내부에 포함된 아이콘이나 이미지를 다운로드할 수 있다. 특히 컴포넌트들은 Adobe XD에서 [내보내기에 대해 표시] 옵션에 체크해야만 개발자가 바로 다운로드할 수 있다.

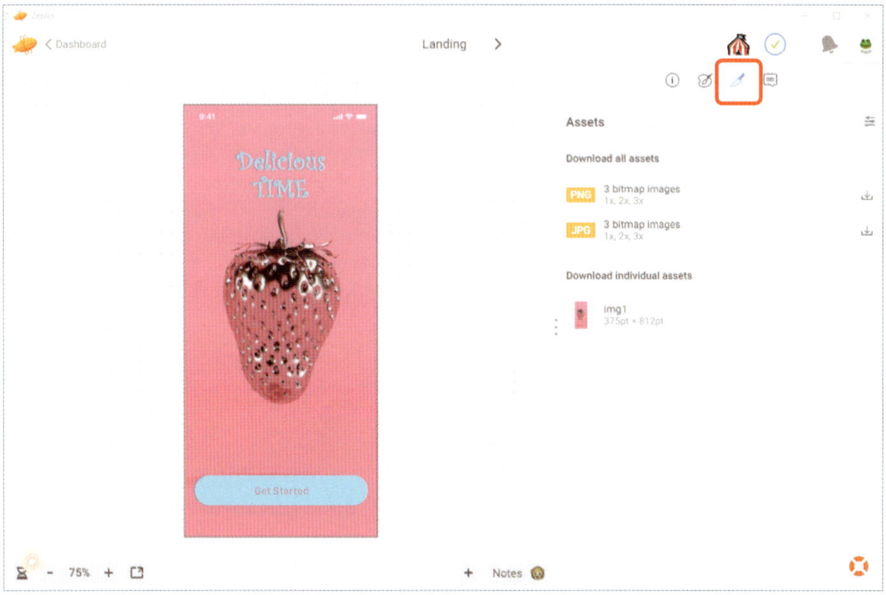

17 네 번째 옵션인 'Notes'는 제플린 내에서 메모를 공유하는 기능이다. 중요도 및 공유 여부에 따라 메모 색상을 지정하면 더 원활하게 의사소통을 할 수 있다.

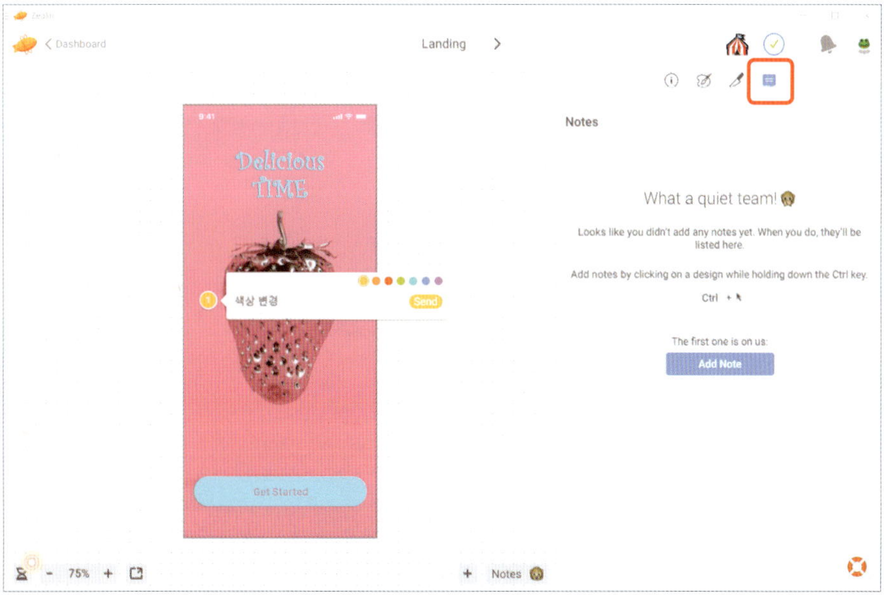

18 페이지 내부를 클릭하면 각 컴포넌트의 크기, 위치, 색상, 폰트 등의 정보를 확인할 수 있고, 하단에는 코드가 나타나므로 개발자가 바로 복제해 사용할 수 있다. 또한 'Typeface'의 Aa+ 버튼을 클릭하면 텍스트의 속성을 스타일 가이드로 내보낼 수 있다.

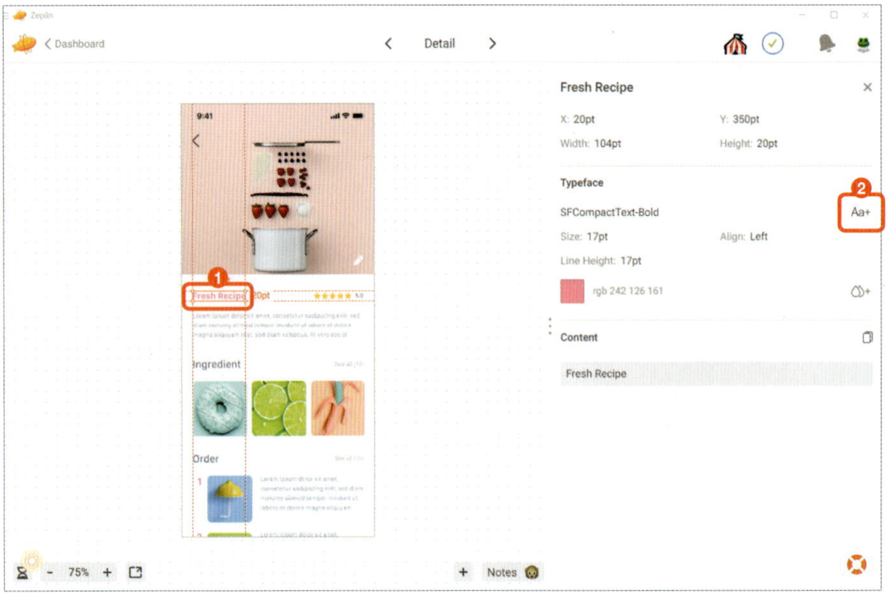

19 이미지를 선택하면 이미지의 위치와 정보를 확인할 수 있고 jpg 파일이나 png 파일로 다운로드할 수 있다.

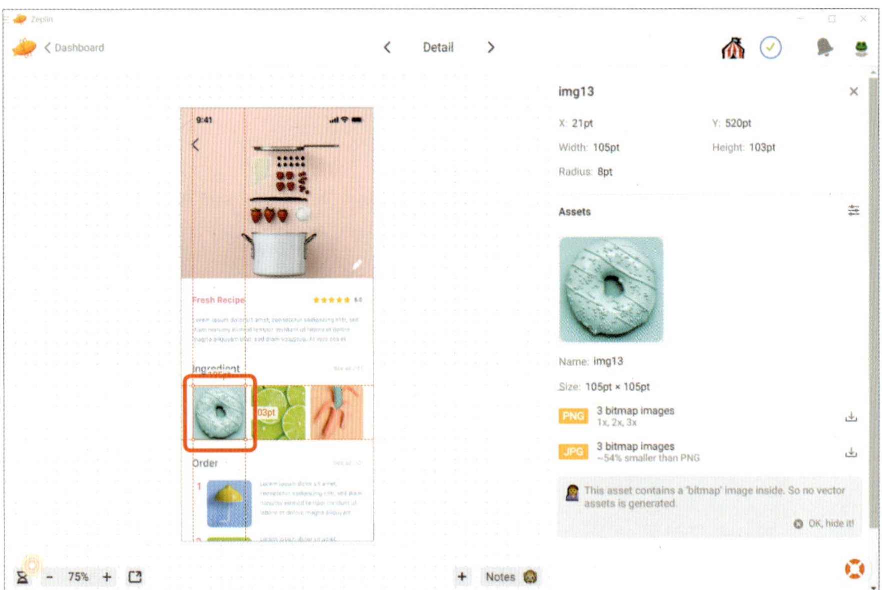

20 상단의 [Styleguide]를 클릭하면 스타일가이드를 볼 수 있다. 스타일가이드에는 앞에서 물방울 아이콘을 클릭해 등록한 색상이나 텍스트 정보가 나타나고, 오른쪽 부분에는 코드가 보여지므로 개발자가 복사해 바로 사용할 수 있다.

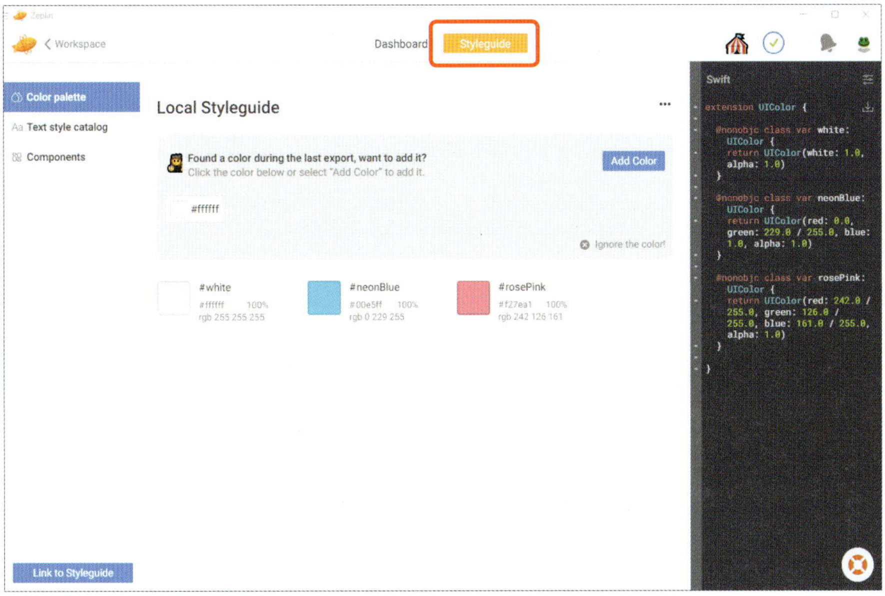

INDEX